行为和实验经济学经典译丛

实验经济学

道格拉斯·D·戴维斯（Douglas D. Davis）
查理斯·A·霍尔特（Charles A. Holt） 著

连洪泉 左聪颖 译
何其新 校

中国人民大学出版社
·北京·

行为和实验经济学经典译丛

编委会

汪丁丁	叶　航	韦　森	贺京同
刘凤良	周业安	韩立岩	于　泽
王湘红	唐寿宁	李　涛	吴卫星
陈彦斌	董志强	黄纯纯	那　艺
陈叶烽	赵文哲	江　艇	洪福海
宋紫峰	顾晓波	陈宇峰	马学亮

执行主编　汪丁丁　贺京同　周业安

策　　划　马学亮

总　序

　　经济学作为一门经世致用之学，从其诞生之日起，就与复杂的社会经济现实发生着持续的碰撞与融合，并不断实现着自我的内省与创新。尤其在进入20世纪后，经济学前期一百多年的发展，使得它此时已逐步具备了较为完整的逻辑体系和精湛的分析方法——一座宏伟而不失精妙的新古典经济学大厦灿然呈现于世人面前。这座美轮美奂的大厦，巧妙地构筑于经济理性与均衡分析两块假定基石之上，而经济学有赖于此，也正式步入了规范化的研究轨道，从而开创了它对现实世界进行解释与预测的新时代。

　　然而近几十年来，随着人类经济活动的日趋复杂与多样化，对经济世界认

识的深化自然亦伴随其中，以新古典理论为核心的主流经济学正受到来自现实经济世界的各种冲击与挑战，并在对许多经济现象的分析上丧失了传统优势。这些"异象"的存在构成了对主流经济理论进行质疑的最初"标靶"。正是在这样的背景下，行为经济学应运而生，这也许是过去二十年内经济学领域最有意义的创新之一。

什么是行为经济学？人们往往喜欢从事物发展的本源来对其进行定义。行为经济学最初的产生动机是为了满足解释异象的目的，即从心理学中借用若干成熟结论和概念来增强经济理论的解释力。因而一种流行的观点认为，与主流经济学相比，行为经济学不过是在经济学中引入心理学基本原理后的边缘学科或分支流派。然而，行为经济学近年来的一系列进展似乎正在昭示它与心理学的关系并不像人们初始所理解的那样。如果把它简单地定位为区别于主流理论的所谓"心理学的经济学"，则与它内在的深刻变化不相对应。为了能够对它与主流经济学的关系做出科学准确的判断，首先必须了解它是如何解决主流经济学所无法解答的问题的。

主流经济理论丧失优势的原因在于，它所基于的理性选择假定暗示着决策个体或群体具有行为的同质性（homogeneity）。这种假定由于忽略了真实世界普遍存在的事物之间的差异特征和不同条件下认识的差异性，导致了主流理论的适用性大打折扣，这也是它不能将"异象"纳入解释范围的根本原因。为了解决这个根本性的问题，行为经济学在历经二十多年的发展后，已逐渐明晰了它对主流经济学进行解构与重组的基本方向，那就是把个体行为的异质性（heterogeneity）纳入经济学的分析框架，并将理性假定下个体行为的同质性作为异质性行为的一种特例情形，从而在不失主流经济学基本分析范式的前提下，增强其对新问题和新现象的解释与预测能力。那么，行为经济学究竟是怎样定义行为的异质性的？根据凯莫勒（Colin F. Camerer）2006年发表于《科学》杂志上的一篇文章中的观点，我们认为，行为经济学通过长期的探索，已经逐渐把行为的异质性浓缩为两个基本假定：其一，认为个体是有限理性（bounded rationality）的；其二，认为个体不完全是利己主义（self-regarding）的，还具有一定的利他主义（other-regarding）。前者是指，个体可能无法对外部事件与他人行为形成完全正确的信念，或可能无法做出与信念相一致的正确选择，而这将导致不同的个体或群体会形成异质的外部信念和行动；后者是指，个体在一定程度上会对他人的行为与行为结果进行评估，这意味着不同的个体或群体会对他人行为产

生异质的价值判断。在这两个基本假定下，异质性行为可较好地被融入经济分析体系之中。但是，任何基本假定都不可能是无本之木，它必须具有一定的客观理论支持，而心理学恰恰为行为经济学实现其异质性行为分析提供了这种理论跳板。这里还要说明一点，心理学的成果是揭示异质经济行为较为成熟的理论与工具，但不是唯一的，我们也注意到神经科学、生态学等对经济学的渗透。

经济学家对行为心理的关注由来已久，早在斯密时代，就已注意到了人类心理在经济学研究中的重要性。在其《道德情操论》中，斯密描述了个体行为的心理学渊源，并且展示了对人类心理学的深刻思考。然而，其后的经济学研究虽然也宣称其理论对心理学存在依赖关系，但其对心理学原则的遵从却逐渐浓缩为抽象的经济理性，这就把所有个体都看成了具有同质心理特征的研究对象。而实际上心理学对人类异质心理的研究成果却更应是对经济行为异质性的良好佐证。因此，我们所看到的将心理学原理纳入经济学分析的现状，实际上是对开展异质经济行为分析的诉求。但需要留意的是，经济学对心理学更多的是思想性的借鉴，而不是对其理论的机械移植，并且经济学家也正不断淡化着行为经济理论的心理学色彩，因此不能简单地将行为经济学视为主流经济学与心理学的结合形式，也不能将行为经济学打上心理学的"标签"。心理学的引入不是目的，只是手段，它自始至终都是为主流经济学不断实现自我创新服务的。

我们还想着重强调的一点是，行为经济学对心理学原则的引入和采用与实验经济学的兴起和发展密不可分。在行为经济学的早期研究中，来自心理学的实验方法扮演了十分重要的角色，许多重大的理论发现均得益于对心理学实验的借鉴，甚至许多行为经济学家如卡尼曼（Daniel Kahneman）等人本身就是心理学家。然而，实验经济学与行为经济学在范畴上有着根本性的不同之处。罗文斯坦（George Loewenstein）认为，行为经济学家是方法论上的折中学派，他们并不强调基本研究工具的重要性，而是强调得自这些工具的研究成果在经济学上的应用。而实验经济学家却更强调对实验方法作为分析工具的认可和使用。类似于计量经济学可理解为经济计量学，实验经济学也可理解为经济实验学，它是经济学实验方法的总称，并且是行为经济学的重要实证基础来源。只有当来自实验经济学的实验结果被凝练为行为经济理论，才完成了经济研究从实验层面向理论层面的抽象与升华。与行为经济学相比，实验经济学似乎更接近经济学与心理学之间的边缘学科，它具有更为浓厚的工

具性色彩。

现在，我们可以初步对行为经济学与主流经济学的相对关系做一评判了。纵观行为经济学的发展简史和其近年来的前沿动态，我们大胆地认为，近二十年来逐渐兴起的行为经济学不是区别于主流经济学的分支流派，而是对主流经济学的历史顺承与演进，是主流经济学在 21 世纪的前沿发展理论。行为经济学的产生、发展乃至日益成熟，正体现了它对主流经济学从内涵到外延上所作的量变调整与质变突破——它通过借鉴心理学的相关理论，并从实验经济学中获取实证支持，而将个体的异质性行为纳入了经济学的理论体系并涵盖了以往的同质性分析。同时，这也意味着行为经济学并未把主流经济学排除于它的理论体系之外而否定其理论逻辑，而是使主流经济理论退化为它的特例情形。故而凯莫勒曾畅言："行为经济学最终将不再需要'行为'一词的修饰。"然而，这并不意味着主流经济学将会退出历史舞台。事实上，新古典理论仍然是行为经济学重要的理论基础来源和方法论来源。以新古典理论为核心的主流经济学作为更广范畴下的行为经济学的一个特例，将成为经济学研究不可或缺的参照理论。

鉴于行为与实验经济学近年在国外的迅猛发展及其对经济学科的重要意义，以及国内该领域相对滞后的研究现状，我们为国内读者献上了这套经过慎重选译的丛书。这套丛书囊括了近年来国外长期从事行为与实验经济学研究的学者的主要论著，读者从中既可了解到行为经济学各种思想发端和演进的历史踪迹，又可获得翔实丰富的实验方法论述及其成果介绍。同时，我们还专门为读者遴选了一些反映行为与实验经济学最新前沿动态的著作——这些著作涉及了宏观经济学、微观经济学、金融学、博弈论、劳动经济学、制度经济学、产业组织理论等领域。它们由于经受验证的时间较短，也许并不成熟完善，但却能使我们的研究视野更具有前瞻性。我们衷心地希望海内外读者同仁能够不吝赐教，惠荐佳作，以使得我们的出版工作臻于完善。

贺京同　汪丁丁　周业安

2009 年仲夏

序　言

　　这本书提供了实验经济学主要领域的一个全面充分的论述。虽然我们只是提供了一部分的新材料，但是重点在于对现有的结果进行组织和评价。这本书既可以作为教学参考工具，也可以作为那些想要探究这一个相对新的研究领域的专业经济学家的一本实验方法的入门读物。而且，这本书涵盖了详细的实验方法和程序的话题，同时也有许多指导性的附录。这本书可作为研究生课程的一个主要支撑工具，它可以与期刊杂志、工作论文和细致性的综述形成互补。高年级本科生课题课程的组织，可以采用本书前四章内容、后面几章的选择性阅读，以及技术性稍弱的已发表的论文。

致 谢

　　我们对于人们在实验中将如何行动的许多认知，都可归溯到我们的毕业论文指导老师，阿灵顿·威廉姆斯（道格拉斯·D·戴维斯的指导老师）和之后的莫里斯·德格鲁特（查理斯·A·霍尔特的指导老师），以及我们在相关研究上的合作者：乔迪·布伦特斯、凯瑟琳·埃克尔、格兰·哈里森、劳伦·朗格、罗杰·舍曼以及安尼·比亚米尔。在与查尔斯·普拉特、艾文·罗斯和弗农·史密斯，以及我们现在和之前所在的巴塞罗那自治大学、明尼苏达大学、弗吉尼亚大学和弗吉尼亚联邦大学的同事的交流过程当中，我们已经进一步地提炼了观点。此外，我们非常感谢对本书的其中一章或者多章内容做出详细评

论的凯瑟琳·埃克尔、罗伯特·福赛斯、格兰·哈里森、罗纳德·斯塔德、伊丽莎白·霍夫曼、约翰·卡格尔、艾德·奥尔森、史蒂夫·彼得森、罗杰·舍曼、弗农·史密斯和詹姆斯·沃克。我们得到了弗吉尼亚大学的公共经济学讨论会、巴塞罗那的宠培法布拉大学研讨会、墨西哥自治理工学院、阿利坎特大学、1991年在亚利桑那州土桑市的经济科学会议，以及1991年在巴塞罗那的经济分析座谈会的许多参与者的有用建议。我们真诚地感谢研究助手丽莎·安德森、里昂斯·巴杰伦、科特·费舍尔、安妮·古兰提和玛利亚·马布里，以及马丁内兹·贡果拉和赞恩·麦克唐纳所提出的其他建议。最后，我们意识到我们的父亲都是教授，如果没有我们家庭的支持和鼓励是不可能完成这个项目的。

目　录

第1章 引言和概述

1.1 引言

    同许多学科一样，经济学是可被观察的；经济理论的提出是为了解释市场行为。虽然经济学家已经提出了一系列令人印象深刻而且技术复杂的模型，却没有足够的能力来评价这些模型是否具有预测性。按照经济学的传统，经济学理论可以利用现实中自然市场产生的统计数据进行评价。变量之间往往具有交叉效应，虽然计量经济学家有时能单独分解出这些变量的效应，但是自然数据

往往不支持理论命题的关键性检验，因为独特的历史情况往往是随机形成的。而且，即使是当这样的情况发生时，它们通常被一大堆混乱的外部因素所包围。随着模型变得更为精确和错综复杂，这些问题也变得更加严重。例如，在博弈理论中，预测往往是基于非常准确的行为假设，因而在实践中我们很难从现实的市场中获得经验证据。

作为这些数据问题的结果，经济学家在评价经济理论时，往往只能基于可能性，或者是模型精致性、内部一致性这些内在因素。经济学家满怀信心地建立了一系列精确的经济学模型，而现实中的自然数据却非常混乱，这种强烈的对比甚至让其他领域的科学家感到无奈。例如，生物学家保罗·埃利希（Paul Ehrlich）做出了这样的评价："问题在于，经济学家的训练方式使得他们对现实世界的运行方式一无所知。经济学家认为世界凭借魔法在运行。"①

其他观测性科学通过在被控制的实验室条件中系统性地收集数据，克服了使用自然发生数据的内在障碍。例如，天文学基本定理建立在粒子物理学的基础之上，而后者已经在实验室得到了充分的研究。尽管"实验"的概念对于经济学来说很新奇，但这不能否定从实验室实验获取经济数据的合理性。②

在被控制的实验条件下对于经济理论进行系统性评价，这是经济学近期才呈现出的发展趋势。尽管市场结构的理论分析发端于 18 世纪晚期以及 19 世纪早期亚当·斯密（Adam Smith）和奥古斯丁·古诺（Augustine Cournot）的开创性思想，但是直到 20 世纪中期人们才完成了第一个市场实验。尽管开始得很晚，但是使用实验方法评价经济命题在过去的 20 年中已经变得日益广泛，并且已经提供了连接经济理论和观察结果的一个重要基础。尽管它并不是灵丹妙药，但是实验技术有着重要的优势，它不仅使得数据变得更加专业，还允许对行为假设进行更直接的检验。鉴于越来越多的复杂模型的出现，我们认为经济学将会日益变为一门实验科学。③

---

① 可与作者进行个人交流。

② 普遍的认知在于，经济学并不是一门实验科学，因而，它带有某种程度的投机性。《大英百科全书》（*Encycloped：a Britannica*，1991，p. 395）提出这样的一个观点："经济学家往往被指责说他们的学科并不是一门科学。人类行为不具备原子和分子的客观特性，因此不能采用相同的分析方法。价值判断、哲学上的先入之见以及意识上的偏误广泛存在，因此某种理论往往夹杂着支持者的个人因素。而且，根本不存在所谓的经济学家借以检验假说的实验室。"[这是辛克尔曼（Hinkelmann）在 1990 年推荐的一个引用。]

③ Plott（1991）对这一点进行了解释。

这一专题研究回顾了实验研究对于经济学的主要贡献。我们也试图给出关于经济学中实验方法实用性的一些评价。和所有的新兴分析范式一样，经济学中的实验研究被一系列的方法论争议所包围。因而，我们讨论了很多程序性和设计性的细节，而这些对于实验的有效性至关重要。这些话题的讨论也为各种持续性的争论提供了一个框架。

这一章旨在介绍本书其余各章，因而它覆盖了各种基本问题。我们在 1.2 节开始讨论实验经济学简史，紧接着在 1.3 节描述一个简单的市场实验。后续的三小节解决方法论和程序上的问题：1.4 节讨论实验方法的优势和局限性，1.5 节考虑各种实验研究的目标，1.6 节回顾一些可取的方法和程序。最后两小节是让读者认识这本书的结构。实验研究最为重要的内容之一是交易规则和制度对于市场结果的重要性。我们的许多讨论都是以替代性交易制度的细节为中心。接下来，1.7 节对一些普遍使用的制度安排进行分类。1.8 节对剩余章节进行了介绍。这一章还包含一个附录，它是由两部分组成的：第一部分包含了简单双向拍卖市场的导语，第二部分包含在设计和执行一个市场实验时需要完成的一系列细节性任务。这些内容为实验方法提供了入门性的范例；同时，对于如何在实际操作中逐步执行之前提及的一般程序性建议，这部分内容也提供了一个参考。

在进行接下来的讨论之前，我们鼓励新学生和有经验的实验者先仔细地阅读本章内容。它不仅介绍了重要的程序和设计思路，还为后续问题的讨论提供了一个框架。

1.2 实验经济学简史

在 20 世纪 40 年代末 50 年代初，一些经济学家不约而同地对同一个观点产生兴趣：实验方法在经济学中可能是有用的。早期的兴趣点很广泛，而文献主要朝着三个不同的方向演化。其中的一个极端是爱德华·张伯伦（Edward Chamberlin, 1948）提供给被试一个具有更高效率的自然市场版本。之后的文献主要讨论了新古典价格理论的预测问题。实验文献的第二类探索方向主要对非合作博弈理论的行为内涵感兴趣。这些博弈实验是在不太接近于类似自然市场的环境中进行的。例如，报酬往往是以表格（标准型）的形式给出，它回避了市场的许多成本和需求结构，却为博弈理论均衡结果的计算提供了便利。第三

类探索方向是有关个体决策的实验关注更简单化的环境，其中，唯一的不确定性来自外生随机事件，而不是其他行为人的决策。个体决策实验的兴趣主要来源于检验期望效用理论行为特征的想法。尽管这些文献的分界线会随着时间变化而越来越模糊，但是仍然有必要分别讨论这三类发展方向。

市场实验

张伯伦的《垄断竞争理论》(*The Theory of Monopolistic Competition：A Re-orientation of the Theory of Value*)，首次出版于 1933 年，它是受到大萧条中市场失灵现象启发而创立的一种理论。张伯伦认为，他的理论所作出的预测可以在一个简单的市场环境中，利用研究生作为经济行为人而得到检验（至少是启发式的）。

张伯伦在 1948 年报告了第一个市场实验。通过让学生被试交易一叠标示着价值和成本的纸牌，他导出了这一市场的需求和成本函数。通过交易，卖者能赚到他们交易的产品成本和他们协商出的合约价格之间的差额。与此相似，买者能赚到他们交易的产品价值和他们达成合约的价格之间的差额。张伯伦实验中的收益是假设的，但是他的学生在很大程度上受到了假定收益的激励，这一过程形成了一个非常具体的市场结构。例如，收到一张成本为 1.00 美元的卖者卡片的学生，在 1.00 美元"梯级"处将有一个完全无弹性的供给曲线。这一个学生将在高于 1.00 美元之上的任一价格供给一单位。同理，收到价值 2.00 美元的买者卡片的一个学生，在任一低于 2.00 美元的价格下将有一个完全无弹性的需求。

卖者和买者具有不同的成本和价值，因而个体需求和供给函数有同样的直角形状，但是有着不同高度的梯级。在这些条件下，市场供给函数的产生是由个体成本从最低到最高进行排序，然后水平地对不同卖者进行加总。同理，市场需求函数的产生，是由个体估价从最高到最低进行排序，然后水平地加总不同的买者。从市场供给曲线和需求曲线的交点处就可得到竞争性的价格和数量预测。

这些市场的交易是未受管制的，并且主要是无组织的。允许学生在教室自由活动，并以分散化的方式与其他人协商。尽管市场结构是竞争性的，但是张伯伦发现实验结果却显著地偏离了竞争性市场的预测。具体而言，他指出，交易的数量大于由供给和需求相交所确定的数量。

张伯伦的发现最初在理论上是被忽视的。事实上，张伯伦自己也差点忽略了这一结果。① 鉴于实验方法的创新，这一结果并不出人意料。但是以哈佛研究生为身份参加张伯伦的一个初始实验的弗农·史密斯（Vernon Smith）却对这一方法很着迷。他认为张伯伦对于实验结果的解释是带有误导性的，而这种误导可以在教室市场中被证明。史密斯推测，让学生在教室四处走动所发生的分散化交易，并不是检验被广泛认同的完全竞争理论的合适制度情境。为此 Smith（1962，1964）发明了一个"双向拍卖"实验制度作为替代方案，在这一方案当中，所有竞价、要价和交易价格是公开的信息。他证明了这样的市场能收敛到有效的、竞争性的结果，即使实验中存在一小部分在开始阶段对于市场条件一无所知的交易者。

尽管与张伯伦的拒绝竞争性价格理论结果相比，史密斯支持竞争性价格理论的结果在经济学家中只产生了微乎其微的初始研究兴趣，但是史密斯开始研究交易制度的变化对于市场结果的影响效应。这方面的后续研究工作主要关注基于制度和结构变化的竞争性价格理论预测的稳健性。②

博弈实验

第二类实验研究产生于 20 世纪 50 年代和 60 年代，研究者主要为心理学家、博弈理论学家和商学院经济学家，他们中的大多数一开始就对著名的"囚徒困境"中的行为很感兴趣，其中最为明显的第一个明确的论述见 Tucker（1950）。③ 问题如下所示：囚徒 A 和囚徒 B 被指控合伙犯罪，他们被安置在单独的私人房间里并给予坦白的机会。如果只有其中的一个坦白并且供出对同犯不利的证据，那么另一个人将被判处 7 年的徒刑，而坦白的那一个囚徒将作为从犯只需服 1 年的刑罚。然而，如果两人都坦白，那么他们每人将被判处 5 年的刑罚。如果每个人都不坦白，那么每人最多被判处对应于较轻犯罪的 2 年刑罚。在矩形当中，这些选择如图 1—1 所示，其中，判刑用负数表示，因为它们代表时间损失。

---

① 在 1948 年的文章中只是简要地用《垄断竞争理论》（第 8 版）中的一个小注释提及了一下。

② 20 世纪 70 年代中叶，当之前在普渡大学与弗农·史密斯作为同事的查尔斯·普拉特（Charles Plott），意识到能采用史密斯的程序形成实验室中的公共产品和委员会投票过程的时候，就出现了另一条不同的实验研究路线。之后关于投票实验的政治科学和经济理论可参考 McKelvey and Ordeshook（1990）。

③ 参见 Roth（1988）讨论塔克是如何解释他对于囚徒困境的注释的。

图 1—1 中所有加粗的数字都是囚徒 B 的。每一格子中的排序是成对的，数字分别与囚徒 A 与囚徒 B 的刑罚相对应。例如 B 坦白而 A 不坦白，那么收益数字（−7，−1）表示 A 判刑 7 年，而 B 判刑 1 年。

囚徒 B

		坦白	不坦白
囚徒 A	坦白	（−5，−5）	（−1，−7）
	不坦白	（−7，−1）	（−2，−2）

图 1—1　囚徒困境

这一博弈显示了一个明显的问题。如果两人都不坦白，那么他们的境况将变得更好，但是，每个人都知道在任何情形中每个人都有坦白的动机，因此"应当"坦白。社会学家和社会心理学家开始时并不确信人类的思考会产生一个共同引发的不理想结果，因而出现了有关囚徒困境实验中被试共同决策的大量文献，旨在检验影响合作与背叛的决定因素。[1]

标准的寡头定价问题是囚徒困境的一个直接应用：尽管对比竞争的情况，合谋将使每个寡头获得更大收益，但是每个卖者都有背叛卡特尔的动机。因此，Sauerman and Selten（1959）、Siegel and Fouraker（1960）和 Fouraker and Siegel（1963）针对寡头垄断情形中合作和竞争的经典研究，与心理学家针对囚徒困境的研究对应了起来。结果是，经济学家对受到更为复杂的市场环境所驱动的寡头博弈很感兴趣［例如，Dolbear et al.（1968）和 Friedman（1963，1967，1969）］。具体而言，例如卡内基-梅隆的工业行政管理研究生院、研究生商学院的跨学科方法导致了一系列实验文章的出现，包括早期的综述性文章（Cyert and Lave，1965）和有关寡头行为各个方面的实验主题研究（Sherman，1966）。最近的许多文献是关于预测的，这属于日益增加的博弈论复杂应用的范畴，但是这类研究总是立足于简单和具体的环境，以使得理论内涵能清晰地得以显现。

个体选择实验

第三类实验理论关注简单情形中的个体行为，其中个体只需要进行

---

[1]　Coleman（1983）列示了 1 500 个囚徒困境的实验研究结果。特别有深刻见解的早期研究包括 Rapoport and Chammah（1965）和 Lave（1962，1965）。

最优化而无须策略性行为。这些实验主要用于评价不确定性条件下的选择问题的原则，这一理论是由 von Neumann and Morgenstern（1947）和 Savage（1954）所创立。

在这一类型的实验中，被试必须在不确定的前景或"彩票"之间做出选择。彩票只是不同奖金的简单概率分布，例如，如果是正面则为 2.00 美元，背面则为 1.00 美元。在两个彩票之间做出选择的被试决定哪一个彩票将用于确定（以随机的方式）被试的收益。许多这类实验旨在寻找基本预期效用理论的明显反例。例如，考虑有争议的"独立性公理"。通俗地讲，这一公理表明在两个彩票 X 和 Y 之间的选择，独立于出现的或者没有出现的共同（因而也是"无关的"）彩票 Z。通过给被试展示两种彩票 A 和 B，公理可以得到检验。如果参与者显示出对于 X 的偏好胜过 Y，那么实验者随后可以检验一个 50/50 获得 X 或者某种第三类彩票 Z 的机会，是否更偏好于一个 50/50 获得 Y 或者 Z 的机会。通过这类质疑，我们已经观察到了大量的、一致性偏离这一公理的结果。[1] 这一研究引发了激烈的争论，并且引导人们努力设计一种新的一般性决策理论，使其不和实际观察到的人类反应所背离。

并非所有的个体决策问题都涉及预期效用理论。例如，May（1954）有条理地诱导出一系列无风险替代方法的非传递选择。其他一些在之后会进行讨论的显著的例子，包括旨在评价被试预测市场价格的理性（Williams，1987）的实验，和用于检验序贯搜寻问题中最优购物规则的行为内涵（Schotter and Braunstein，1981）的一系列实验。检验斯勒茨基-希克斯（Slutsky-Hicks）消费理论的实验已经用人类被试（Battallio et al.，1973）和白鼠被试（Kagel et al.，1975）进行。对白鼠的激励是指它们在给定数量的杠杆按压活动中所获得的团状食物的数量。一些白鼠被试呈现出一个向后弯曲的劳动力供给曲线；这表明，工资的增加导致更少的杠杆按压次数。

1.3　市场实验的一个简单设计

在讨论程序和各种不同实验之前，很有必要给出一个实验的具体例子。为了简化，我们考虑一个市场实验。我们首先讨论一个市场设计，

---

① 第 8 章将讨论"阿莱（Allais）悖论"。

或者在一个具体市场中所引导的供给和需求数组。随后，我们在这一实验设计中讨论各种理论预测的经验研究结果，然后报告一个简短的市场回合的结果。市场涉及六个买者，用 B1，…，B6 表示，以及六个卖者，用 S1，…，S6 表示。每个行为人最多能进行两个交易。在每个交易中，卖者赚得某单位商品交易价格和成本之间的差额。与此相反，买者赚得单位价值和交易价格之间的差额。通过这种方式，一个单位价值代表了某个产品单位的最大支付意愿，而一个单位成本代表了最低接受意愿。

表 1—1 给出了卖者和买者的个体成本和估价系列信息。每个买者都有一个高价值单位和一个低价值单位（B1 除外，他有不变的价值）。提供给买者多个单位但是限制他们先购买最高价值的单位，这实现了个体需求是向下倾斜的假设。水平加总个体需求曲线产生了如图 1—2 所示的向下倾斜的市场需求曲线。值得指出的是，例如，在表 1—1 中最高价值是 B6 的 1.90 美元。这在图 1—2 的需求函数的左边产生了最高的梯级。图中梯形上的标签显示在那一梯级上拥有那一价值的买者身份。相应的，在表 1—1 的卖者都有低成本单位和高成本单位。要求卖者先售出低单位成本，这就引导出一条向上倾斜的个体需求曲线。不同个体供给进行加总产生了如图 1—2 所示的市场供给曲线。

表 1—1 　　　　　市场实验的参数 　　　　　（单位：美元）

买者	买者价值		卖者	卖者成本	
	单位 1	单位 2		单位 1	单位 2
B1	1.40	1.40	S1	1.30	1.40
B2	1.50	1.30	S2	1.20	1.50
B3	1.60	1.20	S3	1.10	1.60
B4	1.70	1.10	S4	1.00	1.70
B5	1.80	1.00	S5	0.90	1.80
B6	1.90	0.90	S6	0.80	1.30

从图 1—2 可以很清楚地看到，预测的竞争性价格在 1.30 美元和 1.40 美元之间，并且预测的竞争性数量是 7。剩余是度量市场表现的第三个指标，它通过交易产生，正如买者和卖者在互惠的条款上执行合

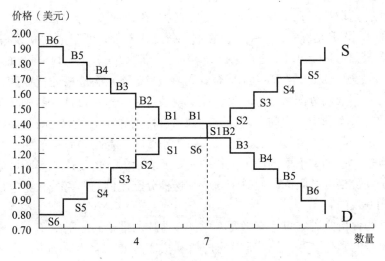

图 1—2　市场实验的供给和需求结构

约。如果 B3 和 S6 对他们的第一单位达成合约，那么所形成的剩余是 0.80 美元（＝1.60 美元－0.80 美元）。从交易中所提取的最大的可能剩余是 3.70 美元，它是在供给曲线和需求曲线相交的左边的面积。这些预测结果可概述在表 1—2 的最左边的一列。

表 1—2　　　　　　　　　　替代性市场结果的性质

	完全竞争	垄断	买方垄断	数量最大化
价格	1.30～1.40	1.60	1.10	0.80～1.90
数量	7	4	4	12
剩余	3.70	3.20	3.20	1.20
效率	100％	87％	87％	32％
买者的剩余	～50％	19％	81％	—
卖者的剩余	～50％	81％	19％	—

效率，也就是度量所获取的最大化可能性剩余的比例，显示在表 1—2 的第四行。（在没有外部性和其他不完全的条件下）竞争性价格理论预测交易可以最大化从交换中获得的可能收益，因而，竞争性理论预测的效率是 100％。[①] 最后，可获得的剩余能以各种各样的方式进行

———————————

① 第 3 章 3.2 节将讨论效率概念的某些方面。

分配，这取决于在交易序列中所做出的合约。假设 B3 和 B6 只在所提及的 1.30 美元价格处达成的。在这一价格水平处，所形成的 0.30 美元的剩余归 B3（＝1.60 美元－1.30 美元），而 0.50 美元的剩余归 S6（＝1.30 美元－0.80 美元）。如果合约是在 1.10 美元的价格处达成的，那么这一剩余的分配将正好相反。在竞争条件下，这一设计中的剩余正好大致在买者和卖者之间平均分配。如果价格正好在竞争性区间的中间位置，那么 50％的剩余归买者，50％的剩余归卖者。然而，正如在"完全竞争"一列中下面的两个数符"～"所表示的，由于这一实验设计中竞争性价格的区间问题，对于 50/50 这种分配比例的偏离是和竞争性结果相一致的。

为评价实验结果，有必要考虑一些替代的理论。如果给予一个经济学班级的学生如表 1—1 所示的价值和成本信息（但并不如图 1—2 所示），并且要求提供一个双向拍卖交易的价格结果的预测理论，他们通常会给出一个包括计算价值和成本均值或者中位数的程序。然后如果向学生展示图 1—2 并且要求给出一个完全竞争理论的替代方案，那么方案往往是最大化一种形式或者另一种形式。可能的三种最频繁给出的理论是：（a）最大化卖者组合的利润；（b）最大化买者组合的收益；（c）最大化在各方都不会产生损失的交易的单位数量。[1]

这三种替代理论的预测能概述在表 1—2 右边的三列当中。考虑列示在表 1—2 中的"垄断"一列的预测结果。假定所有单位以一个统一的价格进行销售，利润最大化的垄断价格是 1.60 美元，在一个时期中将交易 4 个单位。这产生了 6.40 美元（＝4×1.60 美元）的总收益。生产 4 个单位的最便宜的方式是使用卖者 S3 至 S6 的第一单位，总成本为 3.80 美元（＝0.80 美元＋0.90 美元＋1.00 美元＋1.10 美元）。因此，产生的利润是收益和成本的差额，为 2.60 美元。[2] 垄断价格的买者剩余只有 0.60 美元（B6 的 0.30 美元，B5 的 0.20 美元，B4 的 0.10 美元）。总剩余是加总卖者的利润和买者的利润，即 3.20 美元，它占能从市场交易中所获得的最大化收益（3.70 美元）的 87％。卖者将获得大约 81％的剩余（或者是在图 1—2 中的 1.60 美元和供给曲线之间的前

---

① 在我们的经验中，经济学学生更为频繁地证明了这些理论，而非出现在他们所有教科书中的完美竞争模型（剩余最大化）。

② 通过构建一个边际收益曲线可以确定这一垄断价格。替代的方法是考虑在价格附近的利润：提高价格至 1.70 美元，降低销售至 3 个单位并且利润为 2.40 美元。降低价格至 1.50 美元，增加销售至 5 个单位，但是利润下降至 2.50 美元。其他价格盈利更少。

四个单位的面积）。[1] 买者剩余最大化的对称性预测概述在表 1—2 中的"买方垄断"一列。最后，考虑数量最大化作为一个预测因子。从表 1—1 的再检验中可以清楚地看到，如果所有的交易在不同的价格处进行，那么在一个时期中能进行 12 个有利可图的交易。[2] 在每个交易中，买者和卖者将在供给和需求梯级之间的 10 美分差额处进行协商，因此，没有关于价格和剩余分配的预测结果。每个交易产生 10 美分，因而总剩余只有 1.20 美元，或者是大约 32% 的最大化可能剩余。为了交易 12 个单位，价格将与个人价值和成本一样分散，正如表 1—2 最右边一列"0.80~1.90"的区间所显示的。

我们使用 12 个学生参与者以及表 1—1 所概述的参数进行一个短期的市场回合。[3] 回合包含两个"交易时期"。在每一时期开始时，分配给 12 个参与者每个表 1—1 的其中一个成本或价值表。然后通过上面所提及的双向拍卖交易规则，给予他们 10 分钟协商交易：卖者出价，它可被任一买者所接受；同时买者喊出竞价，它能被任一卖者所接受。（这一实验所使用的导语重新显示在附录 A1.1 中。）第一期的交易价格按照时间顺序列示如下，在竞争性区间的价格用下划线强调：

> 时期 1：1.60 美元，1.50 美元，1.50 美元，<u>1.35 美元</u>，1.25 美元，<u>1.39 美元</u>，1.40 美元

参与者在第一期结束处计算他们的收益，然后在第二个交易期市场开放，持续 7 分钟。第二期的交易价格为：

> 时期 2：<u>1.35 美元</u>，<u>1.35 美元</u>，<u>1.40 美元</u>，<u>1.35 美元</u>，<u>1.40 美元</u>，<u>1.40 美元</u>，<u>1.35 美元</u>

因而，到第二时期，结果完全与竞争性的预测水平一致：所有交易都在竞争性价格区间并且售出 7 个单位。市场在这两期是 100% 有效

---

[1] 关于卖者利润最大化中的一个盈利更多的理论是：通过在 1.90 美元处销售一个单位，在 1.80 美元处销售一个单位等方式，卖者完全地实行了价格歧视。在这一情形中，交易 7 个单位会提取 100% 的效率，并且所有收益归卖者。一个对称的、成本歧视的买者收益最大化也是可能的。为方便表示，表 1—2 没有显示出这些理论的结果。

[2] 让 S_{ij} 表示卖者 S_i 的 j 个单位，那么 12 个可盈利的交易能够发生，如果它们以下面的方式进行交易：S_{11} 与 B_{11}，S_{12} 与 B_{21}，S_{21} 与 B_{22}，S_{22} 与 B_{31}，S_{31} 与 B_{32}，S_{32} 与 B_{41}，S_{41} 与 B_{42}，S_{42} 与 B_{51}，S_{51} 与 B_{52}，S_{52} 与 B_{61}，S_{61} 与 B_{62} 以及最后的 S_{62} 与 B_{12}。

[3] 参与者是弗吉尼亚大学经济学专业的四年级学生，并且他们是从一个小讨论班中招募的。被试之前没有参加过市场实验。回合是口头进行的，所有价格都记录在黑板上。收益是在两时期末用现金支付。

的。这些竞争性结果是使用图 1—2 中的参数所获得的代表性结果。值得注意的是，交易者的数量相对较小，并且初始时没有交易者知道市场总体的供给和需求情况。[1]

1.4 实验方法：优势和局限

1.2 节所提及的三类文献中的每一类，都已经用人类作为被试，令其在高度组织化的情形中作出决策，从而产生了大量的调查结果。对此表示怀疑的读者可能质疑：从这些简单实验环境的行为中能学到复杂经济现象的什么东西？尽管在后面章节中反复地出现这一话题，但是在此对实验的正反两方面意见做出一个简要的概述是有必要的。

在任何科学中实验方法所提供的主要优势是复制性和控制性。复制性是指其他研究者有能力再现某一实验，因而独立地证实某研究成果。[2]从某种程度上来说，缺乏复制性是所有非实验的观察性调查研究的一个问题；从自然发生过程中所得到的数据被记录在一个独特的并且不可复制的时空背景之中，在这个背景中其他非观测因素是不断变化的。[3]经济学中问题是复杂的，因为经济数据的收集和独立的证实是非常昂贵的。而且，经济学同行几乎没有对数据的收集过程施加专业的可信度，所以经济数据通常并不是经济学家出于科研意图而收集，而是由政府雇员或者商业人士为其他目的而收集的。基于这一理由，往往很难确认现场数据的精确度。[4]从自然发生市场收集更好的数据是可能的，并且在这一领域确实有做出改进的强有力的证据。不仅相对便宜，独立进行的实验研究还具有可复制性，这反过来提供了仔细收集相关数据的专业激励。

控制性是操纵实验条件以使得观察到的行为能用以评价替代性的理论

---

① 如果供给和需求函数更加非对称，那么收敛于均衡的行为模式通常涉及多于两期的情形。第 3 章考虑了在双向拍卖中收敛缓慢或者不规则的一些条件。

② 复制的概念应当与经济学中普遍使用的术语区分开来。正如 Roth（1990）所指出的，经济学中复制的概念是指一个数据集再现结果的能力。在一个实验情形中，复制是指形成一个完全新的观察值集合的能力。

③ 当然，实验观察值也在不同地点的空间和时间发生，但是实验都能在后续实验中近似地复制一个检验环境。

④ 《华盛顿邮报》（*Washington Post*，July 5，1990，p. D1）概述了这种一致的意见：在研究政府数据时，从国家自然科学基金至国家商业经济学协会的每个人已得出同样的结论：统计数据的准确性和有用性存在严重问题。

和政策的能力。在自然市场中，存在着不同程度的控制性的缺失。显著的自然数据有时在原则上可能存在，但是此类数据要么不能收集，要么收集太过于不精确，以致不能在替代的理论上进行区分。在其他例子中，相关的数据不能收集，仅仅是因为不可能发现匹配理论假设的经济情形。在自然情形中控制的缺乏在许多经济领域的研究中导致了关键的数据问题。例如，在个体决策理论中，人们会非常惊讶地在实验室之外观察到许多这样的情形，而在实验室中个体所面临的问题却可以直接用于检验期望效用理论。博弈论的预测往往也很难用自然数据进行评价。许多博弈理论模型表现出多重均衡。博弈理论学家通过忽略一些被视为"不合理"的均衡而频繁地窄化结果的区间，并且往往是在非常精致的基础上，比如在达到博弈均衡的路径中，发生前所未有的偶然事件时所秉持的自然信念（"偏离均衡路径"的信念）。这类事件几乎不能用非实验数据进行评价。

可能更令人惊讶的是，对于从自然市场中所得到的数据的控制的缺乏，甚至不足以检验更为基本的新古典价格理论的预测。例如，考虑市场将产生有效率的、竞争性的价格和数量的简单命题。给定一组特定的市场需求和供给曲线，这一命题的检验需要价格、数量以及市场效率的数据。但是供给或需求都不能用自然数据直接观察到。有时成本数据可以被用于估计供给，但是许多市场的复杂性会使得一些参数度量指标必须基于一个或者更多方便的简化，诸如对数线性或者完全的产品同质性，而这些条件在非实验室市场中经常在某种程度上无法实现。[①] 需求甚至更难观察得到，因为没有类似于消费者成本数据的东西。

尽管使用经济计量方法可以从交易价格数据中估计市场供给和需求曲线，但是这一估计过程通常依赖于价格总是在均衡附近的假定。（保持需求不变，然后移动供给，它可用于识别出需求；相反的情形也可估计供给。）相应地，在没有假定市场是均衡的情形下也有可能估计供给和需求，但是在这一情形中有必要做出非均衡本质的具体假定。在这两种情形中，对于一个市场而言，如果供给和需求的估计都是基于市场是否或者如何实现均衡的特殊假定，那么任何试图对于市场均衡趋势进行评价的尝试都是存在问题的。

因而，用自然数据对市场命题进行的检验是一系列相当复杂的初始

---

① 例如，任何熟悉掠夺定价情形的人，都知道度量一个像平均可变成本一样简单的概念有多困难。而且，掠夺定价的检验（诸如 Areeda/Turner 检验）是在平均成本的层面上而非在理论上更为精确的边际成本的层面上操作的，因为边际成本的度量过于晦涩。

和辅助假设的联合检验。除非辅助假说是有效的，否则初始假说的检验几乎不能提供任何确凿的信息。一方面，负面的结果并不能拒绝理论。如果辅助假设是错误的，即使理论是正确的，也会出现貌似与理论内涵相矛盾的证据。另一方面，即使是非常具有支持性的结果也可能是误导性的，因为一个检验可能基于错误的理由产生"正确"的结果；初始假说可能没有解释能力，然而，辅助假说可能因为充分错误而产生明显的支持性数据。

在检验主要假说时，实验室方法可以大大减少相关的辅助性假设。例如，使用张伯伦和史密斯介绍的成本和价值引致程序，对市场产生竞争性价格和数量的预测结果的能力的检验，能在没有功能性形式和产品同质的假设下进行，而这些假设在自然发生市场估计竞争性价格预测的过程中通常是必需的。通过引导一个能被研究者完全理解的控制环境，实验方法可以提供一个最小化的理论检验。如果理论在被控制的"最佳"实验室条件下都无法发挥作用，那么明显的问题是它在任一环境下能否很好地运作。

即使是给定非实验数据的不足，批评者常常怀疑经济学实验方法的价值。一些直接的质疑远没有它们首次出现时那么重要。例如，一个自然的保留意见是：经济中的相关决策者比构成绝大多数被试群体的本科生或者 MBA 学生更为精明。这一批评与某些实验类型（例如，期货市场的交易研究）的相关性要强于另外一些实验（例如，消费者购物行为的研究），但是无论如何，这个争论主要涉及被试的选择而不是实验本身的有用性。如果在相关市场中的经济行为人与本科生的思考是不一样的，那么被试的选择上将会体现出这一点。很明显，从自然发生市场中所招募的决策者的行为已经在各种不同的情境中进行了检验，例如，Dyer，Kagel，and Levin（1989），Smith，Suchanek，and Williams（1988），Mestelman and Feeny（1988），以及 DeJong et al.（1988）。这些决策者的行为通常与更为标准的（并且代价更低的）学生被试群体所表现出的行为没有显著差异。例如，Smith，Suchanek，and Williams（1988）在使用学生以及商业和专业人士作为被试时，都在实验资产市场中观察到了价格"泡沫"和"崩盘"。①

---

① 在一些例子中"相关专业人士"的使用阻碍了实验的表现，Dyer，Kagel，and Levin（1989）和 Burns（1985）发现涉及实验市场的相关专业人士有时试图应用可处理类似自然市场中的不确定性估价的拇指法则，但是这在实验中却毫无指导意义。DeJong et al.（1988）报告了商业人士需要关于计算机键盘使用的更多介绍。

第二个关于采用实验方法的直接保留意见是，经济学家最感兴趣的市场是复杂的，而实验环境往往相对简单。然而，与其说这是对实验本身的批判，不如说是对于理论本身的批评。的确，一个简单实验情境中的理论表现也许并不能推广至更为复杂的自然情境。如果的确如此，并且实验是以与相关经济理论相一致的方式进行组织，那么可能理论本身就忽略了经济中的一些潜在重要特征。另一方面，如果理论在一个简单的环境中不能运行，那么几乎没有理由期望它在一个更为复杂的自然世界中能够运行。[①]

需要补充说明的是实验并不是万灵药。实验设计、执行和解释的相关事宜需要不断地审查。例如，虽然关于被试群体和环境简化的顾虑并不是直接抛弃实验方法的正当理由，但是这些话题确实值得密切关注。虽然有证据表明相关专业人士的使用并不总是影响到实验结果，但是许多研究确实表明被试的表现会随着参与者能力的代理变量而变化，诸如本科所在机构（例如，Davis and Holt，1991）或者使用研究生代替本科生。[②] 基于这一理由，选择一个特殊的参与者群体在一些情形中可能是合适的。

同理，如果研究者的目的在于做出有关自然市场表现的论断，那么实验市场的相对简化可能是一个严重的缺点。经济学家一般都熟知那种"过分吹嘘"自身研究成果的压力，这样做是为了从那些对相关政策研究感兴趣的机构那里吸引更多的资金。实验研究者几乎无法对这样的诱惑免疫。例如，经济学家常把悦耳易记的标签贴于替代性决策，然后在一个更宽广的政策框架中解释结果，这么做太容易了，以致有关博弈论均衡概念的研究看起来与政策没有丝毫关系。但在实际中，囚徒困境实验的任何一种变体都不能提供有关产业政策的大量新信息，无论这些决策如何被标记。

建立和控制实验环境的技术难题也是有效实验的重要阻碍因素。当实验的目的是为了诱导个体偏好信息时（与此相反，给定引导偏好的集合，对群体的相互作用结果进行评价），这一点尤其突出。例如，许多宏观经济政策的有效性依赖于跨期权衡的认知。人们是否预期到今天的税收减免必然伴随着以后税收的增加，或许这会发生在几十年之后？行为人是否关心未来一代将发生什么？行为人是否有遗赠的动机？尽管这

---

① Plott（1982，1989）清楚地表达出这一辩护意见。

② Ball and Cech（1991）提供了被试库效应的一个很详尽的综述。

些很明显是行为问题，但是它们很难在实验室中被解决。许多人可能只在他们年老时才认真地考虑遗产问题，在其他时间有关意识行为的反应可能是很差的预测因子。尽管已经设计了详细说明计划以解决诱导话题，但是公平地说，实验经济学家在偏好诱导方面并不比在偏好引导方面做得更为成功。此外，在实验室中引导一些经济环境的重要组成部分在技术上是否可行，此类问题仍然存在，比如，无限空间或者风险规避。在后面章节将讨论解决这些问题的好方法。

总而言之，实验方法的优势是决定性的。然而，实验的方法与其他经验研究技术是互补的而非替代的。而且，在一些情境中我们只能从实验中获取相对较少的内容。保持对于实验技术新奇性的初始迷恋，而不要不动脑子地将其运用于期刊上的每一个问题或者模型，这一点非常重要。

1.5 实验的类型

复制性的"大棒"迫使那些进行实验的人细致地考虑设计和执行实验的合适程序以及评价它们的标准。然而，实验研究有各种各样的目标，并且合适的程序依赖于所进行的实验类型。基于这一理由，讨论几个替代性的实验目的是具有启发性的：行为假说的检验、敏感性检验，以及经验性规律的记录。这一讨论是介绍性的。第9章将更为细致地讨论经济学实验以及经济学命题检验之间的关系。

行为假说的检验

可能经济学中实验方法最普遍的用处在于理论的证伪。通过构建一个尽可能满足某个具体理论结构性假设的实验环境，理论的行为内涵可能得到很好的诠释。这一环境中糟糕的预测能力对于理论的支持者来说尤为麻烦。

构建理想的环境几乎不可能是一项简单的任务，也就是说，环境必须与相关模型的结构性假设相一致。确实，这一任务不可能在一次实验的重复中完成。尽管许多所谓"至关重要的实验"魅力无穷，但是这样的重大进展是很少见的。而且，经验评价的过程更经常地涉及理论学者和实验者之间不断的互动，并且常常会涉及理论最初忽略的元素。例如，张伯伦对于市场不能够产生竞争性结果的证明引导史密斯去考虑交易规则对于市场表现的效应，并且最终使得理论学家广泛地思考那些通常被忽略的重要制度因素。通过这种方式，实验促进了理论学家和经验研究者之间对话的发展，这一对话会迫使理论学家将模型以可观察变量的方式具体化，并且使得数据收集者在获得所必需的控制手段方面更为精确和聪明。

理论压力检验

如果在一个最小化的实验环境中并不拒绝一个理论的关键行为假设，那么下一步的逻辑将是开始架接实验室和自然发生市场之间的差距。这一问题的一种解决方法涉及检验理论偏离"明显的非现实性"简化假设的敏感性。例如，即使是在简单的实验室中，根据完全竞争理论和完美竞争能力组织行为，如果它们不能够容纳有限数量的行为人或者小的正的进入成本，那么这些理论将只有有限的实用价值。通过用逐渐减少的卖者或者使用正（并且递增）的进入成本检验实验室市场，就可以检验每种理论对于其简化假设的稳健性。用这种方式对于理论进行的系统压力检验往往不可能采用非实验数据进行分析。①

另一个理论压力检验的直接应用涉及信息。许多博弈理论假定完全信息，或者是在一个精心设计的有限维度上的不完全信息。但是在一些应用中（例如，产业组织），如果理论预测的准确性对于市场结构参数的细微不确定性很敏感，那么使用的博弈理论就会显得过于简化。也有一些并不属于此类情况的证据，当没有给予其他被试关于报酬函数的信息时（Fouraker and Siegel，1963；Dolbear et al.，1968），非合作性（纳什）均衡的概念有时更有预测能力。这是因为被试并不需要完全按照理论家的方式计算非合作均衡策略；他们需要做的是对在先前博弈中所观察到的其他人决策的经验分布做出最优的反应。

搜寻经验规律

一种极具价值的经验研究的类型，是将所观察到的经济变量之间关系的奇特规律性记录在案。例如，累积生产经验对于单位成本的负面效应已经催生了大量有关"学习曲线"的文献。Roth（1986）指出实验也能够用于发现并且记录这样的"特征事实"。这一研究在实验室市场中很容易进行，因为在其中几乎很少存在或者没有度量误差，而且实验

---

① "压力检验"术语来自 Ledyard（1990）。

者知道基本的潜在需求、供给和信息条件。我们很难下结论说某个具体行业中的价格在竞争性水平之上,例如,在边际成本或者秘密的折扣不能很好地被度量的情况下,这种情况是很常见的。在经济学文献中关注经验争论的任何一个人(例如,产业组织中的集中利润率)都会因为从市场实验中有所收获而觉察到其吸引力,即使所考虑的话题在范围上很有限。

1.6 一些程序和设计的考虑

研究目标和设计的多样性使得确认一组可接受的实验程序的工作变得更加复杂。因而,本书各个部分会同时讨论理想的和不理想的实验程序,并且章节附录中会给出具体的例子和应用。然而,某些一般性的实验设计和程序思路适用于大部分实验研究,在这里对其进行讨论是具有启发性的。为了能够说清楚,下文将主要从市场实验的角度展开讨论。

一般来讲,实验设计应该能使研究者利用上面所讨论的实验的主要优势:复制性和控制性。尽管实验设计思路的分类方法在某种程度上与个人偏好相关,但是我们发现下面的分类是有用的:程序规律性、激励、无偏性、校准以及设计的类似性。程序的规律性是涉及遵循一条能被复制的路径。激励、无偏性和校准是下面将进行解释的控制性的重要特征。设计的类似性指的是实验情境设置和自然发生的经济过程之间的联系。这些设计标准将以一般性的方式进行介绍;附录 A1.2 中进行市场实验的详细建议清单包含了其中某些标准的具体实践内涵。

在继续讨论之前,有必要先引入一些术语。并没有标准的传统惯例来指代实验的各个组成部分,因此为了让讨论变得明晰,我们采用下列术语:

回合:涉及同一天中同一组被试群体的一系列时期、博弈或者其他决策任务;

群体:参与到某个回合中的一组被试;

实验局:一个独一无二的环境或者诸如信息、经验、激励和规则等处理变量的结构;

单元:拥有相同实验局环境的回合的一个集合;

实验设计:为评价所感兴趣命题的一个或多个单元中的回合的一个具体说明;

实验：在一个或多个相关单元中的一系列回合。

读者应当注意一些术语在文献中的使用往往是不同的。尤其值得注意的是，我们通常使用"实验"一词来指代我们所谓的一个"回合"。我们的定义是依照 Roth（1990），他认为，一组被试在单次碰面中的互动应当被称为"回合"，而"实验"一词应当保留为旨在评价一个或多个相关经济命题的一系列回合。通过这一定义，一个实验往往是在一篇文章中所报告的证据，虽然并不一直是这样。[①]

最后，大多数实验回合涉及重复决策，并且需要一些术语识别不同的决策单位。合适的术语依赖于实验类型：当讨论个体决策实验时，决策单元被称为实验；当讨论博弈时，决策单元被称为一个博弈；当讨论市场实验时，决策单元被称为交易时期。

程序规律性

实验者赋予所收集数据的专业可信度对于实验的有用性至关重要。其他人能够并且确实可以复制实验的结果，并且在进行实验和报告结果时，研究者感觉到潜在的复制性的压力，这是非常必要的。为便于复制，程序和环境应当标准化，从而使得只有处理变量得到调整，这是很重要的。除此之外，仔细撰写这些程序（尤其是导语）也是很重要的。一般而言，标准化和报告程序的指导性原则是允许研究者和外在观察者能够接受这一复制的有效性。研究者应当采用并且报告以下相关内容[②]：

- 引言；
- 解释性的例子和被试理解程度的检验（它应当包括在引言中）；
- 回答问题的标准（例如没有超越引言的信息）；
- 货币或者其他报酬的性质；
- 没有报酬的"实验"或者练习时期；
- 被试群体和招募被试的方法；
- 被试的数目和经验水平；
- 匹配被试和角色的程序；
- 实验回合的位置、日期和持续时间；

---

① 然而，我们将继续以一种不受限制的方式在被试的导语中使用"实验"一词。

② 这一清单近似地与 Plafrey and Porter（1991）的"提交实验手稿指引"中的目录相对应。

- 物理环境、使用的实验助手、特别的方法以及计算机化；
- 任何被试企图实施的欺骗；
- 需要解释的具体回合中程序的无规律性。

即使期刊空间不允许导语、工作表格和数据的发表，研究者也应当使期刊的审稿人和想要浏览和评价这一研究的其他人可以获得这一信息。

计算机的使用已经在强化经济学复制性标准方面做了许多工作。[①]通过可视化计算机终端实现的导语以及实验环境的展示增强了实验的标准化和控制性，并且简化了使用不同被试群体复制实验时的工作。而且，一些涉及大量互动或者私密的程序性任务，很容易通过计算机执行，并且计算机化往往能够通过节省用于保留记录和传递信息的时间，使得研究者在一个回合中获得更多的观察值。[②]

然而，重要的是，计算机化并不是进行许多实验的必要条件。即使是在可以广泛使用计算机的情况下，一些非计算机的程序依然有用。例如，如果被试怀疑被欺骗或者报酬通常很大，那么扔骰子的物理行为就比用电脑程序产生随机数更具可信性。同理，即使导语是通过计算机呈现，我们通常更偏好在被试看着电脑屏幕时实验者能大声地宣读导语。这增加了共同知识，即每个人都清楚其他人知道程序和报酬的一些内容。宣读也排除了一些被试比其他被试更早完成阅读并且变得无聊的情况。

最后一个程序上的重要话题涉及一个被试库的建立和维持。尽管很少谈及，被试招募、引导以及支付的方式都会严重地影响到结果。实验室之外学生彼此之间的联系，可能会使得实验室中的行为因此而受到扭曲；例如，在涉及欺骗或合作的实验中，朋友可能与匿名的参与者表现有所不同。这类问题可能在一些职业学校或者欧洲大学系统中特别明显，在那当中，所有同年级的学生参加同样的课程。通过在一个给定的回合中从多个班级（年级）招募参与者可避免潜在的问题。基于同样的理由，实验者可能想要避免在实验回合中出现上他或者她课的学生。这些学生会考虑他们的教授希望看到怎样的结果，从而可能会改变他们的

---

① 现在美国已经有 24 个计算机的经济实验室，在欧洲也有几个。

② 第 3 章的 3.3 节将讨论在双向拍卖情形中计算机化的效应。同时，计算机化的其中一个优势在于导语呈现的方式。明码标价拍卖所执行的计算机化的导语出现在第 4 章的附录A4.2 中。

选择。

　　研究者也应当仔细避免欺骗参与者。许多经济学家非常在意在学生群体中形成并且维持一个诚实的声誉，以确保被试的行动受到引导的货币报酬而非怀疑操纵的心理反应的激励。如果出现这一情况被试可能会怀疑受到欺骗。而且，即使被试不能够在一个回合中察觉到被欺骗，但如果被试发现他们受欺骗并且报告这一信息给他们的朋友，这可能使未来的实验受到损害。① 维持被试群体的另一个重要的方面是系统性记录被试参与的历史。这在实验是由许多不同研究者进行的大学当中是特别重要的。一个共同的记录姓名和参与时期的系统允许每个研究者能够确定一个新的被试是在所使用的环境中无经历的。同理，在需要经验的回合中，一个好的记录维护系统使得在多重"经验"回合中控制相同被试的重复性使用变得可能。

激励

　　在设计一个实验中，参与者收到显著的报酬应该与相关理论或者应用中所假定的激励相对应，这是至关重要的。显著性意味着决策的变化对于报酬有一个显著的效应。显著性要求：（1）被试明确所做出的决策和报酬结果之间的关系；并且（2）所引导的报酬足够高，从某种意义上来讲，它们占优于被试所做出决策和交易的成本。例如，考虑一个竞争性数量预测，它要求对一个买者价值 1.40 美元而对于一个卖者成本为 1.30 美元的一个单位进行交易。如果协商合约的联合成本超过 0.10 美元，那么将不会完成这一交易，并且竞争性数量预测将"失败"。

　　在考虑具体的实验情境前，没有人能够先验地保证报酬是足够的。一方面，即使是通过最大化纯粹假设的报酬数额，参与者也会试图在许多情形中"变现得出色"。另一方面，不一致或者变化的行为并不必然是货币激励不足的一个信号。没有货币数额能激励被试进行超越他们智力范围之外的计算，而任何更多慷慨的奖励将会使我们成为专业的运动员。② 然而，这样一种观点已经形成，即给被试提供报酬倾向于减少表

---

　　① 许多经济学家认为在经济学实验中欺骗是不必要的，并且基于这一理由，他们认为使用欺骗程序的实验结果不应当出版。欺骗程序可能在其他学科中（例如，心理学）更为普遍，也可能并没有多大的反对意见。

　　② 弗农·史密斯在不同情境中得出相似的要点并在 1988 年 10 月的经济科学协会会议上做了口头报告。

现的波动性。① 基于这一理由，经济学实验几乎一直涉及非假设的报酬。

同时，作为一般的情形，报酬是货币的。货币报酬最小化了有关个体对于报酬媒介的异质性态度效应的忧虑。用诸如咖啡杯或者巧克力棒等实物表示报酬，可能会导致一些无法控制的成本，因为参与者可能各自对于实物的评价是不同的。货币报酬也是高度可见的并且具有非餍足性的优势；与没有吃够巧克力棒的假定相比，假定参与者没有获得足够的货币会使得问题更少。

在许多情境当中，即使所有参与者都做出了仔细的决策，对于边际行动的充分激励还需要参与者的收益存在很大的差异。例如，在一个市场中的高成本卖者，不管他们的决策如何，将往往比低成本卖者赚得更少。如果有可能的话，平均报酬应当设定得相当高以足以抵消所有参与者时间的机会成本。这一机会成本将取决于被试群体；专业人士的时间机会成本会比学生被试要高。如果同时涉及几个替代性理论或者假说，那么对于激励意图而言，收益水平在所考虑的每一个替代方案的结果中都应当足够高。例如，如果在竞争性均衡中被试的收益是零，那么将不能观察到竞争性定价行为，因为零收益可能导致反常的行为。

在一些实验中，被试的收益是用像代币或者法郎等这样的实验货币进行表示，然后再转换为现金。一个非常低的转换率（例如，100 实验"法郎"兑换 1 美分）能形成好的价格序列，它更密切地接近连续模型中的理论结果。例如，寡头博弈中的粗糙价格格子，能引进许多额外的、不受欢迎的均衡。使用实验货币"过滤器"的第二个优势出现于这样的情形中，实验者想要通过给予被试作为私人信息的不同转换率，最小化人与人之间的报酬比较。在谈判实验中已经使用了这类程序。当实验者关心收益水平时，实验货币也可以用于控制报酬聚点的位置。比如，通过在相同的设计中以不同的法郎/美元转换率进行实验局，能够控制在绝对报酬水平上的收益效应。当实验回合是在使用不同货币的不同国家中进行时，用实验室美元表示报酬也可以控制回合中的不同聚点。

一些实验经济学家进一步坚持认为货币过滤器能够增加激励，比如，被试可能努力地赚取即使他们被嘲笑只值 1 美分的 100 法郎。我们

---

① 在没有金钱激励的条件下，可以普遍地观察到行为中大量无规则地偏离标准的行为。另外，当提供充分的金钱动机时，相关的经济模型往往会得到更好的预测结果。例如，Siegel and Goldstein（1959）表明增加报酬水平会相应地增加一个预测实验中理性的最大化选择比例。第 2 章将讨论这一实验。

发现这一货币幻觉的观点不那么有说服力。许多在外国的旅行者在第一次回国时，津津乐道着自己花费了成千上万比索或者其他货币的故事，却并不担心产品的真实成本。同样地，实验室货币的使用可能掩盖甚至是稀释了金钱动机。而且，即使实验室报酬确实造成了货币幻觉，它们也可能同时制造一种人为的投机性竞争的"棋盘游戏"的感觉。基于这些理由，除非研究者对于使用实验货币有一个具体的设计动机，用现金表示实验室收益应该是深思熟虑的结果。

关于激励的三个额外的评论值得简要地提及一下。首先，除了支付参与者在实验中的收益之外，再支付给参与者一个出场费用，这是相当标准的惯例。支付一个之前告知的费用有利于招募被试，建立可信度，并且可能提供了被试注意导语的一些激励。其次，为了控制激励，实验者具体化实验的所有方面是非常重要的。例如，无法提供回合的持续时间和时期个数，可能影响被试对以某种未知的和不受控制的方式进行合谋的动机的认知。第三点是第二点的限制性条件。如果给予被试其他人货币报酬的完全信息，那么存在着对于激励失去控制的风险。在完全信息条件下，如果理论模型激励行为人最大化他们自己的报酬，那么嫉妒和善意更有可能成为一个问题出现。Smith（1982）将隐私（只知道自己的报酬函数）加入到了一个有效微观经济学实验的充分条件之中。隐私对于某些意图是合适的，诸如检验那些将隐私具体化的理论，或者对那些并不具体化隐私的理论进行压力检验。另一方面，隐私可能并不适合那些受到将博弈结构的完全信息具体化的博弈理论模型所驱使的实验。[1]

无偏性

实验的进行不能使得参与者认为某种行为模式是正确的或者被期望的，除非外在暗示是一个处理变量。复制的可能性应当提供充分的激励以阻止那种扭曲参与者行为的极其恶劣的尝试。然而，我们提及无偏性的话题，并不是为了警告研究者远离明显的暗示性行为，而是指出即使是最为好意的研究者也应该怎样小心避免微小的行为暗示。与其他观察性的实验数据（比如说原子）所不同的是，人类参与者渴望做出研究者希望得到的东西并且能对极其微小的暗示做出反应以显示他们做得"很好"。如果一个实验是人工进行的，那么让实验执行者不知道具体设计的理论预测有时很有用。这是可以实现的，比如，在一个实验市场回合

---

[1] Smith（1982）包含了基于非餍足性、显著性和私密动机的经典论述。

中，通过对所有价值和成本增加一个伪装的参数，这在没有改动市场的主要结构条件下将供给和需求移动了同样的距离。在每一回合中改变移动的参数，这可能使一个实验的执行者不知道均衡价格。这些变化也减少了学生之间的事后讨论影响后续回合中的行为的可能性。

一些研究者认为回合应当由一个不知道实验意图的助手进行，也就是在一个"双盲"的环境中。我们自己的感觉是，研究者有最强的动机和能力发现程序问题，因而我们偏好于让自己出现在一个回合之中。但是在某些类型的实验特别是在那些涉及公平话题的实验当中的被试，可能会受到他们正被第三方所观察的事实的影响。在这样的情形中，对于研究者来说，最好是不引人注目或者不被看见。

另一种偏误的可能来源是用于解释激励的术语。抽象物品的交易，而非"污染许可证"或者"垂危企业"，可能会避免不可观测的个体偏好或者对特殊产品的厌恶对结果产生影响。具体的经济学或市场术语也可能暗示具体的行为类型，比如"卡特尔"或者"合谋"。基于这一理由，避免提及任一具体产品的实践方式被广泛认同。然而，在此应当有一个权衡。尽管对博弈理论概念的简单检验能够并且应当在不给出决策变量的经济名称下进行，但是在另外的更为复杂的交易制度中，市场术语的使用在有效地交流报酬的结构方面是有价值的。例如，尽管在没有使用诸如"买者"、"卖者"或者"价格"等词的情况下有可能进行史密斯的双向拍卖市场实验，但是将很难向被试解释这一实验结构。（如果你不相信，可以试一下重新修改附录 A1.1 中的双向拍卖导语，以使得它们对于市场术语完全中性。）

人们应当运用常识来评价在提供足够的经济背景以解释激励结构和不提供暗示性术语之间的权衡。在导语上值得花费大量的时间；最为保险的方法，是从标准的、常用的导语开始，并且修正它们以备将来使用。实验性实验和个体"汇报"回合有利于诊断措辞的问题。例如，曾有被试告知一名作者，说明表中的"寡头垄断"一词泄露了实验的意图，因为被试记得他的介绍性的经济学课堂中假定寡头垄断者应当合谋。这一被试与众不同地成功实现了合谋。结果，所有前面的数据被抛弃，并且说明表也因此做出改变。

校准

实验设计也需要着眼于所产生的数据。校准涉及建立一个清楚的比较基础。例如，假设正在研究的理论是竞争性行为会受到一个处理变量——比如，一些卖者持有的联合市场势力——的影响而改变。在这一条件下，就必须从竞争性结果是在没有市场势力的条件下产生的基准条件开始。校准的一个相关方面是设计一个实验使得替代性理论的预测能被清晰地分离。这一方面是重要的，因为一个行为理论的评价过程是经历证伪而非证实，而如果有一个不被证明是虚假的合理替代方案，那么证伪更加令人信服。

为使这一讨论具体化，考虑评价用图1—2的市场实验设计所产生的数据。假设已经进行了9个独立的回合（使用不同群体的被试），每个回合持续同样数量的交易时期。进一步假设我们关注这一市场产生预测的竞争性价格的（在1.30美元和1.40美元之间）趋势。分析这一结果的一种方法是对每一回合进行一个简单的价格度量，诸如最后时期的平均价格。无可否认的是，诸如这样的方法抛弃了许多相关数据，但是它的简单化使它成为了一个有用的解释工具。同时，这类观察值的结果也有统计独立性的优势，因为每一回合是用不同群体的被试进行。[①]

现在考虑一些可能的平均价格结果。首先假设价格非常显著和一致地偏离了竞争性预测结果。例如，假设9个价格观察值的平均值为1.60美元，那么它的标准差（偏离最后时期的平均价格）是0.20美元。在这一情形中，可在标准的显著性水平上拒绝竞争性价格预测结果的原假设。[②] 现在考虑当价格接近竞争性预测水平时将发生什么情形。例如，假设9个观察值的平均值是1.45美元，它有着同样的0.20美元的标准差。竞争性预测结果将不能在任何传统的显著性水平上被拒绝。[③] 但是它同样不能被接受。事实上，我们不能对竞争性的预测做出一个肯定性的统计论断，即使平均价格接近竞争性区间。与此相反的是，肯定性的论断受限于价格"看似"遵循竞争性预测结果的非数量观察值。这是一个证伪的过程（和问题）；我们有时能够确定什么时候数据不支持一个理论，但是得出这样的结论更为困难，即证据实际支持了一个理论。

我们避免了对于一个理论的经验证实最终需要什么这一哲学问题。然而，如果数据允许竞争性理论的证伪，那么可以得出更为令人信服的

---

① 如果结果并不是直接、明显的，那么更为复杂的经济计量技巧可能是值得的。这样的技巧可能涉及特定的产生交易价格数据过程中的误差项结构。书中所使用的简单程序并不是很有力度，但是它避免了辅助的假设。

② 例如，观察的价格并不是显著地不同于竞争性预测结果的原假设：t 检验统计量是3，或者是 $[1.60\text{美元}-1.40\text{美元}] / [0.20/\sqrt{9}]$。非参数检验将在第9章中讨论。

③ 在前面注释中所检验的原假设的 t 统计量是0.75。

论断。例如，考虑如果 9 个价格观察值的平均结果是 1.35 美元，它有 0.20 美元的标准差，从列示在表 1—2 的垄断和买家垄断预测结果来看，可以得出什么结论。尽管这些观察值不能够直接允许接受价格是竞争性的假说，但是并不拒绝竞争性价格假说，并且可在标准显著性水平上拒绝价格是在买者或买者的合谋水平处的价格的替代性假说。这是一个校准的话题。从替代性方案的角度评价理论更有意义。拒绝合理的替代方案使得现有假说更难被拒绝。与此相反，不应该抛弃能很好地组织数据的某些方面的理论，直至发现一个更好的替代性理论。

行为上的"噪音"是不可避免的。例如，尽管在 1.3 节所讨论的市场回合的两时期中价格集聚在竞争性的预测结果附近，但是它们并没有单一地受限于竞争性价格区间的边界。事实上，即使是用同样的交易者开展了相对较多的交易回合，仍然有理由怀疑依然存在着一些残差的价格变化。从这一行为上的噪音来看，可以得到两点。第一点是设计的问题。仔细的实验设计不能仅仅局限于识别替代性的预测结果，竞争性预测结果在行为上的后果应当充分显著，以使其能够很容易同内在表现的变化性区别开来。例如，图 1—2 的一个替代性设计，即让需求曲线变得更加富有弹性将使得合作性和竞争性行为的区分变得更加困难，因为这两个替代性方案的价格结果将更加接近。

第二个问题与在理论定义域之外的预期行为变化有关。尽管某些行为变异性属于不能被有效减少的噪音，但是存在着非常普遍地影响表现的其他理论上的不相关因素，诸如对实验环境的经验、群体效应以及实验局呈现的顺序。为了得到合理的统计论断，对这些可预期的变化来源进行控制是很重要的。

块状化，或者是有条理地配对观察值，可以被用于中和这一噪音变量效应。例如，考虑旨在评价卖者之间的交流对于定价的效应的市场实验。这一实验包含两个实验局：A（没有交流）和 B（交流）。若结果是交流倾向于产生更高的、合谋性的价格，那么观察到一个序贯的或者实验局顺序效应并不是什么令人惊讶的事情。在一个给定的回合中，当 A 紧跟在实验局 B 之后而非在 B 之前时，我们可能预期看到无交流的实验局 A 中的更高价格。有时这一问题的经济学理论表明了一个特定的序列。例如，一个维持现状的实验局在一个实施一种可能的替代性政策的实验局之前进行，这往往是合理的。当这一情形的经济学并不需要一个特定的序列时，在每个其他回合中反转实验局的顺序以控制顺序效应将是可取的。

避免顺序效应的另外一种方法，是每一回合只安排一个实验局，但是如果从一个群体的被试到另一个群体的被试有大量的可变性，就必须进行大量的回合。为了说清楚这一点，假设使用 A 和 B 的实验局进行了 6 个回合，并且在每个回合中顺序是变化的。图 1—3 的回合用不同的行表示。在每一行，每个实验局的平均价格用 A 或 B 表示，在水平刻度上价格随着向右的移动而上升。存在一个清楚的实验局效应；在每个回合中，对于实验局 B 价格更高。但群体效应是这样的一个情况，即在实验局和总体平均价格之间几乎没有什么联系。如果从 12 个独立的回合中产生如图 1—3 所示的数据，那么几乎不能得出结论；A 和 B 的观察值倾向于聚集在图形中间的垂直轴上。（具体请看底部一行。）但是作为匹配实验局的图 1—3 中的数据，考虑允许人们在一个很高的置信水平上拒绝没有实验局效应的假说，这至少和人们在连续 6 次观察到硬币正面朝上而拒绝其是公平硬币的假设的置信水平相同。在这一情形中，块状化允许人们同时控制顺序和被试群体效应。① 图 1—3 中的例子也表明了实验设计结构的概念（实验局单元、块状化以及实验的次数）应当与所感兴趣的顺序统计分析思路一起进行规划。正如 Hinkelmann（1990）所指出的，实验经济学家几乎没有这么做。

回合	低价			高价		
1		A	B			
2					A	B
3	A		B			
4			AB			
5				A	B	
6					A	B
1~6	A	BA	BAB	A B	A AB	B

图 1—3 从一个块状化设计中得到的假设数据

有时能被系统性块状化的事情的数目过大，而替代性的结构能以随机块状化的形式被随机选择。例如，在一个有 3 个买者和 1 个卖者的实验中就有 24 种方法，其中被试到达时间的顺序可与 4 个人的角色分配相关。

---

① 每一回合使用多个实验局的一个潜在劣势在于每一实验局可进行的时间逐渐减少。如果向均衡的调整过程是缓慢的或者不规则的，那么这会成为一个问题。

让第一个到达的人一直拥有垄断角色，这将是不合理的，因为早到可能与一些重要的未观察到的特征相关。一个完全的块状化将要求 24 个回合，而随机分配方法将是避免系统性偏误的一个更简单的方式。[①]

设计类似性

作为最后一个设计话题，我们考虑实验的构建究竟应当在多大程度上类似于自然发生的经济情境。设计类似性的术语在这里用于表示与自然情境的接近程度，而非与经济学家已设计理论的接近程度。[②] 给定实验环境相对简单的性质，非实验学家往往对此表示怀疑，而实验学家应当对自然市场中有关行为的论断表示谨慎。回想一下理论的证伪是实验分析的重要目标。这样的检验要求具体实验环境满足理论的条件，而非自然市场的条件。通过增加实验的复杂性从而增加实验设计的类似性，这很简单却具有诱惑性，但是这往往会导致很难进行理论分析以及被试很难理解的后果。

在一个理想化环境中的理论证伪过程并不是没有政策相关性的。尽管简单的实验不能在更丰富的环境中预测具体理论或政策修正的效应，但是这样的实验能够提供政策建议是否会产生合意效应的大量证据。例如，Isaac and Smith（1985）使用一个建议的反掠夺规则进行了一系列回合，在反掠夺规则当中，禁止一个占优势的企业对进入做出临时降低价格的反应；与那些在没有这一规则下进行的可比较的"未受保护"市场中所观察到的结果相比，这些回合表现出更高的价格和更低的效率。这些结果使得管制"疗法"备受质疑，因为它损害了即使是在最好环境中的表现。普遍来讲，如果一个理论的行为上的假设在简单的条件下失灵，那么解释的重任将转移到相关政策的倡导上来。

然而，最大简洁化并不一直是必需的。当试图做出相关理论的正面论断以作为压力检验过程的一部分时，增加复杂性是合理的。当理论在逐渐复杂化的实验环境中的表现超过其竞争理论时，这种理论在自然世界中起作用的可能性就会随之上升。事实上，在实验室研究之后紧接着进行一个现场实验，即在一个限定的自然情境中的检验看起来是合乎逻辑的。现场实验通常很昂贵，因此现场实验很少进行。

---

① 我们将在第 9 章中细述实验设计和统计数据分析之间的关系。

② Smith（1982）使用类似性的术语表示转移能力，比如，实验的结果将延伸至相对应的非实验情景。我们使用设计类似性的术语强调这两种情形的结构的类似性，而非行为的类似性。

实验设计类似性中的一个重要话题是给予被试合适数量的信息。例如，寡头垄断或者博弈理论行为假设的最小化检验，应该复制理论假定的信息环境，即使这需要比在产业市场中企业通常所持有的更多的精确信息。另一方面，那些交易者不知道其他人成本和价值的实验，诸如Smith（1962）初始的市场实验，能被近似视为敏感性检验以及试图在"真实"环境中发现特征事实的努力。因而，设计类似性的程度取决于实验的意图。

小结

尽管上面的讨论可能看上去有些抽象，但是非常值得强调的是它有非常实用的价值。熟悉这些实验方法的人，将不会把没有满足一些基本程序标准的实验结果当回事。没有经验的研究者最为普遍的"致命错误"是：

- 没能够使用完全无偏的导语；
- 没能够使用显著的金钱报酬；
- 没能够引导一个校准结果的基准控制实验局；
- 没能够把焦点限制在那些感兴趣的并且不会一次改变很多事物的实验局；
- 没能够选择与正在研究的问题相契合的制度复杂性的程度。

这些失误中的任何一个几乎可以使结果没有任何意义，即使实验是认真设计并报告的。最后，尽管在进行实验之后，批评家很容易指出这些错误，但是它们只能在收集数据前进行修正。进行实验前的一点额外计划和反馈，能减少许多令人头疼的麻烦。

1.7　实验交易制度

经济学家向来排他地以结构性特征的形式审视经济学问题，例如被试数量、他们的禀赋、初始信息、偏好、成本和生产技术。这些必须在实验中引导的结构性特征，往往被称为环境。由史密斯和其他人所发现的交易规则的行为上的重要性，已经使经济学家重新考虑制度的重要性。用不太严谨的逻辑来讲，市场制度将支配经济互动的规则具体化了：信息和决策的性质和时间，以及从这些信息和决策到交易者货币收

益的映射。

在经济学问题的分析中增加一个交易制度的具体说明，是与博弈理论学家所采用的分析性方法相一致的：博弈理论学家和实验学家认为一份有关问题制度性和环境性成分的清晰说明是必要的。然而，博弈理论学家使用了一些不同的术语。博弈理论学家说清楚一个问题，需要识别出可行策略映射到每个参与人的效用"报酬"的扩展型博弈的每个组成成分。相关的成分是由包括参与者的数量、他们的报酬函数以及他们的知识（信息集合）等一系列因素所组成。① 在博弈理论和实验术语之间并不存在简单的对应关系。例如，诸如佣金和交易税等一些与报酬相关的因素，可被视为交易制度的组成部分。诸如价值或成本等其他与报酬相关的因素，界定了环境的组成部分。每一术语都有它的益处，并且将各自用于不同的地方。②

不管实验的类型和研究的焦点是什么，必须具体化制度性的规则和其他环境特征。许多高级理论教材并没有对交易规则给予足够多的关注。例如，在通常的教科书中，可能最开始呈现的就是反复实验机制及其著名的拍卖人假设，以证明价格接受的竞争性行为是合理的。在一个反复实验机制中，一个拍卖者喊出一系列价格。每个行为人通过真实地显示行为人想要的购买或者售出数量，在所考虑的价格下对公告做出反应。从这一意义上来看，交易者是"价格接受者"。当供给的数量等于需求的数量时，就会发生一个竞争性的约束力的配置水平。③ 在通常的微观经济学教材中竞争性的结果是假定的，至少直至不完全竞争一章之前；而在不完全竞争中，诸如几乎（严格地讲）不存在于自然发生市场中的古诺数量选择模型等不同的制度，很可能会产生非竞争性的结果。④ 忽视这一制度细节是不幸的，因为在实验交易规则中几乎很小的变化，对于博弈理论的预测以及所观察的行为都会产生很大的效应。因而，制度设计的话题是实验经济学的核心。

实验经济学家倾向于同时通过制度和提供研究假说的经济学子领域对实验进行分类。这两个维度在实践中是密切相关的。例如，史密斯的双向拍卖通常用于研究金融市场。公开标示清单价格的制度通常用于有

---

① 第2章将详细地讨论这些术语。
② 实验经济学家的术语有着集中考虑一个经济过程可控的组成部分的优势，即使是在博弈的结构太过于复杂以至于不允许博弈理论均衡分析的情形中。
③ 拍卖者在多个市场情形中喊出价格的向量而非单个价格。
④ 古诺制度将在下面进行讨论。

许多小买者的零售市场的分析。因而，这本书的结构大部分是由所考虑的制度的顺序所确定的。基于这一理由，一个普遍使用的有关实验制度的描述将提供本书剩余部分的一个有用概述。理解不同的制度是如何相关的，这也是很重要的，因为通过观察一种制度中的交易行为所获得的直觉，有助于理解密切相关情形中的行为。

开始时会遇到的一系列令人困惑的实验制度的区别列示在表1—3和表1—4当中。表格通过决策的时机进行分类。独立决策的（并且从这一概念来讲是同时的）更为简单的环境概述在表1—3中。表1—4概述了实时、序贯决策的更为复杂的制度。在每个表中，制度的名字列示在左边一列。第二列表示买者和卖者的数目，其中短线与任一整数相对应，一个卖者或者一个买者的特别情形用数字1表示。第二列中的括号表示在外生给定供给中拍卖所售出的单位数目。第三列表示买者或者卖者是否发送价格信息，对于买者是喊出"竞价"，而对于卖者是喊出"要价"。第四列表示信息是否同时做出或者序贯做出。表格的最后一列表示对价格提议做出反应的是谁以及合约是怎样确定的。

表 1—3   同时决策的交易制度

	♯卖者/♯买者（♯单位）	谁提议价格	决策和时机	怎样确认合约
古诺（数量选择）	－/－	价格是内生的	同时标示数量	模拟买者
明码标价拍卖	－/－	卖者	同时标示要价	买者按顺序购物
最后通牒谈判（要价版本）	1/1	卖者	卖者给出一单位的单个要价	买者接受或者拒绝
明码竞价拍卖	－/－	买者	同时标示竞价	卖者按顺序出售
歧视性拍卖	1/－（N 单位）	买者	同时标示竞价	最高的 N 个竞价者支付自己的竞价
第一价格密封竞价拍卖	1/－（1 单位）	买者	同时标示竞价	高竞价者支付自己第一单位价格
竞争性密封竞价拍卖	1/－（N 单位）	买者	同时标示竞价	最高的 N 个竞价者支付第 N+1 个价格
第二价格密封竞价拍卖	1/－（1 单位）	买者	同时标示竞价	最高竞价者支付第二高价格
票据交换所拍卖	－/－	买者和卖者	同时标示竞价和要价	竞价和要价系列的配对

表 1—4　　　　　　　　　　　　序贯决策的交易制度

	♯卖者/♯买者 （♯单位）	谁提议 价格	决策和时机	怎样确认合约
荷式拍卖	1/—（1单位）	卖者时钟	价格序贯下降	使时钟停止的买者
英式拍卖	1/—（1单位）	拍卖人	价格序贯上升	卖给高价竞价者
竞价拍卖	—/—	买者	价格序贯上升	卖者
要价拍卖	—/—	卖者	价格序贯下降	头者
双向拍卖	—/—	双方	竞价序贯上升且 要价序贯下降	双方
分散化协商	—/—	双方	序贯但是分散化	双方

这一节的剩余部分概述这些交易制度的主要特征。讨论分为两小节：首先考虑同时决策制度，之后讨论序贯决策制度。

同时决策制度

以由 Cournot（1838）最先清晰表达的简单的数量选择框架开始进行讨论，是很自然的事情，因为许多寡头垄断理论是用这一制度进行表述的。在古诺制度中，卖者被试同时选择数量，然后每个卖者被告知所有卖者所选择的总数量。这一市场数量依据一个模拟的买者反需求曲线确定价格，它能以表格的形式给予被试。被试使用他们自己的成本信息计算他们的货币利润。被试可能或者不可能有其他卖者成本的完全信息。正如表 1—3 的第一行所述，其中有任一数目的买者和卖者，并且没有人发送价格信息，因为价格是内生的。[①] 这一古诺（标示数量）制度的一个严重劣势在于它包含一个关键的行为假设；隐含的假设是，在生产出产量之后，竞争将驱使价格向下（上）至不存在过剩供给（需求）的价格水平。

数量竞争的古诺模型的最为突出的替代方案是 Bertrand（1883）的价格竞争模型。伯特兰（Bertrand）模型的一个重要含义在于，即使是在高度集中的市场当中，价格竞争也会导致竞争性的结果。给定一个同质化的产品过剩容量，以及同时的价格标示将会导出这一结果，因为每

---

① 古诺制度已被 Carlson（1967），Holt（1985），Holt and Villamil（1986），Welford（1990）以及其他人用于实验当中。

个买者一直都有降低任一普遍的超竞争性价格的动机。这一预测结果的外部性已使得一些评论家把古诺模型辩解为在只有几个卖者的市场中的一个更合理的竞争性价格结果的预测因子。例如，Spence（1976，p.235）指出："数量版本捕捉到了避免全部价格竞争的那部分心照不宣的协调，我认为它描述了许多工业的特征"。Hart（1979，p.28）得出了相似的观点："我们拒绝伯特兰方法，因为它有着即使是在双寡头垄断下也可形成完美竞争的令人难以置信的含义。"然而，这些论断不能被用于证明实验市场中古诺制度外在施加的条件。这些观点确实表明了相反的一面：也就是，使用价格选择制度可用于检验所导致的价格是否接近在古诺数量选择博弈中的均衡所确定的水平。

合理地使用古诺制度可用于检验基于古诺模型的理论预测的实验分析。但是，更为明显的解决价格确定机制的理论以及理论检验，将允许更为直接地理解自然发生市场过程的动态性。基于这一理由，有必要执行这样一种制度，在这一制度中更少的行为假设"深嵌"在交易机制当中。包含着设定价格的企业的伯特兰模型有着显著优势，因为这同卖者独立发布和告知价格的自然市场十分类似。

卖者公开标示"目标"价格的例子是普遍的，例如，在许多零售和邮购情形中卖者在一个不容讨价还价的基础上报价。这一设定价格行为的实验实践通常是在明码标价的拍卖形式中使用。在这一情形中，卖者独立地选择一个价格和一个最大化的数量限制。在已经选择了价格和数量限制之后，价格是显示在黑板或者所有交易者的计算机屏幕上。然后从一个等待的状态中选择买者。第一个选择的买者从卖者处以他们标示的价格做出购买。当一个买者已经购买了所有需要的单位时，随机地选择另一个买者并给予同样的机会。当所有的买者都已经有购物机会或者当所有的卖者都售光单位时，交易时期结束。然后计算收益，紧接着通常是一个新的交易时期。明码标价拍卖的特征概述在表1—3的第二行中。

允许市场一方在一个不可协商的基础上标示贸易条款，这代表了一个重要的行为非对称性。为了预期这些效应，想象一个双边的垄断情形，在那当中可以交易单个单位。卖者有 1.00 美元的成本，买者有 2.00 美元的价值。在没有结构化的双边谈判中，人们可能预期交易者在中间的某个位置达成价格协议。但是如果交易制度使卖者能以一个不容讨价还价的价格要价，那么人们可能预期卖者提取大量的可获得剩余。理论上，卖者在任一低于 2.00 美元的价格之下能卖出单位。但是极值价格需求在这一情形中有点让人生气，因为行为人有时拒绝在一个

非常不公平的条件上达成提议的合约（参见第 5 章）。那种只有一个卖者和一个买者，并且只交易一个单位的明码标价制度，被称为最后通牒谈判博弈。这一博弈的特征概述在表 1—3 的第三行。由最后通牒博弈所提供的制度延伸至明码标价寡头垄断情形：在实验室实验中，允许卖者标示要价的总体效应是提高了价格并且降低了市场效率（Plott and Smith，1978；Plott，1986a）。[①] 第 4 章将详细地考虑明码标价的效应。

存在许多密切相关的制度，使得一些行为人在一个不容协商的基础上标示协议的条款。这些相关制度的特点列示在表 1—3 的剩余几行中。调换明码标价中买者和卖者的角色（例如，允许买者标示竞价，然后随机地选择卖者做出销售决定）即实行明码竞价拍卖，这被表示在第四行中。在这一情形当中，买者提交标示的竞价给单个卖者，他提供一些固定的数量单位 N 给最高的竞价者，从而产生了一个歧视性拍卖，概述在表 1—3 中的第五行。例如，如果提供 2 个单位产品而 4 个竞价者提交 15、17、10 和 9 的竞价，那么前两个竞价者分别在价格 15 和 17 处获得单位。这一拍卖之所以被称为歧视性的，是因为赢者必须支付他们自己的竞价价格，并且从这一意义上来讲卖者进行了"价格歧视"。美国财政部每周就是使用变化的歧视拍卖把国库券卖给大买家。当只有一个单位或者"奖金"时，在歧视拍卖中的高竞价者赢得拍卖并且以他或她的竞价价格购买拍卖品，它是最高价格，或者"第一"价格。单个单位的歧视拍卖有时被称为第一价格密封竞价拍卖，与歧视性的情形相反的是，有可能设计一个机制以销售多个单位，从而所有的 N 个最高（赢者）竞价者支付一样的价格。当统一的价格具体化为最高的拒绝竞价时，这一制度被称为竞争性密封竞价拍卖。在前面的例子当中，有 2 个单位并且竞价分别为 15、17、10 和 9，前两个竞价者获得单位，但是他们支付同样的价格 10。因为所有的赢家竞价者支付同样的市场出清价格，所以这一制度能形成一个公开的印象。第二价格密封竞价拍卖是只有一个标的的竞争性密封竞价拍卖的特殊情形；最高的拒绝竞价是第二个最高的价格，它是赢家竞价者必须支付的价格。销售的收益是否高于歧视性或竞争性的拍卖，是第 5 章所考虑的话题。

作为最后一个同时决策制度，我们将提及概述在表 1—3 底部一行的票据交换所拍卖。这一拍卖是双边的，买者提交竞价并且卖者提交要

---

① 因为明码标价制度类似于在几个行业的政府管制机构所施行的标示等级程序，所以明码标价制度的相对无效性有重要的政策含义（Hong and Plott，1982）。

价。一旦提交，竞价以递减顺序从最高到最低进行排列，而要价则是从最低到最高的递增顺序进行排列，然后在竞价和要价数组的相交处确定价格。这一双边制度消除了与只允许市场一方提交价格报价相关联的市场表现的不对称性。票据交换所拍卖的变化版本可用于股票交易。例如，纽约股票交易所每天是以票据交换拍卖开始的，在之前连续的基础上进行交易。现在正在使用或者提议的票据交换所拍卖的一些变化版本，将在第 5 章中进行评述。

序贯决策制度

现在我们把注意力转移到行为人实时地序贯做出关键决策的市场。概述在表 1—4 中的这些制度将比呈现在表 1—3 中的制度更难进行理论上的分析，但是它们更接近许多金融、日用品和生产者产品市场的制度规则。我们从列示在表 1—4 底部的最为复杂的张伯伦分散化协商制度开始，然后依次向上进行分析。

正如很早之前所提及的，张伯伦的被试允许自由地在房间中闲逛。每个卖者（买者）可售出（购买）一个单位，其成本（保留价值）列示在卡片上。在完成合约之后，买者和卖者将把价格报到教授的讲台上，并且在报出价格的时候将价格同时也写在黑板上。对于由引致的供给曲线和需求曲线相交所预测的竞争性产出的最令人惊讶的偏离，是交易数量过高的趋势。

张伯伦把高销售数量归结为谈判过程的分散化性质。他用一个模拟支持了这一推断。在模拟当中，他通过桌子上的成本和价值卡片随机地抽取出 3 个买者卡片和 3 个卖者卡片，并在子市场的竞争性均衡中完成了所有交易。没有交易的卡片单位被归还到桌子上，并且这一过程重复多次。这一模拟产生的交易数量超过了竞争性水平，并且过多的数量随着模拟的子市场规模的增大而下降。（值得指出的是，使用人类交易者的实验和使用允许外生具体化决策规则的模拟行为人之间存在差距。）

为了理解分散化的协商是如何导致高交易量的，回想一下显示在图 1—2 和概述在表 1—1 最右边一列的市场的数量最大化假说。注意，在这一市场中能交易 12 个单位（比竞争性数量多出 5 个单位），但价格必须是非常容易变动才能产生（无效的）高成本或者低价值的额外的边际单位的交易。而当集中竞价和要价信息倾向于消除涉及过剩边际单位的交易时，在分散化市场中缺乏通过询问竞价方式传递的信息将更易于达成这些无效的合约。

随后的实验结果大体上与张伯伦分散化交易中的数量过剩解释一致。尽管张伯伦实验的收益是假设性的，但是 Hong and Plott（1982）在受金钱激励的被试之间的分散化交易中观察到过剩的交易量，在这一实验当中的被试能够通过电话与另一方进行双向交流。[①]

Smith（1962，1964）用他的双向拍卖引导了更多的价格一致性和更少的超额边际交易。在双向拍卖规则下，做出竞价的任何一个买者必须举起他或她的手并且在得到确认后在市场中公开公布竞价。卖者的要价也是公开公布的。所有的竞价和要价都写在黑板上，正如它们所做出的一样。只有最吸引人的价或者要价是有效的或者是可被接受的。任何一个买者在任何时间可自由地接受一个有效的竞价，并且任一卖者能接受一个有效的要价。一般来说，会增加一条"改善法则"，也就是说，新的竞价应该比现有的有效要价高，而新的要价应该比现有的有效要价低。它是这样的一个拍卖，从某种意义上来讲，正如在通常的拍卖中所预期的，竞价上升并且要价下降。竞价或者要价的接受构成了通常使之前所有竞价和要价无效的有效合同，但是允许投标新的竞价和要价。在分配给市场时期的时间结束后，市场关闭，被试计算他们的收益。[②] 然后重新开始市场，通常是给予每个买者或卖者同样初始禀赋的单位价值或成本，并且没有遗留存货。在这些稳定的市场环境下，总供给和总需求函数在每期开始时是一样的，交易者没有被给予其他交易者的价值和成本的信息。

虽然 Smith（1976）回忆他"并没有真的预期竞争性价格理论会得到支持"，但是双向拍卖确实给这一理论提供最好的表现机会。尽管如图 1—2 中的 B1 和 S1 的交易所示，一些边际上可盈利的单位并不总是被交易，但是史密斯实验通常产生的价格和数量都是出人意料地在竞争性水平附近。

因其令人印象深刻的稳健表现，双向拍卖很可能是最为普遍使用的

① 这一过剩数量的一个明显例外的结果是 Joycel（1983），他观察到，与 Smith（1962）所使用的对称的双向拍卖市场类型相比，在"张伯伦"市场（被试在房间里四处走动的分权交易）中只有少量的数量增量。然而，乔伊赛尔（Joycel）结构的一个更近的解释表明，如果有什么区别的话，那么乔伊赛尔所观察到的相对少量的数量增量支持数量过剩假说。乔伊赛尔的供应和需求数组只允许一个过多边际单位的可能交易；如果移除卖者 S2 至 S5 的第二个高成本单位以及买者 B3 至 B6 的第二个低价值单位，他的设计非常类似于图 1—2 的设计。然后，如果过多边际单位的成本和价值之间的差距如他实验中的情形一样小，那么数量过剩最多为一个单位，并且导致的效率损失很小。

② 市场时期持续 3～10 分钟，这取决于所交易的交易者的数量和单位。

实验交易机制。这一拍卖往往是在诸如伊利诺伊州大学的 NovaNet 计算机系统（正式名称为 PLATO）的计算机网络主机上进行，或者是在个人计算机的网络上进行。Williams（1980）和 Smith and Williams（1981，1983）描述了 NovaNet（PLATO）执行的其他细节。具体来说，还有一个改进规则和"排队序列"，它存储了在最高未偿付竞价水平之下的竞价（或者反过来排序的在最低未偿付要价水平之上的要价）。① 附带排队序列的改善规则（一个电子的"专家指导书"）提供了被观察价格的最小变动性，并且它是一种体现了纽约股票交易所显著特征的规则。

　　双向拍卖制度显著的竞争性趋势，已经在各种设计的成百上千个回合中得到确认，它表明完全信息以及大量的交易者都不是竞争性均衡结果收敛的必要条件。Smith（1976，p.57）得出这样的结论：

> 　　传统竞争性价格理论的信息具体化是非常言过其实的，没有比这更为重要或者更加显著的实验结果。实验的事实是，双向拍卖交易者并不需要知道其他交易者估值条件的任何情况，或者是拥有任何市场供给和需求条件的知识或者认识，或者是有任何交易的经验（尽管经验可能加速收敛）或者满足作为一个价格接受者的稀奇古怪的或者不相关的要求（在双向拍卖中每个交易者都是价格制定者）。

　　表 1—4 的第三行和第四行描述了双向拍卖的两个简单变化版本；其中只有卖者或者只有买者制定价格报价：要价拍卖是这样一种制度，在这种制度中卖者能序贯地给出要价，并且买者能够接受任一个要价，但是并不做出竞价。这一制度可能类似于消费者使用旅行代理商通过计算机的航空预定系统购买机票。相反，一个竞价拍卖是指相反的情形，即买者序贯地做出竞价，但是卖者只能显示接受的价格。在市场当中至少有 4 个买者和 4 个卖者，在这三个制度之间差距的效应是非常微小的，至少对于某一些供给和需求参数条件是这样。② 最后，值得指出的是，只有一个卖者的竞价拍卖在这种情况下本质上属于一种英式拍卖（但是不存在拍卖人），即卖者等待竞价上升直到只剩下一个活跃的竞价

---

① 这些规则的效应将在第 3 章讨论。

② Smith（1964）最先观察到一个一致的排序：竞价拍卖价格＞双向拍卖价格＞要价拍卖价格。但是没有理论基础可预期这一排序能普遍发生，而且这一模式并不出现在之后使用不同参数条件的实验当中（Walker and Williams，1988）。

者。这是用于古董和艺术品的常见拍卖类型，它的特征显示在表 1—4 的第二行。表 1—4 的第一行是关于荷式拍卖的，在那当中，一个销售行为人序贯地降低价格直至买者同意支付卖者的价格。价格通常是由一个机械指示器显示，如同时钟的指针，它会下跌一个价格刻度直至买者按下按钮停止时钟。第一个这么做的买者以时钟停止时生效的价格获得一个单位。荷式拍卖的名字来源于它在荷兰花卉市场批发交易中的广泛应用。

其他制度

还有许多其他方法可用于产生本部分所述制度的变体。这些替代性的方案值得认真思考。具体而言，对于双向拍卖和明码标价拍卖的依赖过于广泛，对于双向拍卖来说是因为它在许多情形中得到了预测的竞争性结果，而对于明码标价来说则是因为它的执行很简单。

例如，考虑明码标价的两个最新的修正版本。首先，回想一下，在伯特兰博弈或者明码标价拍卖中执行明码标价时，卖者不能够在标示的价格下进行销售的标准限制条件。在范围很大的各类自然市场中，特别是在生产者产品和消费者耐用品的市场当中，买者从卖者那里索求并获得降价。与双向拍卖相反，在双向拍卖中，价格的降低是公开的并且没有选择性，从某种意义上说，任何价格的折扣都是提供给所有买者的，但是降价在许多私人市场中是私密的和选择性的。确实，清单价格上明显缺乏私下折扣信息，这是引发联邦交易委员会对那些处于领导地位的石油厂商的合同制定和执行情况进行调查的一个诱因（如 Ethyl 案）。[1]

标示价格清单折扣的实验是相当稀缺的。受到 Ethyl 案件启发的 Grether and Plott（1984）进行了一个实验，在那当中，卖者的清单价格通过电子化方式传递到位于不同私人房间的买者和卖者。然后买者能够通过电话询问折扣，但折扣受限于联邦交易委员会起诉的目标合同约束。

最近，Davis and Holt（1991）执行了一个清单/折扣制度，正如明码要价拍卖，卖者在他们计算机终端标示价格，而买者则随机地从等待的队伍中进行选择。一旦被选中，买者能要求一个折扣，而卖者既可以

---

[1] Ethyl Corporation, E. I. du Pont de Nemours and Company, PPG Corporation and Nalco Chemical Corporation, Docket no. 9128. Federal Trade Commission.

对买者的减价做出反应，也可以不对买者的减价做出反应。Davis and Holt（1991）报告指出，如果允许折扣，那么卖者确实会打折，但是打折的机会并不必然地使定价情形更有竞争性。尽管这一研究是初步的，但是一个重要的结果是，如果给予卖者机会，卖者将提供折扣。因而，在标准的明码标价制度中公告单一的、不可协商的价格是一个重要的局限，并且从明码标价市场中所得到的数据应该谨慎分析。

明码标价的第二个非常有趣的变动是在实时情形中引进连续的交易。Millner，Pratt，and Reilly（1990a，1990b）已经开发了明码标价制度的流动市场版本。卖者能在任何时候改变价格，并且模拟的需求作为价格的函数在每单位时间内确定销售流量。尽管流动市场很难从理论上进行分析，但是它们引进了现实的因素，正如我们将会看到的，在"打了就跑"的进入分析中它特别有用。

1.8　结论和概述

实验方法已经给经济学家提供了之前不能获得的复制性和控制性的水平。而且，正如交易规则的变化对于市场表现的效应所解释的那样，可以很清楚地看到实验可用于证明那些通常被认为在解释行为方面无关紧要的变量的重要性。因而，实验实现了经济理论和证据之间崭新的共生关系。

实验也提供了检验各种经济政策提议的廉价方式，当政策实验的结果很少是确定性的时候，假设在简单情形中不起作用的，同样不会在更为复杂的自然环境中起作用。因而，实验可以识别不太可能起作用的建议，还能够转移那些在实验中确实表现出预期结果的政策建议的证明负担。

实验已被用于评价各种交易制度的表现。在更加结构化的制度中推导出相关理论的含义，是最容易的事情。更为复杂的制度，特别是那些允许折扣和由折扣引发的更加活跃的买者购物行为的制度，是很难分析的，却能构建适合于大买者市场的研究环境。明码标价和双向拍卖市场代表最被深入研究的制度。明码标价制度很容易实行，并且是卖者不容讨价还价基础上的零售情形中定价过程的一个好的近似。信息丰富的双向拍卖市场与在许多集中的股票市场中所发生的公开交易相对应。明码标价和双向拍卖制度的扩展值得仔细关注。

本书的剩余部分集中于经济学实验研究的技术和经验。第 2 章的讨论是从个体决策理论和博弈理论的介绍开始。这一章有两个意图：首先，它回顾了（或者可能是介绍了）本书剩余部分所用的一些主要的理论假设和工具。在此基础上，我们把注意力转向各种交易制度的行为后果。双向拍卖市场是第 3 章的主题，而明码标价市场是第 4 章的主题。第 5 章考虑各种额外的制度，从诸如双边讨价还价和统一价格拍卖的最简单的交易制度，到诸如票据拍卖的变化版本的更为复杂的机制。实验已经被使用的一些显著领域将在后面的两章进行讨论。第 6 章讨论涉及公共产品和外部性的实验，第 7 章讨论旨在研究非对称信息的实验。第 8 章包含了一些更加需要技术性的个体选择实验的讨论。通过返回实验方法的讨论我们结束本书。第 9 章讨论研究主题、实验设计和数据分析各自之间的关系。对于想要从综述先前实验结果到进行他们初始研究的读者来说，最后一章是至关重要的。①

附录 A1

本附录包含了执行一个口头双向拍卖的导语。这一导语基于在实验经济学中广泛使用的导语，但它们是为演示而非研究意图而写。② 假定实验的执行者和参与者都没有经历过双向拍卖。预期到许多共同的误解和问题，我们增加了额外的例子和解释。对于一个实验经济学家来说，一些解释可能因而看似很无聊，并且交易规则部分中的竞价和要价序列对于研究意图的实际交易策略可能具有过分的暗示性。若采用这些导语作为研究工作使用，我们建议移除括号中所标示的材料。

这一附录可划分为两部分，第一部分包括参与者导语，第二部分呈

---

① 使用这一材料作为教学参考书的老师可能想偏离这一呈现的顺序。在一个学期的本科课程中，人们可能略去第 2 章的讨论、第 3 章和第 4 章的应用以及第 6 章和第 7 章的讨论。第 5 章、第 8 章和第 9 章可以在学期末时间允许的情况下进行教学。

② 有各种例子，在那当中人们可能为演示的意图而使用一个实验室交易回合。具体来说，在一个实验经济学课程开始时，在学生已经阅读第 1 章之前，进行一个双向拍卖是有用的。这一类型的实践不仅演示了双向拍卖的稳健的收敛结果，并且引导学生关注关于理论预测和实验证据之间的联系。作者通常让参与者记录从课堂回合中得到的数据以及这一市场潜在的成本和价值参数。然后要求学生考虑为什么能观察到这种（通常是相当稳定的）价格系列的理论解释。一个后续的课堂讨论将关注理论的实证结果，并关注在行为层面上其竞争理论的预测会有什么不同。

现与进行一个实验室市场回合相关联的管理性工作的详细清单。尽管这些任务也适用于其他类型的实验，但是这里我们以双向拍卖的形式进行讨论，因为在一个具体的实验情境中呈现这些程序指引清单时，它们会显得更有条理也更有趣。课堂演示所必需的任务用星号标示，以区别于那些仅对于研究意图来说必需的任务。[①] 如果实验是计算机化的，那么许多清单也是相关的，但只需要更少的助手、纸张和准备材料。

A1.1 口头双向拍卖导语 [教学演示]

今天我们将建立一个市场，在这个市场中你们中的一些人作为买者而另一些人作为卖者。所交易的产品被划分为不同类别或者"单位"。我们将不具体化产品的名称；而简单地称之为单位。

交易将在一系列交易时期中进行。在每个交易时期你所协商的价格将用美元和美分确定你的收益。你将在提供的表格中记录这些收益。[这些收益是假设的；没有人将赚到或者收到实际的现金报酬。][②]

我们将用下面的方式进行：首先我将解释买者和卖者怎样计算他们的收益，随后我将解释在市场中销售和购买如何安排。更为重要的是，这些导语解释了买者和卖者如何计算收益和协商合约。然而，在今天的市场中，你将要么是一个买者，要么是一个卖者。你在今天的市场中的角色的具体信息将在导语结束后呈现给你。在宣读导语和回顾你的具体信息之后，我将给你们提任何问题的机会，然后我们将开始第一个交易时期。

卖者导语

卖者的决策和收益将记录在下面显示的类似于卖者决策表的表格上。交易时期将用不同的列表示。在每个交易时期，卖者可能卖光两个单位。对于在一个交易时期中可能售出的第一单位，卖者引发了列示在行2的成本，标示为"第一单位的成本"。如果在同一时期出售第2单位，那么卖者产生了列示在行5的成本，标示为"第二单位的成本"。

---

① 一个替代的、更多细节性的清单，可参阅 Plott (1986b)。

② 如果支付现金收益，用下列文字替换之：在交易中你所赚得的所有金钱将会为你保留，并且在今天回合结束时以现金的形式私下支付给你。这些收益再加上助手此时就会给你们每个人的初始报酬 _ . _ 美元。

卖者可能在一个时期中售出一个或者两个单位，并且可能销售给一个买者或者不同的买者。

卖者以他们成本之上的价格售出单位而赚钱。通过销售价格和单位成本之间的差额可计算每一单位的收益。时期的总收益是通过加总所有销售单位的收益而计算得到。

例如，考虑在时期0的卖者决策表的交易。在这一实验时期，第一单位的成本是130美元，第二单位的成本是140美元，正如行2和行5所显示的。假设在时期0协商两个单位的销售；第一单位的价格是190美元，而第二单位的价格为160美元。为记录这些销售，请在卖者决策表的行1填入190美元，在行4填入160美元。请记住这些数字都在时期0中的阴影一列。

卖者决策表						
			交易时期			
单位	行		0	1	2	3
第一单位	1	销售价格				
	2	第一单位的成本	130 美元			
	3	收益				
第二单位	4	销售价格				
	5	第二单位的成本	140 美元			
	6	收益				
	7	当期的总收益	（不支付）			
	8	累计收益	0.00 美元			

卖者决策表样本

获得第一单位销售的收益，是通过行1的销售价格190美元减去行2的成本130美元。此时在行3中填入60美元的差额。同理，每个人应当计算从第二单位中所获得的收益并把它填入行6。时期的总收益将是60美元（第一单位的销售）加上20美元（第二单位的销售）。如果没有实验时期，那么这一总数80美元现在将填入行7。在这个例子中的收益将是出于解释的意图；实际的收益可能更低。

后续时期将由标示数字的列进行表示：时期1，时期2，……卖者决策表第一行的空格将有助于卖者了解每期中他们的收益。但是请记住：每一时期的所有计算应该反映在那一时期的一列当中。

重要的是，一个卖者并没有卖出某一单位时不会引起那一单位的成本。因而，在一个时期中每一个未出售单位的收益是零。如果你是一个卖者，你在一个交易时期中所售出的第一单位是你的"第一单位"，不管在这一时期中其他卖者之前是否已经售出单位。你的第一单位的销售价格在直接地销售之后应当记录在行 1 中，并且收益应当记录在行 3 中。如果你售出第二单位，那么应该直接在行 4 记录销售价格。在你售出你的第一单位之前，你不能售出你的第二单位。列示在相邻一列的单位是不能获得的，直至后续交易时期开始。在时期结束时，在你的决策表的行 7 中记录你的总收益。后续时期的收益将同样进行计算，并且你将记录你在决策表底部一行的累积收益。

买者导语

买者决策和收益将记录在下面显示的类似于买者决策表的表格中。这一表格是以类似于卖者决策表的方式表示的。交易时期用不同列标示。在每个交易时期，买者可能购买两个单位。对于在一个时期中可能购买的第一单位，买者收到行 1 所列示的标示着"第一单位价值"的数额。如果在同样时期购买的是第二单位，那么买者收到行 4 所列示的额外的标示着"第二单位价值"的数额。买者可能在一个时期中购买一个或者两个单位，并且可能从一个卖者或者不同卖者处购买。

通过在低于他们价值处的价格购买单位，买者获得金钱。通过在单位的价值和购买价值之间差额的计算，可得到购买的每单位的收益。计算时期的总收益，可通过加总购买的所有单位的收益而得到。

例如，考虑买者决策表中时期 0 的购买。在这一实验时期，第一单位的价值是 210 美元而第二单位的价值是 170 美元，正如行 1 和行 4 所显示的。假设一个买者在时期 0 为购买两个单位进行协商：第一单位的价格是 160 美元，并且第二单位的价格是 150 美元。为记录这些购买，请在买者决策表的行 2 中填入 160 美元，在行 5 中填入 150 美元。记得数字记录在时期 0 的阴影一列。

通过行 1 的价值 210 美元减去行 2 中的购买价格 160 美元，可获得购买的第一单位的收益。此时在行 3 中填入 50 美元。接着，每个人应当计算第二单位购买所获得的收益，并且把它填入行 6 当中。这一时期的总收益将是加总 50 美元（第一单位的购买）和 20 美元（第二单位的购买）。如果没有一个实验时期，应当在行 7 中填入总和 70 美元。这一例子中的收益只是为了解释说明，实际的收益将更低。

买者决策表						
			交易时期			
单位	行		0	1	2	3
第一单位	1	第一单位价值	210 美元			
	2	购买价格				
	3	收益				
第二单位	4	第二单位价值	170 美元			
	5	购买价格				
	6	收益				
	7	当期的总收益	（不支付）			
	8	累计收益	0.00 美元			

买者决策表样本

后续时期用不同列表示：时期 1，时期 2，……买者决策表每一列的空格将有助于买者了解一个时期中他们的收益。但是请记住：每一时期的所有计算应当反映在那一时期的一列当中。

重要的是，买者并不得到单位的价值直至购买了该单位。因而，在一个时期中每个未购买的单位的收益是零。如果你是买者，那么你在一个时期中所购买的第一单位将是你的"第一单位"，不管其他买者在这个时期是否已经购买了单位。你的第一单位购买价值应当在购买之后直接记录在行 2 当中，而收益应当直接记录在行 3。如果你购买一个第二单位，那么应该在行 5 直接记录它的购买价格。你不能在购买你的第一单位之前，购买在一个时期当中的第二单位。在后续交易时期之前不能获得在后面列中所列示的单位。在时期结束时，在你们决策表的行 7 中记录你的总收益。同理，可计算后续时期的收益，并且你应当记录你的决策表底部一行的累计收益。

交易规则

在每个 5 分钟的交易时期开始前，我都会宣布市场开放。在时期的任何时间，任一个买者可自由地举起他或她的手，当叫到他或她时，可做出一个口头竞价并在那一具体化的竞价价格处购买一单位。同理，任一个卖者可自由地举起他或她的手，当叫到他或她时，可做出一个口头要价并在那一具体化的要价水平处售出一个单位。所有的竞价和要价只与一个单位有关，不能够以捆绑的方式售出两个单位。

所有买者和卖者都有身份号码；你的文件夹中决策表的上方将给出

你的号码。当做出一个竞价或者要价时，应当使用这些号码。买者应当使用"竞价"一词，而卖者应当使用"要价"一词。例如，如果买者 1 想要做出 120 美元的竞价，那么这人应当举起他或者她的手，并且在得到确认后，说出"买者 1 竞价 120 美元"。我将重复买者的号码和竞价以让在黑板边的人及时记录它。同理，如果卖者 5 决定做出在 250 美元销售一单位的要价，那么这个卖者将举起他或她的手，一旦确认后，说出"卖者 5 要价 250 美元"。当记录它时，我将重复这一信息，因而黑板上将出现：

竞价	要价
B1　120	S5　250

我们将要求你们帮助执行竞价/要价改善规则：一旦继续竞价时，所有竞价必须高于最高的未偿付竞价；一旦继续要价时，所有要价必须低于最低的未偿付要价。在上面的例子中，下一个竞价应当在 120 美元之上，而下一个要价应当在 250 美元之下。

［例如，假设买者 1 是下一个将要确认的人，举起他或她的手从 120 美元竞价到 130 美元，然后叫到的是卖者 4，做出的要价为 165 美元。当在黑板上记录它们时，我将重复这一竞价和要价：］

竞价	要价
B1　120	S5　250
B1　130	S4　165

为了节省空间，竞价和要价应当用小写字母并且不用带美元符号和小数进行书写。如果你无法看到记录的数字或者你认为一个竞价或要价并没有被正确地记录，请告诉我们。

任何一个卖者在任何时间可自由地接受或者不接受任何一个买者的竞价，而任何一个买者可自由地接受或者不接受任何一个卖者的要价。为接受一个竞价或者要价，简单地举起你的手。在你得到确认后，公布你的身份并且表示接受，例如，买者 2 接受卖者 3 的要价。

［假设买者 3 竞价 160 美元，并且下一个确认的卖者 5 接受这一竞价。我将重复这一接受，而在黑板边的人圈出买者号码、卖者号码以及交易价格。为了说明，请在下表中加粗的一行画上一个扁平的圆圈：

竞价		要价	
B1	120	S5	250
B1	130	S4	165
B3	**160**	**S5**	**接受**

与接受 160 美元的竞价不同的是，卖者 5 能够在最高的未偿付竞价下面开始一个新的要价，比如 150 美元，但是这将导致一个更低的销售价格，比接受 160 美元的竞价所获得的价格还要低。]

如果一个竞价或要价被接受，那么对于单个单位来说一个有约束力的合约已经签订了，并且所涉及的买者和卖者将直接地记录合约的价格以及那一单位的盈利。在签订每一合约之后，在新的合约做出之前，将自动地撤销所有之前的竞价和要价。

［在买者 3 的 160 美元竞价被接受之后，在所圈出的合约下将画出一条水平线。后续的竞价将不需要在 160 美元之上，并且事实上可能低于早期竞价的任何价格。水平线是为了提醒你合约使前面的竞价和要价无效。

如果卖者 4 想要做出 165 美元的要价，那么这一卖者将举起他或她的手并且得到确认。假设买者 1 竞价 140 美元，而买者 3 接受卖者 4 的要价并确认。黑板上将如下所示，合约的双方应圈起来并加粗：

竞价		要价	
B1	120	S5	250
B1	130	S4	165
B3	**160**	**S5**	**接受**
B1	140	**S4**	**165**
B3	**接受**		

注意，买者 3 已经购买了他或她的第二单位。与接受最低的长期有效的 165 美元的要价所不同的是，这一买者能做出更高的竞价，比如 170 美元，但是这么做将导致一个比接受 165 美元的出价更高的购买价格。]

除了竞价、要价以及他们的接受之外，希望你不要告诉其他人其他的信息，即使是有许多未被接受的竞价和要价。

程序的细节和概述

在你的文件夹中，你将会发现一张表格标示为"买者决策表"或"卖者决策表"。这一表格不同于这些导语。它识别出你作为一个买者或者卖者的身份，并且用于计算你的收益。在这张表格上的信息是私密的，请不要把它透露给其他任何人。其他人可能有也可能没有跟你一样的成本或者价格。你现在应当看一下你的决策表以确认你是不是一名买者或一名卖者。每个人都这么做了吗？同时，请记住你在表格上面的身份号码，它将是你在交易过程中识别你自己的东西。

现在开始答疑时间。你们可以询问你不确定的市场的任何方面的问题。然而，请注意不要透露你们决策表上的私人成本或者价值信息。有什么问题吗？

（答疑）

我们将开始交易时期 1。买者应当检查一下时期 1 中行 1 和行 4 的赎回价值。记住，买者获利的唯一方法是以低于它赎回价值的价格购买它。[1] 同理，卖者应当检验时期 1 一列的成本数字。记住，卖者获利的唯一方法是以超过它的成本的价格出售它。[2] 如果没有任何进一步的问题，我们将开始交易时期 1。还有其他问题吗？

（答疑）

回合开始

市场现在开始竞价和要价。如果你举起你的手，请不要说话直到我要求你说。我将尽可能地按你们手所举起的顺序要求你们，但是如果在同一时间举起很多手，那么我将不得不以一种无规则的方式在人们之中进行选择。这一期将持续＿＿＿＿分钟并将在＿＿＿＿结束。有任一要价或者竞价吗？

（在做出第一个合约之后、进行下一个合约之前，宣读下面的

———————————

[1]　如果不允许损失的交易，插入这句话：买者将不允许以超过那一单位的赎回价值之上的价格进行购买。

[2]　如果不允许损失的交易，插入这句话：卖者将不允许以低于那一单位的成本的价格进行销售。

段落。）

这一次在这一合约中所涉及的卖者和买者将记录价格并且计算他们的收益。这一个买者和卖者现在已经完成他们的第一单位，并且现在他们的相关价值或者成本是时期1的第二单位。你们其余人将考虑时期1那一列中你的第一单位的销售或者购买。记住，当你做出一个合约时，你将向下移动当前时期的一栏至你的第二单位；你不能在不同列之间移动，除非开始下一期。这时，记录页将在最终的要价和竞价下画一条水平线。时期1还剩余_____分钟。市场开始竞价和要价。

（在合适的时间，给出1分钟和30秒的提醒。在时期结束时，宣读以下内容。）

时期1已结束，你应当加总交易单位的收益并且在这一时期的行7中填入总数。如果你没有购买或售出一个单位，那么单位的收益为0。我们将尽快地擦去黑板上所记录的交易价格。这时，我们中一个人将走到你的桌子边并检查你的计算。请不要与其他人交谈；如果你有疑问，请举手。

回合结束

（下面一段可在研究回合结束时宣读。）

最后的时期已经结束。当你在行8完成加总你不同时期的累计收益时，请不要相互交流。如果有必要，我们中的一人将会走到你桌边辅助你计算。然后加总____ . ____美元的参与费（之前支付的）到总数上并把这一结果按最接近25美分的增量进行取舍（例如5.35美元变为5.50美元）。在你的文件夹中所找到的收据表中填入这一总数。请填好收据表中其余的信息，包括日期、你的姓名以及你的社会保障号码。然后坐好，不要交谈，直至要求你交上你将得到支付的收据表。请把文件夹的所有其他材料保留在桌子上。谢谢你的参与！

A1.2　进行口头双向拍卖的建议

这一部分包含了可能有助于执行实验的实用建议。我们的建议按近似的时间顺序排列成一系列清单以解决大家所关心的问题。类别包括实验设计、提前的安排、文件夹和材料的准备、招募参与者、房间的准备、回合开始、控制市场交易以及回合结束。

进行一个市场的研究比演示的意图要求更细节的计划。在后面的情形中，注意力应该限于有星号的评论。最后，尽管除了双向拍卖市场外，我们所列示的需要考虑的事项也同样普遍适用于其他实验回合，但是在任一应用中并没有明确的意图。在设计和进行一个实验时，研究者应该记住我们已讨论过的复制性、激励、校准、控制性和无偏性的基本原理。

实验设计

*1. 决定买者和卖者的人数。这些人数依赖于实验的意图和设计，但是当有多于 15～20 个交易者时进行口头双向拍卖是不便的。此外，让 4 个额外的人进行协助是有用的：

ⅰ. 一个拍卖人宣读导语并且确认买者和卖者（这将是在课堂演示中的导语者）；

ⅱ. 第一个记录员在黑板上记录竞价、要价和合约；

ⅲ. 第二个记录员在纸上记录数据和时间；

ⅳ. 一个监督者检查非法的交易（例如，如果不允许亏损）。

如果在课堂演示中出现额外的学生，那么你可以分发决策表给每两个或三个人，并让不参与的学生辅助参与的学生。

*2. 决定价值和成本参数。上面所给出的导语中的参与者决策表给出了最多 3 个交易时期每人 2 单位产品的空间。增加单位的数目或者时期将要求导语和决策表的直接变化。如果你使用在 1.3 节所讨论的实验设计的变化版本（概述在表 1—1 中），那么不需要任何修改。[①]

3. 决定是否允许损失处的交易（销售低于成本或者以高于价值的价格购买）。在我们的实验中，无经验被试在第一期有时将会在损失处进行交易。如果不允许在损失处进行交易，那么将需要额外的监督；可参见这一清单的 1.ⅳ 条目。即便这样的交易在演示的实验中是允许的，

---

① 这个设计对于演示意图有几个必要的特征，包括对称性（它往往加速收敛），以及在诸如垄断、买方垄断和数量最大化的竞争对手预测和竞争性预测之间的明显分离。买者和卖者的数目可能很容易以保留设计必要特征的方式进行修正。例如，额外的买者和卖者可能以如下方式增加到表 1—1 中。新买者 B7 的价值与 B6 的价值相差不多：市场 B7 的第一单位比 B6 的第一单位多 0.10 美元，而 B7 的第二单位应当比 B6 的第二单位少 0.10 美元。新卖者 S7 的第一单位的成本应当比 S6 的第一单位少 0.10 美元，S7 的第二单位的成本为 S6 先前所持有的第二单位的成本。然后设定 S6 的第二单位比 S5 的第二单位多 0.10 美元。以这种方式配对的额外交易者保留了数量最大化和竞争性预测之间的差额。

你可能想要解释（私下地）为什么交易会导致损失。

4. 决定参数的移动。对于研究回合，有必要避免事前预期影响行为的可能性。在回合结束并且参与者离开房间后，他们可能与其他潜在的参与者交谈。在口头拍卖中，还有的拍卖人可能是通过面部表情无意地影响结果。一个办法是增加一个伪装的参数常数到所有的价值和成本中，并且拍卖人不知道均衡价格。决定时期的长度。在第一期或者之后交易会变得更快，因而如果交易量不是很大，那么在研究的实验中可以采用更短的时间。作为一个粗略的引导，预期交易的每单位计算大约为45秒。时间限制的变化将要求导语中的明显变化。

提前的安排

1. 雇用 4 个助手担任上面所描述的角色，并且强调准时到达的必要性。

2. 导语助手在实验中不需要说话，并且不要提供暗示性或者扭曲问题的答案。

3. 预订房间所需要的时间，加上在开始时之前的 15 分钟和之后的大约 30 分钟，以减少"结束期效应"，以及避免即将要来上课的学生挤在门口附近的情况。

4. 当用现金支付收益时，换取足够的零钱，通常是一卷 25 美分币以及 1 美元、5 美元和 10 美元钞票。需要指出的是，可以提前计算最大化的收益，即时期的次数和买者以及买者剩余总和的乘积。为便于兑换，货币要以小分币为主。

文件夹和材料的准备

* 1. 对所有参与者、助手以及观察值的导语拍照（对于研究的回合，移去导语中交易规则回合中的 T 形表例子，正如方括号所表示的）。

* 2. 除了上面的导语外，复印足够多的买者和卖者决策表。

* 3. 在每个决策表的上方写上买者或卖者的身份号码。与 1.3 节的例子不同的是，如果你对买者使用小的数值，对于卖者使用大的数值，并且数值不重复，那么有可能出现更少的错误标示的机会。

* 4. 在合适的决策表上写下买者和卖者每个单位和每个时期的价值和成本。

* 5. 检查以确保所记录的价值和成本是正确的，并且都在合适的行中：1 和 4 是买者的价值，2 和 5 是卖者的成本。为了进行更全面的检查，使用被试的决策表以重新构建市场供给函数和需求函数。

*6. 为每个参与者制作文件夹，身份号码写在文件夹上方并且在文件夹中包含下列内容：导语、标示参与者身份号码和成本或价值参数的决策表，以及收据表（如果你是用现金支付，它可用于报销）。

*7. 做一个你自己的文件夹，那里面有要宣读的导语的复印件和替代的收据表的额外复印件。

*8. 为每个助手做一个文件夹，包含全部的导语，为记录合约的人提供的纸，以及如果必要，为检验非法交易的人准备一个成本和需求参数清单（在成本下销售或者在价值上购买）。1.3节给出了这一清单的例子。拥有参数清单的多份复印件（每期一份）是最方便的，这样助手能划分出他们交易的单位。

*9. 为参与者准备额外的笔。

招募参与者

1. 在进行回合的那天之前，在得到授课老师的许可后，在教学开始前进入某个班级，宣读一份事先准备的公告以获得一份潜在被试的清单。在你完成之后要求授课老师不要发表任何关于实验的讲话。

2. 使用一份不会对实验预期行为产生暗示性作用的公告，例如：

诚邀你参加在几个月后在＿＿＿＿＿＿＿（学院或者大学的名称）＿＿＿＿＿＿教授主持下进行的一个或多个经济学实验。

实验涉及一个经济决策情形，并且如果你参加，一旦你在规定的合适时间出现，那么你将会获得＿＿．＿＿美元的出场费。另外，你将能够在持续大约两个小时的回合当中赚钱。这些收益将通过你的决策以及其他参与者的决策而得到确定。我们无法提前准确地说你的收益是多少，但是它们通常会超过你将会为一个可比较的时间里工作所获得的补偿数额。所有的收益在回合结束之后直接用现金支付。

有一些回合将持续大约两个小时。如果你有兴趣参加一个或多个回合，请提供下面要求的信息并返回这一表格。在你提交表格之后，经济中心的某个人将会打电话给你并且安排具体的时间和地点。谢谢！

你的姓名：＿＿＿＿＿＿＿＿

电话号码：（白天）＿＿＿＿＿＿＿＿＿

（夜晚的电话，如果不同的话）＿＿＿＿＿＿＿＿＿

请选择哪个时段是你本学期中最可能方便的时间，可自由地选择多个时段：

_____15：30－17：30，星期二

_____15：30－17：30，星期三

_____15：30－17：30，星期四

3. 当打电话给表示有兴趣参与的个体时，确认你自己是有礼貌的并且不过分吹嘘，因为一个懒惰的被试是不可能出现的。一个可能的方法是：

你好，这是_____从你表示感兴趣的经济中心打来的电话。我们在明天下午（上午）____：____到大约____：____组织了一个回合。你能够参加吗？（如果不行，多谢他们并且询问是否愿意接受下次电话邀请。）你是否有笔记录一下时间和地点？（当他们准备笔的时候，记录清单上参与者的名字。）实验将在明天下午（上午）____：____在_____（教学楼）的_____房间里举行。不需要提前到达，但是由于在所有人到齐之前我们不能够开始实验，因此请准时参加。我们需要额外的人，因此如果你由于某些原因必须取消活动，请在_____打电话给我们并留下你不能参加的信息。我们一般招募额外两个人以防某些人在最后时间取消活动。正如在课堂通知中所提及的，我们将支付给每人____．____美元的出场费。因而，如果你到场时所有的座位都已经坐满，那么我们将支付你这一数额并在另外一天打电话给你。如果你参加，那么你在回合中所赚得的所有收入将在之后立即用现金支付给你（加上出场费）。你不需要带任何东西。

4. 在一些情形中，现场招募比电话招募更好。[①] 现场招募时，把上面在课堂中宣读的招募公告分成两部分。上半部分应当留有填写学生姓名和电话号码的地方（名字是必需的，以防在实验时能够避免未预测到的替代的人）。下半部分应该是包含时间和回合地点的可撕开的部分。引导参与者返回带有他们名字和电话号码并写上表示他们想要准时参加的时段的上半部分。这有助于通过电话方式详细确认能出席的被试的细节。

5. 无论采用何种招募方法，在没有引进偏误预期的条件下，你应当以能够给予潜在被试信心并唤起其兴趣的方式回答问题。一些有用的意见是："这不是一个测验，也不是一个考试，它是没有压力的。""我不能够确定你可能会赚得多少钱，因为收益是因人而异的，并且随实验

---

① 例如，在西班牙，通过电话联系学生很困难。

的不同而不同。但我能肯定的是许多志愿者会再次参加。""我没有时间描述实验细节，并且实验的本质每天都可能改变。例如，一些实验涉及在一个类似市场的情形中，一些人扮演买者角色，而另一些人扮演卖者角色。"

6. 以一种最小化与朋友或室友接触机会的方式招募被试。通过在回合的前一天晚上打电话给个体被试，并且使用那张记录着电话号码和之前表示在某特定工作日或某特定时间有普遍兴趣参加实验的人名字的清单，这很容易通过电话招募的方式实现。这一点可能对于个体决策实验来说不是很重要，因为对于个体决策被试之间不存在互动。

7. 制作一张记录参与者名字的清单，这样你就能核对他们是否到达。在我们的实验中，当被试是没有经验的时，你需要招募大约比回合所必需数量多出 25% 的参与者。如果参与者在前面一个回合中已经有经验了，那么需要更少的被试。如果你直接从课堂招募，那么对于将在之后进行几天的一个回合，可能需要更多的替代方法。

房间的准备

*1. 确认房间座位，如果有必要，使参与者无法看到其他人的决策表。

*2. 检查并确保黑板是干净的，或者用 T 形表记录竞价和要价，并检查粉笔和黑板擦。T 形表应该足够大到可以被看见，但是也应当足够小，以使得许多数据能写在黑板上。

*3. 当回合是为研究而进行时，安排其中的一名实验者提前到达 20 分钟，确保提前到达的被试相互之间不进行交流。

回合开始

1. 设计一个随机的工具（比如，标记的球、文件夹中的纸片）以用于指定被试扮演买者或者卖者角色。当市场中成本和价值具有较大的非对称性时，这是特别重要的。

2. 要求已分配到一个座位的被试就座并保持安静直至回合开始；禁止交流，以便于复制和最小化个人关系的效应。

3. 让一个助手给被试指示座位，而你则站在门口欢迎被试。这是一个发放笔和你所在学校可能要求的"同意表"（这样的表格通常必须由人类被试委员会同意）的很好的时间。

4. 在你开始宣读导语时，让被试不要打开他们的文件夹。这最小

化了被试看到其他人决策表私密信息的可能性。

5. 如果被试之前并没有参加过实验，首先给予初始支付并向他们展示你将在回合结束后用于支付的现金（否则一些人可能对现金支付持怀疑的态度），然后开始实验。

* 6. 大声地向被试宣读导语，这形成了共同的知识，并且通过确保所有的人都同时完成阻止了无聊感。导语也不应当宣读得过快。完全按照所写下的导语进行宣读。在合适的时间停顿，比如，当要求被试去看不同的页或者是基于一个例子写下相应的问题时。为便于反应，不要插入解释说明的评语或者例子。亟须打断解释肯定是导语过于简化的信号。

* 7. 在回答问题之前，清楚地重复问题。回答应当只是解释说明导语。不要提供新信息；可以自由地读导语的相关部分，或者说你不能回答那个问题。不要讨论目标或者预期结果。

控制市场交易

* 1. 竞价和要价应当用相对小的字母和数字，这样黑板就不会很快写满。保持一致并让竞价在左侧，而要价在右侧。为节省时间，忽略美元符号和小数。在参与者提交他们的竞价和要价时，要求他们给出角色和身份号码（例如，买者 1）。不要让没有得到确认的人说话，否则你会失去控制。为了让角色清楚，你应当要求买者使用"竞价"一词，卖者使用"要价"一词，比如"买者 1 竞价 140"或者"卖者 5 要价 180"[①]。

* 2. 当交易时期只剩下 1 分钟 30 秒的时候，拍卖人应当给出提醒。时期应当准时停止，否则将会鼓励交易者拖延。

* 3. 时期之间的间隔应当简短，比如说两分钟。不应当交谈。如果交谈是一个问题，那么具体地解释要求参与者应当在所有时间保持安静的导语，正如你上面执行命令一样。

4. 让一个助手在房间里维持被试在所有时刻保持安静，特别是当在回合之后对被试进行的支付是在单独的地点进行时。

5. 为便于反应，从一个时期到另一个时期保留在黑板上的内容应保持一致，要么每次都清除干净，要么留下前面时期的同样数量的数据。

---

① 相反，你也可以让卖者使用"出价"一词替代"要价"。

* 6. 在第一期后让一个助手检查收益的计算。助手应当现场检查整个回合的主要收益计算。被试通常是非常诚实的，但是有必要避免会稀释激励的大的计算错误。

7. 在出现大的错误时，诸如在错误时期的交易单位，记住这样的错误等价于在供给和需求中的不必要的移动，因而除了为之后回合训练被试之外，回合对于任何其他意图都很可能是无用的。（使用都带有之前交易制度经验的被试复制回合，这往往是有用的。）

回合结束

1. 在支付给被试报酬之前，确保被试在他们的文件夹中留下所有导语、决策表等。

2. 在一个不同的地点、走廊，或者可视房间的分开区域逐个支付被试。即使回合已经结束，对于避免一个回合之后的羡慕、惭愧或者善意可能影响下一回合被试行为的情况而言，支付过程的私密性是重要的。应当让一个助手每次只允许一个被试到你前面，以避免围成一圈拥挤在支付处。

3. 确保被试在收据表上写下他们的姓名、社会保障号码以及签名，你将需要记录并且报销。收据表随后应当面朝下，这样其他被试将不能看到报酬数量。

4. 被试应当能够在没有与其他人讨论收益时独自离开房间，即使你没法控制此后在走廊上的讨论。

5. 在回合之后写下一个简短的报告，包括时期、出席人姓名、收益、实验设计或者处理变量、显著的程序错误以及任何数据的显著模式。其中一个最不会混淆的方法是用日期确定实验，除非你在同一天里进行了多个实验回合。

参考文献

Ball, Sheryl B., and Paula A. Cech (1991) "The What, When and Why of Picking a Subject Pool," working paper, Indiana University.

Battalio, Raymond, John Kagel, R. Winkler, E. Fisher, R. Basmann, and L. Krasner (1973) "A Test of Consumer Demand Theory Using Observations of Individual Consumer Purchases," *Western Economic Journal*, 11, 411-428.

Bertrand, J. (1883) "Review of *Theorie Mathematique de la Richesse Sociale and Recherches sur les Principes Mathematicque de la Theoire des Richesse*," *Journal des Savants*, 499 – 508.

Burns, Penny (1985) "Experience and Decision Making: A Comparison of Students and Businessmen in a Simulated Progressive Auction," in V. L. Smith, ed., *Research in Experimental Economics*, vol. 3. Greenwich, Conn.: JAI Press, 139 – 157.

Carlson, John (1967) "The Stability of an Experimental Market with a Supply-Response Lag," *Southern Economic Journal*, *33*, 305 –321.

Chamberlin, Edward H. (1948) "An Experimental Imperfect Market," *Journal of Political Economy*, *56*, 95 – 108.

—— (1962) *The Theory of Monopolistic Competition* (*A Re-orientation of the Theory of Value*), 8th edition. Cambridge: Harvard University Press.

Coleman, Andrew (1983) *Game Theory and Experimental Work*. London: Pergamon Press.

Cournot, Augustine (1838) *Researches into the Mathematical Principles of the Theory of Wealth*, trans. N. Bacon. New York: Kelly, 1960.

Cyert, Richard M., and Lester B. Lave (1965) "Collusion, Conflit et Science Economique," *Economie Appliquee*, *18*, 385 – 406.

Davis, Douglas D., and Charles A. Holt (1991) "List Prices and Discounts," working paper, University of Virginia.

DeJong, Douglas V., Robert Forsythe, and Wilfred C. Uecker (1988) "A Note on the Use of Businessmen as Subjects in Sealed Offer Markets," *Journal of Economic Behavior and Organization*, *9*, 87 – 100.

Dolbear, F. T., L. B. Lave, G. Bowman, A. Lieberman, E. Prescott, F. Rueter, and R. Sherman (1968) "Collusion in Oligopoly: An Experiment on the Effect of Numbers and Information," *Quarterly Journal of Economics*, *82*, 240 – 259.

Dyer, Douglas, John Kagel, and Dan Levin (1989) "A Comparison of Naive and Experienced Bidders in Common Value Offer Auctions: A Laboratory Analysis," *Economic Journal*, *99*, 108 – 115.

Encyclopedia Britannica, *Macropaedia: Knowledge in Depth*, 27, (1991) 15th edition. Chicago: University of Chicago Press.

Fouraker, Lawrence E., and Sidney Siegel (1963) *Bargaining Behavior*. New York: McGraw Hill.

Friedman, James W. (1963) "Individual Behavior in Oligopolistic Markets: An Experimental Study," *Yale Economic Essays*, *3*, 359 –417.

—— (1967) "An Experimental Study of Cooperative Duopoly," *Econometrica*, *35*,

379 - 397.

—— (1969) "On Experimental Research in Oligopoly," *Review of Economic Studies*, *36*, 399 - 415.

Grether, David M. , and Charles R. Plott (1984) "The Effects of Market Practices in Oligopolistic Markets: An Experimental Examination of the *Ethyl* Case," *Economic Inquiry*, *22*, 479 - 507.

Hart, Oliver D. (1979) "Monopolistic Competition in a Large Economy with Differentiated Commodities," *Review of Economic Studies*, *46*, 1 - 30.

Hinkelmann, Klaus (1990) "Experimental Design: The Perspective of a Statistician," working paper, Virginia Polytechnic Institute.

Holt, Charles A. (1985) "An Experimental Test of the Consistent-Conjectures Hypothesis," *American Economic Review*, *75*, 314 -325.

Holt, Charles A. , and Anne Villamil (1986) "A Laboratory Experiment with a Single-Person Cobweb," *Atlantic Economic Journal*, *14*, 51 - 54.

Hong, James T. , and Charles R. Plott (1982) "Rate Filing Policies for Inland Water Transportation: An Experimental Approach," *The Bell Journal of Economics*, *13*, 1 - 19.

Isaac, R. Mark, and Vernon L. Smith (1985) "In Search of Predatory Pricing," *Journal of Political Economy*, *93*, 320 - 345.

Joyce, Patrick (1983) "Information and Behavior in Experimental Markets," *Journal of Economic Behavior and Organization*, *4*, 411 - 424.

Kagel, John H. , Raymond C. Battalio, Howard Rachlin, Leonard Green, Robert L. Basmann, and W. R. Klemm (1975) "Experimental Studies of Consumer Behavior Using Laboratory Animals," *Economic Inquiry*, *13*, 22 - 28.

Lave, Lester B. (1962) "An Empirical Approach to the Prisoner's Dilemma," *Quarterly Journal of Economics*, *76*, 424 - 436.

—— (1965) "Factors Affecting Cooperation in the Prisoner's Dilemma," *Behavioral Science*, *10*, 26 - 38.

Ledyard, John (1990) "Is There a Problem with Public Good Provision?" forthcoming in A. Roth and J. Kagel, eds. , *A Handbook of Experimental Economics*. Princeton: Princeton University Press.

May, Kenneth O. (1954) "Intransitivity, Utility and the Aggregation of Preference Patterns," *Econometrica*, *22*, 1 - 13.

McKelvey, Richard D. , and Peter C. Ordeshook (1990) "A Decade of Experimental Research on Spatial Models of Elections and Committees," in J. M. Enlow and M. J. Hinich, eds. , *Readings in the Spatial Theory of Voting*. Cambridge: Cambridge University Press.

Mestelman, Stuart, and D. H. Feeny (1988) "Does Ideology Matter?: Anecdotal Experimental Evidence on the Voluntary Provision of Public Goods," *Public Choice*, 57, 281 - 286.

Millner, Edward L. , Michael D. Pratt, and Robert J. Reilly (1990a) "Contestability in Real-Time Experimental Flow Markets," *Rand Journal of Economics*, 21, 584 - 599.

—— (1990b) "An Experimental Investigation of Real-Time Posted - Offer Markets for Flows," working paper, Virginia Commonwealth University.

Palfrey, Thomas, and Robert Porter (1991) "Guidelines for Submission of Manuscripts on Experimental Economics," *Econometrica*, 59, 1197 - 1198.

Plott, Charles R. (1982) "Industrial Organization Theory and Experimental Economics," *Journal of Economic Literature*, 20, 1485 - 1527.

—— (1986a) "Laboratory Experiments in Economics: The Implications of Posted-Price Institutions," *Science*, 232, 732 - 738.

—— (1986b) "An Introduction to Some Experimental Procedures," working paper, California Institute of Technology.

—— (1989) "An Updated Review of Industrial Organization: Applications of Experimental Methods," in R. Schmalensee and R. D. Willig, eds. , *Handbook of Industrial Organization*, vol. 2. Amsterdam: North-Holland, 1109 - 1176.

—— (1991) "Will Economics Become an Experimental Science?" *Southern Economic Journal*, 57, 901 - 919.

Plott, Charles R. , and Vernon L. Smith (1978) "An Experimental Examination of Two Exchange Institutions," *Review of Economic Studies*, 45, 133 - 153.

Rapoport, Anatol, and Albert M. Chammah (1965) *Prisoner's Dilemma: A Study in Conflict and Cooperation*. Ann Arbor: University of Michigan Press.

Roth, Alvin E. (1986) "Laboratory Experimentation in Economics," in T. Bewley, ed. , *Advances in Economic Theory*, *Fifth World Congress*. Cambridge: Cambridge University Press, 269 - 299.

—— (1988) "Laboratory Experimentation in Economics: A Methodological Overview," *Economic Journal*, 98, 974 - 1031.

—— (1990) "Lets Keep the Con out of Experimental Economics: A Methodological Note," working paper, University of Pittsburgh.

Sauerman, Heinz, and Reinhard Selten (1959) "Ein Oligopolexperiment," *Zeitschrift fur die Gesamte Staatswissenschaft*, 115, 427 - 471.

Savage, Leonard J. (1954) *The Foundations of Statistics*. New York: Wiley.

Schotter, Andrew, and Yale M. Braunstein (1981) "Economic Search: An Experimental Study," *Economic Inquiry*, 19, 1 - 25.

Sherman, Roger (1966) "Capacity Choice in Duopoly," doctoral dissertation, Carnegie-Mellon University.

Siegel, Sidney, and Lawrence E. Fouraker (1960) *Bargaining and Group Decision Making*. New York: McGraw Hill.

Siegel, Sidney and D. A. Goldstein (1959) "Decision-making Behavior in a Two-Choice Uncertain Outcome Situation," *Journal of Experimental Psychology*, 57, 37 - 42.

Smith, Vernon L. (1962) "An Experimental Study of Competitive Market Behavior," *Journal of Political Economy*, 70, 111 - 137.

—— (1964) "The Effect of Market Organization on Competitive Equilibrium," *Quarterly Journal of Economics*, 78, 181 - 201.

—— (1976) "Experimental Economics: Induced Value Theory," *American Economic Review Papers and Proceedings*, 66, 274 - 279.

—— (1982) "Microeconomic Systems as an Experimental Science," *American Economic Review*, 72, 923 - 955.

Smith, Vernon L., Gerry L. Suchanek, and Arlington W. Williams (1988) "Bubbles, Crashes, and Endogenous Expectations in Experimental Spot Asset Markets," *Econometrica*, 56, 1119 - 1151.

Smith, Vernon L., and Arlington W. Williams (1981) "On Nonbinding Price Controls in a Competitive Market," *American Economic Review*, 71, 467 - 474.

—— (1983) "An Experimental Comparison of Alternative Rules for Competitive Market Exchange," in Englebrecht-Wiggins et al., eds., *Auctions, Bidding and Contracting: Uses and Theory*. New York: New York University Press, 307 - 334.

Spence, A. Michael (1976) "Product Selection, Fixed Costs, and Monopolistic Competition," *Review of Economic Studies*, 43, 217 - 235.

Tucker, A. W. (1950) "A Two-Person Dilemma," working paper, Stanford University, published as "On Jargon: The Prisoner's Dilemma," *UMSP Journal*, 1, 1980, 101.

Van Boening, Mark V. (1990) "Call Versus Continuous Auctions: A Comparison of Experimental Spot Asset Markets," working paper, University of Arizona.

von Neumann, J., and O. Morgenstern (1944) *Theory of Games and Economic Behavior*. Princeton: Princeton University Press.

Walker, James, and Arlington Williams (1988) "Market Behavior in Bid, Offer, and Double Auctions: A Reexamination," *Journal of Economic Behavior and Organization*, 9, 301 - 314.

Welford, Charissa P. (1990) "Horizontal Mergers: Concentration and Perform-

ance," in *Takeovers and Horizontal Mergers: Policy and Performance*, doctoral dissertation, University of Arizona.

Williams, Arlington W. (1980) "Computerized Double-Auction Markets: Some Initial Experimental Results," *Journal of Business*, 53, 235 – 258.

—— (1987) "The Formation of Price Forecasts in Experimental Markets," *The Journal of Money, Credit and Banking*, 19, 1 – 18.

第2章　决策和博弈

2.1　引言

　　这本书中所讨论的大多数实验室实验，要么可以分类为个体决策选择问题，要么可以分类为最大化个体互动的"博弈"。为了理解这些实验，有必要熟悉相关的理论。基于这一理由，我们在这一章中介绍决策理论和博弈理论的各种话题。在这里所进行的处理是"应用性"的：从某种意义上来讲，它们并没有推导出许多理论的结果。与此相反，有用的概念以实验设计中所出现话题的

形式得以呈现，并且是从实验证据方面对它们进行评价。而且，即使是出于本书的目的，我们的讨论也并不是覆盖了所有的话题。例如，博弈论和决策理论的一些特别话题，在以后各章中包括了许多细节。我们此处的目的是让读者能拥有有限的（或者是粗略的）背景知识，从而可直接地进行后面章节中一些更为应用性话题的探讨：明码标价拍卖、公共产品、双边拍卖等。①

本章的结构安排如下。首先，我们考虑个体决策理论中的一些话题。2.2 节包含了彩票和预期价值的讨论，2.3 节讨论了一个简单的序贯搜寻实验，2.4 节是有关预期效用最大化和风险规避的内容。接下来，我们把关注点转移到非合作博弈理论的一些基本元素，2.5 节考虑博弈的标准型（normal-form）和非合作均衡的概念，而 2.6 节讨论博弈的扩展型（extensive-form）和后向归纳理性（backward-induction rationality）。最后一节简要讨论了竞争性价格理论和这里所讨论的决策理论与博弈理论工具之间的关系。我们认为，尽管两者之间有一些重叠，但是每一种工具都有相当不同的应用领域。例如，博弈理论在一些情形中是麻烦和不必要的，比如，在明确价格信号的"厚"市场。在这些例子中，标准价格理论的预测就已经足够。

2.2 彩票和预期价值

概率分布的表示方法

许多个体选择实验与这样的情形相关，在这一情形中，个体必须在报酬的概率分布即彩票之间进行选择。类似的实验可以用于评价在不确定条件下如何做出决策的假设和理论。例如，考虑下面彩票之间的选择：

S1：确定性地得到 3 美元，或者；

R1：以 0.8 的概率得到 4 美元，以 0.2 的概率得到 0 美元。

"风险性"的替代选项 R1 的有效提出引申出了许多有关程序性的话题。尽管要解释清楚概率这一概念是没有必要的而且是麻烦的，但是对相关事件的概率有一个清楚的概念，对于被试来说是很重要的。向参

---

① 这一材料并不能替代对这些话题的系统性论述，对实验经济学有浓厚兴趣的任何人将迟早会掌握到目前为止对于决策和博弈理论所进行的合适的强调（例如，Kreps，1990）。

与者解释这些概念的一种方式，是把它们与一些具体的随机化工具，诸如骰子和轮盘赌联系起来。例如，彩票 R1 的 0.8 和 0.2 的概率，可以通过这样的方式引导出来，即告诉被试，扔一个十面骰子，若得到 3，4，…，10，则报酬为 4 美元；若骰子产生的是 1 和 2，那么报酬为 0 美元。有时甚至可以使用一种可视化的方法，比如表 2—1，从而更清楚地表达出这一信息。在表 2—1 中彩票 R1 一行的 0 和 4 的相对频率表明了 0.2 和 0.8 的概率。值得注意的是，R1 报酬一行左边的 0 可能是偏差的来源。① 研究者可以通过变化 0 在彩票表格中显示的位置，使用不同的群体被试从而控制这一分类的潜在偏误。

表 2—1 　　　　　　　　　　**彩票报酬结构的表示方法**

扔的骰子	1	2	3	4	5	6	7	8	9	10
S1 彩票的美元报酬	3	3	3	3	3	3	3	3	3	3
R1 彩票的美元报酬	0	0	4	4	4	4	4	4	4	4

骰子，特别是专业化的骰子，是引导概率分布的一种非常有用的方法。例如，为了生成 1 和 200 之间整数的一个均匀分布，对于前两个数字（百位数和十位数），人们可以使用一个 20 面的骰子，而对于第三个（个位）数字，人们可以使用一个 10 面的骰子。因为概率总和等于 1，所以每一整数结果的概率是 1/200，正如图 2—1 左图中标示为"均匀分布情形"的矩形密度所显示的。这一类似于均匀分布的离散分布可能是实验中用得最多的分布形式，因为它很容易用骰子引导出来，很容易向被试解释，也常常能简化最优决策或均衡决策的计算。② 结果 x 的概率是在 x 处的密度，它可用 $f(x)$ 表示。所有的 200 个结果在图 2—1 左边的均匀情形都有同样的可能性，因此 $f(x) = 1/200 = 0.005$。小于或等于结果 x 的概率是分布函数，用 $F(x)$ 表示。均匀情形的分布函数是从最低的极值 1 向上加至 x，因而 $F(x) = x/200$；它在图 2—1 的右图中表示斜率为 1/200 的一条直线。例如，在 $x = 50$ 的左边的均匀密度

---

① Davis and Holt (1991) 注意到在缺乏经济激励时，比如在报酬不高且独立于所做出决策的简单矩博弈中，被试有选择报酬表上方和左侧的倾向。在动物实验中，这被称为"杠杆偏差"。在实际中，要消除或者控制此类偏差的所有来源并不总是可行的；增加的控制可能过于昂贵。在给定心理情景和经济激励的强度后，研究者必须对这类控制的合理性有一个判断。

② 均匀分布是一个连续的分布，但是我们将把在离散集合中点的相同密度分布视为均匀的。

分布的面积是总体密度的四分之一，因此 $F(50)=0.25$，它是 x 小于或等于 50 的概率。

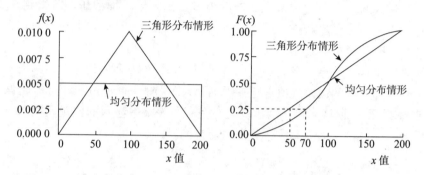

图 2—1　两个分布的密度函数和分布函数

　　骰子可用于引导一个三角形分布的离散变形，它是另一个有时在实验中使用的概率分布。一个三角形分布是通过加总两个均匀分布的变量而得到的。考虑连续扔两次均匀硬币的情形，更容易看到这一点：如果正面是 1、反面是 0，那么扔一个简单正常的硬币会产生均匀的、相等概率的 0.5 的 0 和 0.5 的 1。将扔两次硬币的结果加总，会产生一个峰值三角形密度，其中，中间结果为 1 的概率是极值结果 0 和 2 的概率的两倍。为了确认这一点，注意到 0 的结果是连续 2 次的反面，2 的结果是连续 2 次的正面，因此，这两种情形中的每一个发生的概率为 $0.5 \times 0.5=0.25$。1 的结果是一次正面和一次反面（第一次正面和第二次反面，第一次反面和第二次正面），它发生的概率是 $0.5 \times 0.5+0.5 \times 0.5=0.5$。有更多离散结果的集合的三角形分布，可以通过使用一个更为复杂的随机化工具而产生。例如，两个有 100 个停止点的高速旋转的轮盘赌的结果总和，是 0～200 之间整数的三角形分布，正如图 2—1 左图所显示的。

　　使用三角形分布而非均匀分布的一个优势是，它减少了极值结果的可能性。这一证据可从图中均匀密度和三角形密度的比较而得到：即使两个分布均是在 100 这个共同预期值处对称的，但是均匀分布的风险更大，因为它在分布的尾部，即 50 以下和 150 以上的密度更大。[1] 因而

---

　　① 在 1 和 200 之间的分布的预期值事实上是 100.5，但是在讨论中将忽略这一点。如果均匀情形定义为在 100 附近对称的 0.5，1.5，2.5，…，199.5，那么在三角形和均匀情形之间的比较更为精确。图 2—1 的三角形情形的密度是在 100 附近对称的，而在端点 0 和 200 处是零。通过加总标示着 0.5，1.5，…，99.5 的 100 个止点的两个轮盘赌，就可获得这一结果。

均匀分布代表的"风险中的均值保留增量"（mean-preserving increase in risk）超过了三角形分布。

三角形密度函数中的峰值所反映的很强的中心趋势，也可用图 2—1 右图中的 S 形的三角形分布函数进行表示。从与均匀分布情形相对应的密度函数和分布函数的比较当中，也很容易地看出三角形情形中的密度函数和分布函数之间的关系。在平坦的均匀分布 $x=50$ 的左边的面积是三角形密度 $x=50$ 的左边的面积的两倍。因为某一点的分布函数是那一点左边的密度函数，所以在均匀分布中的 $F(50)$ 是在三角形情形中的两倍（比较图 2—1 的右图中这两条分布函数穿过 $x=50$ 的垂直虚线的位置）。同理，三角形中间的更高密度的情形使得三角形情形中的分布函数在这一区域更为陡峭。

许多经济模型是基于其他的更为复杂的分布。在实验室中使用除了均匀分布和三角形分布之外的其他分布的一个严重劣势在于，其他分布相当难激励。[1] 保留更为复杂的分布的某种可能方式是提供密度图形，以及许多从电脑生成分布的实例。一个替代的方法是使用一张表格，将一个在 [0，1] 均匀分布上的抽签转换为在其他一些合意的替代性分布上的抽签。例如，图 2—1 的三角形分布可通过这一方法产生，通过旋转一个十面的骰子在 0 和 1.0 之间确定一个随机数（比例），它代表了分布函数纵轴的 $F(x)$ 值。然后三角形分布的 $F(x)$ 的图形能用于确定相应的 x 值。例如，如果扔出的结果得到的是 0.25 的 $F(x)$，那么移动横轴到 0.25 的三角形情形中的 $F(x)$ 曲线的纵轴，并把它投射到水平轴，我们就得到了大约 70 的 x 值，正如图 2—1 所表示的。这一方法非常普遍，它能被用于引导任何一个分布。

对于参与者来说，密度函数比分布函数更容易理解，特别是如果密度函数是由垂直虚线分割成相同概率的区域。因而，应该用密度函数图形理解二阶段方法［使用均匀分布生成 $F(x)$ 和使用分布函数生成 x 值］。在许多实际的抽签实例中，这一图形方法可能是有效的。

被试怀疑受骗的可能性是产生甚至最简单分布的潜在障碍。研究者通过公开的随机化方法的演示，可能减轻这一问题。例如，如果使用骰子，研究者可能想在被试面前扔这些骰子，并让其中的一名被试确认这一结果。当实验是计算化的时候，概率结果普遍是用编程的随机数字生成器产生的。在这一情形中，建议进行一些实验回合，在这些实验中，

---

① 某些标准分布，比如正态分布，还存在着无边界的额外问题。

被试可被问及有关程序是否有偏或与导言中所给出的描述不一致的开放性问题。让程序暂停，并扔一个骰子确定一个随机结果，其结果能通过键盘手动地输入，这是可能的，有时也是必需的。如果时间不受限制或者扔出的每一个结果都是非常重要的话，那么我们自己的偏好是使用骰子，正如在很高报酬的回合中的情形一样。如果回合需要产生一个很大的随机数，而且如果报酬不是很高，那么使用计算机生成的随机数字是非常合适的。使用均匀分布，Holt and Sherman（1991）观察到计算机生成的随机数和由骰子生成的随机数的回合之间没有系统性的差异。

预期值和风险中性

选择一个彩票而非另一个彩票，显示出了第二个彩票并没有严格地偏好于第一个。研究这一选择的经济学家往往关注这些偏好的数学表示方式。这一表示的最为简单的方法是，通过彩票中每一个结果的概率权重的可能性，或者是彩票的预期价值进行构建。例如，在表 2—1 中，安全的彩票 $S1$ 确定性地产生 3 美元，因而它的预期价值是 3 美元。风险的彩票 $R1$ 的预期价值，可以通过对每一个有相应概率的货币结果的加权而获得：0.8×4 美元 $+ 0.2 \times 0$ 美元 $= 3.2$ 美元。一直选择最高预期货币价值的彩票的被试将选择 $R1$，因为它的预期价值 3.20 美元超过了 $S1$ 的 3 美元的预期价值。如果这一模式对于所有可能性彩票的所有可能性结果都成立，而且对于那些包含了更多可能性结果的彩票同样如此，我们可以说这个人是一个"预期价值最大化者"。

基于在本书后面将会很清楚的理由，许多彩票选择实验是在有 3 个结果的彩票之间进行选择，因此介绍这类彩票的某一普遍的表示方式是很有用的。一个有三个结果的彩票 Li，其中 $x_1 < x_2 < x_3$。如果 x_1 发生的概率是 p_1，x_2 发生的概率是 p_2，x_3 发生的概率是 p_3，那么 Li 的预期值是：

$$Li = p_1 x_1 + p_2 x_2 + p_3 x_3 \tag{2.1}$$

这一表达式代表了风险中性偏好的被试。从某种意义上讲，当且仅当 (2.1) 式中的彩票 $L1$ 比彩票 $L2$ 高时，彩票 $L1$ 才比另一彩票 $L2$ 更受偏好。更为重要的是，对于被试来说，没有必要知道这一作为预测方法非常有用的表达式的预期值或者概率的任何信息。对于被试来说，即使他们并没有正式地计算预期值，这一表达式也可以提供精确的预测。

风险中性的术语来源于这样一个事实，即通过定义，一个风险中性的人在有同样预期价值的两个彩票之间是无差异的，即使其中的一个彩票从报酬的变化特征来看其风险性更高。例如，一个风险中性的人将在确定性地获得 3.20 美元和有 4/5 的机会获得 4 美元（否则为零）之间是无差异的。一个风险规避的人将会偏好确定性的选择，而一个风险偏好的参与者将会选择以 4/5 的机会获得 4 美元。尽管参与者几乎没有看似风险偏好的，但是一些参与者是风险中性的，而另一些则似乎是风险规避的。

在设计和解释个体决策实验的结果时必须小心谨慎，因为一个参与者赋予一个彩票的价值严格地依赖于参与者的风险态度。虽然参与者并不一直是风险中性的，但是从风险中性的角度分析实验的情形一般是明智的。在许多情形里，在风险中性的条件下比在风险规避的条件下更容易导出模型的含义。而且，如果行为系统性地偏离了基于风险中性的预测结果，那么偏离的方向或结果可能允许我们确定被试是不是风险规避的以及风险规避的程度。当给被试施加风险中性的偏好时，风险中性的预测也是有用的。可以通过许多方式施加风险中性，其中之一在 2.4 节进行回顾。正如之前的情形一样，考虑这样的一个实验是有用的，在这个实验中可通过基于风险中性模型的预测而相对较好地组织彩票之间的选择。

2.3　序贯搜寻实验

经济学家对一个情形的分析，往往是通过研究一个非常简单的模型，然后在很好地理解简单情形的直觉基础上增加复杂性。考虑最优搜寻的最为基础的模型：一个工人能搜寻工资要价，但是对于每一要价工人引致一个搜寻成本 c。在搜寻过程的任一给定阶段，工人必须决定是否再次搜寻或者停止并接受到此为止所遇到的最好的工资要价水平。这可以被视为是在彩票之间的选择：一个彩票是由到目前为止最好要价的确定性的报酬，另一个则是搜寻的风险更大的结果。

为简单起见，假定工人是风险中性的，搜寻没有数量限制，工资要价是从一个已知密度函数 $f(x)$ 的分布中独立地抽取出来的。同时，工人有"完美记忆"（perfect recall），从某种意义上来讲，在早期阶段所拒绝的任一要价都可在后期接受，而且未来并不是贴现的（工人并没有在搜寻过程中变得不耐烦）。这是一个经典的序贯搜寻问题，它有许多可能的变化和经济学应用（例如，DeGroot，1970；Lippman and Mc-

Call，1976）。没有时间贴现和一个不变的潜在工资分布的组合，意味着在每一阶段开始时，未来一直是一样的。这一不变性是经典搜寻问题的与众不同的特征，它可以产生一些应用，而且可用下面的三个论述进行概述：

（i）没有回忆的需要。因为研究者所面临的决策问题，在每一阶段开始时是不变的，在某一阶段被拒绝的工资，如果在后续的任一期当中再次出现，也将会被拒绝。同理，一个在某一阶段会被接受的工资将在任一阶段被接受。

（ii）保留工资性质。（i）的含义是最优搜寻策略存在一个"保留工资"，并且搜寻直到所遇到的一个要价超过这一保留工资时为止。

（iii）保留工资＝最优搜寻的预期回报。通过保留工资的定义，搜寻者在所接受的工资和再次搜寻之间是无差异的。任一个在保留工资之上的要价将更偏好于进行一个最优搜寻，但是搜寻过程将更偏好于提供保留工资之下的任一价格。因而，保留工资精确地等于最优搜寻的预期报酬。

（iii）的含义是，如果一个人能诱导出被试为放弃搜寻的权利而愿意接受的最小货币量，那么这一诱导值将可解释为保留工资。

因为搜寻是有成本的，直觉表明从最优搜寻中所得到的预期报酬，因而也就是保留工资，将是搜寻边际成本的减函数。下面，我们通过推导出风险中性搜寻者情形中的最优保留工资，证明这一直觉是正确的。在后面一节我们将比较最优搜寻预测和搜寻实验的结果。

最优的保留工资

在一个具体例子的情形中形成最优保留工资，是有启迪作用的。假设一个工人的搜寻是从给 1 到 200 之间的每个值均赋予 1/200 的均匀概率的分布中随机抽取出来，并且每一个"搜寻"或者抽取的成本 c 为 5。搜寻者的决策问题是：是否接受目前为止所获得的最好要价 w，或者是支付成本 c 继续搜寻？对于 w 的极值，在接受和搜寻之间的选择是明显的。单一抽取的预期价值是 $1\times(1/200)+2\times(1/200)+\cdots+200\times(1/200)=100.5$。因而，如果 $w=0$，那么就值得再抽取一次，因为从搜寻中所预期的收益大大超过了成本。同理，如果 $w=200$，那么进一步搜寻将是没有意义的，因为没有更好的结果。

更为一般地讲，搜寻的预期收益随着 w 递减而增加。如果 $w=$

199，那么只有 1/200 的机会获得更好的抽取结果，因此预期收益是一美分的 1/200＝(200−199)/200。如果 w＝198，那么可能抽取的 199 和 200 将代表境况的改善，因此再一次搜寻所获得的预期收益增加到一美分的 3/200，比如(200−198)/200＋(199−198)/200。在更低的 w 值下，可能抽取的更好的数目会增加，它产生了一个更长字符的概率权重的改善：(200−w)/200＋(199−w)/200＋(198−w)/200＋⋯。同样的，这也适用于分布不均匀的情形。让 $f(x)$ 表示任一可能改善要价 x 的概率。那么，预期收益的公式（超过当前的 w 水平）正如等式 (2.2) 的左边所给出的：

$$\sum_{x=w+1}^{200} (x-w)f(x) = c \tag{2.2}$$

很明显，在 (2.2) 式左边的预期收益是最优标准替代性 w 的减函数，如果 w 是 200，那么预期收益是 0。

　　为了最优化，研究者必须比较搜寻的预期收益和搜寻成本。一旦最优的标准要价足够低，以致从一次额外搜寻所获得的预期收益大于搜寻的成本，那么一个明显的决策规则将是再一次搜寻。当搜寻的成本正好等于额外搜寻的预期收益时，个体将在继续或者停止两者之间无差异。因而，方程（2.2）决定了均匀分布情形下保留工资的预期收益函数，对于 100 和 200 之间的 w 值画在图 2—2 中。预期收益与水平的搜寻成本

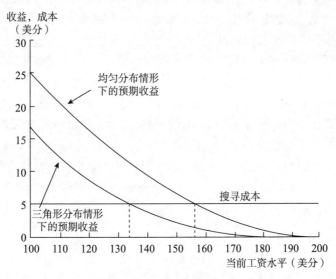

图 2—2　保留工资的计算

曲线（高度为 5）大约在 155 处相交。当分布是三角形时，在分布的上尾部有很小的概率权重，因此从额外搜寻中所获得的收益下降了。正如图 2—2 所表明的，三角形分布的最优保留工资下降到 133。

最优保留工资的两个特征值得强调。首先，结果相当不平常：在这一动态的、多阶段情形中的最优策略涉及当前阶段的搜寻收益和成本的短视的比较。这遵循了一个事实，即对于搜寻者来说未来总是看起来相同；搜寻成本、要价成本和剩余时期的数目没有任何变化。[①] 其次，即使是在所考虑的非常简单的情形中，保留工资的计算明显是一个相当艰难的任务。没有人相信个体会像（2.2）式那样进行明显的计算。但是从（2.2）式所推导得到的保留工资是不是个体行为而非替代理论的最好预测结果，这是一个实证问题。

从搜寻实验中得到的数据

Schotter and Braunstein（1981）通过每次带一名被试进入一个有交互作用的计算机终端的房间的方式进行了一个搜寻实验。在实验中，每一名被试在各种控制条件下参加 12 个搜寻序列。我们将概述与前一节所考虑的情形相匹配的序列，即没有搜寻次数的限制并且被试能够返回和回想之前所拒绝的要价。导语解释了实验的意图，是为了研究人们在他们并不知道所有的替代性工资或价格的情形下怎样进行搜寻。[②] 在搜寻序列的每一阶段，计算机从一个概率分布中产生一个随机数并且显示它。然后被试按下 SEARCH 去看另一个抽取的数值，或者按下 STOP 接受上面所获得的最大工资要价。每次抽取过程通过搜寻成本减少被试的收益，成本在每一实验局中为 5 美分。在一些实际序列之后，但是在 12 个涉及金钱激励的序列之前，每名被试被要求申明他或她为了不继续进行搜寻而愿意接受的最小值。正如上面所解释的，这一要价将等于保留工资。这是一个非正式的问题，并不是那种将在第 8 章进行讨论的带有金钱激励的诱导程序类型。

表 2—2 概述了相关的结果。在序列 1、序列 2 和序列 12 中，被试

---

① 附录 A2.1 包含了最优动态政策可简化成（2.2）式的一个直觉证明。

② Cox and Oaxaca（1989）搜寻实验的导语避免了经济情形和词语"搜寻"的暗示性问题。尽管 Cox and Oaxaca（1989）使用了与 Schotter and Braunstein（1981）稍有不同的实验设计，但是两篇文章的结果大体上与最优搜寻理论的预测相一致。我们猜测术语上的这些不同并不影响这一情形中的结果。附录 A2.2 中的搜寻实验是以中性的情形出现的：我们使用"搜寻"一词，但我们避免提及一个经济情形。

是从图 2—1 所显示的三角形分布中抽取样本，搜寻成本是 5 美分。在这三个情形的每一个中，由图 2—2 所计算的最优保留工资是 133，正如表中的第三列所显示的。序列在抽取方式方面稍有不同：序列 1 是真实随机的抽取，但是（被试并不知道）序列 2 和序列 12 是从既定序列中抽取出来的，其中超过 133 的第一个值出现在第 5 次抽取（对于序列 2）或者第 6 次抽取（对于序列 12）。序列 1、序列 2 和序列 12 所报告的销售价格的均值在第四列的上面三行中。正如理论所预测的，这些非常明显地接近于理论的保留工资水平 133。在序列 3 中，作者使用更具有风险的均匀分布，它将理论的保留工资提高至 155。正如表 2—2 第四行所表明的，这一变化将所报告的销售价格均值提高至 157，它也稍微提高了所接受的工资均值和最高拒绝工资的均值。转向更高的搜寻成本降低了销售价格的均值、最高拒绝工资的均值以及所接受工资的均值，正如表 2—2 下面一行所显示的。

表 2—2   Schotter and Braunstein 搜寻实验结果

序列	实验局：分布 (c，序列)	最优保留工资	报告的销售价格的均值	最高拒绝工资的均值	所接受工资的均值
1	三角形分布 ($c=5$，随机)	133	135	123	146
2	三角形分布 ($c=5$，固定)	133	136	*	*
12	三角形分布 ($c=5$，固定)	133	136	*	*
3	均匀分布 ($c=5$，随机)	155	157	125	170
4	三角形分布 ($c=10$，随机)	115	128	93	147

＊对于固定（非随机的）要价序列的数据不具有可比性。

总体上来讲，结果出人意料地与最优搜寻理论一致。然而，值得注意的是，右手边一列所接受的平均工资有点低。例如，当最优保留工资是 155 时，第一个超过这一值的工资将会被接受。在均匀分布中，可接受的工资在 155～200 之间的可能性相等，平均值为 177.5，它比序列 3

的平均工资高出 7 美分。Cox and Oaxaca（1989）在有限区间环境中观察到相似的结果[①]：在各种处理条件下进行的 600 次序列中，被试终止搜寻恰如最优风险中性行为所预测的结果，占 77%。但是当参与者偏离最优法则时，他们几乎普遍很快地在一个很低的工资水平上停止。

所观察到的行为并不是完全与最优搜寻理论相一致。在实际中，被试表现出接受他们在早期阶段所拒绝的要价的一些趋势，这偏离了没有回忆的性质（i）。这一类型的回忆，在 Schotter and Braunstein（1981, p. 19）的实验发生了大约 25%。[②]

小结

序贯搜寻的简单模型是参与者的选择看似与最优序贯搜寻理论的选择很接近的一个例子。参与者似乎在脑海中（比如，没有回忆）的保留工资处停止，而且尽管最优保留工资的实际计算是复杂的，但是他们普遍在所抽取的要价超过了最优保留工资处终止搜寻。[③] 大部分所观察到的对于最优风险中性行为的偏离涉及过早的终止，即接受一个低于那一期最优保留要价水平的一个要价。[④] 这一过早的终止，是与将在下面一节进行讨论的风险规避相一致的。[⑤]

2.4　预期效用最大化和风险规避

再次考虑表 2—1 所表示的彩票选择问题。回忆一个风险中性参与

---

① 除了在第 70 页注释①中所讨论的导语的变化之外，与 Schotter and Braunstein（1981）和 Hey（1982）所不同的是，Cox and Oaxaca（1989）使用了一种物理（宾果箱）方法产生随机数。

② Kogut（1990）在不同于 Schotter and Braunstein（1981）的参数的搜寻实验中观察到大约有 33%。Kogut（1990）把这一回忆归结为"沉没成本"的效应，即在前面拒绝的要价所发生的搜寻成本的效应。Hey（1987）报告了禁止回忆机会产生的决策更紧密地接近于一个风险中性最大化者所预期的决策。

③ 当然，这并不必然地意味着人类做出了最优的计算。例如，Hey（1982）观察到有许多激励决策的天然的拇指法则，并且产生了与在最优停止规则下所预测的相似的报酬。

④ Cox and Oaxaca（1989）论文中所报告的许多偏离现象是与风险规避相一致的。同样的，Kogut（1990）报告了 37.8% 的情形是被试在比风险中性所预期的还要早的情形中停止；有 58.6% 的情形是被试在风险中性所预测的情形中停止；而只有 3.6% 的情形是在预测的情形之后才停止。

⑤ Harrison and Morgan（1990）报告了一个允许被试在一个时期中购买多于一个要价的实验，即搜寻密度是可变的。

者将会选择"风险"彩票 R1 而非"安全"彩票 S1，因为 R1 的预期价值高于 S1 的价值。然而，参与者似乎更频繁地选择安全彩票。例如，Kahneman and Tversky（1979）给 95 名被试提供了表 2—1 的问题的变化版本，其中有 80％的人选择 S1。在 Kahneman and Tversky（1979）实验中的报酬（以成千上万的以色列镑计）是假设的，因此所声称的偏好是值得怀疑的。然而，已经在真实的条件以及假设的激励条件的许多实验中观察到这一风险规避行为模式。为评价这一结果，对作为这一节话题的预期效用理论有一个基本的了解是必需的。

预期效用最大化

如果被试是一个风险规避者，那么他们的偏好不能够以货币报酬单独地进行表示。与此相反，这一偏好必须用一个彩票的效用进行表示。在一系列假定条件下，偏好能通过预期效用表达式 $\sum p_i U(x_i)$ 进行表示，其中，x_i 是货币报酬，p_i 是概率，而 $U(x_i)$ 是冯·诺依曼-摩根斯坦效用函数，这就是众所周知的冯·诺依曼-摩根斯坦定理（在附录 A2.3 中对它进行了讨论）。对于三个奖金的彩票类别，（2.1）式的一般式可表述为：

$$p_1 U(x_1) + p_2 U(x_2) + p_3 U(x_3) \tag{2.3}$$

（2.3）式中每一个效用的表达式可以通过相应的概率进行加权，因而（2.3）式是效用的预期值，或者替代性的，是一个彩票的预期效用。很明显，当效用是线性的时候，$U(x) = x$，那么（2.3）式的预期效用可简化成（2.1）式中的预期货币价值。

需要指出的是，这一类型的效用函数代表了有关偏好的数量和非数量的信息。具体而言，它遵循（2.3）式概率上的线性，即只有进行可加性或者相乘的线性转化，一个彩票的效用才是唯一的。换句话说，如果 A 和 B 是常数并且 B＞0，那么冯·诺依曼-摩根斯坦效用函数 $U(x)$ 和 $A+B[U(x)]$ 表示同样的效用，因为在比较中是不用考虑 A 和 B 的。[①] 这一结果用一个具体实例来讲是直观的：如果一本书比字典轻，那么两本这样的书加上今天的报纸的重量，将小于两本字典加上今天的报纸的重量。

---

① 用数学术语来讲，可加性和相乘性的转化都是"线性转化"，因为它们都没有引进非线性。

允许效用独立于可加性和可相乘性的转化，不失一般性地，效用函数可在任意的两点间进行标准化。具体而言，$U(x_1)=0$ 和 $U(x_3)=1$ 的标准化，可在许多例子中提供有用的简化。例如，这些标准化简化了一个奖金的实验室拍卖的理论分析；如果低的竞标者没有获得收益，那么一个竞标者的预期效用能写成赢取奖金的概率乘以所赢得的效用，而不用包含第二项的损失，因为损失的效用被标准化为零。

附录 A2.3 包含了对于冯·诺依曼-摩根斯坦效用函数事实上代表了在一个简单集合假定或者"定理"下的个人偏好的简单证明。熟悉预期效用最大化概念的读者可跳过这一附录，但是还不熟悉这一概念的读者在进行第 8 章的个体选择实验的讨论之前，应当仔细地阅读它。尽管这一证明是标准的，但我们还是把它收录进来了，这是因为它表明了实验者能够构建被试效用的一种方式。而且，证明有利于理解公理。这是有用的，因为当观察到冲突或者矛盾的时候，自然而然地会追问究竟是偏离了哪一个定理。

非线性效用和风险规避

预期效用理论发展的最初动力源自丹尼尔·伯努利（Daniel Bernoulli）在 1738 年所提出的假设的实验。考虑下面的游戏。反复地扔一枚硬币。初始的潜在报酬是 2 美元，并且当出现反面时报酬翻为 2 倍。这一游戏一直持续直到出现第一个正面，此时潜在的收益变成了实际的收益。因而，如果第一次扔出的结果是正面，那么报酬是 2 美元并结束游戏。如果出现反面，那么潜在的收益翻倍成 4 美元，并且再一次扔硬币。如果再次出现反面，那么潜在报酬再次翻倍为 8 美元，依此类推，直至出现了第一个正面。在开始下一段之前，读者可考虑一下他或她为进行这一游戏的机会而愿意支付的最大货币量。

尽管很少有人愿意说他将会支付很多，但是这一报酬的预期价值是无限的：2 美元×1/2＋4 美元×1/4＋8 美元×1/8＋…最初，拒绝支付大笔的钱玩这一扔硬币的游戏可视为一个悖论，即圣彼得堡（St. Petersburg）悖论。但是拒绝看似是完全理性的；如果你在储蓄账户中有 10 000 美元，那么你是否愿意放弃这一确定性的 10 000 美元，以交换一个有 7/8 的概率给你小于 10 美元回报的赌博呢？这一游戏代表着一种可以以极小并且递减概率获得极大并且递增收益的极具风险性的彩票。尽管一个风险中性的人愿意做这笔交易，但是所观察行为的中性解释却是厌恶这种极端风险的。在这一观察结果的基础上，伯努利得出了效用在货币报酬上并不是线性的结论。

非线性、风险规避的偏好能通过货币/货币效用空间进行解释。考虑分段的线性效用函数可通过相同空间的货币报酬 x_1 到 x_6 进行定义，如图 2—3 所示。因为 $U(x_2)$ 位于连接 $U(x_1)$ 和 $U(x_3)$ 的线段上方，所以被试将偏好于确定性地拥有产生 $U(x_2)$ 的 x_2，而非预期值为 $(x_1 + x_3)/2$ 和预期效用为 $[U(x_1) + U(x_3)]/2$ 的 50/50 的 x_1 和 x_3 的机会。因为 x_i 的值是相等的空间，因此，$x_2 = (x_1 + x_3)/2$，两个彩票有同样的预期值，很明显，提高 $U(x_2)$ 位于 $U(x_1)$ 和 $U(x_3)$ 连线之上的位置，这会使得被试是风险规避的，从某种意义上讲，即使两个彩票都有同样的预期值，但是被试偏好风险更低的彩票。

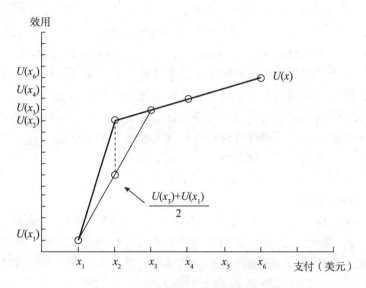

图 2—3　风险规避和效用函数的凹性

现在让我们回到圣彼得堡悖论，并考虑被试对于大的货币报酬是否真的如实验者所做出的承诺那样可被兑现的质疑会产生怎样的效应。如果实验者只支付给被试 8 美元，那么这一赌博的预期价值将是 2 美元×0.5＋4 美元×0.25＋8 美元×（1−0.5−0.25）＝4 美元。当一个风险中性的被试确定地预期实验者有多于 8 美元的资源可兑现支付，那么这样的被试将愿意支付多于 4 美元的价格以进行这一博弈。但是可以更为直观地表明，即使有相对大的储备金以应对支付，它也只对进行这一博弈的预期价值有很小的效应。例如，16 284 美元的储备金只是把预期价值提高到 15 美元。

最大化报酬对引进效用函数的平坦部分产生了效应。在图 2—3 中，x_6 处的最大化报酬将使得效用函数水平向 x_6 右方水平移动。实验者的预算约束引进了非线性，它形成了被试的风险规避。这一讨论表明圣彼得堡悖论的替代性的解并不是纯粹地基于对收入呈凹性的效用函数；对于实验者资源的合理预期，即使是在一个风险中性的人的效用函数中也会形成一个凹性。

与此相反，最小化报酬 x_1 将形成图 2—3 左边的平坦部分。在许多实验情形中，实验者不能够取走被试的钱，所以最小化报酬为零会起作用，即使是隐性地起作用。最小化报酬有与最大化报酬相反的效应，即风险的偏好可以增加。例如，通过开始某一游戏的最后阶段，假设最小化报酬是零，而且被试的财富会下跌为 1 美元。在这一阶段，被试将可能偏好接受一个有更大损失和收益的可能性的赌注，因为损失不需要付款。这是一个重要的程序上的话题，研究者往往向被试提供巨大的初始盈余，或者是二次性的盈利来源，以减轻这一破产的可能性，以及如果被试的财富下跌到接近于零所导致的风险偏好的可能性。

从这一讨论中可以得到，风险偏好可能受到相对于被试财富的赌注的大小的影响。这一观察对理论研究和实验均产生了重大影响，它将在下面两节中更为清楚地探讨。

风险规避的度量

再次考虑图 2—3。保持 $U(x_1)$ 和 $U(x_3)$ 不变，增加 $U(x_2)$，这将会导致在 x_1 和 x_3 之间报酬的赌注的更大的风险规避。$U(x_2)$ 增加的这一类型，将使效用函数线性变小，从宽松的意义上来讲，在 x_1 和 x_3 区域的凹性更大。这解释了 Pratt（1964）的一般命题，即增加效用函数的凹性会自然而然地增加风险规避。

对于可微分的函数类别，有两种普遍地度量这一凹性的指标。第一个指标用 $R(x) = -U''(x)/U'(x)$ 表示，可称之为绝对风险规避系数。第二个指标是相对风险规避系数，可通过用收入 x 对 $R(x)$ 的加权而获得：$RR(x) = -xU''(x)/U'(x)$。当 $U''(x) = 0$ 时，$R(x) = 0$ 和 $RR(x) = 0$，这发生在效用是线性的一个区域。例如，图 2—3 中的 x_2 到 x_6 的区域的这两个风险规避指标均等于 0。

在理论研究中，指定其中的一个风险规避指标不变的效用函数往往是很方便的。例如，形如 $U(x) = e^{-rx}$（其中 $r > 0$）的效用函数，具有这样一个特征，对于任意 x，$R(x) = r$，因而它表现为不变的绝对风险规

避。值得一提的是，对于任一个财富 w 的不变增量，有

$$U(w+x) = e^{-r(w+x)} = e^{-rw}e^{-rx} = e^{-rw}U(x) \tag{2.4}$$

其中，e^{-rw} 是一个连乘的常数，它不会改变 $U(x)$ 的凹性和所有预期的效用表达式的因素。指定这一类效用有着重要的行为的含义。例如，财富上的一个可加的变化，诸如在一个实验室回合中所赚得的钱的增加，将不会增加一个不变绝对风险规避个体的风险态度。但是这样的一个个体的决策将会受到诸如报酬翻倍以增加金钱动机的一个相乘报酬变换的影响。因而，由一个相乘的报酬变换所产生的行为的变化，取决于被试的风险规避，可归因于激励的变化或者是风险态度的变化。

不变的相对风险规避个体表现出正好相反的特征。这些个体对于在一个给定的预期值的彩票的相乘变换是不敏感的，但是对可加性的财富的变化是敏感的。这类函数表现出不变的相对风险规避的形式 $U(x) = x^{1-r}$，其中 $0 < r \neq 1$，因为对于任意的 x，$RR(x) = r$。对于这一函数可以很直观地表明所有收益通过与因子 m 的相乘性增加分离出了一个不变的因子，因而它不影响选择：$U(mx) = (mx)^{1-r} = m^{1-r}U(x)$。但是可加性的变化 w 却不能够作为因子提取出来，因为 $U(x+w) = (x+w)^{1-r}$，它不是 x 和 w 分别相乘。值得一提的是，图 2—3 中的效用并没有表现出不变的相对风险规避，因为被试在确定性的 x_2 和 50/50 的 x_1 和 x_3 这两个彩票之间将是风险规避的，而在确定性的 x_4 和 50/50 的 x_2 和 x_6 这两个彩票的选择中是风险中性的（收益翻倍）。

收入的效用对于可加性的财富变化的敏感性也有潜在的重要的行为上的含义，因为在一个回合的过程中所观察到的行为的变化，是潜在地归因于财富引导的风险态度的变化，或者是其他可能的动机，比如学习等。我们将在下面更详细地讨论这一话题。

财富效应

如果一名被试并没有表现出不变的绝对风险规避，那么风险态度和在一个回合中所做出的决策将会随着财富（实际的或者预期的）变化而变化。例如，考虑参与者在确定性地收到 x_2 单位（货币）和以 50/50 的概率获得 x_1 和 x_3 之间做出选择。然而，假设个体在第一阶段选择 x_2。给定当前的财富水平 x_2，在第二阶段相应的在最终财富 x_4 和 50/50 的 x_3 和 x_5 之间选择同一对彩票。因而，在第一阶段中获得的数量使得该参与者在第二阶段是风险中性的。这些观察结果表明，为什么

对于预期效用最大化的被试来说，忽略在回合初期已积累起的财富是不理智的。[①]

　　然而，忽略在后续阶段中将获得的预期财富也是非理性的。更为精确地说，考虑两者的关系：（1）开始时获得初始的 x_2 收入，然后做出彩票选择（在 x_2 和 50/50 的 x_1 和 x_3 之间）；以及（2）在知道随后将获得 x_2 的情形下做出彩票选择。这两个情形是等价的，从某种意义上来看，每一决策产生了同样的最后（后面回合）财富水平的概率分布：从最后的财富来看，是在 x_4 和 50/50 的 x_3 和 x_5 两者之间做出决策。

　　这一点可用其他表示方法进行分类。让 w_{t-1} 表示在实验回合的初始 $t-1$ 阶段已经获得的财富，并让 w_{t+1}^* 表示被试对 t 阶段的下一阶段收益的不确定认知的随机变量。最后，让 $I_t^*(A)$ 表示作为某一决策变量 A 函数的决定当前阶段 t 收益的随机变量。然后预期效用最大化者将选择 A 最大化下式：

$$E\{U[w_{t-1} + I_t^*(A) + w_{t+1}^*]\} \tag{2.5}$$

其中，（2.5）式的预期采用表示回合中当前和未来收益的随机变量的联合分布。

　　在（2.5）式中出现的随机未来收益可能是相互矛盾的；至少我们还不知道任何在实验情形中对这一随机未来收益的明确讨论。然而，这一随机未来收益可能是非常重要的。例如，假设一个实验回合进行了一系列时期，被试在每一期均获得货币。一个检验财富效应的共同方法是用每一阶段的累计收益对那一阶段的决策进行回归。这一方法可能揭示了决策和上一期所累计的财富之间不存在系统性的相关关系，但是这并没有显示风险态度是独立于财富的。相反，将要发生的是，随着每一期被试收益的上升，累计财富的增量将可通过后续时期预期收益的减少近似地进行匹配，因为这样的时期数是会随着时间的推移而下降的。这一讨论表明，在理论上，实际的收益和预期的收益两者之间是相对不同的；少于预期水平的收益不仅影响当前的财富水平，同时也减少了未来收益的预期水平，反之亦然，并且这样的变化会影响风险态度，但是在预期水平附近的或多或少的收益可能对于被试的相关财富位置的评价没

---

　　① 对于理性是什么的断言，并不是被试在任何具体情形中实际上将会怎样表现的论断。即使被试是与预期效用最大化者一致的，理性也要求他们有足够的经历以直觉的方式去理解概率和报酬。对于研究者来说，即使这些条件不能被满足，计算最优决策也是有用的，因为这样的计算能够提供评价所观察的数据的标准。

有什么影响。

　　许多也可能是大多数的实验经济学家并不接受我们的观点。正如他们所准确指出的，预期效用理论的基本定理并没有要求相关的报酬是用最终回合的最后财富进行衡量，而不用回合中给定阶段的收益进行衡量。我们把这一观察结果视为被试所认知的经验话题而非理论问题。所要回答的问题是，被试是将相关的决策问题视为回合中所在阶段的决策还是整个回合的决策。

彩票—票据报酬的风险规避控制

　　尽管确认个体风险态度是一个重要的研究话题，但是经济学中的一些预测对于具体风险的态度是视条件而定的。风险中性可能是最为传统的假设，但是，如果被试是风险规避的话，那么这一假设将会得到有偏的预测结果。诱导出决策者的偏好和风险的信息，然后在合适的参与者的子集下进行实验，这么做是昂贵且短暂的。实验室时间是有限的，货币报酬必须能激励人们对于这类诱导做出认真的回应，这可能足以改变被试的财富位置，从而要求在新的财富水平上对风险态度做出进一步的推断。具体的诱导技巧将在第 8 章中进行讨论。

　　诱导偏好的另一种替代方法是试图直接地引导偏好，正如实验经济学家引导价值和成本一样。一种引导风险中性的普遍方法是在一个回合中进行两个阶段。在第一阶段，收益是用点数而非货币表示的。然后，这些点数主要是作为第二阶段的彩票票据。具体而言，让 n 作为在第一阶段所获得的理论上的最大值 N 点的其中一部分的点数。那么在第二阶段中，被试是以 n/N 的概率获得一个很高的货币奖金 w_H 的彩票，否则将获得 w_L 的低奖金。被试在第二阶段的预期效用是：

$$\frac{n}{N}U(w_H) + \left(1 - \frac{n}{N}\right)U(w_L) \tag{2.6}$$

不失一般性，效用 $U(w_H)$ 和 $U(w_L)$ 可分别用 1 和 0 进行标准化。因而，（2.6）式的预期效用表达式可简化为 n/N，它在点数 n 是线性的。因而，即使是一个风险规避的被试在第一阶段的点数收益的决策中也应当是风险中性的。

　　一个例子可能有启发意义。考虑第一阶段的决策，在 100 个可能点数中，在可以得到确定性报酬的 50 个点数和有同样的可能性获得 25 点或 75 点报酬的这两者之间进行选择。第一个选择会导致有 0.5 的机会

赢得高奖金，而第二个选择会以 $0.5 \times (25/100) + 0.5 \times (75/100)$ 的概率得到一个高奖金，这一概率也等于 0.5。因为两个选择均会导致完全一样的最后货币收益的概率分布，所以只在乎货币结果的预期效用最大化者对这两个选择是无差异的。但是这一无差异正好是第一阶段中的风险中性所表达的意思，因为两个选择都得到同样预期的点数。尽管这一方法是很方便也很普遍的，但是它的有效性，特别是在具体的情形下，还存在一些问题。第 8 章将进一步讨论这一方法。

回避风险偏好的话题：一个概率匹配的例子

在一些情形中通过选择独立于风险态度的相关理论预测的实验设计，是有可能避免度量或者引导效用函数的问题的。例如，假设在一个实验的每一个阶段，被试必须在两个替代性方案之间做出选择，在这样的条件下，这些选择的报酬由未知事件 E_1 或 E_2 所确定。每一事件的报酬概述在表 2—3 中。进一步地假设这两个事件的概率是固定的，其和等于 1，每一阶段的结果独立于前面的结果。（这样的事件可称为独立的伯努利实验。）然后，被试的具体问题是在决策 D_1 或者决策 D_2 中做出选择，其中猜中的报酬为 R 美元而猜错的惩罚为 $-L$ 美元。设定 R 美元超过 $-L$ 美元。

表 2—3　　　　　　　　　　　　一个简单的诱导问题

	事件 E_1	事件 E_2
决策 D_1	R 美元	$-L$ 美元
决策 D_2	$-L$ 美元	R 美元

从报酬的对称性来看，当 E_1 的可能性更大时，不管决策者对风险的态度如何，最优决策是 D_1。为了正式地确认这一点（并且实践一下预期效用表达式），让被试对于 E_1 和 E_2 的概率的信念分别用 p 和 $1-p$ 表示，并且用 $U(-L)$ 和 $U(R)$ 计算每一决策的预期效用。可以很直观地表明，不管效用函数是凹的还是凸的，当 $p > 0.5$ 时，最优的决策是 D_1。[①] 因而，这一决策问题是用金钱激励引导出被试认为更有可能发生的事件的信息的一种方式。

---

① 不失一般性，可令 $U(-L)=0$ 和 $U(R)=1$。那么决策 D_1 的预期效用为 p，决策 D_2 的预期效用为 $1-p$，如果 $p > 1/2$，那么偏好 D_1 甚于 D_2。

Siegel and Goldstein（1959）的经典实验是用表 2—3 的模式表示的。在这一论文发表之前的 20 年里，心理学家一直在做这样的实验，其中被试被要求去预测两个事件中哪一个将会发生，但是其中并不存在表 2—3 所示类型的金钱激励。相反，被试被告知"尽你所能准确地预测"。在一个典型的设置中，其中一个事件将更有可能发生，比如，D_1 事件发生的概率为 0.75。虽然被试并没有得知概率，但是更有可能的事件将会很快地变得明显。尽管在每一阶段预测更可能事件 D_1 是最优的，但是心理学家已经观察到更可能事件次数比例的预测与这一事件的概率近似匹配。与其他心理学家一样，塞格尔（Siegel）和戈德斯坦（Goldstein）也在无激励实验局中观察到概率匹配现象。12 个被试做出一系列的 100 个预测，其中对于正确的预测并没有金钱奖励，而对于错误的预测也没有罚金。每个被试所预测的更可能结果次数的比例在 0.60～0.80 之间，不同被试的均值为 0.70（在序列为 80～100 的实验中）。当 12 个被试中的 4 个在一周后被召回并允许其继续进行 200 个额外的实验时，不同被试之间的平均值结果正好等于 0.75，它是更可能事件的概率。

塞格尔是一位考虑概率匹配理论的实验心理学家。他怀疑奇怪的匹配行为是由于厌倦造成的，参与者可能通过猜出这一随机化方法的方式试图克服重复进行二元决策的烦闷。在没有金钱激励的条件下，这一类型的猜测是无成本的。塞格尔推断认为，可以通过用金钱回报和/或者他们决策的惩罚降低厌烦的效应。通过比较上述"没有激励"的实验局的结果和"只有报酬"以及"报酬/损失"的实验局的结果，可以对这一假说进行评价。在只有报酬的实验局中，参与者每做对一个选择，则获得 5 美分，但是不用为任何错误承担损失（$R=5$ 美分和 $L=0$）。在报酬/损失实验局中，参与者会收到 5 美分的奖励，同时收到 5 美分的错误惩罚（$R=5$ 美分和 $L=5$ 美分）。这些后面的实验局的程序与无报酬实验局相似。在每一情形中，12 个被试在 100 个实验系列中做出预测，然后在下一周 4 个被试的子样本被召回进行另外的 200 个实验。

图 2—4 分别显示了这三个实验局的时间数据模式。每一条线表明在任一给定实验局中的参与者所做出的 D_1 反应的平均比例。这一条线在 100 次实验后打开一个空间，以便把 12 个被试所产生的平均反应的数据和 4 个被试的子样本在后续的 200 次实验中所产生的平均反应的数据区分开来。对于三个实验局来说，预测的比例开始是 0.5，这并不奇怪，因为被试并不知道两个事件的概率。但是在第一个 100 次实验的后

期，在反应中却有一个相当明显的分离：在序列为 80～100 的实验中，报酬/损失的加粗曲线的数据达到 0.93，没有报酬的虚线达到 0.7，而只有报酬的数据处于中间。这些反应的模式在后面的 200 个回合中是稳定的。在最后的区域（序列为 280～300）中，报酬/损失实验局的平均预测比例达到 0.95，只有报酬的实验局比例达到 0.85，而无报酬实验局的比例稳定在概率匹配的确切水平上，正如前面所提及的。

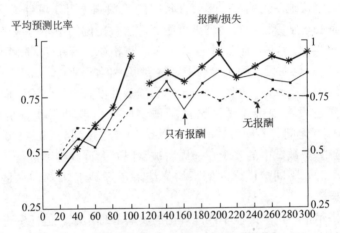

**图 2—4　一个事件以 0.75 的概率发生的平均预测比例，
不同被试和不同的 20 个实验块的平均值**

资料来源：Siegel，Siegel，and Andrews（1964），figure 5.

我们不能够由这些结果得出这样一个结论，即当给被试提供金钱激励时，参与者的表现总是不同的。实验中的各种因素和实验的实施可能促使这一匹配行为，而且可以在没有金钱激励报酬的条件下观察到所设计的实验的最优行为。[1] 然而，作为一个法则，经济学家对于这些效应的潜在偏差的分类相当不感兴趣。我们能从这一实验中得到的结论是，金钱激励有时会消除微妙的无意识的偏差。基于这一理由，金钱激励的报酬在实验经济学的实施当中是一个关键因素。[2]

小结

如果效用在货币报酬方面是凹的，那么风险规避与效用最大化一致。在理论研究中，使用特定的效用函数往往是很方便的，这可以使得

---

① 可见 Holt（1992）所报告的概率匹配实验。
② 可见 Smith（1990）和 Harrison（1989）对实验中激励的重要性的讨论。

预期效用最大化决策与可加性的或者相乘性的报酬转化是一致的。这些限制的特定形式也是有用的，因为它们能帮助我们对风险规避对于行为的效应进行分类。例如，如果风险态度对相乘的财富转化是敏感的，那么由于实验中报酬的翻倍，行为的变化可能是由于转化的直接激励效应，或者是由于这一转化对于风险态度的间接效应而造成的。同样的，如果风险态度对于可加性的财富变化很敏感，那么同一回合过程中决策的变化可能要么是学习的结果，要么是在回合中所发生的财富（实际上的或者预期的）变化的结果。

　　作为度量风险偏好的一个替代方法，引导风险态度是可能实现的（至少是在理论上），但是（正如将在第 8 章所看到的）这些风险引导程序的有效性是一个有争议的话题。同时，在一些例子中，可以通过预测独立于风险态度的方式构建模型。这一情形的相关例子是激励概率匹配实验的理论。这些实验的结果表明，在没有激励或者是更低激励条件下心理因素的重要性，以及对经济理论进行评价时使用金钱激励的重要性。

2.5　博弈理论：标准型博弈

　　博弈理论是用于描述理性行为人互动的数学模型的术语。因为每一个行为人的效用会受到所有行为人决策的影响，所以博弈理论涉及冲突、协调和/或者合作的研究。在一些例子中，博弈理论是一般化的决策理论；人们可把决策理论视为两人博弈，其中一个参与者是"自然"，它是基于随机确定"自然状态"的方法做出决策的虚构的参与人。其他（真实的）参与者的效用是通过那一参与者的决策和自然状态一起确定的。同理，人们可把博弈视为允许多决策者的一般决策理论：每一个被试想要最大化预期效用，而预期是基于概率分布的，这种概率分布代表行为人不知道其他行为人的决策。

　　决策理论和（非合作性）博弈理论两者之间的主要区别在于参与人的信念在前者中是外生的，而在后者中则是内生的。在决策理论中，个体在一系列外生特定的不确定事件当中实现最优化。唯一的话题是在给定的信念水平上特征化最优决策，相反，在博弈中参与者的信念会受到报酬结构的影响。这一信念的内生化可由标准的纳什均衡条件得到：在一个均衡中，给定其他人的均衡决策，每一个参与者所做出的决策是最优的。在这一意义上，每个参与者对其他人的决策都有正确或者理智的

预期。(博弈理论均衡更为精确的定义将在下面讨论。)

决策理论学家有时把他们研究的特征归结为规范性;即一个理性的个体应该怎样做出决策,以及帮助这一个体发现正确的行动。因而,一些以更为数学化为主要方向的博弈理论学家也认为他们的研究工作为那些知道其他参与者也是理性个体的理性人提供了一个规范性的标准,这并不令人惊讶。[①] 这一看法(我们将会发现它是古怪的)对实验没有任何作用。许多经济学家主要对实证的,或者是描述性的理论内容感兴趣。例如,在决策理论中,经济学家和心理学家已经开始搜寻预期效用理论和所观察到的行为的不一致性。后续的研究成果,比如众所周知的阿莱悖论,已经激发了相当多的兴趣,研究如何放松一个或者多个预期效用定理,从而形成足以兼容所观察到的不一致性的理论,而不是更多的没有经验型内容的理论。同理,对于那些尽管精妙却没有实证预测能力的博弈理论,大家并没有什么兴趣。例如,使用博弈理论分析产业组织话题,在实际上,明显是基于理论有预测价值的潜在假设,而正是这一假设激发了实验研究。

博弈理论的技巧在经济研究当中已相当普遍。例如,几乎所有产业组织的最近的理论分析和小规模行为人的谈判话题都是关于博弈理论的。然而,正如在许多微观经济学教材中缺乏博弈理论的证据所表明的,经济学同行普遍不太愿意把博弈理论包括到用于解释所观察到的行为的技巧工具当中。这一怀疑态度并不是没有正当理由的。在具有一定复杂性的大多数经济博弈中,有许多替代性的均衡。虽然生动的理论文献已产生了许多方法用以确定哪一个均衡是"合理的",但是这些方法往往与其他方法不一致。普遍来讲,关于这一理论的文献似乎并没有收敛于一个一致意见的位置。

博弈理论的广泛运用和均衡选择标准未定性的结合,使得实验经济学在这一领域硕果累累。即使实验并不旨在评价博弈理论问题,但是博弈理论的预测在实验情形中提供了一个有用的参考点,因为从替代性理论角度来看,实验的表现得到最好的评价。

标准型博弈中的非合作均衡

在本节中,我们考虑一系列简单的博弈,用以解释说明决策问题中

[①] 例如,Rubinstein(1991, p. 909)认为:"当处理的是冲突的情形而非尝试进行行为的预测时,博弈理论可视为一个研究社会推理概念的抽象。"

的最优行为和博弈中的均衡行为两者之间的关系和差异。有必要从博弈最简单的一些表达术语开始：标准型。博弈的基本要素是参与者，或者做出决策的行为人，他们的可能性行动，或者可行决策集，以及他们的偏好。参与者可能在多个情形和变化的信息条件下有做出决策的机会。因此，策略性地行动是有用的，或者说参与人在博弈的每一阶段在每种可能的信息条件下所做的可能性决策的完全计划。换句话讲，一旦选择了一个策略，参与者可以把这一策略移交给不必从参与者处获得额外指导的行为人。策略能够指定随机决策。例如，在一个参与者必须做出是否进入一个市场的决定的博弈中，他们可能以 1/2 的概率选择进入。每个参与者对应一个策略，这些策略集合的相互作用会导致一个博弈结果。在没有随机化的情形下，结果是由策略唯一确定的。

每个参与者对结果的偏好可以用冯·诺依曼-摩根斯坦效用函数进行表示。实验博弈的结果独特地以货币而非其他某些商品的形式确定了每个被试的收益，而且效用通常被单独表示为被试货币收益的函数。然而，在嫉妒或利他主义的情形中，一个结果的效用也依赖于另一个参与者的货币收入。博弈的报酬函数具体化了参与者对每一个结果的效用；即它具体化了一个效用数字的向量，对于每个结果，每个参与者对应一个数字。因而，一个策略向量会导致一个结果，而一个结果会导致一个效用向量。

博弈的标准型是从策略向量到效用报酬向量的映射；即结果被限定在标准型的表示方法中，基于这一理由，标准型可能非常方便。在只有两个参与者和每个人只有有限（标准化）的策略时，标准型主要是一张表格，其中一名参与者的策略（行）列示在左边，而另一个参与者的策略（列）列示在上面。每一单元是一对效用收益，行的报酬列示在前面。例如，假设两个参与者是一个新市场的潜在进入者，他们必须决定是（E）否（N）进入市场。为简化，假设每一个参与者都是风险中性的，因此效用报酬就是货币收益。在这一博弈中，每一个参与者都有两个策略，因此就有四个结果（E 和 N 的四个顺序的组合）。标准型的表如表 2—4 所示，其中，列的参与者的报酬用黑体表示。如果两个参与者都选择 N，他们将从当前市场的销售中获得一个"正常的"利润 0，正如支付表左上角所示。现在看一下右下角，它是两个人都进入市场所达到的结果。进入一直会引发固定成本 F，而如果他们都进入市场，那么他们平分新的利润 R，每个人都赚到 $0.5R-F$。如果其中一个参与者进入而另一个不进入，那么进入者将获得利润 $R-F$，而另一个参与者获得 $-L$，它是由于客户转向新的市场所导致的损失。

表 2—4   标准型的进入者博弈

		列参与者	
		N	E
行参与者	N	0, **0**	$-L$, **$R-F$**
	E	$R-F$, $-L$	$0.5R-F$, **$0.5R-F$**

如果 $R-F>0$ 且 $0.5R-F>-L$，那么决策 E 占优于决策 N，从某种意义上讲，无论另一个参与者怎么做，进入都是最好的。在这一情形中，简单的决策理论可用于分析这一博弈，对于表示参与者对于另一个人决策的信念的任一概率分布，进入一直是最优的。因而，均衡的结果将是两者均进入。

现在假设与前面一样，$R-F>0$，但是 $0.5R-F<-L$。在这一情形中，同时进入不再是一个均衡的结果。例如，如果行知道列将会进入，那么行会选择回避并且不进入。因而，对于每个参与者来说，策略 E 将不再是另一个参与者使用策略 E 时的最优反应。一个例子可能有启迪作用。令 $L=0$，$F=3$，$R=4$，我们得到如表 2—5 所示的标准型。如果行认为列计划进入，那么行的最优反应将是不进入；而如果列认为行将不进入，那么列的最优反应是进入。注意现在最优决策依赖于参与者对于其他人决策的信念。如果每个人认为另一个人将不进入，那么决策理论表明两者将会进入。博弈理论主要是使用均衡条件去排除与实际决策不一致的信念；即博弈理论排除这一方式中的非理性预期。

表 2—5   多重均衡博弈 ($L=0$，$F=3$，$R=4$)

		列参与者	
		N	E
行参与者	N	0, **0**	0, **1**
	E	1, **0**	-1, **-1**

博弈的均衡有不同的定义；最简单的均衡是由 Nash（1950）所定义。纳什（Nash）均衡是一个策略向量，它有这样一个性质，即每一个参与者的均衡策略是对其他人策略的最优反应。换句话来讲，如果所有其他人都使用向量中特定的均衡策略，那么对于一个参与者来说，不存在能提高参与者效用的单方的偏离行动。对于所有参与者来说都不存

在单方偏离条件，因此如果所有的参与者都将告知他们的策略的话，那么没有参与者将会后悔选择他或她已告知的策略。这一假设的"告知检验"揭示了这样一个道理，即纳什均衡排除了非理性的信念。

例子：囚徒困境实验

在许多简单的博弈中，对于两个参与者来说，存在比合作性结果收益更低的纳什均衡。例如，很容易想象这样的情形：相邻的店主每个人都有试图在规定时间外营业的单方面动机，但是如果他们都同意限制时间，他们都会变得更好。[①] 把表 2—4 的"进入"视为一个简单的多雇用一名雇员和延长营业时间，即新市场是在规定时间外营业的市场。在这一情形中，F 是维持营业的成本，R 是新业务的收益，而 L 是从正常时间转向延长时间的业务收益。假设延长服务的成本很大，$F=1\,100$，并且令转移的业务是新业务的重要一部分：$L=800$ 和 $R=1\,300$。使用这些参数并且在所有报酬单元上加上一个常数 800（表示正常利润），表 2—4 就变成了表 2—6 左边的形式。注意到合作性的结果，它最大化了没有延长时间的销售者的总体利润，但是单方地延长时间（决策 E）将会使利润从 800 增加到 1 000。然而，如果双方都延长时间，那么他们的报酬只有 350。这一对称性的低报酬结果是一个纳什均衡，因为如果每一方单方面限制时间（决策 N），那么销售者的报酬就从 350 下降到 0。这一报酬结果是帕累托占劣的（Pareto dominated），即每一个参与者的报酬低于另一结果的相应报酬。这一帕累托占劣的纳什均衡，是在第 1 章已讨论的"囚徒困境"。

表 2—6　　　　　　　　　　　　囚徒困境博弈

行参与者		列参与者		匹配	合作性选择的比例
		N	E	1~5	43%
	N	800, **800**	0, **1 000**	6~10	33%
	E	1 000, **0**	350, **350**	11~15	25%
				16~20	20%

资料来源：报酬和数据来自 Cooper et al. (1991)。

[①] 最近在西班牙，店主已经试图组织抵制商店在传统的午餐时间（下午 2：00—5：00）仍然营业的决定。商店如果能够抵制维持传统时间的社会压力，那么它们很可能会变得更好。

　　Cooper et al.（1991）在一个实验当中使用表 2—6 左边所显示的博弈，在这一博弈中，被试是在一系列的匹配中与其他每个人进行匹配。为产生一系列的 20 个单阶段博弈，每个被试只遇到其他每个被试一次。① 图形中的报酬是以彩票票据为单位，在每一匹配之后，它随后将用于确定被试能否获得 1.00 美元的货币奖金。正如前一节所讨论的，这一程序的意图在于引导风险中性。这一实验的数据概述在表 2—6 的右边。合作性的决策 N，在早期的匹配中所做出的频率更高：合作性决策的比率（非均衡）从第一个五次匹配的 43％下降到最后五次匹配的 20％。我们可以看到存在着很强的合作的倾向，但是随着被试获得经验后，纳什均衡具有了一些推断能力。这一合作是默示的，因为被试在实验中不能够讨论话题并且也不能做出协议。

　　经济学家和心理学家已进行了成千上万个囚徒困境实验，但是它们往往是以同样参与者同样博弈的多期重复为特征。这一重复的囚徒困境结构往往受到类似的双寡头垄断者的激励，他们进行了一系列的市场时期。在单期博弈中，两个寡头设定低价格是一个均衡；因为每一个卖者都有降低价格的单方动机。在重复博弈中可观察到更高的合作率。重复提供了交流类型的一种媒介，因为不合作决策的使用可解释为一种惩罚。具体而言，参与者可能懒于偏离（N, N）的结果，因为单方的偏离只增加 200 的报酬，并且可能会引发下一期（E, E）惩罚性结果的效应。因为惩罚性结果 450 的报酬小于合作性结果的报酬，所以如果至少有 50％的机会将会进行额外的单独一期的博弈，惩罚的威胁会阻止背叛行为。如果没有确定的最后一期，并且重复的概率相当高，那么通过这种方式，合作的行为可以是非合作性均衡策略的一部分。这一类别的触发策略以及有利于重复博弈中默示合作的其他因素，将在下一章详细进行讨论。

协调博弈

　　囚徒困境博弈是由单个纳什均衡所组成，其中不均衡结果帕累托占优于纳什均衡。所感兴趣的其他博弈是以多重纳什均衡为特征的，尽管并不一定是一个均衡帕累托占优于其他均衡的情形，但当这种情况出现时，做出经济行为人在帕累托占优均衡进行协调的假定并不是很罕见

---

　　① 另外，它并没有"传染性"，从某种意义上讲，它并不存在着将会发生于诸如这样情形的间接的反馈效应，即如果被试 A 与被试 B 匹配，而被试 B 又与被试 C 匹配，而被试 C 反过来又与被试 A 匹配。通过轮换技巧的实验设计，消除了这些和更高阶的反馈效应。

的。这样的一个假定代表着一个强化的或者"精炼"的纳什均衡概念，并且恰恰是这一类型的假定能用于并且也应当在实验室中进行评价。

当在一个群体中的每个人都受到群体中任一人最小努力水平的影响时，就会出现特别重要的协调问题。一个在午后的委员会会议是这一经典例子的代表。假设会议计划在下午 4：00 开始，它将持续 2 个小时。进一步地假设除非委员会所有人到场，否则会议不会开始。在这些条件下，如果会议正好是在 4：00 开始，那么每个人无疑将会更好。然而，因为为了开始会议，全体委员会成员必须到场，所以如果任何一个人有可能会迟到，那么将没有人会准时到场。

这一博弈的结构可用表 2—7 表示。这一表格确定了每一个被试用美分表示的（而非时间的）报酬是他或她自己"选择的 X"和所有其他人选择的 X 最小值的函数。注意到表格右下角的最高报酬是 130。当所有被试选择 7 时就会发生这一结果。它是一个纳什均衡，因为如果所有其他人都选择 7，那么你选择 7 将会获得 130，而如果你选择小于 7 的其他值，你减少了所选择的 X 的最小值，这将使你移到表 2—7 左边的更低报酬。但是任何其他人对称性的设定也是一个纳什均衡。假设所有的被试选择 1，那么每人获得 70，并且没有被试有单方增加 X 的动机，因为这将不会改变相应的列，但是会降低被试的报酬。这一直觉是，如果其他人将要迟到，那么你最好也应该迟到，因为你的报酬取决于最小的努力水平，或者最后一人所到达的时间。事实上，所有在表 2—7 中的对角线上的对称性结果都是纳什均衡，而且它们都是排在共同努力水平上的帕累托结果。有关的实证话题是，帕累托占优是不是一个这样的标准，即它允许我们选择这些均衡中的一个作为可能性的结果。

表 2—7　多重、帕累托排序纳什均衡的协调博弈：你的报酬是以美分计

		所选择的 X 的最小值						
		1	2	3	4	5	6	7
	1	70	—	—	—	—	—	—
	2	60	80	—	—	—	—	—
	3	50	70	90	—	—	—	—
你选择的 X	4	40	60	80	100	—	—	—
	5	30	50	70	90	110	—	—
	6	20	40	60	80	100	120	—
	7	10	30	50	70	90	110	130

资料来源：Van Huyck，Battalio，and Beil（1990）。

Van Huyck, Battalio, and Beil（1990）使用 14～16 个被试以及表 2—7 中的参数进行了许多实验回合。在每一回合中，同样群体的被试在一个十阶段博弈中独立地做出 X 决策，其中每一阶段是表 2—7 中阶段博弈的重复。在每一阶段的决策做出后，它们被收集起来并公开地公布 X 的最小值。图 2—5 解释了范·海克（Van Huyck）等人所报告的一个回合的结果。在图 2—5 中，十阶段表示在横轴上，而从 1 到 7 的 X 决策，从里往外依次排列。垂直的维度解释了每一决策的频率。例如，在阶段 1，40% 的参与者（15 个中有 6 个）选择了决策 7，而另外 54% 的参与者（15 个中有 8 个）选择了决策 5。然而，这一阶段的报酬是由选择 4 的单个参与者确定的。在后续的阶段，正如图 2—5 后面的垂直柱形增加的规模所显示的，低数值选项的发生率迅速增加。这些结果代表了实验中其他回合的结果。在任一回合的第一阶段中，最小决策从没有高于水平 4，而到所有回合中的第四个阶段，最小值决策已经达到最低的水平 1。最后阶段绝大多数人选择决策 1。即使对称性决策 7 是总体中的帕累托占优纳什均衡，但决策 7 是很有风险的并且能产生最低 10 美分的报酬。相反，决策 1 会得到确定性的 70 美分的报酬，并且这一纳什均衡具有最强的推断能力，即使它是帕累托占劣的。帕累托占优均衡的风险会随着被试的增加而增加，所以每个被试都会降低 X 的最小值。当成对的被试进行同样的博弈时，许多被试能够在 7/7 结果上进行协调。其他涉及公共产品供给的协调问题将在第 6 章中进行讨论。

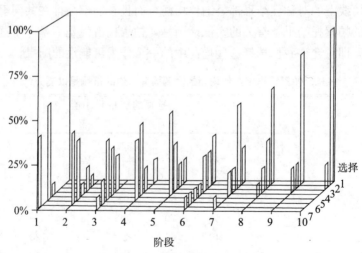

图 2—5　协调博弈回合的结果

资料来源：Van Huyck, Battalio, and Beil（1990），Session 4.

混合策略中的均衡

现在重新考虑表 2—5 中的博弈。注意到它那里有多重纳什均衡：一个是行进入、列不进入；一个是列进入、行不进入。对于两个参与者来说，没有哪一个均衡会好过另外一个均衡；即没有哪一个会占优于另一个。纳什概念并不选择其中的一个均衡超过另外一个。确实，这一非唯一性是必需的，因为这一情形的对称性在一个直觉水平上表明没有哪一个结果的可能性更大。这一类型的博弈往往被称为"性别战"博弈，因为两个均衡中的每一个都涉及其中的一名参与者占优于另外一个，但是每个参与者将愿意妥协于另一个人的意愿而非两者都选择 E 并获得 -1 报酬的公开冲突当中。

现在想象这样一个实验：被试在一系列对称的性别战博弈中与其他一系列的被试相匹配。给定这一对称性的情形，如果参与者有时选择 E 有时并不选择 E，这并不是出乎意料的。除了上面所讨论的两个均衡结果，还有另外一个纳什均衡是与这一变化相一致的。假设每一列的参与者扔一枚硬币进行决策，那么选择 E 的行将得到要么 $+1$ 要么 -1 的 50/50 机会，而选择 N 将确定性地得到 0。这两个决策有同样的预期效用 0，因而行在两者之间是无差异的。因为行是无差异的，所以行将乐意使用一枚硬币以确定决策，因而这使得列在这两个决策之间无差异。这是一个均衡，因为如果每个人扔一枚硬币进行决定，那么没有哪一个人能通过其他的非扔硬币的方式增加预期效用。

正式地讲，一个纯策略是不涉及随机化的策略，而一个混合策略或者随机化策略是在参与者纯策略集合间的概率分布。混合均衡是一个纳什均衡，在这种纳什均衡中，一个或多个均衡策略是混合的。

一个重要的话题是，混合均衡的概念是否有任何实证的价值。事实上，在实验中几乎没有（如果曾有过的话）观察到被试扔硬币，而当在事后告知均衡是涉及随机化时，被试表现出惊讶和怀疑的态度。这一观察结果并不必然地意味着混合均衡的概念没有任何实证相关性。回想上面所描述的行与列的序贯匹配的情形。如果一半参与者在所有时间中选择 E，而另一半参与者在所有时间中选择 N，那么重新匹配的过程必然会表现出随机化；每个参与者将有一半的时间碰到 E 决策，因而将在这两个决策之间无差异。在这种情形中，E 选择的总体频率将与混合概率均衡的预测结果相对应。

例子：一个性别战实验

Cooper，DeJong，Forsythe，and Ross（1989）通过使用表 2—8 左边所给出的报酬的性别战博弈，报告了这一实验的结果。很明显，纯策略有两个纳什均衡：行参与者偏好左下角的均衡，而列参与者偏好右上角的均衡。正如表 2—5 中的博弈一样，还有涉及混合的第三个纳什均衡。为了使行愿意随机化，必然是这样的情形，即行的每一个决策都会产生同样的预期报酬。（否则，行将偏好更高报酬的决策。）令 p 表示列选择 $C1$ 决策的概率。给定这一概率，对于决策 $R1$，行的预期报酬是 $200(1-p)$，而对决策 $R2$ 则为 $600p$。如果 $p=1/4$，那么这些预期报酬是相等的。总体来说，当列选择 $C1$ 的概率为 $1/4$ 时，行在两个选择之间是无差异的，他将乐于随机化。由对称性可知，同样的论断也可表明如果行随机化，选择 $R1$ 的概率为 $1/4$，那么列在这两个选择之间是无差异的，也乐于随机化。[1] 基于这一理由，对于 $R2$ 或 $C2$ 选择比例的"纳什均衡"预测是表 2—8 所列示的 75%。

很明显，性别战博弈中的非帕累托排序均衡的多重性向参与者提出了一个协调的问题。如果参与者在重复博弈中以一种合作的方式协调他们的行动，那么他们将在所偏好的角点轮换。在一个没有协调可能性的单一阶段博弈中，0.5 概率的策略 2 的选择最大化了联合报酬，因为它最大化了"偶然碰到"在右上角或左下角的决策的机会。为了看清这一点，令 p_2 表示每一个参与者选择策略 2 的概率。然后一个偶然碰到的概率是 $p_2(1-p_2)+(1-p_2)p_2$，它是一个对称的二项式表达式，$p_2=0.50$ 就可最大化这一表达式。因而，在"合作"的单元中，在表 2—8 的右边的行的概率是 50%。值得注意的是，如果所有参与者都以 0.5 的概率进行随机化，所有的四个结果均有相同的可能性，那么偶然碰到的概率是 $0.25+0.25=0.50$。这一合作会对每一个被试导致一个 200 的预期报酬，它超过了纳什均衡中 150 的预期报酬。

---

① 混合策略均衡概念的一个相当奇怪的特征值得强调。在构建一个混合均衡时，建模者在选择事实上策略所实施的时间比例时有一个自由度，因为通过定义，每一个参与者必须在许多替代性的策略之间无差异。在一个两人博弈中，这些比例使一个参与者正好在另一个参与者随机化的纯策略之间无差异。当被试是与其他一系列参与者重新匹配时，用这一方式构建的均衡提出了有关混合均衡动态性质的问题；并不存在一个普遍的理由可解释，为什么一个无差异的被试将会用精确的频率选择一个特定的策略，从而使其他人在他们的策略之间是无差异的。这是一个理论和实验研究的有趣领域。

实验程序类似于上面所讨论的 Cooper et al. (1991) 所使用的囚徒困境博弈：一群被试是在一个包含 20 个单期博弈的序列中与不同参与者进行匹配，为引导风险中性，报酬是以奖金为 1 美元的彩票的票据表示。正如表 2—8 右边的第三行所显示的，策略 2（R2 或 C2）所使用的频率少于混合策略均衡中所预测的频率；策略 2 使用了 63％ 的时间，与之相比，纳什均衡预测水平是 75％。因为合作性的安排是一半时间使用策略 2，所以作者认为使用策略 1 的频率多于所预测的频率的趋势，是一个默示合作的类型。

表 2—8　　　　　　　　　　　　　　一个性别战博弈

		列参与者			选择 R2 或 C2 的百分比
		C1	C2	纳什理论	75％
				合作	50％
行参与者	R1	0, **0**	200, **600**	数据	63％
	R2	600, **200**	0, **0**	没有协调性告知的数据	71％

解决协调问题的一种方式是允许事前进行无约束力的交流。Cooper et al. (1989) 研究了许多可能性。在"双向交流"中，每个被试能独立地传递一个单一的、无约束力的、有目的的选择给另一个人。在看到其他参与者的目的后，参与者能在前面所讨论的另外的单一阶段博弈中独立地选择决策。当意图决策恰好协调时，这一情形的实际决策与交流的决策匹配了 80％，这表明交流能有效地克服协调问题。当意图决策没有恰好协调时，正如表 2—8 的右边所表明的，后续有 71％ 的时间选择了策略 2。作者认为在交流阶段协调的失灵，使第二阶段非合作性的频率更高。[1]

小结

博弈论可用于描述在精确的特定信息和行动条件下理性行为人的互

---

[1] Prisbrey (1991) 在"互惠博弈"中研究行为，在互惠博弈中的一些情形与性别战博弈的重复版本类似。在一个无限区间和对称性的报酬条件下，皮利斯贝（Prisbrey）发现了参与者的"互惠"行为和在纯策略之间交替的行为。

动。许多博弈理论结果是建立在纳什均衡概念的基础上，在这一条件下，没有哪一个行为人会发现单方偏离一个既定的结果是有利可图的。在实验室中，当纳什均衡是唯一的时（但是在后面章节将讨论一些重要的例外情形），纳什均衡似乎很好地解释了行为。一阶段囚徒困境博弈的数据在许多时间里与纳什均衡一致，即使这一均衡与公平和合作的概念明显冲突。

许多博弈包含了多重纳什均衡。在这一情形中，具体均衡的选择需要一个精炼的纳什均衡概念。一个非常标准的精炼是帕累托占优的概念：如果这类均衡存在，那么参与者将倾向于在为每个人提供最高报酬的纳什均衡水平处进行协调。尽管明显地偏好于这一概念，但是从协调博弈中所获得的数据并不支持帕累托占优精炼。

当涉及随机化选择的纳什均衡都不是帕累托占优时，如果参与者随机化，或者根据概率分布实施各种策略，那么就会出现额外的纳什均衡。性别战博弈中的被试既不在非帕累托排序进行协调，也不在纯策略均衡进行协调。这一协调失灵的结果产生了大量的事后不均衡结果，在那当中，给定他们的对手实际上做出的选择，两个参与者将选择另一个策略。协调的方法，比如双边的、无约束力的交流，减少但并没有消除性别战博弈中的协调问题。①

2.6 扩展型和后向归纳理性

正如在前一节所看到的，纳什均衡概念的一个重要问题在于，即使是在简单的博弈中也往往存在多重均衡。这一问题会随着博弈阶段数量的扩大而变得更为明显。在多阶段博弈中，最常见的是理论学家通过施加排除一些均衡的后向归纳理性方法限制或者"精炼"了纳什均衡的概念。后向归纳的诀窍是，最先分析最后阶段的最优决策，在知道了最后阶段怎样做出最优决策之后，再考虑倒数第二阶段，然后依此类推，直到初始决策点；最后"阶段博弈"是在考虑倒数第二个均衡决策之前计算，依此类推。

后向归纳的过程可从一个简单的谈判博弈中得到解释说明，其中一

---

① 只有一个参与者提交无约束力的事前信息的单边交流，避免了交叉意图的可能性。这一类型的单边交流大体上消除了 Cooper et al.（1989）实验的协调失灵问题。

名参与者提出分割一块饼的两个可能方法，而另一个人必须要么接受要么拒绝这一提议，拒绝将会导致双方的报酬为零。这样的一个最后通牒谈判博弈的简化版本可用图 2—6 左边的树状结构进行表示。在博弈的开始阶段，参与者 1 必须在点 I_1 处做出一个慷慨的要价 G 和一个吝啬的要价 S，正如 I_1 节点所显示的两枝。慷慨的要价使游戏进行到 I_{2G}，在那一点，第二个参与者能够拒绝 RG，它使每个行为得到 0 的报酬，或者接受 AG，它确定了对于第一个参与者的报酬 1 和第二个参与者的报酬 2，即结果是（1，2）。同理，一个吝啬的要价将导致节点 I_{2S}，在那一点，参与者 2 接受 AS，将得到（2，1），而参与者 2 的拒绝将得到（0，0）。

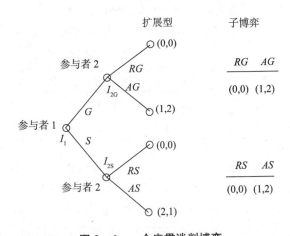

图 2—6　一个序贯谈判博弈

　　图 2—6 左边博弈的一个均衡结果是参与者 1 做出一个吝啬要价而参与者 2 接受。因为吝啬要价给参与者 2 提供了正的报酬，而参与者 2 通过拒绝不能增加他或她的报酬。对于参与者 1 来说，单方面的偏离行动也没有吸引力，因为没有其他决策能增加这一参与者的报酬。还存在第二个均衡结果，在这一结果中，参与者 1 做出一个慷慨的要价而参与者 2 只能接受慷慨的要价：第一个参与者做出决策 G 而第二个参与者的决策为 AG 和 RS。在这一情形中，第一个参与者单方面的偏离行动将会导致拒绝，因而这不是吸引人的结果。同理，对于参与者 2 来说，也不存在可增加这一参与者报酬的单方的偏离行动。

　　值得注意的是，参与者 2 对于两个要价的每一个都有两个可能的反应，因而参与者 2 有四个策略：（AS，AG），（AS，RG），（RS，AG）

和（RS，RG）。参与者 2 的"艰难的"决定（只接受一个慷慨要价）是能从这一博弈的标准型看到的一个均衡，正如表 2—9 所表明的。回忆一下博弈的标准型只是列示了导致每一个可能的纯策略向量所导致的参与者的报酬，因此在表 2—9 的报酬矩阵中对于参与者 1 的每一个要价都有一行，并且对于参与者 2 可能的四种反应模式的每一种对应一列。在（G；RS，AG）表格中有下划线的（1，2）是一个均衡，因为对于每一个参与者来说不存在着将增加参与者报酬的单方的偏离行动。具体而言，参与者 1 的一个偏离行动，即一个吝啬的要价将导致报酬 0。从标准型中可清楚地看到关于吝啬要价还有两个能被接受的纯策略均衡：（S；AS，AG）和（S；AS，RG）。

表 2—9　　　　　简单谈判博弈的一个标准型表示方法
　　　　　　　　　　（参与者 1 的报酬，参与者 2 的报酬）

| | | 参与者 2 的策略 | | | |
		(AS, AG)	(AS, RG)	(RS, AG)	(RS, RG)
参与者 1	S	(2, 1)	(2, 1)	(0, 0)	(0, 0)
的策略	G	(1, 2)	(0, 0)	(1, 2)	(0, 0)

　　然而，三个纯策略均衡是有区别的，（G；RS，AG）的均衡依赖于参与者 2 拒绝吝啬要价的威胁。即使这一威胁在均衡中未被实现，但是威胁从某种意义上来说是不可信的，因为如果参与者 1 选择 S，那么参与者 2 将在接受从而获得正的报酬和拒绝从而获得零报酬这两个决定之间进行选择。通过施加后向归纳理性可排除这类威胁。

　　在博弈理论的情形中考虑后向归纳之前，考虑一下如果这是一个单个决策问题，那么后向归纳将意味着什么。具体而言，假设参与者 1 有为参与者 2 做出他/她的选择的权利。那么参与者 1 将在第二阶段选择接受，因而我们能用（1，2）替代 I_{2G} 节点以及后面的内容，能用（2，1）替代 I_{2S} 节点及后面的内容。那么第一阶段的决策是在对第一个参与者产生 1 的报酬的 G 和对第一个参与者产生 2 的报酬的 S 两者之间做出选择。尽管后向归纳在这一简单例子中是无足轻重的，但是在涉及两个以上阶段的动态决策情形中，它是一个非常有力的方法。

　　现在返回到图 2—6 中两人博弈的解释。在这一情形中的后向归纳要求在分析整个博弈之前分析最后阶段的"子博弈"。I_{2G} 节点的子博弈可由图 2—6 右上方的报酬表格表示。这是一个微不足道的博弈，从某种意义上来讲它只是由参与者 2 做出唯一的决策，而这一子博弈的纳什均衡是 AG，因为单方地偏离至 RG 将减少参与者 2 的报酬，使其从 2 减少到 0。同理，另一个子博弈是接受 AS，它排除拒绝一个吝啬要价的不可置信的威胁。

前面的讨论是非正式的；为了更为正式地描述这一逻辑的应用，首先，有必要回顾一些术语。在图 2—6 左边所表示的博弈称为扩展型。扩展型是一个树状，其中每一个非终止节点与其中的一名参与者必须做出的决策相对应，因此，每一节点依次进行标记。从一个节点所伸出的每一枝代表着对应于那一节点的参与者的一个可能的行动。每一枝上的标签与行动相对应。例如，在节点 I_1，行为人 1 有两个可能的行动 S 或 G，它是一个开始的节点。在这一情形中为 I_1。从这一初始节点开始，一个序列的行动决定了整个树的独一无二的路径，它导致了一个终点或者终止节点。在图 2—6 中有四个终止节点。所有的终止节点都用一个报酬向量标示，它表示在那一节点每个参与者的报酬。

在许多博弈中，参与者可能并不知道另一个参与者之前的决策或者同时的决策，那么这一无知的类型可通过信息集的具体化进行表示，在信息集中，包含了一个参与者不能够区分的所有节点。一个信息集是通过联结集合中所有节点的虚线进行表示的。例如，如果参与者 2 不得不在寻找出第一个参与者的要价之前做出拒绝或接受的决策，那么节点 I_{2G} 和 I_{2S} 将在图 2—6 中用一条虚线连接起来。一个参与者的策略具体化了在每个参与者的信息集合中所采取的行动，所以一个策略是包括所有可能性的一个完全的行动计划。例如，参与者 2 的策略是 (AG, RS)，或者是接受一个慷慨要价和拒绝一个吝啬要价。参与者 1 的策略是由 S 和 G 组成的。一个纳什均衡是一个策略的向量，其中每个策略对应着每一个参与者，它具有这样的性质，即没有行为人能通过单方面地偏离均衡策略而增加他或她自己的报酬。

在多阶段博弈中，一个重要的精炼的纳什均衡的概念归功于 Selten (1965)，这是通过博弈的一部分或者说子博弈进行定义的。子博弈是初始博弈的任一部分，如果只有子博弈也可构成一个博弈，即一个子博弈必须有一个定义良好的初始节点，而且必须包含原始博弈的所有部分，它是在初始博弈的这一节点以及之后所采取的行动所能达到的结果。例如，在节点 I_{2S} 处有一个子博弈，它是由一个吝啬的要价后参与者 2 做出的决策而组成的。另外，整个博弈是它自身的一个子博弈，正如数学上一个集合是它自身的子集一样。

在这一术语下，可以解释泽尔腾（Selten）的子博弈完美精炼。在初始博弈中的策略具体化了每一子博弈的一个完全的行动计划。如果作为一个整体的博弈的均衡策略也确定了每一个可能的子博弈纳什均衡，那么这一均衡是子博弈完美的。例如，在上面谈判博弈中的均衡博弈向量（G；RS，AG）不满足子博弈完美，因为参与者 2 拒绝一个吝啬要价 RS 的策略，并不是在节点 I_{2s}（提交一个吝啬要价）之后的子博弈的一个均衡。重要的是，（G；RS，AG）不满足子博弈完美，因为偏离均衡路径（RS）的行动并不是在 I_{2s} 开始的子博弈的一个均衡。通过这种方式通常能排除这一均衡。偏离均衡路径的一些行动代表着支持这一均衡结果的"威胁"。子博弈完美的概念可用于消除由不可信的威胁所支持的均衡，从某种意义上讲，它们并不是某一些子博弈的均衡。

在许多博弈中，特别是在那些有外生不确定性的博弈当中，子博弈完美的概念被视为是很弱的，从某种意义上来说，它并没有排除在直观上是不合理的均衡。子博弈完美无法消除不合理均衡的一个重要例子是，当不可观察到的随机事件使它不能够把整个博弈分割成子博弈的时候。之所以出现这样的问题，是因为不确定性形成了多个节点的信息集，而子博弈的初始节点不能是一个信息集合中的几个元素之一。放松地讲，当形成子博弈后不可能破坏信息集。当博弈不能划分为子博弈时，子博弈完美的概念并不是有用的，因此必须形成替代性的精炼。附录 A2.4 以这部分中分饼的修正型例子描述了这一问题，之后提出序贯均衡的概念，它可用于解决这一问题。[①]

蜈蚣博弈

正如在后面章节将会变得很明显的，许多实验中的被试并没有一开始就直接地使用后向归纳推理，而且如果他们这么做了，必然是在与来自不同群体的其他参与者的早期匹配的子博弈中获得充分经验以后。为了理解后向归纳观点无法预测被试行为的原因，考虑下面的简单博弈是有启迪作用的。

假设从一个教室中选择了两个学生，一个是参与者 Red，正好穿着红色的衣服，而另一个是参与者 Blue，正好穿着蓝色的衣服。在博弈当中，货币奖金会随着博弈中所做出的决策数量的增加而增加，参与者需

---

① 序贯均衡的分析主要用于第 7 章中的不对称信息博弈，因而，在初次阅读时可跳过附录中的序贯均衡。

要做的是决定将这一货币奖励继续传递下去，还是接受这一奖金而结束博弈。更为具体地讲，在博弈开始时，Red 面临着两个盘，一个是包含着 40 美分的大盘，另一个是包含着 10 美分的小盘。Red 可能拿走大盘上的奖金（小盘上的奖金留给 Blue）而结束博弈，或者是把这两个盘让给 Blue 选择。在传递的事件中，除了大盘和小盘上的奖金翻倍之外，例如，大盘包含 80 美分而小盘包含 20 美分，Blue 面临着与 Red 同样的选择问题。Blue 放弃选择则返回到 Red 接受或者放弃的选择，在此盘上的奖金再次翻倍。在没有接受的情形下，在进行了四个轮回的奖金翻倍之后博弈结束。在这一情形下 Red 获得一个大盘奖金，价值 6.40 美元，而 Blue 拿到价值 1.60 美元的小盘奖金。

图 2—7 包含了这一"蜈蚣博弈"的扩展型[1]，它的名字源自其多足的结构。[2] 博弈是从图的左上角开始，在这一点 Red 做出第一个接受或者跳过的决策，结束时 Blue 做出最后决策。为了应用后向归纳法，考虑 Blue 最后决策的子博弈，它在图形的右边。接受的决策使 Blue 获得 3.20 美元，跳过将使 Blue 只获得 1.60 美元，因此如果进行到最后节点，Blue 将选择接受的决策。现在考虑 Red 在倒数第二阶段所必须采

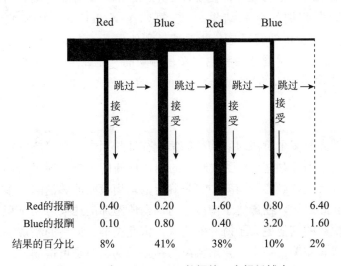

	Red	Blue	Red	Blue	
Red的报酬	0.40	0.20	1.60	0.80	6.40
Blue的报酬	0.10	0.80	0.40	3.20	1.60
结果的百分比	8%	41%	38%	10%	2%

图 2—7　对于匹配 6～10 数据的一个蜈蚣博弈

资料来源：McKelvey and Palfrey (1991)，table 3b.

---

[1]　附录 A2.5 包含了实施这一相似的蜈蚣博弈的课堂导语。使用这本书作为教材的教师可能发现在讲授本节之前给学生呈现这一博弈是有用的。

[2]　Rosenthal (1982) 首次讨论了这一博弈，初始版本包含了 100 条足。

取的决策。如果 Red 预见到 Blue 将在最后阶段采取接受的决策（Red 获得 0.80 美元），那么 Red 将在倒数第二阶段采取接受的决策并获得 1.60 美元。通过对博弈树的后向归纳推理，我们可以看到 Blue 将在第二阶段采取接受决策（因为 Red 将在第三阶段接受），而 Red 将在第一阶段接受（因为 Blue 将在第二阶段接受）。在这一情形中的后向归纳逻辑的含义是：博弈将在第一阶段结束，此时 Red 获得 0.40 美元而 Blue 获得 0.10 美元。即使这一结果是子博弈完美的，但是对于参与者来说这是令人沮丧的，因为如果他们都在每个阶段选择跳过，那么他们将获得更多。

McKelvey and Palfrey（1991）报告了这些参数的三个回合的结果。在每一个回合中，有 10 个 Red 角色的被试和 10 个 Blue 角色的被试。每个被试与另一颜色的不同被试匹配十次。匹配 6～10 的每一个终止节点的结果比例，可从横穿图 2—7 上方水平柄并垂直向下的足的厚度得到反映。正如相对稀薄的最左边的足所显示的，只有一小部分 Red 接受第一阶段的 0.40 美元的报酬（8％），而许多博弈是在第二阶段和第三阶段结束的。很明显，即使是在早期匹配的一些经验之后，行为并没有遵循后向归纳的预测结果。[①] 麦凯尔维（McKelvey）和波尔弗里（Palfrey）所提供的解释是一些被试是利他主义的，他们偏好于放弃早期的阶段，并且尽管这些利他主义是稀缺的（比如说 20 个被试中只有 1 个），但是其他人的最优反应是用很高的概率跳过早期的阶段。[②]

小结

当博弈有多个阶段时，均衡的集合往往相当大。经济学家已经建议了许多用于消除某些"不受欢迎"的纳什均衡的标准。通过后向归纳的论断，或者是在最终子博弈中最先确定的均衡策略能够消除许多这样的均衡。在此之后，在最终子博弈中对均衡所施加的约束可用于识别包含最终子博弈的其他更大子博弈的均衡，依此类推。最终的精炼往往也被称为子博弈完美，基本上要求偏离均衡路径的威胁是可信的。

尽管后向归纳理性在理论上是简练的，但是它往往无法预测被试的行为。当被试重复进行一个多阶段博弈，并且每一次与不同的参与者博

[①] 但是被试有时倾向于在最后五次匹配中比在前五次匹配中进行更多的决策。

[②] 这一简要的解释并没有捕捉到麦凯尔维和波尔弗里论文中的理论和计量分析的丰富内容。

弈时，他们似乎稍微更为频繁地应用了后向归纳理性。

2.7 决策理论、博弈论和价格理论

在这一章中，我们介绍了决策理论和博弈论的各种话题。这些工具构成了许多现代经济分析的基础。我们将在后面的章节中更细致地考虑这些工具和它们在行为方面的类似的例子。然而，在接下来的两章，我们的讨论大部分局限在竞争性的价格理论当中，比如，价格和数量的预测结果是通过市场供给和需求的相交而确定的。在这一点上必须解决的一个重要问题是，简单的竞争性市场预测结果与可比较的复杂决策和博弈理论工具两者之间的关系。在某种程度上，这一问题很容易回答。决策理论的工具适用于对具体类型的不确定性的个体反应。与此相反，价格理论处理了群体中行为人的行动。

然而，博弈理论和价格理论两者之间的关系很少是排他的。作为一般的情形，博弈理论和价格理论有相当不同的应用区域。博弈理论分析是基于对参与者可获得的机会、行动和信息的高度具体化的假定。可能最为标准的信息假设是完全信息，即行为人知道博弈结构的所有特征。具体而言，每个参与者都知道所有行为人的报酬函数。相反，所感兴趣的许多经济情形是以私人信息为特征的。行为人往往很少知道其他人的偏好、信息集和可行决策的集合，或者是一个博弈的其他必要的元素。许多旨在解决产业组织的实验设计的一个共同例子是，只给每个参与者提供与他或她自己报酬函数的相关方面。例如，在 Fouraker and Siegel (1963) 的一些双寡头实验中，只给被试一个表格，它显示了他们的货币收益是他们数量决策和其他卖者数量决策的函数。他们并没有其他人报酬表格的任何信息。在这样的实验中博弈理论的预测结果只提供了一个参考点，因为被试并不知道博弈的结构。

在许多情形中，被试做出的决策是基于所观察到的诸如商品价格等指标或者信号。在这一情形中，竞争性价格理论的预测结果可能提供了一个更为有用的参考，与之相对，尝试把这一情形视为一个相当不完全信息的博弈结果进行分析。在竞争性的价格理论中，往往假定参与者把价格视为给定的，而非考虑他们的决策对于价格的效应。这一价格接受的假定是特别有用的，如果被试很难认知到他们的决策对于价格的效应，这可能是因为这一效应事实上很小，或者可能是因为随机冲击的出

现，使被试很难观察到这一效应。

进一步地，在一个给定市场情形下的潜在博弈分析有时是困难的。所有均衡集合的识别常常变得不可能，并且有众所周知的交易制度，它非常复杂从而阻止了任何子博弈完美纳什均衡的识别。正如在下一章可明显看到的，竞争性的价格理论在这一类型中可能特别有用。

最后，当市场能同时从价格理论和博弈理论的视角进行分析时，替代性的均衡提供了有用的参考点。这些预测在一些情形中是一致的。例如，如果有不变平均成本和没有数量约束的卖者能同时选择价格，那么每一个卖者都有单方的动机在竞争性水平上形成任一普遍的价格水平。因而，纳什均衡是竞争性的零利润的结果。在其他环境中，博弈理论和价格理论得到竞争性的预测水平。例如，正如第4章所表明的，数量约束为卖者将价格提高到竞争性水平之上提供了单方的动机。这是因为如果竞争者的生产数量受到限制，那么价格的增加并不会减少销售量。这一类"市场势力"类型的存在，使得纳什均衡价格水平超过了完美的竞争性价格。在此情形下，替代性均衡的相对预测能力是一个经验性话题，它可能在实验中得到最好的检验。

附录 A2

A2.1　保留工资的推导

解决动态问题的标准方法是始于一个连续最优预期价值的表达式，可称之为价值函数。令 $v(w)$ 表示需要继续搜寻直至工资超过 w 的程序的预期价值。因为当要价被跳过时，决策问题并没有变化，所以 v (w) 独立于时间。持续搜寻的这一预期价值是由（2.7）式右边的三个部分组成的。

$$v(w) = \sum_{x=w+1}^{200} xf(x) + F(w)v(w) - c \qquad (2.7)$$

等式右边的第一项表明碰到并且接受一个可接受的 x 值时的情形，因此，我们加总超过保留工资 w 的 x 值，即从 $w+1$ 到 200。每一个 x 值都是通过密度函数 $f(x)$ 进行加权，权重是 x 值的概率。接着考虑第二

项 $F(w)v(w)$。下一个抽取小于或等于 w 的概率是 $F(w)$，在这一情形中抽取会被拒绝并将再一次地搜寻定义为 $v(w)$ 的预期价值。第三项是搜寻的成本，不管所抽取的数值接受与否，它均要支付成本。正是由于 (2.7) 式右边 $v(w)$ 的出现使得这一等式成为一个动态问题，因为 $v(w)$ 项表示即将在未来时期中发生的值。

问题是使用 (2.7) 式确定最优的保留工资 w。回顾一下 2.3 节中的论述 (iii)，即保留工资等于最优搜寻的预期报酬；即在最优的 w 水平处 $w = v(w)$。将这一等式代入 (2.7) 式，并重新组合，我们得到最优保留工资必须满足的一个等式：

$$c = \sum_{x=w+1}^{200} x f(x) - w[1 - F(w)] \tag{2.8}$$

因为 $1 - F(w)$ 是要价大于 w 的概率，(2.8) 式变为

$$c = \sum_{x=w+1}^{200} x f(x) - w \sum_{x=w+1}^{200} f(x) \tag{2.9}$$

它可简化为 (2.2) 式中的等式，即等于边际收益和额外搜寻的边际成本。因而，在这一动态情形中的最优搜寻策略是短视的。通过对类似 (2.7) 式的连续式解 $v(w)$，并对 $v(w)$ 求 w 的导数从而最大化结果的表达式，就可获得这一连续的概率分布情形的保留工资等式的差分的计算。

A2.2　一个序贯搜寻实验的导语

这是一个制定经济决策的实验。[①] 你的决策将确定你的收益，它将会在实验结束之后立即以现金的方式私下支付给你。现在，我们将给你初始的货币盈余 7 美元。这一报酬是补偿你的出场费，而且它也可抵消你可能导致的任一初始的费用。

概要

这一实验由固定数目的搜寻序列组成。在每一搜寻序列当中，将会

---

① 这些导语是为一个实验者从单个参与者诱导出决策的情形而准备的。在一个教室中为教学目的而使用这些导语，应当避免提及货币报酬。所增加的程序对于进行一个同时的、多人版本的此类实验的研究是必要的。具体而言，必须小心谨慎以确保所保留的记录是真实的，而且搜寻/停止的决策不会受到其他人选择的扭曲。然而，出于介绍的目的，对于导语者来说，允许全班成员同时给出搜寻或者停止的决策是完全可以的。

给予你从一个随机分布中购买抽取数值的机会。每次抽取的成本是 10 美分，并且购买是按照序贯的顺序，即你看到所抽取的结果，然后决定是否购买额外的抽取机会。

每一个抽取数值是一个潜在的奖金。你的问题是决定什么时候停止购买抽取机会并把其中的一个潜在奖金转换成货币奖金。在一个给定的搜寻序列中，你只能够选择为你所抽取的其中一个数作为你的这一搜寻序列的货币奖金。在每一序列中，你将获得货币奖金和你为购买这一抽取数值所支出的总体成本之间的差额。

所抽取的每一个"潜在奖金"将是从 0 到 199 美分的数值，它是由所扔的骰子确定的。在包含 0～199 之间的每一个数都有相同的概率。（二十面骰子将确定美元和角币数字，0，1，2，…，19，而十面骰子将确定分币数值 0，1，…，9。）[①]

搜寻过程

每一个搜寻序列都如下进行：在序列开始时，实验者将会要求你表明是否想要搜寻。如果你决定不搜寻，那么序列结束，你那一序列的收益为 0。如果你进行搜寻，那么实验者扔骰子以确定潜在的奖金（在 0～199 之间），我们将称之为 X_1，你应当在所附的小纸片上记下 X_1。然后实验者将会询问你是进行搜寻还是停止。如果你说"搜寻"，那么将会再扔一次骰子，产生第二个潜在的奖金 X_2，你将把它记在 X_1 的下方。这一过程一直重复直至你告诉实验者你想要停止搜寻。

收益

收益是两者的差别，即你所选择的作为你货币奖金的抽取数值与总的搜寻成本之间的差额。例如，假如你在第一次搜寻出潜在的奖金 X_1 后停止，那么你的奖金就是 X_1，你获得的收益是 $X_1 - 10$ 美分。如果你在搜寻两次之后获得潜在的奖金 X_1 和 X_2，那么你将要么获得 $X_1 - 20$ 美分，要么获得 $X_2 - 20$ 美分，这取决于你是否选择把 X_1 或者 X_2 转换成你的货币奖金。一般来讲，你将搜寻 n 次，产生一系列奖金 X_1，…，X_n，你把它们记在一个小纸片上，在你停止后，你将选择其中的一个奖金，比如

---

① 如果二十面骰子的数目是从 1 到 20，那么 20 可计为 0。而如果十面骰子的数目是从 1 到 10，则把 10 计为 0。这将产生 0～199 的数字。为了使这一例子与 2.3 节一致，对所有的结果简单地加上 1，并且相应地改变一下导语即可。

说 X_i，作为你的货币奖金，那么你的收益就是 X_i-10n 美分。

你的收益将记录在所附的决策表上。对于每个搜寻序列都有一个不同的行。每一序列中的收益将计算如下。首先，把所扔骰子的数值，包括最后扔出一次的数值，填入列（2）。其次，用 0.10 美元乘以这一数目从而获得总的搜寻成本，把这一数字填在列（3）。第三，从搜寻序列中选择其中的一个潜在奖金作为你的货币奖金，并把这一数值填在列（4）中。第四，用列（4）中你的奖金减去列（3）中总的搜寻成本，就可获得你的收益，并把这一数字填入列（5）。如果小于零，务必在这一数字之前加上一个负号。

通过加总（或者减去）当前搜寻序列到前面全部的收益，可得到列（6）的累计收益。记得把初始的 7 美元报酬包含在累计收益中。

最后评论

注意，你的决策表的列（1）的左边是今天的实验将包含的三个实验序列（在那当中不赚任何钱）和你将获得支付的十个搜寻序列。在第十个序列之后，请完成决策表下面的收据表。在确认你的计算之后，将支付给你收益，之后你可以自由离开。

还有其他问题吗？

搜寻实验的决策表					
（1） 搜寻序列	（2） 搜寻次数 （包括最后一次）	（3） 总搜寻成本 （2）×0.10	（4） 预期抽取 的数值	（5） 搜寻序列收益 （4）−（3）	（6） 累计收益
实验					***
实验					***
实验					7 美元
1					
2					
3					
4					
5					
6					

续前表

搜寻实验的决策表					
（1）搜寻序列	（2）搜寻次数（包括最后一次）	（3）总搜寻成本（2）×0.10	（4）预期抽取的数值	（5）搜寻序列收益（4）－（3）	（6）累计收益
7					
8					
9					
10					

把你的累计收益取舍到最接近 25 美分的增量处，并且完成：我收到大约_____美元作为参与实验室实验的报酬。请像填支票一样写出下面的信息：

合计：_____

你的姓名（请盖章）：_____

日期：_____ 社会保障号码：_____

签名：_____

A2.3 构建冯·诺依曼-摩根斯坦效用函数[①]

货币奖金的冯·诺依曼-摩根斯坦效用函数可以在四个假设的基础上进行构建：连续性、单调性、复合彩票的简化和替代性。[②] 这些假设在其他地方已有很详细的解释（比如，DeGroot，1970；Kreps，1990），但是诚然，这里的一个非正式的描述将表明一个被试的效用函数如何进行构建。宽松地讲，连续性对于任何一个彩票来说都是必要的，即存在着这样的可能性，被试在某种彩票及其最为偏好和最不偏好的彩票的概率加权组合之间无差异。单调性要求如果不太受偏好的奖金的概率减少，被试将偏好于增加那个更为偏好的奖金的概率。复合彩票有它们自身彩票的奖金，复合彩票的简化要求最终货币报酬的概率能用标准的（连乘的）方式进行。替代性是这样的一个假设，如果一个彩票的奖金之一被另一个同等偏好的彩票替代时，对这个彩票的偏好是不变的。

[①] 本节的内容有些深奥。

[②] 因为奖金是货币报酬，同时也因为假定被试偏好更多的钱而非更少的钱，所以没有必要增加对奖金的偏好是完全的和传递性的假定。

　　这些定理可用于构建有三个奖金的彩票的偏好表达式，但是任一有限数目奖金的一般化是直观的。让最低的货币报酬 x_1 的效用标准化为 0，让最受偏好的报酬 x_3 的效用标准化为 1。当 x_1 的概率充分接近 0 时，被试将偏好于确定性地获得作为货币报酬中间值的 x_2 而非 x_1 和 x_3 的混合概率；而当混合中的 x_3 的概率充分地接近于 1 时，被试将偏好于混合的报酬而非 x_2 的报酬。由连续性可知，存在一个概率 v，可以使得被试正好在确定性地获得 x_2 和以 $[1-v]$ 的概率获得 x_1、以 v 的概率获得 x_3 的混合结果这两者之间无差异。

　　一个实验者能够通过各种方式诱导出被试的 v 值。例如，通过一系列有关各种彩票偏好的问题，实验者可以频繁地尝试诱导出 v 值。[①] 给定 v，考虑效用函数：

$$U(x_1) = 0,\ U(x_2) = v,\ U(x_3) = 1 \tag{2.10}$$

这一效用函数表示被试的偏好，如果是对于任意两个彩票而言，那么当且仅当对于第一个（2.10）式的预期价值超过第二个（2.10）式的预期价值时，第一个彩票才更偏好于第二个彩票。为确认这一性质，我们使用其余三个假设：替代性、复合彩票的简化和单调性。

　　考虑有三个货币奖金 x_1、x_2 和 x_3 的两个彩票，其中货币量将以与下标相同的顺序进行排列：$x_1 < x_2 < x_3$。存在着一个概率为（p_1，p_2，p_3）的"p"彩票和概率为（q_1，q_2，q_3）的"q"彩票。p 彩票可以表示为（p_1 概率的 x_1，p_2 概率的 x_2，p_3 概率的 x_3）。q 彩票也可用同样的方法表示。为简化，"概率"一词将在表示方法中忽略。

　　回想确定性的 x_2 是与混合的（$[1-v]$ 的 x_1，v 的 x_3）具有同样的偏好。由替代性可知，我们可以用同样偏好的混合彩票替换原始 p 彩票中的 x_2：

$$
\begin{aligned}
&（p_1\ \text{的}\ x_1,\ p_2\ \text{的}\ x_2,\ p_3\ \text{的}\ x_3）\sim \\
&（p_1\ \text{的}\ x_1,\ p_2\ \text{的}\ [(1-v)\ \text{的}\ x_1,\ v\ \text{的}\ x_3],\ p_3\ \text{的}\ x_3）
\end{aligned}
\tag{2.11}
$$

其中，"$\sim$"表示无差异，（2.11）式右边的彩票是一个只涉及 x_1 和 x_3 的复合式彩票，由复合彩票的简化可知，与这两个货币报酬相关的概率

---

　　① 这些问题历来都是假设的。然而，假设是有问题的，因为它们可能不能够提供充分的激励使决策者做出仔细的选择。正如 2.4 节所讨论的，即使是在评价风险态度时也会出现明显的问题，因为一个人对于风险的态度可能会因（在前面的或者预期的）财富形式的变化而变化。实验室的效用诱导方法将在第 8 章进行讨论。

能以标准相乘的方法进行计算，因而（2.11）式中的彩票可以表达为：

$$([p_1+p_2-p_2v] \text{ 的 } x_1, [p_2v+p_3] \text{ 的 } x_3) \qquad (2.12)$$

同理，q 彩票也可简化成只涉及 x_1 和 x_3 的彩票，其中 x_3 为高概率的 $[q_2v+q_3]$。因为 p 彩票和 q 彩票两者均可表示为 x_1 和 x_3 的混合结果，由单调性可知，被试偏好于得到最高报酬 x_3 的最高概率的彩票。换句话来讲，偏好 p 彩票，当且仅当

$$p_2v+p_3 > q_2v+q_3 \qquad (2.13)$$

但是，（2.13）式的不等式只是一个预期效用的比较；对于（2.10）式的效用函数，p 彩票的效用为：

$$\begin{aligned} &p_1[U(x_1)]+p_2[U(x_2)]+p_3[U(x_3)] \\ &=p_1[0]+p_2v+p_3[1]=p_2v+p_3 \end{aligned} \qquad (2.14)$$

q 彩票的效用也可推导出类似的表达式。从（2.13）式可知，被试偏好（2.10）式中有最高预期的效用函数价值的彩票。

A2.4 序贯均衡[①]

纳什均衡中最为广泛使用的特殊案例是序贯均衡的概念，在此将通过一个例子介绍它。考虑图 2—6 中谈判博弈的一个修正版本，我们自然最先确定所划分的饼的规模，并且没有哪一个参与者在要价时知道饼的规模。在 0.5 的概率下，饼的规模是 3，正如图 2—6 所示，否则规模将翻倍为 6。当饼很大时，慷慨的要价将导致（2，4）的报酬而非（1，2）的报酬，而大饼的吝啬要价将导致（4，2）的划分。这一新博弈的扩展型如图 2—8 所示。根据性质最先行动，饼规模下标示的 [0.5] 表示确定这一移动的外生概率。在这一自然的初始（不可观察的）移动后，参与者 1 在信息集 I_1 处做出决策，一个非退化集合表明参与者 1 并不确定自然的状态；在已知饼规模的简单博弈中，参与者 1 要么做出一个慷慨的要价 G，要么做出一个吝啬的要价 S。然而，因为饼要么是大的要么是小的，所以对于参与者 1 的每一个决策存在两种可能的序列。在参与者 1 的选择之后，参与者 2 随后

———————

① 本节的内容有些深奥。

做出一个决策。因为参与者 2 看到了要价但是并不知道状态，所以参与者 2 的相关集合要么是 I_{2G}，要么是 I_{2S}，这取决于参与者的要价是 G 还是 S。在信息集合中的每一个节点处有同样的数字，并且在那一信息集中的所有其他节点标示决策。

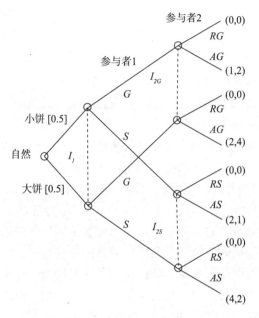

图 2—8 未知饼规模的序贯谈判博弈

在许多方面，这一博弈非常类似于在 2.6 节中讨论的没有不确定性的谈判博弈。仍然有三个信息集合（I_1，I_{2G} 和 I_{2S}），所以不确定性并没有改变策略的变量。正如表 2—10 所显示的，不确定性并不会严重地影响到博弈的标准型表示方法。表 2—10 中的表示与表 2—9 中的结果一样，除了报酬是小饼和大饼的平均值之外。例如，表 2—9 上面一行的（2，1）报酬向量，被（2，1）和（4，2）的平均值或者是表 2—10 的（3，1.5）所替代。同理，表 2—10 下面一行的非零报酬是（1.5，3）而非表 2—9 的（1，2）。报酬的变化并不会改变标准型报酬表中的任何数量关系，因此在均衡策略中依然有三个纳什均衡：（S；AS，AG）、（S；AS，RG）和（G；RS，AG）。最后，下划线的（G；RS，AG）均衡仍然是不合理的，因为它要求第二个参与者做出拒绝吝啬要价的威胁；而一旦吝啬要价做出后，它会被接受，而不管饼的规模如何。

表 2—10   在未知饼规模条件下的序贯谈判博弈的标准型表示方法

		参与者 2 的策略			
		(AS, AG)	(AS, RG)	(RS, AG)	(RS, RG)
参与者 1	S	(3, **1.5**)	(3, **1.5**)	(0, **0**)	(0, **0**)
的策略	G	(1.5, **3**)	(0, **0**)	<u>(1.5, **3**)</u>	(0, **0**)

然而，与前面不同的是，(G；RS，AG) 不能通过子博弈完美而消除。由于饼规模的不确定性，并不存在独立于（自然的）初始行动的决策后果的组合或决策。换句话讲，没有比整个博弈更小的子博弈。基于这一理由，子博弈完美的概念在这一情形中没有任何竞争能力：整个博弈的均衡策略向量无疑是由唯一的子博弈均衡所组成。

Kreps and Wilson（1982）发展了序贯均衡的概念，以消除像有外生不确定性的博弈中的 (G；RS，AG) 的"不合理的"均衡。这一概率通过具体化参与者对未知事件的信念而对不同均衡进行区分。这些信念受限于理性，同时它也与参与者可获得的信息相一致。

例如，对上面的图形博弈特征化一个序贯均衡，要求理性信念的具体化，并且使信念与三个信息集合的每一个节点相一致。与自然的移动相一致，要求在信息集 I_1 的每一个节点有 0.5 的概率。同理，与自然的移动相一致，要求参与者 I 必须对他或她的信息集 I_{2G} 和 I_{2S} 的每一个节点分配一个 0.5 的概率。（更为一般地讲，参与者 2 的信念必须与自然和参与者 1 的行动相一致。在这个简单例子中，参与者 1 的行动并不影响参与者 2 的一致信念的集合，因为参与者 1 的决策是在知道有关的不确定性之前做出的。）知道这一点后，很明显的是，在信息集 I_{2S} 拒绝一个吝啬的要价从来都不是理性的，因而 (G；RS，AG) 不是这一博弈的序贯均衡。

尽管子博弈完美结果并不一定是序贯的（正如表 2—10 所示），Kreps and Wilson（1982）表明相反的情形为真：每一个序贯的结果都是子博弈完美的。因而，序贯是子博弈完美的强化或精炼，正如子博弈完美是纳什均衡的精炼一样。在理论研究工作中，序贯均衡的概率很可能是最广泛使用的纳什均衡概念的精炼。例如，Van Damme（1987）和 Cho and Kreps（1987）也已经提出了其他更强的精炼。第 7 章包含了有关其中一些精炼的实验证据讨论。

更为重要的是，我们形成的序贯均衡概念是非常不正式的。提供这一表示方法只是作为其他纳什均衡精炼获取方式的一种激励。鼓励感兴趣的读者寻找更加严格精确的研究成果。在任何事件中，一个更加严格精确的研究成果对于应用的目的是有必要的。

A2.5　蜈蚣博弈的导语［供课堂使用］[①]

今天我们将要进行一个只涉及两人的简单博弈。我对参与者的选择将是任意的，除了其中的一名必须穿红色的衣服，另一名必须穿蓝色的衣服之外。我分别将这些参与者称为 Red 和 Blue。

［选择"Red"和"Blue"参与者。］

博弈进行一系列决策，决策是由 Red 和 Blue 轮流做出。值得注意的是，在你们面前有两个盘。每一个包含着不同数量的金钱。左边的将包含更大的奖金，因此我们将它称为"大"盘。我们将右边的盘称为"小"盘。每个决策涉及是否"拿走"大盘上的奖励，或者"跳过"从而轮到另外一个参与者。一个"拿走"行为结束博弈，拿走者获得大盘上的奖金，另一个参与者获得小盘上的奖金。在"跳过"后两个奖金的规模翻倍，并且另一名参与者做出"跳过"或"拿走"决策。

更为具体地讲，请注意我已在大盘上放置了 0.25 美元，而在小盘放置了 0.10 美元。我将先让 Red 有机会选择大盘上的 0.25 美元，或者跳过，从而轮到 Blue。如果 Red 拿走 0.25 美元，那么 Blue 获得小盘上的 0.10 美元，博弈结束。否则，我将翻倍每盘上的奖金，并让 Blue 做出同样的选择。如果 Blue 拿走大盘上的奖金（现在是 0.50 美元），Red 将获得小盘上的 0.20 美元，同时游戏结束。否则，我再次翻倍每盘上的奖金（分别变成 1.00 美元和 0.40 美元），并轮到 Red 做出决策。整个过程将重复最多 2 次：如果 Red 再次跳过，那么我将在大盘上放置 2.00 美元，在小盘上放置 0.80 美元。如果 Blue 第二次跳过，我将再使奖金翻倍并把大盘奖金（4 美元）给 Red，而小盘奖金（1.60 美元）给 Blue。这一过程可概述如下：

----

① 这些程序对于研究是不合适的。有几个理由。例如，在研究实验中的参与者应该可视地分离并且不允许与其他人交谈。

	大盘奖金	小盘奖金
(1)	0.25 美元	0.10 美元
(2)	0.50 美元	0.20 美元
(3)	1.00 美元	0.40 美元
(4)	2.00 美元	0.80 美元

（如果 Blue 在（4）中选择跳过，那么 Red 将获得 4.00 美元，而 Blue 获得 1.60 美元。）

　　当参与者做出决策时，两个参与者能够与周边的同学私下进行咨询，但是他们两人之间不能交谈。记住，我是在盘上放上真实的金钱，并且每人从盘中拿走的就归他们自己所有。还有其他问题吗？

参考文献

Bernoulli, Daniel (1738) "Specimen Theoriae Novae de Mensura Sortis," *Comentarii Academiae Scientiarum Imperialis Petropolitanae*, *5*, 175 - 192, translated by L. Sommer in *Econometrica*, 1954, *22*, 23 - 36.

Cho, I. K., and David M. Kreps (1987) "Signaling Games and Stable Equilibria," *Quarterly Journal of Economics*, *102*, 179 - 221.

Cooper, Russell, Douglas V. DeJong, Robert Forsythe, and Thomas W. Ross (1989) "Communication in the Battle of the Sexes Game: Some Experimental Results," *Rand Journal of Economics*, *20*, 568 - 587.

—— (1991) "Cooperation without Reputation," working paper, University of Iowa.

Cox, James C., and Ronald L. Oaxaca (1989) "Laboratory Experiments with a Finite Horizon Job Search Model," *Journal of Risk and Uncertainty*, *2*, 301 - 329.

Davis, Douglas D., and Charles A. Holt (1991) "Equilibrium Cooperation in Two-Stage Games: Experimental Evidence," working paper, Virginia Commonwealth University.

DeGroot, Morris H. (1970) *Optimal Statistical Decisions*. New York: McGraw Hill.

Fouraker, Lawrence E., and Sidney Siegel (1963) *Bargaining Behavior*. New York: McGraw Hill.

Harrison, Glenn W. (1989) "Theory and Misbehavior of First-Price Auctions," *American Economic Review*, *79*, 749 - 762.

Harrison, Glenn W., and Peter Morgan (1990) "Search Intensity in Experiments," *The Economic Journal*, 100, 478 – 486.

Hey, John D. (1982) "Search for Rules of Search," *Journal of Economic Behavior and Organization*, 3, 65 – 81.

—— (1987) "Still Searching," *Journal of Economic Behavior and Organization*, 8, 137 – 144.

Holt, Charles A. (1992) "ISO Probability Matching," working paper, University of Virginia.

Holt, Charles A., and Roger Sherman (1991) "The Loser's Curse," working paper, University of Virginia.

Kahneman, Daniel, and Amos Tversky (1979) "Prospect Theory: An Analysis of Decision Under Risk," *Econometrica*, 47, 263 – 291.

Kogut, Carl A. (1990) "Consumer Search Behavior and Sunk Costs," *Journal of Economic Behavior and Organization*, 14, 381 – 392.

Kreps, David M. (1990) *A Course in Microeconomic Theory*. Princeton: Princeton University Press.

Kreps, David M., and Robert B. Wilson (1982) "Sequential Equilibrium," *Econometrica*, 50, 863 – 894.

Lippman, Steven A., and John J. McCall (1976) "The Economics of Job Search: A Survey," *Economic Inquiry*, 14, part I: 155 – 189, part II: 347 – 368.

McKelvey, Richard D., and Thomas R. Palfrey (1991) "An Experimental Study of the Centipede Game," Social Science Working Paper 732, California Institute of Technology.

Nash, John (1950) "Equilibrium Points in N-Person Games," *Proceedings of the National Academy of Sciences*, U.S.A., 36, 48 – 49.

Pratt, John W. (1964) "Risk Aversion in the Small and in the Large," *Econometrica*, 32, 122 – 136.

Prisbrey, Jeffrey (1991) "An Experimental Analysis of the Two-Person Reciprocity Game," working paper, California Institute of Technology.

Rosenthal, Robert (1982) "Games of Perfect Information, Predatory Pricing, and the Chain Store Paradox," *Journal of Economic Theory*, 25, 92 – 100.

Rubinstein Ariel (1991) "Comments on the Interpretation of Game Theory," *Econometrica*, 59, 909 – 924.

Schotter, Andrew and Yale M. Braunstein (1981) "Economic Search: An Experimental Study," *Economic Inquiry*, 19, 1 – 25.

Selten, Reinhard (1965) "Spieltheoretische Behandlung eines Oligopolmodells mit Nachfragetragheit," parts I-II, *Zeitschrift für die Gesamte Staatswissenschaft*,

121, 301 – 324 and 667 – 689.

Siegel, Sidney, and D. A. Goldstein (1959) "Decision-making Behavior in a Two-Choice Uncertain Outcome Situation," *Journal of Experimental Psychology*, *57*, 37 – 42.

Siegel, Sidney, Alberta Siegel, and Julia Andrews (1964) *Choice, Strategy, and Utility*. New York: McGraw-Hill.

Smith, Vernon (1990) "Experimental Economics: Behavioral Lessons for Microeconomic Theory and Policy," Discussion Paper 90 – 14, Department of Economics, University of Arizona.

van Damme, Eric (1987) *Stability and Perfection of Nash Equilibria*. Berlin: Springer-Verlag.

Van Huyck, John B. , Raymond C. Battalio, and Richard O. Beil (1990) "Tacit Coordination Games, Strategic Uncertainty, and Coordination Failure," *American Economic Review*, *80*, 234 – 248.

第3章 双向拍卖市场

3.1 引言

弗农·史密斯被抽中参加张伯伦的课堂拍卖，因为这一课堂拍卖提供了有关新古典价格理论具体命题的直接证据。正如第1章所指出的，对于为什么所观察到的交易量会超过竞争性的均衡数量，史密斯认为存在着一个清楚的解释。史密斯认为，张伯伦分散化拍卖的问题在于有关可获得的标价和要价的公共信息是不充分的。Smith（1962，1964）通过进行与张伯伦的决策相似的一系列

市场实验对这一假说进行了研究，实验与张伯伦允许交易者在房间里四处走动并且在一小群体人之间相互讨价还价不同的是，所有的要价和标价是集中并且公开记录的。[①] 这一修正的交易规则已经变成了众所周知的双向拍卖，它与自然的单边标准拍卖明显不同，后者是单个卖者收到许多买者的竞价。在一个为"奖金"而进行的单边的、标价增加的拍卖中，买者提高竞价直到最后只剩下一个感兴趣的竞价者。在多个奖金（产品单位）条件下，买者提高竞价直到所需要的单位数量减少至正好等于所提供的待售产品单位的数量。当有多个卖者竞争向单个买者出售某一固定数量的单位或者试图与单个买者达成合约时，这一情形就发生了反转。在这一情形中，卖者通过降低要价水平进行竞争直至不存在过多的供给。在双向拍卖中，这两个过程同时发生，而且交易发生在初始的竞价和要价的某个位置上。

史密斯的双向拍卖市场产生了竞争性的价格和数量，并且这是在一系列相当稳健的环境中实现的。事实上，与在替代性的交易规则集合下所组织的市场相比，在双向拍卖交易规则下所组织的市场要更快并且更可靠地产生竞争性的结果。基于这一理由，双向拍卖市场已广泛地作为一个对其他市场制度的表现进行评价的比较标准进行研究。

因为和那些主要证券市场中所使用的交易规则具有相似性，对于双向拍卖的研究兴趣得到了进一步的提升。通信技术的不断发展使得电子股票交易更为迅速，对于计算机化实验室中市场表现的分析也使得人们可以更深刻地了解其他自动化形式可能产生的效应。与在任何其他交易规则下所组织的市场相比，双向拍卖市场因其有效性和应用性，已经得到了更广泛的分析。

本章介绍双向拍卖的程序、表现特征和一些应用的例子。3.2节将详细地解释实验过程和市场表现的度量指标。计算机化的角色和效应将在3.3节进行讨论。3.4节和3.5节提供了价格收敛特征对于结构和环境因素的弹性的相关证据，例如在供给和需求条件中的变化等。3.6节将综述多重的、关联市场中的双向拍卖结果。3.7节是有关支付时期利息的多期资产的双向拍卖。最后一节包含了简要的概述。

---

① 第二个最大的区别是，张伯伦的市场只持续一期。与此相反，史密斯允许同样群体中的被试在一个序列的市场时期中进行交易，其中每期都有同样的供给和需求结构。

3.2 双向拍卖程序和表现

不管竞价和要价是出现在电脑屏幕上，还是由"交易场所"中活跃的交易者大声喊出，交易在双向拍卖中是密集的。竞价和要价的信息量同时也使得这一制度的信息相当丰富。在讨论实验结果之前，给读者介绍一些知识以深入了解在实验中一个双向拍卖是如何起作用，以及交易者是怎样做出决策的，是很有用的。因而，这一节的第一部分与双向拍卖的基本原理有关，第二部分涉及实验经济学家正在使用的市场表现的标准度量指标。

一个双向拍卖交易时期

双向拍卖市场划分为一序列的交易区间，或者时期。每期持续一个设定的时间。尽管在很高的交易量的市场中需要更多的时间，但是，当交易的是 5～10 个产品单位时，2～5 分钟就已足够。在时期开始时，给予买者单位产品的价值，给予卖者单位产品的成本。这一价值和成本信息以表 3—1 中的一个代表性的买者 B4 和一个代表性的卖者 S1 的形式展现给参与者。

表 3—1　　　　　　　　　　　买者和卖者的记录表格

记录表格——买者 B4			记录表格——卖者 S1		
产品 单位 1	(1) 单位价值	4.60	产品 单位 1	(1) 销售价格	4.30
	(2) 购买价格	4.30		(2) 单位成本	3.70
	(3) 单位利润 (1)—(2)	0.30		(3) 单位利润 (1)—(2)	0.60
产品 单位 2	(4) 单位价值	4.40	产品 单位 2	(4) 销售价格	
	(5) 购买价格			(5) 单位成本	4.40
	(6) 单位利润 (4)—(5)			(6) 单位利润 (4)—(5)	
	(7) 时期利润 (3)+(6)			(7) 时期利润 (3)+(6)	

首先看表 3—1 左边的买者记录表。买者 B4 在这一交易期可能潜在地购买 2 个产品单位，第一个价值为 4.60 美元，第二个价值为 4.40 美元。通常要求买者在购买更低价值的产品单位之前购买更高

价值的产品单位。买者利润的计算是单位价值和购买价格的差额。如果不购买任一单位，盈利为零。例如，如果 B4 在与卖者达成一致意见后以 4.30 美元的价格购买第一单位（列示在行（2）中），那么 B4 将获得 0.30 美元利润，正如行（3）所显示的。同理，卖者 S1 在表 3—1 右边的记录表格中，其中第一个产品的成本是 3.70 美元，第二个产品的成本是 4.40 美元。卖者必须先销售最低成本的产品单位（除非是在递减成本的生产者情形中，此时实施相反的规则）。卖者所获得的利润是合同价格超过单位成本的剩余。例如，如果 S1 与买者达成一致意见，以 4.30 美元的价格售出一个产品单位，那么 S1 将赚得 0.60 美元，正如行（3）所示。生产通常是为了完成订单，所以不存在未出售产品单位所引致的任何成本。

研究者可能往往想要禁止不能盈利的行动，比如禁止在单位价值之上的竞价和在单位成本之下的要价。产生损失的交易往往是误解或者键盘输入错误的结果，而且这样的交易给市场传递了噪音信号。另外，在损失处的交易可能是通过抢走其他人生意的方式故意惩罚其竞争者，比如掠夺性定价。即使这一行为是极其不可能的，实验者对于是否排除此类特殊的交易策略往往犹豫不决，一个折中的办法是提供一个警告，或者给被试一次确认损失性交易的机会。

在双向拍卖中，买者大声喊出竞价，因为他们竞相做出最高的竞价；与此同时，卖者大声喊出要价，因为他们竞相地做出最低的要价。任一卖者可能在任何时候接受一个现存的有效竞价，而买者可能接受一个现存的有效要价。表 3—2 举例说明了记录谈判的方式。正如表 3—2 左边第一行所显示的，卖者 S2 通过举手并且告知他或她的身份（S2）以及要价（5.00 美元）的方式开始谈判。在下一行，B4 通过告知身份（B4）和要价（4.10 美元）开始竞价。这些公开的提议形成了初始的竞价或要价；它们"代表"最受欢迎的合约条款直至被其他交易者所接受或者在此基础上改善竞价或要价。许多双向拍卖是口头进行的，非改善的竞价和要价是不允许出现的，因此下一个要价将不得不低于 5.00 美元，而下一个竞价将不得不在 4.10 美元之上。正如表 3—2 的后几行所表明的，S2 卖者的公开要价由剩下的三个卖者改善，而买者 B1、B2 和 B4 一起改善现存的有效竞价。第一个产品单位的谈判结果是其中的交易者接受另一个交易者所提出的条件，正如下划线所表示的，B4 接受 S1 的 4.30 美元的要价。

表 3—2　　　　　　　　　　　第 5 期的合约序列

时间	竞价	要价	时间	竞价	要价
296		S2 5.00	198	B4 4.20	
294	B4 4.10		194	B1 4.22	
293		S3 4.50	190		S3 4.40
291	B1 4.20		188	B4 4.25	
285	B2 4.21		180		S4 4.35
284		S1 4.40	176	B3 接受	
279		S3 4.39	171		S1 4.45
276		S4 4.35	167	B4 4.20	
271	B4 4.25		165	B1 4.22	
267	B2 4.26		164		S2 4.40
265		S3 4.34	161	B4 4.25	
261		S1 4.30	160		S4 4.35
254	B4 接受		151		S2 4.34
249	B2 4.20		143		S4 4.32
245		S3 4.39	135		S2 4.31
244	B1 4.22		131		S3 4.30
241	B2 4.23		121		S4 4.29
237		S4 4.35	118	B1 4.26	
230		S3 4.34	112		S3 接受
209	B1 4.25		64		S3 4.28
208		S4 4.31	15	B4 4.25	
205	B2 4.26		13		S4 接受
203		S2 接受	10		S2 4.30

　　当达成一个合约时，实验者用圆圈把它标示在黑板上，并且合约的双方（在这一情形中是 B4 和 S1）在他们的记录表上记录价格并且计算利润，正如表 3—1 所显示的。常见的方法是，一个合约的接受使得现

存的有效竞价和要价无效，因而改善性规则并不约束下一个产品单位的初始竞价和要价，而下一个产品单位对于 B4 和 S1 来说则是第二个产品单位，对于其他人来说是第一个产品单位。谈判持续直至时间用完，在某些情况下，直至所有人一致同意终止该时期。[①]

概述在表 3—2 中的谈判形成了一个 5 分钟（300 秒）的交易时期内所有竞价和要价的集合。[②] 阴影的一列显示做出每次接受的时间，而时间是用这一回合的剩余秒数进行度量的。值得一提的是，通常买者和卖者除了自己的价值或者成本，以及列示竞价、要价和交易的"行情显示系统"之外，并不能看见其他任何东西。在继续之前，你可能考虑，是否能从例如表 3—1 的 B4 或者 S1 的记录表格中，或者从表 3—2 中推断出有关市场结构的相关内容，这是有用的。正如在第 1 章讨论的，对于参与者来说，往往并不清楚为什么会产生一个具体的价格和数量组合。

一系列交易时期的合同价格在图 3—1 中按照时间顺序以点序列的方式表示。每个时期的价格用垂直线区分开来，时期的序号列示在图上方。

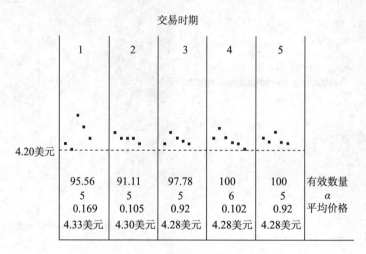

图 3—1 在双向拍卖市场中的一个合约序列

资料来源：Williams（1980）.

---

① 具体而言，一致的停止规则是下面将讨论的 NovaNet（正式地讲是 PLATO）计算机化双向拍卖机制的一个特征。在 NovaNet 环境中，结束一个时期的投票并没有削弱交易者做出或者接受合约的能力。交易时期很少通过投票而停止。

② 表 3—2 的数据来自实验 15 的记录，它是 Williams（1980）所报告的初始的 NovaNet 计算机化的回合。在这一章中所显示的许多实验数据是由 NovaNet 回合产生，这是因为这类大型的、公开的数据库更方便获得信息。

在时期 1 中合同价格分布在虚线 4.20 美元上方，但是在接下来的时期中合同价格的区间范围变得更为狭窄。在时期 5（如表 3—2 所示），所有的合同都落在 4.25 美元和 4.35 美元之间。

评价市场表现

图 3—1 所代表回合的市场供给函数和需求函数是通过合并个体的成本和价值信息而产生的。四个买者和四个卖者，以及市场的供给曲线和需求曲线如图 3—2 所示。在每一阶段中的身份号码显示了每一单位买者和卖者的身份。供给和需求在 4.20 美元的价格处相交，并且这一竞争性均衡的交易量将是 5 或 6。

数量预测的模糊性是值得一提的。供给和需求阶梯函数的离散性质往往会导致一个水平上的重合（一个数量通道）或者是垂直上的重合（一个价格通道）。这些通道可以通过让需求或者供给穿过其他曲线的一个平坦部分而得以避免。[①]

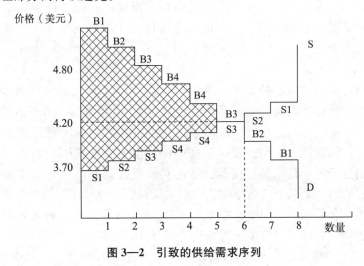

图 3—2　引致的供给需求序列

---

① 在早期的实验中，许多实验设计采用交易佣金交点的水平重合，这一交易佣金处在 0.05 美元到 0.15 美元的区间，并将针对每笔合同对买者和卖者进行支付。这些佣金用于引导边际上可盈利的产品单位的交易，诸如图 3—2 中 B3 和 S3 的第二产品单位。当使用佣金时，不允许买者支付比单位估价更高的价格，即使买者愿意支付价值加上佣金的价格。同理，卖者也不允许以低于成本的价值进行销售。在没有这一约束的条件下，佣金将只是简单地向上移动需求曲线和向下移动供给曲线，移动的距离为佣金数量单位，因而它通过形成价格通道而消除数量通道。这一类型的佣金现在使用并不频繁，主要是因为自然发生于市场中的佣金，并不会产生与那些在实验室中的每单位佣金同样的激励水平。

在每期，市场表现的几个总指标显示在图 3—1 的下方，市场数量和平均价格指标很接近竞争性的预测结果。这一接近性的有效度量是第 1 章所介绍的市场效率指标。更详细地讨论这个指标将有指导意义。

在可能发生的所有交易组合中，竞争性价格理论预测组合将最大化交易中所产生的剩余（图 3—2 中的阴影区域）。这一最大化的剩余将以 ε_c 表示，效率 E 是所提取的最大化剩余的比例：

$$E = \frac{\sum(MV_i - P_i) + \sum(P_i - MC_i)}{\varepsilon_c} \times 100$$

其中，加总是针对事实上所交易的产品单位指数。表 3—3 列示了一个概述图 3—1 回合中的交易时期 5 所提取的剩余。注意，因为 $\varepsilon_c =$ 4.50 美元，并且因为所有买者和卖者的剩余分别为 2.58 美元和 1.92 美元，市场是 100% 有效的。对于在这一回合中的 5 个交易时期的每一个效率值的计算位于图 3—1 合约序列的下面。注意，每一期的 E 值接近 100%。这一高效率值是双向拍卖市场的特征。许多学生和其他人对此感到惊讶，在他们不能够合谋应对实验者的条件下，私人成本和私人价值信息的市场竟能有效地最大化所有参与者组合的总收益！[①]

有一点是完全不必要的：即认为对于图 3—2 的市场设计而言，盈利性的交易行为本身就能使 E 值接近 100%。首先考虑一个有效的合约序列，在这一合约序列中有最高单位价值的买者（B1）和最低成本的生产者（S1）相互交易，有第二高单位价值的买者（B2）与第二最低成本的生产者（S2）进行交易，依此类推，直到 B3 和 S3 在市场时期中通过他们的第二个产品单位达成第六个合约，且只获得销售佣金的收益。所有合约能在单一的价格水平 4.20 美元进行消费。现在考虑第二种可能的交易序列，与第一种一样，除了 B4 的第二个产品单位，是以 4.35 美元的价格购买 S2 的最高成本单位（花费 4.30 美元）而非 S4 的最高成本单位（花费 4.10 美元）。以这种方式把 S4 排除出市场，它降低了 0.20 美元的总剩余。这一成本的上升，源自包含了一个花费 4.30 美元而非 4.10 美元的额外的无效的边际产品单位。如果 S2 的第二产品单位的出售阻止了一个更低成本的产品单位的销售，那么效率损失将会

① 事实上，即使是复杂的个体行为也可能不是获得双向拍卖市场中的有效竞争性结果的一个重要的前提条件。使用模拟的卖者和买者，Gode and Sunder（1989）观察到非常粗糙的策略（涉及"零智商"）几乎提取了所有能从交易中获得的收益。

更大。更大的价格波动还会出现更大的剩余损失。例如，如果 S1 以 3.75 美元的合约价格售出他或她的低成本单位（花费 3.70 美元）给 B1，而 B1 是购买低的产品价值（价值 3.80 美元）的人，那么一些买者将会被阻止达成有效的合约。如果阻止 B2 进行交易，那么将会损失 1.20 美元（或者是在 B2 的第一个最高价值单位和 B1 的第二个最低价值单位的差额）。

表 3—3　　　　　　　　　　　交易时期 5 的效率计算

	买者				卖者			
单位	身份	单位价值	价格	利润	身份	价格	单位成本	利润
1	B4	4.60	4.30	0.30	S1	4.30	3.70	0.60
2	B2	5.00	4.26	0.74	S2	4.26	3.80	0.46
3	B3	4.80	4.35	0.45	S4	4.35	4.00	0.35
4	B1	5.20	4.26	0.94	S3	4.26	3.90	0.36
5	B4	4.40	4.25	0.15	S4	4.25	4.10	0.15
	买者总剩余		2.58		卖者总剩余			1.92

E 指数对市场结构很敏感，因而需要小心地进行解释。例如，增加在图 3—2 中 B1 的第一单位价值，使其从 5.20 美元增加到 10.20 美元，将会使得最大化市场剩余从 4.50 美元上升同样的数额至 9.50 美元。然而，如果 B1 试图在竞争性价格处实现一个单一的合约，那么所提取的剩余将近三分之二（6.00 美元/9.50 美元）。而且，如果一个边际单位无法进行交易，就会产生一个作为 9.50 美元的比例而非 4.50 美元的比例的相当低的效率水平。效率损失的可能性会随着接近于竞争性价格的额外边际单位的出现而增加。这可从图 3—2 中的相反图形看出来。通过使 S1 和 S2 的第二产品单位的成本上升至 6.00 美元，并且将 B1 和 B2 的第二产品单位的价值降低至 3.00 美元，此时额外的边际产品单位不能进行交易。由额外边际交易所造成的效率损失，在这些情形中是不可能的。

即使一个市场是 100% 有效的，买者和卖者可获得的剩余的比例可能会在调整的过程中出现很大的差异。剩余分配的度量往往是有用的，特别是在动态的讨论当中。在进行讨论的市场例子中，如果所有合约均是在均衡价格处做出，那么卖者赚到 1.50 美元，买者赚到 3.00 美元。在交

易时期 5，买者提取了竞争性价格水平处可获得剩余的 0.86（＝2.58 美元/3.00 美元），而卖者则提取了 1.28（＝1.92 美元/1.50 美元）。

在一些情形中，有必要度量卖者能够在竞争性的水平上增加价格从而获得利润的能力。标准的比较基础是从一个垄断（联合利润最大化）价格水平所获得的利润水平。最初由 Smith（1980）所使用的垄断的有效性指数 M，是在一个交易期中卖者所获得（超竞争性）的实际利润的差额与在垄断价格水平处卖者所获得（超竞争性）的利润差额的简单比例，或者

$$M = \frac{\pi - \pi_c}{\pi_m - \pi_c}$$

其中，π＝在交易期中卖者的实际利润，π_c＝卖者在竞争性均衡中的利润，π_m＝在联合利润最大化的假说下卖者的利润。

对于在图 3—2 中所显示的市场结构，如果三个单位是在利润最大化价格的 4.80 美元处交易，那么卖者将获得 3.70 美元。如果所有合约在竞争性价格水平处做出，卖者赚得 1.50 美元，那么对于表 3—3 中交易时期 5 的垄断有效性指数是 [1.82 美元－1.50 美元]/[3.70 美元－1.50 美元]，即 0.26。注意，如果所有的合约都发生于利润最大化的价格水平处，那么 M＝100；而如果所有的合约都发生于竞争性的价格水平处，那么 M＝0。与 E 必然处在 0 和 100 范围内所不同的是，如果卖者成功地实行价格歧视，那么 M 可能超过 100；而如果买者赚得比在竞争性假说下所预测的还要多，那么 M 可能小于 0。

最后所考虑的市场表现的度量指标是收敛的系数。拥有一些能够同时捕捉到价格变动和偏离竞争性价格水平的定价行为指标，往往是很有用的。最为普遍的指标 α，是价格在所预测的均衡价格水平处变动的平方根。这个方差的计算是：

$$\alpha^2 = \frac{\sum_{k=1}^{Q} (P_k - P_e)^2}{Q}$$

其中，Q＝交易时期中的合约数量，P_k＝第 K 期的合约价格，P_e＝竞争性的均衡价格。通过让 m 和 s^2 表示每一期中所观察到的价格的均值和方差，并且进行分解，我们可得到①：

---

① 这一分解的证明可通过在 $P_k - P_e$ 的每项中增加和减去均衡价格 m，并且使用均值的离差和等于零这一事实：$\sum (P_k - m) = 0$。

$$\alpha^2 = s^2 + (m - P_e)^2$$

因而 α^2 等于价格的方差加上价格均值偏离竞争性均衡价格的平方。如果所有合约均在竞争性的价格预测水平处做出，那么 $\alpha^2 = 0$。值得注意的是，α 是没有上界的，并且会随着价格的波动和价格偏离竞争性预测水平的程度而上升。概述在图 3—1 回合的每一交易时期的 α 值列示在那一期的价格下面。可观察到 α 在第一期之后显著地下降。

在标准环境中的市场表现

成百上千的实验室双向拍卖报告出现在文献中。上面所讨论的市场表现的指标可用于将这些拍卖结果与竞争性的预测结果进行比较。表 3—4 列示了所选择的 7 个双向拍卖回合研究的市场表现指标的概况。在除了一个回合（Smith and Williams, 1982）之外的所有例子中，所概述的回合是控制组的回合，以与后续进行评价的许多处理组回合进行比较。表 3—4 所包含的研究不可能是全面的。然而，这些研究是依据数据的相容性和环境的多样性进行选择。实验在 5 个地点进行，要么是计算机化（NovaNet）的环境，要么是口头的环境，研究由四批不同的作者完成，使用的参与者是有经验的、没有经验的以及混合有经验的和没有经验的参与者的各种不同组合。研究包含的回合从 2 个到 12 个不等，回合的数目列示在下面地点代码的参数中。回合的长度在 3～15 期之间变化，其中计算机的回合往往有更多时期。

表 3—4 选择的双向拍卖的市场表现

研究	地点（♯市场）	经验	环境	$P - P_e$（美元）	效率	$\dfrac{Q - Q_e}{Q_e}$
Smith and Williams (1981)	IU/UA (4)	X	NovaNet	−0.01	99.4	0.02
Smith and Williams (1982)	IU/UA (12)	NX	NovaNet	−0.03	95.8	0.05
Smith and Williams (1983)	UA (6)	M	NovaNet	0.01	97.8	0.06
Isaac and Plott (1981b)	CIT/PCC (3)	X	口头	−0.05	99.9	0.04

续前表

研究	地点 （＃市场）	经验	环境	$P-P_e$ （美元）	效率	$\dfrac{Q-Q_e}{Q_e}$
Mestelman and Welland（1988）	MMU （5）	NX	口头	0.02	97.3	0.04
Mestelman and Welland（1991）	MMU （5）	NX	口头	0.02	98.0	0.02
Joyce（1983）	MT （2）	NX	口头	0.04	98.7	0.04

地点关键词：   经验关键词：
IU：印第安纳大学   NX：无经验的
UA：亚利桑那大学   X：有经验的
CIT：加利福尼亚理工学院   M：混合无经验和有经验的
PCC：帕萨迪纳学院
MMU：麦克玛斯特大学
MT：密歇根理工大学

表3—4 右边三列显示了平均价格偏离 $P-P_e$，平均效率，以及用竞争性的数量比例表示平均数量的偏离 $(Q-Q_e)/Q_e$。这些双向拍卖市场明显倾向于产生竞争性的预测结果。价格偏离从没超过 5 美分，至少有 94％ 的预测的交易会发生，并且仅使用无经验参与者的一个 Nova-Net 研究中平均效率下降到 97％ 以下（Smith and Williams，1982）。

3.3 计算机和双向拍卖

正如从表3—2所清楚看到的，双向拍卖在相当短的时间里产生了大量的数据。精确地记录这些数据是一个相当困难的任务。此外，研究者进行口头上的双向拍卖必须确保参与者没有错误地记录利润或者在偏离导语情形下做出合约，比如在损失处进行交易。保持记录和监督要求的这些麻烦，清楚地表明了计算机化的好处。而且，计算机化标准化了导语的出现方式，并且限制了一个交易时期中被试之间微妙的口头和可视化的交流，这就允许更清楚地分离处理变量。计算机化的第三个优势来自于对创建电子股票交易的最新兴趣。[1] 计算机化的实验市场允许现场检验一个电子化股票交易的一些方面。

阿灵顿（Arlington）在 1977 年使用 NovaNet（正式名称为 PLA-TO）计算机网络写下了第一个计算机化的双向拍卖程序。这一程序提供了可自行设置的人机交互信息的导语、决策过程的完全控制和完全的数据记录。现在也可获得双向拍卖的计算机化的其他版本。[2]

计算机化的效应

快速地比较表 3—4 上半部分的计算机化的双向拍卖和下半部分的口头双向拍卖并没有显示出任何明显的不同。在两个情形中，竞争性均衡水平的收敛是明显的。但是这种比较有点混乱，因为表 3—4 中并没有包含与非计算机化匹配的使用同样供给和需求结构的计算机化的市场。在初始的 NovaNet 双向拍卖中，Williams（1980）发现，与可比较的口头上的市场相比，计算机化的市场中的价格变动增加。这一更大的变化很可能反映了对于非口头上的、非价格的交流的额外控制，因为在计算机化和口头环境中的信息和谈判规则是一样的。因而，在价格序列中增加的"噪音"可能是计算机化的一个吸引人的特征。

威廉姆斯（Williams）也用在之前参加过 NovaNet 双向拍卖的被试进行了计算机化的回合。这些回合的价格波动相当小；这与可比较的使用没有经验的被试在非计算机化的（口头的）双向拍卖中所观察到的价格类似。考虑图 3—3 中的价格序列，其中价格是以偏离竞争性的水平进行描述的，它通过在 0 处的水平线进行表示。[3] 尽管对于无经验的被试（上图）和有经验的被试（下图）来说，价格最终还是

---

[1]　证券交易委员会在 1975 年收到国会要求推进形成全国股票交易系统的命令，而电子自动化则是这一命令的主要动力。随着一些股票开始被允许在营业时间之外进行交易，自动化也变得更加重要。例如，可参阅 George Anders and Craig Torres，"Computers Bypass Wall Street Middlemen and Stir Controversy," in *The Wall Street Journal*，August 28，1991，p. A1。

[2]　一个即时处理环境的编程任务绝不是无关紧要的，在 20 世纪 70 年代中期，它是一项令人印象深刻的技术。威廉姆斯的 NovaNet 双向拍卖是那十年中唯一可行的计算机化的双向拍卖。现今已经形成了计算机化的双向拍卖的其他版本，既有针对主机的（例如，Hackett，Battallio，and Wiggins，1988；Friedman and Ostroy，1989），也有针对联网的个人计算机的（例如，Johnson，Lee，and Plott，1988；Gode and Sunder，1989；Forsythe et al.，1992）。

[3]　数据来自 Smith and Williams（1983）所报告的一个对称性的四个卖者和四个买者的实验设计：一个没有经验的回合（Ⅱpda30）和一个有经验的回合（Ⅱpda04）。

集聚在所预测的水平上，但是在后一情形中只有相当少的价格波动。这一差距是许多计算机化回合的特征，并且基于这一理由，经验已经被视为一个重要的处理变量。不管是否有经验，图3—3中的效率值均非常高。对于没有经验的被试来说，除了前面两期之外的所有其他时期的效率均超过94%；而对于有经验的被试来说，所有时期的效率均超过97%。

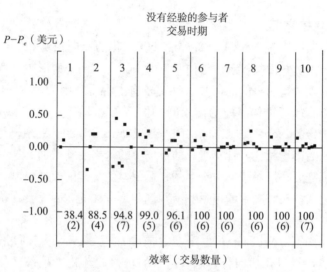

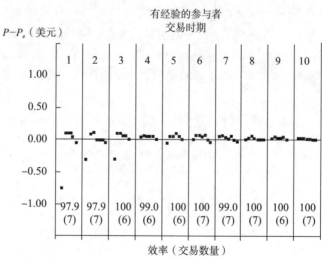

图3—3　有经验和无经验的双向拍卖回合中代表性合约价格系列

资料来源：Smith and Williams（1983）.

竞价和要价接受的程序

计算机化为使用更为复杂的交易规则提供了便利。具体而言，考虑决定哪些竞价和要价是允许的规则。Smith and Williams（1983）评价了四个替代性规则的效应。在竞价规则 1 中，最新的报价总是被显示，无论它是否代表某种改善，这里的改善指的是竞价超过了最高的现存有效竞价，或者要价低于最低的现存有效要价。在这一规则下，一个不具有改善性质的报价将把更好的报价从清单中剔除。竞价规则 1Q 在竞价规则 1 的基础上增加了一个时间序列，所有的竞价和要价在市场中显示至少 3 秒。所有在至少 3 秒的到期时间之前出现的要价和竞价按照出现的时间进行排列，并且显示在后续的 3 秒中。与此相反，规则 2 制定了一个竞价/要价的增加/减少规则，这种规则只允许能改善现存的有效竞价和要价的竞价和要价。竞价规则 2Q 则在竞价规则 2 的基础上加上了一个按照大小排列的序列。在竞价规则 2Q 下，最高的竞价和最低的要价是在市场中公开显示的，正如竞价规则 2 一样，但是买者和卖者也可以提交一个非增加—减少的竞价和要价，它们按照大小排列。一旦合约排除了更有吸引力的报价，这些存储的竞价和要价会变为长期有效的报价。同时，当参与者不使一个现存的有效竞价和要价发挥效力时，他们能够在任何时候清除排序的序列。

经验变量和四个竞价规则产生了 8 个（＝2×4）实验局的单元矩阵。史密斯和威廉姆斯在四个买者、四个卖者有对称性的供给曲线和需求曲线的市场中研究了这些效应。作者进行了总共 21 个回合。除了有经验和竞价规则 2Q 的单元有三个回合之外，在每一个无经验的单元有三个回合，在每一个有经验的单元有两个回合。对于回合 i 的交易时期 t，史密斯和威廉姆斯使用收敛系数的数据点 $\alpha_i(t)$ 估计了一个指数衰减函数的参数：

$$\ln\alpha_i(t) = a + bt + cx_s$$

其中，当参与者是有经验的时，$x_s = 1$，否则为 0。[①] 图 3—4 举例说明

[①] 在一个时期中的合同价格不可能独立于在这之前的那些时期。基于这一理由，回合 i 中的不同交易时期的混合 $\alpha_i(t)$ 观察值违背了经典的数据推断的独立性假定。非独立性观察值的使用提出了一个重要的方法论的话题。自相关数据的数理技巧，普遍要求比构成许多回合的 8~15 个交易时期序列更长的时间序列。因而，在一个横截面当中真正独立的观察值的严格使用，往往意味着每一回合只产生一个数据点，这严重地限制了更丰富的信息集合的使用。一些研究者坚持使用满足独立性的检验。其他人提供了基于相互关联数据的结果，并提醒：统计结果应当解释为描述性的而非真实检验。正如第 9 章所讨论的，我们对后者的方法持保留意见。

了当被试有经验时，对于每种竞价规则的指数衰减函数的估计。在没有序列的情形下，竞价和要价接受程序的变化没有使市场表现有多少差别，正如竞价规则 1 和规则 2 所估计方程的重合处所显示的那样。史密斯和威廉姆斯推断竞价规则 1 和规则 2 在行为上是相似的，因为参与者倾向于提交减少竞价和要价幅度的报价，而不管这一行为是不是交易规则所要求的。

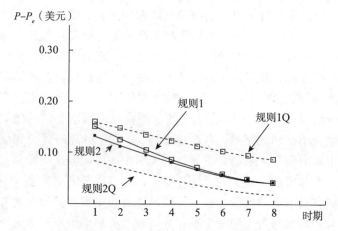

图 3—4　在价格收敛路径上的替代性竞价和要价接受规则的效应

资料来源：Smith and Williams（1983）。

然而，额外的序列对于收敛的度量有一个明显的效应，正如图 3—4 所解释的，在竞价规则 1Q 中的临时序列阻碍了收敛，而在竞价规则 2Q 中的排序规则有利于收敛。史密斯和威廉姆斯认为排序定单（或者专业定单）有利于收敛，是因为它增加了偏离边际的竞争，因为人们会为在序列中获得一个位置而竞争。与此相反，时间序列增加了谈判的成本，所以行为人对次优的合同更容易达成一致意见。

由于规则 2Q 具有很强的收敛性质，所以它常常作为下面所讨论的计算机化的双向拍卖市场的默认环境。然而，竞价规则 2 最为频繁地应用于非计算机化的（口头上的）双向拍卖中，因为人工很难维持一个排序的序列。值得一提的是，竞价规则 2 和规则 2Q 复制了许多现代股票和证券交易的竞价和要价接受程序。[①]　因而，竞价规则 2Q 的更好表现

---

①　例如，竞价和要价减少幅度规则与纽约股票交易所的规则 71 和 72 相对应（Leffler and Loring，1963）。

表明市场中的一些有效合约规则的自然选择。[①]

3.4　双向拍卖结果：设计效应

一旦一个理论在一个基准环境中得到支持，下一步将是"压力测试"（stress test），或者进行边界实验以发现理论应用的局限。这一节综述了一系列的设计边界：变动对于需求—供给序列形状以及稳定性的效应。

极端收益不平等的实验设计

将考虑的第一个边界设计为成直角的供给和需求函数，它们只有一个阶梯并且相交形成一个"箱形"。当所有的卖者单位都有同样的成本以及所有的买者单位均有同样的价值时，就会出现这一箱形设计。这些实验设计并不是真实的，从某种意义上来看，它们并没有遵循边际效用递减或者成本递增的标准假定。但是供给和需求曲线形状上的极端或有限变化，提供了有关竞争性价格理论应用的相关局限性的证据。设计极端情形可能对这些价格调整过程产生深刻的认识。

在进行之前，读者应当重新考虑图 3—2 中的非对称性。如果所有的交易发生在竞争性价格处，那么买者获得三分之二的可能剩余，而卖者只获得三分之一的剩余。正如图 3—1 的合同价格序列所表明的，这一收益不平等并没有阻止竞争性价格的最终收敛，尽管收敛是从上面开始的。当交易中的一方获得均衡中的所有剩余时，就会产生最为极端的收益不平等。例如，考虑图 3—5 左边所标示的 D_1 和 S_1 的双线。在这一情形中，给予 4 个买者每人每单位 6.80 美元价值的 4 个单位，这导致价格上升至 6.80 美元的 16 单位的市场需求，而当价格更高时则需求

---

① 计算机化同时也刺激了制度的变化。例如，现在有可能设计一个电子化的市场，在这一市场中，不同地方的交易者能彼此直接联系，而无须借助处理大型股票交易的经纪人。一个替代方法是让买者和卖者发送竞价和要价，它们可排列成需求函数和供给函数。因为这样的信息来自白天和夜晚的所有时间，以及不同的地方，因此很容易在一个提前告知的时间，以一个由供给和需求交叉决定的共同价格完成所有的交易。在任一个之前的时期，交易者能观察到目前为止所收到的竞价和标价所决定的实验性价格。但是这一价格并不是最终的价格，直至市场被调用。这些在证券交易所中所使用的调用市场，提出了许多将在第 5 章中考虑的有关拍卖的有趣的实验设计话题。

变为零。在这一实验设计中，4 个卖者中的 3 个每人有 3 个单位的禀赋，而第 4 个卖者只有 2 个单位。所有单位是不变的 5.70 美元的单位成本，它在 5.70 美元处产生了 11 个单位的市场供给，在更低的价格处供给为零。5 个单位的过度需求使得价格仍然是在 6.80 美元和 5.70 美元之间。双线的供给曲线和需求曲线在 6.80 美元的价格和 11 个单位的数量水平上确定了一个独特的竞争性均衡 E1。[①] 如果所有交易在均衡价格处发生，那么卖者获得所有剩余。

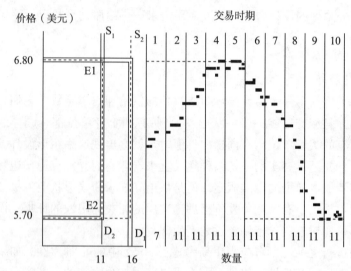

图 3—5 箱形设计的合约价格：首先是过度的需求，然后是过度的供给

资料来源：Holt, Langan, and Villamil (1986).

在图 3—5 右边所显示的前 5 个时期是使用过度需求的实验设计。[②] 注意第一期的价格是在成本和价值的中间位置开始。在过度需求情形中，价格向上攀升并在第 5 期达到 6.80 美元的竞争性预测结果。在每期之前，不带任何评论地分发写有价值和成本的记录表格，因而时期 6 的需求—供给变动是私下实现的。时期 5 之后可能感到十分沮丧的买者会注意到记录表中的单位变少了。在时期 5 的每一单位赚得超过 1.00

---

① 这一配置水平满足竞争性均衡的正式定义：6.80 美元价格水平上的 11 个交易量所导致的配置水平有这样的性质：（1）在给定 6.80 美元的情形下，没有买者或卖者能通过改变生产或购买的数量增加他或她的效用；和（2）市场是出清的，从某种意义上讲，11 个单位被供给并且满足了需求。

② 数据来源于 Holt, Langan, and Villamil (1986)，他们使用的是有经验的参与者，并且支付买者和卖者一个 5 美分的交易佣金。

美元的卖者，在时期 6 可能很高兴看到他们有更多的单位。这些变化导致虚线的需求和供给曲线：D_2 和 S_2，在图 3—5 的左边，它产生了一个新的均衡 E2，它是以过度供给为特征的。值得注意的是，新的均衡预测结果只是通过减少买者的单位（至 11）和增加卖者的单位（至 16）而形成的。这一过多的供给立即影响了市场：时期 6 的初始合约价格低于前面两期的任何价格水平。价格在后面的时期进一步下降并且到时期 9 和时期 10 几乎完全下跌至均衡的预测水平。这一实验设计更早期的变体也报告了相似的结果。[1] 严重的过度需求或者过度供给将价格推至极端的、"不公平"程度的趋势，已经在美国、加拿大和中国的被试中观察到。[2]

最后，注意在图 3—5 的下方给出了交易量，除了第一期之外，所有其他时期的效率是 100%，因为效率和交易量直接与这一不变成本和不变价值的实验设计相关。有趣的一点是，在 5.70 美元和 6.80 美元之间的任一价格将产生一个剩余最大化的结果；但是只有其中的一个价格是竞争性均衡的。从这一意义上来讲，与基于剩余最大化理论所提供的描述相比，竞争性价格理论对均衡的数据提供了一个更为精确的描述。

多重价格均衡的箱形设计

即使竞争性价格理论在这一情形中预测良好，但是存在这样的问题，即当有一系列竞争性均衡时，将会产生什么价格。在理论模型中常见的典型假设是价格将稳定在均衡区域的中间一点。而另一方面，在调整过程中可普遍地观察到同样水平上的一个序列的实验室价格，正如图 3—5 所示。在价格序列中这一平坦的梯形发生得太过于频繁，它不可能是偶然造成的；它们似乎是在谈判中所达成的默示的共识性结果。经验的问题是，这样的共识是否能够使价格稳定在远离竞争性价格区域的中间点的那一点上。

考虑图 3—6 左边的实验设计，在 5.50 美元和 6.60 美元之间的任

---

[1] 可见 Smith（1964），Smith（1981）和 Smith and Williams（1989）。在 Smith and Williams（1989）的箱形设计的一个回合中，没有付给参与者佣金。价格倾向于在偏离均衡水平之外的 0.05 美元和 0.10 美元之间稳定下来。史密斯和威廉姆斯引用这一结果作为推导边际交易时使用 0.10 美元佣金的必要性的证据。

[2] 可参阅 Kachelmeier and Shehata（1990），他们发现在这一箱形设计中没有显著的文化效应的证据。

一价格是竞争性的、市场出清的价格，作为参照，在中间画出一条平分了剩余的水平线。Smith and Williams（1988）在这一实验设计中组织了 5 个一系列的 NovaNet 双向拍卖市场，在每一回合中使用四个买者和四个卖者。所有参与者有关于制度的经验并且每一交易收到 0.10 美元的佣金。其中一个回合前四个交易时期的合约序列，标示为 B2x，直接显示在图 3—6 的供给序列和需求序列的右边。值得注意的是，在这些初始时期的每一时期只交易 10 个单位，并且价格倾向于有利于卖者的方向。[①] 对于回合 B2x 的所有 15 期的平均合约价格的序列显示在图形右边放大的框形图中。例如，平均合约价格图形的第一个点，正如图 3—6 右边所显示的，它是显示在图形中间的 B2x 的第一期 10 个合约价格的平均值。剩下的四个回合（B1x，B3x，B4x 和 B5x）的序列的平均合约排列在 B2x 的平均合约价格图的上方和下方。出于比较的目的，每一个右边的平均价格图形的垂直高度与卖者成本和买者价值之间 1.10

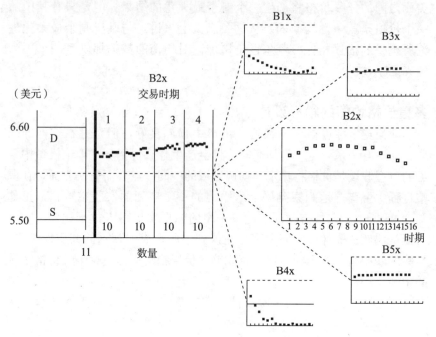

图 3—6　箱形设计和五个箱形设计回合的平均价格

资料来源：Smith and Williams（1989）.

---

①　然而，在这一实验设计中效率似乎很高。即使是在回合 B2x，所有的 11 个单位在最后的 11 个交易期中有 8 期得到了交易（在图 3—6 中未显示出来）。

美元的差距相对应。从图 3—6 中可以很清楚地看到，价格并不倾向于平分租金。但是没有任何理由提前预期租金平分。单位价值和单位成本的信息是私人的，如果买者和卖者在划分一个未知的差距时的讨价还价策略是如此普遍地相似，那么这确实令人感到惊讶！

另一个平均合约价格图形的有趣内涵是，双向拍卖制度往往产生某一行为上的稳定性。尽管平均价格在一个回合中的不同时期表现出上升或下降的某一倾向，但是存在着一个明显的惯性。而且，正如 B2x 回合的前四个交易期变动的合约价格所表明的，表现出稳定性的不仅仅是平均价格。

供给和需求的不稳定性

许多双向拍卖是在重复稳定的实验设计中进行的，其中，在一序列的重复交易时期里，被试被赋予同样的引致成本和价值。有限稳定的边界将涉及随机化供给和需求的潜在移动。然而，与其首先考虑这一混乱的实验设计的结果，不如先考虑以简单的需求和/或供给周期形式出现的简单重复非平稳性的效应。

图 3—7 左边的供给和需求数据举例说明了 Williams and Smith（1984）所使用的周期性的实验设计。在奇数时期，市场供给和需求变化为 S_1 和 D_1（用深色浅条表示），在偶数期则变化为 S_h 和 D_h（用浅色线条表示）。这一周期性的变化使得竞争性的预测价格变化了 1.60 美元，

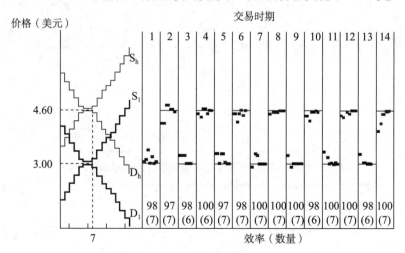

图 3—7　周期性变化的供给和需求的合约价格序列

资料来源：Williams and Smith（1984）．

从奇数期的 3.00 美元变化到偶数期的 4.60 美元，而竞争性的数量预测结果仍然是不变的 7 单位。交易者对这一非平稳性反应迅速。图 3—7 右边数据清楚地表明了每一期中移向竞争性预测水平的趋势。

图 3—7 的结果复制了 Davis，Harrison，and Williams（1991）的结果，在他们的市场中需求或者供给是周期性变化的，而另一条曲线保持不变。图 3—8 左边的两条垂线与四个回合有关，在那些回合当中，供给和需求都在高价格和低价格的阶段之间周期性变化。[①] 所有的概述数据在图上是用偏离相关的高或低价格阶段的均衡价格的程度表示的。在低价格阶段的周期性供给和需求的实验设计中，表示收盘价的"＊"与表示平均价格的"▪"重叠，而且两者均低于这一低价格阶段的均衡价格。两个"—"符号表示包含 95% 的数据的价格幅度的上限和下限。[②] 从左边开始的第二个柱形显示了更高价格阶段的这一实验设计的概述数据；值得注意的是，平均收盘价非常接近均衡价格，但是当供给和需求同时向上移动时，平均价格落在下面。

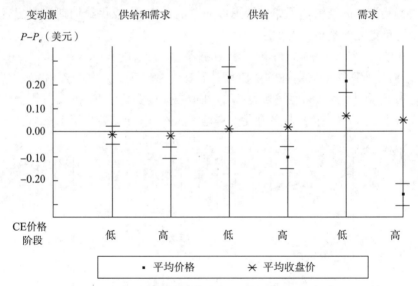

图 3—8　周期性供给和/或周期性需求的回合中的平均价格和收盘价

资料来源：Davis，Harrison，and Williams（1991）.

[①] 概述在图 3—8 中的回合涉及四个买者和四个卖者，所有参与者都是有经验的。除了周期性供给和需求的实验设计以外［其中供给和需求曲线的相交产生了一个价格通道（price tunnel）］，针对每个实验设计中的每笔交易支付给参与者 0.05 美元的佣金。

[②] 这一幅度没有其他统计性的解释，因为观察值并不是独立的。

图 3—8 中间的两条垂线总结了第二个实验设计的三个回合的价格数据，其中需求保持不变，并且在低价格阶段供给向外移动，而在高价格阶段供给向内移动。在这一实验设计中竞争性的价格预测变动了 0.80 美元，而竞争性的数量预测结果变化了 4 个单位（从 5 单位变动到 9 单位）。值得注意的是，尽管收盘价是在均衡水平上，但是在低价格阶段的平均价格位于均衡价格之上，而在高价格阶段的平均价格位于均衡价格之下。正如图 3—8 右边的两条垂线所显示的，在周期性需求的情形中也可观察到这一同样的模式。当供给和需求只有一个发生移动时，市场对于非稳定性的反应会恶化。这一差距表明双向拍卖中谈判的本质。当供给和需求同时发生周期性变动时，买者和卖者都会被给予显示均衡价格变化信号的激励性调整。与此相反，当只有供给或者需求存在周期性时，市场一方享受着（或者承受着）每期试图维持之前价格变化的结果（或者是使另一方确信更不具吸引力的价格是合理的）。虽然在前一时期的价格会影响后续时期的初始价格，但是随着单位价值和未交易的剩余单位的成本之间差距的缩小，在接近结束阶段的每一交易时期的价格趋向于竞争性价格。

交易时期的收盘价格可以作为潜在的竞争性价格的指示信号，这一点可在图 3—9 中得到进一步的解释。图 3—9 的上半部分显示了图 3—8 右边所概述的其中一个周期性需求变动回合的合约价格的序列，其中星号表示收盘价格。注意，与图 3—7 的周期性供给和需求相比，价格调整的趋势更加缓慢。图 3—9 的下半部分呈现了一个回合的价格序列，在这一回合当中，供给和需求在交易时期之间受限于随机的（即非周期性）冲击，并且均衡的价格用水平的虚线表示。价格波动增加，但是在每一交易期的收盘价和竞争性预测结果的近似性是相当明显的。

随机化变动设计中的更缓慢的价格调整对于效率并没有产生很大的效应，这可通过比较图 3—7 至图 3—9 的下半部分的效率值而得到。效率的比较是尝试性的，因为在随机化变动的实验局中的市场结构不同于其他实验局中的市场结构。[1]

---

[1] 显示在图 3—9 下方的合约价格序列是 Cox and Oaxaca（1990）所报告的 25 个回合中的一个，他们对产生实验数据感兴趣，并使用这些数据对用于估计供给和需求函数的标准计量技术的表现进行评价。所有这些市场均使用 10 个有经验的参与者。在每个交易期的开始阶段，参与者抽取一个角色，作为五个买者或五个卖者中的一个，并抽取一张估价表或成本表。成本和估价是从线性供给和需求数组的离散版本中抽取得到的。可加性的供给和需求的随机冲击是从 $[-0.4, 0.4]$ 的均匀分布中抽取出来的。一个确定性的价格预测结果对于考克斯（Cox）和瓦哈卡（Oaxaca）的研究来说是非常重要的，因此冲击是以供给和需求必须在水平重叠部分相交的方式加以限制。

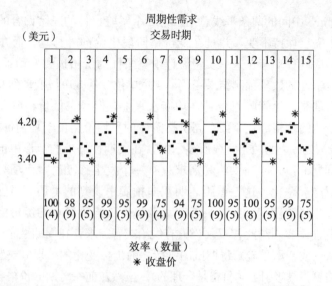

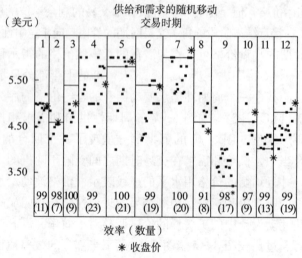

图3—9　普通周期性需求的一个回合与随机化需求和供给冲击的一个回合

资料来源：Williams，and Smith（1984）；and Cox and Oaxaca（1990）.

小结

竞争性价格、数量和效率的预测结果对于这一节中所讨论的每一个实验设计的范围是有弹性的。例如，即使是在出现严重的收益不平等情形下，竞争性价格最终还是可以实现的。只有当供给和需求的非平衡性变得充分复杂时，竞争性的价格预测结果才开始失效。这里所评论的边界实验，可以帮助我们理解双向拍卖市场中的行为性均衡是通过怎样的过程实现的。首先，即使是在严重的收益不平等与随机化的供给和需求调整的条件下，交易者都试图从交易中获得更多的可能性收益，至少对于到目前为止所研究的市场结构是这样。其次，作为交易者赚取最大剩余的结果，收盘价代表着一个关于潜在均衡的无偏的信号，因为接近供给和需求相交处的边际单位往往在最后的一期进行交易，并且这些单位必须在接近竞争性价格处达成合约。第三，在箱形和非静止的实验设计中存在着某些价格惯性。交易者有这样的倾向，他们所谈判的初始价格接近于那些在前面时期结束时已经实现的价格。因而，在一个重复的静止的设计当中，均衡很可能发生，它是作为参与者在由前面时期的边际单位的销售而形成的竞争价格处达成合约的结果。

3.5 双向拍卖结果：结构性边界

对于在前一节所考虑的设计性边界，一般来讲，经济学家并没有多大的兴趣。相反，产业组织经济学家大体上关注各种能产生非竞争性结果的市场特征和市场实践。实验室双向拍卖对于那些更为标准的结构性变量的变动会产生怎样的市场反应呢？这一节回顾的实验结果旨在评价以反托拉斯分析为焦点的环境和结构边界的变化效应。这一理论是相当有限的，因为除了最为极端的情形之外，竞争性预测结果的推断能力总体上仍然很高。[1] 我们首先考虑卖者数量的限制效应，特别是双向拍卖垄断者所面临的问题。随后检验市场势力和合谋的效应。

卖者数量的限制

上面所回顾的许多实验涉及至少四个卖者，因此可以明显地看到为产生竞争性的结果不一定需要大量卖者。但是依然存在这样的问题：最小数量的卖者是多少时，才能充分地产生竞争性的结果？Smith and Williams（1989）在由五个垄断市场和四个双寡头市场组成的一个实验

---

[1] 在其他交易规则下所组织的市场更易受到标准环境的参数变动的影响。具体可参见下一章的明码标价市场。

中解决了这一数量的边界问题。① 与联合利润最大化价格水平相比，每个双寡头市场产生更接近竞争性水平的价格，并在许多交易时期中所交易的数量都是竞争性的数量。而且，卖者并不提取一个超竞争性部分的剩余，在四个双寡头中有三个在最后三个交易时期的垄断有效性指数是负的。

一个双寡头垄断者试图比另一个双寡头垄断者制定更低的价格，这个问题在垄断当中并不存在，但是垄断者面临着另外一个由双向拍卖价格谈判的序贯性质所造成的困境。乍一看，个体谈判价格的能力似乎是一个优势。因为在实验中并没有不允许价格歧视的《罗宾逊-帕特曼法》（Robinson-Patman Act）的约束，所以垄断者可以通过向每个买者收取等同于其单位价值的价格的方式而明显地增加利润。然而，实际上，个体单位的价格谈判往往变得更像一种阻碍而非一种资产。尽管完全价格歧视最大化了静态寡头垄断中的利润，但是不同价格产品单位的销售行为告知买者这样一个信息，即完全垄断者在更低的价格水平上也能进行盈利的销售。

考虑图 3—10，其中垄断价格是由在左边的边际收益（标示为MR）和边际成本（标示为 S）的交点之上所对应的需求曲线上的点所确定的。在这一回合的第一期，卖者由高价开始对需求曲线上面部分单位的买者进行价格歧视。这一期的最后价格处在竞争性的水平上，效率是 100%，正如价格歧视所预期到的。这一策略在接下来的时期中并没有这么成功，因为买者知道卖者能在更低的、竞争性的价格处售出产品单位后，他们抵制高价。到时期 7 和时期 8，垄断者不能在垄断价格的 20 美分之内获得任一合约，并且在时期 11 和时期12 平均价格甚至下跌到竞争性水平之下。在五个垄断市场的最后三个时期中观察到价格下跌到竞争性水平之下的趋势，并且在最后时期产生了负的垄断指数。②

---

① 垄断的供给和需求曲线的实验设计是以非常类似于图 3—2 所示的市场的方式进行构建的。双寡头实验是通过垄断设计的变体构建的。在四个双寡头实验回合的两个中，垄断实验设计的供给曲线的成本阶梯在卖者之间进行划分。而在剩余的双寡头回合中，每个卖者都与垄断者具有同样的成本结构，而为保持竞争性的价格预测结果，需求翻倍。除了其中的一个双寡头回合外，所有其他回合支付给参与者 0.05 美元或 0.10 美元的交易佣金。同时，除了一个（双寡头）回合之外的所有其他回合中的参与者，对此制度环境都是有经验的。

② Smith and Williams（1989）报告在所有垄断回合中，价格歧视的失败是一个主要的特征，尽管垄断者试图在两个回合中将平均价格保持在竞争性水平之上。Smith（1981）也报告了相似的结果。

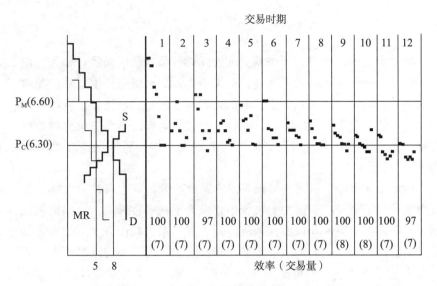

图 3—10　双向拍卖垄断中的预测结果和价格

资料来源：Smith and Williams（1989）中的 M4xs 回合。

合谋

　　给定双向拍卖垄断者无法提取垄断租金，隐性的甚至是明显的合谋机会看起来也可能会产生巨大的价格增量。Isaac and Plott（1981a）支持了这一推断，他们报告了一个存在卖者合谋机会的实验。他们（口头的）双向拍卖的每一个回合是由四个买者和四个卖者组成的。买者和卖者是在分开的房间里；竞价和要价通过电话从一个房间传到另一个房间。买者所不知道的是，在交易时期中给予卖者讨论价格的机会。每个卖者会谈持续三分钟，除了不能披露成本的信息，以及禁止单边支付和身体上的威胁之外，其他的讨论不受限制。尽管卖者常常试图执行固定价格协议，但是给定这一交流机会，他们不能够维持合谋价格。四个卖者遇到了与双向拍卖的垄断者一样的问题。尽管他们能够在更高价格水平上减少数量的配置方法方面达成一致意见，但是在一个回合收盘的瞬间卖出低值产品单位的诱惑是很有吸引力的，特别是如果所有卖者已完成了由卡特尔所达成的交易。买者再一次看到卖者能在更低的价格上进行销售，他们将在后续时期中拒绝更高的价格。[1]

---

　　[1]　Isaac，Ramey，and Williams（1984）在 NovaNet 环境中复制了艾萨克（Isaac）和普拉特的结果。相关结果可见 Clauser and Plott（1991）。

价格控制

有约束力的价格管制所引发的配置无效性是众所周知的，如果管制阻止价格区分低价值消费者和高价值消费者，那么将会产生产品的无效率的数量，同时可能出现效率更低的配置水平的形式，比如排队或者歧视等。一些产业组织经济学家已经进一步认为，即使是无约束力的价格管制也会造成无效率，因为它们所代表的聚点价格可能会产生默示的合谋。

Isaac and Plott（1981b）报告了一系列回合，其中有约束力和无约束力的控制被施加在双向拍卖市场中，或者是从中被移除。价格控制加剧了效率损失，但并非以所预期的方式。有约束力的价格上限确实降低了市场价格，但是它们产生了可能比初期所预期的更大的效率损失。通过阻止在竞争性价格处可能发生的一些合约，价格上限造成了效率损失。而且，市场效率下降，因为在竞争性价格之下的单位价值的买者有时能够替代有更高单位价值的买者。最后，价格控制的消除，不管它是否有约束力，还是会造成价格波动的显著增加，因为买者和卖者在没有约束力的条件下搜寻市场价格。

然而，没有约束力的价格控制，似乎没有作为默示合谋的聚点而起作用。与此相反，无约束力控制的市场不仅确实地收敛于竞争性的价格预测结果，而且价格似乎以使潜在的合谋者恶化的方式接近竞争性的价格。比如，在无约束力的价格上限稍高于竞争性价格时，价格从下方向均衡水平收敛。

Smith and Williams（1981）进行了由 16 个双向拍卖市场所组成的更详细地检验无约束力的价格控制效应的一个实验。[①] 每个回合是由包含五个时期的三个"星期"组成。在每个星期的末期，供给和需求曲线移动一个竞争性价格伪装常数的距离。在第二个和第三个星期，价格上限和下限被放置在竞争性价格区间的两端之一（实验设计包含在竞争性数量上的一个垂直重叠）。史密斯和威廉姆斯发现通过截去可接受的竞价和要价，无约束力的价格控制就会影响价格收敛的路径。图 3—11 表示了无约束力价格上限对于几个时期的竞价、要价和合约的效应，这几个时期分别为在一个不受管制的星期中的第二个和第三

---

① 每个回合使用四个买者和四个卖者。所有参与者都是有制度经验的，并且每个交易都获得 0.10 美元的佣金。

个时期（显示在左图中），以及在一个受管制的星期中的第二个和第三个时期（显示在右图中）。在图 3—11 上图中竞价和要价的分布分别用带点的和细的实线表示。合约的价格分布则是在图 3—11 下图中用粗的实线表示。所有分布是从偏离竞争性预测结果的角度进行解释的。在比较左图和右图时，值得一提的是要价分布的变化。尽管在左上方图形中的许多要价是在偏离 0.00 美元之上的水平做出的，但是它们在右上方图形中是从顶部截断的。这一非对称性使得价格更低，正如在下图中的垂直虚线所显示的，当出现无约束力的价格上限时，平均价格降低了 2 美分。

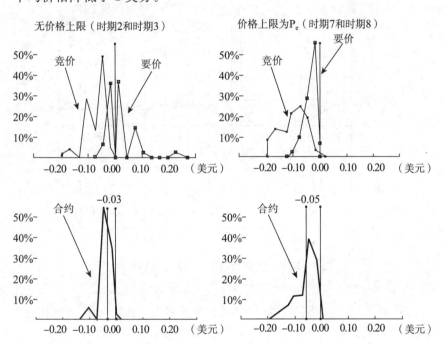

图 3—11　存在和不存在一个无约束力的价格上限时的竞价、
要价和合约频率多边形

资料来源：Smith and Williams（1981），Session 2pda26.

市场势力

是否存在着双向拍卖市场不产生竞争性结果的情形呢？唯一已知的例外是由 Holt，Langan，and Villamil（1986）所报告的和 Davis and Williams（1991）所复制的"市场势力设计"的一个实验。这一实验设计的市场供给和需求的数组显示在图 3—12 的左边。这一市场是由五个

卖者和五个买者所组成。所有参与者收到每单位 0.05 美元的交易佣金。两个卖者，S1 和 S2，在这一实验设计中都有占总市场销售量很大部分的禀赋。属于这两个卖者的单位在图 3—12 中用连接卖者标识和成本阶梯的直线进行标记。从图 3—12 中可以很明显地看出，这个设计中有 16 个单位在竞争性的价格水平处进行交易。同样值得注意的是，S1 和 S2 每人都有一个低成本单位、两个中值的成本单位和两个高成本单位。在竞争性的价格水平处，S1 和 S2 通过交易高成本单位只赚得 5 美分的销售佣金。而且，在竞争性的价格处只有一单位的水平重叠。

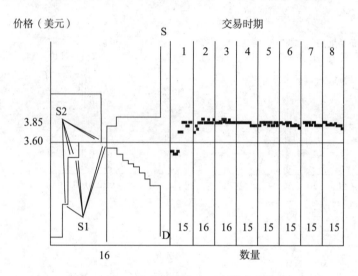

图 3—12　一个有市场势力回合的合约价格

资料来源：Holt, Langan, and Villamil (1986).

S1 和 S2 在这一实验设计中都拥有市场势力，逻辑如下：如果一个卖者保留自己的两个高成本单位，那么市场供给向左移动两个单位并与市场需求曲线在偏离 0.25 美元的价格处相交。如果价格最终上升 0.25 美元，那么这一保留对于任一卖者来说将是单方盈利的，因为销售三个更低成本单位所赚得的额外的 0.25 美元，在补偿因每一未销售的高成本单位所损失的 0.05 美元佣金后还有剩余。

一个代表性市场的合约序列显示在图 3—12 的右边。价格稳定在竞争性水平之上接近 0.20 美元的位置。霍尔特（Holt）、兰恩（Langan）和比亚米尔（Villamil）在他们的 7 个回合当中观察到其中 4 个的价格是与存在市场势力时的情形一致的，但是另外 3 个回合的结果是与竞争性结果一致的。Davis and Williams (1991) 在 8 个一系列的 NovaNet

双向拍卖回合中产生了相似的结果，尽管价格的偏离有时更小（在 0.10～0.15 美元之间）并且是更同质性的（有更少的竞争性结果）。对于所观察到的偏离现象的重要性和来源，存在一些不同的意见，因为在超竞争性价格处的过多供给在这一设计中只有一单位（比如，Plott，1989，p. 1125）。无论如何，这并不是由保留所造成的价格上升的情形。值得注意的是，在图 3—12 中，每期至少交易 15 个单位。

小结

双向拍卖中的行为对于结构边界具有敏感性，正如其对于设计边界的敏感性一样。当市场减少到只有两个卖者时，竞争性的预测结果在某种程度上是弱化的，但即使是在完全垄断中，往往也可以观察到竞争性的价格、数量和效率水平。唯一的例外看似出现在极端市场势力的实验设计中，其中在超竞争性的价格水平上只有一单位的过度供给。在面临着隐性的甚至是明显的合谋机会时，双向拍卖规则下所组织的市场似乎也产生了竞争性的结果。

3.6　多重的、相互关联的双向拍卖市场

稳健的收敛性质及其与证券市场的类似性，已经导致了双向拍卖制度大规模的实验性应用。这些应用主要是受金融问题和下一节研究主题的驱动。然而，仅有有限的研究直接地集中探讨了标准实验室程序的一般化效应。例如，Plott and Gray(1990) 报告了允许交易者选择多个单位的交易对于双向拍卖的市场表现几乎没有什么影响。类似地，Mestelman and Welland（1987，1988）发现，通过允许不同时期的商品存货进行结转或者要求卖者在每一交易时期开始时做出生产决策，市场表现不会受到影响。这一节的剩余部分是关于其他两个的修正：（a）允许中间商交易者进行购买、销售以及对不同时期的产品单位进行存货；（b）允许在两个关联的市场中同时进行交易。

中间商和季节性的调整

作为提高效率的媒介的中间商所扮演的角色，代表了上一节中所讨论的周期性价格调整研究的一个自然扩展。通过在低需求时期购买非易腐烂的存货并在高需求时期卖出从而获得收益的中间商，往往被视为是

非生产性的。然而，跨期的套利能够创造剩余，正如交易行为能创造剩余。

中间商提高效率的作用可在图3—13中得到解释。在低需求时期，正如图3—13左边所显示的，需求（D_L）和供给（S）在3.40美元的价格和5单位的产量处相交。交易的效率将产生一个4.00美元的总剩余。在高需求时期，正如图3—13右边所显示的，D_H与S在4.20美元和9单位的产量处相交。在高需求时期最大化剩余是14.40美元。现在考虑引进能在不同时期购买、销售和贮存单位的一类交易者。通过在低需求时期以大约3.40美元的价格购买产品单位，然后在高需求时期以略低于4.20美元的价格卖出，这些中间商就能赚得利润。

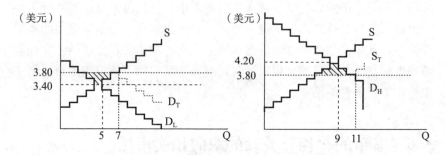

图3—13　一个跨期套利中的中间商的效率收益

交易者之间的竞争将会减少从转移存货中所获得的利润；当交易者与买者以及彼此在低需求时期的产品单位进行竞争时，他们的成本上升。同理，当他们在高需求时期竞相出售产品单位时，交易者的收益下降。在没有存货成本的条件下，交易者的存货/交易角色形成一个单一价格，跨期均衡是由3.80美元处的水平虚线进行表示，因为需求在低迷时期向外移动到虚线D_T，而在高涨时期供给向外移动到虚线S_T。实际上，交易者购买增加了需求并且使低需求时期的价格提高至3.80美元，而中间商增加了供给并使高需求时期的价格降低至3.80美元。结果，在低需求时期交易7个单位，在高需求时期交易11个单位（如果支付参与者一个交易佣金以引导零剩余单位的销售）。

这一跨期均衡有两个特征是很重要的。首先，随着收购成本和存货产品单位的销售价格的差距接近于零，中间商的收益减少至只有交易佣金。其次，中间商创造剩余。在低需求时期的产品单位的购买产生了额外的0.80美元的剩余，正如图3—13左边阴影部分所显示的，因此，最大化剩余是没有中间商时可获得的市场剩余的120%（＝4.80美元/

4.00 美元）。高需求时期存货单位的销售也产生了 0.80 美元的额外利润，正如图 3—13 右边所显示的阴影区域，而最大化剩余是接近在没有中间商的高需求时期可获得的剩余的 106％（＝15.20 美元/14.40 美元）。

图 3—14 显示了由 Williams and Smith（1984）所报告的在这一实验设计中所进行的回合的一序列合约价格。存在 4 个买者、4 个卖者和 2 个交易者。所有的参与者都有制度经验，每一个交易支付给参与者 0.05 美元的交易佣金。在实验开始时给予交易者 5.00 美元禀赋作为初始购买的经费。由交易者所购买的产品单位最多有两个时期的存续时间，而当废品处理时对于交易者来说其价值只有 1.00 美元。[①] 单数号码的时期是低需求的时期。

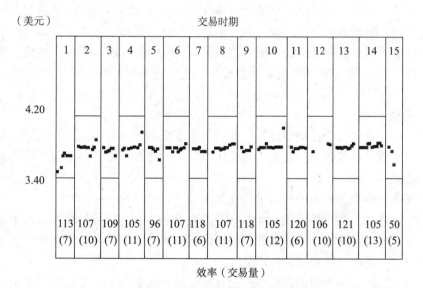

图 3—14 一个有中间商的非静态市场的合约价格序列

资料来源：Williams and Smith（1984），Section It-1.

正如图 3—14 所表明的，中间商在这些市场中确实提高了效率。除了（事前告知的）最后时期，效率超过了除了一个时期（时期 5）之外的所有时期中没有交易者时所能获得的 100％的效率水平。[②] 不同时期

[①] 1.00 美元废品价值的实际效应在于它对于腐烂的存货产品单位的价格施加了一个非零的价格下限。

[②] 在知道第 15 期是最后时期时，购买存货以备将来销售的交易者将是不理性的。

的价格稳定性也值得注意。可把图 3—14 与在图 3—9 上方相同周期性需求设计中所产生的合约序列进行比较。[①]

稍微改变一下中间商实验的说明，可以提供更大范围的应用。考虑把中间商作为在一个市场中购买产品（一个投入）并在另一个市场中销售产品（作为一个产出）的"生产者"。在许多情形中，从投入到产出的转化并不是一一对应的，而是受限于递减的回报。Goodfellow and Plott（1990）进行了一个实验，在那当中生产过程从投入到产出涉及一个非线性转化。存在三种类型的交易者：投入销售者、生产者和产出购买者。生产者在投入市场中是一个购买者，而在产出市场中是一个销售者。这两个市场均是双向拍卖。竞争性的均衡涉及一个能同时使两个市场的供给和需求相等的投入价格和产出价格。与投入和产出之间的线性转化情形相比，这一市场的竞争性均衡的计算更为困难：预期的产出价格影响投入的需求，投入的价格影响产量的供给，并且这些影响都不是线性的。这两个市场出清价格的同时决定，将可能花费许多经济学家多于 15～20 分钟的时间，才会使得实验回合达到竞争性的均衡水平。

多重产品

在更为复杂环境中评价双向拍卖的市场表现是有用的，理由之一是其表明了市场作为分散化的最优化机制所发挥的作用。在下一个即将讨论的 Williams，Smith，and Ledyard（1986）的实验设计中，参与者对在消费中相关的两种产品进行交易。

产品 x 和产品 y 的供给是用整数数值版本的一个线性成本函数的常见方式进行推导。然而，与上面所回顾的实验不同的是，卖者能够在一个交易期中同时销售两种产品。

而且，买者的引致价值是相互独立的。与提供一个单维的产品单位数列所不同的是，整数版本的两产品效用函数的推导方式是：被试 i 购买一束产品 (x_i, y_i)，则向其支付美元数量 $V_i(x_i, y_i)$。例如，表 3—5 提供了面临一个整数版本的不变替代弹性效用函数的个体价值曲线：$V = c(ax^r + by^r)^{1-r}$，其中 $a = 0.77$，$b = 0.23$，$c = 0.606$ 并且 $r = 0.25$。

---

① 图 3—14 所显示的结果，代表着由 Williams and Smith（1984）；Williams（1979）；以及 Miller，Plott，and Smith（1977）所报告的结果。然而，在需求和供给同时移动的实验设计中，跨期价格的收敛在回合中有时不是很明显（Williams and Smith，1984）。Plott and Uhl（1981）报告了一个单一回合中的相似结果，在那一回合中，市场是由在不同地点的市场中进行购买和销售的中间商所组成。

给予个体 40.20 美元的"代币"禀赋用于购买 x 和 y 产品。这些代币只在一个交易期中保留它们的价值。

从表 3—5 中可清楚地看出在这一情境中购买决策的复杂性。在做出购买决定时，给定过去的购买和当前的价格，参与者必须评价购买额外的 x 产品和 y 产品所增加的报酬。例如，假设在当前价格和代币收入条件下，买者能够购买 2 单位的 x 和 4 单位的 y，那么这将产生 2.10 美元的总收益（可见表 3—5 中的阴影数字）。如果 x 的价格等于 y 的价格，那么他将通过多购买一单位 y 而少购买一单位 x，从而使收益从 2.10 美元增加到 2.23 美元。但是如果 y 的价格是 x 的价格的两倍，那么多购买一单位 y 意味着要放弃所有的 x，并且只获得 1.11 美元。相对的价格决定了类似于预算线的离散曲线，并且绝对价格和收入水平确定它的截距。这些实验过程提供了使被试在 $T \geqslant x_i P_x + y_i P_y$ 的代币约束条件下最大化 $V_i(x_i, y_i)$ 函数的激励，其中 T 是代币禀赋，而 P_x 和 P_y 分别表示 x 的价格和 y 的价格。推导的效用最大化产生了个体需求函数：

$$x_i = d_{ix}(P_x, P_y), \quad y_i = d_{iy}(P_x, P_y)$$

市场需求函数用大写字母表示，可通过加总每个被试指数 i 的个体需求函数而得到：

$$X = D_x(P_x, P_y) = \sum d_{ix}, \quad Y = D_y(P_y, P_x) = \sum d_{iy}$$

用同样的方式，通过加总个体卖者的边际成本，可得到市场供给函数：

$$S_x(P_x) = \sum s_{ix}, \quad S_y(P_y) = \sum s_{iy}$$

市场出清条件为

$$X = D_x(P_x, P_y) = S_x(P_x), \quad Y = D_y(P_x, P_y) = S_y(P_y)$$

这两个条件可用于计算两个均衡价格和两个均衡产量。对于实验中所使用的参数，这些结果对于市场 x 为 3.90 美元和 12 单位，对于市场 y 为 8.10 美元和 12 单位。给定这些价格和 40.20 美元的代币收入，买者能够买得起 2 单位 x 和 4 单位 y，这将导致获得 2.10 美元的收益（回忆一下实验过后这些代币美元是一文不值的）。因为 y 的价格大约是 x 价格的两倍，所以可以很直观地确认出在表 3—5 中并不存在着其他可产生更高收益可能的产品束。其他购买者有不同的激励。

表 3—5　　　　　　　　　　　　对于两产品双向拍卖的报酬表

		产品单位 x								
		0	1	2	3	4	5	6	7	8
	0	0.00	0.00	0.00	0.00	0.01	0.01	0.01	0.01	0.01
	1	0.22	0.61	0.72	0.80	0.86	0.92	0.97	1.02	1.07
	2	0.44	1.05	1.21	1.33	1.43	1.52	1.59	1.66	1.73
产	3	0.66	1.46	1.67	1.82	1.94	2.05	2.15	2.23	2.31
品 单	4	0.89	1.85	2.10	2.28	2.43	2.55	2.66	2.77	2.86
位	5	1.11	2.23	2.52	2.72	2.89	3.03	3.16	3.28	3.38
y	6	1.33	2.60	2.92	3.15	3.34	3.50	3.64	3.77	3.89
	7	1.55	2.97	3.32	3.57	3.77	3.95	4.10	4.24	4.37
	8	1.77	3.32	3.70	3.98	4.20	4.39	4.56	4.71	4.85

虽然被试并不知道这就是他们行为的市场结果，但是这一市场中可获得的均衡类似于同时非线性方程的集合的解。图 3—15 显示了使用这一实验设计的一个回合的价格序列；在 2 个市场中最后 3 期的价格位于竞

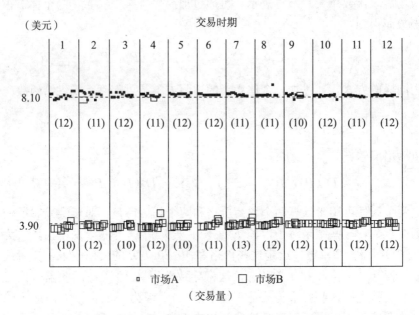

图 3—15　一个多重产品双向拍卖的价格序列

资料来源：Williams，Smith，and Ledyard（1986），Section 4pda009.

争性价格预测结果的 5 美分之内。① 这一收敛标准在这一研究中所报告的 15 个回合中有 10 个是满足的。图 3—15 也列示了与每一市场的价格序列所对应的交易数量。在每个市场最后 3 个时期中，12 个预测单位里至少有 11 个被交易了。

3.7　双向拍卖资产市场

当史密斯设计口头双向拍卖制度时，他的意图是建造一个环境，使其类似于系统的股票和证券市场，比如纽约股票交易所。当然，这些交易比到目前为止所研究的简单商品市场要更为复杂。标准的双向拍卖和金融资产市场之间一个重要的区别涉及交易商品的性质：与单期持有价值所不同的是，金融资产通常是长期的。因而，资产不仅仅是从当前的销售或估价中获得它们的价值，而且还来自随着时间增加的股息流。当产品是长期的时，不确定性变成了一个问题，因为一个资产的当前价格取决于对未来股息流和再销售价格的预期。对风险和时间的各种研究能改变预期并且影响资产价格。

这一节介绍了关于资产市场的实验理论。它可划分为两部分，在第一部分我们描述怎样为交易资产建立一个实验市场，然后我们回顾与这一具体的设计相关的一些一般的研究结果。其中的一个特别的兴趣是理性预期均衡，它是许多宏观经济和金融理论的基础。一般来讲，这一均衡只有这样一个要求，即信念和预期应该与基于这些预期的理性行动相一致。一个具体的例子将有助于阐明这一普遍的概念。

一个实验室资产市场

这一节描述由 Smith, Suchanek, and Williams（1988）所设计的一个实验室资产市场。这一实验设计涉及 9 个参与者，他们在双向拍卖规则下的 15 期里进行交易。与单期资产市场不同的是，交易期数对于确定资产的价值是重要的。这一信息在回合开始时公开宣布。同时，与单期产品市场不同的是，买者和卖者之间没有什么区别。与此相反，所有行为人都是交易者，他们每人都拥有由现金和资产单位所组成的一个组合。在这一回合中，交易者可以购买或者出售资产单位，这受限于他

---

①　在这一回合中的被试既有角色经验也有环境经验。

们的资产组合。交易者的组合概述在表 3—6 中。正如从表中可清楚看到的，初始的组合并不一定是一致的。在这一情形中，有三种不同的现金/资产组合，它在这样的一个区间内变化：从 3 个资产单位和初始现金盈余 2.25 美元，变动到 1 个资产单位和初始现金盈余 9.45 美元。

表 3—6　　　　　　　在 9 个交易者资产市场中的禀赋组合

交易者身份	资产单位	初始现金盈余	组合的预期价值
交易者 1~3	3	2.25 美元	13.05 美元
交易者 4~6	2	5.85 美元	13.05 美元
交易者 7~9	1	9.45 美元	13.05 美元

　　资产的多期性质改变了价值引导的方式。与通过赎回价值确定买者的估价或者是通过销售成本确定卖者的估价所不同的是，每一资产单位的价值源于在整个回合中产生的股息流。这一股息流并不是确定的。在每一交易期结束时，实验监督者抽取并且公开地告知所有资产单位的共同股息。在下一个交易期开始之前，每一个交易者的现金持有量增加了股息与所持有单位的乘积。所抽取的股息是来自有同样可能性的四个替代性方案：0.60 美元、0.28 美元、0.08 美元和 0.00 美元。因为这些替代方案有同样的可能性，所抽取的每一期的预期股息是 0.24 美元。

　　在这一设计中当第 15 期结束时，资产单位不保留剩余的"买断"价值。因而，资产的内生价值完全来自它的股息流。在这一回合的任一点，资产的价值可用抽取股息的剩余期数进行计算。例如，在一个回合的第 15 期当中，只保留所抽取的单个股息，因此资产的预期价值是 0.24 美元。同理，在第 14 期当中仍然有抽取的 2 个股息，因此资产的预期价值是 0.48 美元。通过后向推理，可得到在回合开始时每一资产都有 0.24 美元×15＝3.60 美元的预期价值。通过在 3.60 美元和资产单位数量的乘积上加上每个交易者的初始现金盈余，我们就可以表明在表 3—6 中的每一个组合的预期价值为 13.05 美元。

　　除了股息支付之外，资本利得或者损失可由交易者通过资产的销售和购买而实现。每个交易者购买或销售资产的次数可由自己决定，但受限于两个条件。首先，交易者不能出售他们现在并不拥有的资产单位（没有卖空），而且他们必须以当前的现金盈余支付资产单位（没有保证金购买）。其次，禁止"挤油交易"；例如，交易者不能够从他们自己那里购买和出售资产单位以形成一个错误的市场行为意识。在回合结束时，支付参与者他们组合的累积现金盈余。

在这一实验设计中，单位产品对于所有参与者都有同样的内在价值，因而，只有当交易者有着各种不同的风险态度或者对于资产价值有不同的预期时，交易才会发生。虽然风险和时间偏好的零星差异将刺激一些交易，但是许多经济学家在价格接近于内在价值的水平上将可能预期很低的交易量。具体而言，理性预期排除了通过后向归纳观点的泡沫问题。其中，为简化，在风险中性的假定下显示后向归纳观点：在最后的时期不存在未来，因此与预期无关而单位资产应该在 0.24 美元的预期股息价值处进行交易。因而，对于最后时期价格的唯一理性预期是0.24 美元，因此倒数第二期的交易价格应该为 0.48 美元，依此类推。给定这一已知的、有限的区间，就不应该观察到通常的投机性价格增量。

一些主要结论

图 3—16 的三个图形显示了由 Peterson（1991）报告的三个一序列代表性回合中的平均合约价格和潜在价值。[①] 在每个图形中，预期的潜在

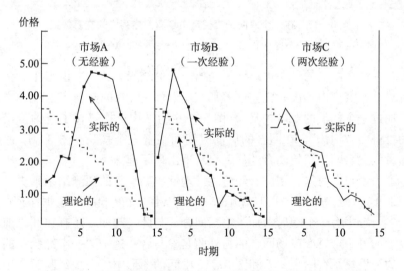

图 3—16　使用同样参与者的三个双向拍卖资产市场的一个序列
中的内在价值和平均价格

资料来源：Peterson（1991），Sessions 3pd295，3pd296 and 3pd297.

---

　　①　尽管原始的实验设计归功于史密斯、苏查内克（Suchanek）和威廉姆斯，但是我们在这里展示彼得森（Peterson）的结果，是因为它们清楚地显示了在这一资产市场情形中被证明发挥关键作用的经验效应。

价值用虚线表示。虚线的节点显示了随着每期股息的支付，内在价值离散地下降。实线连接了在每一交易期所观察到的平均合约价格。同样三个回合的交易量在图 3—17 的三个图形中可得到解释。

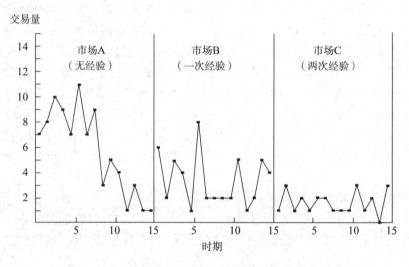

图 3—17　在一个双向拍卖资产市场重复序列中的交易数量

资料来源：Peterson（1991），Sessions 3pd295，3pd296 and 3pd297.

在每个图形的最左边显示了初始回合的结果，在这一图形中，参与者对这一资产市场没有先前的经验。（然而，所有的参与者已经在之前参加过一个标准的双向拍卖。）图 3—16 的平均价格解释了合约价格中的投机性"泡沫"，在回合的后面时期面临着一个暴跌。图 3—17 的交易量数据表明在初始回合的活跃交易下出现了泡沫。

当参与者对这一制度有经验时，理性预期均衡的预测结果则更加近似地接近，那些在图 3—16 和图 3—17 产生"无经验的"数据序列的 9 个参与者中有 7 个随后参加了第二回合，与此一起的，还有在此之前已经参加了一个资产市场回合的另外两名参与者。这个"一次经验"的回合的结果显示在图 3—16 和图 3—17 中间的图形中。一次经验回合中的所有 9 个参与者参加的"二次经验"的回合显示在右图。在第二个和第三个回合中的行为更为理性；随机泡沫的规模逐渐减少，而且交易量在每一个后续回合下降。在参与者是第二次经验的情况下，只在价格非常接近内在价值处维持了一个很低的交易量。

考虑一些投机性价格增加的程度和交易量的度量指标。定义 R 作为价格偏离内在价值的绝对值，或者价格减去内在价值与内在价值的比

率。如果所有交易均在内在价值处发生，平均来看，这一比率将等于
0。同理，定义 TO（Turnover）作为每资产单位在一个回合中交易的
平均次数。TO 越高，交易量越大。在相同交易者的理性预期均衡处，
$R=0$ 和 $TO=0$。

在 Smith，Suchanek，and Williams（1988）所报告的采用无经验
参与者的 10 个回合中的活跃交易条件下，可观察到巨大的泡沫。平均
而言，对于这些回合来说，$R=5.68$ 并且 $TO=4.55$。在采用一次经验
的参与者的 3 个可比较的回合中，投机性行为下降；R 下降到 2.77 而
TO 下降到 3.2。而在采用二次经验的参与者的两个可比较的回合中，
几乎实现了理性预期结果。在这些回合中，$R=0.28$ 而 $TO=1.7$。[①]

给定在 20 世纪 80 年代后期的很高的股票价格波动，在实验室中所
观察到的投机性泡沫吸引了相当大量的注意。后续研究已经表明泡沫并
不只是简单实验环境的人工产物。例如，King et al.（1991）报告指
出，泡沫对于许多允许包括卖空、交保证金的买空和经纪人佣金的修正
的制度变量都很敏感。正如可能预期到的，卖空和交保证金的买空似乎
扩大了投机性泡沫，因为它们给予激进的、风险偏好的行为人更大的活
动范围。这些作者也报告了投机性行为对于组合的变动很敏感，甚至对
于已被告知投机性泡沫持续性的加入实验市场的“内幕者”也很敏感。
而且，企图降低实验中的价格波动的一些规则并不是有效的。具体而
言，限制价格变化规则看似恶化了投机行为，因为这一规则限制了能在
任一交易时期维持最大损失的参与者。

泡沫并不只是不精明的被试群体的结果。投机性泡沫的规模和持续
时间在商业专业人士进行的回合中并没有消失（Smith，Suchanek，and
Williams，1988；Van Boening，1990；King et al.，1991）。与此相反，
投机性行为的关键决定因素看似是源自共同经验的共同预期。

尽管投机性泡沫的研究已表明它们是明显稳健的，然而关于自然市
场行为的推断仍是不确定的。这也就是说，投机性行为可能在自然市场
中发挥一个重要的作用。事实上，弗农·史密斯推测在自然市场中所观
察到的繁荣与萧条行为是各种不同预期和初学的交易者的一个不可避免
的结果：“人们恐慌……他们在我们的实验室市场中这么做直到他们认

---

① Smith，Suchanek，and Williams（1988）报告了 26 个资产市场回合的结果。然而，
这些回合的一些涉及旨在评价价格泡沫性质的特殊实验局。这一段中关于部分回合的概述性
数据是由 King et al.（1991）识别出的，并以此作为对于经验效应的合适解释。

识到，偏离基本价值的交易并不会产生可持续性的、连续的利润……[在真实的世界中]如果在所有时间有同样的交易者处于市场中，那么这些泡沫和暴跌的可能性不会那么大。[但是初学者一定会进入市场。]"[1] 实验室研究的一个重要任务，就是评价那些试图减少投机可能性和程度的制度方法。

3.8 结论

在双向拍卖交易规则所组织的市场中，对于各种供给和需求的设定，对于非常严格限制的行为人的数目，以及对于控制卖者之间交流的情形，竞争性模型的预测都非常稳健。在一些丰富的双向拍卖市场结构中，比如，参与者购买多重产品，以及中间商能通过在跨期情境中的投机买卖而提高效率，竞争性价格理论在组织这类市场的数据方面也表现良好。当参与者无经验时，对于市场控制的丧失在交易者购买或者出售多期资产的情形中有着重要的行为上的结果，但即使是在这些市场也会产生与用有经验的被试时一样的理性预期均衡，因为参与者逐渐分享共同的预期。

但是为什么双向拍卖恰恰表现得如此令人印象深刻呢？什么时候它将失灵？这些问题的答案需要采用非常清楚的潜在的双向拍卖博弈模型进行检验。尽管 Easley and Ledyard（1986）和 Friedman（1984）已经做出了令人钦佩的努力，但是还没有存在普遍被人们接受的双向拍卖理论模型。很容易理解为什么理论学家在双向拍卖中有这样的问题：除非引进主要的简化假设，否则丰富的信息和拍卖空间特征化的双向拍卖令人无望地沉溺于博弈理论分析当中。与从第一原理开始不同的是，易控制的双向拍卖模型将很可能不得不建立在一些行为假设的集合基础之上，而这些行为的假设，在双向拍卖所观察到的反应基础之上被证明是合理的，这些反应在简单的变化版本中清楚地产生了收敛。为了为这些假设提供一些基础，我们通过总结上面所讨论的各种实验局，对于收敛路径或者双向拍卖市场向竞争性价格预测结果的调整过程所产生的效应

---

① Jerry Bishop, "Stock Market Experiment Suggests Inevitability of Boom and Busts," *Wall Street Journal*, sec. 2, p. 1, November 17, 1987. 括号部分是史密斯所加，但在这篇文章当中没有直接地引用。

结束本章。我们提供了四个观察结果。

首先，关于供给和需求序列的完全信息不仅是不必要的，而且它可能阻碍收敛的过程。当只提供给参与者关于成本或价值的私人信息（以及关于价格的公共信息）时，市场产生竞争性预测结果的特有事实，挑战了关于收敛必要条件的标准假设。[①] 而且，可获得的有限证据表明了增加的完全信息可能妨碍而不是有利于收敛。Smith（1980）报告了按照在均衡时严重的盈余不平等的"箱形"设计所进行的 8 个回合实验。在这些市场中，关于成本和估价的完全信息减缓但并没有阻碍最终的收敛结果。

其次，即使成本和价值信息是私人的，但是谈判过程的充分对称使得参与者倾向于分割在合约中可获得的剩余。Smith and Williams（1982）在所报告的旨在评价这样的租金非对称性效应的一个实验中清楚地记录了这一效应。实验设计进行了 6 个回合，如果在竞争性的价格预测水平达成所有合约，那么三分之二的剩余分给买者，而三分之一的剩余分给卖者。当租金的分配是相反的对称性的实验设计时，我们进行了另外 6 个回合。史密斯和威廉姆斯得出这样的结论，即实际的剩余分配受到消费者剩余和生产者剩余相对的理论性数量影响。当生产者剩余超过消费者剩余时，价格路径从下面趋向于竞争性均衡价格。当消费者剩余超过生产者剩余时，收敛路径从上面趋向于竞争性价格预测结果。[②]

第三，交易期的收盘价往往提供了潜在竞争性价格的显著的准确信息。这在非静止环境的实验中值得一提。收盘价和竞争性价格预测结果之间的关系在垄断实验中也很重要。垄断者不能够持续地提取垄断价格，因为他们试图通过价格歧视而非数量限制实行他们的市场势力。在双向拍卖中，价格歧视往往会导致竞争性的价格，因为买者并不重复地接受比其他买者更不利的合约条款。

最后，早期合约似乎对后期合约的贸易条件有重要的影响效应。这可在有垂直重叠的供给和需求的箱形实验设计中观察到。过去价格对于合约条款区间的作用也可通过在非静止环境中不同时期的价格惯性而得

[①]　Smith（1982）在这一点上进行了详细的解释说明。

[②]　然而，令人奇怪的是，史密斯和威廉姆斯发现剩余分布变化的效应并不是对称的。可能是因为在自然市场中被试群体成员的经验是作为买者而非卖者，实验的买者往往比卖者做得更好，以相对高的买者剩余为特征的市场的合约路径，与相对更高的卖者剩余为特征的市场的合约路径相比，前者往往比后者更接近竞争性的预测结果。

实验经济学

到解释说明。

参考文献

Clauser, Laura, and Charles R · Plott (1991) "On the Anatomy of the 'Nonfacili-tating' Features of the Double Auction Institution in Conspiratorial Markets," So-cial Science Working Paper 771, California Institute of Technology.

Cox, James C. , and Ronald L. Oaxaca (1990) "Using Laboratory Market Experi-ments to Evaluate Econometric Estimators of Structural Models," working paper, University of Arizona.

Davis, Douglas D. , Glenn W. Harrison, and Arlington W. Williams (1991) "Con-vergence to Nonstationary Competitive Equilibria: An Experimental Analysis," working paper, Virginia Commonwealth University, a shorter version of which is forthcoming in *Journal of Economic Behavior and Organization*.

Davis, Douglas D. , and Arlington W. Williams (1991) "The Hayek Hypothesis in Experimental Auctions: Institutional Effects and Market Power," *Economic In-quiry*, 29, 261 - 274.

Easley, David, and John O. Ledyard (1986) "Theories of Price Formation and Ex-change in Double Oral Auctions," Social Science Working Paper 611, California Institute of Technology.

Forsythe, Robert, Forrest Nelson, George Neumann, and Jack Wright (1992) "Forecasting the 1988 Presidential Election: A Field Experiment," forthcoming in R. M. Isaac, ed. , *Research In Experimental Economics*, vol. 4. Greenwich, Conn. : JAI Press.

Friedman, Daniel (1984) "On the Efficiency of Experimental Double Auction Mar-kets," *American Economic Review*, 74, 60 - 72.

Friedman, Daniel, and Joseph Ostroy (1989) "Competivity in Auction Markets: An Experimental and Theoretical Investigation," working paper, University of California, Santa Cruz.

Gode, Dhananjay K. , and Shyam Sunder (1989) "Human and Artificially Intelli-gent Traders in Computer Double Auctions," working paper, Carnegie-Mellon U-niversity, GSIA.

Goodfellow, Jessica, and Charles R. Plott (1990) "An Experimental Examination of the Simultaneous Determination of Input Prices and Output Prices," *Southern E-conomic Journal*, 56, 969 - 983.

Hackett, Steven C. , Raymond C. Battalio, and Steven Wiggins (1988) "The Endogenous Choice of Contractual Form in an Experimental Market," working paper, Texas A&M University.

Holt, Charles A. , Loren Langan, and Anne P. Villamil (1986) "Market Power in Oral Double Auctions," *Economic Inquiry*, *24*, 107 – 123.

Isaac, R. Mark, and Charles R. Plott (1981a) "The Opportunity for Conspiracy in Restraint of Trade," *Journal of Economic Behavior and Organization*, *2*, 1 – 30.

—— (1981b) "Price Controls and the Behavior of Auction Markets: An Experimental Evaluation," *American Economic Review*, *71*, 448 – 459.

Isaac, R. Mark, Valerie Ramey, and Arlington W. Williams (1984) "The Effects of Market Organization on Conspiracies in Restraint of Trade," *Journal of Economic Behavior and Organization*, *5*, 191 – 222.

Johnson, Alonzo, Hsing-Yang Lee, and Charles R. Plott (1988) "Multiple Unit Double Auction User's Manual," Social Science Working Paper 676, California Institute of Technology.

Joyce, Patrick (1983) "Information and Behavior in Experimental Markets," *Journal of Economic Behavior and Organization*, *4*, 411 – 424.

Kachelmeier, Steven J. , and Mohamed Shehata (1990) "The Cultural and Informational Boundaries of Economic Competition: Laboratory Markets in the People's Republic of China, Canada, and the United States," working paper presented at the March 1990 Public Choice Meetings in Tucson, Arizona.

King, Ronald R. , Vernon L. Smith, Arlington W. Williams, and Mark Van Boening (1991) "The Robustness of Bubbles and Crashes in Experimental Stock Markets," working paper, University of Arizona.

Leffler, George L. , and C. Farwell Loring (1963) *The Stock Market*. New York: Ronald.

Mestelman, Stuart, and Douglas Welland (1987) "Advance Production in Oral Double Auction Markets," *Economics Letters*, *23*, 43 – 48.

—— (1988) "Advance Production in Experimental Markets," *Review of Economic Studies*, *55*, 641 – 654.

—— (1991) "The Effects of Rent Asymmetries in Markets Characterized by Advance Production: A Comparison of Trading Institutions," *Journal of Economic Behavior and Organization*, *15*, 387 – 405.

Miller, Ross M. , Charles R. Plott, and Vernon L. Smith (1977) "Intertemporal Competitive Equilibrium: An Empirical Study of Speculation," *Quarterly Journal of Economics*, *91*, 599 – 624.

Peterson, Steven (1991) "Forecasting Dynamics and Convergence to Market Fundamentals: Evidence from Experimental Asset Markets," working paper, Virginia

Commonwealth University, forthcoming in *Journal of Economic Behavior and Organization*.

Plott, Charles R. (1989) "An Updated Review of Industrial Organization: Applications of Experimental Methods," in R. Schmalensee and R. D. Willig, eds., *Handbook of Industrial Organization*, vol. 2. Amsterdam: North-Holland, 1109 -1176.

Plott, Charles R., and Peter Gray (1990) "Multiple Unit Double Auction," *Journal of Economic Behavior and Organization*, *13*, 245 - 258.

Plott, Charles R., and Vernon L. Smith (1978) "An Experimental Examination of Two Exchange Institutions," *Review of Economic Studies*, *45*, 113 - 153.

Plott, Charles R., and Jonathan T. Uhl (1981) "Competitive Equilibrium with Middlemen: An Empirical Study," *Southern Economic Journal*, *47*, 1063 - 1071.

Smith, Vernon L. (1962) "An Experimental Study of Competitive Market Behavior," *Journal of Political Economy*, *70*, 111 - 137.

—— (1964) "The Effect of Market Organization on Competitive Equilibrium," *Quarterly Journal of Economics*, *78*, 181 - 201.

—— (1976) "Bidding and Auctioning Institutions: Experimental Results," in Y. Amihud, ed., *Bidding and Auctioning for Procurement and Allocation*. New York: New York University Press, 43 - 64.

—— (1980) "Relevance of Laboratory Experiments to Testing Resource Allocation Theory," in J. Kmenta and J. B. Ramsey, eds., *Evaluation of Econometric Models*. New York: Academic Press, 345 - 377.

—— (1981) "An Empirical Study of Decentralized Institutions of Monopoly Restraint," in J. Quirk and G. Horwich, eds., *Essays in Contemporary Fields of Economics in Honor of E. T. Weiler* (*1914 - 1979*). West Lafayette: Purdue University Press, 83 - 106.

—— (1982) "Markets as Economizers of Information: Experimental Examination of the 'Hayek Hypothesis'," *Economic Inquiry*, *20*, 165 - 179.

Smith, Vernon L., Gerry L. Suchanek, and Arlington W. Williams (1988) "Bubbles, Crashes and Endogenous Expectations in Experimental Spot Asset Markets," *Econometrica*, *56*, 1119 - 1151.

Smith, Vernon L., and Arlington W. Williams (1981) "On Nonbinding Price Controls in a Competitive Market," *American Economic Review*, *71*, 467 - 474.

—— (1982) "The Effects of Rent Asymmetries in Experimental Auction Markets," *Journal of Economic Behavior and Organization*, *3*, 99 - 116.

—— (1983) "An Experimental Comparison of Alternative Rules for Competitive Market Exchange," in R. Englebrech-Wiggans et al., eds., *Auctions, Bidding*, *and Contracting*: *Uses and Theory.* New York: New York University Press, 307 - 334.

—— (1989) "The Boundaries of Competitive Price Theory: Convergence, Expectations, and Transactions Costs," in L. Green and J. Kagel, eds. , *Advances in Behavioral Economics*, vol. 2. Norwood, N. J. : Ablex Publishing.

Van Boening, Mark V. (1990) "Call Versus Continuous Auctions: A Comparison of Experimental Spot Asset Markets," working paper, University of Arizona.

Williams, Arlington W. (1979) "Intertemporal Competitive Equilibrium: On Further Experimental Results," in V. L. Smith, ed. , *Research in Experimental Economics*, vol. 1. Greenwich, Conn. : JAI Press, 255 - 278.

—— (1980) "Computerized Double-Auction Markets: Some Initial Experimental Results," *Journal of Business*, *53*, 235 - 258.

Williams, Arlington W. , and Vernon L. Smith (1984) "Cyclical Double-Auction Markets With and Without Speculators," *Journal of Business*, *57*, 1 - 33.

Williams, Arlington W. , Vernon L. Smith, and John O. Ledyard (1986) "Simultaneous Trading in Two Competitive Markets: An Experimental Examination," working paper, Indiana University.

第4章　明码标价市场

4.1　引言

在许多市场中，企业通常只按明示价格销售产品。为了充分利用运营中的规模经济，零售店的所有者/管理者不得不依赖于大量的销售人员，因此明码标价在上个世纪的零售市场中变得十分普遍。明码标价也是政府管制的结果。在诸如轮船和酒精饮料行业中，管理机构有时要求它们向机构申报价格，并且不同意它们打折。[①] 这些市场的理论模

---

① Ketcham，Smith，and Williams（1984）讨论了美国明码标价的起源；Eckel and Goldberg（1984）描述了加拿大酿酒行业明码标价的管制过程。

型通常是建立在这一假定上，即卖者在离散点上直接地同时选择价格或者其他决策。

卖者同时做出有约束力决策的第一个寡头垄断实验是在 20 世纪 60 年代进行的（例如，Fouraker and Siegel，1963；Friedman，1963，1967，1969；Dolbear et al.，1968；and Sherman，1972）。这些早期的研究旨在检验伯特兰（设定价格）或者古诺（设定产量）环境中替代性理论的预测结果。为了接近寡头理论中的假设条件，作为自身及他人决策结果的报酬分布往往以表格形式呈现给承担卖者角色的被试，而模拟的买者决策也包括在表格的构建当中。

鉴于使用人类买者、私人价值和成本信息的双向拍卖的早期研究成果，一些经济学家对于有这些特征的明码标价市场同样很感兴趣，这并不是什么令人惊讶的事情。在那个已经以明码标价拍卖所著称的实验中，Williams（1973）让卖者独立地选择价格，而这些价格是在不容讨价还价的基础上公开地标示的。随后扮演买者角色的被试被逐个随机挑选出来，并给予其在标示的价格处做出合意购买的机会。威廉姆斯同时也进行了明码竞价拍卖，并随机地选择卖者在由买者标示的竞价处做出合意的销售。

正如在双向拍卖中的情形一样，早期的明码标价市场产生了大体上与竞争性预测一致的结果。然而，威廉姆斯注意到他的明码价格市场与史密斯的拍卖市场存在一些明显的区别。具体而言，当卖者标示要价时，价格倾向于位于竞争性水平之上；而当买者标示竞价时，价格通常是在竞争性水平之下。同时也有一些证据表明，与 Smith（1964）的竞价和要价的价格在一个交易期中且能进行修正的单边拍卖和双向拍卖相比，明码标价市场中竞争性价格水平的收敛更慢。[①] 因而，在一个不容讨价还价的基础上，明示价格的能力给在市场中标示价格的那方交易者提供了优势。"与连续的竞价［价格］修正相比，具体时期报价的严格协议，似乎对价格领导者［标价者］施加了更少的压力。"（Williams，1973，p.110，括号内的词是添加的。）

威廉姆斯研究未解决的一个问题，是他只使用了明码竞价或者明码标价的处理变量，他并没有提供一个由类似于单边拍卖的需求和供给结构所组成的清晰的控制条件。具体而言，威廉姆斯的实验设计不同于史密斯单边拍卖的地方在于，行为人在每期能购买或者出售多于一个单位，

---

① 对于"单边拍卖"，我们是指 1.7 节所讨论的序贯竞价或要价。

这导致个体需求和供给曲线有多重梯级。（史密斯只允许行为人在初始的单边拍卖中每期交易一个单位。）在经典的研究中，Plott and Smith (1978) 使用不同的交易制度和同样的（多元）个体需求和供给曲线进行了相似的回合。具体而言，他们比较了单边的明码竞价市场（买者在一个不容讨论还价的基础上同时标示竞价）和口头竞价拍卖（买者做出竞价并且序贯地修正竞价，而卖者只表示购买的意愿）。当普拉特和史密斯在不容讨论还价的基础上标示竞价时（价格更低），他们同样发现了买者获益。另外，与口头竞价市场相比，他们观察到明码竞价市场有更慢的收敛速度和更低的效率。普拉特和史密斯得出这样的结论：这些差距是由于交易规则的变化，而非每个交易者交易数量单位的变化造成的。

区分交易制度和市场绩效的关系，是实验经济学中的一个最为重要的贡献。因为类似于零售和金融市场的定价方式，研究最为普遍的同时决策拍卖是明码标价制度，而研究最为普遍的序贯选择拍卖是双向拍卖制度。通过这两种实验室制度的转化，可以提供一个考察制度调整的最佳途径。这一章综述了明码标价拍卖的绩效特征及其在一些产业组织问题方面的应用。为了强调明码标价和双向拍卖之间的相似点和差异，下面的三节与第 3 章类似：4.2 节介绍明码标价拍卖的程序和基本绩效特征。4.3 节概述明码标价拍卖结果对于实验设计边界（例如，供给和需求的变动）的敏感性。而 4.4 节检验趋向于产生超竞争性价格的因素和不完全性。明码标价的结果可与这几节中的双向拍卖数据进行比较以实现校准。明码标价拍卖中价格决策的同时性，使得简单设计（不同于双向拍卖中的情形）中非合作性均衡的计算成为可能。当卖者定价博弈的非合作性均衡产生的价格位于竞争性水平之上时，我们将会说（在理论上）存在市场势力。4.5 节研究了市场势力的后果。当纳什预测和竞争性预测结果不同时，明码标价的价格往往偏离竞争性预测结果，并趋向于静态纳什均衡或者在其之上。4.6 节概述了旨在评介产业组织中三大话题的明码标价实验结果：垄断管制、竞争能力以及掠夺性定价。最后一节包含了一些与普遍观察到的定价实践相对应的明码标价规则修正方式的结论和评论。

4.2 明码标价程序和市场绩效

标准的明码标价拍卖是由一系列无限重复的时期所组成。每一期交易分两步完成。首先，每个卖者私下选择那一期的一个价格，并且显示该价格上所提供的最大数量的单位产品。一旦卖者完成了他们自己的标示决策，每个卖者价格（但并不是数量限制）显示给买者和其他卖者。在所有的卖者已标示出价格之后，开始一个购买序列。随机抽取买者，每次一个，并且给予他们在标示的价格水平上从卖者处尽可能多地购买合意物品的机会。买者可从任何一个未售完他或她的最大特定销售数量的卖者处进行购买。当一个买者完成购物之后，随机抽取另外一个买者。这一过程一直持续，直到所有买者完成购买，或者直到所有供给单位均已售光。[①]

通过考虑当卖者和买者在一个交易时期做出决策时可获得的共同信息，可以深刻地了解明码标价市场的动态。呈现给卖者和买者的图 4—1 和图 4—2 是由 Davis and Holt（1991）使用的明码标价软件所显示的屏幕内容。[②] 正如图 4—1 中的长方形所显示的，卖者 S3 已经选择了时期 4 的 5.75 美元的价格，并且将选择一个有限的数量。值得注意的是，卖者可获得的信息极其少。仅仅根据在前期所售出的 S3 的单位、前期价格以及在图 4—1 第三列所显示的边际成本信息，卖者必须在时期开始时做出一个价格和数量限制的协议。

单位	价格	单位成本	利润			
1		5.05				
2		5.25				
3		5.80				

S3　时期 4
明码标价。选择一个价格
然后输入。　　　　　　　　　　　　　　标价：5.75 美元
数量：
按 r 重新选择或者按 c 继续。

图 4—1　一个明码标价卖者的定价决策

① 为了在课堂中进行一个明码标价拍卖，在阅读附录 A4.1 双向拍卖导语的"买者导语"和"卖者导语"之后，使用附录 A4.1 中的"交易规则"部分。

② 附录 A4.2 包含了这一程序的导语。因为许多实验现在是用网络计算机进行的，所以看一下这些导语对于想要评价被试的决策问题的读者来说是很重要的。图 4—1 和图 4—2 的格式遵循戴维斯和霍尔特的形式，但是数据来自由 Davis and Williams（1986）所报告的 NovaNet 的明码标价回合。NovaNet 的明码标价屏幕显示的格式是不同的，但所呈现的信息与图 4—1 和图 4—2 中的一样。

买者 B1 可获得的信息形式是相似的，在图 4—2 的左边列示了产品单位的估价。正如通过图中列示的价格所显示的，价格（但是并没有限制数量）公开地显示给买者。买者 B1 产品单位的估价列示在左边第二列当中。当把它视为一个单期博弈时，买者有一个非常简单的占优策略：为在一个交易期中最大化盈利，买者应当在最低的可获得的价格处简单地购买所有可盈利的产品单位。① 图 4—2 买者 B1 的决策与这一策略一致。买者先从卖者 S4 以 5.72 美元的价格做出一个购买决定并赚得 0.23 美元。然后卖者 S4 售空，此时卖者 S4 用一个"售完"的符号信息替换在所有买者屏幕中，它表明在本期不能再从卖者 S4 处购买。② 然后 B1 转向下一个最低定价的卖者 S3，并通过以 5.75 美元价格购买一单位产品从而赚得 0.10 美元，正如屏幕扩展行的产品单位 2 所显示的。边际估价表下面加粗的箱形中揭示出 B1 现在正在考虑第三产品单位的购买，如果从有剩余产品单位的任一卖者处进行购买，那么它是不能盈利的。因为还有其他买者等待购物的机会，所以他们很有可能在标示更低价格的卖者售光之前急着被选中。

			卖者	S1	S2	S3	售完	S5	S6
			价格	5.80	5.78	5.75	5.72	5.85	5.80
单位	价格	单位成本	利润						
1	5.95	5.72	0.23				5.72		
2	5.85	5.75	0.10			5.75			
3	5.50								

B1   Period 4
选择卖者 S1，S2，S3 或 S5 进行购买，或者按 q 退出。

图 4—2　一个明码标价买者的购物序列

①　因为许多实验室明码标价市场是多期博弈的，所以其他策略有时可能产生更高的盈利。具体来说，买者可能发现在早期放弃购买边际的、低值产品单位会提高后期的收益。但是正如在下面所指出的，这一行为是很少见的。

②　卖者售光的信息通常并没有给予其他卖者。

除非盈利低得难以理解或者非常不平等，明码标价的买者几乎一直以简单的、"完全需求显示"策略购买所有潜在的盈利性的产品单位。[①]因而，短视的最优购买行为是明码标价规则下相当普遍的交易特征，并且基于这一理由，我们往往在计算机化的明码标价实践中模拟买者行为。事实上，图 4—2 中的 B3 就是一个模拟的买者。

基本绩效特征

表 4—1 显示了在图 4—1 和图 4—2 中所解释的样本交易期的一个完全合约序列的清单。值得注意的是，B1 是从等待购物模式中所抽取的 6 个买者中的第 3 个。所销售的低价格单位首先在样本时期进行销售，例如，卖者 S2 只在卖者 S4 和卖者 S3 售光之后才出售产品单位。高价位的卖者 S1、S5 和 S6 在样本交易期中没有出售单位，因而，他们没有产生成本并且盈利为零。明码标价交易期内传递的信息量比在双向拍卖中传递的信息量要少，这可从表 4—1 和表 3—2 的信息比较中看出来。对于交流所耗费的成本，明码标价制度节约了交易成本，并且代表着市场中合意的制度规则的集合，而在那些市场中相对于交易的产品，交易成本很高。正如现在将要看到的，信息成本的节约是以牺牲市场产生竞争性价格和数量为代价的。

表 4—1　　　　　　　　　　　在明码标价交易期中的合约序列

合约	第 1 期	第 2 期	第 3 期	第 4 期	第 5 期	第 6 期	第 7 期	第 8 期
买者身份	B3	B5	B1	B1	B4	B4	B6	B2
卖者身份	S4	S4	S4	S3	S3	S2	S2	S2
价格	5.72	5.72	5.72	5.75	5.75	5.78	5.78	5.78

图 4—3 是一个明码标价市场样本的前 9 个交易期价格序列的散点图。交易期在图中是用垂直线分开，并且竞争性价格预测结果是通过不同时期延伸的点状水平线进行表示的。实线代表合约，而较大的空格代表着要价并没有导致合约的产品单位的价格。价格是按交易的顺序进行

---

① 例如，买者在 Ketcham，Smith，and Williams（1984）所报告的 12 个明码标价回合中完成了 1 655 个可能性合约（这些合约是个体盈利的）中的 1 634 个。Davis and Williams（1991）同样报告了买者没有购买即使是边际上可盈利的产品单位，在 521 个可能的例子当中只有 10 个。

安排。例如，考虑第 4 期，它如表 4—1 所概述的，有 3 个点在 5.72 美元处，有 2 个点在 5.75 美元处，还有 3 个点在 5.78 美元处，而空格的价格是由卖者 S1、S5 和 S6 所选择。

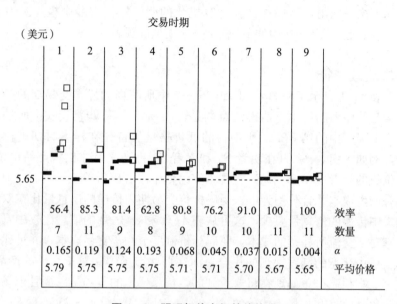

图 4—3　明码标价市场的价格序列

这一回合的几个特征值得一提。具体而言，合约价格似乎由上至下跌至竞争性均衡价格。同时，显示在价格序列下面的效率很低，至少相对于许多双向拍卖的效率来说是这样。

价格从上面收敛和早期低效率是明码标价市场的主要特征，更仔细地记录这些特征是有用的。通过比较 Smith and Williams（1982）双向拍卖的"非对称租金"和 Davis and Williams（1986）所报告的类似的明码标价实验，我们可以记录这些特征。这两个实验设计的供给和需求数组列示在图 4—4 的左边。每个实验设计使用 6 个买者和 6 个卖者，并且在参与者之间均分产品单位。在实验设计 1 中，正如图 4—4 的左上方所显示的，如果所有交易是在竞争性的价格水平处进行，那么三分之二的剩余将归买者，三分之一的剩余将归卖者。剩余的分配在实验设计 2 中反转，正如图 4—4 的左下方所显示的。

正如第 3 章的结论所讨论的，剩余分配的变化倾向于影响双向拍卖市场中的收敛路径。由于双向拍卖购买和销售规则的对称性，即使是在缺乏潜在的供给和需求的信息条件下，人们可能预期买者和卖者或多或少地平分从交易中所获得的剩余。在某种程度上这一剩余会出现，因而当卖者剩余超过买者剩余时，价格往往从下方趋向于竞争性的预测结果；而当买者剩余超过卖者剩余时，价格往往从上方趋向于竞争性的预测结果。但是双向拍卖的卖者和买者往往不会表现出完全的对称方式，这可能是因为许多实验参与者在实验室之外作为买者比作为卖者有着更多的经验。具体而言，当剩余分配更倾向于卖者时，买者在相反的条件下往往比卖者要提取更多的租金。[①] 这些结果可由图 4—4 右边加粗的"价格带"进行简要的概述。这一价格带是通过寻找每期中包含 95％的交易价格的平均值的上下对称性区间进行构建的。双向拍卖数据加粗的价格带在设计 1 中稍稍高于竞争性的价格，但是在设计 2 中价格带则正好处于竞争性价格之下。

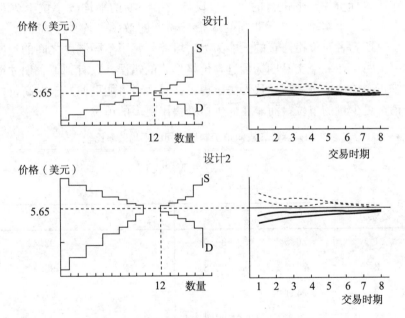

**图 4—4　实验设计的租金非对称性，以及双向拍卖（实线）和
明码标价拍卖（点线）95％的价格带**

资料来源：Smith and Williams（1982）；and Davis and Williams（1986）.

　　现在考虑明码标价市场，在那当中，95％的价格带是通过在图 4—4 右边图形中的点线进行表示。这些价格带在每一实验设计中是基于从

————————

　　① Chamberlim（1948）首次注意到这一行为上的非对称性，他在文中建议采用买者经验的解释。

3个回合所得到的观察结果而构建的。在实验设计1和实验设计2中的2个剩余划分的虚线的价格带存在很少的明显差距。不同制度的比较揭示了一种支配剩余非对称效应的交易制度效应。在明码标价拍卖中大的消极买者将倾向于做出所有盈利性的购买，所以标示价格的卖者将试图设定高价位。从某种程度上来说，这是真的，价格从竞争性价格水平之上开始，并且只有卖者之间的竞争使得价格下降。在明码标价市场中的卖者和买者角色的非对称性，很可能解释了为什么明码标价拍卖与更为对称的双向拍卖相比具有更高的价格趋势。

对于图4—2的4个实验局，表4—2列示了每期的平均效率。值得一提的是，用于对比的双向拍卖市场甚至是在第一个交易期也能从交易中提取大量收益，与此相比，明码标价市场倾向于提取更少的剩余。对于在明码标价规则下进行的每一个设计，第一期的平均效率位于77%以下，每一个实验局单元共同的8个交易期的效率平均少于85%。在交易时期卖者对价格修正的无能为力，可能解释了不同制度之间的一些效率差距。在一个交易期标示过高价格形式的错误，只有到下一期才能被修正。单位定价太高导致无法出售，并且卖者可能更偏好于在高价格处销售更少量的单位，而非在低价格处售出更多的单位。

表 4—2　　　　在明码标价和双向拍卖制度之间的平均效率比较

	平均效率			
	实验设计 1		实验设计 2	
交易期	PO	DA	PO	DA
1	76.5	89.9	65.4	92.4
2	76.7	96.8	84.2	95.6
3	74.1	97.8	82.3	97.8
4	72.0	99.6	77.4	98.6
5	80.8	98.4	84.4	97.4
6	82.3	99.4	84.2	98.3
7	87.2	98.4	87.2	99.5
8	97.0	99.7	96.2	99.3
平均	80.8	97.5	82.6	97.4

资料来源：Davis and Williams（1986）.

尽管在表 4—2 中概述了明码标价市场的早期低效率值，每一个设计的市场最终确实从交易中提取了大量的可能性的收益。在每一个实验设计中，到第 8 个交易期，平均效率比率超过了 95%。同理，尽管从上方收敛相对缓慢，但是明码标价市场确实向竞争性的价格预测水平收敛，只不过相对于用于比较的双向拍卖市场速度要慢一些。这些收敛通常是许多明码标价市场的特征。下面将讨论一些例外的例子。

表 4—3 进一步提供了明码标价最终从交易中所提取的大量可能性收益的普遍趋势。表格概述了 4 个明码标价实验的结果。实验并不是随机选择的，与此相反，选择它是因为它们解释了在"标准"条件下的市场绩效：例如，在每个市场中至少有 4 个卖者，供给向上倾斜，需求向下倾斜，供给和需求数组在不同交易时期并没有变化，并且行为人没有被给予明显的合谋机会。作者、地点和市场回合数目的背景信息概述在表 4—3 的前两列。每个研究至少由 3 个市场回合组成，每个市场回合至少持续 15 个交易期，并且所有参与者是无经验的，除了特别指出之外。正如表 4—3 中所显示的，麦克马斯特大学所进行的两个研究是口头上进行的，而其余研究则通过使用 NovaNet 计算机化实现的。买者一列表明在 4 个研究当中有 3 个使用了人类被试。

表 4—3　所选择的总体的和最后 5 个时期的明码标价实验的平均市场绩效

研究	地点 (＃市场)	环境	买者	$P-P_e$	效率	$\dfrac{Q-Q_e}{Q}$
Ketcham, Smith, & Williams (1984)*	IU, AU (6 个市场)	NovaNet	人	0.05 **(0.02)**	89.5 **(94.1)**	0.16 **(0.07)**
Mestelman & Welland (1988，设计 1)	MMU (5 个市场)	口头的	人	0.08 **(0.03)**	88.4 **(97.2)**	0.18 **(0.08)**
Davis & Williams (1986，设计 2)	IU (3 个市场)	NovaNet	模拟	0.04 **(−0.01)**	87.9 **(93.3)**	0.19 **(0.09)**
Mestelman & Welland (1991，设计 1)	MMU (5 个市场)	口头的	人	0.04 **(0.03)**	84.8 **(91.4)**	0.21 **(0.15)**

　＊ 数据来自他们的"设计 1"。6 个回合有 3 个涉及有经验的被试。其他的研究使用无经验的被试。

　地点关键词：印第安纳大学（IU），亚利桑那大学（UA），麦克马斯特大学（MMU）。

表4—3右边的最后三列列示了概述的价格效率和数量信息。在每一列，一个实验所有共同时期的总体市场绩效度量指标，列示在实验每一回合中相对应的（加粗）共同的最后5个时期市场绩效度量指标之上。尽管上面所概述的实验与第3章中表3—4所列示的双向拍卖市场的类似实验在设计上存在着差异，而且这种差异使得绩效实验绩效之间的比较变得模糊，但是这样的比较是有明显启发性的。最为突出的是，平均来看，明码标价市场看似比双向拍卖更不完全地趋向于竞争性的预测结果。具体而言，注意表4—3所概述的每一个明码标价实验的平均效率是在90%之下。与此相反，表3—4所报告的7个双向拍卖中有6个所抽取的可能性剩余超过了96%。类似实验设计中的明码标价市场和双向拍卖市场将在下面进行讨论。

然而，检查最后5个共同时期所概述的市场绩效的加粗数据，可以发现更为糟糕的平均市场绩效主要是因为其向竞争性预测结果收敛的速度更加缓慢，至少在这些"标准的"明码标价环境中是这样：总体上每一个实验的最后5期，价格偏离0.03美元或者更少，从交易中抽取了至少91%的可能剩余，并且至少有91%的潜在交易产品单位进行了交易。

与双向拍卖市场不同的是，经济学家并没有正式地检验计算机对于实验室明码标价市场的效应。表4—3最下面两行使得深刻了解计算机化的效应成为可能，因为Mestelman and Welland（1991b）口头拍卖（下面一行）的实验设计2类似于Davis and Williams（1986）计算机化拍卖所使用的实验设计2。表4—3下面两行事实上完全类似于市场绩效度量指标，它表明了为什么在这一情形中会有这么少的关于计算机效应的讨论。[①] 计算机化便于明码标价市场的管理和数据记录，并且能增加实验的控制，但是计算机化并不是很明显地影响明码标价的市场绩效。

给定标准的明码标价市场产生竞争性价格、数量和效率的预测结果的普遍趋势，为了确定竞争性预测结果应用极限的范围，很自然地会想到在其他情形中检验市场绩效。下面三节进行了这一讨论。4.3节检验

---

① 明码标价回合的计算机化和口头上的比较是探索性的。口头和计算机化实验的供给曲线和需求曲线在两个方面是不同的。首先，美斯特曼（Mestelman）和韦兰（Welland）实验设计中的边际成本和边际评价梯级中的垂直差距大体上是戴维斯（Davis）和威廉姆斯实验设计的一半。其次，为引导边际单位的销售并且避免使用交易佣金，美斯特曼和韦兰分别向上移动了边际估价曲线和向下移动了边际成本曲线0.02美元，从而在口头回合中形成0.04美元的竞争性价格通道。每一口头回合中的价格偏离是作为对均衡价格中心区间的偏离进行报告的。最后，2个买者和2个卖者的边际估价和边际成本梯度在口头回合中消除，因此，4个卖者和4个买者在竞争性的预测水平上交易8个单位而非12个单位。

了设计的效应，或者是控制市场供给和需求数组的形状和平稳性的结果。4.4 节是有关诸如卖者的数量限制、出现的合谋机会等环境效应。更为复杂的市场设计话题是当一些卖者能够通过单方偏离竞争性的价格而盈利时所出现的"市场势力"，它是 4.5 节的主题。

4.3　明码标价结果：设计效应

这一节讨论的实验设计旨在评价竞争性价格预测结果在变化的供给和需求数组中的稳健性。具体来说，我们将考虑三种控制情况。第一个设计是由一对供给和需求数组所组成，其中，对于所有单位来说，单位成本和单位估价都是不变的。在这些"箱形"的数组中，供给和需求的全部数量单位是不均衡的，因而，市场的"短边"（要么买者要么卖者）获得在竞争性的价格水平处 100％ 的剩余。这一实验设计允许评价严重的收益不平等对于行为的效应。第二个设计控制是由箱形数组的变化形式所组成，其中供给曲线和需求曲线在垂直方向上重叠，产生了一个竞争性均衡价格的区间。正如现在将要看到的，尽管多重的价格与竞争性的均衡相一致，但是对于单阶段明码标价市场"博弈"存在着唯一的纳什均衡。因而，箱形设计的这一版本使我们能深刻地了解纳什均衡预测结果的推断能力。在这一节中，这一实验设计的第三个控制是检验未告知的需求调整的效应，它允许评价明码标价市场传递有关结构条件变化信息的能力。

极端收益不平等

回忆第 3 章当消费者剩余和生产者剩余的理论分布影响双向拍卖市场中的价格收敛路径时，市场逐渐收敛于竞争性价格和数量预测水平的趋势，对于即使是最不均等的租金分配来说也是稳健的，例如，在那当中，要么是买者要么是卖者在竞争性的价格处获得所有可获得的剩余。通过引导不变成本和估价，并且给出不同于需求数量的供给数额，就可形成这一类型的边界条件。例如，考虑在图 4—5 左边标示为 S1 和 D1 的双线供给和需求数组。在不变的每单位 5.80 美元的边际估价处，需求是 16 单位，而在一个每单位 5.25 美元的不变成本处，供给是 11 单位。市场供给曲线 S1 和市场需求曲线 D1 在点 E1 处相交。过多的剩余与不变的单位估价一起，意味着卖者在价格等于需求截距处获得所有剩余。通过减少需求至 11 单位，增加供给至 16 单位，反转了这一均衡剩余分配，正如在图 4—5 由标示为 D2 和 S2 的虚线所显示的。市场需求曲线 D2 与市场供给曲线 S2 在卖者的成本处相交，意味着买者获得所有剩余。

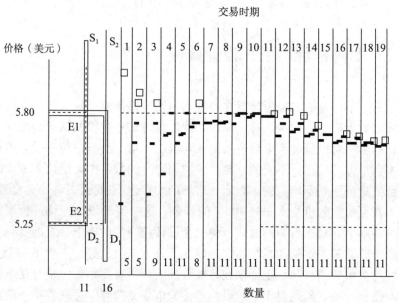

图 4—5 收益严重不平等的明码标价回合中的供给和需求数组和价格

Cason and Williams（1990）报告了旨在评价明码标价市场中这些严重的收益不平等效应的一个实验结果。实验涉及 5 个回合并且是以类似于 Smith and Williams（1989）所报告的 5 个双向拍卖回合的方式进行构建。每个市场是由 4 个卖者和 4 个买者组成。在 3 个回合中，S1 和 D1 的供给曲线和需求曲线起初限制在固定的期数内，紧跟着的是在每一回合的其余部分引入 S2 和 D2 的条件。在剩下的两个回合中，为了控制可能的顺序效应，反转实验局的顺序。在买者和卖者之间所分配的单位在每一情形中是尽可能地均分。[1]

---

① 除了贸易中的收益外，买者和卖者获得每单位 0.10 美元的交易佣金。卡森和威廉姆斯在他们的明码标价市场中所使用的程序与史密斯和威廉姆斯在他们的双向拍卖中所使用的程序并不一样。首先，与只持续 10 个交易期不同的是，每个明码标价回合持续 19～25 个时期。其次，在供给和需求数组之间的垂直距离，在 5 个明码标价回合中有 4 个是从 1.10 美元下降到 0.55 美元。第三，买者决策在 5 个明码标价回合中有 4 个是模拟的（在书中所解释的合约序列是使用真实买者的回合）。最后，没有哪一个明码标价的卖者有先前的经验。在 5 个双向拍卖中，有 4 个拍卖中的参与者是有经验的。

图 4—5 右边所显示的价格序列解释了 5 个回合中的一个结果。正如前面一样，交易期通过垂直线分开，点代表合约。未导致销售合约的价格用空格表示。在交易期 1～10 的图形上面延伸的水平虚线，表示了在需求过多的均衡 E1 下的价格预测水平，而在图 4—5 下方的一条虚线则代表在过多供给的均衡 E2 下的竞争性价格预测结果。

　　从图 4—5 的数据中可以很清楚地看到竞争性价格预测结果在明码标价市场中有一些推断能力。在时期 1 到时期 10，合约价格收敛于上面的 E1 点所预测的虚线，而在时期 11 到时期 19，价格向下衰退至更低的由 E2 所预测的虚线。然而，市场的绩效非常不同于在可比较的双向拍卖市场中的情形（可见第 3 章的图 3—5）。尽管在需求过剩条件下价格向上升至需求交点，但是它们在供给过剩的条件下并没有很快地衰退接近于边际成本。[①]

　　供给过剩时期的缓慢收敛可能是这一实验设计的产物。上升到 5.80 美元的任一价格，只有最高定价的卖者没有被考虑在市场之内，而第二高定价的卖者销售 4 个可获得单位其中的 3 个。给定这些条件，卖者意识到他们并不需要标示最低的价格，而是必须努力不去标示最高的价格。因而，价格缓慢下跌，因为高定价的卖者试图荫庇在接近最高标示价格之下。与此相反的是，价格在需求过剩的条件下迅速上升，因为每个卖者不管其他人的价格是多少，肯定可以在上升至 5.80 美元的任一价格水平上售出所有单位。

　　在明码标价交易期内讨价还价机会的缺乏，以及市场一方极低的收益水平，表明行为人可能通过在多期策略行为中试图操纵价格。对于买者来说，策略行为只以"策略性保留"的形式发生，或者在一期中忽略可盈利交易以试图影响后续时期的标示价格。另一方面，卖者可能通过在通行价格之上标示价格从而限制他们的要价数量或者保留单位。由箱形设计所形成的非常不公平的贸易条款似乎提供了模拟买者和/或卖者行为的一个良好环境。但是在卡森（Cason）和威廉姆斯实验中买者和卖者在策略性的操纵方面并不是同样成功的。考虑 5 个买者的行为，图 4—5 所显示的合约序列被选择出来用于解释说明，因为它是唯一的买者决策并非模拟的回合。在第一个 10 期中非常高

---

　　① 卡森和威廉姆斯所报告的其他四个回合中价格更近似地接近于竞争性的预测结果 E2。然而，所解释的合约序列是有代表性的，原因在于向供给过剩均衡 E2 的收敛过程比着向需求过剩均衡 E1 的收敛过程要更为缓慢也更不完全。

的价格事实上的确激发了 3 个不同的保留行为尝试（时期 3、9 和 10）。购物是私下做出的，因此不被一个买者购买的单位往往会在之后被其他购物的买者所拿走，因而保留对于市场的交易数量并没有可视化的效应。另一方面，卖者的价格信号是公共的也是更为成功的。例如，在第二个回合中（没有显示出来），单个卖者重复地在后面的供给过剩实验局的其他价格之上标价价格，假定价格不是很稳定，这一行为产生了更高的价格。

在图 4—5 的最后 10 期所使用的供给过剩的设计对于检验卖者行为的策略效应是有用的，但并不是理想的。具体来说，一旦价格降至竞争性水平之下，没有卖者有提高价格的市场势力，正如下面的观点所显示的。在这一实验设计中的供给过剩的 5 个单位超过了任何一个卖者的能力，因而当除了一个之外的所有其他卖者收取 5.25 美元的竞争性价格时，有最高价格的卖者将不能售出任一单位，并且不能获得任何收益。因而，当所有买者收取竞争性价格（其收益为零）时，没有一个卖者能通过单方地增加他或她的价格而增加收益。从这一意义上来讲，卖者在供给过剩条件中没有市场势力。4.5 节将更详细地讨论市场势力问题。

多重价格均衡

正如图 4—6 的左图所显示的，箱形设计的一个有趣的变化涉及给予买者和卖者同样的产品单位数量。对于 6 单位的市场供给，3 个卖者可能在每单位 5.00 美元的不变单位成本处提供 2 个单位。对称地，3 个买者每人可能以不变的 6.10 美元的边际估价购买 2 个单位。在 5.00 美元和 6.10 美元之间的任一价格都是一个竞争性的均衡价格。

Davis and Williams (1989) 报告了在图 4—6 的左边所解释的供给和需求条件下所进行的 3 个明码标价市场结果。回合之一的前 4 个交易期的合约序列 PO1，直接显示在供给和需求数组的左边。对于 PO1 的时期 1、时期 2 和时期 3 的 6 个点的序列表明所有可能的单位是在这些时期进行交易（并且在这一实验设计中，从交易中提取了所有可能的收益）。在第 4 个交易期，一个卖者在买者单位估价之上标示价格，这产生了一个效率损失，因为 6 个单位只交易了 4 个。尽管会出现这一效率损失，值得一提的是合约价格在时期 3 和时期 4 中慢慢向上靠拢。

在整个剩下的 PO1 中，价格持续上升，正如从这一回合的平均合约价格的图形所看到的，它用图 4—6 右边的中间图形进行表示。在这一图形中，上边界和下边界是从买者的单位估价以及卖者的单位成本分别抽取得到的，而横穿图形中间的线代表在买者和卖者之间平分剩余的价格。回合中 10 个交易期的平均合约价格用 10 个点表示。值得注意的是，在回合 PO1 的最后 3 个交易期中合同在买者的极限价格处集聚。

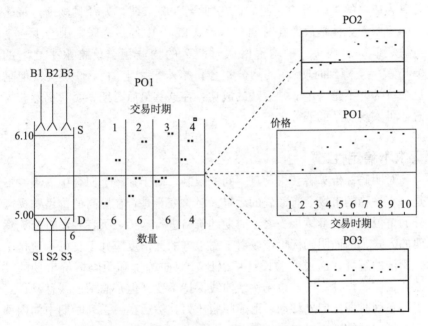

图 4—6　在箱形设计中的明码标价市场绩效

资料来源：Davis and Williams（1989）.

在这一实验设计中进行的其他两个回合的平均合约价格，在 PO1 之上和之下进行表示。尽管在这些回合中的价格并不都是接近极限价格，但是它们正好结束于租金均分的价格之上。例如，对于 PO2 和 PO3 时期 10 的平均价格，分别位于租金均分价格之上 0.29 美元和 0.22 美元。向极限价格上升的价格趋势与图 3—6 所显示的可比较的双向拍卖形成了鲜明的对比，在后者当中，价格并没有表现出收敛于任一具体价格的普遍趋势。这一差距是在明码标价市场中买者相对于卖者非对称性谈判地位的另一个结果。

值得指出的是，极限价格是这一明码标价博弈的单阶段版本的纳什均衡。为了看清这一点，值得一提的是，在单期博弈中买者的保留是不理智的，因为通过保留，买者将错过一个正的利润并且对（已经标示出

的）价格没有任何效应。给定买者的完全显示，卖者通过只在极限价格下标示价格就能单方面地最大化收益；更高的价格将导致没有销售，而更低的价格将不会导致销售的增加。在这一实验设计中，价格上升的趋势表明纳什均衡有一些推断能力。

这一垂直重叠的箱形设计与需求过剩情形相比，买者在前者有时会有更为成功的策略行为。例如，在回合 PO2 末期，买者明显进行策略性的保留，集体地放弃在时期 7、8、9 和 10 中的每个时期中至少一个可盈利单位的购买。平均价格从时期 7 的均分租金价格水平之上的 0.45 美元下降到时期 10 的均分租金价格水平之上的 0.29 美元。但是这一行为并不是一个非常轰动的成功：在这些最后时期，卖者仍然获得总体可实现剩余的四分之三。

需求不稳定性

对明码标价买者获得信息空间的限制，对于在整个回合中需求并不是一直平稳的市场会有额外的后果。对于究竟是否在更高的价格购买额外的单位或者是继续接受之前时期的价格进行购买，买者并没有交流意愿的方式，因而明码标价市场对于需求方的冲击反应并不良好。这是一个简洁的解释，通过实验设计可以比较双向拍卖和明码标价市场的绩效，在实验设计当中，市场供给曲线保持不变，但是需求曲线移动；对于一系列时期先向外移动，形成膨胀压力，然后在一系列时期中向内移动，形成紧缩压力。

图 4—7 上面和下面的图形概述了使用这一"需求趋势"实验设计的成对匹配的双向拍卖和明码标价回合的结果。[①] 在每个图中，时期用横轴表示，虚线表示每个交易期的竞争性均衡价格。值得注意的是，需求在时期 1 后依然不变，这产生了时期 1 和时期 2 中 2.40 美元的均衡价格预测结果，正如在 2.40 美元处所显示的平坦的虚线梯形。需求在时期 2 到时期 7 是增加的，每期竞争性价格预测水平上升 0.20 美元。在时期 8 后需求再次保持固定，但是在时期 9 后到时期 14 价格下降，每期竞争性价格预测水平下降 0.20 美元。均衡的数量预测（并没有显示出来）直接随着需求变化，从最低需求时期的 5 个单位（时期 1、时

---

① 进行的回合使用 NovaNet 软件，并且他们使用熟悉制度的参与者。为引导边际单位的销售，支付参与者 0.05 美元的交易佣金。这一解释的回合可从 NovaNet 的 3pda281 和 p214 获得。

期 2 和时期 15）到最高需求时期的 17 个单位（时期 8 和时期 9）。用每个交易期上方垂直列示的点表示合约价格，而星号则表示每个交易期的最后合约价格。

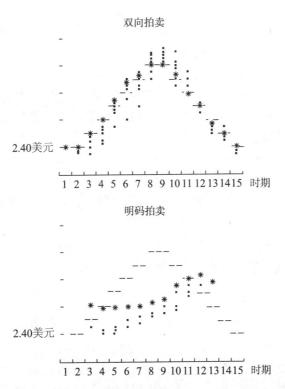

图 4—7　带有常规需求移动的实验设计中的双向拍卖和明码标价合约价格

注：合约价格用"·"表示；最后合约价格用"＊"表示；均衡价格用"——"表示。
资料来源：Davis，Harrison，and Williams（1991）。

　　图 4—7 上方的双向拍卖回合的价格序列解释了几个有趣的模式。首先，双向拍卖市场并没有完美地对这些膨胀和紧缩的需求移动做出反应。价格滞后于膨胀早期的竞争性预测结果，然后又在紧缩的早期位于竞争性的价格水平之上。然而，市场绩效的两个特征表明了需求变化的一个弹性。首先，值得一提的是每交易期的收盘价提供了有关均衡价格的非常精确的信息。其次，并没有显示出来的是，在每个交易期几乎耗尽了从交易中可获得的所有收益。在任一时期，效率从未下降至 93％之下，并且平均来看，提取了从交易中可获得的 98％的可能性收益。

正如图 4—7 的下方所显示的，在明码标价回合中的市场绩效是非常不同的：合约价格序列没有产生与潜在均衡的直接关系。与此相反，价格点看起来更像是围绕着一棵圣诞树的一连串彩灯：价格在整个回合中缓慢上升，直到均衡价格下降至明码标价的价格下方，而在时期 14 和时期 15 的销售下降至零。明码标价回合中差劲的价格跟踪能力产生了非常低的效率。回合的整体平均效率小于 50%，并且在 15 个时期中只有 3 个时期从交易中提取了多于 80% 的可能收益。与双向拍卖的另一个不同是，明码标价回合每交易期的收盘价并没有提供关于潜在均衡的信息。与此相反的是，它们只是反映了明码标价买者购买最后单位的最高价格的趋势。

利用非平衡供给和/或需求的相关实验设计的明码标价和双向拍卖市场的同一个研究报告了额外的证据。结果支持这样一个研究结论，即竞争性的预测严重受到明码标价市场中需求一方调整的阻碍。与此相反，明码标价市场对于供给方的冲击做出了极具流动性的反应。这一差距的直觉是直观的，与需求一方调整所不同的是，卖者个体通过他们私人成本曲线的变化认知总体供给的变化。

小结

供给和需求数组的稳定性和结构都能影响明码标价市场产生竞争性结果的趋势。在一个箱形设计中，当市场供给和需求在垂直上重叠并且单位估价不变时，卖者普遍提取了大量的可获得的剩余，而且，没有垂直重叠的箱形设计的变体表明，明码标示的价格只对供给过剩条件做出缓慢的反应。整个回合需求数组动态变化的实验设计的绩效揭示出明码标价交易规则的一个动态结果：因为买者显示保留价值变化的能力非常有限，所以明码标价市场对需求一方的调整反应非常差劲。明码标示的价格对供给一方的冲击更为敏感。

4.4 产生超竞争性价格的因素

与双向拍卖所不同的是，明码标价市场对于卖者数量的变化和其他环境效应非常敏感。这一节回顾了产生价格增量的一些变体。我们从明码标价垄断的讨论开始，在那当中通常可观察到超竞争性的价格，然后增加市场的规模和复杂性，以识别市场势力效应的界线。

垄断

图 4—8 显示了明码标价垄断的结果，它是由 5 个买者和 1 个卖者所组成。垄断者的边际成本（S）和边际收益（MR）曲线在 5 单位的交易量处相交，产生了 110 的垄断价格 P_M（它可表示为一条垂直的虚线）。竞争性的价格 $P_c = 80$（用实线表示）发生在边际成本曲线（S）和需求曲线（D）相交处，产量为 7～8 个单位。

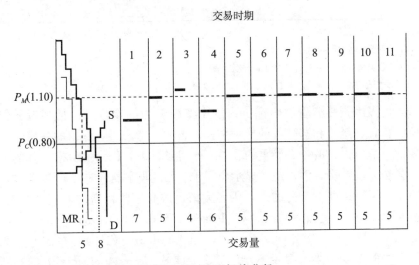

图 4—8　明码标价垄断

资料来源：Smith（1981）.

卖者能很成功地发现和维持一个垄断价格；110 的利润最大化价格标示在最后 5 期的每一期当中。买者同时完全地显示这些时期的需求，因此垄断效率指数 M 是 1。这一明码标价回合的结果明显不同于在双向拍卖垄断中所观察到的接近竞争性价格的频率（例如，见图 3—10）。事实上，虽然明码标价垄断者经常能成功地提取一部分可获得的垄断租金，但是他们普遍没有图 4—8 的卖者那样成功。表 4—4 包含了 5 个明码标价垄断实验的概述结果。右边的一列 M 值揭示了不同实验设计的一个大范围的变动性，从小于 0.10 到完全的 1.0，这一结果是由 Smith（1981）所报告的单个回合所观察到的结果，并且概述在图 4—8 中。

表 4—4　　　　　　　　　　　明码标价垄断的垄断有效性

作者	被试经验	买者	成本函数	垄断 M 值
Smith（1981）（1个回合）	?	人	递增	1.00
Isaac, Ramey, and Williams（1984）[a]	NX	人	递增	0.45
Coursey, Isaac, and Smith（1984）	X	人	递减	0.56
Harrison and McKee（1985）[b]	DX	模拟	递减	0.72
Harrison, McKee, and Ruström（1989）[b]	NX	模拟	递减	0.44
	DX	模拟	递增	0.09
	DX	模拟	不变	0.77
	DX	模拟	递减	0.78

　　注：NX＝无经验的被试，X＝有经验的被试，DX＝设计经验。报告的价值是一个实验中所有回合所共同的最后时期的平均值。

　　a. 数据来自忽略完全需求信息的市场回合。

　　b. 被试是在无风险中性检验的基础上提前选择。

　　许多因素影响着明码标价市场中垄断势力的实行，包括买者的保留、信息、经验和垄断者的成本结构。首先，考虑买者保留的效应。正如前一节所讨论的，在严重的收益不平等条件下，作为使价格下降的一部分努力，消费者消极地不显示出需求。因为明码标价垄断产生了收益不平等，所以并不奇怪的是，买者频繁地放弃一些将增加他们（短期）盈利的购买。例如，Coursey, Isaac, and Smith（1984），Isaac and Smith（1984）以及 Isaac, Ramey, and Williams（1984）在他们垄断回合中的至少一半有显示不足的现象。考虑 Coursey et al.（1984）所报告的成本递减的垄断，它概述在表 4—4 的第三行。成本递减意味着一个时期中的最后未售出的单位有最高的边际利润，因而，即使只有一个买者放弃一个单一的、边际盈利单位的购买时，卖者的利润和 M 值都会受到显著的影响。大约 9％ 的总需求是保留的，它使得最后时期的 $M＝0.56$。尽管在利润上会有损失，但是这一保留对定价并没有什么效应。最后时期平均价格在这些市场中是位于垄断预测之下的 0.07 美元（并且高于与竞争性的预测结果相一致的最高价格 0.93 美元）。

　　实际上，模拟的买者被频繁地使用以消除买者保留。模拟买者实验局可在这样的事实上得到证实，即买者是小的个体并且分散在许多自然垄断市场当中（比如，电话），因此没有必要把买者的显示不足当成特别重要的因素。模拟买者也有易于管理和低成本的额外优势。正如从上面买者保留的讨论中可预期到的，有一些证据表明更高的垄断有效性指数是随着不进行保留的模拟买者的编程而产生的。比如，Coursey, Isaac, and Smith（1984）使用人类被试，而 Harrison and McKee（1985）在一个非常类似的实验设计中使用模拟的买者。通过比较表 4—4 的第三行和第四行，可以看到用模拟买者的 M 值是 0.72，它正好位于使用人作为被试的 0.56 的 M 值的上方。[1]

不完全信息可能是阻碍提取垄断利润的另外一个因素。实验垄断者通常并没有被告知市场需求函数，并且利润最大化价格的搜寻过程并不是无关紧要的。假定一个具有连续的需求和成本曲线的世界，其中搜索的问题是相当直观的，因为利润直接对向着或者远离最优价格的偏离增量做出反应。例如，零成本垄断面临的线性需求曲线是由图 4—9 左边的直、虚线进行表示，无论初始价格如何，一个向着利润最大化价格 2.00 美元的偏离都可以使其享受到利润的增量，正如图 4—9 右边凸的（虚线）利润曲线所显示的。

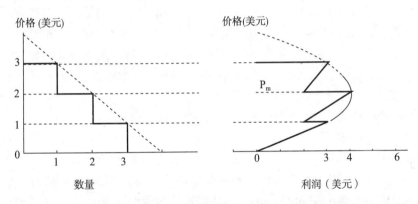

图 4—9　离散需求梯形和垄断者的价格搜寻问题

然而，当需求是离散的时（正如在市场实验中的通常情形），这一搜寻问题变得更为复杂，因为向着利润最大化水平的价格调整的增量回报是非连续的。为了看清这一点，假设与线性需求不同的是，消费者被划分为三个不同的类别：高价值群体，他们将会为每单位支付 3.00 美元；中间价值群体，他们对每单位所支付的最大值是 2.00 美元；以及低价值群体，他们对每单位将支付最大值 1.00 美元。通过图 4—9 左边的梯形函数可以解释每个群体中一个消费者的情形。考虑在这一情形中利润最大化价格的搜索问题。在 0.00 美元和 1.00 美元之间的价格，当

---

[1]　这一比较并不是理想的，因为在哈里森（Harrison）和麦基（McKee）的研究中卖者的设计经验使得垄断定价变得很方便。

价格每增加一美分，垄断者将赚得 0.03 美元，因而，在 1.00 美元价格将赚得 3.00 美元。然而，如果价格上升至 1.01 美元，那么低价值消费群体退出市场，利润下降到 2.02 美元。观察到大规模的负的边际收益，垄断者可能得出这样的结论，即 1.00 美元是利润最大化。这一情形可通过显示在图 4—9 右边的节点实线利润函数得到说明；而 1.00 美元是局部最大值，2.00 美元仍然是利润最大化价格。同样值得注意的是，局部利润也钉在 3.00 美元处。因而，当从上往下搜寻最优定价时，垄断者将面临类似的问题。

经验在这个价格搜寻过程中可能有助于垄断。考虑概述在表 4—4 下面四行的 Harrison，McKee，and Rutström（1989）实验。通过比较倒数第四行和底部一行，可得到经验效应：在使用模拟买者和成本递减的实验设计中，有实验设计经验的垄断者有效性价值平均为 0.78，与无经验参与者 0.44 的 M 值形成对比，但其他方面是相似的。有经验的垄断者同样比无经验参与者表现得更为同质，基于这一理由，作者得出这样的结论："这表明使用无经验被试的小样本观察值可带着怀疑的态度进行估量"（p. 90）。令人感兴趣的是，经验参与者的类型已经影响了他们的学习："在初始回合的多期形式的经验并不等价于返回并且第二次参加，尽管被试不得不在后者情形中面临新的成本和需求条件"（p. 89）。

Harrison，McKee，and Rutström（1989）也评价了成本函数形状的变化对于垄断定价的效应。表 4—4 下面三行数据的比较揭示了，当成本是不变或递减时，垄断者在向着垄断水平提高利润方面更为成功：递增成本的垄断 M 值是 0.09，递减成本的垄断 M 值是 0.78，而不变成本的垄断 M 值是 0.77。

总而言之，尽管策略性买者的保留和成本梯形的离散性质往往阻碍了垄断势力的完全使用，但是明码标价交易制度看似有利于实行垄断势力。实验设计经验和不变或者递减的成本条件，也有利于垄断势力的实行。

双寡头垄断

薄市场，特别是双寡头市场，如果市场的持续充分长的话，那么它也会产生合谋性的价格。例如，Alger（1987）在一系列极其长时间的市场中观察到了合作行为，其中的某些长达 150 个交易期。买者行为是模拟的，在这些长的双寡头中价格模式倾向于 U 形，初始价格向下跌至竞争性水平并随后增加，在许多时期之后往往向着联合利润最大化水平发展。阿尔杰（Alger）得出这样的结论，即短期回合的数据可能错误地呈现了绩效均衡市场的绩效。

　　Benson and Faminow（1988）在许多更短期（33～40 期）的市场中复制了阿尔杰的 U 形定价模式，在那当中价格空间受限于 5 个选项并且使用有设计经验的参与者。尽管数据中存在相当大量的变动性，但是数据更紧密地接近于无经验被试的竞争性（纳什）均衡，而非当他们是有经验时的情形。使用有经验的被试，在 12 个回合中有 6 个可观察到稳定的合谋利润，而另外两个回合在回合结束时从竞争性的预测结果向上分开并趋向于合谋的预测结果。因而，在不同回合（熟悉一个市场制度的形式）和回合之内（重复的形式）的双寡头垄断中看似产生了竞争性的价格。

寡头垄断

　　许多明码标价市场经验效应的研究已涉及双寡头。人们可能怀疑，在双寡头垄断中所观察到的 U 形定价模式将不会持续地出现在有更多卖者的市场当中，因为增加的卖者使得执行和维持默示合谋变得更为复杂。合理的竞争性结果在相对短的明码标价寡头垄断当中是普遍的，这无疑是正确的。例如，在表 4—3 所概述的所有研究中，只涉及 4～6 个卖者并且在 10 期或者 15 期之后产生很高的效率。从长的、多期的寡头垄断中得到的证据表明，定价的卖者数量的增加会减少合作性定价的可能性。例如，当 Alger（1987）把卖者从 2 增加到 3 或者 4 时，大约只有三分之一的回合产生合谋的结果。Kruse et al.（1990）报告了甚至更小的合谋结果。这些作者在一个故意设定的不稳定的实验设计中（在竞争性价格处卖者利润为 0）使用 4 个卖者和模拟的需求，构建了 15 个一系列的包含 60 期的明码标价市场。虽然价格并没有在竞争性的水平处稳定下来，但是在每一情形中平均价格接近于竞争性预测结果。重要的是，在这两个研究中，市场绩效通常是相对竞争性的，即使卖者利润在理论上的竞争性价格处非常低。[①] 自然而然地，可推测在竞争性均衡处提供给卖者合理的收益水平的长期明码标价回合中，价格将更有竞争性。正如在下一节将会看到的，这并不一直是正确的。在转向这一话题之前，我们回顾一下带有交流机会的实验的结果。

　　并不令人惊讶的是，在参与者之间的直接和明显的交流代表着一个

---

　　① 阿尔杰的实验设计类似于 Kruse et al.（1990）所使用的设计，从某种意义上来看，在竞争性的预测结果下收益要么为零，要么非常低（每期 0.05 美元）。值得注意的是，在阿尔杰的设计中从合谋所获得的潜在收益（相对）较大。在联合最大化价格的每期利润是 0.41～0.78 美元。

环境的特征，它已表明能够增加超竞争性价格发生的可能性，即使是在短期相对厚的市场。Isaac，Rameg，and Williams（1984）进行了一个实验，其中在每个交易的结束阶段给予卖者参与自由的价格讨论的机会。在8个市场中有7个价格明显地超过竞争性水平。然而，值得一提的是，即使是多个卖者能明显地进行合谋，但是与单个卖者相比，对于多个卖者来说很难寻找并且维持一个联合最大化的价格。合谋者所面临的困难，可通过再次考虑图4—9左边的梯形需求函数而看到。与单个卖者所不同的是，假设存在3个卖者，每个都有单个产品单位的容量和零成本。而且，假设有3个买者，每个人有一个产品单位。尽管联合利润最大化价格为2.00美元，但是人们可能预期3个卖者将会发现很难实行和维持将价格提升到1.00美元之上的计划，因为如果这样，每期他们中的一个将要离开市场。Isaac，Ramey，and Williams（1984）发现合谋的卖者集聚在这个"所有卖者进行销售"的价格处，7个情形中有6个具备这样的特征。

Friedman（1967，1969）报告了带有更加具有组织性的交流机会的实验。给予卖者完全的成本信息并且允许他们通过在一张小纸片上写字进行交流。每个卖者在序贯顺序下发送两个信息，然后标示价格。在大约四分之三的情形中可观察到合谋的结果。

反托拉斯学者也对更少的直接形式的交流感兴趣。例如，现在对于交易媒体的公共告知所导致的卖者交流的反竞争性效应已经有一些关注。Holt and Davis（1990）报告了旨在评价这一公告的一个实验。在每期开始之前，选择一个卖者给出建议的价格，这一价格向其他卖者（买者是模拟的）公开地显示。其他卖者随后同意建议的价格，或者不同意并且声明市场价格应该要么更高要么更低。对于卖者来说，引进做出无约束力的公开价格公告机会提高了市场价格。然而，这一效应是短暂的。在由霍尔特和戴维斯所报告的4个市场的每一个当中，卖者开始建议在价格极限附近标示价格，并且其他卖者赞同。但是至少有一个卖者不可避免地标示一个稍微低于所建议价格的价格。其他卖者通过荫庇在普遍的价格水平之下的方式在后面时期中做出反应。尽管所建议的价格仍然很高，但是它变成了无意义的市场价格指标，因为荫庇变得很普遍。[1]

---

① 对于经济学教授的工作市场也已经观察到相似的现象。每年秋天有一个调查，在那当中部门主管报告了即将到来的征募季节中他们所想要提供的起步薪水。许多教授会逐渐意识到所提供的工资高出所公告的水平几千美元。

4.5 市场势力

日益增加的实验证据表明，当一个或多个卖者拥有市场势力时，或者卖者能单方地操纵市场价格时，出现于供给曲线和需求曲线相交处的竞争性预测结果在明码标价市场中是很差的行为预测因子。[1] 例如，明码标价的垄断者几乎一直有市场势力。[2] 正如所看到的，垄断者并不是一直实行他们的势力，特别是当他们无经验的时候，当他们面对人类买者的时候，以及当他们有不断增加的成本的时候。然而，在没有市场势力的情形中也可观察到超竞争性价格：明码标价双寡头者频繁试图默示地进行合谋，特别是在长回合当中。这些观察值表明，市场势力并不是超竞争性定价的唯一决定因素。问题在于市场势力的影响效应是不是与其他决定因素相独立的。

当给予卖者市场势力的时候，从第 3 章综述中可发现在双向拍卖中有时可观察到超竞争性价格。Davis and Williams（1991）在 3.5 节所讨论的市场势力设计中进行了一系列类似的双向拍卖和明码标价拍卖。复制在图 4—10 左边图形中的这一实验设计，拥有这样的性质，即要么卖者 S1 要么卖者 S2，能够通过在市场中保留边际盈利的高成本单位从而对价格进行盈利性的操纵。[3] 这一保留将导致供给曲线向左移动，从而把竞争性价格 P_c 提高到更高的价格 P_p。

使用模拟买者的 4 个明码标价回合的平均合约价格路径在图 4—10 右边上面的图形中得到解释。[4] 为比较，使用人类被试的 4 个双向拍卖

---

① Holt（1989，1992）综述了这一理论。

② 市场势力也能够作为管制的结果而出现。例如，Kujal（1992）表明制定公司产量配额能给卖者提供提高价格的单边激励。

③ 在这一实验设计中有 5 个买者和 5 个卖者。小卖者 S3、S4 和 S5 的产品单位并没有在图 4—10 中强调，但是这些单位占用了总体供给曲线的空白空间。

④ 买者保留，或者是害怕保留，会影响这一实验设计中的市场绩效。Davis and Williams（1991）报告了使用人类被试的额外的 4 个明码标价市场。可在这些市场的其中 2 个观察到相当低的价格路径。在最具竞争性价格的回合中，单个买者非常成功地进行反保留。在第二个回合中，价格循环下降之后又上升。尽管在这一回合中不存在策略性买者行为的证据，但这一结果是与 Brown-Kruse（1991）的结果相一致的，他们得出这样的结论：对于策略性买者行为可能性的担忧一般能引导出保守性价格。具体来说，布朗-克鲁泽（Brown-Kruse）发现，使用人类被试的市场更迅速地收敛于竞争性水平。

的结果可在图 4—10 的右下方得到解释。在每一情形中，使用经验被试的回合用粗线表示，而没有加粗的线表示使用无经验参与者的回合。观察图形可以发现，双向拍卖市场的超竞争性价格在市场势力设计中是清楚的（正如第 3 章所指出的）。超竞争性价格也在明码标价市场中产生，但是在这一情形中市场势力有更大的效应：每一个双向拍卖回合的平均合约价格都位于 P_p 之下，而在每个明码标价回合的收盘时期价格都位于 P_p 之上。

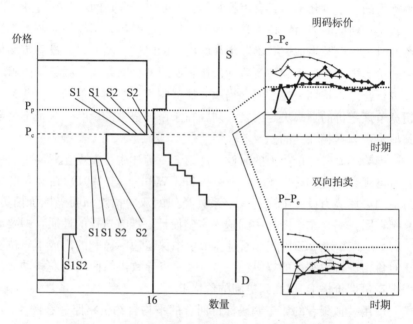

图 4—10 卖者市场势力实验设计以及 4 个明码标价和
4 个双向拍卖回合的平均合约价格

资料来源：Davis and Williams（1991）. 粗线表示使用有经验参与者的回合。

为什么在这一实验设计中可观察到如此高的明码价格？寻找解释的理论家通过计算纳什均衡价格将把这一情形作为一个伯特兰博弈进行分析。纳什均衡可能与竞争性均衡相一致，也可能不与竞争性均衡相一致。市场势力的一个可能解释在于，当两个均衡不同的时候，卖者接近于博弈理论的纳什均衡预测结果。然而，除了一些明显的例外，人们在没有识别出纳什均衡之前已经进行了多年的明码标价实验。对于市场势力效应的分析和其他实验类型的设计和评价来说，纳什均衡都是有用的。基于这些理由，在下一节中我们将在明码标价市场中讨论纳什均衡的分析。

一个更为精确的检验

Davis and Holt（1991）的后续实验允许更为直接地评价市场势力对于明码标价的效应。为进行可能的纳什均衡的计算，我们简化上面的市场势力设计。而且，为了从其他可能增加价格的因素（诸如卖者的数量，或者总供给和需求数组的形状）区分出市场势力的效应，控制这些替代性的因素是重要的。我们通过构建保持这些因素不变的替代性的设计，对可能的"数目"和"供给和需求"效应进行控制，但是其中市场势力是不存在的。

"没有市场势力"和"有市场势力"实验设计的供给和需求数组可在图 4—11 左边的上面和下面的图形中得到解释。值得一提的是，在每一情形中的总供给和总需求数组是一样的：作为一个群体，卖者可能提供 11 个单位以供销售。其中的 5 个单位每个花费 1.05 美元，而剩下的 6 个单位每个花费 2.59 美元。一个模拟的、价格接受者的买者是通过完全显示需求进行编程，即在 5.39 美元处或者以下购买 8 个单位，并在竞争性均衡价格 3.09 美元或者之下的任一价格购买 3 个额外的单位。每个实验设计有同样的卖者数量（5），并且卖者身份总是位于总供给曲线每一单位的下面。

这一实验设计不同的地方在于，产品单位是在卖者之间进行分配。在没有市场势力的设计中，正如在上面所解释的，给予每个卖者 S1、S2 和 S3 分别 3 个单位，而卖者 S4 和 S5 每个只有一个单位。由于在 3.09 美元之上的任一价格的 3 个单位是供给过剩的，所以在这一实验设计中并没有市场势力。在高于 3.09 美元的任一价格处，只需要 11 个单位中的其中 8 个。其中一个大卖者单边的涨价行动将减少那一卖者的利润至 0，因为买者首先购买其他卖者可获得的 8 个更低价格单位，并且将不愿意在竞争性价格之上购买第 9 个单位。基于同样的理由，小卖者价格的增加也将会导致零销售量。

在这一实验设计中最高的竞争性价格结果是纳什均衡，因为单边地增加价格也是不盈利的：整个市场容量是在 3.09 美元或者任一更低的价格处进行购买，因此价格的增加将只是对在 3.09 美元销售的盈利递减的单位产生效应。在这一纳什均衡价格处，卖者 S1、S2 和 S3 每个获得 3.04 美元；其中 2.04 美元是来自他们第一个单位（＝3.09 美元－1.05 美元）的销售，加上第二个和第三个单位销售所得的 1.00 美元

（＝3.09 美元－2.59 美元）。卖者 S4 和 S5 每个获得 2.04 美元。[①]

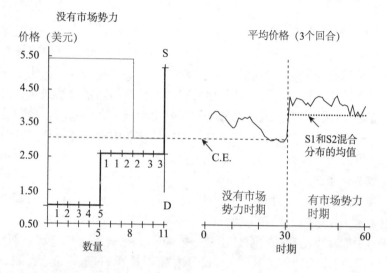

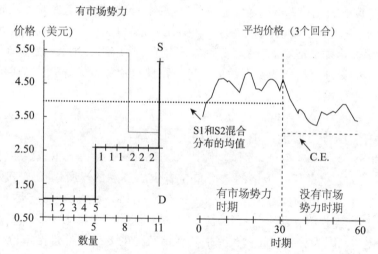

图 4—11　没有市场势力和有市场势力的实验局和平均价格序列

资料来源：Davis and Holt（1991）.

---

① 这一讨论之后我们可以得到的结论是：竞争性均衡是"强的"纳什均衡；比如，当价格从一共同的竞争性价格单边地增加或者减少时，卖者的利润事实上下降了。为进一步增加竞争性均衡的推断能力，戴维斯和霍尔特在研究中包含了 1.05 美元的低成本单位，以确保在竞争性价格处卖者有一个合理的盈利水平。这些特征被认为是必要的，因为在使用更简单设计的实验回合中的价格通常并不是趋向于竞争性价格，特别是当这一价格是一个弱的纳什均衡，或者当它产生更低的盈利时。

通过重新分配 S3 的两个高成本单位给 S1 和 S2，可在图 4—11 下面的图形中引进市场势力。在这一分配下，S1 和 S2 每人都有 4 个单位的容量，并且他们在竞争性的 3.09 美元处赚得 3.54 美元（＝2.04 美元＋0.50 美元＋0.50 美元＋0.50 美元）。然而，对于这些卖者来说，额外的容量使得单方的价格偏离变得有利可图。例如，因为买者为了得到 8 个单位，最高愿意接受高达 5.39 美元的价格，并且因为卖者 S2、S3、S4 和 S5 最多只能供给 7 个单位，所以卖者 S1 肯定能通过标价 5.39 美元的价格销售出一个（低成本）单位。从这单个单位的销售中所得到的利润是 4.34 美元（＝5.39 美元－1.05 美元），它超过了在竞争性价格水平处的收益。因而，在这一市场势力设计中，竞争性均衡并不是一个纳什均衡。

要确认在这一市场势力设计中不存在纯策略的均衡可能是乏味的，却是直观的，这可以从如下的方式得到。首先，注意小卖者 S3、S4 和 S5 并没有市场势力，这些卖者中的每一个将试图在 S1 和 S2 之下定价并确保他们单个单位的销售。因而，大的卖者将在需求交点 5.39 美元之下以及小卖者价格之上的某个区间价格为剩余的 5 个单位进行竞争。这一区间的上限为 5.39 美元，这不可能是一个纳什均衡，因为每个大卖者都有荫庇的动机，或者是以稍微低于另一个卖者的价格提供服务，以出售剩下 5 个单位中的 4 个。荫庇价格的动机依然存在于下限价格 p_{min} 之上的任一价格，在那当中，从所有 4 个单位的销售所得到的利润并没有大于确定的或者"安全的"4.34 美元的利润，后者可通过在极限价格处售出单位价格而获得。确定 p_{min} 的结果方程是：

$$3(p_{min}-2.59 \text{ 美元})+(p_{min}-1.05 \text{ 美元})=4.34 \text{ 美元}$$

从简单的代数运算可得到 $p_{min}=3.29$ 美元。p_{min} 也不是纳什均衡，因为在 p_{min} 的共同价格处存在着过剩供给，因而，S1 和 S2 都不会认为在 p_{min} 售出 4 个单位以使得盈利与安全盈利相等的做法是必要的。

市场势力设计的唯一纳什均衡涉及在 p_{min} 和需求交点的 5.39 美元区间的随机化。这一均衡涉及大卖者和小卖者的不同定价分布。附录 A4.3 讨论了这一均衡。出于表达的目的，值得指出的是，对于所有卖者，大部分价格密度函数的权重是在随机化区间的更低部分。大卖者随机化分布的平均值是 3.88 美元。

我们在这些有市场势力和没有市场势力的设计中进行了 6 个回合。

参与者都是有经验的。[①] 每个回合由 2 个 20 期序列所组成，其中一个序列在势力实验局中进行，另一个序列在没有市场势力的实验局中进行。为了控制可能的顺序效应，没有市场势力的实验局在前三个回合首先出现，而在剩下的三个回合中最后出现。

图 4—11 右边的两个图形概述了这一实验的结果。在每一个图形当中，虚的垂直线表示实验局的变化。虚的水平线表示竞争性价格（在没有市场势力设计的纳什均衡中）。点的水平线代表大卖者混合分布的均值（在市场势力的设计中）。上面的图形表明三个回合的平均价格，在那当中没有市场势力的实验局最先出现，而下面的右边图形显示了三个回合的平均价格，在那当中有市场势力的实验局先出现。额外的市场势力明显地使价格上升，而不管实验局序贯顺序如何，当出现市场势力时，平均价格显著更高。更重要的是，图 4—11 右边的图形也有证据表明，在市场势力实验局中参与者并没有使用随机化分布的均衡。与此相反，平均价格相当一致地超过混合分布中的平均值，这表明默示的合谋可能是市场势力的结果。

Davis，Holt，and Villaml（1990）的实验，以及 Kruse et al.（1990）的一个非常不同的设计，均产生了一个相似的结论：静态纳什均衡预测似乎比明码标价市场中的竞争性预测结果有更大的推断能力。市场势力的出现是纳什预测和竞争性预测出现差异的一个重要理由，并且即使是在出现市场势力的相对厚的明码标价市场当中，还是会产生持续的超竞争性价格。尽管静态纳什均衡预测结果超过了其他替代方法，但是当预测涉及随机化时，纳什均衡并不是完美的行为预测因子。[②] 具体而言，卖者有时能够默示地进行合谋，并且在由纳什（非合作性地）均衡产生的平均水平之上提高价格。而且，成本和估价梯形的多重性常常阻碍了在许多"正常的"市场设计中纳什均衡的计算。

4.6 垄断势力的管制和限制

在集中或者垄断的明码标价市场中，给定价格能上升到竞争性水平之

---

① 程序对于这些明码标价市场的标准偏离，更好地匹配了博弈理论均衡预测的潜在信息假设。具体而言，提供给卖者有关成本和需求条件的完全信息，并且告知他们时期的个数。所有的回合都是计算机化的。

② Holt and Solis-Soberon（1990b）形成了明码标价市场中计算纳什均衡的一般方法。

上，自然而然会考虑可能限制市场势力的机制。直接的管制控制是对垄断的传统反应，但是最近的兴趣在于更为分散化的替代方法。第一部分回顾执行这些分散化管制计划的实验。第二部分回顾的实验旨在评价在管制垄断势力的过程中潜在竞争是与实际的竞争一样有效的观点。最后的部分考虑相反的命题，即尽管存在着潜在的竞争，一个激进的卖者是否能以掠夺方式定价以确保一个垄断位置。因为在反托拉斯的情形中掠夺性定价很难会有档案记录，对于能否在实验中观察到它，人们有着很大的兴趣。

分散化管制命题

回报率管制是对垄断定价最为标准的反应，通常一个管理机构会检查垄断者的运营成本然后建立一个足以提供资本投资的合理回报率的价格。这一管制类型形成了明显的激励问题：一个理性的垄断者将试图夸大成本和利息基础。但是即使是除了这些激励问题之外，回报率管制至多也就是平均成本定价，因为它没有涉及补贴，并且企业也不会被迫在损失处进行生产。在"自然"（成本递减的）垄断中，这形成了额外的无效率，因为它不能引导边际的、低成本单位的销售。

成本递减的垄断者的管制者所面临的问题可由图 4—12 的左边图形得到解释。不会导致损失的最低管制价格是 p_c，因为在任一更低的价格处平均成本超过平均收益。但是导致的数量 q_c 是无效的，因为在这一数量水平处价格超过了边际成本。有效的数量 q_e，是由需求曲线和边际成本曲线确定的。与 q_c 相联系的效率损失在图 4—12 中可用由 q_c、边际成本曲线和需求曲线所围成的三角形进行解释说明。

给定苛刻的信息要求和回报率管制的内在无效性，对于替代性的管制计划存在大量的研究兴趣。Loeb and Magat（1979）通过承诺在垄断者所选择的价格处支付一个等于可获得马歇尔消费者剩余的补贴，提出了一个监管者引导有效结果的机制。从图 4—12 左边的图形来看，管制措施支付的补贴等于在需求曲线和所选择的价格之上的面积。例如，给定选择的价格 p_m，管制将支付的补贴等于由 p_m、需求曲线和纵轴所围成的三角形面积。因而，每一数量的总剩余（补贴加上销售剩余）是在那一数量左边需求曲线下面的面积。这一支付使得利润最大化垄断者考虑消费者剩余。对于每个生产单位，垄断者产生了由 MC 曲线所确定的额外成本，因而，任一数量的总成本正好是在 MC 曲线下面那一数量水平左边的面积。[①] 从这些观察结果可得到，任一数量水平的利润是在需

---

① 为简化，在讨论中忽略固定成本。

求曲线和那一数量左边的边际成本曲线之间的面积。这一利润可由挑选价格 p_e 和生产产量 q_e 而实现最大化。若在 p_e 之上、q_e 之下的任一价格水平上生产，那么将不得不放弃阴影部分利润的一部分面积。因而，补贴有使得垄断者事后补贴的边际收益与市场需求曲线相对应的效应。本质上，罗卜-马加特程序通过允许垄断者进行完全价格歧视从而消除了福利损失。

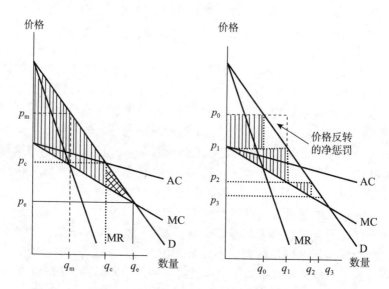

图4—12　罗卜-马加特（Loeb and Magat）和费因辛格-福格尔桑
（Fingsinger-Vogelsang）管制机制

Harrison and McKee（1985）表明，当给参与者提供完全需求信息时，罗卜-马加特机制在实验室中运行良好；价格被降至有效水平。这可从表4—5中看到，它概述了对于未管制垄断、在罗卜-马加特程序下管制的垄断以及竞争的自然垄断（将在下一部分进行讨论）中所观察到的 M 值。表4—5中标示为罗卜-马加特管制的一列显示了这一机制产生了负的 M 值，这表明垄断者是接近有效性。具体来说，他们提取了更低部分的本应由"竞争性"生产者（例如，设定价格等于平均成本的生产者）所提取的租金。[①] Harrison and McKee（1985）也发现，通过

---

① 在自然垄断中，不能预期到价格竞争会导致边际成本价格（它将产生损失）。平均成本价格作为不会产生损失的最低统一价格，可普遍作为一个参照点。对于成本递减的情形，平均成本价格可用于计算在垄断 M 值公式中的"竞争性"利润。

让潜在垄断者为成为垄断者而竞价，能够消除由这一机制产生的大量补贴。[①]

表 4—5　　在成本递减垄断中的垄断限制机制对于垄断有效性的效应

	M 值		
	垄断	罗卜-马加特管制	竞争市场
Coursey，Isaac，and Smith（1984）	0.56*		0.02*
Harrison and McKee（1985）	0.72	−0.36	0.09
Harrison，McKee，and Rutström（1989）	0.78	−0.24	0.06

　＊ 表示人类被试。所有的回合都使用有经验的被试。

　　尽管对成为一名垄断者权利的拍卖可能减轻罗卜-马加特机制下转移给垄断者的剩余，但这一机制是不切实际的，因为在它的假设中，管制机构拥有充分的信息精确地计算剩余基础上的补贴。Finsinger and Vogelsang（1981）提出旨在减少这一信息负担的修正。在修正的机制中，补贴是一个近似的马歇尔剩余，它是在观察到的价格和数量基础上进行计算。让 p_0 和 q_0 表示在规则实行前由垄断者所收取的初始（超竞争性的）价格和数量。而 p_t 和 q_t 表示在时期 $t=1$，2，…所需求的价格和数量。首先考虑价格减少的情形。在时期 1 的补贴是 $q_0[p_0-p_1]$，它是一个与所减少的价格成比例的回报。这是一个在所有后续时期中支付的永久性回报。每个后续时期中的补贴是前面价格减少的回报，加上当前减少的价格的数量权重的价值。例如，对于从 p_1 下降至 p_2 的价格，时期 2 的补贴增加至 $q_0[p_0-p_1]+q_1[p_1-p_2]$。

　　按照所观察到的价格/数量组合所提供的补贴效应，可在图 4—12 的右边进行解释说明。渐进性地选择更低价格的临时序列产生了一个逐步分解的近似的需求曲线。正如在罗卜-马加特机制当中，在边际成本曲线和近似的逐步分解的需求曲线之间的差距是利润。这一差距可通过图 4—12 右边的阴影部分面积进行表示。这一机制诱导出有效的产量，因为对于在 p_e 之上的任何价格，一个序贯的价格减少形成一个另外的小利润三角形。更为重要的是，机制有着额外的特征，它不需要需求曲

---

　　① 他们使用了旨在引导风险中性被试的显示性需求的第二价格拍卖，并且他们在一个风险中性的检验基础上提前选择被试。第 5 章将讨论第二价格拍卖的激励性质。

线的知识。而且，正如通过比较图4—12左边和右边的阴影面积可看到的，与罗卜-马加特机制相比，依赖于价格"梯度"规模的补贴和利润都相当低。

实行这一机制相关的潜在问题在于，一次价格上升会导致一个必须在未来所有时期进行支付的罚金。通过考虑一个价格减少之后紧跟着一个同等的价格增加就可看到这一效应。例如，在图4—12中，从 p_0 到 p_1 的价格减少产生了（p_0-p_1）q_0 的补贴报酬。如果垄断者反转这一减少的价格，那么补贴会消失。但是损失更加完全，从 p_1 向 p_0 的增量减少了（p_1-p_0）q_1 的补贴。从价格降低所得到的收益和从价格增加所得到的惩罚的差距，产生了一个净惩罚（p_1-p_0）（q_1-q_0），或者是图形中标示为"价格循环变化的净惩罚"的面积。一般来讲，当价格一直下降时，费因辛格-福格尔桑机制会发挥一种效应，这种效应会从下至上产生需求的阶梯状近似。然而，当价格是增加时，则会从上至下产生需求的阶梯状近似。这些近似的差距代表着价格循环中的永久性利益损失。

机制的这一不可饶恕的缺陷造成了 Cox and Isaac（1986）所使用的4个市场中的其中3个破产。不管垄断者是否给予需求曲线的完全信息，破产还是会产生。最近，Cox and Isaac（1987）对于价格增加的情形修正了费因辛格-福格尔桑补贴的计算。这一修正避免了由价格循环变化所造成的惩罚，即对于永久的价格增加会有永久的惩罚，但是对于倒转的价格增加则没有惩罚。使用这一新机制的所有10个市场均收敛于最优的（边际成本）定价结果。

总而言之，分散化管制计划表明，至少迄今为止在实验室中所考虑的具体环境中，明码标价市场中大量的承诺可作为减轻垄断定价问题的某种方式。在拥有需求信息的条件下，罗卜-马加特机制运行良好，并且能通过拍卖减少补贴报酬。在缺乏需求信息的条件下，费因辛格-福格尔桑机制的考克斯-艾萨克（Cox-Isaac）修正版本至少在一个成本递减的环境中产生了好的结果。这一修正的管理机制的未来检验将可能产生于更为复杂的环境当中。例如，给定明码标价拍卖对于需求一方调整的非常差劲的反应，在非平衡环境中评价管制计划的市场绩效，这是值得的。

潜在的竞争作为一个管制措施：市场可竞争性

自从 Clark（1887）强调潜在竞争的角色，并且提出在限制垄断定价方面它是否与事实上的竞争同样有效的问题之后，大约一百多年已经过去了。最近，竞争市场理论以强调沉没成本重要性的方式形式化了潜在进入效应。为评价市场竞争能力的替代性的实验研究设计条件，有必要回顾一下到目前为止实验检验所使用的单产品市场的特殊情形理论的必需条件。

Baumol, Panzar, and Willig（1982，p. 6）将一个竞争性市场的特征概括为：（1）存在至少一个潜在竞争者；（2）"潜在进入者在在位者企业的价格处评价进入的盈利性"；和（3）不存在进入或退出壁垒，并且具体而言，存在"打了就跑的进入"（hit-and-run）的可能性："这样的进入不需要害怕在位者企业价格的变化，并且如果当这样的反应确实发生，那么企业只需要退出"。因而，在那当中，可以没有沉没成本，在退出之后成本回报为零。主要的结果是，如果在位者企业是可持续性的，这反过来要求任何一家与在位者企业拥有相同成本函数的企业都不能以收取更低的价格和在这一低价位上满足所有或部分需求的方式获得利润，那么竞争市场才能处在均衡当中。在实验室中所考虑的成本递减、自然垄断环境中，任何均衡都必须涉及在位者选择特定的价格和数量以使得需求等于平均成本。对于单个市场的特别情形，价格等于平均成本的结果据说是拉姆齐最优结果。正如上面所讨论的，这一结果不能是完全有效的，因为效率涉及边际成本定价和弥补损失的补贴。对于竞争能力的依赖有其优势，因为此时并不需要需求信息和补贴。

竞争市场理论的正式论述并没有预测说平均成本定价的结果总是可以被观察到，但是这看似是理论的支持者的观点："即使它是由垄断者经营，一个竞争市场将只产生零利润并且提供给在位者拉姆齐最优价格的应用"（Baumol, Panzar, and Willig, 1982, p. 292）。具体而言，这一主张是，在没有沉没成本时，潜在竞争者与事实上的竞争一样好，并且即使是不会改变竞争能力的潜在进入者之间的水平合并，也不会产生损害效应。

Coursey, Isaac, and Smith（1984）进行了旨在评价竞争能力效应的一个实验。了解他们实验的供给和需求结构是有用的，因为这一设计的微小变化可用于下面所概述的所有实验。在图 4—13 中，边际成本和需求用粗线表示，边际收益用不加粗的线条表示，平均成本用虚线表示。给定离散成本和估价的梯形，边际成本和边际收益相交两次，正如在边际成本曲线的 x 处所显示的。在 P_m 处的虚水平线代表最低的垄断价格。在这一情景中，"竞争性价格"是拉姆齐最优定价，即在位者的

平均成本价格，发生在标示为 P_c 的平行虚线边界的区域。[①] 库西（Coursey）、艾萨克和史密斯通过增加与在图 4—13 中所显示的卖者成本相同的第二个卖者，在一个竞争市场中评价了 P_c 的推断能力。在图中值得注意的是，如果没有限制产量的合谋，那么单个卖者将会在 P_c 处耗尽需求。因而，在任一时期只有一个非合作性卖者获得利润。

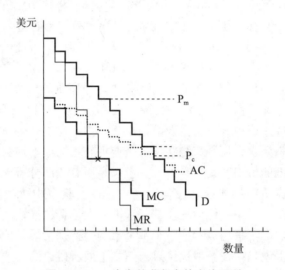

图 4—13　一个自然垄断者的定价预测

资料来源：Coursey，Isaac，and Smith（1984）.

　　库西、艾萨克和史密斯所报告的拉姆齐最优结果支配了竞争性市场：他们的四个双寡头实验导致竞争性价格结果，而另外两个实验表现出向下的价格趋势，其中最后时期的价格更接近于竞争性价格而非垄断价格。最后时期平均市场效率从垄断市场中的 49% 上升到竞争市场的86%。同时，正如表 4—5 的首行所显示的，不同的实验最后时期的垄断效率参数值平均是 0.02，它显著地低于基准垄断市场 0.56 的 M 值。Harrison and McKee（1985），Harrison，McKee，and Rutström（1989）观察到同样低的垄断效率参数值，正如表 4—5 第二行和第三行所概述的，即使在这两个实验中是采用模拟的买者。

　　如果理论对"小的"沉没成本的不完美性很敏感，那么竞争市场理论对于政策制定者几乎没有实践价值。Coursey et al.（1984）采用了

---

　　① 当然，边际成本曲线和需求曲线相交时的完全有效率结果，在这一设计中是不可持续的，因为这些曲线并没有在一个正的价格处相交。

图 4—13 中所显示的同样的成本递减结构，并且在一个 5 期运营许可证的性质中引进了沉没成本。这一许可证的价格为 2.00 美元，它小于理论上的垄断利润。开始时"在位者"被要求购买这一许可证，而位于市场外的卖者则赚得一个"正常回报率"。在一个具体时期之后，一个或者两个企业可以购买许可证，购买决策是独立做出的。（这是一个沉没成本，因为它在退出之后不能回收。）这一价格支持"弱竞争市场假说"，从这一意义上讲价格在所有 20 个回合中更接近于竞争性（拉姆齐最优）水平而非自然垄断水平，其中 12 个回合中有 6 个使用模拟的卖者，其余 6 个使用人类被试。但是价格实际上只在大约一半的回合中收敛于竞争性的水平，这可与 Coursey，Isaac，and Smith（1984）的没有沉没成本时三分之二的收敛形成对比。而且，并没有观察到单个卖者的竞争性自然垄断。如果给予他们机会，即如果市场没有终结，那么进入者在时期 6 进入所有 12 个回合，并且所有退出的卖者之后重新进入市场。尽管一直都是低价，但是 Gilbert（1989）认为，由于无效的许可证费用的重复，在沉没环境中观察到的进入是与竞争市场理论不一致的。（在实验中所使用的许可证费用能与产业市场中的真实沉没成本相对应。）

这些实验的一个主要批评是，要求卖者标示在整个交易期中都保持有效的价格，偏离了竞争能力的"打了就跑的进入"假设。Millner，Pratt，and Reilly（1990）通过采用标准标示要价方式的一个连续时间变体克服了这一困难。在这一"流动市场"制度中，卖者以一个标示的每秒比率提供产品单位。不存在时间时期的概念，所以卖者可能改变价格，并且买者在任一时间可能在卖者之间转换。在任何时刻，卖者也有撤出市场并且在"安全地带"中赚得一个不变的每秒回报的选择。流动市场更接于相应的"打了就跑的进入"而非标准的明码标价实践：在他们的设计中，有最低价格的卖者在所有情形中通常做出所有销售，并且从这一意义上来说即在位者。其他卖者能观察到价格并且决定是否在下面定价。因为一个在位者价格变化的概率在一个充分短的时间区域内基本为零，所以进入者能非常确定价格的减少将初始地捕获市场。此外，退出几乎是瞬间的。

流动市场回合的进行采用了类似于库西等人实验所使用的成本递减设计，并且使用了模拟的、连续时间买者。从一个代表性回合中所得到的数据如图 4—14 所示。30 分钟回合中的最后 27 分钟的平均交易价格序列显示在图 4—14 上方。值得注意的是，价格在最小可持续价格 P_c

与超过垄断价格 P_m 的水平之间循环。图 4—14 下方的图形解释了在 10~15 分钟的时间间隔中双寡头者的明码标价行为。虚线和实线分别代表两个卖者 S1 和 S2 所标示的价格。当一个卖者退出市场时线条断裂。正如图 4—14 下方所表明的，卖者准确实行他们"打了就跑"的能力。例如，在时期 10 开始时，在价格接近 P_c 处市场中只有 S1（用实线表示）。卖者 S1 将他的价格提高至 P_m 之上，这使得 S2 进入市场（用虚线表示）。为应对 S2 的进入，S1 降低他的价格至 P_m 之下，由此开始的一系列削价行为最终使得两个卖者都离开了市场。周期再次从 12 分钟开始，当 S2 再次进入时，设定一个如此高的价格，以至没有哪个单位能售出。[1]

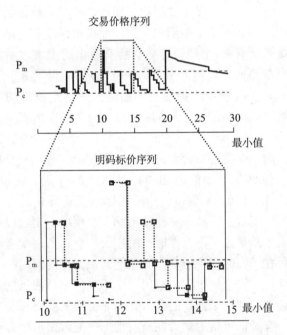

图 4—14　流动市场中成本递减的双寡头者的平均交易价格序列（上方）和代表性定价行为（下方）

正如图 4—14 所表明的，米尔纳（Millner）、普拉特（Pratt）和赖利（Reilly）没有观察到定价是竞争性的明显趋势。例如，在所解释的市场中，周期的频率随着回合的结束缓慢下来，并且价格向着 P_m 缓慢

---

[1]　值得注意的是，在图 4—14 上面的图形中，交易价格序列仍然断开，直到在 12 分钟之后价格下降至向 P_m。

下跌。在其他回合中，价格循环变得更不稳定，在出现小的调整成本或者感知性延迟时，价格循环可能接近于一种连续时间的非合作性随机化。[1] 在任一情况下，最小的稳定价格几乎没有表现出推断能力。

这一个循环的价格造成了市场绩效恶化。例如，可比较在库西等人实验中的两个竞争的双寡头回合和垄断回合的平均效率以及米尔纳、普拉特和赖利所观察到的结果，正如表 4—6 所概述的。从表 4—6 的前两行可看到，竞争能力毋庸置疑地改善了明码标价市场中的效率。[2] 与此相反，正如第三行和第四行所概述的，在流动市场中的效率非常低，其中有经验被试的平均效率与理论上垄断的效率并没有什么不同。[3]

表 4—6　　　　　竞争能力对于成本递减的明码标价市场效率的效应

	经验	效率＝（已实现的剩余/CE 剩余）		
		垄断下的预测结果	垄断下的观察结果	竞争市场的观察结果
Coursey, Isaac, and Smith (1984)	RX	60	49	86
Coursey, Isaac, Luke, and Smith (1985)	RX	60	—	82
Millner, Pratt, and Reilly (1990)	NX	50～60	55*	67*
Millner, Pratt, and Reilly (1990)	DX, RX	50～60	—	62*

* 表示模拟买者，NX 表示无经验的参与者，RX 表示角色经验，DX 表示设计经验。

考虑标准离散时间和连续时间流动市场实践的结果，我们认为竞争能力理论的修正是恰当的。离散时间明码标价实验的结果表明，存在一类环境，在那当中增加一个有同等效率的潜在竞争者能减少垄断效率至竞争水平。然而，在连续时间的流动市场所观察到的无规则的定价和低效率结果表明，理论所表达的环境可能并不是属于这类环境。具体来说，明码标价在整个交易期都保持有效的卖者承诺表明了，要在一个卖

---

① 从一个非常狭窄和令人感兴趣的意义上来说，这一不稳定的行为是与正式的竞争能力理论的"基本结果"一致的，即任一均衡必须是可持续的，至少均衡的概念可排除不稳定行为。

② Coursey et al.（1985）的效率是使用人类被试回合的平均值，并且他们回合所报告的 E 值排除了无效进入导致的损失，因此效率被高估了。

③ 和所有竞争市场实验的情形一样，效率计算中使用的竞争性均衡的基准是最大化总剩余的分配，它受限于没有企业遭受损失这一限制条件。因而，这一情形中的竞争性均衡对于在位者来说，涉及价格等于平均成本的条件。

者成本递减的竞争性市场中产生可持续的竞争性结果，某种刚性，诸如菜单调整成本等可能是至关重要的。

这一领域的其他实验能回答至今许多实验检验潜在假设的重要性的问题，例如，从市场的退出产生了零收益。与此相反，Millner, Pratt, and Reilly（1990）和 Brown-Kruse（1991）报告了潜在进入者能通过一直待在"安全地带"而获得一个正回报的实验。但是，即使停留在市场之外可以获得一个很大的却是决定性的、固定的报酬，仍然不能打击无效的进入，因为被试可能感受到一种"进入"的欲望而非"退出"。构建一个有趣的像市场一样的替代性的进入方法，可能打击无效的进入。与竞争性市场理论的政策内涵直接相关的实验是有价值的。例如，潜在进入者间的一个水平合并风潮不会对竞争市场的绩效产生任何效应，两者是否真的是不相关的？

掠夺性定价

掠夺性定价的存在是产业组织中更具有争议性的话题之一。许多但不是所有的人赞成：类似于新泽西州标准石油的一些公司已经卷入了某种掠夺性定价的行为，这种行为减少了掠夺者当前的利润，而且其合理性只能用之后的垄断收益预期来证明。然而，假如没有进入壁垒，很难相信这样的一个卖者为抵制进入而维持损失。基于这一理由，掠夺行为被认为是很少见的。因为通常很难记录掠夺的意图，而且即使是一个完全竞争性的企业也从不在边际成本之下定价，所以反托拉斯学者已经提议使用基于成本的检验。在掠夺情形中的论点往往集中于成本和利润/损失的度量指标上。实验室实验太过于简单，因而许多有关削价的非掠夺性激励的话题不能用其解决，诸如通过向下移动经验曲线减少成本以达到扩大市场份额的激励问题，因为这里的关键话题是，在自然市场中存在着学习曲线效应。[①] 另一方面，成本不一定要在实验室中进行度量，因而有可能观察到除了试图排除竞争者之外的其他那些并非最优的行为。

回想一下竞争市场实验涉及同质技术的卖者，即使利润被迫降至低水平，也不能观察到一个卖者主导市场。Isaac and Smith（1985）描述了一系列明码标价实验，在那当中，他们修正了早期竞争市场设计以使

---

① 但是有可能构建实验室激励，从而使得卖者的成本通过生产经验的累积而减少，并且在这一方式中，能在实验中评价学习曲线的效应（但并不是存在性）。

得两家企业能有效率地以竞争性价格存在于市场中。企业是对称的，其中一家在位者享受着更高容量、更低价格和弥补任一损失的更大的初始现金禀赋的显著优势。进一步地，虽然一个竞争性结果将涉及两个卖者，对于在位者来说存在着价格和数量极限的区间，通过在边际成本以下销售一些产品单位，就能阻止另一个卖者不能够在盈利点上售出任何一个单位。[①] 即使是在引进了试图越来越有利于此类定价的几个其他设计变体（例如，沉没成本）之后，也不能在任一市场中观察到这一性质的掠夺定价，因而这被称为"掠夺性定价的搜寻"[②]。最为普遍的结果是一个主导厂商的结果，即制定某个价格，通过从市场需求中提取进入者的供给，使在位者沿着剩余需求函数最大化其利润。这一结构对于单期市场博弈明显不是纳什均衡，并且这样的均衡也没有出现过。

后续的一系列回合对掠夺性定价实行了两个限制条件，这已在反托拉斯理论中提起过，禁止在位者进入两期后的数量扩张，以及禁止临时性的价格减少，即在位者在进入两期之后的价格减少不得不维持 5 期。这一政策的效应将会显著地提高价格并且降低效率。[③] 如果掠夺性定价是稀缺的话，那么带副作用的反掠夺性政策的执行将是不幸的，因而这些实验结果是重要的。

Harrison（1988）聪明地修改了 Isaac and Smith（1985）的设计，他用 5 个分开市场进行了一个简单的明码标价回合。有 11 个卖者，每一个只能进入市场一次。给予 7 个卖者每个市场同样的成本函数；这些企业无论是否进入市场，将有在艾萨克和史密斯设计中（低容量/高成本）的小企业成本函数。另外 4 个卖者在一个市场中是大企业或者在另外 4 个市场的任何一个扮演小企业。高容量、低成本结构与艾萨克和史密斯设计的大企业相匹配，并且在 4 个市场的每一个当中只有一个潜在的大企业；从这一意义上来说，每个潜在的大企业都有它自己的市场。每一个市场的需求是模拟的并与艾萨克和史密斯设计的大企业相对应。哈里森观察到大量的掠夺性定价的例子。在一些情形中，在市场中大卖者价格和数量的限制，是这一卖者将会承受损失的情形。哈里森甚至报

---

① 这些回合的进行是使用 NovaNet 执行明码标价。更为重要的是，这一执行做了相应的调整，它允许能产生损失的价格和产量选择。

② 艾萨克和史密斯并不排除其他情形中掠夺的可能性，并且他们提及非对称信息情境，在那当中，在位者可能会为形成一个声誉而在早期进行掠夺。

③ Holt and Solis-Soberon（1990a）在明码标价环境中分析了基于价格和数量的反掠夺性政策的理论效应。

告了小卖者在更有效的大卖者的平均成本之下定价。可能是由于融资的约束，哈里森的程序相当不一般：所有参与者是哈里森教学的学生，他们已经参加了 3 个不同但是相关的成本递减的明码标价市场，掠夺性结果的发生率可能受到教学课堂互动的影响。给定这些掠夺性定价的新奇结果，很值得在更为标准的条件下复制这一多市场回合的结果。[1]

总而言之，在简单的、从某些方面来讲非常有利于掠夺性行为的明码标价环境中并没有观察到掠夺性定价。而且，一些限制在位者的价格和数量反应的显著的反掠夺性命题，在实验室市场中可能会产生错误的效应。但是，提供一个有趣的替代性市场以作为掠夺的大本营，有时确实会得到掠夺性结果。

小结

所获得的实验证据确实并没有对这一节所回顾的三个话题中的任何一个提供确定性的答案。然而，在这一领域当中的研究提出了许多重要的问题。竞争能力在离散的、单产品环境当中控制垄断似乎相当有效。但是修正明码标价环境以更近似地实现"打了就跑的进入"假设似乎弱化了市场绩效。确实，这一结果提出了有关竞争能力的应用范围的问题。另一方面，垄断限制的分散化机制表明了一丝希望。未来在这一方面的努力应当在更为复杂的环境中解决市场绩效问题。最后，掠夺行为似乎很少见。在标准的、单产品的明码标价市场当中并没有观察到掠夺性定价。然而，在一个更为复杂的卖者可能在 8 个市场提供产品的环境当中已经观察到掠夺性定价。进一步开发多市场情形中的掠夺行为，是明显需要的。

4.7　结论

在这一章中概述的实验，解释了交易制度中的变化会影响到市场绩效的显著效应。明码标价拍卖使得买者和卖者之间的互动比双向拍卖情形中的更少。减少的互动降低了谈判成本。然而，这一节省的成本是以牺牲市场绩效的成本形式出现的。与可比较的双向拍卖相比，

---

[1]　Jung，Kagel，and Levin（1991）在非合作性博弈情形中观察到可解释为掠夺性的行为。这一类型的"信号传递"博弈将在第 7 章进行讨论。

明码标价市场更为缓慢地倾向于竞争性预测结果，并且它们倾向于从上面（如果真的发生）收敛于竞争性的价格预测结果，这意味着在调整过程中从消费者到生产者的剩余的转移。而且，即使是相对厚的明码标价市场，也对供给过剩条件以及对于未预期到的需求冲击的反应比较缓慢。

与前面所讨论的第 3 章的双向拍卖不同的是，这一章的主要部分集中于传统的产业组织和反托拉斯话题。垄断清楚地代表了明码标价市场中的行为问题；尽管他们通常不能够充分地运用他们的垄断能力，但是垄断者能够将价格提高到竞争性水平之上。在明码标价双寡头当中，当参与者互动充分长时期时，会频繁地出现默示的合谋行为。明码标价垄断更有竞争性，但是当给予卖者显著的市场势力或者明显的交流和合谋机会时，就可观察到超竞争性价格。

经济学家非常警觉自然垄断的直接管制的无效性问题，并且已经提出许多分散化（自动化的）管制机制。这些提议涉及产出增量的补贴方式，并且其中几个提议在实验室环境中看似运行良好。理论学家已认为，潜在的进入也能作为垄断管制的一个替代物而发挥作用。竞争市场结构实验提供了这一观点的显著支持证据，尽管通过单个竞争者将维持一个稳定的、竞争性的结果，但是并没有出现"打了就跑的进入"。

作为结束，我们提供一个有关这些结果的政策含义的谨慎评论。大量的各种市场在类似于实验室明码标价制度的交易规则下运作。然而，还有许多其他市场有着更为复杂的制度特征。[1] 例如，当生产过程涉及延迟时，卖者往往在销售之前就做出生产决策。Mestelman and Welland（1988）发现提前的、有约束力的生产决策严重地阻碍明码标价市场的"从上往下收敛"的特征。[2] 在进一步的研究中，Mestelman and Welland（1991a）发现，存货的可能性并没有消除这样一种趋势，即有提前生产的明码标价市场并没有比那些针对需求进行生产的市场更具有竞争性。

第二个从标准的明码标价拍卖中区分出许多市场的复杂性是秘密的、特定买者的折扣。例如，卖者频繁地为生产者产品和消费耐用品提

---

① 查尔斯·普拉特已经进行了可能比其他经济学家有更多直接政策含义的实验，并且频繁地进行了关注于某个特定自然市场的相关制度特征的值得赞许的工作。例如，可见 Grether and Plott（1984），Hong and Plott（1982），以及 Guler and Plott（1988）。

② 提前生产使得这些实验市场更有竞争性的观察结论有点令人惊讶，因为与设定价格的企业和为需求而生产的模型相比，理论上设定数量的（古诺）模型要产生更高的价格。

供秘密的、选择性的价格折扣。Grether and Plott（1984）报告了一个市场中近似竞争性的价格，其中价格是明码标示的但折扣是通过电话私下协商的。但是当给予一个买者的折扣必须给予所有人时（"最惠顾客待遇"条款），交易价格显著更高。[1] Davis and Holt（1990）开创了一个折扣可能性效应的研究。他们在一个少量卖者和很高购物成本的实验设计当中发现，折扣机会显著地增加了价格变化的结果。在一些例子中，卖者在明码标示价格和折扣的基础上进行竞争，而价格甚至比那些在没有折扣机会的可比较的明码标价回合中更低。在另外的情形中，卖者并不在标示价格的基础上进行竞争，他们主要使用折扣机会进行价格歧视。与在没有折扣的明码标价控制回合中所观察到的结果相比，这些市场产生了更高和更多变的价格。[2]

给定在发展的经济中自然演变市场的丰富和令人惊讶的复杂性，在这些方面还有许多待研究的话题。要点在于明码标价制度给双向拍卖提供了一个非常有用的比较基准，但是对于一些政策应用来说，标准的明码标价程序可能太过于简单。在这些情形中，使用那些能增加我们对市场过程理解的实验，将要求整合自然发生市场的其他特征。

附录 A4

A4.1 明码标价拍卖导语[3]

下一段之前应当插入双向拍卖导语附录 A1.1 的第一部分：导语的段落，"卖者导语"和"买者导语"。明码标价程序有时不同于双向拍卖程序，因而一些额外的考虑是重要的。首先，明码标价时期需要更少时间，但是在初始标示价格阶段可能有更多噪音。因而，修正附录 A1.2 的买者和卖者决策表以给予 10～15 时期，这是有用的。其次，在每一

---

　　① 这一解释是基于格雷瑟和普拉特的 ABNN 和 LAYY 实验局的比较做出的，进一步的讨论可参阅 Holt（1992）。

　　② 明码标价的另一个有趣变体涉及引进一个研发阶段。这一修正允许检验决定长期中市场结构变化的事件。可见 Isaac and Reynolds（1992）。

　　③ 这些导语采用了文献中普遍使用的内容，可见 Holt（1992）对措辞的讨论。

时期你将会收集并且归还卖者决策表，因而那些获得分配的卖者角色的被试将会坐在一个容易进出的地方，比如，通道旁边。通过安排卖者座位的顺序与他们的身份号码相对应，将决策表返还给正确卖者过程中的错误能够最小化。最后，用随机的顺序选择买者进行购物。基于这一理由，每个买者必须被指定下面提及的盘中的玻璃弹球的某种颜色。最后，值得注意的是，下面导语中的斜体材料可能对于具体交易行为太有暗示性以致不能作为一个研究实验，但是这一材料可以解决教学演示的问题。

交易规则

所有买者和卖者都有身份号码；在你的文件夹的决策表的上半部分已给出你的号码。我将通过宣布每个卖者都有两分钟时间选择一个价格并把它写在卖者决策表上正好位于当前时期那一列的时期数字之上来开始一个交易期。每个卖者只选择一个价格，因而一个卖者在一个时期中所做出的所有销售将是同样的价格（这与上面卖者导语的例子不一样）。在所有卖者已经选择好价格后，我们将会收集决策表并且把价格写在黑板上。卖者身份号码将在黑板上用于标示他们的价格。

在标示价格之后，将给予买者购买他们想要的任何东西的机会。买者竞价将以如下方式做出。每个买者在他或她的买者决策表上面的识别数字之后标示着一个颜色。我有一盘子五颜六色的玻璃弹球，我将会把它举在头上并按顺序抽取颜色（没有放回）。用这种方式所选择的第一个买者将要求指示一个卖者身份和一个所需要购买的价格数量。被选择的卖者随后申明他或她想要销售的数量，从而接受买者竞价的任意部分。如果第一个被选择的卖者不售出买者想要购买的所有单位，那么买者可自由地选择第二个卖者，并依此类推。

当第一个买者已做出所有所需要的购买时，将从盘中抽取另一个弹球，而由第二次抽取的颜色所表示的买者将以同样的方式做出竞价。这一过程将持续到所有买者都有机会做出购买的决定为止。这就完成了一个交易时期。我们将通过让卖者提交新价格的方式展开一个新交易时期的市场，并且重复这一过程。

〔例如，假设有两个买者，B1 和 B2，并且两个卖者 S1 和 S2，他们分别选择 165 和 250 的价格。然后这些价格将以如下的方式写在黑板上。

卖者	S1	S2
价格	165	250
买者		
买者		

假设 B2 是第一个被选择购物的买者，并且这一买者表示想要从卖者 S1 处购买两个单位，但是卖者 S1 只同意售出一个单位。那么 B2 可以要求从另一个卖者处购买。如果 S2 同意售出一个单位，那么黑板上将出现如下形式：

卖者	S1	S2
价格	165	250
买者	B2	B2
买者		

当 B2 完成所有想要的购买时，可选择另一个买者。假设下一个买者 B1，想要从卖者 S1 购买两个单位，而卖者 S1 已售完产品。那么 B2 能从卖者 S2 购买单位。如果 S2 只同意销售出一个单位，那么黑板将显示为：

卖者	S1	S2
价格	165	250
买者	B2	B2
买者		B1

因为在这一例子中只有两个买者，当 B1 完成购物时，时期结束，然后再给予卖者 2 分钟选择下一期的价格。]

除了竞价和他们的接受之外，希望你不要与任何人交谈。

（下面宣读 A1.1 的"程序的细节和概述"，紧接着如下：）

开始回合

每个卖者现在选择第一期的价格。在时期号码之上和术语"交易时期"之下空间处的时期 1 的一列中写下这一价格。这时候不要在除了时期 1 一列之外的任何其他列中写下任何内容。每一个后续时期的价格将在那一时期的开始时做出。

（在所有的卖者已做出价格选择之后，收集卖者决策表。实验者将检验以确保每个卖者都在那一时期号码之上记录了单个价格。一旦检查了所有价格，卖者的价格将写在黑板上他们身份号码的下面。然后，随机地选择一个买者并且给予做出购买的机会。买者以如下提示的方式进行竞价。）

所选择的买者是_____。如果你想要做出购买，请告诉我卖者的号码以及你想要购买的单位数量。卖者_____，你想要销售多少单位？

（在做出第一个合约之后，但并不是在做出后续合约之后，宣读下面的段落。）

这时请签订这一合约的买者和卖者计算他们的收益。

——如果已销售出一个单位，宣读：这个买者和卖者现在已完成他们第一个单位的交易，并且对于他们来说，相关价值和成本是时期 1 的第 2 个单位。

——如果已售出两个单位，宣读：买者和卖者已完成了这一时期的交易。

你们剩下的人仍然考虑在时期 1 那列你的第一个单位的销售和购买。请记住，当你做出一个合约时，你在当期向下移动一栏到你的第二个单位；你并不是在不同行之间移动，除非开始下一个时期。

（在第一个买者已做出所有所需要的决策之后，选择另一个买者并且重复过程。在所有买者已经做出购买的机会后，宣读：）

时期 1 已经结束，你应当加总所有交易单位的收益并把这一总数填入这一时期行（7）的一栏。如果你不购买或者销售一个产品单位，那么那一单位的收益为零。当黑板上记录了所有的交易价格之后，我们将尽快地擦去黑板上的数字。这时，我们中的一个人将会走到你桌子前检查你的计算结果。请不要与任何其他人交谈。你若有问题，请举手示意。

（在最后时期之后，宣读第 1 章 A1.1 的"结束回合"。）

A4.2　计算机实行明码标价的导语

这些明码标价导语是摘自由戴维斯编写的供个人计算机网络化使用

的 Turbo-Pascal 程序。例子中所使用的价格和成本参数以及一些假设的价格，是随机地从区间［0.00 美元，9.99 美元］抽取出来的。用于产生这些随机数的分布和约束细节如需要可索取。随机参数通常将因不同被试而不同，因不同回合而有所差异。在下面的导语中，强调了随机化产生的参数。当一直顺着导语进行时，要求被试做出价格和数量选择。在下文中，我们有时选择一个决策以产生通常的警示信息。被试所做出的决策将在括号当中以黑体的形式出现，例如，（决策：**3.44 美元**）。

这些导语是以窗口的形式呈现给被试，在屏幕的窗口中显示了与那些在市场中所使用的同样结构的内容。下面导语中的每一段与屏幕上的一个新的文本窗口相对应；段中的句子只有被试按下 ENTER 键之后才会出现。

这一附录有意传达互动的计算机化导语的好处。这些好处的其中一些不能用白纸黑字进行解释说明，因为很难描述许多有助于理解的显示在屏幕中的颜色信号、光标移动以及图形特征。

导语

这是一个经济学市场决策实验。自然科学基金为这一项目提供了资金支持。在这一实验中，通过你自己的决策和其他人的决策，正如在下面导语中所描述的，你的收益将会随之确定。因此，你需要仔细地阅读这些导语，这是非常重要的。

你所获得的收益在实验结束之后将立即以现金的形式私下支付给你。

在这一实验中，你们中的一些人是卖者，一些人是买者。初始时卖者有生产一个或多个产品单位的能力。

卖者

价格	单位成本	利润（价格—单位成本）
3.06	2.31	0.75
	3.99	

例如，在箱形中［上面］的卖者有生产两个产品单位的能力。卖者为他们销售的每一单位支付一个生产成本。在这一情形中，对于第一单位的生产成本是 2.31 美元，而对于第二单位则为 3.99 美元。每个卖者的成本信息是私密的并且不应当向任何人透露。

卖者的收益是由产品的价格和生产成本的差距确定的。假设第一单位的产品价格是 3.06 美元。那么销售第一单位所获得的收益将是 0.75 美元。另外单位的收益以同样的方式进行确定。

现在考虑买者的收益［下面，下一页的上方］。初始时买者有购买一个或多个产品单位的能力，并且对于他们购买的每个产品单位，他们获得一个货币报酬。

例如，在上面箱形中的买者有购买两个单位产品的能力。第一单位价值 5.54 美元，而第二单位价值 4.08 美元。每个买者的价值是私密的并且不应透露给其他人。买者的盈利将通过那一单位对于他们的价值和价格之差进行确定。假设第一单位的市场价格是 3.06 美元，那么购买第一单位所获得的收益将为 2.48 美元。其他单位的收益以同样的方式进行确定。

买者

单位价值	价格	利润（单位价值－价格）
<u>5.54</u>	<u>3.06</u>	2.48
4.08		

重要的是，在上面例子中所使用的成本、估价和价格是随机产生的。在这些导语中所使用的所有成本和估价也将是随机产生的。除了所有的数字是在 0.00 美元和 9.99 美元之间的这一事实之外，你在这里所看到的成本和估价之间的相似性，以及你或者其他任何人在实验中所面临的成本或估价是完全同时发生的。

现在考虑在今天实验中显示的买者和卖者屏幕。卖者屏幕非常类似于［下面］的这一显示内容。然而，在实验中，卖者可能能够提供比这里所显示的 2 个单位还要多的产品。

单位	价格	单位成本	利润
1		2.74	
2		4.80	

S1 时期 1
等待一个新的交易时期的开始。

注意你屏幕下方的信息栏。信息显示卖者正在等待一个新的交易时期的开始。

同时值得注意的是信息栏中的［阴影］边缘。前两个字母显示在这一实验中的卖者标识为卖者 S1。这一实验被划分为一系列交易时期。你现在所看到的是在交易时期 1 开始时显示的卖者屏幕。

单位	单位价值	价格	单位盈利	
1	6.30			
2	4.57			

B2 时期 1
等待一个新的交易时期的开始。

现在我们转到交易时期 1 开始时买者［上面］显示的屏幕。在交易开始时买者的屏幕非常类似于这一显示。与卖者一样，买者可能有机会购买多于显示的两个单位。注意屏幕下方的栏目。它表明一个新的交易时期即将开始。同时注意，信息栏上面是［阴影］边缘。在这一边缘部分的前两个字表示在这一例子中的买者标示为买者 B2。

现在考虑在今天实验中所发生的交易和所确定的价格。在下面的解释中，将给予你做出买者和卖者所面临的决策的机会。然而，在这一实验中，你将要么是一个买者，要么是一个卖者。

首先，卖者设定价格。为了显示这一点，我们看一下卖者 S1 的屏幕［下面，下一页的上方］。注意到屏幕下方的标示价格信息。这表明标示价格序列已经开始。要求卖者标示一个定价。卖者可能在 0.00 美元和 9.99 美元之间标示任何一个价格。然而，正如上面所解释的，卖者通过在大于成本的价格处销售而赚钱。卖者同时选择一个数量限制。这一数量限制代表卖者在卖者的定价处所乐意销售的最大数量。卖者可以尽可能地提供他们可能提供的产品单位。然而，如果定价并不超过所有供给单位的成本，那么卖者可能损失盈利。

现在我们将实行实际上所标示的一个定价和数量。你将注意到在屏幕下方要求卖者："请选择这一期的定价并按下 ENTER。"现在就这么做

（决策：**4.50 美元**）。按 r 进行重新选择，或者按 c 继续（决策：c）。①

单位	价格	单位成本	利润	
1	4.50	2.74		
2		4.80		

S1 时期 1		
标示价格。请选择一个定价并按下 ENTER。		定价：**4.50 美元**
		数量：
按 r 进行重新选择，或者按 c 继续		

你可能在 4.50 美元提供 1 单位而获利。输入你想要提供的产品单位数量，并且按下 ENTER（决策：**1**）。②

在做出价格和数量决策之后，卖者在屏幕下方［下面的］收到等待信息。在实验中，卖者一直等待，直到所有卖者标示出价格。为继续这些导语，请按 ENTER。

在这些不同部分导语的屏幕下方，你将会看到各种各样的"等待"信息。尽管一个买者或一个卖者将在这一实验的这些点进行等待，但是在这些导语中并不需要等待。为了继续导语，请直接按 ENTER。

卖者	S1		S2	S3	S4	S5	你以 4.50 美元
价格	**4.50**		*.**			*.**	售完 1 单位
单位	价格	单位成本	利润				
1	4.50	2.74					
2		4.80					

S1 时期 1
等待另外的卖者以完成标示价格决策。

---

①　对于不能盈利的价格将给出警告。例如，标示 2.00 美元将产生下面的反应。警告：你以 2.00 美元销售任一单位将不能盈利。你必须收取至少 2.74 美元才能获得任何一个利润。

②　参与者可自由地提供不盈利的产品单位，但是将会收到一个警告。例如，如果卖者 S1 在导语中在选定 4.50 美元的价格后选择数量 2，那么下面的信息将会出现在屏幕上：

警告：在你标示的定价处，你销售出产品单位后将会遭受金钱损失。

1. 按 c 确定你的选择，或者按 r 进行重新选择。

同时，不管选择怎样的初始价格，在这些导语中，让卖者只供给单个单位（这样就能观察到库存耗竭）是有用的。因而，每当 0 或者 2 个单位被提供时，下面的信息都会出现：你已选择提供 0［2］个单位。在实验中，你可自由地提供这一数量或者任意允许的其他数量。然而，对于这些导语来说，假设你只提供 1 个单位。

其余卖者的定价和数量决策出现在卖者屏幕的左手边。对于其他卖者，可获得的卖者决策的信息显示在卖者屏幕的右上方。

我们现在转向买者 B2 的显示屏幕［没显示在这里，但是类似于上页显示的 S1］。注意，卖者 S1 标示的价格会显示在买者 B2 的屏幕上。买者看到所有卖者标示的定价。在今天的实验中将有 1~5 位卖者（以及 1~5 位买者）。在这一例子中，有 5 个卖者和 5 个买者。

现在我们转向卖者 S1 显示的屏幕［上页］，看一看 S1 所收到的其他卖者完全的明码标示决策的信息。

其他卖者的价格用灰色标示。正如你在上面所看到的，卖者 S2 和 S5 已完成价格和数量决策。卖者在做出他们自己的价格和数量标示之后将能看到其他卖者的定价。在实验中将出现实际的价格而非 *.**美元。[1] 同时，卖者的数量决策是私密的，并且既不向买者也不向其他卖者显示。

我们现在转向为买者 B2 显示的屏幕［未显示出来］。买者 B2 现在能看到 S1、S2 和 S5 所选择的价格。B2 正在等待 S3 和 S4 完成标示价格。我们再次转向卖者 S1 的屏幕［上页］。

当所有卖者已完成标示价格时，买者开始一个购物序列。卖者在屏幕下方的蓝色栏里收到信息［上面写着："购物序列，请耐心等待"］。在实验中，卖者一直等到他被一个买者所选中。为继续这些导语，请按 ENTER。

再次值得注意的是，从 B1 到 B5 的买者身份将列示在卖者屏幕上［未显示出来］。在购物序列中，买者将再次在下面出现的这些身份号码中进行购买。

买者安置在一个等待的状态中，然后随机地选择，每次只选择一个进行产品单位的购买。而不被选择的卖者会等待，他们在屏幕下方收到信息。［未显示出来，信息写着：另一个随机选择的买者正在购物，请耐心等待。］为继续这些导语，请按 ENTER。

当一个买者从等待状态进入购物时，买者的屏幕变为［下页］显示的方式。穿过第一单位并横穿屏幕的水平条形［用加粗进行强调］，表明买者 B2 正在为第一单位进行购物。

---

① *.**美元的表示方式用于避免向卖者暗示应当选择一个大于或小于其他人预期价格的价格。

			卖者：	S1	S2	S3	S4	S5
			价格：	4.50	*.**	*.**	*.**	*.**
单位	单位价值	价格	单位盈利					
1	<u>6.30</u>			4.50				
2	<u>4.57</u>							

B2 时期 1
通过挑选卖者 1、2、3、4 或者 5 做出购买决策，或者按 q 退出。

正如屏幕下面所显示的信息，买者通过按合适的键选择卖者 1、2、3、4 或者 5 进行购物。尽管在实验中买者可能选择从任一合适的卖者处进行购买，但是出于导语解释的目的，从卖者 1 购买通过按键盘上的 1 实现。现在就这么做（决策：**1**）。

值得注意的是，买者计算的单位盈利，以及买者做出是否购买下一个单位的决策，在这一例子中是单位 2，它可通过穿过卖者屏幕的第二单位的箱形进行［在上面的表格中用加黑的方式进行强调］。

我们现在转向卖者 S3 的屏幕［未显示出来］以显示对一个卖者在合约中结束谈判序列的方式。类似于买者，记录交易，计算卖者利润。卖者现在等待第二产品单位的销售。

			卖者：	售光	S2	S3	S4	S5
			价格：	<u>4.50</u>	*.**	<u>4.50</u>	*.**	*.**
单位	单位价值	价格	单位盈利					
1	<u>6.30</u>	4.50	1.80	<u>4.50</u>				
2	<u>4.57</u>							

B2 时期 1
通过挑选卖者 2、3、4 或者 5 做出购买决策，或者按 q 退出。

我们现在返回买者屏幕［上面］。买者可在任何时间结束。如果买者已经购买了所有可能的产品单位或者已经与所有合适的卖者进行了购物，那么将从等待状态中选择另一个买者开始购物。假设 B2 决定继续

购物。那么将要求从可获得的卖者（在这一情形中是 2、3、4 或者 5）挑选一个。看屏幕的最后一行，注意到卖者 S1 将不再可获得。

假设巧合的是，卖者 3 正好标示出与卖者 S1 同样的价格。尽管在实验中一个买者可从任何一个合适的卖者处选择购物，但是出于导语的目的，通过按键盘上的 3 从卖者 3 进行购买。现在就这么做。［这一导语现在回到卖者屏幕并且通过这一点进行下去。］

导语概述

收益。买者和卖者以对称的方式获利。

——买者：每个买者有单位价值的私人赎买价值。除了买者，没有其他任何人看到买者的具体价值。买者获得他们单位价值和价格的差额。

——卖者：每个卖者都有单位产品的私人单位成本。除了卖者自己，没有其他任何人看到卖者成本的具体信息。卖者获得价格和他们单位成本的差额。

制度细节。实验划分为一系列交易时期。每一时期进行如下：

1. 标示价格：当买者处于等待的状态时，卖者标示定价和数量。在做出一个价格和数量标示时，卖者显示在一个定价处售出标示产品单位。然而，单位产品可能以低于定价的价格售出。同时，除了标示的卖者之外，没有人知道标示的数量。

2. 购物：从等待状态随机抽取买者，每次抽取一个，并给予其做出购买的机会。买者持续购物直至他们无法获得产品单位、无法找到合适的卖者，或者想要停止。随着每个买者完成购物，从等待模式中随机抽取另一个人。当所有买者都已有一个购物的机会，或者当所有的卖者售光所有单位时，时期结束。

这一过程结束了导语。选择其中一个字母：

a. 回顾买者和卖者确定收益的方式。

b. 回顾卖者标示价格的方式。

c. 回顾购物序列。

d. 看一下导语的概述。

e. 退出导语并开始实验（决策：e）。

问题回顾。在开始实验之前，我们要求你们回答下列问题。你的答案不会被记录。在你回答之后，将会提供正确的答案和解释。如果不清楚其中的任一个解释，请举手示意。

1. 假设你是将选择你的价格的一个卖者。你能否在你所选择的价格之前看到任意其他卖者的价格？对于肯定答案请按"y"，否定答案请按"n"（决策：**y**）。

不正确：卖者只有在他们已经做出定价决策之后，才能看见其他卖者标示的价格。

2. 假设你是一个卖者，除了最后一个单位之外，你已经售出了你所能做出的数量限制选择的所有其他单位。买者是否知道你只剩下一个单位？对于肯定答案请按"y"，否定答案请按"n"（决策：**n**）。

正确。买者和其他卖者都不能够看到你的数量限制或者你还剩下的单位数量。然而，如果你已经售出所有单位，一个"售完"信息将会在买者的（但不是在其他卖者的）屏幕上取代你的卖者身份。〔注意：正确和不正确的答案都会提示出上面每一问题的同样解释。〕

在时期 1 之前进行的口头导语

现在我们将要开始第一期，对于你来说，很自然地想知道的问题是，这一实验将持续多长时间。它将有 15 期，并且在第 15 期我们将要求你们其中一个扔六面骰子以决定是否进行第 16 期。扔出的结果是 5 或者 6，实验将结束；而扔出的结果是 1、2、3 或 4，将继续进行第 16 期。如果有 16 期，那么在第 16 期结束时将再扔骰子以确定实验是否停止（扔出的结果为 5 或 6）或者实验持续时期 17（扔出的结果是 1、2、3 或 4）。在每一期将使用扔骰子的方式以决定实验是结束抑或再持续一个时期。

在实验中请不要交谈或者看其他人的屏幕。

还有其他问题吗？请按 ENTER 开始。

A4.3　混合策略均衡的计算[①]

图 4—11 所解释的市场势力和没有市场势力的实验设计的独特优势在于，对于两者的情形能明显地计算出纳什均衡。正如在正文中所解释的，对于没有市场势力的单阶段版本设计，很容易确认竞争性均衡就是纳什均衡。从 S3 到 S1 和 S2 产品单位的再分配形成了市场势力，从而

---

① 这一节内容有些深奥。

使得 S1 和 S2 的容量超过过度供给，这也很容易理解。然而，在市场势力设计中采用随机定价策略偏离纳什均衡将更为复杂。这一偏离是有用的，因为当有容量限制的卖者在明码标价拍卖中同时选择价格时，混合策略均衡是相当普遍的。为了理解随机定价均衡的产生方式，我们首先分析简化的、两个卖者版本的市场势力设计。随后讨论更复杂的、5 个卖者情形的混合策略均衡。

两个卖者的情形

考虑在图 4—15 左边图形中所解释的两个卖者的实验设计。在这一设计中，两个对称性的卖者 S1 和 S2 中的每一个可能提供总共 4 个单位：1 个单位的成本为 0，3 个单位的每个成本为 c。单个完全显示的消费者总共需要 8 个单位：其中 5 个单位每个单位的边际价值为 r，另外 3 个单位每个单位的边际价值为 p_c。给定在任一超过 p_c 之上的 3 个单位的过剩供给，最高的竞争性均衡价格是 p_c。在这一竞争性均衡中每个卖者都获得 $4p_c-3c$。但是如果 $r>4p_c-3c$，那么竞争性均衡将不是这一市场时期的纳什均衡，因为要么 S1 要么 S2 通过提高他们的价格至 r 就可单独地使他们的收益从 $4p_c-3c$ 增加到 r，其中将会售出单个零成本单位。

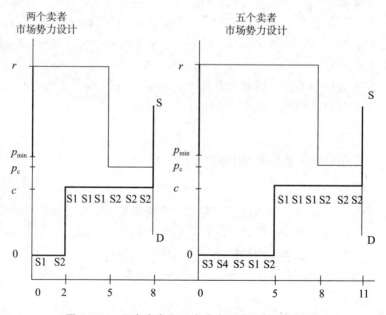

图 4—15　两个卖者和五个卖者下市场势力的设计

值得注意的是，这一个两个卖者设计是正文中所讨论（并且在图4—15右边得到解释说明）的五个卖者设计的一个变化版本，其中，给定S3、S4和S5定价价格位于大卖者可能标示的任一价格之下，S1和S2为剩余的8个产品单位竞争。事实上，将会出现的结果是，这并不是一个不相关的实践情形，因为在一个价格区间之上，正如两个卖者情形一样，在五个卖者情形中的S1和S2将面临着同样的激励。

和类似于在正文中所讨论的五个卖者情形的理由一样，S1和S2想荫庇在任一向下至最小价格p_{min}的普遍价格的激励，将会阻碍在两个卖者市场势力设计中的纯策略纳什均衡。这一最小化价格p_{min}是来自这种收益的价格，即售出所有4个单位（作为低价格卖者）等于从极限价格r（作为高价格卖者）销售1单位所获得的确定的或者"安全的"收益。回忆一下，因为第一个单位成本为0，所以当售出4个单位时，大卖者的成本是$3c$。因而p_{min}就是对于$4p_{min}-3c=r$的价格，或者等价的，$p_{min}=(r-3c)/4$。

这一设计中的纳什均衡涉及价格从p_{min}到r区间的随机化。对于在某一区间乐意随机化选择价格的一个卖者，将肯定是这样的情形，即在这一区间的所有价格提供同样的预期利润。因而，对于混合策略定价分布的计算应当这样进行：为每个卖者考虑另外一个卖者必须遵循的价格分布，以使得预期利润等于一个常数。

首先考虑S1将在什么样的条件下随机化。回忆一下不管S2的行动如何，通过标示极限价格r，确保S1会得到一个安全的利润r。对于卖者S1，为了使在标示的某一个任意价格p和极限价格r之间无差异，必须是这样的情形：S2的价格遵循一个使在p处的S1的预期收益等于安全收益的分布$G(p)$。[①] 假定可采取连续价格，那么连接处可忽略。当S1选择价格p时，S1以$G(p)$的概率获得最高价格和以$1-G(p)$的概率获得最低价格。因而，S1以$G(p)$的概率销售出一单位并且以$1-G(p)$的概率售出4个单位。它的预期利润是$pG(p)+(4p-3c)[1-G(p)]$。如果$pG(p)+(4p-3c)[1-G(p)]=r$，那么可以得到卖者S1将在标示p和标示r之间无差异。解$G(p)$，可得到S2必须定价以使得：

---

① 这一论述只有在分布的顶部且不存在大量的概率时才是正确的。但是对于S1和S2来说，对称的均衡在顶部或者是在任何其他地方并没有大量的概率，因为每个卖者将严格偏好在质点之下定价，这与随机化的不变预期利润条件不一致。

$$G(p) = \frac{(4p - 3c - r)}{3(p - c)} \tag{4.1}$$

总而言之，（4.1）式具体化了 S2 必须使用的使得 S1 愿意在一个价格区间（通过构建它产生同样的预期利润）随机化选择混合分布。因为 S2 与 S1 是对称的，为使 S2 随机化，S1 必须使用（4.1）式中的价格分布。在均衡中，S1 和 S2 将按照（4.1）式进行随机化。最后，很容易确认均衡分布的区间是在 $p_{min} = (r + 3c)/4$ 和 r 之间，因为 $G((r + 3c)/4) = 0$ 并且 $G(r) = 1$。

五个卖者的情形

尽管纳什均衡价格分布的计算在更多卖者和成本非对称的情形中更为复杂，但是可适用同样的过程。考虑图 4—15 的右边图形所显示的五个卖者的市场势力设计。（除了沿着纵轴标记的并非特定参数而是一般参数之外，这正好是最初显示在图 4—11 左下方的市场势力设计。）从位于图 4—15 供给曲线下方的卖者身份的检验中可以看到，通过增加卖者 S3、S4 和 S5，并且给予每个人单个低成本单位，需求就从 8 个单位扩大到 11 个单位，这样就可从两个卖者市场势力设计的变化得到五个卖者市场势力设计。

在这一情形中的混合策略均衡需要识别两个价格分布；$G(p)$ 对应于大卖者，$F(p)$ 对应于小卖者。这些分布并非对称的，例如，大卖者和小卖者的随机化是不同的。除了两个分布必须是同时决定的之外，计算方法类似于前面的分析。这一方法是为了识别出每种类型卖者的安全收益水平以及可能的价格区间。然后价格分布必须是这样的，即它使得预期利润等于整个可能性价格区间的安全收益。

首先考虑大卖者。对于上面所给出的理由，每个大卖者有保证在极限价格 r 处售出单个单位。因而，大卖者在混合均衡中的预期收益必须等于 r。大卖者的预期利润依赖于两类卖者所使用的价格分布。因而，不变预期利润条件提供了必须由 $F(p)$ 和 $G(p)$ 满足的一个方程。通过使小卖者的预期利润与他们的安全收益水平相等可获得第二个条件。小卖者不同于大卖者的地方在于他们并不保证在价格处售出一个单位。与此相反，小卖者的"安全"价格必须由大卖者使用的最小化价格进行确定，因为只有当他们的价格低于大卖者所收取的最低价格时，每个小卖者才能保证销售出单个单位。混合均衡的分析涉及这一安全收益水平和两个分布的同时确定问题。更多的细节可见 Davis and Holt（1991）。

参考文献

Alger, Dan (1987) "Laboratory Tests of Equilibrium Predictions with Disequilibrium Data," *Review of Economic Studies*, 54, 105 - 145.

Baumol, William J., John C. Panzar, and Robert D. Willig (1982) *Contestable Markets and the Theory of Industry Structure*. New York: Harcourt Brace Jovanovich.

Baumol, William J., and Robert D. Willig (1986) "Contestability: Developments Since the Book," *Oxford Economic Papers*, 38, 9 - 36.

Benson, Bruce L., and M. D. Faminow (1988) "The Impact of Experience on Prices and Profits in Experimental Duopoly Markets," *Journal of Economic Behavior and Organization*, 9, 345 - 365.

Brown-Kruse, Jamie L. (1991) "Contestability in the Presence of an Alternate Market: an Experimental Examination," *Rand Journal of Economics*, 22, 136 - 147.

Cason, Timothy N., and Arlington W. Williams (1990) "Competitive Equilibrium Convergence in a Posted-Offer Market with Extreme Earnings Inequities," *Journal of Economic Behavior and Organization*, 14, 331 - 352.

Chamberlin, Edward H. (1948) "An Experimental Imperfect Market," *Journal of Political Economy*, 56, 95 - 108.

Clark, John Bates (1887) "The Limits of Competition," *Political Science Quarterly*, 2, 45 - 61.

Coursey, Don, R. Mark Isaac, and Vernon L. Smith (1984) "Natural Monopoly and the Contested Markets: Some Experimental Results," *Journal of Law and Economics*, 27, 91 - 113.

Coursey, Don, R. Mark Isaac, Margaret Luke, and Vernon L. Smith (1984) "Market Contestability in the Presence of Sunk (Entry) Costs," *Rand Journal of Economics*, 15, 69 - 84.

Cox, James C., and R. Mark Isaac (1986) "Incentive Regulation: A Case Study in the Use of Laboratory Experimental Analysis in Economics," in S. Moriarity, ed., *Laboratory Market Research*, Norman Oklahoma: University of Oklahoma Center for Economic and Management Research, 121 - 145.

—— (1987) "Mechanisms for Incentive Regulation: Theory and Experiment," *Rand Journal of Economics*, 18, 348 - 359.

Davis, Douglas D., Glenn W. Harrison, and Arlington W. Williams (1991) "Convergence to Nonstationary Competitive Equilibria: An Experimental Analysis,"

working paper, Virginia Commonwealth University, a shorter version of which is forthcoming in *Journal of Economic Behavior and Organization*.

Davis, Douglas D. , and Charles A. Holt (1990) "List Prices and Discounts," working paper, University of Virginia.

—— (1991) "Capacity Asymmetries, Market Power, and Mergers in Laboratory Markets with Posted Prices," working paper, Virginia Commonwealth University.

Davis, Douglas D. , Charles A. Holt, and Anne P. Villamil (1990) "Supracompetitive Prices and Market Power in Posted-Offer Experiments," University of Illinois BBER Faculty Working Paper no. 90 – 1648.

Davis, Douglas D. , and Arlington W. Williams (1986) "The Effects of Rent Asymmetries in Posted Offer Markets," *Journal of Economic Behavior and Organization*, *7*, 303 – 316.

—— (1989) "The Effects of Market Information on a Pure Bargaining Equilibrium," working paper, Virginia Commonwealth University.

—— (1991) "The Hayek Hypothesis in Experimental Auctions: Institutional Effects and Market Power," *Economic Inquiry*, *29*, 261 – 274.

Dolbear, F. T. , L. B. Lave, G. Bowman, A. Lieberman, E. Prescott, F. Rueter, and R. Sherman (1968) "Collusion in Oligopoly: An Experiment on the Effect of Numbers and Information," *Quarterly Journal of Economics*, *82*, 240 – 259.

Eckel, Catherine C. , and Michael A. Goldberg (1984) "Regulation and Deregulation in the Brewing Industry: The British Columbia Example," *Canadian Public Policy*, *10*, 316 – 327.

Finsinger, Jörg, and Igno Vogelsang (1981) "Alternative Institutional Frameworks for Price Incentive Mechanisms," *Kyklos*, *34*, 388 – 404.

Fouraker, Lawrence E. , and Sidney Siegel (1963) *Bargaining Behavior*. New York: McGraw-Hill.

Friedman, James W. (1963) "Individual Behavior in Oligopolistic Markets: An Experimental Study," *Yale Economic Essays*, *3*, 359 – 417.

—— (1967) "An Experimental Study of Cooperative Duopoly," *Econometrica*, *35*, 379 – 397.

—— (1969) "On Experimental Research in Oligopoly," *Review of Economic Studies*, *36*, 399 – 415.

Gilbert, Richard J. (1989) "The Role of Potential Competition in Industrial Organization," *The Journal of Economic Perspectives*, *3*(3), 107 – 127.

Grether, David M. , and Charles R. Plott (1984) "The Effects of Market Practices in Oligopolistic Markets: An Experimental Examination of the *Ethyl* Case," *Economic Inquiry*, *22*, 479 – 507.

Guler, Kemal, and Charles R. Plott (1988) "Private R&D and Second Sourcing in Procurement: An Experimental Study," California Institute of Technology, Social Science Working Paper no. 684.

Harrison, Glenn W. (1986) "Experimental Evaluation of the Contestable Markets Hypothesis," in E. Bailey, ed. , *Public Regulation*. Cambridge, Mass. : MTT Press.

—— (1988) "Predatory Pricing in a Multiple Market Experiment: A Note," *Journal of Economic Behavior and Organization*, 9, 405 - 417.

Harrison, Glenn W. , and Michael McKee (1985) "Monopoly Behavior, Decentralized Regulation, and Contestable Markets: An Experimental Evaluation," *Rand Journal of Economics*, 16, 51 - 69.

Harrison, Glenn W. , Michael McKee, and E. E. Rutström (1989) "Experimental Evaluation of Institutions of Monopoly Restraint," chapter 3 in L. Green and J. Kagel, eds. , *Advances in Behavioral Economics*, vol. 2. Norwood, N. J. : Ablex Press, 54 - 94.

Holt, Charles A. (1989) "The Exercise of Market Power in Laboratory Experiments," *Journal of Law and Economics*, 32 (pt. 2), S107 - S130.

—— (1992) "Industrial Organization: A Survey of Laboratory Research," forthcoming in A. Roth and J. Kagel, eds. , *Handbook of Experimental Economics*. Princeton: Princeton University Press.

Holt, Charles A. , and Douglas D. Davis (1990) "The Effects of Non-Binding Price Announcements in Posted-Offer Markets," *Economics Letters*, 34, 307 - 310.

Holt, Charles A. , and Fernando Solis-Soberon (1990a) "Antitrust Restrictions on Predatory Pricing: Possible Side Effects," working paper, University of Virginia.

—— (1990b) "The Calculation of Equilibrium Mixed Strategies in Posted-Offer Auctions," forthcoming in R. M. Isaac, ed. , *Research in Experimental Economics*. Greenwich: JAI Press.

Hong, James T. , and Charles R. Plott (1982) "Rate Filing Policies for Inland Water Transportation: An Experimental Approach," *The Bell Journal of Economics*, 13, 1 - 19.

Isaac, R. Mark, Valerie Ramey, and Arlington Williams (1984) "The Effects of Market Organization on Conspiracies in Restraint of Trade," *Journal of Economic Behavior and Organization*, 5, 191 - 222.

Isaac, R. Mark, and Stanley S. Reynolds (1992) "Schumpeterian Competition in Experimental Markets," *Journal of Economic Behavior and Organization*, 17, 59 - 100.

Isaac, R. Mark, and Vernon L. Smith (1985) "In Search of Predatory Pricing,"

Journal of Political Economy, *93*, 320 - 345.

Jung, Yun Joo, John H. Kagel, and Dan Levin (1991) "An Experimental Study of Reputation Effects in a Chain-Store Game," working paper, University of Houston.

Ketcham, Jon, Vernon L. Smith, and Arlington W. Williams (1984) "A Comparison of Posted-Offer and Double-Auction Pricing Institutions," *Review of Economic Studies*, *51*, 595 - 614.

Kruse, Jamie, Steven Rassenti, Stanley S. Reynolds, and Vernon L. Smith (1990) "Bertrand-Edgeworth Competition in Experimental Markets," working paper, University of Arizona.

Kujal, Praveen (1992) "Firm-Specific Output Limits in Posted-Offer Markets: Distributive and Efficiency Effects," working paper, University of Arizona.

Loeb, M., and W. Magat (1979) "A Decentralized Method for Utility Regulation," *Journal of Law and Economics*, *22*, 399 - 404.

Mestelman, Stuart, and Douglas Welland (1988) "Advance Production in Experimental Markets," *Review of Economic Studies*, *55*, 641 - 654.

—— (1991a) "Inventory Carryover and the Performance of Alternative Economic Institutions," *Southern Economic Journal 57*, 1024 - 1042.

—— (1991b) "The Effects of Rent Asymmetries in Markets Characterized by Advance Production: A Comparison of Trading Institutions," *Journal of Economic Behavior and Organization*, *15*, 387 - 405.

Millner, Edward L., Michael D. Pratt, and Robert J. Reilly (1990) "Contestability in Real-Time Experimental Flow Markets," *Rand Journal of Economics*, *21*, 584 - 599.

Plott, Charles R, and Vernon L. Smith (1978) "An Experimental Examination of Two Exchange Institutions," *Review of Economic Studies*, *45*, 133 - 153.

Sherman, Roger (1972) *Oligopoly, An Empirical Approach*. Lexington, Mass. : Lexington Books.

Smith, Vernon L. (1964) "The Effect of Market Organization on Competitive Equilibrium," *Quarterly Journal of Economics*, *78*, 181 - 201.

—— (1981) "An Empirical Study of Decentralized Institutions of Monopoly Restraint," in J. Quirk and G. Horwich, eds. , *Essays in Contemporary Fields of Economics in Honor of E. T. Weiler* (*1914 — 1979*). West Lafayette: Purdue University Press, 83 - 106.

Smith, Vernon L. , and Arlington W. Williams (1982) "The Effects of Rent Asymmetries in Experimental Auction Markets," *Journal of Economic Behavior and Organization*, *3*, 99 - 116.

—— (1989) "The Boundaries of Competitive Price Theory: Convergence, Expectations, and Transactions Costs," in Leonard Green and John Kagel, eds. , *Advances in Behavioral Economics*, vol. 2. Norwood, N. J. : Ablex Press.

Williams, Fred E. (1973) "The Effect of Market Organization on Competitive Equilibrium: The Multi-unit Case," *Review of Economic Studies*, 40, 97 – 113.

第**5**章　讨价还价与拍卖

5.1　引言

在前面章节所考虑过的几乎所有实验室市场可以分为两类：许多集中证券交易所的双向拍卖结构和许多零售市场的明码标价结构。鉴于这些制度所产生结果的较大差异，可以很自然地实施其他的实验室交易安排，并且这些实验室交易安排与市场经济中的其他一些独特和多元化的制度相对应。

也许最原始的交易制度是双边讨价还价。这项安排是原始的，原因在于双方讨价还价是一种默认的社会制度，这种制度在包含更复杂制度结构的社会和经济传统缺乏的背景下自然产生。讨价还价也普遍存在于高度发达的市场经济中，例如，当两个代理人在如劳务或者国际贸易谈判等的持续关系中联系在一起时。尽管它很简单，但自由讨价还价分析起来却很困难，因为存在大量的结果与非合作纳什均衡一致。因此，很多经济学家将讨价还价结果描述为"不确定的"。通过识别讨价还价结果的形式，实验能够被用来缩小讨价还价境况中的不确定性范围。

当市场一方的单个交易者能够通过拍卖程序与市场另一方的多个交易者同时议价时，便产生了第二种类型的制度。如第 1 章所示，存在大量可供选择的拍卖结构。例如，要价可以是同时的或者连续的，并且在后一种情况下，拍卖者能够提高或者降低预期销售价格。在可供选择的拍卖规则之间做出选择时，卖者也许会寻求提高收益或者减少合谋投标的可能性。公共机构可能也关注拍卖的属性。它们通常关注能提高资源配置效率和最小化交易成本的规则。通过比较在相同结构条件下不同拍卖制度中的投标，这些表现问题可以在实验室中得到评价。

简单拍卖研究中的直觉能够用来设计第三种类型的交易安排：存在多个买者和卖者的双边拍卖。许多这种双边拍卖是"短期同业拆借市场"（call market）机制的变形，它曾用于一些股票交易所。例如，每日开盘价有时通过收集初始报价和初始要价并将它们从高到低排列来决定。开盘价位于这些初始报价与要价排列的交点处，并且所有成功的初始报价和要价在这个统一价格上达成契约。通信和计算机技术的进步使得大量分散的交易者可以通过电子短期同业拆借市场来做交易。这些新制度的设计和改进是实验室技术使用的理想情况。

本章结构如下。第一部分包括了讨价还价实验的一个综述：5.2 节和 5.3 节在一种自由形式的或非结构化的背景下阐述了讨价还价的理论与结果。5.4 节和 5.5 节涉及讨价还价的情况，在谈判过程中每个人的要价和反应顺序都被明确地规定。这个附加的结构使得博弈论均衡的鉴别和实验室评价变得可能。本章的第二部分回顾了拍卖实验：5.6 节和 5.7 节涉及了四种标准的拍卖制度，其中每个投标者都知道他或她自己对拍卖品的私人价值，但不知道其他投标者的价值。5.8 节考虑了共有价值拍卖，其中标的物的价值对于所有投标者都相同，但是投标者对这个共有价值却有不同的估计。5.9 节概括了双边统一价格拍卖的实验结

果。最后一节包含了一个简短的结论。

5.2　无单边支付的自由讨价还价

虽然许多双边讨价还价情况中的现状也许是交易由交易者的价格清单或先前的合同事先决定，但如果没有限制哪方先给出首次或者随后的要价，谈判很可能发生。任何一方可以通过接受另一方的当前提议而终止谈判。这种类型讨价还价的最简单实验为两个参与人对一个固定数量的现金进行划分，假定为 1 美元，如果在规定的时间内未能达成协议，则双方获得的收益为 0。当然，分钱博弈也可以通过双向拍卖进行，其中买者的价值为 1 美元，卖者的成本为 0。主要的差异在于在通常的双边讨价还价实验中被试不仅局限于发送报价，他们也可以讨论所面对的非价格方面，例如公平问题。[①]

也许并不奇怪，50/50 的划分是常见的；从收益平等划分的意义上讲，这种划分既是"集中的"又是"公平的"，并且在总体收益最大化的意义上，它们是有效率的。如果你的谈判伙伴要求一个 60/40 的收益优势，通过考虑你将如何反应，这些因素的重要性能够得到阐明。

虽然集中性、公平和效率的概念夹杂在分钱博弈中，但是在稍微复杂一些的环境中，它们就会相互偏离。例如，假如一个被划分的项目对于讨价还价的其中一方更有价值。在分钱博弈中，如果实验者公开宣布其中一个参与人（参与人 X）必须支付 50% 的收入税，而另外一个参与人（参与人 Y）可以保留谈判过程中的所有收入时，这种情况将会产生。在这种情况下，集中的 50/50 的划分将是不公平的，因为参与人 X 只获得税后的 0.25 美元，而参与人 Y 则获得 0.5 美元。集中的 50/50 的划分也将是缺乏效率的，因为当参与人 Y 获得所有的美元时，最大总剩余（1 美元）才得以实现。其他因素也可能影响结果。例如，如果参与人 X 能够以事后单边支付的方式向参与人 Y 转移收入，将会发生什么情况？如果一个参与人的要求多于被划分美元数的一半，并且将要

---

① 为了控制的目的，一些额外的结构被强加于讨价还价实验。尤其是，参与人几乎通常被禁止制造威胁。做出事后单边支付的协议通常也被禁止。在就支付进行谈判的能力是一个要求的实验变量的讨价还价实验中，单边支付是允许的。

达到时间限制时，又将发生什么情况？[①]

　　在本节的剩余部分，我们阐述了自由讨价还价的一个理论预测，且这些预测基于一系列的行为公理。然后我们回顾了一些实验，这些实验被设计用来检验这些基本公理在经验上的正确性。随后一节考虑了讨价还价实验，其中一方的行动会产生外部性，从而减少另外一方的收益，并且讨价还价者可以就事后单边支付达成协议，以分享选择有效率、联合收益最大化行动水平时的收益。

纳什讨价还价：理论

　　与分析双向拍卖所遇到的原因相似，使用标准的非合作博弈理论工具，很难产生一个关于自由讨价还价结果的完全均衡预测。自由讨价还价的丰富信息空间和实时的性质，产生了一系列大量的难以处理的策略。处理这个问题的一种方法，在后面章节将要讨论，是对要价与还价的顺序施加一些规则。如果有充分的约束，一个子博弈精炼纳什均衡能够被推测出来。

　　我们这里考虑的非合作博弈的一种替代，是指定一个讨价还价过程的结果所必须满足的一系列假设或公理。这种方法是合作博弈理论，在这里使用"合作"一词，是因为参与人能够就他们的战略，并且因此就博弈的结果达成有约束力的协议。[②]

　　讨价还价博弈最常用的合作解概念是纳什均衡，由 Nash（1950）提出。[③] 首先有必要非正式地讨论一下这个概念的性质。当公平的50/50的划分也是有效率的时候，这个结果可以被确定为纳什解。例如，在分钱博弈中，公平意味着最大化两个参与人收益中的最小值，并且效

[①]　固定时间的存在似乎是人为的，但是基于几个原因，在实验中，它也许是合适的。首先，由于契约即将到期、罢工的威胁，或者强制仲裁的预期，自发产生的市场中的讨价还价通常在时间压力下发生。另外，Harrison and McKee（1985，p.658）提到了：如果他或她意识到在计划的实验室回合之后另一方有一个紧急约定，那么一个固定的时期能确保双方都不能通过拖延而获得优势。最后，持久的讨价还价减少了被试每小时的收益，并且因此，一个固定的时期很容易确保回报在按小时计算的基础上足够高。

[②]　本书中"合作"的概念并不必然意味着结果比非合作博弈理论下预测的结果更具有合作性。回想一下，合作结果可以通过无限期非合作博弈中的"惩罚战略"得到支持。相反，合作博弈理论是根据有关结果的公理或假设而不是根据行动或战略（如在非合作博弈理论中的情况）来分析博弈的一种方法。"公理性的博弈理论"是一个比较不容易产生混淆的术语选择。

[③]　纳什解不能与非合作博弈理论的纳什均衡混淆在一起。有很多论文很好地解释了纳什解，例如 Ngdegger and Owen（1975）。

率意味着最大化收益的总和。这两个目标都在 50/50 的划分处得到实现。当公平的结果并不是有效率的时候，纳什解本质上提供了一个折中。粗略地讲，纳什明确规定了有关讨价还价结果的假定，如果该假定得到满足，就意味着结果必须最大化两个参与人的效用收益（超过无协议结果的部分）的乘积。在分钱博弈中可以注意到，通过给予每个讨价还价者 50 美分，收益的乘积达到最大化。

为了正式地阐述纳什解的性质，一些注释是必需的。讨价还价者被称为参与人 X 和参与人 Y。参与人为期望效用最大化者，并且效用函数 U_x 和 U_y 是参与人自己货币收益的递增函数，其中货币收益由讨价还价来决定。一个未能达成协议的谈判过程导致无协议（效用）收益，参与人 X 的收益（效用）为 d_x 且参与人 Y 的收益（效用）为 d_y。博弈由这些无协议收益和通过协议达到的可能的效用收益集 S 构成。博弈 (S, d_x, d_y) 的解为一个函数，它确定了有可能成为讨价还价过程结果的效用对 (U_x, U_y)。纳什解为 S 中的一个特殊结果，它满足以下将要讨论的公理。

图 5—1 解释了分钱博弈，为了简单起见，图 5—1 的描绘基于两个

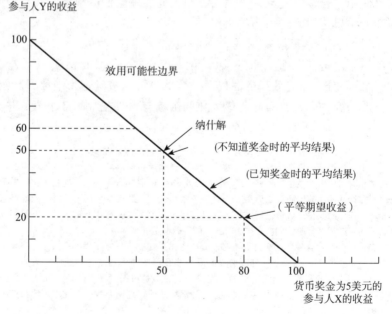

图 5—1 分钱博弈中的对称支付边界

资料来源：Roth and Murnighan（1982），报告了一个如图所示的二进制彩票博弈结果。

参与人都为风险中性的假设（因此效用为线性的），因此，冯·诺依曼-摩根斯坦效用与他们的货币收入相等。可能的分配集 S 受到收益曲线的约束，由斜率为 -1 的粗线表示（忽略了补充说明）。例如，如果所有参与人同意参与人 Y 获得所有便士，则结果为（0，100），位于曲线的左上角。可能的效用结果集 S 为收益曲线上和收益曲线以下的点的集合。在这个例子中，无协议收益结果为原点（0，0）。

纳什解唯一地满足四个公理：帕累托最优性，对称性，不相关选择项的独立性，以及效用线性变换的不变性。[①] 我们将以非正式的方式并且与图 5—1 中的例子相结合来讨论这些公理。

1. 帕累托最优性意味着不可能提高其中一个参与人的效用而不减少另一个参与人的效用。当效用可能性曲线具有负的斜率时，如图 5—1 所示，帕累托最优要求解为曲线上的点。

2. 对称性要求一个对称的博弈产生一个对称的结果。更精确地讲，当无协议收益相等并且可能的效用结果对集合 S 关于 45°线对称时，讨价还价结果必须位于等效用曲线上。[②] 在图 5—1 中，对称性条件把解限制在从原点延伸的 45°线上（没有显示），因此，纳什解为一个 50/50 的划分。

在对称博弈中，这两个公理是产生唯一解所需要的所有条件；帕累托最优性和对称性唯一地预测了 50/50 的划分，由 45°线和帕累托曲线的交点决定。但是，许多讨价还价博弈并不是对称的。无协议收益可能是不相等的，并且可能的效用结果集可能是不对称的。在对称性不适用的情况下，其余两个公理将非常有用。其中每个公理有时能被用来将一个非对称博弈转换成对称博弈，以易于分析。

3. 不相关选择项的独立性假定是指如果可能的效用结果集的一个截取不改变原始（未截取）博弈的解，那么讨价还价博弈解是不受影响的。[③] 例如，根据图 5—1，假如分钱博弈的规则被改变，以限制参与人 Y 的收益超过 60 美分。在这种情况下，集合 S 的上角在图 5—1 中的水平虚线处被截取，并且对称性公理不能再用来决定结果。在不相关

---

①　Nash（1950）也做出了一些额外的技术性假设（可行的效用收益集是连续的、凸的，并包含至少一个严格优于两个参与人的无协议结果的点）。

②　集合 S 是对称的，如果当点 (y, x) 在集合 S 中，则点 (x, y) 也在集合 S 中。

③　正式地，假设讨价还价博弈 (S, d) 和 (T, d) 有一个共同的无协议点 d，但是有不同的可能效用收益集，分别用 S 和 T 来表示。如果 T 是 S 的一个子集并且如果 T 包含 (S, d) 的解 (U_x, U_y)，则结果 (U_x, U_y) 也是博弈 (T, d) 的解。

选择项的独立性公理下，被截取的博弈解保持 50/50 的划分。

4. 效用线性变换的不变性要求解对于单方或双方效用收益的线性变换保持不变。[①] 线性变换包括加上一个常数或者用一个正常数乘以效用函数。线性变换的不变性毫无疑问适用于任一使用冯·诺依曼-摩根斯坦效用的讨价还价理论，因为这种效用表示对于线性变换是唯一的。[②]

这四个公理限制了讨价还价博弈的可能结果。事实上，Nash (1950) 证明了这个值得注意的结论，即这四个公理共同确定了最大化收益乘积的讨价还价结果，其中收益为超过无协议结果的部分。根据我们的注释，纳什解为 S 中的点，其最大化 $(U_x - d_x)(U_y - d_y)$。如图 5—1 所示，原点为无协议点，并且效用收益的乘积为 $U_x U_y$，即以从原点到代表效用结果的点为对角线的长方形的面积。当参与人 X 和参与人 Y 的效用都等于 50 时，面积最大。

纳什讨价还价：初始实验证据

考虑到其假设的一般性，纳什解提供了一个非常准确的预测。系统地偏离纳什解意味着一个或者多个纳什公理被违背，至少在一些特殊的背景下。在自然的讨价还价情形中，很难把单个公理的含义分离出来，例如对效用线性变换的不变性。在下面我们将讨论试图分离单个公理预测力的实验。首先我们描述了纳什解做出有力预测的基准条件；随后我们讨论了一系列更复杂的情况，它提供了对一些条件的深入了解，在这些条件下，纳什解有更少的预测力。

Nydegger and Owen (1975) 报告了对公理性的讨价还价理论的一个早期实验室检验。实验由成对的参与者组成，他们对一个众所周知奖品的划分进行讨价还价。除了讨价还价中所能获得的收益外，被试获得 1 美元出场费。他们配对并且面对面地坐在桌子边。在一轮的讨价还价相遇之后，他们获得支付并且退场。在最简单的基准实验设置中，10 对参与人对 1 美元进行谈判，如图 5—1 所述（忽略补充说明）。无协议结果导致每个参与人的收益为 0。纳什解意味着对收益的一个平等划分。如上所述，平等划分是富有吸引力的，因为它是"集中的"和"公

---

① 特别地，考虑一个拥有解 (U_x, U_y) 的博弈 (S, d)。如果集合 S 通过效用的线性变换被改变，则通过对初始博弈的解处的效用 (U_x, U_y) 运用相同的变换，获得新博弈的解。

② 效用函数对线性变换的不变性在第 2 章讨论过。

平的"（美元均等划分），并且是"有效率的"（实现了最大的可得收益）。并不奇怪，结果与纳什解一致：10 对被试一致同意 50/50 的划分。

回想一下，当博弈是对称的时候，仅通过帕累托最优性和对称性公理就能确定纳什解。基准实验设置提供的数据与这些公理一致。为了评价其他两个公理，作者也实施了两个非对称实验设置，第一个实验设置包括对不相关选择项的独立性公理的检验。在这个实验设置中，10 对参与人再次对 1 美元的划分进行讨价还价，但是每一对的其中一个参与人的收益限制在不能超过 60 美分。根据不相关选择项的独立性公理，50/50 的划分仍为纳什解，因为它不会被截取所排除。但是，以非对称方式截取"无关的"收益可能性曲线使得收益的公平划分不再具有集中性。即使结果空间中被截取部分的点是无关的，因为它们不是对称分钱博弈的结果，但这些点可能会对讨价还价过程产生影响。特别地，如果两个参与人在开始都要求有利的、不平等的划分并且随后向中间的折中点靠拢，收益极度不平等点将非常重要。Raiffa（1953）和其他一些学者提出了一些考虑了这种有关讨价还价过程的直觉的解。因此这些解对每个参与人在集合 S 中所能获得的最大收益非常敏感。这样的解意味着图 5—1 中参与人 Y 高收益点的截取将会提高参与人 X 所能获得的收益。[1] 尽管有这些考虑，但是不相关选择项的独立性公理表现得很好：在被截取的收益可能性曲线中，所有 10 对讨价还价者平等地划分了美元。在实验室环境中，这些数据明显地拒绝了拉法（Raiffa）解，因为观察到的结果不受其中某个参与人最大收益减少的影响。对拉法解的拒绝表明使用实验方法来评价合作博弈理论的重要性，不管这些理论看上去有多直观。

最后，奈德格（Nydegger）和欧文（Owen）实验局检验了效用线性变换的不变性公理。这个实验局对于结果空间进行了调整，以使得纳什解能与公平、效率这类竞争性行为方面的思考区分开来。像以前一样，10 对参与者参与面对面谈判。但是，在实验中他们就 60 个筹码进

---

[1] 通过考虑 S 中点的子集 S′ 为"个人理性的"，也就是说，为 2 个参与人产生至少和无协议效用收益一样高的收益，发现了拉法解。拉法解是（1）效用边界和（2）连接了无协议点与 S′ 中的 x 坐标为参与人 X 的最大化可能收益和 y 坐标为参与人 Y 的最大化收益的点的一条直线的交点。在截取后的图 5—1 中，后一条线为原点和点（100，60）的连线，并且它与收益曲线在（62.5，37.5）处相交，其为拉法解。Kalai and Smorodinsky（1975）在公理上描述了拉法解的特征，并且因此，该解有时称为拉法/卡莱/斯莫沃丁斯基解。

行谈判，其中参与人 2 的每一筹码值 1 美分，参与人 1 的每一筹码值 2 美分，这些为共同知识。博弈的收益可能性曲线如图 5—2 所示。在实验中，公平的划分不同于有效率的结果，因为参与人 1 每一筹码获得的收益为参与人 2 的两倍。因此，当参与人 1 获得所有筹码时，联合收益达到最大。如图 5—2 所示，有效率的结果为参与人 1 获得 120 的收益，而参与人 2 不获得任何收益。"公平"和平等货币收益的状态产生于每个参与人获得 40 美分时，如 45°虚线和收益曲线的交点所示。在此结果下，参与人 1 获得 20 筹码，而参与人 2 获得 40 筹码。

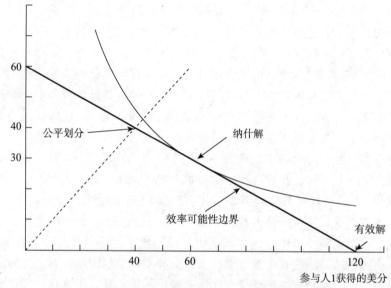

图 5—2   Nydegger and Owen（1975）的非对称谈判博弈

注：60 筹码中的每一筹码对参与人 1 值 2 美分，对参与人 2 值 1 美分。

在这个例子中，纳什解是一个独特的、位于公平和有效率解之间的中间分配。与前面一样，我们假定参与人为风险中性，因此效用等于收益，并且因此，图 5—2 中的收益可能性曲线与效用可能性曲线重合。[1] 使用对效用线性变换的不变性公理，然后以使博弈对称的方式调整参与者的效用函数，由此导出纳什解。最简单的方式就是改变效用，以使每个参与人对 1 个筹码有相同的效用。用 0.5 乘以参与人 1 的效用，以使价值 2 美分的每一筹码增加一单位效用。让参与人 2 的效用等于货币收

---

① 以下将讨论的检验不依赖于风险中性假设。

益。以这种方式使效用标准化，每个参与人有一个最小效用 0（0 筹码）和一个最大效用 60（所有筹码）。可能的效用结果集为一个对称三角形，其包含坐标（0，0），（60，0）和（0，60）。通过对称性公理，（变换后的）效用解为（30，30），因此参与人平等地划分了 60 筹码。重要的是，这个解意味着不平等的货币收益：参与人 1 获得 60 美分，而参与人 2 获得 30 美分。根据未变换的效用，预测由图 5—2 中标记为纳什解的点表示。[①]

在这个非对称收益的实验设置下的实验结果非常引人注目。所有 10 对参与者划分货币收益而不是筹码；在所有情况下，参与人 1 获得 20 个筹码，参与人 2 获得 40 个筹码。回想其他使用相同程序的实验设置，它们与对称性、帕累托最优性和不相关选择项的独立性相一致。因此作者把未能观察到的纳什解解释为对效用线性变换的不变性公理的违背。[②]

效用不变性公理的违背显示了公理性讨价还价理论的一个主要缺陷。效用不变性公理允许基于序数效用而不是基数效用的预测。（例如，预测根据谈判"数额"的划分比例来记数，而不是根据从谈判方的可能划分中导出的绝对效用。）因为基数效用本质上是不可观察的，没有效用不变性公理，公理性的博弈理论具有更少的经验内容。基于以上原因，纳什解的进一步研究更多地集中在效用不变性公理上。

来自两阶段彩票博弈的证据

也许质疑效用不变性公理失效的最自然的理由是隐含在奈德格和欧文检验中的风险中性假设。（回想图 5—1 和图 5—2 中效用收益曲线的直线性，它们基于两个讨价还价者都为风险中性的并且因此具有线性效用函数。）通过使用第 2 章描述过的两阶段彩票博弈步骤，Roth and Malouf（1979）回避了具有争议的风险中性假设。在第一阶段，双方就 100 张彩票的划分进行讨价还价。在第二阶段，每个被试都被给予一个赢取高额货币奖金的机会，赢取高额货币奖金的概率等于所获彩票的比

[①]　找到图 5—2 中纳什解的一种不同的和更直接的方法是使用纳什理论，也就是说，找到 S 中的点以最大化乘积：$(U_x - d_x)(U_y - d_y)$。因为每个人的无协议结果为零，效用的一个固定乘积的点的轨迹为等轴双曲线，其关于从原点出发的 45° 线对称。在图 5—2 的未变换博弈中，（60，30）的纳什解由收益的边界和一条等轴双曲线的切点决定。

[②]　Rapoport，Frenkel，and Perner（1977）也报告了面对面讨价还价博弈的结果，作者把这些结果解释为与效用线性变换的不变性公理不一致。

率。例如，在第一阶段获得 100 张彩票中的 75 张的被试将有 3/4 的机会赢得高额货币奖金。这个两阶段程序被称为两阶段彩票博弈。如第 2 章所示，期望效用最大化者在涉及彩票收益的决定时将是风险中性的；这种直觉意味着期望效用为概率的线性函数，因此为决定获得高额货币奖金概率的彩票数的线性函数。通过将高额货币奖金的效用标准化为 100（并且相反的低额奖励效用为 0），效用曲线如图 5—1 所示，不用考虑实际的奖金数额。根据对称性，纳什解为对彩票的 50/50 的划分，当两个参与者的货币奖金不同时，它导致了一个高度不平等的期望货币收益。例如，如果一个参与人的高额奖金为 20 美元以及另外一个参与人的奖金为 5 美元，并且如果低额奖金为 0，彩票的平等划分将会给予其中一个参与人 10 美元的期望收益和另外一个参与人 2.5 美元的期望收益。

如果参与人知道彼此的货币奖金数额，纳什解中不平等收益的明显不公平可能产生更大的影响。这项观察启发了一个有趣的实验，因为导致风险中性的两阶段方法并不依赖于被试是否知道其他被试的货币奖金数额。Roth and Malouf（1979）报告了一个实验，他们在两种不同的、理论上中性的信息条件下诱导了风险中性行为：在一个实验局中，参与人只知道他们自己的货币奖金数。在另外一个实验局中，他们知道自己和其他人的货币奖金。为了保持匿名性，参与人通过视觉上隔离的计算机终端发送信息。根据提议的彩票划分，自动计算出参与人的期望货币收益价值。当被试知道其他讨价还价者的货币奖金时，其他人的期望货币收益也被显示出来。作者们观察到了明显的信息效应：当被试只知道他们自己的奖金价值时，彩票的平等划分占有较高的比例。当被试知道他们自己和其他人的货币奖金时，存在一种偏离平等划分并向平等期望收益的彩票划分靠拢的有力趋势。作者们断定纳什解在某些信息条件下可以预测得很好，但是在完全信息条件下，它也许不能做出准确预测。[①]

通过考虑一些中间情形，其中一个参与人具有比其他人关于收益的更多信息，Roth and Murnighan（1982）的一个实验进一步阐明了信息条件效应。过程与早期的罗斯和马洛夫实验相似；就 100 张彩票进行讨

---

① 很自然地怀疑，在完全信息下观察到相等的期望货币价值的结果，是由参与人电脑屏幕上每个提议的期望货币价值所驱动的。我们的怀疑在一个后续的实验中没有得到证实，其中通过一个中间媒介（筹码），期望收益被显示在屏幕上。见 Roth, Malouf, and Murhighan（1981）。

价还价，其中一个参与人的货币奖金为 20 美元，另外一个参与人的奖金为 5 美元。博弈由图 5—1 表示，货币奖金为 20 美元的参与人的收益用纵轴表示，如括号内的注释所示。货币奖金为 20 美元的参与人获得 20 张彩票和货币奖金为 5 美元的参与人获得 80 张彩票的划分将导致平等的期望收益，每个人 4 美元，如图 5—1 中的"平等期望收益"点所示。表 5—1 概括了实验的结果。左边的数字栏是货币奖金为 20 美元的参与人在达成协议情况下获得的平均彩票数，右边的数字栏显示了导致无协议的讨价还价所占的比率。当每个人只知道他或她自己的货币奖金为共同知识时，协议结果接近纳什解的 50/50 的彩票划分，如表中第一行所示。相反，当每个参与人都知道双方货币奖金为共同知识时，协议结果提供给货币奖金为 20 美元的参与人平均 33％ 的彩票（由第四行概括）。这代表了向图 5—1 中平等期望收益点方向的运动。两个附加的实验设置由第二、三行概括，涉及 2 个参与人都知道其中某个参与人知道双方货币奖金数额的情况。当货币奖金为 20 美元的参与人知道双方奖金时，结果没有偏离 50/50 的划分太远；货币奖金为 20 美元的参与人获得的彩票数为 44。但是，当货币奖金为 5 美元的参与人知道双方奖金时，第二、三行的比较显示了货币奖金为 20 美元的参与人的收益更差。

表 5—1   **讨价还价结果的信息效应**

实验设置 共同知识为：	协议结果： 20 美元的参与人 的平均彩票数	无协议比率
（1）没有参与人知道其他人的奖金	49	14
（2）仅 20 美元的参与人知道双方的奖金	44	20
（3）仅 5 美元的参与人知道双方的奖金	34	19
（4）两个参与人都知道双方的奖金	33	17

资料来源：Roth and Murnighan (1982).

这些结果证实了罗斯（Roth）和马洛夫（Malouf）的早期发现：结果显著地受到信息条件的影响，尽管信息条件并不改变讨价还价的博弈效用表示，并且因此不改变理论上的纳什解。这些结果是否应该解释为对纳什解的拒绝？答案并不像看上去那么简单，因为纳什假设讨价还价者是高度理性的各自收益最大化者，这意味着不关心别人的收益。在

实验背景下，有关其他人货币收益信息的提供会产生人际间的收益考虑，并且这些考虑受到理性假设的约束。结果对收益信息改变的敏感性可能因此表明对纳什解应用范围的一个限制，而不是对理论的完全拒绝。但是，从实际的角度看，我们明确地认识到：在实验室中，信息对讨价还价结果有明显的、系统的影响。需要新的理论来解释被试知道彼此收益时的行为。

罗斯和莫尼罕（Murnighan）实验的另一个有趣的方面与无协议结果有关。纳什解与显著的无协议水平不一致。但是，表 5—1 的右手数字栏显示了相当高且稳定的导致无协议境况发生的比率（14％和 20％之间）。[1] 相当稳定的无协议水平意味着，信息的改变会改变讨价还价者关于其他人将会接受什么的预期，并且因此改变关于其他人会要求什么的预期。[2]

此外，协议的发生倾向于接近讨价还价的最后时期。表 5—1 中所有协议的一个显著部分（35％）都在 12 分钟的讨价还价时期的最后 30 秒达成。其中一半发生在最后 5 秒钟。[3] 在其他实验和联合管理谈判中观察到的这种情形被称为"最后期限效应"。被试等待直到最后几秒才认真地对待讨价还价，提高这种倾向的因素很可能会提高无协议发生的频率。我们还没有能解释达成协议的时间情形和无协议水平的讨价还价理论。[4]

但是，Forsythe，Kennan，and Sopher（1991）表明了无协议水平会受到潜在经济激励的影响。他们的实验受到对劳资谈判中的罢工或破裂的分析的启发。他们首先观察了典型的不对称信息条件下的劳资谈判：资方可能对公司收入有更好的估计，并且能因此更好地估计可行的工资池。问题是工资池中有多少以工资的形式转移给工人。虽然实验在中立的背景下实施，但使用劳资这一术语很容易解释他们的实验设计。正如先前的研究，实验设计包括被试之间的自由讨价还价，他们与不同的搭档参与一系列博弈。被试位于不同的房间并且可以通过发送信息同

---

[1] 在没有关于信息条件的共同知识的一个相似的 4 个实验局序列中，也观察到了这种情形；例如，双方都可能知道双方的回报，但是没有人知道其他人知道双方的回报。一个差异是当低回报的参与人知道其他人的回报并且当这不是共同知识时，存在更多的无协议结果。

[2] 关于这一点的更细致的讨论，见 Roth and Schoumaker（1983）。

[3] Roth，Murnighan，and Schoumaker（1988，table 2）.

[4] 更多关于最后期限效应的数据和一个不同解释的讨论，见 Roth，Murnighan，and Schoumaker（1988）。

他们的搭档进行交流。在每个讨价还价对中只有一个被试（资方）知道可被划分的货币的确定数量（一个大的或小的数额）。谈判就已知方将转移多少给未知方（劳方）进行讨价还价。虽然劳方不知道可利用的数额，但是劳方确实知道大数额的概率。

作者们构建了一个模型，其中谈判破裂的发生率既受到数额的大小又受到数额为大的概率的影响：当收益和概率是使得高需求有吸引力的情况时（例如，数额有可能是很大的），则高需求的发生率预测会增加。但是劳方的高需求会提高谈判破裂的发生率，因为当数额被证明较小时，高需求将会被拒绝。实验数据支持了这些预测。在提供给劳方做出高需求动机的实验设置中，作者们观察到了无协议的一个高发生率（"理性的"谈判破裂）。在做出高需求的动机消失的第二个实验设置中，观察到更少的无协议。

小结

纳什解产生了关于讨价还价结果的准确预测，甚至不用对讨价还价者的可行战略进行任何的明确规定。自由讨价还价博弈的实验研究表明，在某些情况下，纳什解对行为作出了很好的解释。至少在某种情况下，纳什解比通常使用的另一种讨价还价理论——拉法解要好。但是，隐含在纳什解中的公理太宽泛，以至于不能对大范围的讨价还价结果做出解释，尤其当存在收益和信息不对称的时候。另外，与理论不一致的无协议结果经常被观察到。讨价还价实验也产生了有关行为倾向的大量数据，其不能由现有理论完全解释。这些发现应当促使新的理论研究。

在任何讨价还价境况中，最集中的结果是对货币收益的一个平等划分，本节所回顾的实验结果表明，当收益机会对称的时候，平等划分更可能发生。大量的讨价还价实验资料并没有被本节内容所覆盖。这些资料［概括在 Hoffman and Spitzer（1982）中］记录了一些重要的经验趋势，对于解释和评价随后几节要讨论的实验设计非常有用。特别地，平等划分的发生率会受到强调公平问题的过程因素的影响。例子包括：（1）角色分配的对称过程（例如，投硬币）；（2）在一系列讨价还价博弈中重复同一对被试的互动；以及（3）面对面的讨价还价、与匿名交流对照。实验结果对实验设计和过程因素的敏感性是随后几节要详细阐述的主题。

5.3 外部性的讨价还价：科斯定理

图5—2所示的讨价还价博弈的一个不平常特征为纳什解不是有效率的联合收益最大化的结果。鉴于前面几章所描述的完全竞争市场模型的完全有效率预测，纳什解的潜在无效率性是显著的。但是，似乎完全竞争市场并不总是能有效率地分配资源。特别地，存在外部性时，市场不能表现得很好。

市场和讨价还价中的许多无效率情况是常见的激励问题的结果：获得额外剩余的代理人不是产生有效率收益的代理人。例如，考虑这样一个问题，水泥生产商的生产过程排放的废弃物减少了附近农民的收益。这些农民将会是废弃物排放减少的主要受益人，但是排放的水平却由厂商来决定。图5—2阐述了抽象的讨价还价中的这种矛盾。从纳什解向右下方的有效率的联合收益最大化的结果移动，不仅参与人2没有享受到任何利益，参与人2在这个过程中的收益反而从30减少至0。

重要的是，如果参与人1可以将部分额外剩余转移给参与人2，激励问题可以得到补救。例如，如果参与人1能够承诺在事后转移至少30美分给参与人2，则两个参与人在有效率的联合收益最大化的结果处都将比在纳什解处更好。事后转移的可能性具有重要的政策含义。在经济学文献引用的最广泛的一篇论文中，罗纳德·科斯（Ronald Coase，1960）提出了就市场交易外所获收益进行讨价还价的可能性，并作为对竞争经济进行有限司法干预的依据，尤其在外部性出现的情况下。科斯的见解是：在某些适当的情况下（例如，具有完全信息、追求最大化的双方将互相达成有利的协议），关于外部性争议的有效率解决办法可以以一种分散的方式通过双边讨价还价决定，这成为他获得1991年诺贝尔经济学奖的一个主要因素。[①]

科斯认为效率要求对产权的清晰界定，也就是说，对哪一方有权规定产生外部性活动的水平的界定和一个运行良好的法律系统，它明确规定了补偿性收益合同的无成本的执行。在此背景下，科斯认为，没有产

---

① 如Hoffman and Spitzer（1982）所提到的，科斯谨慎地排除了一些缺陷；他假定个人最大化，完全竞争市场，无成本的法院体系，不存在财富效应和交易成本，并且争议双方具有关于他人收益的完全信息。在不同的水平上，科斯假定代理人将不会放弃一个相互有利的交易，其意味着帕累托最优，并且因此给科斯定理增加了一点合作博弈理论的风味。

权（用来决定外部性）的人将提供单边支付，以劝说有产权的人接受一个联合有效率的结果。并且，这个结果的实现与谁被赋予产权无关。

在上面给出的水泥厂例子中，有效率的产量水平由工厂主和附近农民之间的讨价还价决定，不管（1）农民是否有合法的权利去阻止工厂的经营并且必须提供贿赂来限制产量，或者（2）工厂是否有合法的权利排放废弃物，并且必须提供损害补偿以获得农民的允许。

科斯定理的含义可以用表 5—2 中两个人用数字表示的例子进行阐述，其中两个被试 A 和 B 的收益由"活动"的水平决定。活动可以是一个产生污染的公司的生产过程（例如排放垃圾的水泥公司）。如表 5—2 中的顶行所示，活动水平的范围为 0 到 6。随着活动从 0 增加到 6，被试 A 的收益从 0 美元增加到 11 美元。但是活动的增加将 B 的收益从 12 美元减少到 0 美元。从表 5—2 中最下面一行可见，联合收益在活动水平为 1 处达到最大。

表 5—2　　　　　　　　　一个科斯讨价还价博弈的收益

	活动水平						
	0	1	2	3	4	5	6
A 的美元收益	0	4	6	8	9	10	11
B 的美元收益	12	10	6	4	2	1	0
总收益	12	14	12	12	11	11	11

资料来源：Hoffman and Spitzer（1982），两个参与人，决策 1 的收益。

如果不允许讨价还价，权利所有者选择的活动水平将在一个社会非效率水平上最大化个人收益。例如，如果被试 A 对活动具有控制力，将会选择水平 6，对被试 A 产生 11 美元的收益，在此情况下被试 B 没有任何收益。相反，如果被试 B 控制活动，被试将选择水平 0 并且获得 12 美元收益，为被试 A 留下 0 收益。假如其中一方对活动水平具有控制力（例如，"产权"），并且单边支付能够用来补偿产权所有者对从私人角度看的最佳选择的偏离，科斯定理断定被试 A 和被试 B 之间的讨价还价会导致有效率的活动水平 1（产生 14 美元的社会剩余）。例如，如果被试 B 控制活动的决定通过提供一个提高被试 B 的净收益到大于 12 美元的单边支付，被试 A 可以导致活动水平 1 的选择。

数据：帕累托最优

Hoffman and Spitzer（1982）使用表 5—2 的收益（以及具有非常

相似结构的其他一些收益表）检验了代理人达成有效率协议的能力。每队被试被安置在一个带有监控者和随机设备的房间，其中随机设备用来分配 A 和 B 的角色。对收益结构的解释没有显示总的货币收益（没有表 5—2 中的最底行）。

双边讨价还价结果对过程的变化非常敏感，因此仔细地考虑它们非常重要。在此背景下，以下说明解释了产权的界定：

> 你们两个将一起参加每一次决定。你们其中的一个将被指定为"控制者"。如果他或她愿意，控制者可以通过他或她自己选择一个数量并告诉监控者，监控者将终止实验并支付两位参与者。其他参与人可以试图影响控制者，以达到一个相互接受的联合决定；其他参与人也可以提供他或她的部分或者全部收益给控制者……如果达成一个联合协议，双方必须签订附加的协议表，声明双方将要选择的数量和将要从一个参与人的收益转移到另一个参与人的货币金额。不允许人身威胁。如果达成了协议并签订了协议表，监控者将终止实验并且根据协议中提出的条款支付给每个参与人。还有什么问题吗？（Hoffman and Spitzer，1982，pp. 83 - 84）

在说明之后，被试要回答三个问题，以测试他们对收益表和过程的理解。然后实验者投硬币来决定哪个人将是控制者。讨价还价是面对面的，并且公开支付收益。

表 5—2 中概括的博弈的收益可能集由图 5—3 中的星号表示。例如，活动水平 0 产生垂直的截距：被试 A 获得 0 美元，被试 B 获得 12 美元，等等。活动水平 1，如点（4，10）所示，产生一个 14 美元的最大总收益。通过单边支付，14 美元的联合最大收益可以连续地在参与人之间划分，如虚线所示。联合最大收益的平等划分由每个参与人获得 7 美元的点表示。

尽管（7，7）这个平等划分结果存在"集中性"，控制者仍能够单方面地获得更多。例如，如果参与人 B 赢得了投币决定，并且成为控制者，这个人就可以单边地选择任何用星号标记的结果，包括产生 12 美元的垂直截距。在这个意义上，点（0，12）是无协议点，并且这个点上的帕累托改进集为虚线的粗体延伸，位于图 5—3 的左上角。基于风险中性，货币收益可以解释为效用，并且对称性意味着纳什解处于粗体部分的中点，参与人 A 获得 1 美元，参与人 B 获得 13 美元，如图 5—3

左上角所示。类似地，参与人 A 作为控制者可以单边地选择（11，0）的水平截距，它是一个无协议解，决定了纳什解为（12.5，1.5），它位于图 5—3 中右下角粗体线部分的中点。

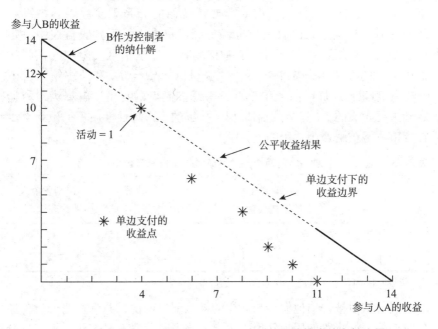

图 5—3 Hoffman and Spitzer（1982）中讨价还价博弈的支付边界

简而言之，风险中性下的纳什解位于收益曲线（含单边支付）的外侧，在粗体部分的中点处。纳什解的位置依赖于哪个参与人为控制者，也就是说，依赖于无协议点。因为纳什解最大化无协议水平之上的效用收益的乘积，它遵循没有参与人所获收益少于无协议效用收益（这将导致最大化目标的负价值）。这个结果被称为（弱）个人理性。这种直觉是，一个参与人同意一个比无协议结果更坏的结果是不理性的。至少在理论家之间，这个性质是无可非议的。虽然（在讨价还价解和科斯定理中）帕累托最优性假设仅仅意味着，结果将位于联合最大化收益的直线上，但纳什解中的个人理性含义意味着，控制者将会利用他或她的优势获取一个远远高于平等划分结果的收益。

表 5—3 中显示了 Hoffman and Spitzer（1982）两个实验的综合数据。上面一行是有关给予 12 对被试有关他们搭档收益的充分信息的实验。越过这一行，我们看到 12 对被试中的 11 对同意联合最大化，帕累托最优的活动水平为 1，但是在 5 个实例中，联合收益被平等划

分，给予控制者少于无协议结果的 4 美元或 5 美元（依赖于控制者的类型，A 和 B）。在其他 7 个实例中，控制者至少获得个人理性的数额，并且在 7 个实例的 4 个中，控制者没有获得多于无协议收益的结果。表 5—3 中第二行所显示的数据是类似的一系列实验，其中没有任何一方知道其他人的收益；也就是说，每个人只看到收益表中决定他或她自己收益的那一部分。有趣的是，不完全信息实验中的帕累托最优结果的发生并没有减少。[①] 霍夫曼（Hoffman）和斯皮策（Spitzer）把帕累托最优的高发生率（不考虑控制者的身份）解释为对科斯定理主要含义的支持。但是结果与纳什解的个人理性性质不一致，至少在货币收益被解释为效用的条件下。

表 5—3 　　　　　　　　单一时期两个人的科斯讨价还价博弈数据

	对数	联合最大化，帕累托最优	平等划分（或者 1 美元以内的平等）	控制者个人理性
完全信息	12	11	5	7
不完全信息	12	11	6	4

资料来源：Hoffman and Spitzer (1982)，table 2.

当被试对被告知他们将与同样的搭档配对两次，并且在两个讨价还价时期的开始阶段使用投硬币来决定控制者时，联合最大化、平等划分结果的吸引力更强。"连续的"设计会产生额外的不确定性，因为第一阶段讨价还价发生在被试知道谁将成为最后阶段的控制者之前。在这个实验局中（表中没有显示），所有 12 对被试选择联合最大化、平等划分的结果。在两阶段实验中，平等划分结果的适应性非常令人惊讶（对经济学家来说）。当相同的两阶段程序通过对所有收益乘以 4 加以改变时，Hoffman and Spitzer（1985，p. 289）报告了 100％的平等划分结果，其中控制者必须放弃 20 美元来接受平等划分。

寻求个人理性的努力

因为科斯定理的基础是个体为他们的自身利益讨价还价将产生有效

---

① 回想起来，完全和不完全信息实验设置中的结果是相似的并不令人惊讶。被试在不完全信息实验设置中允许与他们的讨价还价搭档讨论他们自己的收益，并且可假定他们确实如此。虽然与事实不符的陈述没有被排除，但我们能够推测拥有更多经验的被试在实验室讨价还价环境中将更熟练地使用与事实不符的陈述（并且对于与事实不符的陈述不会被公开的收益过程所揭示，拥有更多的自信）。

率的解，尽管结果是有效率的，但是在一部分控制者中未能观察到个人理性是令人不安的。这产生了两个问题：（1）是否有效率的联合最大化结果如此普遍，以至于没有单边产权的界定，它也将被观察到？（2）是否控制者不利用他们的优势，是因为低激励或者一些被引入到实验中的人为对称性？

Harrison and McKee（1985）解决了第一个问题，其可以改述为外部性是否存在于初始阶段。他们实施了一个"无产权"实验，没有控制者和促成有关单边支付协议的契约机制。收益和过程与 Hoffman and Spitzer（1982）的实验相似，除了在无协议的情况下，两个参与人收益为零，而不是存在一个由控制者决定的结果。[①] 在没有单边支付的情况下，表 5—2 中的任意活动水平都将满足帕累托最优，包括活动水平 2，其给予每个被试 6 美元的收益。哈里森和麦基使用了一个相似的收益结构，其中帕累托最优结果集包括了最大化总收益的结果和一个不同的产生平等收益、但是总收益水平较低的结果。在实验中，所有 6 对被试达成一个没有最大化总收益的平等划分结果。

在已经确定存在外部性的情况下（例如，联合最大化结果是不普遍的），哈里森和麦基也解决了这个问题，即在先前的实验中，为什么控制者没有利用他们的讨价还价地位？作者通过提高激励解决了第二个问题[②]：他们使社会有效率活动水平上（表 5—2 中的水平 1）的联合收益和平等划分收益水平上（表 5—2 中的水平 3）的联合收益之间的差异增加了一倍。表 5—2 中联合收益的差异是 2 美元，并且可以通过使活动水平 1 上的双方收益增加 1 美元而增加一倍。[③] 在图 5—3 中，通过将"活动＝1"的星号点向右移动 1 美元和向上移动 1 美元，这种改变将得以说明。初始收益结构中的这种改变使平等划分的发生率从 60％减少到 11％。在更高的联合最大化收益水平下，在 9 个实例的 8 个中，控制

---

①　存在一些过程上的差异，其看上去是不重要的，因为哈里森和麦基能够复制当收益结构相似并且使用一个控制者时的霍夫曼和斯皮策的结果。哈里森和麦基也实施了一个不同的、没有产权的实验设置，其中通过一个活动水平的随机选择来解决无协议情况，并且这种方法导致了无协议结果的高发生率。

②　如上所述，Hoffman and Spitzer（1985）表明了单独激励的增加将不会消除对称的两阶段实验设置（在第一阶段后，角色互换）中的平等划分结果。强调角色互换可能会导致平等划分，因为它把不对称产权的单阶段讨价还价境况还原为对称的。哈里森和麦基在非对称单阶段博弈情况下评价了增加的激励效应。

③　哈里森和麦基使用了来自表 5—2 中的不同参数，但是收益的变化效应基本上与这里描述的相同。

者获得至少个人理性收益。

Hoffman and Spitzer（1985）也解决了个人理性问题，但从不同的角度。他们推测，如果这种优势不被视为挣来的，实验中的控制者可能不会利用他或她的优势。其中一个实验设置包含了先前使用过的过程，投硬币来决定哪一个被试"是被指定为控制者"。第二个实验设置包含了一个简单的初步技巧游戏（类似于井字游戏）来决定被指定的控制者。最后，两个附加的实验通过使用投硬币或者技巧游戏来构造，但用"获得这个权利为"替代短语"被指定为"。表5—4显示了2×2实验结构的结果，其中内容为平均控制者收益和平等划分收益之间的差异。可以注意到，"获得权利"术语的使用提高了两种控制者选择机制中控制者的收益。当使用"获得权利"术语时，技巧游戏导致了相当高的控制者收益。有趣的是，说明用语的改变比控制者选择程序的改变似乎对行为有更重要的影响。[①] 读者应该得到警示；这是过程的"经济不相关"改变对受到经济激励的被试的行为有显著影响的一个明显例子。

表5—4 控制者收益的控制者选择机制效应

	术语"被指定为"	术语"获得权利"
通过投硬币选择控制者	1.0	2.6
通过井字游戏选择控制者	1.2	4.5

注：收益＝平均控制者收益－平等划分收益。

资料来源：Hoffman and Spitzer（1985，p. 278）.

小结

如科斯定理所示，产权的存在和不计成本地执行合同使实验中的参与者以一种通常导致帕累托最优分配的方式就单边支付进行谈判。但如果通过投硬币赋予产权，控制者并不总是完全利用产权。未能利用产权并不违背科斯定理的有效率预测，但是它违背了纳什解的个人理性性质。在实验中，通过控制收益和改变控制者角色被解释和指定的方式，减少了违背个人理性的发生率。双边讨价还价的结果对与公理性讨价还价理论无关的因素非常敏感。因此在选择、采用和描述过程细节时，实验者应该非常小心。

[①] 作者对数据的统计分析支持了这个结论；控制者选择机制效应仅是稍微显著的。

5.4　制式讨价还价：最后通牒博弈实验

通过放弃对战略谈判过程建模而规定有关结果的假设，合作博弈理论解决了双边讨价还价理论上的"不确定性"。但是，前面几节所回顾的实验揭示了与纳什解通常使用的一个或多个公理相矛盾的数据模式。在本节，我们考虑了另一种非合作博弈理论方法。如前面所提到的，根据可能的讨价还价战略，现实中的自由讨价还价是如此的丰富和复杂，以至于在刻画均衡特征方面取得进展的唯一方式是对可行的战略施加限制。[①] 最常用的限制包括使讨价还价者在固定的时间点轮流提出建议（Stahl，1972；Rubinstein，1982）。在这里将讨论的最简单的情况包括一个单回合，其中一个人提出对一个数额的划分，这是一个最后通牒，其他人必须接受或者拒绝。多回合讨价还价博弈将在下一节讨论。

最后通牒和独裁者博弈：平等划分是否因为利他主义？

作为市场的一种特殊情况，最后通牒博弈自发地产生。考虑一个明码标价的垄断者提供给一个单一买者 1 单位的谈判。垄断者的标价决定了买者的价值和卖者的成本之间的剩余的划分。买者可以接受建议（购买）或者不接受。尽管这个类比具有直接性，但在这些实验中，通常不使用市场术语。而是一个被试提出一个对固定数额货币的划分，且另外一个接受提议的划分或者拒绝。拒绝导致每个被试获得默认收益（通常为零）。由于可行行动的极度不对称性，博弈的均衡包含了非常不对称的收益：子博弈均衡要求提议的接受者接受任何正的收益（超过默认的水平），不管有多小。均衡提议是给接受者提供最小的正收益。这个提议被认为是非常不公平的，并且毫不奇怪的是，极端的提议通常被拒

---

① Harrison and McCabe（1988，p. 6）提到：要描述 Roth and Malouf（1979），Roth and Murnighan（1982）使用的讨价还价博弈理论的拓展形式是不可能的。哈里森和麦基能够说明 Roth and Schoumaker（1983）实施的两阶段非合作讨价还价博弈的拓展形式。后一博弈包含一个阶段，其中两个被试能够独立地做出对收益总额比例的需求，在接下来的一个阶段，被试能够独立地重复他们自己的需求或接受其他人的第一阶段需求。哈里森和麦基证明了这个两阶段博弈中的任何帕累托最优结果是一个非合作均衡。他们推断被观察到的没有选择纳什讨价还价解的被试的"过失行为"与非合作行为完全一致 [Wilson（1985）也得出了相似的结论]。

绝。本节探讨了提议和拒绝行为对如经验、激励等实验条件的敏感性。

将要首先讨论的最后通牒实验是 Güth，Schmittberger，and Schwartz（1982），以及此后古思（Güth）等人的实验。所有被试被安置在相同的房间，他们可以相互看见对方，但是不知道这个人与谁组成一对。通过短信息做出初始的需求和接受/拒绝反应，并且所有收益用现金支付。鉴于理论上的预测，提出需求的参与人将要求基本上所有的收益数额，奇怪的是，典型的需求为饼的一半。虽然大多数需求多于饼的一半，但极少被试的需求接近剩余的 100％。此过程在一周后重复，并且需求有所增加，但是仍然没有接近理论上的预测。拒绝是不常见的，但是过分的需求更可能被拒绝。回想一下，从减少反应者收益的意义上讲，拒绝是不理性的。

Kahneman，Knetsch，and Thaler（1986）也观察到了最后通牒博弈中提议者放弃总额的一个显著比例的倾向。他们推测，最后通牒博弈中初始提议的慷慨性的一个主要原因是对反应者福利的关心。虽然与经济理论的正式结构不一致，对公平的关心是利他主义的一种类型，其与经济学家通常使用的利己假设不一致。因此，经济学家提出了另外一种解释，以使其对于市场经济中的自我激励代理人假设存在更少的疑问。

Güth et al.（1982）推测，在最后通牒博弈中，提议者未能充分利用先动优势是由于过程特征导致了参与人之间对公平的关心。例如，他们认为，如果使用市场术语或者如果被试在视觉上被隔离，提议者将更有侵略性。[1] Forsythe et al.（1988）进一步指明了被试池的选择过程会产生对公平的关心。古思等人实验中的参与者不是自愿者，而是学生，他们的参与为课程的一部分。对实验室设置外的参与者之间的连续对弈的预期可能会影响动机，例如，被试也许能看到自己被包含在一个与其他人的大规模、多阶段的博弈中。（事实上，被试确实在一星期后的相同博弈中再次对弈。）

为了评价最后通牒博弈中的匿名性对"公平"的影响，福赛斯（Forsythe）等人实施了一个实验，其中自愿参与者大部分招募自学生群体，直接做出匿名决策。参与者不拥有任何有关可能与他们配对的池中的其他人的身份信息，无论在实验局之前、实验局期间还是在实验局

---

① 存在支持市场术语能够产生影响的一些早期证据。在一个密切相关的明码标价的双边垄断实验中，Fouraker and Siegel（1963）观察到了对先动地位几乎完全的利用。但是，注意到，弗雷克（Fouraker）和塞格尔（Siegel）的双边垄断设计结构偏离了最后通牒博弈，因为买者可以改变购买的数量，而不是做出一个全部回应或者无回应。

之后。讨价还价针对一个固定的美元数额。每个被试只参加一个单轮讨价还价博弈，并且博弈中的收益通过现金支付。[1] 尽管有这些预防措施，50/50 的划分仍为典型的提议。10 美元数额提议划分的频率分布由图 5—4 后面的含黑色阴影部分的白色区域表示。（现在，请忽略图前面部分的纹理区域。）这里，横轴代表了提供给反应者的美元数额，因此 5 美元是平等划分提议并且 0.1 美元是子博弈精炼均衡提议。垂直大小表示在每个美元数额处提议的比率。5 美元处的黑色尖峰表示平等划分提议的优势。概括起来，避免影响激励结构的程序防护措施不能消除提议者在最后通牒博弈中放弃总额的一个显著部分的倾向。

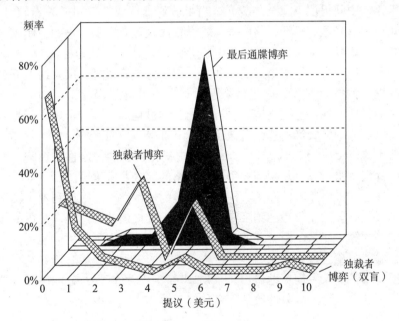

图 5—4 最后通牒和独裁者博弈中提议的频率

资料来源：最后通牒博弈和独裁者博弈的数据，Forsythe et al.（1988）；双盲、独裁者博弈的数据，Hoffman et al.（1991）。

另一方面，来自 Hoffman et al.（1991）的实验证据显示了其他过程细节的重要性。特别地，这些作者检验了在市场环境中实施实验的影响，和使讨价还价者"获得权利"成为提议者的影响。通过给予卖者 1 单位，将弗雷克和塞格尔的双边垄断设计转换成一个最后通牒博弈，可

---

[1] 作者们也实施了一个相似的实验局序列，其中被试仅获得一个固定的收益，并且他们的收益不受讨价还价结果的影响。

以得到博弈的市场表述：卖者提出一个价格提议，并且买者通过购买或不购买做出反应。在一个问答比赛中，通过比他们的讨价还价搭档做出更多的正确答案，参与人获得权利成为提议者（卖者）。在每一种情况下，被试参与一个最后通牒博弈并且随后获得收益并离开。

出于比较的目的，我们对结果的讨论集中在与福赛斯等人所使用的激励结构相同的一系列实验上（例如，参与人获得 3 美元出场费和就 10 美元数额进行讨价还价）。[①] 在一个基准实验中，没有使用买者/卖者术语，并且提议者的身份由一个随机设备来决定，结果与福赛斯等人报告的相似；中间提议是（平等划分）5 美元。然而，如果加上买方/卖方术语，中间提议下降至 4 美元。当半数的被试获得权利成为卖者时，中间提议下降至 3 美元。这两个实验设置的联合效应是明显的：使用中性的，非市场术语和卖者的角色随机分配时，超过半数的提议为 50/50 的划分。但是当市场术语被使用和卖者的角色被获得时，仅大约十分之一的提议为平等划分。这些结果巩固了自由讨价还价博弈（含单边支付）的早期发现，也就是说，经济上无关的过程细节对讨价还价行为有重要的影响，尤其当这些细节改变讨价还价境况中被感知的对称性时。虽然 Hoffman et al.（1991）的过程有提高提议者的侵略性的影响，注意到提议者坚持放弃总额的一个不可忽略的部分非常重要。[②]

在这些最后通牒博弈中，提议者明显的慷慨性与公平或利他主义没有多大关系。然而，考虑到反应者拒绝不平等提议的恶意倾向，饼的接近平等划分可能是一个合理的战略。福赛斯等人研究了这种可能性，他们检验了一个比最后通牒博弈更严格的博弈的表现：独裁者博弈。在这个博弈中，决策者简单地做出一个对 10 美元数额划分的分配决策，并且根据这个决策划分总的数额。在独裁者博弈中，对拒绝的害怕因此被

---

① 但是，霍夫曼等人的提议被限制在整的美元数额。

② 虽然基于市场的术语与抽象的讨价还价术语是非中性相关的，但它反映了比较不同文化行为的一种相对中性的方法。Roth et al.（1991）使用市场术语的方式比较了四个城市的讨价还价行为：耶路撒冷、卢布尔雅那（南斯拉夫）、匹兹堡和东京。在每一个地方，成对的参与人为学生，他们在拥有不同参与人，但拥有相似的说明、收益和过程的 10 个最后通牒博弈中相互谈判。事后随机选择其中一个博弈以决定被试的收益。在所有的四个国家，提议者倾向于提供总额的一个显著部分给其他参与人，但是美国和耶路撒冷具有先动优势的讨价还价者更不具侵略性，这些国家的典型提议包含了对交易中收益的 50/50 的划分。相反，日本和以色列的典型提议提供给提议者（买者）交易收益的 60%。这些差异是统计上显著的，并且通过排除其他因素（例如，货币或实验者效应），作者们暂时将差异归因于文化差异。虽然日本和以色列的提议似乎更具侵略性，但是拒绝率并没有更高。这个观察导致作者们推测不同被试池的主要文化差异是基于哪种划分方式足够公平以至于不会遭到拒绝。

排除，并且决策者的最优反应为获得所有 10 美元，与有关其他参与人理性的任何信念无关。很可能在这种博弈中只有对公平的考虑能激发更公正的结果。

除了接受方缺乏追索权外，过程与由福赛斯等人以上所描述的最后通牒博弈本质上一致。实验局的结果由独裁者提议的频率分布来阐述，由图 5—4 中间部分的纹理丝带表示。大约 21％的独裁者获得整个数额（提供 0 美元），但是其他独裁者分别留下不同的数额给其他参与人。大约 21％的独裁者甚至与平等划分总的数额相去甚远。比较最后通牒博弈数据的黑色尖峰和独裁者博弈数据的纹理丝带产生了两个结论：（1）对拒绝的可能性的战略反应很重要，例如，当不存在拒绝的机会时，独裁者在做出低提议时更富侵略性。（2）战略因素并不是全部，正如大多数被试不愿意完全利用他们的独裁者角色。

Hoffman et al.（1991）报告了另外的一个独裁者博弈，其提出实验室独裁者的明显慷慨性可能很大程度上是由于非计划的过程特征而不是公平因素。在本章所讨论的大多数讨价还价实验中，从他们不知道其他人的真实身份的意义上讲，参与人是匿名的。但是被试知道实验者可以观察到谁做了哪个决策，并且可能参与者受到这种知识的影响。通过实施匿名独裁者博弈，其中所有人，甚至实验者也不能找出谁做了哪个决策，霍夫曼等人研究了实验者观察效应的可能性。[1] 其通过给每个独裁者一个附有纸条和/或者美元钞票组合的信封来完成。独裁者按照指示以任何想要的组合拿走一半的纸条和/或者钞票，并随后重新封好信封。通过一个学生代表来分发信封和收集决策，从而使得实验者不可能指出什么决策是由哪个独裁者做出的。[2] 附加的匿名性有助于增加独裁

---

① 霍夫曼等人把这个实验设置称为双盲。我们使用稍微不同的术语，因为"双盲"（double-blind）术语通常涉及被试和实验者都不知道实验目的的情况。虽然在霍夫曼等人实验设置中的实验者不能把决策和特定的个体联系起来，但是实验者（一位作者）确实知道实验的目的。双盲和双匿名实验设置相似，因为它们的目的都在于减少"实验者需求"效应。

② 更具体地，一个包含 29 个参与人的实验局。其中，14 个被赋予独裁者角色，另外 14 个被安置在一个单独的房间。剩下的参与人（一个自愿者）为一个监控者，负责分发和收集信封。每次一个独裁者被叫到房间的后面，监控者给予其 14 个未做标记的信封中的一个。所有的信封都非常厚：其中 12 个信封包含一张 10 美元的钞票和 10 张空白的纸条，但是其他 2 个信封包含 20 张空白纸条。每个独裁者被告知可从他们的信封中拿走所有的 10 张纸条和/或美元钞票。他们私下地做这些事情，并且随后封好信封，把它归还给控制者。在所有独裁者做出决策后，控制者在一个单独的房间打开信封并且将它们分发给其他参与人。实验中没有使用市场（买者/卖者）和独裁者术语。

者所获得的比例，并且效果非常明显。三分之二的独裁者要求整个数额。提议的频率分布由图5—4中前面部分的纹理丝带表示。几乎不存在平等划分提议，虽然其中一个被试是仁慈的独裁者，给予其他人9美元。对不含和含有双匿名程序的独裁者博弈数据的比较（由图5—4中的纹理丝带表示）证实了作者的结论，即被试关注第三方的观点（例如，实验者），多于关注他们搭档的收益。[1]

小结

毫不奇怪，当非合作博弈理论的预测包含极度不平等待遇时，甚至在非常简单的博弈中，它们也倾向于破裂。有关公平和其他方可能接受什么的态度似乎对决定角色分配的程序和是否使用市场术语很敏感。但是不管过程如何，最后通牒博弈中的反应者经常拒绝不利的提议，尽管拒绝会减少他们的收益和在匿名条件下单轮相遇中的境况。因此，提议者通常提供给反应者一个总额的显著比例（通常一半）。但是当对拒绝的害怕通过给予提议者独裁权力而被排除时，大多数被试放弃了给予他们讨价还价搭档一个总额的显著比例。双匿名过程的最新结果表明了这种明显慷慨性不是利他主义，而在很大程度上似乎是由于关注外界观察者而产生。这些结果为在讨价还价实验中注意过程细节的重要性提供了额外的证据。仍然需要研究的一个问题是：在最后通牒博弈中，是否过程的调整将产生更富侵略性的需求？

5.5　制式讨价还价：轮流要价实验

在前面一节讨论过的最后通牒博弈可以被认为是单"轮"的，其中一个被试提出提议，然后其他人做出反应。提高这种高度结构化的博弈与自然的双边讨价还价情况的相关性的一种方法是增加轮数。大多数讨价还价情况可能至少包含几轮，每一轮都有一个提议者和反应者。如果存在有限的轮数，则最后一轮是一个简单的最后通牒博弈。很自然地会想到轮数没有先天限制的讨价还价博弈，虽然讨价还价的成本也许会减少持续讨价还价的动机。高代价讨价还价的一种形式是罢工期间的产量

---

① 产生完全匿名程序的过程也许已经引入了其他细微的偏见。例如，仅包含空白纸条的两个信封的存在意味着两个人将不获得任何收益。这个结果可能提示独裁者他们应该拿走10美元。进一步的实验研究可以决定这个程序是否导致有偏的行为。

损失。另一种讨价还价成本是就延迟的收益而言，在后一轮协议中获得的 1 美元不如当前获得的 1 美元有价值，因为当前获得的 1 美元可以用于投资。通过缩减被划分数额的大小的一个贴现率，时间偏好被加入到实验中。例如，10% 的贴现率将使第一轮的 100 美元减少至第二轮的 90 美元、第三轮的 80 美元等等。贴现给予被试尽早达成协议的激励。

使用子博弈精炼纳什均衡概念的显著含义为被试将在第一轮达成协议。如第 2 章所提到的，子博弈完美使用了逆向归纳法，排除了不可置信威胁的使用，例如对博弈最后阶段的"吝啬"提议的拒绝。在一个多阶段讨价还价博弈中，协议可能在第一轮达成，因为如果讨价还价将继续到随后的子博弈，逆向归纳法允许参与人向前思考将会发生什么。由 Stahl（1972）和 Rubinstein（1982）提出的逆向归纳观点将首先根据简单的两阶段博弈来解释。

两轮博弈：理论

图 5—5 所示的两轮博弈呈现了逐渐变小的饼的一种夸大的情况。纵轴提供了每轮将被划分的数额的一个度量。如横轴所示，第一轮中的饼值 100 美分，其中参与人 1 提出提议。如果提议被参与人 2 拒绝，第二轮中的饼仅值 25 美分，然后由参与人 2 给出一个提议。如果第二轮的提议被拒绝，则两个参与人无收益（数额减少至 0）。使用逆向归纳，首先考虑最后一轮将发生什么。在理论上，参与人 1 偏好任意小的正收益超过无收益，因此在最后一轮，参与人 2 提供 1 美分给参与人 1 的提议将会被接受，剩下的基本上整个饼（24 美分）都给参与人 2。参与人 2 的第二轮的 24 美分的需求由图中高度为 24 的填充节段表示，并且未填充的 1 美分部分流向了参与人 1。

向前推理，我们考虑第一轮，其中参与人 1 做出划分 100 美分的提议，知道参与人 2 在最后一轮可以获得 24 美分。因此，如果参与人 1 在第一轮提供 25 美分给参与人 2，参与人 2 将（在理论上）接受。第一轮数额中的 75% 将流向参与人 1，由把第一轮的垂线分成 25 美分的填充部分和 75 美分的未填充部分的划分表示。

同样的逻辑原理适用于任何两轮博弈的变体。第二个参与人可以基本上要求保留在第二轮中的整个饼，因此参与人 1 可以首先在第一轮提供给参与人 2 等于第二轮饼大小的份额。提议将在理论上被接受，因此参与人 1 获得第一轮的饼和第二轮的饼之间的差额。换句话说，参与人 1 可以获得饼缩水的数量。图 5—5 中的缩水非常大

（75%），但是可以变动缩水率，并且因此在均衡下，改变流向参与人1的初始总额的部分。

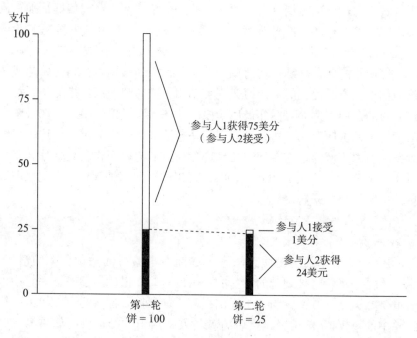

图5—5 两轮轮流要价讨价还价博弈的 **Stahl/Rubinstein**（**1982**）均衡的推算

两轮博弈：数据

在一个两轮博弈中，最后一轮是一个最后通牒博弈。鉴于在最后通牒博弈中，已观察到被试未能完全利用他们作为提议者的优势，如果这个理论对更复杂的两轮博弈也一贯有效，那将令人吃惊。[①] 本节所回顾的结果说明了是否和在什么程度上，需求对战略因素的变化是敏感的。

Binmore，Shaked，and Sutton（1985）报告了这种类型的第一个实验，他们使用了图5—5中的两时期结构，其中纵轴上的收益单位为0.01英镑。第一轮平均需求是饼份额的0.57，其明显地低于参与人1的预测份额0.75。但是当拥有参与人2角色的被试在第二局被赋予参与人1的角色时，平均需求增加到0.67。为了以后比较的目的，用显示均衡预测和平均第一时期需求之间关系的图来阐述这些结果是有益

---

① 但是回想一下，在一些程序性条件下提议者的行为比在其他情况下更理性。

的。图 5—6 中的均衡预测沿横轴度量。45°虚线代表了行为与理论相符的点。图 5—6 中的星号代表具有相反角色的第二个宾默尔（Binmore）等人实验局的结果。每一个星号上面和下面虚线上的点代表了一个对平均值的单一标准差。注意到，第二个实验局中的结果在 0.75 的均衡预测的标准差之内。

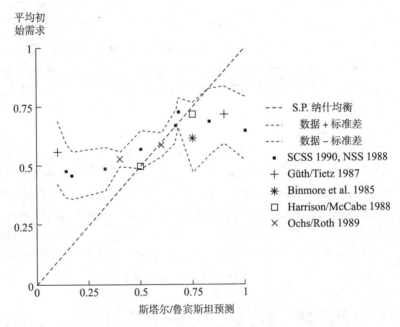

图 5—6 两轮轮流要价讨价还价博弈中的平均初始需求

资料来源：Spiegel et al.（1990），table 6.

Harrison and McCabe（1988）使用了与图 5—5 中的相同的设计，并且他们发现了 0.72 的平均初始需求，由图 5—6 中的横坐标为 0.75 的未填充方框表示。[①] Neelin，Sonnenschein，and Spiegel（1988）（图 5—6 中的 NSS）和 Spiegel et al.（1990）（图中的 SCSS）获得了另外的支持结果，其中两轮博弈初始需求的理论预测分别为 0.68 和 0.67。这些数据点由图 5—6 中横坐标为 0.67～0.68 的圆点表示。

但是尼林（Neelin）等人获得的结果与多轮博弈中的斯塔尔/鲁宾

---

① 虽然他们注意到不同实验局的标准差在 5%～10%的范围之间，但是他们没有为哈里森和麦基的数据提供标准差。有趣的是，哈里森和麦基在一个相似的实验局中获得了基本相同的结果，在实验中，被试就 100 张彩票讨价还价，正如在前一节讨论的两阶段彩票讨价还价实验。

斯坦（Stahl/Rubinstein）理论不一致。而且，从图5—6可以看出，当预测的第一轮需求下降到0.5~0.75的范围之外时，可以观察到对虚线预测的系统偏离是明显的。当初始需求预测超过0.75时，被试的需求倾向于少于他们"应该的"需求，Güth and Tietz（1988）在一个实验设置中观察到了由图5—6右边的"+"号表示的结果。结果与最后通牒博弈中的行为不一致。实际上，Spiegel et al.（1990）也实施了一个两轮实验，其中第二轮中数额的价值完全等于零，其实质上将两轮博弈转换成一个最后通牒博弈。平均需求为0.65，由图5—6最右边的圆点表示。更有趣的是图左边的数据点，也就是说，当提议者在第一轮的预测需求小于0.5时（因为饼在两轮之间的缩水小于50%）。在这些情况下，第一轮中的提议者是相当不利的，但是倾向于要求一个平均划分，即一个通常被接受的要求。

概括起来，从图5—6可以明显看出，两轮博弈中的平均初始提议在一定程度上对战略因素是敏感的，尤其在0.5~0.75的范围内。但是行为并不像斯塔尔/鲁宾斯坦理论预测的那样敏感；偏离通常朝向平等划分饼的方向。当优势非常大时，提议者未能完全利用他们的优势，并且当处于弱势时，他们寻求一个50/50划分。显而易见，图中的情形阐述了对已被接受理论的系统偏离；但没有提供一种可供替代的理论。[①]我们需要讨价还价行为的一般理论来解释这些实验结果。实验经济学家的另一项任务是寻找一种情况，其中当均衡预测不平等的划分时，当前已被接受的理论会很有效。

多轮轮流要价博弈

三轮博弈的子博弈精炼均衡的计算是以上所给出的逆向归纳法的一个直接扩展。三轮中第一轮的提议者可以简单地提供给另外一个参与人稍多于其在最后两轮可能所得的份额，最后两轮中的另一个参与人可能会拒绝。通过这种方式，第一轮的提议将会被接受。此时，为预期多轮博弈的结果不同于理论预测而列出几个原因是非常有用的。首先，第一轮中预测的行为依赖于对后两轮中均衡结果的一个正确预期，但是当饼的缩水率非常高或者非常低时，我们已经看到在两轮博弈中被试对均衡

---

① Bolton（1991）提出了这些数据的一种解释，这种解释是基于每个代理人的效用是他/她自己的收益和其他讨价还价者收益差异的函数的假设。这种理论能够解释被试为什么会拒绝第一轮提议并且在第二轮做出相反的提议，而这一提议比刚才拒绝的提议产生更少的收益。直觉是"不利的相反提议"能够减少讨价还价者收益之间的差异。

的偏离。其次，其他背景下的实验（如蜈蚣博弈）显示了被试并不擅长于逆向归纳。在两时期资产市场实验（将在第 7 章讨论）中，在初始时期的定价行为能够反映正确的预期之前，被试实际上必须体验最后时期的交易境况才能实现这一点。Forsythe，Palfreg，and Plott（1982）把其称为"向后摆动假说"（swingback hypothesis）：在一个两时期市场的重复序列中，向均衡的调整将在最后时期发生，并且仅在后续的市场中，第一时期的行为与基于完美预见的理论预测一致。

Neelin et al.（1988）观察到了三轮博弈中的异常结果。在做出初始提议的过程中，实验中的被试似乎所做的是以对待一个单轮博弈的方式对待最后的两轮子博弈。Harrison and McCabe（1988）在初始的讨价还价对的匹配中观察到了相似的结果。（在讨价还价博弈之间，被试以匿名的方式重新匹配。）哈里森和麦凯布（McCabe）引用了向后摆动假说，以偶数标记相匹配的方式使被试参加到一个三轮博弈中，而在最后的两轮子博弈中使用奇数标记进行匹配。通过这种方式给予被试某种必要的经验，以使其明白如果三轮博弈中的初始提议被拒绝，将会是什么样的情况。拥有这种类型的经验，初始提议倾向于收敛到理论预测。

Spiegel et al.（1990）报告了不那么令人鼓舞的子博弈中关于经验的结果。但重要的是，他们使用的有关经验的实验设置与哈里森和麦凯布所用的不同。施皮格尔（Spiegel）等人使被试参加到一个单程嵌套子博弈序列，由最后一个阶段、最后两个阶段、最后三个阶段等组成，向后伸展到由整个（六阶段）博弈构成的子博弈，而不是提供给被试子博弈中的重复交替的经验。也许并不令人惊讶，在这些较长的博弈中，这种类型的经验不会提高理论的表现力，因为被试只能看见每个子博弈一次。

在评价这些结果的性质时，建议困惑的读者最好使用从对简单博弈结果的思考中所获得的直觉。例如，最后通牒博弈（无双匿名程序）中的需求比理论预测的需求更不具有侵略性，并且因此最后通牒博弈中的经验也不能提高较长博弈中均衡结果的发生率。与简单博弈结果相对应的是，战略因素确实看上去重要，尽管效应不像理论预测的那么强。①

---

①　Binmore，Shaked，and Sutton（1989）报告了另一种情况，其中战略上的因素显得很重要，但不能解释所有的结果。这些作者实施了没有最后时期的轮流要价博弈，但是拥有一个贴现率（总额的缩水率）或随机终止机制。他们使用了在公平和集中性的角度相似的两个实验局。观察到的行为对战略情况的变化是敏感的，并且被试倾向于事后使结果合理化为"公平的"。

小结

虽然可能是最原始的经济安排，但双边讨价还价中的丰富信息空间使得其难以分析。因为合作解基于一个或多个公理（关于结果的假设），而这些公理却与讨价还价实验相矛盾，所以学者对许多简化的讨价还价模型感兴趣，其中战略因素可以明确地得到评价。最常见的简化包括讨价还价者轮流做出提议的假设。但是，本节的主要结论是：斯塔尔/鲁宾斯坦理论有一些解释的价值，但存在系统性偏离。行为看上去确实对战略因素是敏感的，并且不同角色和子博弈中的经历能够减少理论和数据的不一致性。但是似乎非战略因素也是相关的。例如，在简单的独裁者博弈中，似乎是利他主义或者不理性的行为通过过程的改变而消除，如完全匿名性的引入。讨价还价实验也提供了"经济上不相关"的过程因素最引人注目的情况，其对被观察到的行为有主要的影响。

注意到轮流选择模型在一定程度上是非自然的，也是很重要的；对时间、资源和提议的次数外在地施加限制的讨价还价情况在自然背景下是不常见的。为了使其结构化，轮流选择模型有一些实验室外的经验相关性，它们必须被看成是自由讨价还价情况中所发生情况的模型。因此，如果它要解释前面几节讨论的自由讨价还价中观察到的无协议结果，斯塔尔/鲁宾斯坦理论必须进一步改进。

5.6 固定供给拍卖

双边讨价还价代表了交易制度的一种类型，其有别于前面章节所考虑的有组织的市场规则。当一个代理人，通常是一个卖者，需要创建一个销售固定供给商品的并且不存在成熟的、持续的销售渠道的特殊市场时，通常产生第二种类型的交易制度。第二种类型的制度通常被称为拍卖。[①] 拍卖通常为一些特殊的商品所安排，例如，从废弃的家具到优秀的艺术品的独特商品。另外，当一个人以一种减少非法回扣机会的方式

---

① 从经济学家的角度，差不多集中市场交易制度的任何类型都可以被认为是拍卖（例如，双向拍卖或明码标价拍卖）。但是，在通常的使用中，"拍卖"一词被用于定义供给是固定的一类制度。

雇佣某人安排购买或销售时，拍卖也被使用。出于这个原因，拍卖非常受雇佣者和政府机构的欢迎。① 与买者在拍卖中竞相提出最高价格的通常情况相比，政府发起的拍卖通常相反，公共代理机构作为一个垄断的买者，通常邀请卖者竞争一个在最低价格处提供的契约。

使用拍卖的人也许有各种各样特殊的关注点。在易变质商品的拍卖中，例如鲜花，交易的速度非常重要。在其他例子中，例如，政府债券销售，存在对有关买者共谋可能性的大量关注。当今已经发展出了丰富多样的拍卖形式以应对各种各样的需要。这种多样性激发了大量的理论和实验工作。

拍卖的经济学分析可以分为理论模型上的两大类，其根据参与人做决策时所面对的不确定性的类型而不同。最简单的模型以拍卖物对每个投标者价值的不确定性为特征。在对于没有成熟市场的独特、特殊物品的拍卖中，拍卖品的价值因不同的投标者而不同是合理的。每个投标者的私人价值不被其他人直接观察到。这种不确定性与投标决策相关，因为其他人的价值决定了他们愿意报出的最大数额。这种类型的模型被称为私人价值模型。

在其他背景下，相关的不确定性是关于物品的最终价值对于所有投标者都相同。例如，考虑一个海上石油租赁站的拍卖。站点的价值依赖于数量、质量和石油的可利用性；这个价值对于所有投标者都相同，假定回收成本相同，但是在征求投标时，它是未知的。如果投标者在投标之前对价值做出了不完全的估计，则他们的价值估计将是相关联的。第二种类型的模型被称为共同价值模型。大多数投标情况兼有私人和共有价值的特征，但是为了研究的目的，经济学家仅关注极端的情况。本节的余下部分阐述了私人价值拍卖理论并概括了这些拍卖的实验室实施的结果。共有价值拍卖将在随后部分考虑。

私人价值拍卖

大多数拍卖实验实施了表 5—5 列出的四种制度的一种。最上面两行的拍卖包含了密封价格的提交，并且因此报价是同时的。在最顶行概括的一级价格拍卖中，提出最高密封报价的人将以等于这个人自己报价的金额购买到物品。如表中最顶行括号内的注释所示，歧视性拍卖只是

---

① 见 Cassady（1967）关于鱼、土豆、船和新娘等繁杂物品的多种拍卖市场的丰富和有趣的解释。

把一级价格拍卖推广到多件标的物的情况，其中每个获胜的投标者支付他或她自己的报价。这就是存在价格歧视的情况（并且为最高投标者感到相当遗憾）。第二行概括了同一价格拍卖的特征，其通过以一个共同的价格销售，即最高被拒绝报价，将所有的标的物卖给报价最高的投标者，避免了价格歧视。[①] 二级价格拍卖仅为同一价格拍卖的一种特殊情况；其仅有一件标的物，最高的被拒绝报价为第二高价格。

表 5—5　　　　　　　　　　单一卖者的标准拍卖制度

拍卖制度	报价过程	描述
一级价格 （歧视性的）	密封 报价	高报价投标者获胜并且支付他或她自己的报价。 （具有 M 件标的物，报价最高的 M 个投标者支付他们的报价。）
二级价格 （同一价格）	密封 报价	高报价投标者获胜并且支付第二高的报价。 （具有 M 件标的物，报价最高的 M 个投标者支付 $M+1$ 高的报价。）
荷式	递减 报价	价格连续下降，直到一个价格被表示接受价格的第一个投标者确认。 （具有 M 件标的物，价格连续下降，直到收到 M 个确认。投标者支付他们的确认价格。）
英式	递增 报价	价格连续提高，直到投标停止，例如，仅有一个有效的投标者存在。 （具有 M 件标的物，报价提高，直到存在 M 个投标者。）

　　表 5—5 最底下两行所列出的拍卖包含了连续报价，而不是发生在一级和二级价格拍卖中的同时报价。第三行中描述的荷式拍卖在荷兰被用来销售灯泡和花。这种拍卖通过使一个指针在一系列价格上递减来实施；当其中一个投标者通过表示接受指针所显示的价格来终止荷兰表时，完成一次销售。接受可以通过按按钮或一个手势来表示。在第四行概括的英式拍卖是一个连续拍卖，其中价格连续提高而不是降低。英式拍卖通常用于艺术品、酒和古董的销售。表 5—5 中描述了这些连续拍卖的多单位形式。[②]

---

　　① 实施所有获胜投标者支付一个等于最低被接受报价，而不是最高被接受报价的同一价格拍卖是可能的。这个拍卖没有令人满意的激励性并且基于这个原因也不经常被使用。

　　② 如 5.9 节所示，实施一个多单位的同一价格荷式拍卖也是可能的。价格连续下降，直到收到确认信息。最后的确认信息决定了共同的销售价格。

当投标者有私人的已知价值时，表5—5中的连续拍卖和密封拍卖存在重要的相似性。这些相似性将在本节的剩余部分阐述，但是首先开始一个概述是非常有用的。英式拍卖和二级价格密封拍卖是战略上相似的，因为在两种情况下，投标者有一个简单占优策略，它使得报价揭示了投标者自己的私人价值。这个策略完全地基于物品对投标者的价值，并且特别地，它不受风险偏好和有关其他人投标行为的信念影响。用同样的方式，连续的荷式拍卖在战略上与一级价格密封拍卖相似，然而，后两种拍卖的报价战略更复杂，因为它们包含了对其他人投标行为的最优反应的报价的准确计算。因此在这些拍卖中，最优报价对投标者的风险态度和关于他人行为的信念是敏感的。

首先考虑英式拍卖中的动机。为了简化，我们把注意力放在一个单一标的物的情况。任何投标者的占优战略简单地由他们对物品的价值决定：投标者应该保留在投标中直到提出的价格超过了他或她的私人价值。当拥有第二高价值的人退出竞争时，投标将会终止。因此拥有最高价值的投标者获得标的物。[①] 注意战略是如何不受其他投标者所采取行动的影响的。假设所有投标者，除了投标者 X，决定保持在活动中直到超过他们每个人的价值 1 美元。投标者 X 是否应该通过报价更高做出反应？当然不是。虽然更高的报价提高了购买到物品的可能性，但是投标者将会为在超出标的物价值的标价处购买感到后悔。

二级价格拍卖提供了提交一个基于价值的报价的相似动机。通过考虑一个给定的投标者 X 的最优战略，其拥有某个任意选择的价值，假如 5 美元，就可以很清楚地看到这一点。首先注意到 X 不能通过提交低于 5 美元的报价来增加收益，因为价格由第二高的报价决定。相反，少于 5 美元的报价将只会降低赢得拍卖的机会，而不改变获胜时的价格支付。相似地，虽然投标者 X 能够通过提交高于 5 美元的报价来增加获胜的机会，X 将不想用这种方式赢得拍卖，如下例所述。假设 X 提交 6 美元的报价。如果第二高的报价少于 5 美元，则 X 将以 5 美元的报价赢得拍卖，因此报价的增加对 X 的收益没有影响。另外，如果第二高的报价为 5.5 美元，X 将赢得拍卖，但是损失 0.5 美元。因此，正如在英式拍卖中，投标者有一个简单的占优策略，使报价揭示了他们的私

---

① 如 Ashenfelter（1989）所示，英式拍卖在实际报价情况下的战略行为有更高的自由度，因为卖者也许有一个投标者不知道的保留价格，并且在虚构的销售中，如果报价不够高，卖者的代理人可以降低卖者物品的价格。但是在一些模型中，通过不公开地宣布最优保留价格，卖者不获得任何收益（Riley and Samuelson，1981）。

人价值，而不管风险态度或关于其他人价值的信念。①

最后，注意到二级价格拍卖的价格和效率预测与英式拍卖是完全相同的。因为二级价格拍卖中的最优报价揭示了价值，它遵循拥有最高价值的投标者提交最高的报价，因此结果是有效率的（在理论上）。再者，获胜者支付的金额等于第二高的价值，其接近于英式拍卖中投标将会终止的相同位置。它遵循了英式拍卖产生与二级价格拍卖相同的预期销售收益和效率，不管交易规则看上去有多大差异。

存在一种重要的情况，其中英式拍卖和二级价格拍卖不同。在英式拍卖中，不需要战略的推算。投标者只需要比较他或她的私人价值和拍卖人的当前价格：标的物的购买保持有利可图直到拍卖人的价格等于投标者的价值，并且持续地报出更高的价格是愚蠢的。通过这种方式，拥有最高价值的投标者发现支付高于第二高报价者退出时的价格是不必要的。相反，在二级价格拍卖中，没有这种知识的产生。然而，最优的报价仅通过合理的推理就能被推断出来，因为投标者的支付并不是投标者的报价。而且，对揭示价值的报价偏离的结果依赖于对其他人报价的推测。由于拍卖过程中知识的差异，观察到英式拍卖和二级价格拍卖之间投标行为的差异是不足为奇的。②

现在我们考虑其他两种制度：荷式拍卖和一级价格拍卖，其中存在一件标的物并且获胜的投标者支付他或她自己的报价。报价高出自己的价值明显不是最优的，并且报价等于自己的价值将确保零收益，无论是否获胜。在决定报价低于投标者价值的多少时，投标者应该考虑低报价获胜时增加的收益和获胜的机会减少之间的权衡。权衡依赖于投标者关于竞争者报价的信念。注意到权衡在一级价格和荷式拍卖中都必须考虑到。而且，每种情况下的相关信息都是相同的，因为投标者的价值是已知的，并且荷式拍卖中价格的连续下降无法告诉投标者任何不能在事先（和不应该）就考虑到的东西。③

概括起来，存在四种通常用于实验的制度，连续报价的两种和同时报价的两种。对于私人价值的情况，在（1）二级价格拍卖和英式拍卖

① 在 Vickrey（1961）的一个拍卖环境下首先提出了这个论点，因此，二级价格拍卖有时被称为维克里拍卖。

② 这个论点由弗农·史密斯提出。用博弈理论的术语讲，这一论点是英式拍卖和二级价格拍卖具有相同的标准形式，但具有不同的扩展形式。

③ 如英式拍卖和二级价格拍卖，荷式拍卖和一级价格拍卖的标准形式是相同的，但它们的扩展形式不同。

之间，以及（2）一级价格拍卖和荷式拍卖之间存在等价性。进一步的比较要求对在更严密的假设下的一级价格拍卖和荷式拍卖之间的均衡报价进行分析，这为下一个主题。

5.7　私人价值的一级价格拍卖

很容易实施一级价格拍卖，我们会看到纳什均衡报价战略非常简单和直观。虽然以下的分析是通过一级价格拍卖来阐述的，相同的论点也适用于荷式拍卖。

均衡报价战略

考虑一个含有 N 个投标者的一级价格密封拍卖。每个投标者有一个私人价值，用 v_i 表示，并且面临着决定报价 b_i 的问题，其中 $i = 1, \cdots, N$。最优报价依赖于投标者的私人价值和有关其他人报价的信念，它又反过来依赖于他们的价值。因为价值由主观偏好决定，所以很自然地，根据没有投标者确切地知道其他人价值的情况建立模型。我们将考虑这种类型的一个简单模型，其中不确定性是对称的；每个投标者具有相同的有关其他投标者价值的主观概率分布。在实验室中，通过使用产生每个被试价值的相同的随机机制诱导了信念的对称性。参与人不能看到相互之间的价值，但是他们知道这些价值是怎样产生的。为了简化，假定投标者是风险中性的，并且每个投标者的价值独立地服从均匀分布。如果分布区间为 $[0, 1]$，于是，如第 2 章所讨论的，密度函数是平坦的并且 $f(v_i) = 1$。在实验中，价值通常来自 0 和一个大于 1（通常为 10 美元）的上界为 $V_{\max}$ 之间的区间。$[0, V_{\max}]$ 上的均匀分布也具有一个平坦的密度函数，但是 $f(v_i) = 1/V_{\max}$，而不是 1。

风险中性的投标者想要最大化期望收益，其为获胜的概率和获胜的收益 $v_i - b_i$ 的乘积。高报价增加了获胜的概率，但降低了收益，并且因此存在概率和收益之间的权衡。投标者的问题为根据这种权衡形成一个最大化期望收益的报价战略。附录 A5.1 显示了两个风险中性的投标者的这种情况，平衡的报价等于投标者标的物价值的一半：报出价值的 1/2 被证明为纳什均衡战略。（即如果一个投标者具有报出价值的 1/2 的战略，其他投标者的最优反应为报出价值的 1/2，反之亦然。）在含有 N 个投标者的更一般的情形中，纳什均衡报价战略也是线性的：

$$b_i = \frac{N-1}{N}v_i \quad i = 1, \cdots, N \tag{5.1}$$

N 和最优报价之间的关系非常重要。随着投标者数量的增加，最优报价接近于价值。仅有一个投标者时，最优报价为 0，因为任何报价都将获胜。含有两个投标者时，$(N-1)/N=1/2$，（5.1）式中的战略减少至报出价值的 $1/2$，如前面所提到的。随着投标者数量的增加，情况变得更有竞争性。在极端情况下，如果 N 变得无穷大，$(N-1)/N$ 接近于 1，并且均衡报价接近价值。

收益相等

在前一节中，关于轮流拍卖形式讨论的一个隐含结论为：从英式拍卖到一级价格拍卖的制度上的变化对报价行为有重要的影响。在英式拍卖中，报价者应该保持活跃，直到报价超出了他们的价值，并且因此，每个失败的投标者的最终报价大概等于投标者的价值。（因此，获胜的投标者支付的金额等于第二高的价值。）相反，在一级价格密封报价拍卖中，每个投标者战略上的报价低于价值：在投标者价值上的报价将确保零利润，虽然它将最大化获胜的概率。是否一级价格拍卖中投标者的报价低于价值就意味着卖者将获得一个较低的平均销售价格？通过考虑两个投标者的简单情况可以看出，答案是否定的。

让我们首先以包含两个投标者的一级价格拍卖为例，两个投标者在范围 $[0, V_{\max}]$ 上随机获得两个特殊的价值：$v_1 = [2/3]V_{\max}$ 和 $v_2 = [1/3]V_{\max}$，如图 5—7 所示。（正如以下所解释的，使用这些特殊的价值是有原因的。）因为 $N=2$，投标者的报价为他们价值的一半。特别地，投标者 1 以一个 $[1/3]V_{\max}$ 的报价获胜。在这个例子中，注意到这个一级价格拍卖中的销售价格 b_1 基本上等于第二高的价值 v_2。但是第二高的价值是英式拍卖中投标将会终止的地方。因此，在这个数值例子中，销售标的物获得的收益在一级价格拍卖和英式拍卖中是相同的。

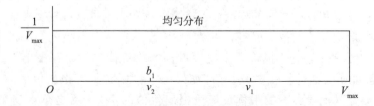

图 5—7 取自一个均匀分布的价值

实际上，图 5—7 所阐述的收益相等是非常一般化的。这是因为以上假定的获取值 $v_1 = [2/3]V_{max}$ 和 $v_2 = [1/3]V_{max}$，是从均匀分布 $[0, V_{max}]$ 两次获取的最高和最低期望值。从密度的均匀性（平坦性）可以看出，这种直觉是明显的。如果我们知道最高值的抽取为 v_1，则第二高的抽取很有可能位于 0 和 v_1 之间的任何地方，其平均值在这些数字之间的一半处。相似地，如果我们知道最低的获取为 v_2，则最高值很可能位于 v_2 和 V_{max} 之间的任何地方，其平均值在这些数字之间的一半处。这些数据意味着两次获取的最高和最低期望值将从 0 到 V_{max} 的区间划分成三份，如图 5—7 所示。

在 $N = 2$ 的一级价格拍卖中，最高获取的期望值是 $(2/3)V_{max}$，并且乘以 $1/2$，我们得到获胜报价的期望值 $(1/3)V_{max}$，其反过来等于第二高的获取的期望值。但是在英式拍卖中，投标在第二高价值获取处终止。因此，在两个投标者的情况中，这两种制度产生了相同的销售收益。

相同的收益相等地适用于 N 个投标者的情况：正如我们将区间 $[0, V_{max}]$ 划分成三份，以找到两次获取的最高和最低期望值，我们可以将区间划分成 $N+1$ 份，以找到 N 次获取的最高、第二高等的期望值。[1] 当一级价格拍卖中存在 N 个投标者，获胜投标者获取的期望值为 $[N/(N+1)]V_{max}$，其收敛于上限 V_{max}，随着投标者的数量变大。通过用这个最高获取的期望值替代均衡报价战略 (5.1) 式中的 v_i，在这个拍卖中，我们获得期望销售收益的一个公式：

$$期望销售收益 = \frac{(N-1)V_{max}}{N+1} \tag{5.2}$$

现在考虑 N 个投标者的英式拍卖，其中当第二高价值的投标者退出时，投标将终止。(5.2) 式的右边也代表了 N 次获取的第二高的期望值，通过将区间 $[0, V_{max}]$ 划分成 $N+1$ 等份，可以直观地看到。因此，英式拍卖中的期望销售收益（其中价值来自一个均匀分布）也由 (5.2) 式给出，正如一级价格拍卖中的情况。

在前面部分导出的英式和一级价格拍卖中的收益相等地适用于任何情况，其中投标者是风险中性的，并且价值独立地取自一个共同的分布（其并不需要一致）。[2] 与前一节的相等结果一起，这意味着在风险中性

---

① 来自一个均匀分布的按顺序排列抽取的期望价值的性质，可以通过"顺序统计量"的性质来检验。

② 见 Vickrey（1961）的初始见解。更多最新研究的直观介绍见 Milgrom（1989）和 Riley（1989）。

（和纳什行为的支持假设以及取自均匀分布的私有价值）下，所有四种拍卖机制是相等的，如表5—6的最底行所概括。因此，（5.2）式中的期望交易价格（或者销售收益）既是（1）一级价格拍卖、荷式拍卖和英式拍卖中获胜报价的期望值，又是（2）二级价格拍卖中的第二高报价的期望值。最后，表5—6中的最上面两行概括了前一节在没有风险中性假设但有期望效用最大化这个更一般的假设下所导出的等价关系。①

表5—6　　　　　　　　　　理论上的收益相等关系

在收益和分配上等价拍卖	基于的假设
一级价格拍卖和荷式拍卖	期望效用最大化，纳什行为，私人价值
二级价格拍卖和英式拍卖	期望效用最大化，私人价值
一级价格拍卖、二级价格拍卖、荷式拍卖和英式拍卖	风险中性，纳什行为，私人价值

实验证据

Coppinger，Smith，and Titus（1980）报告了独立地获取私人价值的第一个实验室拍卖。作者们检验了以上讨论的四种私人价值拍卖的每一种的表现。实验结果由表5—7概括，其列出了平均销售价格对理论预测的偏离。回合以一种与以上理论研究相似的方式实施，除了被试参与一系列拍卖，每个拍卖都包括私人价值的重新随机获取。在所有回合中，$V_{max}=10$美元。在风险中性下，理论上的期望销售价格对于所有四种制度都相同，并且由等式（5.2）给出：当$N=8$时，价格为（7/9）×（10美元）＝7.78美元，并且当$N=5$时，期望销售价格下降至（2/3）×（10美元）＝6.67美元。这些价值被表述在表5—7中的第二列。每一组被试以ABA或BAB的顺序参与到三个连续的拍卖中，其中每一组在英式拍卖和荷式拍卖或一级价格拍卖和二级价格拍卖之间转换。如英式拍卖和二级价格拍卖分别有－28美分和－23美分的偏离所示，这两种制度的平均价格稍微低于理论上的价格预测，但是并不显著。因此，二级价格和英式拍卖中的报价与使用报出投标人价值的占优策

① 至少从最优报价战略是一个期望效用最大化者应该会使用的占优战略的意义上讲，中间行的二级价格拍卖和英式拍卖的等价并不要求纳什行为假设，无论有关其他人报价的信念如何。

略一致，虽然在二级价格拍卖中需要相当的学习来消除报出低于价值的报价的初始倾向。

表 5—7　　　　　　　　　四种拍卖制度的平均销售价格

N	价格支付的期望值 $10[N-1]/[N+1]$	对价格支付的期望值的平均偏离 （异于 0 的显著性的 t 统计量）			
		英式[a]	荷式[a]	一级价格[b]	二级价格[b]
8	7.78	−0.28 ($t=-1.06$)	−0.14 ($t=-0.83$)		
5	6.67			+0.39 ($t=1.8$)	−0.23 ($t=-0.86$)

a. 数据来自第 5 节和第 6 节。

b. 数据来自第 8、11 和 12 节。

资料来源：Coppinger，Smith，and Titus（1980）。

　　表 5—7 中的异常情况是一级价格拍卖和荷式拍卖看上去并不相等。荷式拍卖中较小的（−14 美分）和统计上不显著的对理论价格的偏离与在英式拍卖和一级价格拍卖中观察到的结果相似。但重要的是，表 5—7 中荷式拍卖和一级价格拍卖中的理论预测要求一个额外的风险中性假设。虽然荷式拍卖结果大致与风险中性假设一致，但是一级价格对风险中性的纳什预测的偏离较大（+39 美分）并且统计上显著。

　　后续研究使用了计算机程序，包含更严密的控制和更多的重复，但是表 5—7 中的一般模式仍然成立。特别地，存在荷式拍卖中的报价接近于风险中性的预测和一级价格拍卖中的报价高于基于风险中性的预测的明显趋势。[①] 一级价格拍卖中正的偏离与风险厌恶一致。一个风险厌恶的投标者为了减少失去拍卖的风险倾向于提高报价是一个众所周知的结论。[②] 在某种程度上观察到较高的价格，风险厌恶能够提供解释。但是，一级价格拍卖和荷式拍卖之间观察到的差异仍然是一个谜。

　　在对一级价格拍卖的个体报价数据的分析中，Cox，Smith，and

————————

① 后续的研究为报价显著超出风险中性纳什水平提供了更强有力的证据。见 Cox，Roberson，and Smith（1982）和 Cox，Smith，and Walker（1988）。

② 见 Holt（1980），Riley and Samuelson（1981）和 Harris and Raviv（1981）。

Walker（1988）将 202 个被试中的 90％划为报价高出风险中性下纳什均衡预测水平的一类。对于大约 70％的被试，在通常的水平上偏离是统计上显著的。例如，考虑三个投标者的拍卖的参与人，其报价由图 5—8 的左图表示（用星号表示的报价被表述为 V_{max} 的比例，因此它们位于 0～1 的范围内）。这个个体展现了一个通常的模式，报价接近于线性模式，其低于 45°线并且高于代表风险中性下纳什报价的虚线。报价和价值之间的回归关系在图的上方以虚线表示。右图显示了一个不同个体在一个有四个投标者的不同拍卖中的报价模式；这个投标者提交的报价大约等于获取的价值。Cox，Smith，and Walker（1988）得到结论：个体的报价战略倾向于为线性的，如等式（5.1）所示，但是报价战略的斜率随不同个体而不同，如图 5—8 所示。

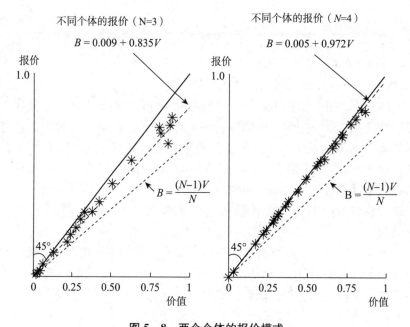

图 5—8 两个个体的报价模式

资料来源：基于 Cox，Smith，and Walker（1988）中的图 3 和图 4。

理论的调整

为了解释个体报价战略的斜率的不同，可以通过风险厌恶将不对称性引入到以上所述的报价模型。[1] 假如每个投标者有一个包含固定的相

---

[1] 这个模型由 Cox，Roberson，and Smith（1982）和 Cox，Smith，and Walker（1982）提出。

对风险厌恶（参阅第 2 章）的效用函数：$U(x) = x^{1-r_i}$，其中 r_i 为相关风险系数，其大于或等于 0 并且小于 1。这些风险厌恶参数随不同标价者而变化；投标者不能确切地知道相互间的风险厌恶参数。均衡报价战略对于任何参与人 i，变成了一个对（5.1）式的简单概括[1]

$$b_i = \frac{N-1}{N-r_i} v_i \quad i = 1, \cdots, N \tag{5.3}$$

注意到，当投标者 i 为风险中性（$r_i = 0$）时，等式（5.3）中的报价战略减少至（5.1）式。在其他极端的情况下，如 r_i 接近于 1，投标者变为完全风险厌恶，并且（5.3）式决定的报价接近于投标者的价值。因此，风险厌恶提高报价，其高于风险中性投标者的纳什均衡水平。这就是 Cox，Smith，and Walker（1988）和其他人认为报价高于风险中性纳什预测可以被解释为风险厌恶的原因。并且因为（5.3）式中报价函数的斜率依赖于投标者自己的风险厌恶参数，因此风险厌恶的差异可以解释实验中所观察到的报价战略函数斜率的不同。

Harrison（1989）质疑了报价高出风险中性下的预测的风险厌恶解释。他表明了对风险中性下的均衡预测观察到的偏离将只产生很小的预期收益损失。直觉是预期的货币收益函数（附录 A5.1 中的推导）是二次的并且因此围绕着最大化收益是非常平坦的。这个"平坦的最大化批评"是值得考虑的争论的源泉。主要的反驳性观点是：对风险中性预测的偏离不是随机的，而是几乎通常以一个向上的方向发展。不存在普遍接受的理论能够解释偏离的单边性质。但是也许微小的心理因素，例如对"获胜"的渴望，可以在一个平坦最大化的解释中变得重要。[2]

5.8　共同价值拍卖和"赢者诅咒"

在前一节所讨论的私人价值拍卖模型中，相关的不确定性包括了不同投标者之间评价的差异。每个投标者拥有一个对拍卖物品的私人价值，但是不能确定地知道其他人的私人价值。在这种情况下报价战略集中于关于其他投标者对物品价值的假设。但是，在丰富的自然背景下，拍卖

---

[1]　见附录 A5.1 中对 $N=2$ 的情况的这种战略推导。

[2]　一个更受鼓舞的关于在风险中性下对纳什均衡偏离的原因的讨论见 Kagel（1991），Kagel and Roth（1990），Cox，Smith，and Walker（1990）和其中的参考文献。

品对于每个投标者具有大致相同的价值，但是没有投标者在做出购买前精确地知道这个潜在的"共同价值"。然而，代理人基于对价值的不完全估计进行报价。关于潜在价值的不确定性显示了一个在提交最优报价的过程中必须解决的关键问题。海上开发区石油开采权的拍卖代表了这种类型的共同价值问题的一个典型例子；石油发现的价值对所有投标者大致相同。但是，开采前，没有人知道在一个给定的开发区是否有石油。

共同价值拍卖中的投标者容易受到"赢者诅咒"的影响。因为报价是基于价值的不完全估计，拥有最高价值估计的投标者很可能赢得拍卖。最高估计很可能是估价过高的，并且因此估价高的投标者会受到赢得拍卖的"诅咒"，而且对物品的支付大于它的价值。这种现象首先在石油租赁权的投标中被发现。[①] 斯坦福商学院的一位知名经济理论家曾经被请来与一个为石油租赁权投标的大型石油公司的要员进行商议。公司要员展示了所有的相关的地质和经济上的证据，并且他们提出一个少于租赁权的估计市场价值一半的报价。当教授问他们是否愿意提出一个更高的报价以提高获胜的可能性时，他们回答说提交这种报价的人不是在做生意。[②]

为了更好地理解"赢者诅咒"的性质，考虑一个标的物的价值对所有投标者都相同的拍卖，但是投标者可能对这个共同价值做出不同的估计。这种估计是有益的但不是完全的指示器或价值"信号"。因为一个高的估计常常意味着一个高的价值，当他们获得高估计的时候，人们期望投标者提交高报价。因此，拥有最高报价的人通常为拥有最高估计之一的人。从这个意义上，投标者获胜的估计很可能偏高，并且如果没有事先考虑，获胜者可能以支付一个超出共同价值的金额结束。问题不是估计本身是有偏的，而是一组无偏估计的最高估计提供了有偏的信息。

Kagel and Levin（1986）设计了共同价值拍卖中均衡报价的一个简单理论模型，其中关于不能被观察到的标的物价值的信号来自一个均匀分布。共同标的物价值和个体信号之间的关系在对这个理论进行检验的实施说明中得到了清楚的解释：

> 拍卖品的价值（V^*）将随机指定并且位于 $25 \sim 225$ 美元之间。对于每一次拍卖，这个区间内的任何价值有平等的机会被抽取……，价值 V^* 是随机决定的，并且在不同的拍卖中是相互独立的……

---

① 见 Capen，Clapp，and Campbell（1971）。

② 这个故事在罗伯特·威尔逊（Robert Wilson）的一个会议发言中被提到。

虽然在任何特定的交易时期，你不知道物品的确定价值，但是你将获得能缩小可能价值范围的信息。其由一个私人信息信号构成，这个私人信息信号随机地从一个以 V^* 减去 ε 为下界和 V^* 加上 ε 为上界的区间中选取。这个区间内的任何价值拥有平等的机会被获取，并且被分配给你们中的一人作为你的私人信息信号。你通常知道 ε 的价值。

例如，假如拍卖品的价值是 128.16 美元，ε 的价值是 6 美元，则你们中的每个人将获得一个私人价值信号，其将由位于 122.16 美元（$V^* - \varepsilon =$ 128.16 美元 $-$ 6 美元）和 134.16 美元（$V^* + \varepsilon =$ 128.16 美元 $+$ 6 美元）之间的一个随机抽取的数字构成（参见图 5—9）。

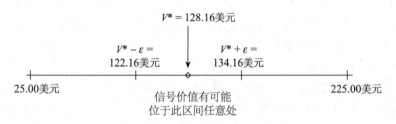

图 5—9　一个共同价值的例子

资料来源：取自 Kagel and Levin（1986）中的说明。

在这个共同价值设置中，每个人都有相同的标的物价值 V^*，其来自一个从 25 美元到 225 美元的均匀分布。价值估计用 x_i 表示，为投标者所特有，并且每个价值估计是 V^* 的一个无偏估计，只要估计大于 $25 + \varepsilon$ 美元且少于 $225 - \varepsilon$ 美元。在风险中性假设下，拍卖设置中的一切对于不同的个体都是对称的，除了价值估计。因此，纳什均衡报价战略将规定了参与人的报价作为价值估计的一个函数（而不是前一节的私人价值模型中的个人特有价值 v_i 的函数）。本节中共同价值模型的均衡报价战略的推导更为复杂，但是它可以表示为：

$$b(x_i) = x_i - \varepsilon + Y \tag{5.4}$$

其中，Y 是关于 x_i 和 N 的减函数。[①]

---

① 函数 Y 为：$Y = [2\varepsilon/N + 1]\exp[-(N/2\varepsilon)(x_i - (\underline{x} + \varepsilon))]$，其中 $\underline{x}$ 是分布的下界。等式（5.4）中战略的计算是基于如下假设：投标者是风险中性的，并且 x_i 不在 V^* 的可能价值分布的两个端点的 ε 距离之内［见 Kagel and Levin（1986）］。

尽管 Y 是关于 x_i 的减函数，但是可以证明（5.4）式右边线性的 x_i 项占支配地位，因此在对称的纳什均衡中，拥有最高价值估计的参与人将提交最高的报价。因为 N 个价值估计是关于未知价值 V^* 的相互独立的估计，所以这意味着这些估计中的最高估计很可能是估计过高的。换句话说，投标者赢得拍卖的事实意味着投标者的估计很可能高于真实价值。纳什均衡报价战略的推算把它考虑进来了；每个报价向下调整以反映包含在报价为最高的情况中的信息。①

如果投标者做出报价时不考虑获胜本身是一件提供信息的事件，他们将成为"赢者诅咒"的受害者并且倾向于报出高价和损失金钱。Kagel and Levin（1986）观察到要价过高的类型在拥有 6 个或者 7 个投标者的拍卖中比在拥有 3 个或者 4 个投标者的拍卖中更普遍。甚至当被试富有经验时，拥有 6 个或者 7 个投标者的拍卖也会产生负的收益，与"赢者诅咒"一致。在大多数拥有较大数量的投标者的拍卖中，当获胜者的价值估计是 N 个估计中的最高估计时，多于一半的获胜报价高于标的物的期望价值。

"赢者诅咒"中产生的一个程序性问题是如何处理大的损失。Kagel and Levin（1986）提供给被试一个初始现金余额，并且如果初始现金余额丧失，被试被要求停止投标和离开。Hansen and Lott（1991）指出在大的负收益的情况下，潜在地对实验者支付的免除可能导致被试做出非常有风险的决策。如第 2 章所提到的，如果不利的损失可以不被支付，但是有利的大的收益将被获得，那么即使对于风险厌恶者，如此大的风险也是有吸引力的。如果这种收益不对称是一个重要因素，则我们也许看到一些被试破产是因为理性的行为，而不是因为"赢者诅咒"的错觉。Lind and Plott（1991）用好几种方法处理了这个问题。其中之一是使被试同时参与第二项任务，在第二项任务中他们获得货币收益。甚至当投标者通过这种方式免遭破产时，投标者倾向于报出无利可图的高水平的价格。Lind and Plott（1991）发现"赢者诅咒"可能随时间减少，但是它并没有消失。然而，他们断定纳什均衡概念比简单的次优行为模型对数据提供了更好的总体解释。

另一方面，Cox and Smith（1992）在一个实验中报告了外在选择

---

① 隐藏在 Y 是关于 N 的减函数后面的直觉是：如果有很多其他投标者，则获胜者估计的偏离更严重。例如，如果存在 100 个其他估计，所有估计都被证明是低于保留的投标者的估计，则估计很有可能会具有最大可能偏离，也就是说，其非常接近于 $V^* + \varepsilon$。因此，为了避免过高估计，当 N 较大时，报价必须向下调整一个较大的范围。

的产生在很大程度上减少了"赢者诅咒"结果。通过给定投标者一个参加拍卖还是从一个"避风港"（safe haven）中获得确定收益的选择，这些作者修改了标准的共同价值拍卖设计，其中避风港收益是从一个均匀分布中获取的一个独立的私人价值；每个参与人在做出参与决策权前都知道他或她的避风港抽取结果。仅当他们放弃避风港收益时，参与人获得他们的共同价值信号。虽然当参与人无经验时，高报价和"赢者诅咒"行为被观察到，但是考克斯（Cox）和史密斯报告了当参与人有经验时，"赢者诅咒"减少或消失。

对考克斯和史密斯以及林德（Lind）和普拉特使用的外在的收入来源的不同效应存在两种可能的解释。第一，也许存在经验效应。林德和普拉特使用了没有共同价值拍卖经验的参与人（虽然这些参与人有其他实验经验）。仅当参与人有经验的时候，考克斯和史密斯观察到了"赢者诅咒"结果的减少。第二种解释与可供选择的收入机会的结构有关。林德和普拉特提供给被试一个同时存在的选择，而考克斯和史密斯提供的选择是排他性的：参与人要么采纳选择，要么参与共同价值拍卖。考克斯和史密斯推测避风港减少了实验者的需求效应：没有避风港时，参与人也许认为他们必须在拍卖中并且应该尽力获胜。有了避风港，当报价产生持续的损失时，被试可以避免报价活动。

"赢者诅咒"的第二个例子：企业收购

认识到多个拍卖者的存在并不是共同价值拍卖中的拍卖获胜者被"诅咒"的前提条件是很重要的。相反，给予充分的信息不对称，一个单一投标者也可能成为"赢者诅咒"类型的受害者。例如，有时声称对企业收购的过分报价会导致损失的发生。基本的思想是卖者是试图收购的目标。当前拥有企业的卖者知道它的基本的获利可能性。买者不能确定地知道目标的盈利能力，但买者是一个较好的管理者，其将提高企业的价值，无论当前价值是多少。买者做出一个收购报价，目标接受或拒绝。[①] 如果买者的报价太高，则损失可能发生。

在特定的实验设计背景下这个问题也许更好理解。考虑包含一个单一买者和一个拥有一商品单位的单一卖者的实验，商品单位的价值对于卖者是一个随机变量 V，取自 [0，100] 上的一个均匀分布。卖者能观

---

① 这种类型的拍卖是信息不对称最后通牒博弈的一个变体。这些博弈的一个更详细的理论讨论见 Samuelson（1984）。

察到价值的获取，而买者不能。但是，不管是什么结果，买者的单位价值是卖者的 1.5 倍；例如，有远见的买者比当前的管理者知道如何更有效率的经营企业。因此，买者事先的主观信念是企业的价值服从 [0，150] 上的均匀分布。允许买者做出一个单一的收购企业或放弃它的价格提议，卖者必须接受或拒绝。然后，计算收益，并且买者和卖者与不同的人重新配对。

如果实验程序实际上产生一个单时期博弈，且价格提议超过卖者的价值 V，则其意味着卖者的最优决策是卖出。买者的问题是选择最优价格提议，用 p 表示。此时，读者应该暂停并且决定他或她在实验中将做出什么提议；你的价格提议应该是不少于 0 和不大于 100 的美元数额，因为 100 是卖者的最大可能价值，并且因此 100 的报价应该通常被接受。

这种情况中的大多数被试推理如下。卖者的价值在 0 和 100 之间，平均为 50。买者的价值在 0 和 150 之间，平均为 75。因此买者"应该"报出低于 75 的价格。如果买者的报价稍微高于 50，更可能被接受而不是拒绝，并且买者可以获得仅低于 25 的平均收益。例如，考虑图 5—10，其表示了做出一系列独立报价决策的投标者的行为，买者面对一个模拟的卖者，当报价超出了那个时期随机决定的卖者价值时，其被程序化为卖出。[①] 图 5—10 中用星号表示的报价在第 6 期中位于 40～60 美分之间，其与本段开始部分给出的论点大致相同。在第 1 期，投标者没有收益，因为用"+"表示的卖者价值高于报价。在第 2～6 期中做出了购买，因为报价（＊）高于卖者价值（＋）。但是在所有这些时期，报价也超出了买者价值（·），并且买者承受了损失，由带条纹的柱形表示。中间时期的结果被移除以简化图形，但是投标者继续大约 50 美分的平均报价。投标者在 30 个时期中的 12 个时期承受了损失，在 5 个时期获得了收益（其他 13 个时期报价被拒绝）。最大的收益为 33 美分，在第 26 期中由黑色的实心柱形表示。在第 30 期中，被试的累积收益从 9.0 美元的初始余额下降至 7.7 美元的水平。[②]

---

① 因为卖者是相当被动的，如在明码要价拍卖中一样，考虑卖者的决定是模拟的实验设置是很自然的。附录 A5.2 提供了这个实验的说明。另一方面，最后通牒实验表明非模拟的代理人可以影响结果，甚至当他们被赋予一个完全被动的角色：提议会受到非理性拒绝的可能性的影响。

② 在美国弗吉尼亚大学使用利萨·安德森（Lisa Anderson）和查尔斯·霍尔特编写的计算机程序实施了这个实验局。说明与附录 A5.2 中十分相似，除了说明由一个控制者介绍，所有的随机数字由电脑生成。

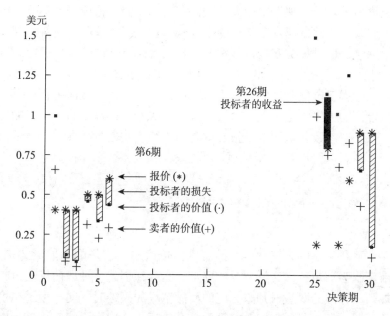

图 5—10 "赢者诅咒"：典型个体的行为

资料来源：弗吉尼亚大学的作者们运行的实验。

当然，问题被买者的接受视现实的卖者价值而定这个事实所复杂化。例如，仅当卖者的价值低于 60 美分时，60 美分的报价将会被接受。因为卖者的价值是均匀分布的，对于当 60 美分的提议会被接受时的情况，平均卖者价值是 30 美分（例如，0 和 60 美分的中点）。但是这意味着提议被接受的买者的平均价值仅为 $1.5 \times 30 = 45$ 美分。例如，在第 6 期，买者报价 60 美分。实际的卖者价值为 29 美分，产生一个仅为 $1.5 \times 29 = 44$ 美分的买者价值，出现损失，由图中第 6 期的带条纹的柱形表示。

对于 0 和 100 之间的任何报价 p，都会出现损失的倾向；如果 $V < p$，报价将会被接受，因此，在报价被接受的情况下，卖者的商品期望价值为 $p/2$，并且因此买者的为 $1.5[p/2]$。但是买者必须支付价格 p，并且 $1.5[p/2] - p$ 是负的，因此任何正的要价都将会导致平均的负利润。因此，风险中性的买者将不会做出正的报价。事实上，这个结果对任何非风险偏好也成立，如附录 A5.3 所示。如果建议的报价不为零，读者会感到尴尬。Ball，Bazerman，and Carroll（1990）报告了这种结构的一个实验，但用的是真人而不是模拟的销售者。很少的买者在第一

次报价为零，并且他们中的大多数没有减少他们的报价至零。[1]

实验中的被试通常期望正的收益，并且他们永远不可能猜想到最优决定意味着通过提交零报价基本上放弃获得商品单位的所有机会。Holt and Sherman（1991）报告的一个投标情况的数据，与这里讨论的很相似，除了卖者价值范围的下界不为零。其效应是使得最优买者报价偏离卖者价值的下界；也就是说，最优报价意味着获得物品的一个正的可能性。在一些参数化形式下，报价过高的持续模式也被观察到；被试仍然成为"赢者诅咒"的受害者。[2]

5.9　新拍卖制度的设计

本章所考虑的第三种类型的制度由单边拍卖市场的一般形式构成，其被定制为满足特殊交易情况的要求。当存在创建一种以前仅通过集中的规则或分散的双边谈判来分配的商品市场的兴趣时，便产生了制度设计的问题。例如，联邦能源管理委员会最近正考虑为天然气管道运输权创建一个统一的市场。相似地，NASA 也考虑过用市场机制来分配太空实验室的访问权。这种类型的新市场通常产生了请求使用新的，并且还未经实验的制度规则的特殊问题。特殊管道的运输权的价值很可能部分地由相关商品的可利用性决定，例如，连接管道的同时运输权。有效率的市场将需要解决由这种相关性产生的潜在的分配问题。实验室代表了一个自然空间，可以检验这种"合成"制度的行为特征。

制度设计的实验室文献是多种多样的，并且为了便于阐述，我们把本章的讨论限制在一个特殊的应用：金融资产的电子交易。竞争迫使许

---

① Samuelson and Bazerman（1985）运行了这个基本结构的第一个实验室实验。他们使用的程序与 Ball，Bazerman，and Carroll（1990）中的相似，但是卖者的价值取自仅包含 5 个价值的离散均匀分布：0、20、40、60、80 和 100。萨缪尔森和巴泽曼（Bazerman）使用的程序也是不同的，因为在获得卖者的价值之前，卖者被要求为每一个可能的卖者价值的实现规定最低可接受的销售价格。无论这些和其他程序有什么差异，数据表明了在位于 50～55 的范围的典型报价中，买者成为了"赢者诅咒"的受害者。

② 霍尔特和舍曼基于不同的卖者价值范围进一步研究了这种信息不对称类型的效应，除了本书讨论的"赢者诅咒"的情况，他们证明了简单的行为（忽略了包含在报价被接受情况中的信息）将导致投标者报价过低，也就是说，低于正确计算的最大化期望收益水平的情况。他们把这种行为称为"败者诅咒"。霍尔特和舍曼观察到：当卖者的价值范围决定了简单行为会导致"败者诅咒"时，成为"赢者诅咒"受害者的相同被试将持续地报出低价格。Horkan（1990）观察到了"败者诅咒"情况中非理性的过低报价。

多金融交易所允许（或至少考虑）通过电子信息的非工作时间的交易。这种发展产生了如何设计新的交易制度的问题，其可以通过计算机和通信技术的进步变得可能。第二个问题是：是否能设计更不容易破裂的价格泡沫的制度？

双向拍卖有许多令人满意的特征，其与美国集中证券交易所的场内交易过程相似。如第 3 章所示，这种制度是一种在调节大量的买者和卖者的交易方面有效率的机制。双向拍卖也具有有价值的信息反馈特征；也就是说，它为交易者提供了有关潜在的市场情况的信息。双向拍卖提供的信息反馈考虑到了私下拥有的"内部信息"会通过交易的行为被散布的可能性。

但是，双向拍卖并不是没有缺陷的，并且其他制度的相关表现可以根据其他标准来评价。双向拍卖的实时交易过程产生大量的信息，降低了大型电子交易的表现。因此，在一个大型电子市场，实施一个提议的制度的可行性非常重要。双向拍卖的另外一个缺陷是价格的易波动性使得交易者必须密切关注市场动向，其在非工作时间交易中，可能是高代价的。因此，对在一个能在提前通知的时间以相同的价格交易所有单位的制度存在相当的兴趣；这个统一的性质被称为公平。双向拍卖不具备的一个相关特征为不可反悔性。在双向拍卖中，报价和提议是有潜在约束力的承诺。因为估计和期望随时间而改变，所以随着新信息的获得，交易者在一些情况下能够连续地改变或者收回买/卖的订单是非常理想的。

虽然在抽象意义上是理想的，但不能保证如可行性、公平和可反悔性的特征与有效率的表现是一致的。为了根据自己的意愿来控制最终价格，交易者可以试图利用他们的可反悔性选择和反馈的信息来改变订单。实验室实验可以提供一些关于相关效率的信息，并且可以把注意力限制在强调对在初始检验中表现得很好的制度进行检验和细微的调整。

一些可供选择的市场制度

在某种意义上，双向拍卖可以被看成是一个多单位、多个卖者的英式拍卖的一般形式。虽然双向拍卖的买方包含了如英式拍卖中的向上报价，但是卖方报价过程是相反的，卖者向下报价。[①] 开始探索其他市场

---

① 我们关于英式拍卖和双向拍卖的比较有点不精确。McCabe，Rassenti，and Smith（1990）是英式拍卖的一个更直接的概括。正如单边英式拍卖，"双向英式"拍卖使用一个第三方拍卖师（例如，机械的价格钟），其提高买者价格以回应过度需求，并且降低卖者价格以回应过度供给。当买者和卖者的价格相交（无过度需求）时，过程终止。

制度的自然方式是，将在前几节讨论过的其他单个卖者、单个单位的拍卖机制一般化。由于对同一价格密封拍卖的公平和可反悔性的关注，同一价格拍卖的一般化以及荷式和英式拍卖中的同一价格变体量引起了特殊兴趣。总的来说，这些一般化被称为"短期拆借市场"，因为在每种情况中，报价和要价首先被收集，并且随后所有交易在一个同一价格处实现。短期拆借市场过程曾经一直被用于欧洲的金融市场及决定美国纽约和东京的股票交易所的每日开盘价。短期拆借市场也被用于至少一个美国的电子"场外"交易机制，这将在下面讨论。

表 5—8 表明了一些同一价格机制间的关键相似性。[1] 在左边，制度被划分成单边（一个卖者和多个买者）和双边（多个买者和多个卖者）。出于金融市场的应用性，我们的主要兴趣是最底行的双边拍卖。但是，包括单边拍卖有助于我们的阐述。

根据决定在现实中是独立做出还是连续做出，以及价格序列是不是单调的（例如，是否允许"反悔"），制度根据不同的栏而分类。例如，荷式拍卖是一个连续决策的单一卖者过程。在荷式拍卖中，因为价格连续降低，不存在逆转，并且购买一旦被指定就被锁住并且不能被取消，所以不存在反悔。最右边栏包括了连续拍卖，其存在连续的信息反馈和价格反悔的可能性。但是首先我们将讨论表 5—8 左边栏的最简单的非连续制度。

表 5—8　　　　　　　　　　　　　同一价格拍卖

	非连续的	连续的 不能反悔的	连续的 可以反悔的
单边	同一价格 密封拍卖	荷式	持续的报价
双边	密封报价/要价	双向荷式	连续的报价/要价 （UPDA 和 Walrasian）

密封投标，同一价格拍卖

考虑单一卖者的情况，其中买者独立地提交报价，由高到低排列，并且在最高被拒绝的报价处售出固定数量的单位，其被称为同一价格、

---

① 表中的分类粗略地基于 McCabe，Rassenti，and Smith（1991）中表 1 的设计。

密封投标拍卖，以与歧视性拍卖相区分。例如，在图 5—11 中，卖者提供三单位，并且存在两个买者，其单位估价由实线需求函数的相关阶梯表示。每个买者被允许为每一单位提交不同的报价，并且本例中的报价由虚线阶梯函数表示。最高的三个报价被接受并且在同一价格处销售，其由最高被拒绝报价决定，本例中为买者 2 的较低报价。因为报价是独立地做出，没有买者能确切地知道其他人将要报出的价格。如果买者 2 知道买者 1 的报价，则买者 2 可以通过对第二个单位报出更低的价格来操纵价格，其将降低由最高被拒绝的报价决定的同一市场价格。这将提高买者 2 第一单位的收益。如前所述，当每个投标者有一个单一单位时，提交一个完全地等于（"揭示"）单位价值的报价是一个占优战略。一个或多个买者的多单位的出现给边际买者提供了市场力量。

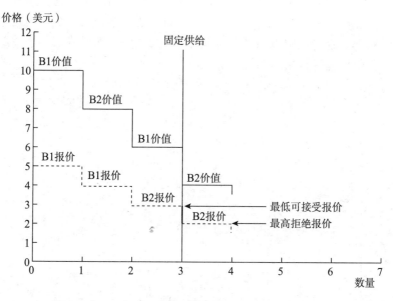

图 5—11　一个同一价格密封拍卖（拥有多个报价）中价格决定的例子

同一价格密封拍卖制度不是自然地产生，而是由 Friedman（1960）提出，他认为它的采用将提高销售一个固定数量的国债的收益。[①]

① 弗里德曼把其称为完全竞争拍卖，并且他认为同一价格为最低被接受价格（例如，图 5—11 中 B2 的高报价）。根据所罗门兄弟和国库券市场的丑闻，弗里德曼最近也重申了他的观点：竞争的拍卖比歧视性的拍卖更能阻止共谋（*Wall Street Journal*，August 28，1991）。

Smith（1967）对同一价格和歧视性拍卖的实验比较为弗里德曼（Friedman）的观点提供了一些支持。在 20 世纪 70 年代早期，通过在试点为债券实施 6 次同一价格密封拍卖制度，国库进行了连续的实地实验，但是没有得到这种观点。埃克森的一位行政长官，曾经在国库工作，为埃克森的债券拍卖实施了同一价格密封过程。这个程序现在经常被用于为优先股问题设置股息（McCabe，Rassenti，and Smith，1991，pp. 1 - 2）。

这种非连续制度的双边一般形式被称为表 5—8 中的密封报价/要价拍卖，其允许买者提交报价和卖者提交要价。报价从高到低排列成一个需求函数，并且要价从低到高排列成一个供给函数。报价和要价序列的交点决定了价格和数量。如果报价和要价序列垂直重叠，由图 5—12 左图的粗体线部分表示，价格由重叠区域的平均价格决定。这种制度下的个体可能有报出低于价值的报价（和要价高于成本）的动机，其能够导致非效率。这种结果背后的直觉与图 5—11 中 B2 通过降低一个边际单元的报价以操纵价格的动机一致。

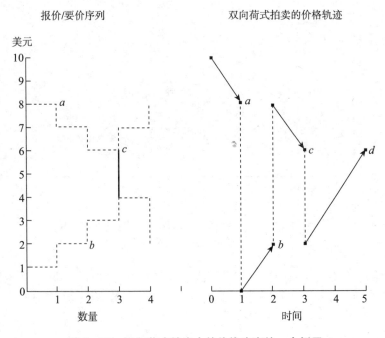

图 5—12　双向荷式拍卖中的价格决定的一个例子

Smith et al.（1982）报告了双向拍卖和同一价格密封报价/要价拍

卖的一个比较。[①] 他们使用最频繁的设计，包含四个无经验的买者、四个无经验的卖者和一个卖者剩余水平两倍的买者剩余。回想一下，在双向拍卖中，后面的特征使促使价格从高于竞争均衡向竞争均衡收敛。在第 7 期，10 个双向拍卖局的平均价格高于竞争均衡大约 5 美分，与 5 个相似的密封报价/要价局的平均价格偏离 7 美分相对照。双向拍卖的第 7 期中 94％的有效率，与密封报价/要价局中的 92％相对照。[②] 虽然不是决定性的，但是这些结果表明了设计一个简单和具有吸引力的双向拍卖的替代物的可能性。

荷式拍卖

提高密封报价/要价拍卖效率的一种方式是，投标者提供有关其他交易活动的实时信息。虽然比双向拍卖存在更少的信息，但伴随拍卖钟价格的持续下降，荷式拍卖也传递了一些信息。在荷式拍卖的多单位，在同一价格变体中，单一的卖者提供固定数量的单位以供出售。交易是一个连续的、实时的过程，因为随着价格的持续下降，买者表明购买一个或多个单位的愿望。价格下降直到不存在过度的供给，并且所有单位在最终的、无过度供给价格处卖出。

例如，假定提供销售三单元，并且两个买者的价值由前面讨论的图 5—11 表示。当价格下降至 10 美元时，买者 B1 可以获得利润。甚至如果在 10 美元的单位价值处做出报价，其也不一定获得零回报，因为报价表明了在那个价格或低于那个价格处的购买愿望。在 B1 为一个单位报价前，图 5—11 中的价格下降至 5 美元。拍卖钟持续地下降至 4 美元，此时 B1 为第二个单位报价。当拍卖钟达到 3 美元时，B2 购买第三个也就是最后单位，其停止拍卖钟，不管是否 B2 想要在 2 美元处再次报价。所有的 3 个单位在 3 美元处售出，其为最低被接受的报价。[③] 荷式拍卖在表 5—8 的标题栏中被表示为"不能反悔"，

---

①　史密斯等人把将要讨论的同一价格密封报价/要价拍卖称为 $P(Q)$ 机制，因为投标者可以对不同的单位提交不同的报价或要价，并且因此，报价 P 是数量 Q 的函数。

②　密封报价/要价程序的一个简单变化似乎可以提高效率；这种改变包括：让拥有一个被接受的报价或要价的交易者能够就是否接受最终的分配进行"是"或"否"的表决。没有被接受的报价或要价的代理人不能表决。其中使用了一致同意规则；同以前一样，任何"否"的表决将导致报价和要价的重新提交。当达成一个协议时，效率要高于双向拍卖水平，但是在一些包含无经验被试的一致同意规则拍卖中，没有达成任何协议。

③　读者应该证实，通过使用一个单位，这个程序实施了以前讨论的荷式拍卖。

因为价格行动是单向的，并且一旦愿望被表明，代理人不能收回他们买或卖的愿望。

这个过程的双边双向荷式变体分离了买者和卖者的拍卖钟，当存在过度供给时，一个拍卖钟降低买者的价格，并且买者像在单边拍卖中一样表明购买一个或多个单位的愿望。但是当足够的意愿购买被表明，从而产生正的过度需求时，买者的拍卖钟停止下降，卖者的拍卖钟开始上升。随着卖者的价格通过这种方式上升，卖者可以表明卖出一个或多个单位的愿望。如果过度的供给再次变为正，卖者的拍卖钟停止，买者的拍卖钟开始下降。交替的过程持续到买者和卖者的拍卖钟价格相遇，并且相遇的价格是一个同一的价格，在这里所有事先表明的购买和销售被实现。例如，在图5—12中，在一个买者在点 a 处锁定一个单位之前，价格从10美元下降至8美元，产生过度需求。在图的右边可以看到，卖者的拍卖钟从零开始上升，直到卖者在点 b 处锁定2单元，产生过度供给。随后买者的拍卖钟开始下降，并且它持续到在第二和第三单位处报价，点 c。最终，卖者的拍卖钟从先前的2美元水平开始上升。当随着卖者的拍卖钟超过3美元，第三单位被提供时，过度的需求减少至零，但是拍卖钟持续上升至6美元水平，点 d，其穿过了买者的拍卖钟价格。被锁定的所有单位随后在6美元处购买或卖出。注意到，交易者可以看到拍卖钟价格的会合，并且在静态的意义上，随着结束的临近，他们具有使边际上盈利的单位发挥作用的动机。

McCabe, Rassenti, and Smith（1992）报告了荷式拍卖在两种设计中比双向拍卖产生了更高的效率，一种是 Smith et al.（1982）使用的包括固定的、非对称的需求和供给的设计，第二种包括随机变换。[①]表5—9概括了随机变换设计的数据。如表5—9中的左边栏所示，包含无经验交易者的5个双向拍卖局的效率为95.2%，与类似的双向荷式实验局中的96.9%的效率形成对照。在论文的题目中提示了这些研究结果："设计拍卖：荷式拍卖是最优的吗？"

[①] 随机变换设计是灵活的，因为被试的价值和成本的变化是以这样一种方式进行的：即被试很难使用他/她自己的价值或成本推断从一个时期到另一个时期的均衡价格。市场需求由对竞争价格40、30、20、10和−10美分的偏离处的5个阶梯构成，并且5个买者中的每个买者被随机分配到需求阶梯的其中之一。相似地，5个卖者中的每个卖者被随机分配到5个成本阶梯的其中之一：−40、−30、−20、−10和10。在每一时期，一个伪装的系数常量被加到所有价值和成本中，因此被试不能从自身需求和供给曲线的重新安排中分离出移动参数的效应。在所有时期依然存在20美分的均衡价格"通道"和均衡数量4。

表 5—9　　　　　　　　　随机变换设计的平均效率的比较

	平均效率 (所有实验局，4~12 时期)	
	无经验的 (5 个实验局)	有经验的 (3 个实验局)
双向拍卖	95.2	96.6[a]
双向荷式	96.9[b]	—
连续的报价/要价	88.4	89.5
连续的报价/要价	92.0	94.2
（闭卷（closed book），其他单边规则）		

a. 在这一单元里只有 2 个回合。

b. 在这一单元里只包含 4 个回合。

资料来源：McCabe，Rassenti，and Smith（1991 and 1992）。

更多交互的短期拆借市场：连续的报价/要价制度

　　一旦它们被锁定，双向拍卖不允许价格上的反悔或者报价和要价的取消。不可饶恕性也许是很好的，因为其防止了利用在最后时刻取消的错误信号来操纵市场的企图。但是，在一些实际情况中，信息和顾客订单的变化可能使得订单的修改、变化和取消是有必要的。前面讨论的报价/要价拍卖的连续形式可以提供这种灵活性。例如，Jarecki（1976）描述了过去 50 年用于"固定"金条价格的一个程序。这个程序包括 5 个交易者，他们以一种口头的试错拍卖（tatonnement auction）形式每天接触两次；主席首先提出一个实验性的价格，直到至少有一个交易者愿意买和至少有一个交易者愿意卖。然后主席征求购买和销售的数量意向，并且价格进一步做出调整，以对过度的需求或供给做出反应。在此期间，交易者通过电话与他们自己的营业处取得联系，因此能够即刻传达新的订单。每个交易者在桌子上有一面英国国旗，并且当交易者在当前的提议价格处仍然愿意做出额外的购买或销售订单时，国旗是竖直放置的。当国旗被放在一边时，所有的订单在当前价格处被满足，并且当所有旗帜倒下时，主席能够即刻宣布这就是供给等于需求的时候。在价格被固定和所有单位被交易前，所有交易者必须同意这种方式。

伦敦的金银会议似乎运行得很有效率，但是电子交易提供了包括大量交易者的可能性，并且他们可以绕过经销商。在美国，Wunsch拍卖系统有限公司经营了亚利桑那股票交易所，一个在纽约证券交易所和其他主要交易所上市的证券的电子拍卖。对于每一证券，交易者可以发送报价或要价，其按供给和需求序列排列，供给和需求序列以一种"开卷"排列持续地提供给可能的交易者。这些序列被连续地分割，并且代理人能观察到：（1）卖者必须确保做出额外销售的报价，和（2）买者必须确保做出额外购买的要价。在纽约交易所关闭之后，市场在指定的时间"开放"。在那时，所有被接受的单位在一个统一的市场出清的价格处交易。报价和要价的流入能够引起暂定的价格波动，并且因此是可以反悔的。每股分配的佣金是其他交易所标准佣金的大约十分之一。由于对交易的吸引，并且获得了不受作为一项交易而受美国证券交易委员会监管的豁免，Wunsch程序的初始成功使得这个制度成为实验室研究的一个主要候选。因为交易持续地波动直到宣布暂停，我们称这种类型的市场为表5—8中的连续报价/要价拍卖。当供给是固定的时候，这种拍卖的单边形式被称为连续报价拍卖。

McCabe，Rassenti，and Smith（1991）实施了连续报价/要价拍卖的几个变体。[①] 在开卷排列下，所有交易者的信息都在表5—10中呈现和解释，此时我们应该阅读它。

在连续报价/要价拍卖的一个变体中，接受任何新的订单或现存订单的一个改进，通过改进暂时被接受的本方订单的条款或者接受被拒绝的另一方的订单，交易者可以进入到暂时被接受的订单队列中。[②] 例如，买者2将不需要以398的最低被接受报价来做出购买，因为买者可以采纳当前被拒绝报价397。在这些规则下，5个卖者/5个买者随机变换设计的效率平均为无经验被试的88.4%和有经验被试的89.5%。表中的最底下一行显示了这种拍卖的一个变体的可比较的效率，它包含了使用一种闭卷的形式，其中代理人仅能看到报价/要价范围，不能看到整个报价和要价序列。这种设计也使用了"另一方接受规则"；为了获得对一个当前未被接受的单元的接受，交易者要求接受市场另一方的交

---

① 他们称这些变体为"同一价格双向拍卖"（uniform price double auctions，UPDA）。

② Wunsch拍卖允许任何新的订单或对任何现存订单的改进，但是这些变化受到一个随着拆借时间临近而变得更严厉的比率的惩罚。惩罚的目的是减少在截止时间之前的最后博弈效应。

易者的未被接受的单元。这就避免了讨价还价的低效缓慢，当市场同一方的交易者可以通过最小化数额重复改进相互间的条款时。这些改变将效率提高到与表 5—9 中的双向拍卖的效率可比较的水平。这些结果是非常有意义的。下一步要做的是评价在不同环境下的一些设计方案，包括在双向拍卖下能观察到价格泡沫的情况。

表 5—10　　　　　　　　一目了然形式的连续报价/要价拍卖

id	报价		要价	id	拍卖基于以下准则：CDC［计算机］必须决定一个

id	报价	要价	id
3	406	1	351 2
>1	400	2	369 3
4	400	3	378 2
>1	400	4	385 5
3	398	5	386 3
>1	388	6	397 4
2	387	7	
		8	

拍卖基于以下准则：CDC［计算机］必须决定一个价格，所有单位在拍卖的最后阶段在这个价格处交易。为了达到这个目的，CDC 确保所有可接受的报价通常大于或等于可接受的要价……左边的表是一个我们称为日志的一个例子……标记为"id"的列向你表明了谁提交了报价和要价，而标记为"报价"或"要价"的列向你表明了确切的被提交的价格。注意到，所有的属于你的报价通过一个">"指出……随着时钟倒计时，CDC 持续地更新它的报价和要价并划分为两大类：那些可接受的显示在分离线之上；那些不可接受的显示在分离线之下，报价由高到低排列，而要价由低到高排列。恰好在分离线之上的报价和要价被称为最后可接受的报价和要价。

资料来源：McCabe, Rassenti, and Smith (1991).

5.10　结论

通过本书前面几章的讨论，交易制度的选择会严重地影响分配结果是很明显的。本章呈现了不同制度形式的不同设置可以影响交易在市场中的实施方式的一个例子。我们的讨论划分成三个部分：双边讨价还价、单一卖者拍卖和双边同一价格拍卖。每一节对行为结果的一个概要使我们能够得出几个主要的结论。从对双边讨价还价博弈的分析中我们知道，除了对称的环境，合作（公理性的）讨价还价理论并不能很好地解释结果。对高度结构化的双边讨价还价博弈表现的进一步分析表明了对战略的关注不足以单独解释讨价还价结果。非战略因素，例如对公平的关心，也可能影响结果，虽然非战略因素的重要性强烈地受到过程细

节的影响。尤其是"双匿名"程序提高了简单独裁者博弈理论的预测力。非合作博弈理论的丰富形式，例如，这些包含了对利他主义或公平的关心的博弈理论，能够在其他更复杂的博弈中变得有用。

单个卖者拍卖实验的结果打破了模型的基本范围。在私有价值实验中，其中相关的不确定性是有关于其他投标者的价值，非合作纳什均衡预测一般能很好地解释结果。在这样一个例子中，一级价格密封拍卖看起来是参与人拥有不同的风险态度，并且这种风险态度影响结果（虽然这是有一些争议的主题）。另一方面，在共有价值拍卖中，其中相关的不确定性是有关于拍卖品的潜在价值，参与人遭受一种持续的和相当大的事后损失的"赢者诅咒"。"赢者诅咒"似乎明显地不受制度中的经验的影响，但是可以通过呈现可供选择的市场活动而减轻。

最终，我们对多卖者合成制度的概括意味着，随着自动的和计算机协助的交易设施的发展，构建新的、灵活的交易安排是有可能的。这些制度中的一些不仅是有效率的，而且也显示了"公平"和"饶恕"的性质，其对于非工作时间的电子交易很有价值。

附录 A5

A5.1 均衡报价战略[①]

附录研究了两个拍卖者情况的一级价格密封拍卖（或一个荷式拍卖）中的均衡报价战略。首先我们考虑风险中性投标者情况的一个均衡报价战略，投标者的私人价值随机地产生于一个均匀分布。随后，考虑了投标者具有不同风险偏好情况的一个均衡战略。

风险中性投标者

用 v_1 和 v_2 表示投标者的价值，并且用 b_1 和 b_2 表示报价。每个投标者的价值独立地取自定义在 [0，1] 范围上的均匀分布。再者，价值是私人的：虽然投标者知道价值是怎么产生的，但他们只能看见他们自

---

① 本节的内容在一定程度上是更高深的。

己的价值。

预期高价值的投标者提交高报价是很自然的。每个投标者的一个纳什均衡战略说明了均衡报价是投标者价值的一个递增函数。我们将证明均衡报价是线性的，形式为：

$$b_i = zv_i \quad i=1, 2 \tag{5.5}$$

其中，z 是一个固定的部分。一个投标者将永远不会想要支付多于物品的价值，因此 $z<1$，并且假定只有正的报价将会被接受，因此 $z>0$。

在一个纳什均衡中，每个投标者的战略是对其他人战略的最优反应。我们将证明，当一个投标者使用（5.5）式中的线性战略时，其他人的最优反应是报出等于他或她自己价值一半的报价，其为（5.5）式中的特殊情况。因此，如果两个投标者选择他们价值一半的报价，没有人有任何动机报出其他的价格，并且这将是一个纳什均衡。

为了决定 z，即报价对价值的均衡比率，假定投标者 2 使用（5.5）式中给出的线性战略类型并且考虑投标者 1 的最优反应，它是最大化这个投标者期望收益的战略。这个期望收益为获胜利润 v_1-b_1 和获胜概率的乘积，它在下一步必须决定。因为投标者 2 使用了（5.5）式，投标者 1 以标价 b_1 赢得标的物的情况就是 $b_1>zv_2$ 的情况。通过在不等式的两边同时除以 z，我们看到如果 $v_2<b_1/z$，投标者 1 获胜。因为 v_2 的分布函数是 $[0，1]$ 上的均匀分布，所以 $v_2<b_1/z$ 的概率为 b_1/z。概括起来，投标者 1 以 b_1 的报价获胜的概率为[①]

$$prob[b_2 < b_1] = prob[v_2 < b_1/z] \\ = b_1/z, \, b_1 \leqslant z \tag{5.6}$$

这个概率和获胜收益的乘积决定了投标者 1 的期望利润：

$$[V_1 - b_1][b_1/2], \, b_1 \leqslant z \tag{5.7}$$

通过使期望利润的推导式等于零，得到投标者 1 的最优报价。（5.7）式中的期望收益是报价的一个简单二次函数，因此有关 b_1 的推导式是线性的 $[v_1 - 2b_1][1/z]$。当推导式等于零时，结果等式为 $b_1 = v_1/2$。因

① 对 b_1 不大于 z 的限制确保该概率不大于 1。因为所有的价值是低于 1 的，由（5.5）式决定的最高可能的竞争对手的报价是 z，所以报价高于 z 永远不会是最优报价，并且获胜的概率 b_1/z 将小于 1。注意到，在这些推算中，平局的可能性被忽略。当报价和价值是真实的数字时，平局产生的概率为零。但是，当报价在实验室中被限制在 1 美分的增加量时，平局能够并且确实产生。

此，对（5.5）式中的线性报价战略的最优反应是报出某人价值一半的报价。因为报出某人价值一半的报价仅为（5.5）式中的一种特殊情况，所以它意味着对报出某人价值一半的报价的最优反应是做同样的事情，并且因此这是一个对称的纳什均衡。

　　N 个投标者情况的纳什均衡的分析稍微复杂一些，但方法是一样的，并且产生了本章等式（5.1）的结果。

非对称风险偏好

　　给定不同的固定相关风险厌恶系数，现在考虑投标者 2 的均衡报价战略。假定每个投标者 i 有一个效用函数 $U(x)=x^{1-r_i}$，其中 r_i 是相关风险厌恶系数，其大于或等于 0 并小于 1。因此以 b_1 的报价获胜的效用是 $(v_1-b_1)^{1-r_i}$。获胜的概率依赖于投标者 2 的战略，并且像以前一样，假定投标者 2 采用斜率为 z 的线性战略，在当前的非对称模型中斜率将证明是依赖于投标者 2 的风险厌恶系数。投标者 1 不能观察到，但是假定投标者 1 具有关于这个系数的相同信念，并且，在这个基础上，形成一个预期值 z。对于每一个可能的 z 值，获胜的概率是等式（5.6）中计算的 b_1/z，并且投标者的收益是这个概率和获胜效用的乘积。因为 z 对于投标者 1 是未知的，期望效用是

$$E\{[v_1-b_1]^{1-r_i}[b_1/z]\} \tag{5.8}$$

其中，期望价值 E 通过投标者 1 关于 z 的主观分布计算出来。期望效用可以用非随机成分 $[v_1-b_1]^{1-r_i}[b_1]$ 和期望价值 $E[1/z]$ 的乘积来表示。通过选择使期望收益的推导式为零的报价最大化这个乘积：

$$0=[-(1-r_1)(v_1-b_1)^{-r_1}b_1+(v_1-b_1)^{1-r_1}]E(1/z) \tag{5.9}$$

将（5.9）式的两边同时除以 $E(1/z)(v_1-b_1)^{-r_1}$，我们获得 b_1 的线性等式并且解为

$$b_1=\frac{v_1}{2-r_1} \tag{5.10}$$

当投标者 2 使用线性战略时，等式（5.10）提供了投标者 1 的最优反应。因为等式（5.10）本身也是线性的，投标者 2 对（5.10）式的最优反应是采用类似于（5.10）式的函数，用 b_2，v_2 和 r_2 取代 b_1，v_1 和 r_1。等式（5.3）所表示的 N 人情况的均衡报价战略相似地被推导出来。

A5.2　一个非对称讨价还价博弈的说明

这个实验处理的是不确定性下做出决策的经济学。[①] 许多机构为实验提供了资助。如果你遵照说明并且做出好的决策，你能挣得相当数量的货币，你将在实验之后以现金的形式私下获得它。

在实验中你是一个潜在的买者。在每一个时期，你将被要求在不知道它的精确价值的情况下决定一个产品的报价数量。产品的当前拥有者为一个潜在的卖者，比你作为潜在买者知道更多关于产品的当前价值。另一方面，物品对于你的价值要高于它对于当前所有者的价值。潜在的交易可以通过以下方式来描述。

在每一个时期，你可以对一个产品报价。当前所有者的产品价值位于 0.00～0.99 美元的范围之间。在（0.00 美元，0.01 美元，…，0.99 美元）范围之间的所有价值都是等可能的。你的产品价值，如果你能获得它，将是它的当前所有者价值的 1.5 倍。

请翻到最后一页的决策表，注意到，存在 8 个编号的列，其中列 1 表示时期。每个时期的对当前所有者的价值范围的下界是 0.00 美元，由第 2 列所记录。当前所有者的价值范围的上界是 0.99 美元，由第 3 列记录。表中存在 5 个决策时期的空间，并且在每一个空间中，你必须决定你想报出什么样的价格。一旦你决定了一个报价，在第 4 列中写下，标为"你的报价"，并且把决策表反过来放在桌子上。

在所有参与人记录了他们一个时期的报价后，通过转动骰子来决定当前所有者的产品价值。价值将会是位于 0.00～0.99 之间的一个数，由掷两个十面的骰子决定。掷的第一个骰子决定第一个（"十位"）数字，并且掷的第二个骰子决定了第二个（"个位"）数字。对于每一当前所有者，骰子的转动是独立的。

请再次看决策表。在你做出一个报价和骰子被转动之后，返回到表的正面并且在标记为"当前所有者的价值"的第 5 列写下由骰子表示的数字。用 1.5 乘以这个数字并且在标记为"你的价值"的第 6 列写下这

---

① 这是 Holt and Sherman（1991）中报告的非计算机化实验局中使用的说明的一个修订版。参数被改变以使得其与 Ball，Bazerman，and Carroll（1990）相符。注意到，初始的收益余额被设定得足够高，以排除被试在 5 个时期的实验局中破产的可能性。

个结果数字。(如果必要的话,对你的答案向上取整。)当然,如果你获得它,"你的价值"即你的产品价值。

如果你的报价大于或等于当前所有者的产品价值,你将获得这个产品。在这种情况下,你的收益或损失将是你的产品价值减去你的报价,其中你的产品价值为当前所有者价值的 1.5 倍。如果报价少于当前所有者的产品价值(第 4 列<第 5 列),你将不能获得产品并且将不获得也不损失任何东西(收益将等于 0)。以下阐述概括了每个时期你的收益的计算:

当前所有者的价值=骰子表示的数字

(1) 如果报价≥当前所有者的价值,收益=(1.5×当前所有者的价值)-报价;

(2) 如果报价<当前所有者的价值,收益=0。

在每个时期的最后,在决策表中标记为"你的收益或损失"的第 7 列记录下这个时期你的收益或损失。通过把这个时期的收益加到以前的收益,产生第 8 列中的累计收益。

你将带着一个 9 美元的初始收益余额开始实验。如果你在一个时期赢得了货币,你的收益将增加你获得的数额。如果你在一个时期损失了货币,你的收益将减少你损失的数额。在实验的开始,你的累计收益是 9 美元,如第 8 列的顶部所示。在实验之后,你将以现金的形式被立即私下支付。对于这一点有任何问题吗?

我们现在开始会影响你的收益的报价时期。存在 5 个时期。实验期间请不要相互交谈;如果你有任何问题,请举手。

此时,请在第 4 列写下你的第 1 期的报价(并且仅对于第 1 期)。在所有人记录下他们的报价之后,我们将来到你的桌边并且投掷骰子。

决策表

(1)	(2)	(3)	(4)	(5)	(6)	(7)	(8)
时期	下限	上限	你的报价	当前所有者的价值	你的价值 1.5× (5)	你的收益或损失	累计收益 9.00 美元
(1)	0.00	0.99					
(2)	0.00	0.99					

续前表

(1)	(2)	(3)	(4)	(5)	(6)	(7)	(8)
时期	下限	上限	你的报价	当前所有者的价值	你的价值 1.5× (5)	你的收益或损失	累积收益 9.00 美元
(3)	0.00	0.99					
(4)	0.00	0.99					
(5)	0.00	0.99					

A5.3　价值和信息不对称的最后通牒博弈中的最优报价的推导[①]

　　一个风险厌恶、期望效用最大化者将选择价格提议 p，以最大化 (5.11) 式中的表达式，其将在后面解释：

$$\int_0^p \frac{U(1.5V - p)}{100} \, dV \tag{5.11}$$

注意到，积分中的变量是未知的价值 V，其有一个在 $[0, 100]$ 范围上的均匀密度 $1/100$。下一步，考虑积分的范围。无购买，并且不能挣得任何收益，除非价值 V 低于报价 p，因此积分是关于位于 0 和 p 之间的价值 V，如果我们使用标准化 $U(0)=0$，无购买情况中不使用二次积分是恰当的。最后，考虑被积函数中的表达式 $U(1.5V - p)$；其为买者的价值和价格支付之差的效用。

　　为了决定最优报价，我们计算关于决策变量 p 的 (5.11) 式中的期望效用表达式的导数。因为 p 在 (5.11) 式中出现两次，所以这个导数分为两部分，其中之一是由积分的范围决定的购买概率（probability-of-purchase）效应，另一部分是由被积函数中的 "$-p$" 决定的收益效应。一个最优报价包含了提高获胜概率和减少支付数额之间的权衡。内部解的一个必要条件是 (5.11) 式中的导数等于零：

―――――――――

[①]　本节的内容在一定程度上是较高深的。

$$\frac{U(1.5p-p)}{100} - \int_0^p \frac{U'(1.5V-p)}{100} \, \mathrm{d}V = 0 \qquad (5.12)$$

因为 $U(0)$ 标准化为零，（5.12）式左边的第一项在 $p=0$ 处为零，并且第二项在 $p=0$ 处也等于零，因此期望效用表达式的二次导数，通过对（5.12）式的左边求导得到，为 $-U'(0.5p)/100$ 和 $U''(1.5V-p)/100$ 从 0 到 p 的积分之和，其对于一个风险厌恶者为负。它意味着期望效用为凹并且在 $p=0$ 处最大化。注意到，这个方案有不平常（并且很好）的性质，相关理论的预测适用于效用函数的一个更广泛类型，也就是说，适于所有的风险厌恶者。

参考文献

Ashenfelter, Orley (1989) "How Auctions Work for Wine and Art," *Journal of Economic Perspectives*, 3(3), 23 - 36.

Ball, Sheryl B., Max H. Bazerman, and John S. Carroll (1990) "An Evaluation of Learning in the Bilateral Winner's Curse," *Organizational Behavior and Human Decision Processes*, 48, 1 - 22.

Binmore, Kenneth, Avner Shaked, and John Sutton (1985) "Testing Noncooperative Bargaining Theory: A Preliminary Study," *American Economic Review*, 75, 1178 - 1180.

—— (1988) "A Further Test of Noncooperative Bargaining Theory: Reply," *American Economic Review*, 78, 837 - 839.

—— (1989) "An Outside Option Experiment," *Quarterly Journal of Economics*, 104, 753 - 770.

Bolton, Gary E. (1991) "A Comparative Model of Bargaining: Theory and Evidence," *American Economic Review*, 81, 1096 - 1136.

Cassady, Ralph (1967) *Auctions and Auctioneering*. Berkeley: University of California Press.

Capen, E. C., R. V. Clapp, and W. M. Campbell (1971) "Competitive Bidding in High-Risk Situations," *Journal of Petroleum Technology*, 23, 641 - 53.

Coase, Ronald H. (1960) "The Problem of Social Cost," *Journal of Law and Economics*, 3, 1 - 31.

Coppinger, Vicki M., Vernon L. Smith, and Jon A. Titus (1980) "Incentives and Behavior in English, Dutch and Sealed-Bid Auctions," *Economic Inquiry*, 18, 1 - 22.

Cox, James C. , Bruce Roberson, and Vernon L. Smith (1982) "Theory and Behavior of Single Object Auctions," in V. L. Smith, ed. , *Research in Experimental Economics*, vol. 2. Greenwich, Conn. : JAI Press, 1 – 43.

Cox, James C. , and Vernon L. Smith (1992) "Common Value Auctions with Endogenous Entry and Exit," working paper, University of Arizona.

Cox, James C. , Vernon L. Smith, and James M. Walker (1982) "Auction Market Theory of Heterogeneous Bidders," *Economics Letters*, 9, 319 – 325.

—— (1988) "Theory and Individual Behavior of First-Price Auctions," *Journal of Risk and Uncertainty*, 1, 61 – 99.

—— (1990) "Theory and Misbehavior in First Price Auctions: Comment," working paper, University of Arizona.

Forsythe, Robert, Joel L. Horowitz, N. E. Savin, and Martin Sefton (1988) "Replicability, Fairness and Pay in Experiments with Simple Bargaining Games," Working Paper 88 – 30, Department of Economics, University of Iowa, forthcoming in *Games and Economic Behavior*.

Forsythe, Robert, John Kennan, and Barry Sopher (1991) "An Experimental Analysis of Strikes in Bargaining Games with One-Sided Private Information," *American Economic Review*, 81, 253 – 278.

Forsythe, Robert, Thomas R. Palfrey, and Charles R. Plott (1982) "Asset Valuation in an Experimental Market," *Econometrica*, 50, 537 – 567.

Fouraker, Lawrence E. , and Sidney Siegel (1963) *Bargaining Behavior*, New York: McGraw-Hill.

Friedman, Milton (1960) *A Program for Monetary Stability*. New York: Fordham University Press, 63 – 65.

Güth, Werner, and Reinhard Tietz (1988) "Ultimatum Bargaining for a Shrinking Cake: An Experimental Analysis," in R. Tietz, W. Albers, and R. Selten, eds. , *Bounded Rational Behavior in Experimental Games and Markets*. Berlin: Springer.

Güth, Werner, Rolf Schmittberger, and Bernd Schwarze (1982) "An Experimental Analysis of Ultimatum Bargaining," *Journal of Economic Behavior and Organization*, 3, 367 – 388.

Hansen, Robert G. , and John R. Lott (1991) "The Winner's Curse and Public Information in Common Value Auctions: Comment," *American Economic Review*, 81, 347 – 361.

Harris, Milton and Artur Raviv (1981) "Allocation Mechanisms and the Design of Auctions," *Econometrica*, 49, 1477 – 1499.

Harrison, Glenn W. (1989) "Theory and Misbehavior of First-Price Auctions," A-

merican Economic Review, 79, 749 - 762.

Harrison, Glenn W. , and Kevin A. McCabe (1988) "Testing Bargaining Theory in Experiments," Department of Economics, University of Arizona, Discussion Paper No. 88 - 10, forthcoming in M. Isaac, ed. , *Research in Experimental Economics*, vol. 5. Greenwich Conn. : JAI Press.

Harrison, Glenn W. , and Michael McKee (1985) "Experimental Evaluation of the Coase Theorem," *Journal of Law and Economics*, 28, 653 - 670.

Hoffman, Elizabeth, and Matthew L. Spitzer (1982) "The Coase Theorem: Some Experimental Tests," *Journal of Law and Economics*, 25, 73 - 98.

—— (1985) "Entitlements, Rights and Fairness: An Experimental Examination of Subjects Concepts of Distributive Justice," *Journal of Legal Studies*, 14, 259 - 297.

Hoffman, Elizabeth, Kevin McCabe, Keith Shachat, and Vernon Smith (1991) "Preferences, Property Rights, and Anonymity in Bargaining Games," draft, Department of Economics, University of Arizona.

Holt, Charles A. (1980) "Competitive Bidding for Contracts under Alternative Auction Procedures," *Journal of Political Economy*, 88, 433 - 445.

Holt, Charles A. , and Roger Sherman (1991) "The Loser's Curse," working paper, University of Virginia.

Horkan, Edward R. (1990) "On Rationality and the Winner's Curse," senior thesis, University of Virginia.

Jarecki, Henry G. (1976) "Bullion Dealing, Commodity Exchange Trading and the London Gold Fixing: Three Forms of Commodity Auctions," in Y. Amihud, ed. , *Bidding and Auctioning For Procurement and Allocation*. New York: New York University Press, 173 - 186.

Kagel, John H. (1991) "Auctions: A Survey of Experimental Research," forthcoming in J. Kagel and A. Roth, eds. , *Handbook of Experimental Economics*, Princeton: Princeton University Press.

Kagel, John H. , and Dan Levin (1986) "The Winner's Curse and Public Information in Common Value Auctions," *American Economic Review*, 76, 894 - 920.

Kagel, John H. , and Alvin E. Roth (1990) "Comment on Harrison versus Cox, Smith and Walker: 'Theory and Misbehavior in First-Price Auctions'," draft, Department of Economics, University of Pittsburgh.

Kahneman, Daniel, Jack L. Knetsch, and Richard Thaler (1986) "Fairness and the Assumptions of Economics," *Journal of Business*, 59, S285 - S300.

Kalai, E. , and M. Smorodinsky (1975) "Other Solutions to Nash's Bargaining Problem," *Econometrica*, 45, 513 - 518.

Lind, Barry, and Charles R. Plott (1991) "The Winner's Curse: Experiments with

Buyers and with Sellers," *American Economic Review*, *81*, 335 – 346.

McCabe, Kevin A., Stephen J. Rassenti, and Vernon L. Smith (1990) "Auction Institution Design: Theory and Behavior of Simultaneous Multiple Unit Generalizations of the Dutch and English Auction," *American Economic Review*, *80*, 1276 – 1283.

—— (1991) "Designing a Uniform Price Double Auction: An Experimental Evaluation," working paper, Economic Science Laboratory, University of Arizona.

—— (1992) "Designing Auction Institutions: Is Double Dutch the Best?" *Economic Journal*, *102*, 4 – 23.

Milgrom, Paul (1989) "Auctions and Bidding: A Primer," *Journal of Economic Perspectives*, *3* (3), 3 – 22.

Nash, John F. (1950) "The Bargaining Problem," *Econometrica*, *18*, 155 – 162.

Neelin, Janet, Hugo Sonnenschein, and Matthew Spiegel (1988) "A Further Test of Noncooperative Bargaining Theory: Comment" *American Economic Review*, *78*, 824 – 836.

Nydegger, Rudy V., and Houston G. Owen (1975) "Two-Person Bargaining: An Experimental Test of the Nash Axioms," *International Journal of Game Theory*, *3*, 239 –249.

Oohs, Jack, and Alvin E. Roth (1989) "An Experimental Study of Sequential Bargaining," *American Economic Review*, *79*, 355 – 384.

Raiffa, Howard (1953) "Arbitration Schemes for Generalized Two-person Games," in H. W. Kuhn and A. W. Tucker, eds., *Contributions to the Theory of Games*. Princeton: Princeton University Press, 361 – 387.

Rapoport, Anatol, Oded Frenkel, and Josef Perner (1977) "Experiments with Cooperative IXI Games," *Theory and Decision*, *8*, 67 – 92.

Riley, John G. (1989) "Expected Revenue from Open and Sealed Bid Auctions," *Journal of Economic Perspectives*, *3*, 41 – 50.

Riley, John G., and William F. Samuelson (1981) "Optimal Auctions," *American Economic Review*, *71*, 381 – 392.

Roth, Alvin E., and Michael W. K. Malouf (1979) "Game-Theoretic Models and the Role of Information in Bargaining," *Psychological Review*, *86*, 574 – 594.

Roth, Alvin E., Michael W. K. Malouf, and J. Keith Murnighan (1981) "Sociological versus Strategic Factors in Bargaining," *Journal of Economic Behavior and Organization*, *2*, 153 – 177.

Roth, Alvin E., and J. Keith Murnighan (1982) "The Role of Information in Bargaining: An Experimental Study," *Econometrica*, *50*, 1123-1143.

Roth, Alvin E., J. Keith Murnighan, and Francoise Schoumaker (1988) "'The Deadline Effect in Bargaining: Some Experimental Evidence," *American Economic*

Review, *78*, 806 - 823.

Roth, Alvin E. , Vesna Prasnikar, Masahiro Okuno-Fujiwara, and Shmuel Zamir (1991) "Bargaining and Market Behavior in Jerusalem, Ljubljana, Pittsburgh, and Tokyo: An Experimental Study," *American Economic Review*, *81*, 1068 - 1095.

Roth, Alvin E. , and Francoise Schoumaker (1983) "Expectations and Reputations in Bargaining: An Experimental Study," *American Economic Review*, *73*, 362 - 372.

Rubinstein, Ariel (1982) "Perfect Equilibrium in a Bargaining Model," *Econometrica*, *50*, 97 - 109.

Samuelson, William (1984) "Bargaining under Asymmetric Information," *Econometrica*, *52* (4), 995 - 1005.

Samuelson, William, and Max H. Bazerman (1985) "The Winner's Curse in Bilateral Negotiations," in V. L. Smith, ed. , *Research in Experimental Economics*, vol. 3. Greenwich, Conn. : JAI Press, 105 - 137.

Smith, Vernon L. (1967) "Experimental Studies of Discrimination Versus Competition in Sealed-Bid Auction Markets," *Journal of Business*, *40*, 56 - 84.

Smith, Vernon L. , Arlington W. Williams, W. Kenneth Bratton, and Michael G. Vannoni (1982) "Competitive Market Institutions: Double Auctions versus Sealed Bid-Offer Auctions," *American Economic Review*, *72*, 58 - 77.

Spiegel, Matthew, Janet Currie, Hugo Sonnenschein, and Arunava Sen (1990) "First-Mover Advantage and the Division of Surplus in Two-Person Alternating-Offer Games: Results from Bargaining Experiments," working paper, Columbia Business School.

Stahl, Ingolf (1972) *Bargaining Theory*. Stockholm: Stockholm School of Economics.

Vickrey, William (1961) "Counterspeculation, Auctions, and Competitive Sealed Tenders," *Journal of Finance*, *16*, 8 - 37.

Wilson, Robert (1985) "Reputations in Games and Markets," in A. E. Roth, ed. , *Game-theoretic Models of Bargaining*. Cambridge: Cambridge University Press.

第6章 公共产品、外部性和投票

6.1 引言

前面的章节属于私人产品的分配问题，或者说这一产品是由生产商单独地承担所有的生产成本，而该产品的消费者单独地享受消费该产品带来的所有好处。然而，并非所有产品都是私人的，因而市场就会产生无效的配置，或者出现市场失灵的问题。比如，在没有环境管制的情形下，空气污染会过度，因为生产商没有承担污染的社会成本，而个体消费者也并不会从分散化的清洁活动中获得所有的好处。

这一章分析的是私有化假定变体的行为效应。考虑私有化的两个重要组成部分——竞争性和排他性，这有利于理解这一章节的组织结构。竞争性是指一个人对一个单位物品的消费对另一个人在同样时间内消费这同一单位物品的影响效应。如果多个消费者能够同时消费同一单位物品，则该物品表现出了非竞争性的特征。因而，消费的非竞争性是电视广播的特征，而非汉堡包的特征。排他性意味着，有可能阻止那些不付费的人进行消费。许多标准的消费物品是很容易排他的；即使是非竞争性产品，比如卫星电视，也能够通过扰频设备而达到排他的目的。当产权界定不清时，非排他性往往变成一个争议的话题，比如，公海的捕鱼权。

自然情境中的产品散落在竞争性和排他性的空间当中，但是，为了方便分析的意图，我们关注极端的情形，或者说这一空间的"角落"。纯粹私人产品，或者说，完全具有竞争性和排他性的产品，能够在前面几章所讨论的实验激励结构下生产出来。这一章下面几节的内容，将对相反情形的非竞争性和非排他性的公共产品进行评价。在下面几节中，我们将考虑有非竞争性或者非排他性特征的产品。

纯公共产品易出现供给不足的问题，理由与在第2章里出现的囚徒困境的讨论相似：即使一个群体物品（比如说，国防）的供给是每个人联合的共同兴趣，但是任何个体都有从其他人的贡献中"搭便车"的激励，从而把潜在的捐赠花在了对其具有更高价值的使用方面。当然，如果每个人都采取这样的一个个体激励方式，那么这一公共产品将只在很低的效率水平上才供给出来，或者根本就不能实现供给。用第2章所讨论的话来讲，无效率的生产水平是纳什均衡的结果，而每个人均供给公共物品的非均衡结果帕累托占优于它。

搭便车的动机已经在经济学家的脑海里产生了这样一个标准的假定，即分散化分配机制不能够有效地供给公共产品（比如，Samuelson，1954）。发达国家中的大量资源被用于政府提供的产品和服务，这一事实支持了这样一个普遍的公共认知，即搭便车问题无处不在。然而，这一假定并不是无可挑剔的。值得一提的是，每年有数十亿美元自愿捐助于各种不同慈善意图的慈善机构，因此持批判观点的人认为，对搭便车动机的强调是不恰当的。他们认为，不管搭便车的能力如何，消费者最终都会通过他们的捐助而真实地显示出他们对任一个物品的偏好。比如，Johansen（1977，p.147）做出了这样的评论："我不知道有许多历史记录或者是其他实验证据可以令人确信无疑；偏好的正确显示问题具有任何实践的重要性。"

为了解决搭便车假说行为的重要性这一问题，本章的前面三节内容回顾了为评价公共产品问题程度而设计的实验调查研究，同时其也评价了包括各种旨在减少搭便车行为的实验设计的效应。6.2 节描述了一个标准的自愿捐赠机制，它已经大量地应用于公共产品的实验研究，以及相关的非合作博弈理论的搭便车预测研究当中。6.3 节总结了公共产品供给不足程度的实验证据。最后，给定出现搭便车的问题，6.4 节描述了试图增加公共产品供给水平的自愿捐赠机制的替代方案。

6.5 节和 6.6 节考虑出现非纯公共产品但是出现竞争性或排他性产品的供给问题的实验技巧的应用。6.5 节回顾了旨在评价诸如公园等非竞争性但是有排他性的产品的实验。6.6 节接着评价外部性，具体来说，是公共池塘资源的问题，诸如钓鱼场，其产品的消费是竞争性的但并不是排他的。最后，许多公共产品的供给水平是通过投票而非分散化的市场决定的。虽然我们并没有从细节上回顾投票实验的扩展理论，但是我们在6.7 节用例子解释了一个基本的实验结果，即能够影响投票结果的制度（在这一情形中是投票议程）实验。6.8 节包含了一个简要的概述。

6.2 自愿捐赠机制

搭便车假说已经在许多实验情境中得到了检验，也正如所预期的，制度和环境的改变会影响到搭便车行为发生的程度。为了提供一个参考的框架，我们在此描述了一个自愿捐赠机制的基本版本，它的制度框架已经广泛地应用于公共产品供给的检验当中。后续讨论的结果可从偏离这一基准环境的特征中进行描述。[①]

自愿捐赠机制是一个简单的重复博弈。这一博弈的非计算机版本介绍如附录 A6.2 所示。一个标准的实施过程如以下方式所示。[②] 一群参与者被安排坐在视觉分离的地方（具体而言是计算机终端），然后告诉

---

① 供给问题已经在替代的、平等的法制化环境中进行研究，强调这一点是至关重要的。这一替代方案的具体特征，正如 Palfrey and Rosenthal（1991，1992）所设计的，将在附录 A6.1 中进行讨论。

② 自从在实验室首次提出了公共产品的配置问题之后（比如，见 Simth，1979，1980），这一机制的许多变化类型都得到了研究。本节所描述的是 Isaac，Walker，and Thomas（1984）所描述的机制，它已经成为这一领域的一个研究范本。

他们将要进行的是一个关于投资的选择决策实验。在每个投资期，给予每个参与者一些"代币"，它可以分配于私人账户或者群体账户。投资于私人账户的代币将会以不变比率转换为现金（典型的情形是一代币转换为一美分）。投资于群体账户的代币，则会对个体产生更低的回报，但是它能同时对群体中包括捐赠者在内的每一个人都产生额外的回报。

为简化分析，群体投资的回报是与他们的投资成比例的。为便于计算投资于群体账户的收益，与各种群体投资水平相关的报酬以如表6—1所示的形式向参与者显示出来。在表6—1中，捐赠水平是以10代币的增量表示，从0到120；为简化，忽略了中间值的捐赠水平和报酬。实际上所实施的自愿捐赠机制标准可以为每一个可能的总捐赠水平提供回报。在表6—1中同样值得注意的是，个体投入群体账户的每10个代币，对群体中的每一个个体可以产生7美分的回报。因而，捐赠于群体账户的资本边际回报率是每美分7/10。[1]

表6—1 在自愿捐赠机制决策期对群体账户的捐赠水平的回报

群体账户的总捐赠水平(代币)	0	10	20	30	40	50	60	70	80	90	100	110	120
每一个个体的收益（美分）	0	7	14	21	28	35	42	49	56	63	70	77	84

参与者私下进行配置决策，但是群体中的所有成员完成他们的投资决策后，将公布群体账户的总投资水平并计算出私人收益。然后把从群体账户所获得的收益加到每个个体从私人账户中所获得的私人收益，汇总即得到这一期的总收益水平。在确定了收益水平之后，重新给予参与者代币，开始一个新的决策期。这一过程通过已公布的一些次数而重复进行（一般是10次）。在期数结束后，或者进行第二个实验局，或者结束这一回合。

比如，考虑两个参与者的情形，参与人1和参与人2，每人都有60代币的禀赋，假定MPCR是0.7，正如表6—1所示。表6—2说明了参与人的决策问题，同时也表示出了每一个决策期的反应。表格中行动的顺序用列首的（a）、（b）和（c）表示。首先，参与人1捐赠20代币到

---

① 表6—1还有一个不是很重要但仍值得留意的特征：每一回合中参与人数是不变的。虽然参与者可能从其他可能捐赠者的数目确定地评价群体账户的捐赠水平，但是参与者人数的改变只是改变了表6—1中可能捐赠水平的最大值。基于这一特征，这一类型实验设计的变化方案在程序上是很简单的。

群体账户，而把剩余的 40 代币投资到私人账户。这一决策如表 6—2 中 (a) 列所强调的数据，是没有考虑参与人 2 而做出的选择。假设参与人 2 把 50 代币分配到群体账户而把 10 代币分配到私人账户。在每个人都提交了这一决策后，计算并公布群体账户的总体捐赠水平。在这一情形中，由参与人 1 和参与人 2 加总的总体捐赠水平是 70，正如表 6—2 (b) 部分所示。最后，计算参与人从个体决策中配置到私人账户和群体账户的总配置代币水平所获得的总体收益。总的收益是 89，如表中 (c) 部分所示。而没有表示出来的参与人 2 在这一期将获得 $10+0.7 \times 70 = 59$ 美分。在计算了收益之后，开始第二个决策期。

表 6—2　　　　　　　　在自愿捐赠机制实验中的一个决策样本

期数	禀赋	(a) 配置决策		(b) 群体账户的总捐赠水平	(c) 收益
		私人账户	群体账户		
1	60	40	20	70	$40+0.7 \times 70 = 89$
2	60				
3	60				
·	·				
·	·				
·	·				

值得注意的是，在这一情境中的"群体账户"是一个纯公共产品的抽象概念。从感觉上来说它是抽象的，在交易中它没有其他任何价值。它是纯公共产品，因为每个人都能从对它的任一捐赠水平中获得全部收益；即收益是非排他性也是非竞争性的。这些特点提供了大量的实验控制。具体来说，群体账户的抽象性质避免了考虑个体对于公共事务或者慈善事业的个人态度的混淆效应。同时，由于公共产品纯粹是用货币进行度量的，所以它很简单，也很易于识别操作。

自愿捐赠机制和囚徒困境

考虑表 6—1 和表 6—2 的公共产品问题和囚徒困境的相似特点。用 x_1 和 x_2 分别表示参与人 1 和参与人 2 对群体账户的各自捐赠水平，则计算的收益为：

$$对于参与人 1，为 60-x_1+0.7(x_1+x_2) \tag{6.1}$$
$$对于参与人 2，为 60-x_2+0.7(x_1+x_2)$$

通过把参与者对资源的配置选择约束限制为要么全部捐赠给群体账户,要么一点也不捐赠给群体账户,则这一自愿捐赠机制退化为标准的囚徒困境。如果两个参与人都把他们的全部禀赋捐赠给公共产品,那么每个人将获得 0.7×(60+60)=84 美分,正如图 6—1 的左上角所示。如果参与人 1 把所有的代币都捐赠到群体账户中,而参与人 2 一点也不捐赠,那么参与人 1 将获得 0.7×60=42 美分,而参与人 2 将获得 60+0.7×60=102 美分,正如图中右上角所示,而左下角则正好相反。如果参与人 2 捐赠全部代币而参与人 1 一点也不捐赠,则收益完全反转。最后,如果每个人都不捐赠到群体账户,则他们每人将获得 60 美分。

参与人 2

		群体	私人
	群体	84 / 84	102 / 42
参与人 1	私人	42 / 102	60 / 60

图 6—1 两人两选择的公共产品问题

观察图 6—1 当中的收益证据可得到这一博弈的囚徒困境性质。如果两个人都对群体账户做出捐赠,则会最大化总收入。然而,每个参与人有把代币放入私人账户的个人激励动机。比如,假定参与人 2 对群体账户做出捐赠,那么参与人 1 能够通过搭参与人 2 的便车,把所有的代币都投入到私人账户中去,从而使收益从 84 美分单方地增加到 102 美分。对私人账户的个人捐赠水平也最小化了参与人 1 对于参与人 2 决策的脆弱性,因为通过对私人账户的捐赠,参与人 1 避免了当参与人 2 选择搭便车而只能获得 42 美分收益的可能性。由于这一博弈的对称性特征,参与人 2 也面临同样的激励。因而,对私人账户的捐赠水平代表了这一博弈的唯一纳什均衡结果。每个参与人都有搭另一人便车的动机,而最终导致的结果将是没有人对群体账户进行捐赠。

当参与人的数目增加时,搭便车仍然是这一例子当中的占优策略。考虑 3 个参与人的情形,用图 6—2 进行说明。图中的左边矩阵表示当参与人 3 把所有代币都捐赠到群体账户时,参与人 1 和参与人 2 的选择结果;而右边的矩阵则表示当参与人 3 把所有的代币捐赠到私人账户时,参与人 1 和 2 的选择结果。对(参与人 1,参与人 2,参与人 3)的支付在每个支付矩阵中表示。参与人 3 的报酬用圆圈加以强调。

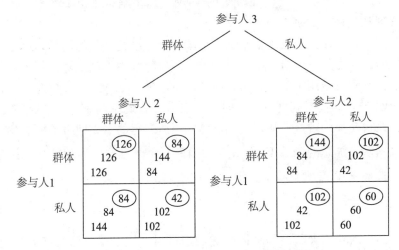

图 6—2 三人双选择的公共产品供给博弈

通过参与人 1 和参与人 2 在图 6—2 的收益矩阵中的收益配对比较（未画圈的部分），可以立即发现增加的参与人 3 并没有改变参与人 1 和参与人 2 仅仅投资私人物品的动机。在每个矩阵中，参与人 1 和参与人 2 都面临着囚徒困境。例如，观察图形右边的矩阵，当参与人 3 仅仅投资私人物品时，参与人 1 和参与人 2 面临着与两人囚徒困境完全相同的可行收益集。观察画圈的收益可以发现，无论参与人 1 和参与人 2 怎么做，参与人 3 也都只有激励仅仅投资于私人产品。图右边的画圈数字都比左边的相应数字要大。

图 6—2 的帕累托占优、福利最大化的解发生在当所有参与人都对群体账户做出捐赠的时候，产生的收益为（126，126，126），如左边矩阵的左上角所示。但是它被每个人都只对私人账户做出捐赠的情形所占优，因而在唯一的纳什均衡处，收益减少为（60，60，60），如右边矩阵的右下角所示。值得注意的是，在图 6—1 和图 6—2 的两人和三人博弈中，合作的结果和纳什均衡结果的差距增加了。保持 MPCR 不变，随着参与人数的增加，合作所获得的收益也增加，因为更多的参与人能够做出能被群体所共享的捐赠水平。

当增加更多的参与人时，对这一问题的图示说明很快就变得不易处理。但是三人囚徒困境很容易一般化到任何一个参与人数目为 N 的情形：如果每个人都捐赠到群体账户，每个参与人都将获得 $0.7 \times 60 \times N$。

困境的出现是因为每个参与人都有捐赠到私人账户获得 $0.7 \times 60 \times (N-1)+60$ 的激励。这一博弈的唯一纳什均衡结果是每个参与人都只捐赠到私人账户，每人获得 60 美分。

在一个更接近连续的捐赠选择情境中考虑公共产品的问题，这是有益处的。它可从下面自愿捐赠机制的一般化特征中得到。对于每个参与人的禀赋和决策用下标 i 表示，$i=1, \cdots, N$。每个参与人都有一个初始禀赋 E_i，而捐赠到群体账户的数量记为 x_i，剩余的 E_i-x_i 则投资于私人账户转换为现金。从捐赠到群体账户所获得的个人回报是所有参与人捐赠水平加总的函数 $V(\sum x_j)$。因而，每个参与人所面临的问题是如何选择 x_i 以最大化投资回报 R_i。在此，R_i 可表示为

$$R_i = E_i - x_i + V(\sum x_j) \tag{6.2}$$

当捐赠到私人账户是个体最优的选择时，就出现了公共产品问题。个体最优条件需要对捐赠到公共账户和私人账户的边际效应进行评价。通过对（6.2）式的个体捐赠水平 x_i 求导数，则可以比较这两个效应。这一导数是 $-1+V'(\sum x_j)$。在这一情形中，MPCR 是 V'，而捐赠到私人账户的边际回报是 1。如果 MPCR 小于 1，或者说如果 $V'(\sum x_j) < 1$，则捐赠到私人账户是个体最优的选择。总群体收入是加总从群体账户中所有个人的收益。如果个体都是一样的，那么它可表示为 $N \cdot V(\sum x_j)$ 的积。只要 $N \cdot V'(\sum x_j) > 1$，则捐赠到群体账户比捐赠到私人账户更会增加总体收入。把这两个条件合并起来，则可以特征化搭便车问题的条件

$$\frac{1}{N} < V'(\sum x_j) < 1 \tag{6.3}$$

值得注意的是，即使是在一个很小的群体中，也会出现搭便车问题。比如，如果 MPCR 在 1/2 和 1 之间，则在两人的群体中可预测到搭便车行为。

虽然参与人的数量以及选择的连续性都不影响到自愿捐赠机制实施的单个阶段的唯一的、纯策略均衡，但是可以观察到实施的其他构成部分能影响到均衡的预测水平，这一点是至关重要的。正如在第 4 章所讨论的重复寡头垄断的合谋情形一样，在一个无限（或者是无界定）的重复博弈中，通过使用威胁可以维持合作结果。即如果他们能通过威胁要

对那些在公共产品中做出零捐赠水平的参与人进行"惩罚"，那么对公共产品进行捐赠则可以成为一个均衡。为避免这些"合作性"均衡的可能性，自愿捐赠机制的标准实施当中具体包括了关于期数的公告。

6.3 自愿捐赠机制：结果

搭便车问题的初始实验检验产生了明显的分歧结果。一方面，Marwell and Ames（1979，1980，1981）以及 Schneider and Pommerhene（1981）发现了搭便车行为远比经济学家所预测的要少。在一系列广泛的控制条件中，参与人宁愿持续地捐赠 40％～60％的代币禀赋到群体账户，这一水平远远超过了与纳什均衡水平相一致的 0 的捐赠水平。Marwell and Ames（1981）的唯一一个确定无疑地导致了搭便车行为的实验局，是使用了 32 个经济学一年级研究生（他们只捐赠 20％的禀赋至群体账户），这使得作者把他们论文的标题命名为《经济学家搭便车，其他人是否也一样?》[①] 另一方面，在其他的实验情境中，特别是在多期回合的终止期里，产生了几乎完全搭便车的行为（比如，Kim and Walker，1984；Isaac，McCue，and Plott，1985）。

图 6—3 提供了在初始研究中所观察到的各种结果的一个认知。图形总结了 Isaac，Walker，and Thomas（1984）所报告的 8 个回合的平均捐赠比率。横轴表示基数，而纵轴表示平均捐赠比率。每一条曲线表示一个 10 期回合的平均捐赠比率。

艾萨克（Isaac）、沃克（Walker）和托马斯（Thomas）对识别初始实验所报告的捐赠水平比率差距的原因比较感兴趣。因而，他们的实验包括了许多不同于早期实验的设计特征，其中包括群体的规模（4 和10）、经验水平（没经验和有经验）以及 MPCR（0.30 和 0.75）。然而，所有回合都有一些共同的特征：完全搭便车的行为，或者是捐赠比率为0，是唯一纳什均衡水平，并且当所有的参与者把他们所有的代币都捐赠到群体账户时，总收入最大化。从图 6—3 所得出的初步结论是，尽管它们都有共同的预测，可是事实上每类行为都能被观察到。捐赠比率

---

① 后续研究没有证实这一被试群体效应。比如，在一个不同的公共产品情境中，Issac，McCue，and Plott（1985）报道了一群社会学本科生会做出接近于零的群体账户捐赠水平，而且几群经济学本科生也是同样的结果。相似的，一群推测应该为"合作性"的人类生态学者和人类学家却同样存在严重的搭便车行为（Mestelman and Feeny，1988）。

的范围从接近 0（图中接近水平轴的黑色线）到将近 75%（图中接近最上方的一条粗线）。

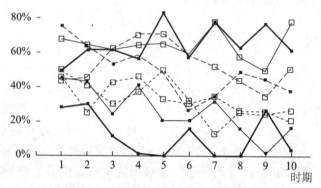

对群体账户的贡献率
（有效水平的百分比）

图6—3　在各种不同的实验局条件下，8 个自愿捐赠机制回合实验的结果
资料来源：Isaac，Walker，and Thomas（1984）.

给定这一分歧的结果，变化的一致性来源的识别既可以作为当标准理论起作用时的识别方法，也可以作为当理论失效时对其提出修正建议的方法。在这一节的剩余部分，我们考虑影响搭便车行为的一系列潜在的重要的决定性因素，包括重复、经历和 MPCR。

重复

早期研究最明显不同的地方在于重复的期数。Schneider and Pommerhene（1981）以及 Marwell and Ames（1979，1980，1981）报告了单期 40%～60% 的捐赠比率。Issac，McCue，and Plott（1985）以及 Kim and Walker（1984）的初始决策期也可观察到相似的捐赠比率。然而，捐赠比率随着决策序列的重复而发生明显的衰退现象。比如，在 Isaac，McCue，and Plott（1985）所报道的 5 个回合中，平均捐赠比率从初始时期的 38% 的有效捐赠水平下降到终止期的 9%。[①]

---

①　在艾萨克、麦丘（McCue）和普拉特的设计中，由于这些作者导出了一条群体账户捐赠边际价值递减的曲线，所以平均捐赠比率小于有效性水平，或者少于捐赠到群体账户可能获得的收益的比例。在书中所提到的 5 个回合中，提取的效率比率从 53% 下降到 16%。而且，这几位作者也进行了 7 个回合的实验，但是只报告 5 个回合的基本结果。2 个回合由于异常和"非理性"的参与人决策而被剔除。

因此，我们可以得出非常简单的结论：捐赠比率会随着重复次数而单调地下降。在图 6—3 中，一些序列有规律地下降，然而其他序列则不是。虽然图 6—3 中总的捐赠比率表现为一条负斜率的曲线，但是这样一个加总错误解释了在某些环境中重复的显著效应。

在什么样的环境中，捐赠比率大体上会随着重复次数而衰退？考虑这一衰退的理由是非常有用的。首先，存在着学习效应。许多参与人只有在观察到其他参与人的搭便车实例时，才可能学习到这样一个知识：对私人账户的捐赠会占优于对群体账户的捐赠。其次，衰退的情形可能是策略性行动的结果。尽管参与人知道不捐赠是一个占优策略，然而他们可能在前几期做出捐赠的行动，同时保留了不捐赠的选择，以此作为对其他不捐赠的人所实施的一个惩罚。[1]

Andreoni（1988）报告了一个旨在评价这些学习理由和策略性行动解释的实验。实验设计依赖于这样的一个观测结果：即只有当参与人在后续的几期中仍然匹配在同样的小组中时，策略性惩罚和奖励行动才是潜在有用的。纯粹的学习效应可以通过在每一期实验后对参与者的小组成员重新安排而分离出来。因此，安强尼（Andreoni）进行了下列两个实验局的实验。第一个"合伙人"的实验局是由 3 个回合的标准自愿捐赠机制实验组成。第二个是"陌生人"的实验局，与第一个实验局的同一小组成员连续进行 10 期的情形所不同的是，参与者是从 20 个人当中随机选择，并且在每一决策期后匿名地重新组合，其他部分与第一个实验局一样。两个实验局的共同设计特点是：MPCR 均为 0.5，决策小组成员是由 5 个没有实验经历的参与人组成，小组成员的规模、回合的长度以及每一决策时期的结果对于所有人来说是完全的信息。

这一实验结果可以概括为图 6—4 中所显示的"合伙人"和"陌生人"实验局的平均捐赠比率。很明显，捐赠比率在每个实验局中随着重复次数而下降。然而，与预期所不同的是，在"陌生人"实验局中产生了显著更高的捐赠比例。[2] 安强尼得出这样一个结论：捐赠的模式并不是出于策略性的动机（在合伙人的实验局中，应该是显著更高的捐赠比例才能支持这一假说）。在每一个实验局中相似的衰退现

---

① 在一个大家都知道的有限期数的博弈中，这并非子博弈完美纳什均衡策略。然而，它是一个纳什均衡策略的一部分，同时它也可能有一些行动上的感召力。

② 安强尼报告这些结果是统计上显著的。具体而言，作者报告了每一个实验局中观察值均来自同样分布的原假设的 χ^2 统计量。这一假说能在显著性水平 $\alpha > 0.01$ 上拒绝。

象支持了学习效应的解释。捐赠比率的不同具有挑战意义。事实上，在某种程度上陌生人倾向于永久地比合伙人捐赠更多的比例，此时一系列丰富的动机（比如利他主义、报复、社会规范和后悔理论）值得加以考虑。

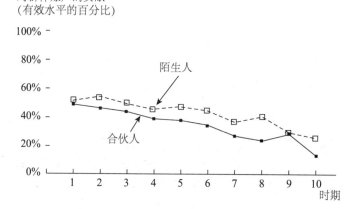

图6—4　重新匹配（陌生人）和没有重新匹配（合伙人）的平均捐赠比例

资料来源：Andreoni（1988）.

经验

给定市场实验中记录完备的经验效应，如果经验在自愿捐赠机制实验中并不影响捐赠比率的话，那么人们可能会对此感到惊讶。正如图6—5中4个回合的结果所表明的，当参与者对这一机制有实验经历时，对群体账户的捐赠比例确实持续地下降了。图6—5的结果摘自艾萨克、沃克和托马斯在图6—3所总结的实验。两个图形分别代表着不同的参数设置（但它们都满足方程（6.3））。左边的图形显示了4个参与者组成一组且MPCR＝0.3的两个回合的结果；而右边的图形则是10个参与者组成一组而MPCR＝0.75的两个回合的结果。值得我们注意的是，在每一个情形中，有经验的参与者的捐赠比例大体上小于无经验的参与者的捐赠比例，这一经验效应是普遍的：总体上，在4个回合中使用有经验的参与者，其平均捐赠比例要比在4个可比性回合中使用无经验的被试的捐赠比例低10％。也可以在其他地方找到相似的经验效应。或许就是基于这一理由，大多数报告的实验使用的是有经验的参与者群体。

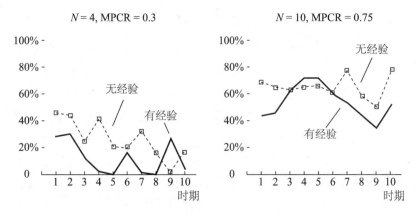

图 6—5 四个回合的捐赠比例

资料来源：Isaac，Walker，and Thomas（1984）.

资本边际回报（MPCR）和群体规模效应

下面考虑的是群体规模对于群体账户供给的效应。一个共同的推测是，搭便车动机会随着群体规模的扩大而增加。[1] 例如，人们可能会预期到，与一个共同居住的公寓中的自愿清理浴室的安排相比，国家层面的纯公共产品的供给，比如说国防，更容易受到搭便车行为的影响。人们可能会预期到随着群体规模的扩大，捐赠水平会递减，因为协调捐赠的努力和惩罚搭便车行为的尝试在一个更大的群体当中变得更加困难。（但是值得注意的是，随着人数的增加，来自对群体账户做出的个人捐赠的公共产品的分布更加广泛。因而，给定任何具体的MPCR，对群体账户进行捐赠所获得的社会收益会随着群体规模的增加而增加。）

接下来考虑 MPCR 的变化对于捐赠水平的可能影响效应。只要个人群体投资的回报小于私人投资的可得回报，即使是稍小的情况，我们也总可以预测到供给不足的情形。然而，把资源配置到群体账户的决策可能很大部分是由捐赠成本相差的数额所决定的。一个更高的 MPCR 减少了捐赠于群体账户的成本，因而它可能会增加群体账户的捐赠水平。

尽管群体规模和 MPCR 二者完全不同的情况可能会在现实情境中

---

[1] 例如，Browning and Browning（1989，p. 586）写道，"随着群体规模的扩大，每个人的行为将更可能像是一个搭便车者，此时可能无法提供公共产品"。

发生，但是如果无法把两者分离开来，那么对这两者的效应进行评价是很困难的。要找到两种不同规模的群体对同样的项目进行融资的例子，是很困难的事情。然而，更大的难题是 $V'(\sum x_j)$，由于它依赖于私人偏好，因而它很难观察到。

然而，这些搭便车行为的替代动机的相关效应能够从实验中直接观察到。Isaac and Walker（1988a）报告了一个设计极其良好的旨在分离群体规模和 MPCR 效应的实验结果，实验针对相对小的规模（规模 4 和规模 10）以及变化较大的 MPCR（0.3 和 0.75）。实验设计是由四个实验局单元组成，每个实验局单元对应着每一个群体规模和 MPCR 的组合。作者进行了 12 个回合的实验，其中 6 个回合使用的是 4 人小组（规模 4），而另外的 6 个回合则使用 10 人小组（规模 10）。每一实验回合是由标准程序下的两个 10 期决策序列所组成。在每个实验回合中的一个序列是在高 MPCR（0.75）条件下进行，而另一个则在低 MPCR（0.30）条件下实现。为了控制可能的顺序效应，高 MPCR 和低 MPCR 的顺序是以一个平衡的方式在各个回合的两个序列前后进行对调变化。

图 6—6 的左图概述了这一实验的结果。图形中的标签识别出群体规模和 MPCR 比率的实验局。例如，标签 10L，表示在 10 人低 MPCR 条件下的 6 个序列的平均捐赠比例。从图 6—6 中可以清楚地看出，MPCR 效应明显占优于群体规模效应：10L 和 4L 线都位于 10H 和 4H 线下方。这一结果表明在低 MPCR 条件下的捐赠比率始终低于高 MPCR 条件下的捐赠比率，它独立于群体规模之外。事实上，如果有任一群体效应，那么这一结果与传统智慧的预期正好相反。虽然在高 MPCR 条件下，小规模和大规模的捐赠比率的差异非常小，但是 4L 线一直位于 10L 线下方，这表明相对于大群体来说，小群体中的供给问题可能是一个更为严重的问题。

Isaac，Walker，and Williams（1991）进一步研究了 MPCR、群体规模和群体账户捐赠比例的关系。他们检验了更大群体的捐赠比率。图 6—6 的右图表示出了在 MPCR＝0.3 的 40 人实验局的 3 个实验回合的结果。比较图 6—6 的左右两图，可以很明显地看到，在更大规模的实验回合中可观察到明显不同的表现。在 40L 实验设计的 3 个回合当中，平均捐赠比率明显高于图 6—6 左图的 4L 或者是 10L 实验回合的捐赠比率。而且，在 $40L$ 的实验局中，捐赠比率事实上并没有衰退的痕迹。[①]

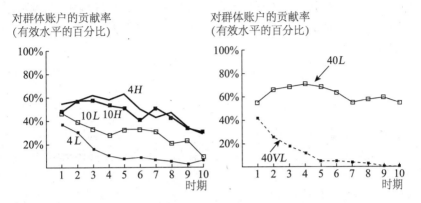

图6—6　在4人、10人和40人实验回合中的平均捐赠比例

资料来源：Isaac and Walker（1988a）；Isaac, Walker, and Williams（1991）.

人们只能做出这样的一个推断，即当群体规模扩大时捐赠比率上升，但是这样一个推断是有用的，因为它们暗示了随后的一个实验。很明显，在其他条件不变时，随着群体规模的扩大，群体账户的捐赠比率会有更大的效应。回想一下前面的 $MPCR = V'$，以及群体捐赠的社会边际收益为 $N \cdot V'$。因而，一致行动的收益会随着群体规模的扩大而呈线性增加。在列示了 $N = \{4, 10, 40\}$ 的群体账户捐赠的边际收益的表6—3的第4列中，可以很清楚地看到这样一个结果。

除此之外，艾萨克、沃克和威廉姆斯认为对群体账户捐赠水平的主要解释可能与群体成比例，必要条件是最小的盈利联合点，即捐赠于群体账户的回报超过了投资于私人账户的回报时所需的最小化的一群参与人。当然，随着群体规模的增加，全体参与联合的可能性也可能下降。给定 MPCR 等于 0.3，最少有 4 个人对群体账户进行捐赠才能使群体账户的捐赠回报超过投资于私人账户的回报。（这是因为 4 是满足 $0.3N > 1$ 的最小的整数 N。）因而，为了使捐赠于群体账户仍然能够盈利，必须投资到群体账户的参与人比例会随着群体规模扩大而下降。这

---

① 这些作者也在一系列大规模的实验回合当中得出了很相似的结果，在该实验当中进行的是一个自愿捐赠机制的变化版本的"多回合"实验，在实验当中参与人按顺序做出配置决策，决策时间长达一周，而且参与人是以额外的信用点数而非现金得到回报。控制变量包括群体规模的变化（40 人和 100 人）以及 MPCR 的变化（0.3 和 0.75）。对于这些参数，平均捐赠比例和捐赠衰退的比率看似不变。在所有单元中其表现事实上是一样的，因而在本书当中它近似地代表了 40 人实验回合的结果的解释。

一观察的结果汇总在表6—3最右边的那一列里，它列示出了4人联合盈利所必需的最小群体比例。值得一提的是，当群体规模为4人时，每个人必须捐赠到群体账户当中。但是对于群体规模为40人时，只需10%的人捐赠于群体账户就能达到合谋盈利点。

这一推断与图6—6所总结的结果一致，不管是对于哪一个实验局来说，个体初始的捐赠水平大约有一半捐赠到群体账户中。但是，捐赠水平的衰退比率随着群体规模的变化而变化，比如，当$MPCR=0.3$时，在$4L$实验局中，捐赠比率迅速衰退，因为它的盈利联合点需要一致的行动。衰退比率有时下降得会很缓慢，比如，在群体规模为10人当中，它需要40%的群体成员才有可能达到盈利联合点。对于图6—6右边所显示的40人实验回合来说，衰退比率在大的群体当中变化更加缓慢，在那一实验回合中最小化的成功联合点只需要群体10%的人进行捐赠。

从额外的40人实验回合所得到的证据进一步支持了这一假说，即捐赠比率会受到最小盈利联合点的影响。考虑表6—3最下面的一行。在这一行当中，MPCR下降了9/10至0.03，这增加了大的40人群体的最小盈利联合比率。在这一MPCR条件下，最小盈利联合比例是群体的85%（因为34是满足$0.03N>1$的最小的整数N）。一个单一回合的结果，如图6—6右边所显示的$40VL$的点线图，表示出捐赠比率的动态衰退过程。这一结果与$4L$实验局的数据类似。当然，这些结果也与基于表6—3的"边际社会收益"一列的解释一致。这两个不同的解释可以用额外的实验区别出来。

表6—3 　　　　　　　　　　群体规模和最小盈利条件

激励	MPCR （V'）	N	边际社会收益 （$N \cdot V'$）	最小盈利条件 （群体比例）
L	0.3	4	1.2	100%
L	0.3	10	3.0	40%
L	0.3	40	12.0	10%
VL	0.03	40	1.2	85%

小结

尽管在博弈理论预测当中捐赠比率是共同且唯一的，但是实验中所研究的自愿捐赠比率的变化非常大。许多决定性的因素会影响捐赠比率，尽管存在这样一个事实，即它们在理论上是不相关的，因为它们并不会影响纳什均衡。这些决定性的因素包括重复、经验和 MPCR 的下降，所有因素都会增加搭便车的频率。

然而，基于进一步的检验，捐赠比率的决定因素看似还未解决，同时，也可能出现了一些相互作用的效应。比如，在早期研究中，在更小的群体和低 MPCR 里的重复和经验对于搭便车行为的表现会发挥出更大的效应。而且，也可能有点出乎意料的是，捐赠比率看似随着群体规模的扩大而上升，至少这对于某些特殊的 MPCR 值来说是如此。

6.4 可能减轻搭便车的要素

尽管各种不同的环境因素会影响搭便车行为，但是公共产品的供给不足问题代表着相当广泛的各种不同情境中的一个重大问题。一个自然的相关调查研究是，考虑各种不同的自愿捐赠机制的制度规则中可能会降低所观察到的供给不足比率的各种因素。这一部分主要讨论两个制度性的控制变量：交流和供给点。

评价各种影响捐赠比率的环境性决定因素的实验文献具有不确定性的本质，这种本质导致了一种相当不稳定的背景，使人们难以认清这些制度性变量的哪些效应能加以评价。然而，相对于在一个特殊的基准环境中搭便车占主导效应的表现来说，实验分析能够识别出增加捐赠比率的因素。然而，给定多样性的基准结果，这一制度调整的一般性仍然是一个未能解决的问题。

交流

参与人之间信息流的变化，代表着一个可能明显影响自愿捐赠比率的自愿捐赠机制的变型，在极端情形下，参与人能遇到并且对所有个体的捐赠比率协商一个合约，同时约定一系列的对于无法达到那一合约约定比率时所采取的惩罚措施。政府预算配置代表着这类交流起作用的最为标准的例子。这一情境中的搭便车是不合法行为，这意味着供给不足的问题能够得以避免。

当搭便车是不合法的时候，会出现各种不同的有趣话题，比如确定合适的公共产品供给水平，创造收集必要收入的最优机制，以及确定对

不捐赠行为的惩罚措施。在有关投票的 6.7 节中会提出其中的一部分话题。然而，在这一节当中我们所感兴趣的问题是自愿捐赠机制的变型。基于这一理由，我们将我们的关注点局限于没有约束作用的、在决策之前的交流。

更为重要的是，因为合约和正式的约定是明显禁止的，所以我们可以自然而然地推测认为，没有约束作用的交流在理论上是无害的。但是一般来讲，事实上并不是这么一回事。交流可以通过各种不同的方式，从单一的两人信息交流，到计算机网络的互动（比如，是否捐赠是计划好的），再到面对面的非正式讨论。在一个交流机会非常组织化的完全公共产品环境中，已有的研究表明交流能改进效率，它可以通过参与者在各种可能的结果当中选择其中一个进行协调而起作用（可参见 Palfrey and Rosenthal，1991）。虽然对有限的、非常组织化的交流机会效应进行建模是很容易的事情，但是下面的讨论主要还是集中于自由形式的、面对面的协商，它很可能使交流成为影响捐赠比率的最佳方式。

Isaac and Walker（1988b）所进行的实验识别出一个基准的情形，在那一个实验当中非正式的交流明显地增加了公共产品的供给比率。实验是由 10 个回合组成的，它是上面所提及的 Isaac and Walker（1988a）所使用的 4 人小组并且 MPCR＝0.3 的实验设计的一个变型。具体来说，参与者都有过实验经历，并且都有一样的禀赋。有效率的解是所有参与者都应该把所有代币捐赠到群体账户中。

交流是通过以下方式被介绍的：在每一回合之前，4 个参与者聚集在一起。允许他们讨论他们感兴趣的话题。他们所受到的约束是：（a）不能泄露他们的禀赋或者是收益的信息；（b）既不允许身体威胁，也不可以进行单边支付的安排。在做出每一决策前参与人最多能交流 4 分钟。在讨论之后，参与人回到他们的电脑终端并且私下做出通常的在群体账户和私人账户的投资决策。

第一个实验局设定为 C/NC，在初始 10 期允许交流，最后 10 期禁止交流。这样的一个实验局进行 3 个回合。而第二个 NC/C 处理组，即在开始 10 期禁止交流，最后 10 期允许交流，同样进行 3 个回合。①

---

① 作者用一个 NC/NC 的实验局，即由交流从未被允许的 4 个回合对这些回合进行了校准。

C/NC 和 NC/C 实验局的平均捐赠比例分别用图 6—7 当中的带圆圈的实线和带星号的实线作标记（现在忽略图中的点线）。在任何一个实验局中，交流明显地影响结果：平均捐赠比率在交流是允许的序列当中相当高。[1] 但是顺序效应也很明显。在 C/NC 实验局的 NC 部分，当交流被禁止时，捐赠比率慢慢衰退。与此相反，在 NC/C 实验局的 C 部分，当引入交流方式之后，捐赠比率缓慢上升。这些结果表明了一个"历史"效应：合作的历史有助于减少搭便车行为，而搭便车行为的历史倾向于减少合作水平。

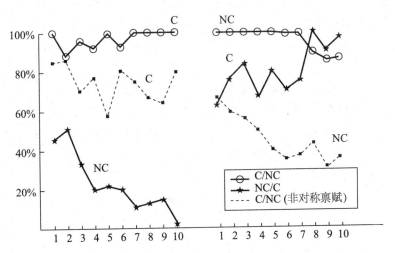

图 6—7 在有交流和缺乏交流条件的自愿捐赠机制下的平均捐赠比例

资料来源：Isaac and Walker (1988b)。

从许多角度来看，在公共产品情境中引进无约束力的交流类似于在寡头垄断中明显的合谋。[2] 在这两种情形中交流机会允许参与人实施一个成功的合作性安排。这一类似的结果可得出这样一个明显的问题：在允许交流的公共产品情境中，阻碍明显的合谋的那些因素是怎样影响到捐赠比率的？

---

① 在后续的研究中，Isaac and Walker (1991) 发现交流的效应对于引进的会议成本富有弹性。与许多现实情境相关的正的会议成本值得考虑。比如，附近的居民将不会对一个不受欢迎的区域变化做出反应，除非能够解决组织和参加一个邻居会议的成本。对于努力组织一个邻居会议的明显逃避动机，形成了一个额外的搭便车问题。

② 事实上，图 6—7 所显示的两个结果也已经在寡头垄断实验中观察得到，可参阅 Daughety and Forsythe (1985)。

比如，考虑这样一个情况，即代币禀赋的非对称效应。非对称禀赋类似于非对称的成本条件，而后者往往在寡头垄断中阻碍更高的合作性价格的实施和维持。Isaac and Walker（1988b）使用了一个 C/NC 实验设计的变体，在第二次实验中研究了禀赋效应的非对称性，其中两个参与者的代币禀赋高出另外两个参与者 28％。这一非对称禀赋实验设计所进行的三个回合的平均捐赠比率可由图 6—7 中的点线所表示。在这些回合当中，交流明显代表着一个不是很有效的协调工具。尽管第一批的 10 个交流期的捐赠比率明显超过了没有交流机会的实验局，但是它们却明显地位于当参与人拥有对称性禀赋时的 C/NC 实验局的曲线下方。而且，交流在不允许交流的序列中也没有什么残余效应（点线），这一点可由这些回合中群体账户捐赠比例的衰退证据看出。①

在 Isaac and Walker（1988b）所进行的第三个实验中，无约束力的交流也是一种无效的协调工具。这一实验由 12 个回合组成，所进行的实验设计有点复杂。虽然参与者拥有对称性的禀赋，但是 G' 并非常数，而且 $G' < 0$（因而可导出一条公共产品额外单位的边际效用递减曲线）。其结果是，最优解是参与人只把他们 50％的禀赋捐赠到群体账户中。同时，小组规模也从 4 人扩大到 6 人，每一回合由一个单一的 10 期序列组成。6 个实验回合是在交流的条件下进行的，而其余 6 个实验回合则在无交流条件下进行。从图 6—8 中很容易看到这些回合的平均捐赠比例，在这一环境中交流不是很有效。虽然捐赠比例在交流的实验局中要比在无交流的实验局中更高，但是平均来看，参与人并没有努力地建立一个对群体账户捐赠的稳定模式，即使是在交流条件下也是如此。然而，在交流条件下的平均捐赠比率，却表现出与在无交流条件下观察到的同样的衰退模式。②

---

① 作者同时也进行了一系列回合实验，在实验中参与者拥有代币禀赋的完全信息。这一信息的控制变量受到禀赋条件的严重影响：给定完全信息和对称性的禀赋，交流会产生很高和持久的效应。但是当参与者拥有非对称性的禀赋时，完全信息无法改进交流对于不完全信息实验局的影响效应。而且，在这些回合中不允许交流的序列当中，群体账户的捐赠比例事实上已经明显下降了。

② Isaac，MaCue，and Plott（1985）报告了在一个非对称性的和递减的 MPCR 的复杂 10 人实验设计当中更为合适的交流效应。在他们的实验中，作者允许参与者有一个会面和讨论捐赠的简单机会。在讨论之后，群体账户的捐赠比例只上升了 2％。

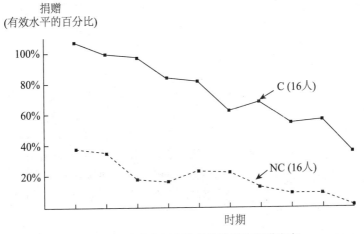

图 6—8 有交流和无交流条件的平均捐赠比率

资料来源：Isaac and Walker（1988b）.

总的来说，无约束力的交流在充分简单的环境和很小规模的参与人当中，能够有力地增加群体账户的捐赠比例。然而，这一结果并不是特别稳健。即使是在小群体当中，交流的效应对于禀赋的非对称性也很敏感。而在更大的群体当中，在更为一般化的条件下，交流看似只能减轻公共产品捐赠比例的衰退现象。

作为本节的结束语，值得一提的是，即使是最受欢迎的考虑交流机会效应的研究，也无法认为它是公共产品配置问题的一个特殊的一般化修正方法。确实存在着多种小群体的情境，在那当中讨论并不是不切实际的，比如由贸易和邻居居民协会的成员使用或者提供公共产品。但是会议，特别是那些非正式的会议，在任一明显规模的群体当中会变得很困难，特别是当群体成员是分散的时候。

供给点

在各种不同的自然情境中，基金的运作往往是为了某一具体的公共产品而进行的，而且只有在达到了某个最低水平的融资之后，这一公共产品才会供给出来。比如，俄勒冈州教师团体协会通过向州里的所有教职人员恳求捐赠而成功地为一个群众团体的工资发放提供了资金，条件是工资（30 000 美元）在某一个具体日期前能到账，这一群众团体才能维持下去。[①] 与此相似，Bagnoli and McKee（1991）报告了加拿大新民

---

① 可见 Dawes et al.（1986）。

主党在两项资金筹集活动中获得成功，其中每一项均要在一个最小的总捐赠目标条件下进行管理。[1] 所需要的最小总捐赠水平可称为供给点。

与无约束力的交流所不同的是，增加的这一供给点，以相当直接的方式改变了纳什均衡的集合。回顾一下，纳什均衡是通过单方偏离一个具体的配置水平是否有利而进行评价的。搭便车均衡之所以在自愿捐赠机制中出现，是因为对于任何一个总的捐赠水平，只要 MPCR<1，每一个个体都能通过减少对公共产品的捐赠而单方面地增加自己的收入。

一个供给点会创造额外的均衡，它打破了单方面减少捐赠水平所获得的回报的连续性。供给点对于激励的效应，很容易从一个简单公共产品博弈中单个参与者的报酬看出来。假设有两个参与者，行为人 X 和行为人 Y，每个人有 10 个代币的初始禀赋。如之前一样，代币既可以保留（因而以 1∶1 的比率转换为美元），也可以捐赠到群体账户，MPCR=0.75。

表 6—4 显示了给定行为人 X（列）和行为人 Y（行）的任何一个捐赠水平情况下，行为人 X 的盈利水平。为简化，表 6—4 中所列示的捐赠水平的增量限定为 2 美元。有效率的解是，行为人 X 和行为人 Y 每个人都把 10 代币捐赠到群体账户，此时行为人 X 获得 15 美元（参与人 Y 也一样）。为方便，我们将会用成对顺序表示捐赠的组合。比如，有效的解是（10，10）的配置水平，它能产生表 6—4 中斜体加粗的 15 美元的收益。

表 6—4　　　　　　　在两人公共产品博弈中参与人 X 的收益
（答案：纳什收益，有效配置水平的收益）　　（单位：美元）

		行为人 X 的捐赠水平（代币）					
		0	2	4	6	8	10
行 为 人 Y 的 捐 赠 水 平 (Y)	0	*10.0*	9.5	9.0	8.5	8.0	7.5
	2	11.5	11.0	10.5	10.0	9.5	9.0
	4	13.0	12.5	12.0	11.5	11.0	10.5
	6	14.5	14.0	13.5	13.0	12.5	12.0
	8	16.0	15.5	15.0	14.5	14.0	13.5
	10	17.5	17.0	16.5	16.0	15.5	***15.0***

行为人 X 搭便车的动机是显而易见的：比如，在表 6—4 最下面

---

[1] 本书所引用的这两个例子，不同于即将讨论的带有"返款"选项的募集资金的实验设计，在后者当中，当供给点没有达到时，将会返还捐赠款。下文将讨论返款选项的效应。

的一行，行为人能够从有效解 15 美元增加到 15.50 美元，只要把捐赠水平减少到 8 代币。这一个单方减少捐赠水平的动机是普遍的：行为人 X 能通过私下地减少对群体账户的捐赠水平而增加盈利水平。由于这一情形的对称性质，行为人 Y 也有同样的动机，因而（0，0）的配置水平以及表中斜体的 10 美元收益就是唯一的纳什均衡水平。

现在考虑施加供给点的效应。为简化，假设供给点设定在有效水平。在这一情形中，除非双方把他们所有的代币禀赋都捐赠到群体账户，除此之外，任何其他捐赠到群体账户的收益将为零。对于行为人的激励如表 6—5 所示。表格中收益的简化值得强调。除了（10，10）的配置水平，群体账户的捐赠水平是不值得的：每 2 美元的捐赠会使行为人 X 减少 2 美元。退化的（0，0）捐赠水平仍然是纳什均衡，因为任一单方的对这一配置水平的偏离将会减少行为人 X 的收益（这对于行为人 Y 来说也一样）。

表 6—5　　　　　有效供给点对于行为人 X 的影响效应
（答案：纳什收益，有效配置水平的收益）　　　　（单位：美元）

		行为人 X 的捐赠水平（代币）					
		0	2	4	6	8	10
行为人 Y 的捐赠水平（Y）	0	10.0	8.0	6.0	4.0	2.0	0.0
	2	10.0	8.0	6.0	4.0	2.0	0.0
	4	10.0	8.0	6.0	4.0	2.0	0.0
	6	10.0	8.0	6.0	4.0	2.0	0.0
	8	10.0	8.0	6.0	4.0	2.0	0.0
	10	10.0	8.0	6.0	4.0	2.0	**15.0**

然而，供给点创造了第二个纳什均衡。如果双方都把他们的 10 个代币捐赠到群体账户，行为人 X（和行为人 Y）可能获得 15 美元。这一配置水平是纳什均衡水平，因为任何一个单方面的偏离都极不划算。比如，如果 Y 减少 2 个代币的捐赠水平，X 的收益下降为零（没有表示出来的是，Y 的收益下降为 2 美元）。这一"完全捐赠"均衡有一个帕累托占优的额外特征，因为双方的收益均超过了那些替代方案的搭便车的均衡。这一配置水平的收益采用既加黑又用斜体的方式，以表示它是帕累托占优的纳什均衡。

尽管存在这些特征，但是完全捐赠均衡极其不稳定。比如，行为人 X 将不乐意捐赠 10 个代币禀赋于公共产品，如果存在任何明显的概率，

即行为人 Y 将会"颤抖",从而捐赠少于 10 单位代币的水平。这一颤抖的类型很可能是由于行为人 Y 无法完全地理解激励,或者部分是因为行为人 Y 认为行为人 X 对于激励的认识存在不确定性。如果供给点依赖于两人以上的行为人的捐赠行为,那么这一不稳定性会变得更为明显。Isaac,Schmidtz,and Walker（1989）使用全部供给或者全部不供给的供给点条件进行了 6 个回合的实验,如表 6—5 所示。作者使用了上面所谈论的一个基础实验设计的变化版本,使用了 4 人并且 MPCR＝0.3 的实验（比如,Isaac and Walker,1988a,1988b）,实验表明搭便车行为非常明显。每一回合包含 10 期,所有参与者都有实验经历。

图 6—9 的左边图形表示了这 6 个回合的平均捐赠比率。可以很清楚地从这一图形中看到,供给点抵制捐赠比率衰退的效应甚微。我们将其与一个不存在供给点的回合（比如,图 6—6 中左边图形的 4 L 实验局）进行比较,可以看出事实上它并没有控制效应。给定供给点均衡的不稳定性,这一结果并不出奇。[①]

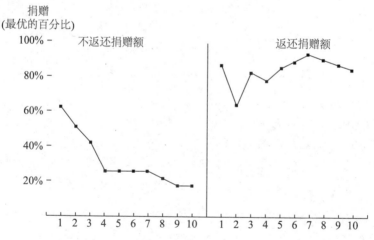

图 6—9　在两供给点体制下的群体账户捐赠比例

通过在供给点未能达到时返还捐赠额的方式可以减轻对群体账户捐赠的风险。这一类型的返还选择是许多供给点机制的应用中最为自然的特点之一。比如,上文所提到的使用供给点的两个出于筹集资金目的的活动,就使用了返还的选项。

---

①　帕累托占优的另外一个例子是,并没有有用的工具可用在第 2 章 2.5 节所讨论的协调博弈的多个纳什均衡解之中进行选择。

返还条款通过在供给点之下创建一个"安全网"的方式减少了捐赠的风险。返还条款的这一安全网特征可以通过表6—6中的两人自愿捐赠实验的设计得以说明：除了全部捐赠之外，对于任一配置水平，行为人都获得10美元。由于收益表格的"一致性"，不存在搭便车的特殊动机。除了（10，10）的配置水平，不管行为人对群体账户的捐赠水平是零还是其他任一水平，行为人 X 将会获得10美元。其结果是，在返还条款条件下，双方捐赠少于10个代币的任一捐赠水平都是（弱）纳什均衡，如整个表格中用斜体所表示的收益水平。① 值得注意的是，收益在（10，10）的配置水平跳至15美元，正如表6—5所示，它显示出供给点是帕累托占优的纳什均衡。然而，这一均衡在动态方面更为稳定，因为参与者不再关注其他人的"颤抖"。比如，尽管在这样一种情况下，一旦行为人 Y 偏离了（10，10）的配置水平，行为人 X 的收益就会从15美元下降至10美元，但是行为人没有减少捐赠水平的动机，理由在于不管行为人 Y 的选择如何，10美元都是有保证的。②

表6—6		在供给点和返还条款下行为人 X 的收益					（单位：美元）
		行为人 X 的捐赠水平（代币）					
		0	2	4	6	8	10
	0	*10.0*	*10.0*	*10.0*	*10.0*	*10.0*	10.0
行为人	2	*10.0*	*10.0*	*10.0*	*10.0*	*10.0*	10.0
Y 的捐	4	*10.0*	*10.0*	*10.0*	*10.0*	*10.0*	10.0
赠水平	6	*10.0*	*10.0*	*10.0*	*10.0*	*10.0*	10.0
（Y）	8	*10.0*	*10.0*	*10.0*	*10.0*	*10.0*	10.0
	10	10.0	10.0	10.0	10.0	10.0	**15.0**

返还条款改进了所观察到的捐赠比例。图6—9的右边表示既有供给点也有返还条款的另外6个实验回合的捐赠水平。在有返还条款的回合里，对群体账户的平均捐赠水平稍微低于供给点水平，这表明公共产品并不是一直都能得到提供。但是在这些回合的平均捐赠比例高出可比较的没有返还选项的实验回合的平均捐赠比例4倍之多。而且在许多回合的后半部分供给点得以持续实现。Bagnoli and McKee（1991）报告

---

① 当一个参与者捐赠10个代币时，对于另一个参与者的最优反应是增加捐赠水平至10个代币。基于这一理由，表6—6中最下面一行和最右边一行并不是斜体的。

② 用博弈论的术语来讲，返还条款使得任何一个低于10个代币禀赋的捐赠水平被弱占优于10个代币的捐赠水平。

了与此稍有不同的实验设计所呈现的极其相似的结果。

供给点和返还条款的组合并不是一直如图6—9所表现出来的那么令人印象深刻。具体来说，如果供给点并没有要求所有参与者进行全部捐赠，那么就会出现理论上以及行为上的复杂性。例如，假设供给点只要求50%的总代币禀赋的捐赠。在许多情形里，每一个满足这一供给点的捐赠水平的组合都将是一个纳什均衡。这些纳什均衡创造了难以克服的协调问题，因为一般来讲，参与者对于所选择的均衡有不同的偏好。比如，假定所讨论的两人博弈中的供给点是12，那么任一总和为12个单位的捐赠组合都是一个纳什均衡。行为人X可能偏好于这一均衡水平，即Y捐赠10个单位于群体账户而X只捐赠2个单位。行为人Y所偏好的可能正好相反。艾萨克、施密茨（Schnidtz）和沃克把这一更受欢迎的供给点均衡的协调动机称为"廉价搭车者"动机。这些作者报告了设计的另外一些实验回合的结果，并且总结性地认为，即使是在带有返还条款的环境里，"廉价搭车者"动机还是会阻碍合作。

总而言之，供给点和返还条款的组合看起来能够实质性地增加公共产品的捐赠水平。这些制度性的修正能够从理论上使得公共产品捐赠机制更具有吸引力。供给点创造了公共产品非零捐赠比例的帕累托占优纳什均衡。尽管在某一些情境中廉价搭车者动机会阻碍合作水平，但是返还条款增加了供给点均衡的稳定因素。

6.5 激励相容机制

理论上，对于非纯公共产品，供给不足仍然是一个问题，例如以非竞争性或者非排他性为特征的商品。然而，当产品不具有非竞争性但是有排他性时，是有可能设计出更为精巧的机制以便这一产品的供给的。比如，公共电视节目的播放权是具有非竞争性和排他性的产品：允许一个额外的电视台播放这一节目的边际成本几乎接近于零。然而，如果现实需要，许可证限制能使它很容易地排除任何一家电台播放这一节目。如果不实行排他权，那么只有无效的低产量的节目被生产出来，因为所有电视台都有从其他电台的努力生产中搭便车的动机。排他性可能会增加所提供的节目数量。然而，节目的多样性可能仍然是次优的。比如，可能会出现这一情形，即生产的决策是由能单方面为新节目筹集资金的大电视台所决定的（然后把节目销售给有特殊观众的小电视台，比如美国中西部地区对农业的关注）。如果有利可图，大电视台可能为小电视台制作专业化的节目。因为担心大电视台只会简单地提高许可证费用，小电视台将不愿意真实地向大电视台显示它们的需求。

问题在于导出一个机制，使它能诱导出显示性的公共产品价值。例如，节目的多样性能够通过组织一个拍卖，以允许参与的电台提交显示性偏好的"竞价"以获取可能的节目单的播放权。如果机制是以重复的方式进行，从而允许电台基于由其他竞标者所产生的成本份额而更新竞价，这可能会导出更为有效的均衡水平。正如在这一节后面所述及的，这样的一个机制是为了公共电视节目需要而在1974年引进的。

人们也可能设计其他替代机制，它具有激励相容所需的特点——即不仅有效的供给水平是纳什均衡，而且参与者在这样的激励下有真实地显示公共产品偏好的动机。[①] 人们也已推导出各种各样的激励相容机制，而它们的原创性可归功于 Vickrey（1961），Clarke（1971）和 Groves（1969，1973）。可能其中引用频率最高的是由 Groves and Ledyard（1977）所提出的二次方税收机制。

这一节回顾旨在评价激励相容机制的表现的实验。我们首先形成基本的直觉，然后再讨论一些实验的结果。这些制度从理论上来说是很一般的，原因是有效率的结果是许多边际评价组合的均衡性集合的一部分。为便于评价这些制度，回顾一个更为一般的有效捐赠水平的概念是很有启发性的。

有效捐赠水平和林达尔最优

在上面所讨论的许多自愿捐赠机制实验中，边际评价是最为直观的类型，对于每一个参与者来说，这是一个常数，并且在不同的参与者之间是对称的。这些评价结构的简化，是旨在评价可能减轻搭便车行为的实验设计的一个严重缺陷。即使已经在只有几个参与者的极其简单的环境中观察到了搭便车行为，Isaac，McCue，and Plott（1985）以及 Isaac

---

① 理想的状态是，如果真实的偏好是一个占优策略，那么这些机制是激励相容的。例如，所有参与者都有显示他们对公共产品的偏好，而不管其他人所提交的决策如何。然而，这样一个不可能的均衡却已很好地建立起来了。［例如，有关私人产品的情形可参阅 Hurwicz（1972）；而有关公共产品的情形，可见 Green and Laffont（1977）。］在一个限定的策略性反应集合里，完全地显示在这些机制中可能是占优策略。具体而言，格罗夫斯-莱迪亚德机制描述了这样一种性质，即如果策略集合限定在纳什-古诺反应集合里，那么完全显示偏好将是一个占优策略。

and Walker（1988b）所报道的结果认为，在边际评价是非常数而且是非对称的情况下，搭便车行为可能更为普遍而且是更难以矫正的。

就激励相容机制在这些更为复杂的环境中引致出有效率供给的能力，人们进行了广泛的评价。基于这一理由，在一个更为一般的公共产品情境中简要地讨论有效性的概念——可定义为林达尔最优，是很有启发意义的。

图6—10显示了 Isaac，McCue，and Plott（1985）设计的实验变体的林达尔最优概念。图形所显示的环境由两个行为人组成，他们的边际评价是非对称而且递减的。[①] 边际评价就是上一节所讨论的 MPCR。图6—10最下面的两条曲线表示两个行为人的边际评价曲线，其中"高"边际评价曲线用 V'_h 表示，而"低"边际评价曲线用 V'_l 表示。每一单位公共产品可以用不变的边际成本 mc 提供。值得注意的是，从图中最下面的两个图形可以看出，没有哪一个行为人会私下购买任何一个单位的公共产品，因为边际成本者超过了两条边际评价曲线的垂直距离。

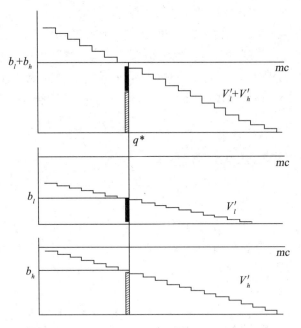

图6—10　在两人公共产品问题中的林达尔最优

---

① 艾萨克、麦丘和普拉特所使用的实验设计不同于图6—10的地方在于，它涉及两倍的需求梯级（demand steps）的数目，同时每种类型都有5个参与者。

然而，给定消费中的非排他性，任何一个单位的公共产品的边际社会收益是边际私人收益的加总。因而，正如图6—10中最上面图形所显示的，边际社会收益曲线是边际私人评价曲线的垂直加总。值得注意的是，此时 mc 曲线与边际社会收益曲线在 q^* 处相交。在林达尔最优处，生产出社会有效产量 q^*。如果我们知道个人边际评价曲线，那么用于生产 q^* 的一种筹集资金方式是：对于公共产品的每一单位，对于不同个体征收不同价格，b_l 和 b_h。正如从图6—10中所能够看到的，这些加总的价格正好等于边际成本，mc。在最优的公共产品水平 q^* 处，加总的个人边际评价正好等于生产这一公共产品的边际成本：

$$\sum V'_i = mc \tag{6.4}$$

更为重要的是，一般的搭便车动机会阻止林达尔最优成为一个纳什均衡。在一定程度上，林达尔最优是公共产品供给中最为普遍的有效标准。同样值得我们注意的是，效率既可以不要求行为人把所有资源均捐赠于公共产品，也不必要求所有人都捐赠同样的数量。

公共产品供给的激励相容

公共产品问题的根源在于，个体没有动机提交等于他们对于一个公共产品边际评价的竞价。然而，当捐赠水平只依赖于个体自己的竞价时，个体就有降低竞价的动机。激励相容机制就用于处理这一问题，它通过一个边际税收系统（它依赖于所有竞价），对偏离真实显示偏好的个体进行惩罚。现实中存在着许多这样的机制。为进一步地阐述一些对于这些机制运行方式的评价，我们采用 Groves and Ledyard（1977）的一个简单二次型税收机制进行解释。

格罗夫斯和莱迪亚德（Groves-Ledyard，G—L）机制组织如下。n 个参与者，用下标 i 表示（$i = 1, \cdots, n$），他们集体确定一个公共产品生产的产量 X。每个行为人私底下向一个"中心"（假定为某一个政府行为人）提交一个增量数额 x_i。增量可以是正的也可以是负的。总的数量 X 是个体增量的加总：$\sum x_i = X$。同时，用 S_i 表示提议的总数量减去行为人 i 所提交的捐赠水平，因而 $X = x_i + S_i$。公共产品在不变的边际成本 mc 条件下生产。因而，生产 X 的总生产成本是 $mc[x_i + S_i]$。在所有的参与者已做出产量增量的提交后，中心基于二次型的成本方程给每一个行为人 i 返回一个成本的提议（proposal）：

$$C(x_i \mid S_i) = \frac{mc}{n}(x_i + S_i) - nS_i(x_i + S_i) + \frac{n-1}{2}(x_i + S_i)^2 \quad (6.5)$$

这一税收方程是人均生产成本（等式右边第一项）、一个线性项（等式右边第二项）和二次项（等式右边第三项）的加总，其中后两项为调整项。调整项通过总提议、与响应者数量相关的因素以及其他人提议的加总 S_i 三者的乘积项，对平均成本份额进行了修正。进一步地阐述这一税收函数诱导出真实显示性偏好的理由背后的直觉，是相当困难的一件事情。但是，从（6.5）式中至少可以清楚的一件事情是，调整项施加了两种对抗的效应；由于线性项，成本随着自己供给的增加而减少，而由于二次方项，成本随之增加。在附录 A6.3 中就显示出这些对抗效应正好是平衡的；对于（6.5）式中成本安排计划的最优反应，同时满足（6.4）式林达尔最优的两个条件。[①]

尽管 G—L 这一激励相容的机制是引人入胜的，然而这一机制并不能有效地配置公共产品。（6.5）式中的激励结果是复杂的。而人们对于这一点是有困惑的，因为对于所有参与者真实地显示偏好的必要性应该是明显的，特别是在只进行一次的博弈当中。为了克服这一困难，所实施的实验对上面这一过程进行了重复：参与者提交提议的配置水平给中心。中心汇总信息，并向参与者反馈所提议的税收计划。这一过程不断重复，直至：（a）所有参与者重复他们所提议的数量两次（这表明这一税收计划是可接受的）；或者（b）即使还没有达成一致协议，但是已经达到了之前告知的重复次数。

正如我们将要看到的，从某些方面来看，G—L 机制的重复变化版本应用很好。然而，重复从概念上引进了重要的理论缺陷，即许多（无效的）配置水平也可以是均衡的结果。这一点很容易明白，只要我们认识到任一行为人都有这样的选择机会，即他们可通过连续地改变所提议的数量从而使得博弈进入最后一次重复。因而考虑最后一次重复的激励。一个赞成性的投票（重复数量提议）产生提议的配置水平。所提议数量的变化产生的收益为零。因为聊胜于无，所以任一个对所有参与者能产生正收益的配置水平就是纳什均衡。

---

① 这一个特殊的公式并不能平衡预算。尽管这一机制通过平衡边际成本和边际收益导出了最优的数量，但是总转移可能以这一方式发生，即总捐赠水平并不等于总成本。基于这一理由，这一类型的公式有时被称为"赤字"机制。赤字机制能够通过增加一个表达项而得到修正，从而可确保每一个正的配置水平都有一个平衡的预算。这一项从所显示的表达式中排除，是为了解释的方便。

因为这一机制的表现在很大程度上取决于参与者对于其提议的动态反应过程，重复过程还存在一个问题。还没有普遍接受的理论可以解释为什么人们能够从中心返还信息的过程中"学会"最优的竞价。

关于激励相容过程的实验结果

实验研究表明激励相容机制能很成功地增加公共产品的捐赠水平。例如，Smith（1979）发现四人、五人和八人的集体规模一般能够在G－L 机制中对有效的结果达成一致意见。[①] 而且，这些有效的结果产生于这样的实验设计中，即它的基准回合的特征往往是几乎全部表现为搭便车行为。[②] 史密斯的初步结果进一步表明，这些机制可能事实上会诱导出林达尔最优的个体竞价。然而，针对更为丰富的环境以及这些机制的更为复杂（预算平衡）的变体的后续研究表明，林达尔最优的个体竞价在更为一般的情形中无法诱导出来。Smith（1980）和 Harstad and Marrese（1982）发现，尽管总的结果是高度有效的，但是个体竞价大体上偏离林达尔有效水平。

现场实验：电台节目的合作

公共产品供给机制的一个明显吸引人的特点是：决策并不是由中央机构做出的，至少这一类型的重复拍卖已经在自然情境中实现。电视节目合作组织（Station Program Cooperative，SPC）——一个为公共电视节目进行募捐的组织——于 1974 年开始使用重复拍卖以确定一个节目清单。问题是每年所提议的大量节目远远多于它所能资助的节目量。SPC 拍卖的意图是确定哪一个节目应该制作，以及成本应该如何进行配置。

从本质上来看，拍卖的过程是对所提议的成本配置的一系列"是"或者"否"的投票过程。更为精确地说，考虑这样的情形，所有的电台都有同样的规模，都拥有同样的运营预算。在初始投票时，电台对每一个提议的节目进行"是"或"否"的投票。然后中心加总所有的投票结

[①] 史密斯同时也考虑了一个拍卖类型的机制，它类似于维克里拍卖。参与人反复地向中心提交价格和数量的竞价，而中心则向每个参与者返回一个提议的价格和数量配置的提议，它是由以下两个部分组成的：(i) 价格等于边际成本与其他人员所提交的竞价总和之差；(ii) 数量等于所有提交数量的平均。在实践中，拍卖和 G－L 机制大体上是相似的。然而，典型的拍卖过程需要更多的次数才能达成一个协议，而无法达成协议的频率有时会更高。

[②] Harstad and Marrese（1981）报告了类似的结果。

果，并返还给每个电台一份关于各个节目所提议的成本配置水平的清单。如果电台赞成一个节目，那么它将要承担这一共享节目的其中一部分成本。所提议的配置水平只是一个节目的成本，它是用成本简单地除以所赞成的投票数目。在后续的重复过程中，电台再次对这一节目进行"是"或"否"的投票，这一次是对所提议的成本配置水平进行投票。这一过程不断重复，直至每个人重复他们的投票为止。[1]

拍卖的初期执行结果看似运行良好；一致同意的节目决算很快就产生了，参与的电台也对这一过程相当满意。然而，检验这一制度的理论性质，所显示的许多不足会使得这一明显令人满意的表现相当出人意料。具体来说，没有理由期望所选择的节目清单应该是最为有效的结果。因为每个电台只有有限的能力去表达偏好的程度。比如，假设蒙大拿州的博兹曼公共电台非常愿意制作有关北方平原农业先进性技术的节目。很显然，这一节目只有有限的市场。在 SPC 的拍卖下，信息只限于"是"或者"否"的信号，所匹配的成本与所投的赞成票的数量成比例。因而配置的可能性受限于对称性的结果：一个电台能够为整个节目筹集资金，能与另一个电台平摊成本，也能与另外两个电台分摊成本，等等。而像这样的一个配置水平——比如博兹曼电台支付整个节目四分之三的成本，而另一个电台支付剩下四分之一的成本——诸如此类的各种潜在有效的非对称性配置水平却是禁止的。

无效的配置水平也可能出现，因为最终的配置水平对于初始的投票集合（可能以多种方式出现，它依赖于其他电台所假定的偏好）相当敏感。事实上，谁也无法保证这样的一个机制将会在任一配置水平上稳定下来。比如，很有可能存在这样的情形：在新的成本配置水平宣布后，由于投票会改变每次重复的内容，电台可能在到底是资助还是不资助某一部分节目的选择之间徘徊。

Ferejohn, Forsythe and Noll（1979）进行了另一个修正这些理论缺陷同时也满足激励相容的拍卖。然而，在一个实验当中，他们在理论上更具有吸引力的制度的表现并没有好于简化的 SPC 机制。与此相反，虽然最终的有效性在不同的制度下是相似的，但是 SPC 拍卖规则与另一种"严格个体激励相容"机制相比，只需更少的期数就能产生有

---

[1] 当然，在实际中，SPC 拍卖是相当复杂的。成本配置计划允许各个电台有不同的预算成本。而且，规则可用于对被提议的节目进行分析，特别是在初期回合里。关于这两个拍卖的第一手详细资料可见 Ferejohn and Noll（1979）。

效解。

总体来说，为生产公共产品而制定的有效率的分散化机制可以带来巨大而明显的好处。而且，由于机制倾向于大幅地增加公共品的供给，实验室的检验更加鼓舞人心。然而，因为在个体水平上往往无法诱导出林达尔有效捐赠水平，结果变得令人忧虑。而且，尽管我们很清楚地知道参与者并不使用纳什策略，但是没有人能够成功地识别出参与者事实上运用什么策略。可能是由于对这些市场的动态性质的考虑缺乏理论上的解释，这些机制的实验研究大多在 20 世纪 80 年代早期就结束了。[①]

6.6　外部性

在消费上是竞争的但是具有非排他性的产品，会面临潜在的过度使用问题。作为普遍的类别，这样一个负外部性的问题是由产权的不完全归属造成的。比如，无效率的空气污染和水污染的出现是因为没有任何一个人能完全地拥有大气和水资源。本节将简述旨在研究外部性问题的实验。首先，我们呈现一个"公共池塘资源"环境，它已成为许多实验研究的基础。其他旨在评价外部性的实验，以及一些修正性的政策选择，将在下一节中进行讨论。

公共池塘资源机制

考虑公共池塘资源，或者可再生资源，诸如渔场、森林和蓄水层的使用，它们是外部性问题中重要的一类。公共池塘资源的潜在资源配置不当是经典的"公地问题"的典型特征。假设一个村庄划出一块公地供村民们的牛群吃草。所有的村民都有购买牛的动机，因为牛可以在公地上免费饲养。但是给定一块充分小的公地，私人的最佳反应将导致过度放牧，极端的情形将是草地被啃光而牛群被饿死。

Gordon（1954）更为正式地分析了公共池塘资源问题。因为一个群体的任何一个成员只使用资源的一部分，所以他们倾向于忽略这一事实，即他们自己的使用在边际上减少了这一资源的生产力。因而，个体倾向于基于资源的平均生产力而非资源的边际生产力做出配置资源的决

---

① Banks，Plott and Porter（1988），Binger，Hoffman，and Williams（1985）是显著的例外。

策。如果任何一个人无须付费（比如开放共享的资源）而可以使用资源，那么个体将会增加他们的使用量直至这一资源的平均生产力减少为零。[1]

为了检验这类问题的资源配置不当的结果，Gardner，Ostrom，and Walker（1990）开发了公共池塘资源机制。机制过程通过一系列期数（20～30 期）进行。在每一期，给予参与者一个代币禀赋，让其在两个市场进行划分投资。在所有个体的决策做出后，告知总的捐赠水平并计算盈利水平。在下一期开始时，再给予参与者新的代币禀赋。

举个例子可能更有启发性。[2] 假设每一小组有 8 个人，给予每个参与者 10 个代币，以供其在市场 1 和市场 2 进行投资。在市场 1 中每投资 1 个代币会产生 5 美分的回报。市场 2 的潜在回报更高，但是它随着这一小组投入的总代币数量——记为 $\sum x_i$——的增加而下降。假设每个参与者都投资 1 代币到市场 2（例如，他们每人钓鱼 1 小时），那么假定他们获得同样的回报是合理的（八分之一的捕鱼量）。一般来讲，假定这一市场每个人的回报（捕鱼量）与他们的总投资成比例关系——记为 $x_j / \sum x_i$。因而，在市场 2 的个体回报是 $x_j / \sum x_i$ 和市场 2 投资总回报［它可以具体化为 $23 \sum x_i - 0.25(\sum x_i)^2$］的乘积。基于这一理由，参与者 j 在市场 2 投入 x_j，在市场 1 投入 $10 - x_j$ 的总回报 R_j 可表示为：

$$R_j = \left[\frac{x_j}{\sum x_i} \right]\left[23 \sum x_i - 0.25(\sum x_i)^2 \right] + 5[10 - x_j] \quad (6.6)$$

方程（6.6）可改写成

$$R_j = x_j[23 - 0.25(\sum x_i)] - [5x_j - 50] \quad (6.7)$$

从（6.7）式中读者可能认识到这是简单的古诺问题，x_j 在此相当于个体产量，$23 - 0.25(\sum x_i)$ 是线性需求函数，而 $5x_j - 50$ 则是总成本函数。

参与者 j 的最优投资（生产）决策的确定，是通过对（6.7）式对 x_j 求

---

[1]　但是当使用这一资源的私人机会成本大于零时，免费进入将会使得这一资源的平均生产率下降至使用这一资源的机会成本。

[2]　这一例子来自 Walker，Gardner，and Ostrom（1990）。

导并使其导数等于零。这一过程使得每一市场的投资边际回报相等，即：

$$23 - 0.25\sum x_i - 0.25x_j = 5 \tag{6.8}$$

外部性问题的根源从（6.8）式的左边可以很容易地看到。在市场 2 中进行 x_j 代币的投资，不仅减少了那一参与者的边际生产力，同时也使得所有其他行为人的边际生产力减少（因为所有参与者都受到了 $\sum x_i$ 变化的影响），因而，给定这一外部性，最优的 x_j 是所有行为人选择的函数。

考虑一个对称性的结果，在那里每个参与者在市场 2 中投入 8 个代币。在这一情形里总资源使用量是 $\sum x_i = 64$。这一结果有成为唯一纳什均衡的性质，因为它可以通过假定 8 个参与者中有 7 人已经选择投资量为 8 而得到证实。如果在（6.8）式中其他人的产出用 $x_i = 8$ 进行替换，那么对于参与者 j 的最优反应，正如这一方程所确定的，同样也是 8，因而没有任一个偏离 8 的投资是盈利的。在这一情形下总的收入是 528 美分。

这一结果可以与其他选择进行比较。首先，有效的结果也可以这样产生，即假定单独一个行为人控制整个小组的总代币禀赋，并且单方地在市场 2 中选择总的投资水平。在这一情形下 $x_j = \sum x_i$。根据这一简化条件最大化（6.7）式可得到

$$23 - 0.5x = 5 \tag{6.9}$$

在这一情形中，$\sum x_i = 36$，总的收入是 724 美分。

可供比较的第二个有用的结果，是由 Gordon（1954）所提出的解。在这一情形中，行为人忽略了他们的代币投资对于总产出的边际效应，把市场 2 的平均回报视为一个常数。从（6.7）式来看，这等价于把括号内的项当作常数（这就像竞争性的公司会把价格视为常数一样）。令它与市场 1 中投资机会成本的平均回报相等，可得到

$$23 - 0.25\sum x_i = 5 \tag{6.10}$$

因而，$\sum x_i = 72$。在对称解中，8 个参与者每个人将在市场 2 中投入 9 个单位的代币。在这一"零租金"的解中，每个市场的平均投资回报是 5，所以每个参与者获得 50 美分（$= 5 \times 10$），因而总收入是 400 美分（$= 8 \times 50$）。

这三个结果之间的关系可以用图 6—11 得以解释。在图中，边际生产率和平均生产率分别用 MRP 和 ARP 表示。由于拥挤效应的存在，这两条曲线是向下方倾斜的。在市场 2 中的投资机会成本（如在市场 1 的 5 美分回报）用 MC 表示。租金最大化的解产生于 $MRP = MC$ 处，此时投资水平为 36 个代币。零租金的解产生于 $ARP = MC$ 处，它的投资水平是 72 个代币。而古诺纳什均衡则对应着总投资 64 个代币，它正好位于租金最大化和零租金结果之间。

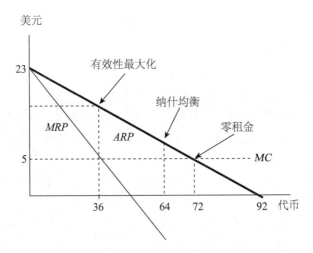

图 6—11　公共池塘资源问题的理论预测

Gardner，Ostrom，and Walker（1990）检验了这些不同解的解释能力，他们设计了一个和上面很类似的 8 人实验设计，除了市场 2 回报的参数略有不同之外，其所导致的多个纳什均衡非常接近于上面所讨论的对称性均衡。[①] 结果可由市场 2 所提取的总租金的一部分进行评价（比如，图 6—11 中在 MC 曲线之上的 ARP 线左边三角形的部分）。租金提取率介于有效解的 100% 到当 ARP 减少至 5 时的 0。在纳什均衡处，可提取到 41% 的租金。对这一实验的概述结果可从图 6—12 的左图中得以说明，在图形中，水平的虚线表示纳什均衡预测的租金水平。10 个无实验经历回合和 8 个有实验经历回合的平均代币投资分别用没有加粗和加粗的直线表示。

———————

① 这一多个均衡结果是通过完成在盈利表格中的数量而形成的。不同均衡的配置水平差异不大，但是行为人的捐赠水平稍微有点不对称。

在市场 2 中，代币持续过度投资使得租金远低于有效水平。对于所有的 18 个回合进行平均，只有 36％的租金可能被提取。而且，资源的过度使用看似会随着经验而恶化。平均的租金提取率从使用无经验参与者回合的 41.5％，下降到有经验回合的 30.55％。值得强调的是，在有经验的实验局单元的租金，低于纳什均衡的预测水平。除了两个时期之外，这在所有的其他时期当中都成立。它表明，公地资源比非合作性行为所预测的消散得更快。①

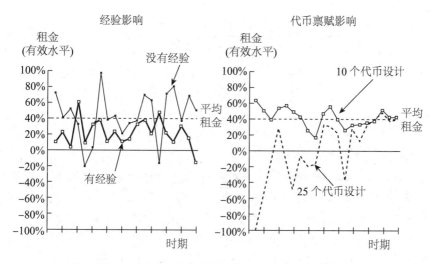

图 6—12　在两个公共池塘资源实验的平均效率

资料来源：Gardner, Ostrom, and Walker（1990）；and Walker, Gardner, and Ostrom（1990）.

由这几位作者进行的第二个实验，部分目的在于评价不同的代币禀赋效应。尽管理论上的预测认为公共池塘资源的使用与初始禀赋的边际变化无关，但是这几位作者认为禀赋的变化可能会影响到配置水平，特别是在一个回合的初始几期。因为总的可能性误差的程度会随着禀赋规模的增加而增加。实验是由 6 个回合组成，使用了有经验的参与者。参数如方程（6.6）所给定，它会产生唯一的纳什均衡。禀赋效应是通过这样的方式进行评价：每个决策期给予被试 10 个代币，进行三个回合；

---

①　回顾一下把（6.7）式解释为一个古诺寡头垄断企业的利润的情形。相对于非合作性均衡水平来说，所观察到的公共池塘资源的过度使用，类似于在古诺寡头垄断中企业总产量高于非合作性（古诺）水平的情形。与这一节所报道的结果类似的是，在有两个以上的卖者的古诺实验中可普遍地观察到行业的高产量水平（Holt, 1992，p.22，以及那里的参考文献）。

然后在剩下的三个回合给予每个人 25 个代币。图 6—12 的右图表示了这三个回合的结果。尽管租金提取率的表现得到改善,但是,平均来看,特别是在趋向于回合结束时,可再次观察到低的甚至是负的租金提取率,特别是在 25 个代币的实验设计里。资源的过度使用在这一个实验局的初始几期是如此普遍,以致总的平均租金提取率是负的(—3%),这表明,平均来看,投资于市场 2 中所获得的回报略低于市场 1 可获得的不变回报。因而,正如作者所推测的,代币禀赋的增加看似复杂化了参与者的学习问题。

总而言之,公共池塘资源机制似乎产生了所预测的资源配置不当的问题。而且,尽管结果大体上与理论预测接近,然而再次有证据清楚地表明,存在着持续偏离纳什均衡行为的结果,特别是在初始几期。具体来说,理论上无害的禀赋水平的变化倾向于增加公共池塘资源的过度使用行为。

其他关于外部性的实验

在其他环境中也已经进行了评价外部性的实验研究。[1] 比如,Plott (1983) 报道了一个双向拍卖的实验,在该实验中,外部性是以"破坏进度表"的形式引进的,它的每一个单位的盈利随着一个合约期已完成的总合约数量的增加而下降。例如,由买者和卖者完成的前十个合约会使每个人的盈利减少 2 美元。[2] 这一破坏性进度表可以视为在私人生产成本和社会生产成本两者中打进一个楔子,使两者无法统一。

图 6—13 的左图显示了对于这一外部性设计的供给和需求的数组,在图形中,总边际评价用市场需求曲线 D 表示;而私人生产成本确定了市场供给曲线 S。总社会成本,包括由于破坏性进度表对总收益所造成的损失,同时也包括私人生产成本,用标示为"社会成本"的曲线表示。标准的价格理论认为,在一个不受管制的市场中,买者和卖者将只分别留意私人评价和私人生产成本。因而,价格和产量组合(P_e,Q_e)是可以预见到的。这一组合的无效性是显而易见的,我们可以从竞争性的预测产量 Q_e 处的需求和社会成本的比较中看出来。竞争性的预测价

---

① 第 5 章所讨论的一些谈判实验也可以作为外部性的解释(如,Hoffman and Spitzer, 1982)。在这些环境中,一个"无法达成的协议"组成了一个资源过度使用的问题,因而行为人有机会进行协调签约以解决外部性问题。

② 破坏性进度表是"递进的",从第 11 个合约到第 20 个合约,个体的损失增加到每个合约 0.03 美元;而在后续合约中,每个个体的损失增加至 0.04 美元。

格 P_e 明显低估了生产的社会成本。社会效率的总损失在图 6—13 中用竞争性价格和产量预测水平左边所覆盖的区域表示。社会成本曲线和需求曲线的交点会产生社会有效率的价格和数量组合（P_0，Q_0）。

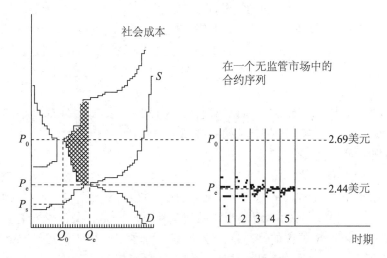

图 6—13　外部性设计的供给和需求数组以及合约价格

资料来源：Plott（1983）.

这一设计的外部性导致了过度使用和无效性，这与在公共池塘资源实验的情形一样。例如，可以考虑如图 6—13 右图所显示的双向拍卖市场的合约顺序：参与者在做出他们的贸易决策的时候，看似忽略了破坏性进度表的效应，因而市场价格收敛于 $P_e=2.44$ 美元。这一"竞争性"行为，对于整个群体来说成本是很高的。在这一实验设计所进行的两个基准回合的平均市场有效性为 -44.5%。（有效性可以为负，只要破坏性进度表所造成的损失超过了从贸易中获得的任何一个收益。）[1]

矫正性的政策

人们自然而然地认为，外部性问题可能可以通过那些能在公共产品情境中降低搭便车行为的因素而得以减轻。在某些情形中这种想法是明显正确的。例如，Ostrom and Walker（1991）报告了无约束力的交流明显地减少了上面所讨论的公共池塘资源的过度使用问题。同样的，Kunreuther，Kleindorfer，and Knez（1987）设计了一个为有害设

---

[1]　Harrison et al.（1987）在基本一样的实验设计所进行的 6 个双向拍卖实验的初始几期当中也观察到非常类似的结果。

备所进行的重复拍卖机制，并报告了实验性回合中令人印象深刻的结果。

然而，在公共产品情境中一些可行的政策选择可能不适用于外部性的问题。例如，在公共池塘资源问题中，并不存在着与公共产品环境中的供给点修正类似的情形。[①] 其他修正性的选择可能适用于解决某些独特的外部性问题。具体来说，因为外部性导致的资源配置不当是由于公共资源的不完全归属造成的，那么明显的矫正类别就是分配产权的机制。

Plott（1983）研究了用以解决图 6—13 双向拍卖中外部性的两个机制。第一个政策类似于对初始排放的控制标准。在这一"数量限制"的计划下，参与者从个体上被允许像以前一样进行合约协商，但是，平均来看，他们最多只被允许订立社会有效的合约数量 Q_0，在此之后市场自动关闭。平均产量在第二个"污染许可证"体制中也被限定为 Q_0。但是，与简单地限制总销售量所不同的是，分配给卖者的是可供其出售产量单位的许可证。卖者随后可在双向拍卖许可证市场买卖许可证。这一污染许可证体制是完全分配产权的一种方式：拥有许可证，所有者有一个可以买卖的资产，而这反过来提供了有效使用的激励。

普拉特对每个计划只进行了两个市场。在每一个情形中，总的有效性相对于基准组都有所改进。然而，许可证的实验局更为有效：在前两期之后，平均每期的有效性在许可证的实验局是 98.3%，而在数量限制的实验局当中只有 34.4%。图 6—14 的两个图形表示在数量限制的实验局和许可证政策的实验局的各回合合约序列。如此不同表现的缘由是显而易见的。简单的数量限制，如图 6—14 上图所示，在 P_0 和供给曲线与数量限制曲线的相交点 P_s 两者之间形成宽广的均衡价格区间。潜在可接受的合约价格的更大自由，与参与者在到达数量限制之前达成合约的紧密压力，共同形成了如图 6—14 上图所显示的巨大的价格波动。[②] 在这一体制中有效性损失上升，因为没有区分高剩余和低剩余交易者的方法。

---

① 然而，Walker and Gardner（1990）确实讨论了公共池塘资源存在一个"毁灭性的点"的可能性环境。他们对于在这些环境中的永久性资源的消耗的观察，几乎没有提供修正性政策的方式。

② 对于每个合约存在着如此之多的购买者以至于普拉特不得不采用一个随机的过程重新解决数量限制体制的合约平衡问题。

数量限制

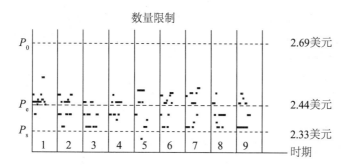

污染允许初级市场

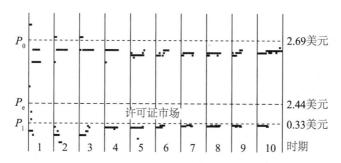

图 6—14　在两个外部性修正政策下的合约序列

资料来源：Plott（1983）.

　　在许可证体制中可形成更高的效率和更为稳定的价格。可交易的污染许可证的分配在卖者之间形成了有效交易的机会：拥有污染许可证的高成本的卖者会发现，把许可证卖给低成本的卖者比将产品单位卖给消费者要更划算。低成本卖者将会享受到购买污染许可证以及随后卖出产量单位的好处。在产品市场中的高成本卖者和低成本卖者的销售机会产生了衍生的许可证市场的供给和需求曲线，以及许可证的均衡价格 P_1。在一个许可证市场的典型购买者是低成本的卖者，而许可证的"价值"是最后产量的价格与卖者成本的差额。在许可证市场的卖者是高成本的卖者。给定许可证的分布和普拉特实验设计的卖者成本曲线，在第二个许可证市场的竞争性均衡价格预期是 0.33 美元。

　　从图 6—14 可以清楚地看到，许可证市场既排除了达成合约的压力，也消除了无效卖者生产产量单位的动机。产出市场（图形的上半部分）和许可证市场（图形的最下面部分）的价格都是稳定的，并且接近于有效的水平。

　　在某些市场情境中，由于外部性所导致的资源配置不当也可以通过

无组织的谈判得以解决。通过使用与普拉特设计的图 6—13 略微不同的设计，Harrison et al.（1987）报告了 6 个双向拍卖市场的结果，在那当中在开始每期交易之前，聚集总共 12 个买者和卖者，给予其在购买和销售限制下达成有约束力协议的机会，如果需要的话，也可以包括使用侧向支付。这种会谈确实在实质上增加了效率提取比率。在 6 个市场中，在交易之前允许谈判的期数里，可观察到的总体平均效率为 78%；这与在基准期中 8% 的平均效率提取比率形成了鲜明的对比。然而，我们认为这一类型的无组织谈判并不代表一种特别合意的政策选择：市场的表现更为波动，也比普拉特的许可证市场的有效性更低，这是由群体常常无法达成协议所造成的。而且，在买者和卖者之间允许无组织的谈判会增加交易成本，同时也会形成严重的反垄断问题。

小结

在各种实验情境中，相当大规模的效率损失是由于非排他性资源的过度使用造成的。关于这一问题的程度以及解决方法的有效性的进一步研究，是非常有必要的。一个很有前景的研究途径是关于产权归属的实际机制的研究。污染权市场的创建表明某些承诺可以在双向拍卖情境中作为一种修正性的措施。然而，值得强调的是，这些辅助市场的竞争性特征应该仔细考虑，因为它们潜在地易受到滥用的影响。例如，Kruse and Elliott（1990）报告了辅助性的污染许可证市场的双向拍卖市场的结果，在那当中，大卖家通过买断许可证并且排除初级市场的小卖家，从而成功地积累了市场势力。

这一理论的第二个重要方面是考虑外部性问题的动态性质，特别是那些涉及公共池塘资源的外部性：生产者收到信号，它表明资源的存量在每一期当中正在大大地减少。个体对此的认知和对这些信号的反应可能会影响基准环境的结果，同时也会影响到用于矫正可见的错误性配置的修正性环境中的结果。[①]

6.7 投票

投票机制代表着处理由公共产品和外部性问题导致的资源配置不当

---

① Walker and Gardner（1990）讨论了这些动态话题中的一些方面。

的标准方式。为公共产品筹集资金的水平和方式均通过在民主议会、立法机关、全民投票点等场所投票决定。自 Fiorina and Plott（1978）的原创性研究工作以来，经济学家和政治科学家也已经使用实验的方法研究各种各样关于投票理论的话题。在这一小节中，我们通过证明制度性操控对于投票决定效应的方式介绍这一理论。

议程和结果

考虑民主议会必须决定为公共学校筹集的资金水平的问题。为简化，假定存在三种可能的筹资水平：高、中和低。民主议会由 9 个成员组成，它们在规模上可划分为相等规模的三个群体：3 个高收入群体，3 个中等收入群体和 3 个低收入群体。这三部分群体有着相互冲突的偏好。高收入群体的成员认为，不管筹资水平如何，他们的成员都会将他们的学生送入私立学校。因而，他们的成员将偏好更少的筹资水平而非更多的筹资水平；即他们的偏好排序是低、中、高。中等收入群体的成员发现私立学校对于他们来说是一个相当大的财务负担，如果公立学校得到很好的融资水平，他们就会把孩子送往公立学校。而如果公立学校没有得到很好的融资水平，中等收入群体的成员将会把他们的孩子送往私立学校并试图寻找出最小化他们税收负担的方式。因此，中等收入群体的投资顺序偏好是高、低、中。最后，低收入群体的组成人员也更偏好公立学校，但会考虑到与公立学校筹款相关的是更高而非更低的税收负担。因而，对于低收入群体的人员来说，他们将更偏好中等水平的筹资水平，其次是高水平的筹资水平，最后才是低水平的筹资水平。

这些关系能够简单地表示为偏好次序的集合。用 H、M 和 L 分别表示高、中和低的筹资水平，用 h、m 和 l 分别表示高、中和低收入群体的人员。使用 $X \succ_i Y$ 的表达式表示 i 群体的成员偏好选项 X 甚于选项 Y，那么各个群体的偏好可表示为：

$$
\begin{aligned}
&h \text{ 的投票类型} \quad && L \succ_h M \succ_h H \\
&m \text{ 的投票类型} \quad && H \succ_m L \succ_m M \\
&l \text{ 的投票类型} \quad && M \succ_l H \succ_l L
\end{aligned}
\tag{6.11}
$$

值得一提的是，类型指标（h，m 和 l）与最不偏好的选项（H，M 和 L）相对应。

从（6.11）式可以发现，没有哪一个筹资选择能代表群体的"意愿"。在三个筹资水平之间的简单投票将会导致三种平局的结果。而且，

在两种方案的竞选中也并不存在清楚的偏好：即三分之二的投票人偏好
L 甚于 M，三分之二的人偏好 M 甚于 H，而三分之二的人偏好 H 甚于
L。这就形成了一个循环，因为它可以通过前面逻辑的两两比较的结果
倒推出：在两两比较中 L 让位于 H，而后 H 又让位于 M。但是 M 又将
让位于 L，此时循环产生。

一种解决这一僵局的自然方法是遵循一个议程，或者是一套投票规
则。例如，一个普遍的议程是把 3 个选择中的一个作为初始状态，可能
这是因为这一选择是前面会议中所选择的。议程的第一阶段是对其他两
个备选项进行竞选，这一阶段的胜出者将在第二阶段与初始选择进行竞
选。对于把选项 M 作为初始选择情形的这一议程，如图 6—15 的左边
图形所示。第一个方框包含了三个选择，初始的决策是（M, H）和
（M, L）。这是在排除 H 或者 L 之间进行选择；M 在两个方框中出现，
表示两个选择都不排除 M。在第一个阶段胜出的选项再在第二个阶段与
M 进行比较，正如在左图中四个垂直叠放方框所表示的。

给定这一议程，所选择的选项依赖于议员们投票的方式。为简化，
我们初始假定参与者进行的是真实的投票，即参与者没有策略性的选择，
而只是简单地对包含他们最偏好选项的备选方案进行投票。例如，（6.11）
式中的 h 型投票人偏好 L，他将会投票赞成 ML 而非 MH。在平局的情形
中（此时两个备选项都包含最偏好的选项），或者是在最偏好的选项是不
可获得的情形下，真实的投票人将会选择包含他们次优的选项。在真实
的投票条件下，初始选项 M 将从图 6—15 左图所显示的议程中被选中。
决策的路径通过带箭头的虚线突出显示：选项 MH 集合以 6 比 3 的投
票结果战胜了 ML 集合，因为中等收入的代表偏好 MH（他们最偏好的
选择是 H），而低收入的代表偏好 MH（两者为他们的第一偏好和第二
偏好）甚于 ML（他们的第一偏好和第三偏好）。然后在 M 和 H 的成对
竞选中 M 胜出，因为高收入和低收入类型都偏好 M 甚于 H。

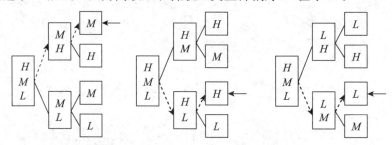

图 6—15　在融资选项 H、M 和 L 之间选择的一系列两阶段议程

图 6—15 三个议程的初始状态都不相同：左边图形是 M，中间图形是 H，右边图形是 L。正如带箭头的虚线所表示的，真实投票的结果将使得议会选择每一情形中的初始状态。比如，在中间图形，HL 以 6 比 3 的投票结果打败了 HM，因为高收入成员偏好选项 HL，它包含了他们最偏好的结果 L，同时中等收入成员偏好筹资水平 L 甚于筹资水平 M。然后选项 H 就在成对的竞选中打败选项 L。[①]

前面的分析表明了，委员会投票的结果可以通过改变议程中的初始选项而进行控制。但是这一分析依赖于投票是真实的假定。这一类型的行为假设可以在实验中通过诱导的偏好顺序而进行评价；比如，只要告诉被试如果委员会选择 H，那么他或她将会获得 10 美元；而如果委员会选择 M，那么他或她将得到 5 美元，偏好 H 甚于 M 的这种偏好就可以诱导出来。我们可以给予其他初试不同的报酬，因而也就产生了不同的偏好。Plott and Levine（1978）首次使用这一方法评价了议程效应。在每次投票之前，允许参与者对偏好的质量（而非数量）信息进行讨论。讨论是面对面的，并且一直持续到要求参与者进行投票之时。根据决策，参与者将会获得金钱，其收益与群体所选择的结果相对应。

普拉特和列文所采用的实验设计比上面所显示的要稍微复杂一些。实验设计每一回合使用 21 个参与者，他们被划分为 5 种不同的偏好类型。而且所组织安排的偏好能够保证一个明确的孔多塞（Condrocet）胜出者，即在两两比较中存在着对于所有其他人来说是最好的选项。通过对议程的操纵，作者在 4 个实验的 5 个可能选项中产生了 3 个选择。[②]

即使普拉特和列文能够以一种可预见到的方式操纵结果，但是经济

---

① 图 6—15 所显示的议程的结果不会随着一些其他的非策略性决策规则而发生改变。比如，图形中所显示的虚线同样也可以是在所有委员会成员采用一个避免最差的规则而得到的同样结果。在这一规则下，成员们在任一竞选项中投票反对包含他们最不想要的选项的集合。这一不变性是图形中所用的议程的便利性特点，但是这一不变性一般并不适用于其他议程。具体可见 Eckel and Holt（1989）。

② 议程的操纵是基于作者们的这一观察：即有一部分稳定的被试看似使用了各种各样近似的投票规则，诸如真实投票规则，或者是前面注释里所讨论的避免最差的规则。在这四个实验中，其中有三个实验所选择的结果与混合短视投票规则所预测的结果一致。但即使是第四个例子也提供了证据表明议程选择结果的重要性。通过进行一个初始的测验民意的非正式投票（straw poll）确定每一选项的偏好，此时参与者偏离在导语中所设定的议程。这一非正式的投票显示出其中的一个选项至少是受所有委员会成员所偏爱的。给定变化的议程和通过排除最不受偏好的选项而获得的观察结果，与短视行为相一致。在后续的测验中则禁止使用测验民意的非正式投票。

学家对短视行为的假设（比如真实的投票）仍然感到不自在，特别是能用更精明的行为获得潜在收益的时候。比如，在图 6—15 的分析议程中，投票者在第一阶段的决策并不知道或者也没有提前考虑在最后阶段将可能发生什么。相反，假如投票人最偏好的选项在最后阶段将被其最不偏好的选择所打败，那么一个策略性投票者将会在第一阶段投票中反对带有他或她最偏好选项的选择集合。Eckel and Holt（1989）进行了这样的一个实验，在这一实验当中委员会的决策依赖于投票人是策略性的还是真诚的。每一回合是由一个 9 人的委员会组成，每个人收到了如（6.11）式中诱导偏好的收益表格。过程与普拉特和列文的过程相似，除了委员会成员参加一个重复系列的委员会会议之外，使用的是图 6—15 左图的议程。回顾一下，在真实投票的情形下，类型 l 和类型 m 的参与者在第一阶段投票赞成 MH；在第二阶段 M 选项胜出。具有讽刺意味的是，M 选项是第一阶段以大多数投票造成的 m 类型参与者最不偏好的结果。这些参与者可以通过下面的逻辑过程改进最后的结果：值得注意的是，他们最不偏好的结果 M 将在最后一轮中被选择胜于 H，类型 m 的代表们可以通过在第一轮投票中赞成 ML 而诱导出对 L 的选择，尽管事实上 ML 并不包含他们最偏好的结果 H。当 m 类型的投票者以这种方式转向 ML 时，ML 将在第一阶段胜出，而 L 将在第二阶段中胜出。这一逻辑表明，当投票者提前考虑到这一议程的第二阶段可能产生什么结果时，L 将是策略性的选择结果。

埃克尔和霍尔特观察到这一类型的一些策略性行为。在参与者做了 2～3 个连续的决策后，在不变偏好条件下，频繁出现策略性的结果。然而，非策略性投票比策略性投票更为普遍，即使是在不变偏好条件下也是如此。在初始会议中，因为投票是占优的，所以在任何一个回合的第一次会议中不存在策略性投票。[①]

小结

很显然，议程控制在实验中是成功的。但是这些效应能否推广到现实世界？在实验之外的委员会会议中，议程的效应是很难记录的，因为投票者的偏好几乎无法观察，而且议程本身有时并没有完全指定。然而，Levine and Plott（1977）报告了一个奇妙的现场议程操纵的例子。两位作者负责安排一项议程，组织为这两位作者所属的一家大航空俱乐

---

① Herzberg and Wilson（1988）所报告的占优势的结果也与真实的投票假说一致。

部选择一群新飞机。在对各成员偏好的问卷调查的辅助下，作者通过对飞机队群的规模、组成部分和装备选项的决策顺序的控制，尝试着操纵这一选择的结果。作者偏好更大的机群（7 架），至少有一架大的飞机（6 个座位）。比如，为了巧妙地避开许多俱乐部成员所偏好的只有小飞机（4 个座位）的无混合飞机群，作者让这一群体与其他偏好更小的群体联盟一起竞争。同理，为了提高更大也更为昂贵的飞机群的可能性，两位作者把设计昂贵航空电子设备的问题推迟为最后讨论的话题。尽管沮丧的主席不断地试图偏离这一议程，但投票还是遵从作者所设定的议程。选择的结果是有 6 个座位飞机的大飞机群。后续的民意调查结果显示，所选择的飞机群并不是孔多塞赢家。[①] 政治过程选择结果的敏感性使人们对立法意图的信念产生了困惑。它也表明，对于决策规则的建立以及产生结果的过程应该给予比过去更多的关注。

6.8　结论

在具有非竞争性或/和非排他性的商品的各种实验中，都普遍地观察得到理论上所预测的资源配置不当问题。公共池塘资源倾向于过度使用，搭便车行为是普遍的，尽管它并没有像许多经济学家先前已预期的那么普遍。然而，所提供的实验的结果并没有完全地支持理论的结果；资源配置不当的问题对于标准理论模型中所没有提出的许多环境因素比较敏感。这些因素是如此重要以至于许多这一领域的实验理论已经热衷于把它们区分出来。比如，许多公共产品实验已经致力于分离出各种并没有改变纳什均衡因素的效应，诸如重复、群体规模和公共产品的人均边际回报（MPCR）。搭便车在小群体当中更加习以为常，特别是当决策过程是重复的，参与者是有经验的，以及 MPCR 很低的时候。在大群体中搭便车行为减少的趋势仍然是个谜。

正如市场实验一样，看似影响资源配置不当程度的制度上的细节，是由偏离了消费的私人性质条件所造成的。比如，在同时给出最小总供给点和返还条款后，一旦没有达到供给点，那么所筹集的资金将返还，在此公共产品情境中的搭便车比率往往会显著地减少。同理，产权的完

---

① 两位作者提及有关在他们的现场实验中出现的道德性质的反对意见。然而，他们指出，他们的议程操纵并没有政治上的狡猾或者粉饰技巧那么具有争议。

全归属也会减少造成外部性的行为。

更为复杂的"激励相容"机制能被用于减少那些非竞争性但是有排他性的公共产品的供给不足问题。这些机制有着允许分散化决策的具体优势。然而，这一领域的实验和理论研究在两个方面仍然不完全。首先，这些机制的执行很难在直觉水平上被参与者理解。其次，作为很实际的问题，这一博弈的单个阶段版本并没有给予参与者关于其他行为人的足够信息以使其产生均衡的结果。但是尽管重复这一博弈的过程会改善实验的表现，它却通过创造许多无效的均衡破坏了这一机制在理论上的最优性质。

附录 A6

A6.1　有私人信息的公共产品问题

当捐赠于公共账户的资源价值随着潜在捐赠者的变化而变化，而且此时关于这些价值的信息是私人的时候，就会出现公共产品的另一类问题。例如，考虑一下学术委员会为了讨论一些常规事务而必须每月开会的情形，比如学生录取。委员会成员大体上赞成有关的录取政策，但是除非参会的人数达到了三分之二成员的法定人数，否则有关决策事项无法做出。法定人数的不足会导致代价高昂的迟延。最后，假定会议并不是以一种特别有趣的方式度过一个下午，它们往往会让人厌烦，而且牺牲了会员时间的其他宝贵的用途。

每月一次的会议出席，有典型的公共产品的特点：尽管法定人数参会会使每个人都变得更好，但是给定这一法定人数，任一个具体的委员会成员选择不参加都会变得更好。因而，举行一个会议必须克服搭便车问题。

但是在这一情形中出现了其他有趣的话题，因为它考虑到了一个更为精确的效率概念。具体来说，假定超过法定人数并没有任何好处，一个有效的会议将应该只包括正好三分之二的成员参加会议。从一个月至另一个月，各个会议成员或多或少都有他们时间的其他重要用途。在有效的结果处，只有那个月有最小的其他价值行为的成员应该出席会议。

一个（分散化）实现有效解的出席政策依赖于这样一个切点：每个月每个委员会成员，必须从那个月参会时间的其他可能用途来考虑他参加会议的成本。如果他们的出席成本在某一临界水平之下，那么他们就应该参加会议。非合作性均衡也同样是以切点为特征，它决定了人们是否应该参加会议。

这一问题的版本由 Palfrey and Rosenthal（1991，1992）进行分析。在他们的执行过程中，每一成员的私人（出席会议）成本是随机地从一个共同的均匀分布中抽取的。基于这一理由，有效解可由一个共同的切点确定。下面我们将简要概述波尔弗里和罗森塔尔（Rosenthal）对这一问题的实验设计。之后，我们检验这两位作者收集的实验证据。将论及的实验局有三个参与者，每人给予一个代币，可由他们保留或者是捐赠到公共账户。每个参与者一个代币的私人价值是由均匀分布所抽取的一个随机数确定的。如果至少有三分之二的参与者把代币捐赠到公共账户中，那么产品将生产出来。在上面的例子中，公共产品可视为一个会议，而代币代表时间的配置。一个有效的配置要求两个抽取最低价值的初试做出捐赠（比如，一个法定人数是由时间价值最低的两位成员组成）。

给定具体的参数，我们可以相对直观地识别出这样一个对称性均衡水平，即只有抽取出来的价值低于某一切点的参与者才会做出捐赠。假设不管他们捐赠与否，公共产品对于每个人来说价值 100 美分，而代币价值是从 0 到 150 美分的均匀分布中抽取得到。每一个行为人（风险中立）都知道所有的价值是从这一均匀分布中获得的，但是只能观察到他或她自己的价值。很明显，均衡的切点位于 0～100 美分之间的某个位置：所获得的私人价值超过 100 美分，意味着私人产品比公共产品更有价值。在这种情形下，没有一个参与者会做出捐赠。相反，如果所抽取的私人价值是零，对于公共产品的捐赠是无成本的，它将有助于产生正收益（如果另一个参与者也捐赠）。公共产品捐赠的机会成本随着所抽取价值的增加而增加。这一情形的激励可以从所抽取的均匀分布密度函数概述如下：均衡切点的价值 C^* 位于 0～100 之间，在该点处，行为人在捐赠与否之间的选择完全无差异。

无差异的 C^* 点确定了这一博弈的对称性均衡。它的价值是在给定任意抽取的价值 c_i 和其他人正使用切点 C^* 的知识的情形下，通过计算行为人 i 对于捐赠和不捐赠行为的预期利润而确定的。然后 C^* 被识别为某个特殊的 c_i，因为此时捐赠和不捐赠的收益正好相等。

首先考虑行为人不捐赠的行为。此时行为人获得他或她的私人价值 c_i，加上预期的公共产品价值，它只有在其他人都捐赠的情形下才会提供。给定其他人使用同样的切点，其他两人中的一人将会捐赠的概率等价于图 6—16 中切点左边的面积，它等于 $C^*/150$。因为另一个人所抽取的价值与他是相互独立的，所以其他两人都进行捐赠的概率将是这一值的平方。因而，不捐赠的预期收益是：

$$\text{不捐赠的预期收益} = c_i + 100(\text{两人都捐赠的概率})$$
$$= c_i + 100(C^*/150)^2 \qquad (6.12)$$

接下来考虑做出捐赠的收益。如果其他两个行为人都不捐赠，那么这一收益将为零。其他两个人有一个人不捐赠的概率是在 C^* 垂直虚线右边的面积。这一面积等于 $(150-C^*)/150$，如图 6—16 所示。因为另外一个人的价值也是独立地抽取出来的，那么两个人都不捐赠的概率将是这一概率的平方，即 $[(150-C^*)/150]^2$。这是一个行为人做出捐赠将会一无所有的概率；否则捐赠的行为人将获得 100，所以捐赠的预期收益将是：

$$\text{捐赠的预期收益} = 0(\text{其他人都不捐赠的概率})$$
$$+ 100(1-\text{其他人都不捐赠的概率})$$
$$= 100(1-[(150-C^*)/150]^2) \qquad (6.13)$$

当 (6.12) 式和 (6.13) 式的预期收益相等时，参与者 i 在捐赠还是不捐赠两者之间无差异。通过定义，这一无差异发生于切点 $c_i = C^*$ 处。为了寻找 C^*，我们把 (6.12) 式的 c_i 用 C^* 代替并令 (6.12) 式和 (6.13) 式的右边相等。通过简单的运算可知，在这一情形下 $C^* = 37.5$。因而，如果被试所抽取的价值是 37 美分或者 37 美分以下，那么

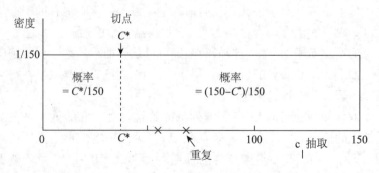

图 6—16　抽取价值的均匀密度函数，带切点 C^*

他将会做出捐赠，而如果他们所抽取的价值是 38 美分或者 38 美分以上，他们将不进行捐赠。

虽然这个解是非合作性均衡，但是它并没有最大化效率。相反，如果参与者只有在他们抽取的价值大体上处于可能值的最少三分之一时才进行捐赠，那么供给点将在许多情形中无法实现。通过一系列合作性安排，公共产品的供给频率以及总效率都会增加。基于这一理由，以更具有合作性的标准对非合作性的表现进行评价是很有用的。

最为明显的标准是事后有效解。正如上面所提及的，当抽取价值最低的两个人进行捐赠时，有效解就会产生。然而，这是一个相当不现实的基准，因为这一价值的考虑缺乏完全的信息，所以即使是对于合作性的参与者来说，它也不能获得。一个看似更为合理的基准是最大化事前效率的合作性的解，或者是最大化缺乏公共价值信息时效率的合作性的解。在这一实验设计中，事前有效解的结果是在 113 美分处的切点。值得注意的是，这一切点水平超过了公共产品的私人价值。从直观上来看，这一结果会出现是因为捐赠到公共账户的预期收益超过了做出这一捐赠所导致的私人损失。

与第 4 章所讨论的寡头垄断模型一样，许多因素可能会在非合作性水平上增加效率。例如，博弈重复进行（比如，会议事实上是每月举行一次而非只有一次），参与者可能通过触发策略的使用而改进效率：比如，如果一个人捐赠（参加会议）并不多，其他参与者可以通过实施一个非合作性的出席政策而惩罚不捐赠者。

这一分析提出了许多行为的问题：参与者的行动是否表现得就像他们在这类问题中采用的切点决策方式？是否存在着这样的因素，比如重复以允许其对非合作性均衡结果进行改进？Palfrey and Rosenthal (1991，1992) 进行了一系列实验回合评价这些以及其他一些问题。实验回合是由 9～12 人的被试群体组成的，每个人坐在电脑终端前，被划分为三个小组但并没有告诉他们小组的其他成员。在一个"只进行一次"的实验局中，被试在每一博弈之后被随机地分配于新的小组，重复进行这一过程直到达到事前告知的博弈次数。而在"重复进行"的实验局中，小组成员持续至少 20 期，其中由扔十面的骰子确定在 20 期以及之后的每一期是否继续进行下去。如果骰子的数字是 4，那么博弈过程终止，即终止概率是 0.1，相应的贴现因子是 0.9。作者认为这一贴现率足够高，足以支持一个最优的循环从而使得每个参与者能成对地轮流进行捐赠，而它也支持这样一个威胁，即如果任何人偏离的话，将会返

回单轮的纳什结果（$C^* = 37.5$）。

从总体上看，用切点这一概念能很好地组织所观察到的决策：通过在被试一对一的基础上寻找能最小化归类错误的切点，超过 90% 的个体捐赠决策可以正确地归类。这些个体的平均切点是 44 美分，它只是稍微高于理论预测的 37.5 美分，两者的差异在统计上也不显著。

然而，重复看起来并没有解决协调问题。在重复的实验当中，平均的切点上升到 68 美分。尽管作者能够拒绝这样的一个原假设，即在重复实验中的切点等于理论上的非合作性预测水平，但是观察到的均值仍然相当接近于非合作性均衡结果（37.5 美分），而非事前的有效结果（113 美分）。这可以从图 6—16 中看到，图中对于一个阶段和重复实验的切点用"×"标示在水平轴上。而且，也没有什么证据表明参与者尝试着用其他机制增加有效性（比如循环捐赠）。

总而言之，切点的概念看似很好地概括了这一情境中的行为，而且一次博弈中的数据很接近于预测的对称性纳什均衡结果。低捐赠率与纳什均衡一致，这表明，正如在自愿捐赠机制实验中一样，在这一环境中的搭便车问题同样普遍。

重复无法在很大程度上提高捐赠率，它引起了波尔弗里和罗森塔尔的关注，从而使得他们得出这样的结论，即合作的缺失，"对于那些把这样的陈词滥调的建议——即贴现率接近于 1 的重复行动会导致更多合作性行为——视为真理的人来说，并不是一个振奋人心的消息"（Palfrey and Rosenthal，1992，p. 4）。然而，我们确实没有发现，在这一情境中合作的缺失是特别烦人的或是特别出人意料的。给定所抽取价值的私人信息，我们很难将搭便车行为与高价值的抽取区分开来。因而，我们很难评价在什么时候应该执行惩罚。以开会的例子来刻画这个问题，如果你溜出会议室，人们无法说，你这么做是因为你女儿生病住院，还是因为你想要去钓鱼。

A6. 2　导语：自愿捐赠机制

这是一个群体决策的经济学实验。[①] 你在指定的时间出席，已经获

---

　　① Brock（1991）包含了另外一个可供课堂使用的导语，同时也提供了辅助课堂实验的一些建议。

得 3 美元。如果你严格地按照导语要求并仔细地做出决策，那么你将能实质性地增加这一总的收入。

在这一实验里将有 10 个决策期。在每一期，你会获得一些代币禀赋。你面临的问题是决定如何把这些代币在一个或者两个账户之间进行划分：一个私人账户和一个群体账户。你放入私人账户的每一个代币将会为你（而且也只是你）带来一美分的收入。而放入群体账户的代币将会得到更低的回报。然而，你放入群体账户的每一个代币都能为群体的每一个成员带来同样的回报。同理，你也可以获得群体其他成员投入群体账户的每一个代币所产生的收益。因而，每一个决策期的收益是你放入私人账户的代币量，加上你和小组其他成员放入群体账户的所有代币产生的回报。

群体账户的回报显示在群体账户回报的表格当中。这一表格划分为四列，在每一列的每一行，左边的数字表示群体可能投入群体账户的总代币量，右边的数字表示你从这一总代币量所获得的收益。[①]

决策期

你每期的代币禀赋信息，以及你的决策和收益，将会记录在决策和收益表中。正如这张表左边一列数字所显示的，每一行表示简单的决策期。禀赋的信息出现在左边第二列上。

每一期进行如下：

首先，通过在决策表的（a）列或者（b）列，或者是这两列中填入相应的数字，在私人账户和群体账户决定投入的代币数量。你在（a）列和（b）列的数字加总起来必须等于你的禀赋。当你做出你的决策时，你小组的其他_____位成员也同样把他们的代币在私人账户和群体账户两者之间进行划分。

其次，在每个人做出决策后，我们中的一个人将会过去并加总所有参与者投入在群体账户中的总代币量。我们将会把这一总数（但并不是个体的决策）写在黑板上。你把这个数字填写在（c）列。

---

① 群体账户回报的表格显示了当 MPCR 是常数 0.3 并且对于所有参与者都是一样的简单情形下，群体捐赠水平与收益之间的关系。值得注意的是，为简化，表格只包含总捐赠水平至 100。对于大于 5 的群体成员，这一环境的实施（包括禀赋大于 20 个代币）应当包含所有这些可能性的支付选项。使用这一表格的形式允许实验局的普遍变化。在合适的修正下，我们也可能实施群体账户递减或者是非对称性回报的处理组，或者是两者兼而有之的处理组。在表格无须任何变化的情形下，可以更为简单地评价非对称的代币禀赋的非对称效应。

最后，你在这一决策期的收益就是你投入私人账户的代币，再加上投入到群体账户的所有代币带来的回报。为了确定你在群体账户的收益，寻找列示在背面的群体账户回报表格的正确数字所对应的收益。把数字填入（d）列。你在这一期的收入就是把你在（a）列和（d）列的数字进行加总。把总数写在（e）列中。在后面的每一期，进入决策表的下一行。留意你那一期的禀赋，做出决策，在（a）列和/或者（b）列记录数字。

在计算你最后一期的收益之后，加总（e）列的数字以计算你在这一回合的总收益。把这一总数填入你决策表中（e）列底下的总收益空格处。

还有其他问题吗？

开始实验

现在，我们开始实验。注意你每一期的禀赋在你决策表中的第二列。请把这一禀赋在群体账户或者私人账户进行划分，并在（a）列和/或者（b）列写下相应的数字。你在（a）列和（b）列所填的这两个账户的数字加总应该等于你这一期的初始禀赋。这一次只在第 1 列写下你的数字。同时，请不要旁观其他人的决策表，也不要交头接耳。

现在，我们中的一人将会过去记下你的决策，并检查你（a）列和（b）列所填的这两个账户的数字加总是否等于你的初始禀赋。然后我们将加总群体账户的所有个人捐赠水平，并把这一总数写在黑板上。

第一期之后

_____个代币投入到这一期群体账户中。请把这一数字填写在你决策表这一期第一行的（c）列处。现在通过查找群体账户回报的表格，把这一总数转换为收益。把这一数字填在（d）列。最后，加总（c）列和（d）列的数字以确定你的总收益。把这一总数写在（e）列。

我们现在进行第 2 期。请留意第 2 期你的代币禀赋，它在你的决策和收益表的第二行。此时，把这一禀赋在私人账户和（或者）群体账户之间进行划分，并把数字填入（a）列和/或者（b）列（类似的陈述在下一期之前应该再读一次）。

最后一期之后

这个实验已经结束。为确定这一实验中你的报酬，请加总在你决策表（e）列每期的收益。把这一总数加上你初始 3 美元的出场费，并把它记录在（e）列底下的总收益表格处。把你这一数值转换为最接近的四分位数，以确定你的报酬水平（比如，把 3.56 美元转换成 3.75 美元）。把这一总数填在报酬空格处。

请写下这一总数，作为收据表放在决策和收益表下。同时请填写收据表的日期和你的社会保障号码。很快，我们中的一人将会核对你的计算结果并支付给你相应的报酬。之后你可以自由地离开，但是离开时请把所有实验材料留在房间里。最后，请保持安静，也不要旁观其他人的决策表。谢谢你的参与！

群体账户回报

群体账户中的代币	你的收益	群体账户中的代币	你的收益	群体账户中的代币	你的收益	群体账户中的代币	你的收益
1	0	26	8	51	15	76	23
2	1	27	8	52	16	77	23
3	1	28	8	53	16	78	23
4	1	29	9	54	16	79	24
5	2	30	9	55	17	80	24
6	2	31	9	56	17	81	24
7	2	32	10	57	17	82	25
8	2	33	10	58	17	83	25
9	3	34	10	59	18	84	25
10	3	35	11	60	18	85	26
11	3	36	11	61	18	86	26
12	4	37	11	62	19	87	26
13	4	38	11	63	19	88	26
14	4	39	12	64	19	89	27
15	5	40	12	65	20	90	27
16	5	41	12	66	20	91	27
17	5	42	13	67	20	92	28
18	5	43	13	68	20	93	28
19	6	44	13	69	21	94	28

续前表

群体账户中的代币	你的收益	群体账户中的代币	你的收益	群体账户中的代币	你的收益	群体账户中的代币	你的收益
20	6	45	14	70	21	95	29
21	6	46	14	71	21	96	29
22	7	47	14	72	22	97	29
23	7	48	14	73	22	98	29
24	7	49	15	74	22	99	30
25	8	50	15	75	23	100	30

决策和收益表

时期	禀赋	你的决策		(c) 群体账户中的总代币量	(d) 群体账户中的代币价值	(e) 收益 (a) + (d) (3.00 美元)
		(a) 私人账户	(b) 群体账户			
1	20					
2	20					
3	20					
4	20					
5	20					
6	20					
7	20					
8	20					
9	20					
10	20					

总收益：

（3.00 美元＋收益）＿＿＿＿＿

报酬：

（按最接近的 0.25 美元取舍）＿＿＿＿＿

收据表

今收到：＿＿＿＿＿＿＿美元＿＿＿＿＿＿＿美分

签名：＿＿＿＿＿＿＿＿＿＿＿

社会保障号码：＿＿＿＿＿＿＿＿＿

日期：＿＿＿＿＿＿＿＿

A6.3 格罗夫斯-莱迪亚德机制的激励相容[①]

尽管没有特别直观,然而可以很直接地表明格罗夫斯-莱迪亚德机制会导致公共产品的最优水平,在这一机制下,个人边际评价的加总等于生产公共产品的边际成本 mc。每个人将选择一个数量增量 x_i,以最大化公共产品的个人价值和由格罗夫斯-莱迪亚德机制所确定的成本的差额。个体 i 应该增加数量增量,直至个体边际评价等于个体边际成本,即直到 $V'_i = C'(x_i \mid S_i)$。在此 S_i 是其他个体的数量增量的总和。正如前所示,用 X 表示所有 n 个个体的增量总和。可以很直观地表明方程(6.5)的成本函数对于 x_i 的导数正好是(6.14)式右边最后一项。

$$V'_i(x_i \mid S_i) = C'_i(x_i \mid S_i) = \frac{mc}{n} - nS_i + (n-1)(x_i + S_i)$$

(6.14)

其中,$i=1$,…,n。因为方程(6.14)确定了每个个体的最优数量增量,所以我们能加总这些条件,得到

$$\sum V'_i = \sum C'(x_i \mid S_i) = mc - n\sum S_i + n(n-1)X$$
$$= mc - n[\sum S_i - (n-1)X]$$
$$= mc$$

(6.15)

最后一步的推导是根据 $\sum S_i = (n-1)X$ 这一事实得到的。但是方程(6.15)等价于(6.4)式的最优条件,即生产公共产品的边际成本等于个体边际评价的总和。

参考文献

Andreoni, James (1988) "Why Free Ride?: Strategies and Learning in Public Goods Experiments," *Journal of Public Economics*, 37, 291 – 304.

Bagnoli, Mark, and Michael McKee (1991) "Voluntary Contribution Games: Effi-

---

[①] 这一节的内容有点高深。

cient Private Provision of Public Goods," *Economic Inquiry*, *29*, 351 - 366.

Banks, Jeffrey S. , Charles R. Plott, and David P. Porter (1988) "An Experimental Analysis of Unanimity in Public Goods Provision Mechanisms," *Review of Economic Studies*, *55*, 301 - 322.

Binger, Brian R. , Elizabeth Hoffman, and Arlington W. Williams (1985) "Implementing a Lindahl Equilibrium with a Modified Tatonnement Mechanism: Some Preliminary Experimental Results," working paper, Indiana University.

Brock, John R. (1991) "Teaching Tools: A Public Goods Experiment for the Classroom," *Economic Inquiry*, *29*, 395 - 401.

Browning, Edgar M. , and Jacquelene M. Browning (1989) *Microeconomic Theory and Applications*, 3d ed. Glenview: Scott, Foresman.

Clarke, Edward H. (1971) "Multipart Pricing of Public Goods," *Public Choice*, *2*, 17 - 33.

Daughety, A. F. , and R. Forsythe (1985) "Regulation and the Formation of Expectations: A Laboratory Analysis," working paper, University of Iowa.

Dawes, Robyn M. , J. M. Orbell, R. T. Simmons, and A. J. C. van de Kragt (1986) "Organizing Groups for Collective Action," *American Political Science Review*, *80*, 1171 - 1185.

Eckel, Catherine, and Charles A. Holt (1989) "Strategic Voting in Agenda-Controlled Committee Experiments," *American Economic Review*: *79*, 763 - 773.

Ferejohn, John A. , and Roger G. Noll (1976) "An Experimental Market for Public Goods: The PBS Station Program Cooperative," *American Economic Review*: *Papers and Proceedings*, *66*, 267 - 273.

Ferejohn, John A. , Robert Forsythe, and Roger Noll (1979) "An Experimental Analysis of Decision Making Procedures for Discrete Public Goods: A Case Study in a Problem in Institutional Design," in V. L. Smith, ed. , *Research in Experimental Economics*, vol. 1. Greenwich, Conn. : JAI Press, 1 - 58.

Fiorina, Morris P. , and Charles R. Plott (1978) "Committee Decisions under Majority Rule: An Experimental Study," *American Political Science Review*, *72*, 575 - 598.

Gardner, Roy, Elinor Ostrom, and James M. Walker (1990) "The Nature of Common Pool Resource Problems," *Rationality and Society*, *2*, 335 - 358.

Gordon, Scott (1954) "The Economic Theory of a Common Property Resource: The Fishery," *Journal of Political Economy*, *62*, 124 - 142.

Green, Jerry, and Jean-Jacques Laffont (1977) "Characterization of Satisfactory Mechanisms for the Revelation of Preferences for Public Goods," *Econometrica*, *45*, 427 - 438.

Groves, Theodore (1969) "The Allocation of Resources Under Uncertainty: The Informational and Incentive Roles of Prices and Demands in a Team," Technical Report, no. 1, Center Research in Management Science, University of California at Berkeley.

—— (1973) "Incentives and Teams," *Econometrica*, 41, 617–631.

Groves, Theodore, and John Ledyard (1977) "Optimal Allocation of Public Goods: A Solution to the 'Free Rider' Problem," *Econometrica*, 45, 783–809.

Harrison, Glenn W. , Elizabeth Hoffman, E. E. Rutstrom, and Matthew L. Spitzer (1987) "Coasian Solutions to the Externality Problem in Experimental Markets," *Economic Journal*, 97, 388–402.

Harstad, Ronald M. , and Michael Marrese (1981) "Implementation of Mechanisms by Processes: Public Good Allocation Experiments," *Journal of Economic Behavior and Organization*, 2, 129–151.

—— (1982) "Behavioral Explanations of Efficient Public Good Allocations," *Journal of Public Economics*, 19, 367–383.

Herzberg, Roberta Q. , and Rick K. Wilson (1988) "Results on Sophisticated Voting in an Experimental Setting," *Journal of Politics*, 50, 471–486.

Hoffman, Elizabeth, and Matthew L. Spitzer (1982) "The Coase Theorem: Some Experimental Tests," *Journal of Law and Economics*, 25, 73–98.

Holt, Charles A. (1992) "Industrial Organization: A Survey of Laboratory Research," forthcoming in A. Roth and J. Kagel, eds. , *Handbook of Experimental Economics*. Princeton: Princeton University Press.

Hurwicz, Leonid (1972) "On Informationally Decentralized Systems," in R. Radner and C. McGuire, eds. , *Decision and Organization*. Amsterdam: North Holland.

Isaac, R. Mark, Kenneth F. McCue, and Charles R. Plott (1985) "Public Goods Provision in an Experimental Environment," *Journal of Public Economics*, 26, 51–74.

Isaac, R. Mark, David Schmidtz, and James M. Walker (1989) "The Assurance Problem in a Laboratory Market," *Public Choice*, 62, 217–236.

Isaac, R. Mark, and James M. Walker (1988a) "Group Size Effects in Public Goods Provision: The Voluntary Contributions Mechanism," *Quarterly Journal of Economics*, 103, 179–200.

—— (1988b) "Communication and Free-Riding Behavior: The Voluntary Contributions Mechanism," *Economic Inquiry*, 26, 585–608.

—— (1991) "Costly Communication: An Experiment in a Nested Public Goods Problem," in T. Palfrey, ed. , *Contemporary Laboratory Research in Political Economy*. Ann Arbor. University of Michigan Press.

Isaac, R. Mark, James M. Walker, and Susan H. Thomas (1984) "Divergent Evidence on Free Riding: An Experimental Examination of Possible Explanations," *Public Choice*, *43*, 113 - 149.

Isaac, R. Mark, James M. Walker, and Arlington Williams (1991) "Group Size and the Voluntary Provision of Public Goods: Experimental Evidence Utilizing Large Groups," working paper, Indiana University.

Johansen, Lief (1977) "The Theory of Public Goods: Misplaced Emphasis?" *Journal of Public Economics*, *7*, 147 - 152.

Kim, Oliver, and Mark Walker (1984) "The Free Rider Problem: Experimental Evidence," *Public Choice*, *43*, 3 - 24.

Kruse, Jamie L., and Steven R. Elliott (1990) "Strategic Manipulation of Pollution Permit Markets: An Experimental Approach," working paper, University of Colorado.

Kunreuther, Howard, Paul Kleindorfer, and Peter J. Knez (1987) "A Compensation Mechanism for Siting Noxious Facilities: Theory and Experimental Design," *Journal of Environmental Economics and Management*, *14*, 371 - 383.

Levine, Michael E., and Charles R. Plott (1977) "Agenda Influence and its Implications," *Virginia Law Review*, *63*, 561 - 604.

Marwell, Gerald, and Ruth E. Ames (1979) "Experiments on the Provision of Public Goods I: Resources, Interest, Group Size, and the Free Rider Problem," *American Journal of Sociology*, *84*, 1335 - 1360.

—— (1980) "Experiments on the Provision of Public Goods II: Provision Points, Stakes, Experience and the Free Rider Problem," *American Journal of Sociology*, *85*, 926 - 937.

—— (1981) "Economists Free Ride, Does Anyone Else?" *Journal of Public Economics*, *15*, 295 - 310.

Mestelinan, Stuart, and David Feeny (1988) "Does Ideology Matter?: Anecdotal Experimental Evidence on the Voluntary Provision of Public Goods," *Public Choice*, *57*, 281 - 286.

Orbell, John M., Robyn M. Dawes, and Alphons J. C. van de Kragt (1988) "Explaining Discussion Induced Cooperation," *Journal of Personality and Social Psychology*, *54*, 811 - 819.

Ostrom, Elinor, and James K. Walker (1991) "Communications in a Common: Cooperation without External Enforcement," in T. Palfrey, ed., *Contemporary Laboratory Research in Political Economy*. Ann Arbor. University of Michigan Press.

Palfrey, Thomas R, and Howard Rosenthal (1991) "Testing for Effects of Cheap Talk in a Public Goods Game with Private Information," *Games and Economic Be-*

havior, *3*, 183 - 220.

—— (1992) "Repeated Play, Cooperation and Coordination: An Experiment Study," working paper, California Institute of Technology.

Plott, Charles R. (1983) "Externalities and Corrective Policies in Experimental Markets," *Economic Journal*, *93*, 106 - 127.

Plott, Charles R., and Michael Levine (1978) "A Model of Agenda Influence on Committee Decisions," *American Economic Review*, *68*, 146 - 160.

Samuelson, Paul A. (1954) "The Pure Theory of Public Expenditures," *Review of Economics and Statistics*, *36*, 387 - 389.

Schneider, Friedrich, and Werner W. Pommerhene (1981) "Free Riding and Collective Action: An Experiment in Public Microeconomics," *Quarterly Journal of Economics*, *96*, 689 - 704.

Smith, Vernon L. (1979) "Incentive Compatible Experimental Processes for the Provision of Public Goods," in V. L. Smith, ed., *Research in Experimental Economics*, vol. 1. Greenwich, Conn.: JAI Press, 59 - 168.

—— (1980) "Experiments with a Decentralized Mechanism for Public Good Decisions," *American Economic Review*, *70*, 584 - 599.

Vickrey, William (1961) "Counterspeculation, Auctions and Competitive Sealed Tenders," *Journal of Finance*, *16*, 8 - 37.

Walker, James M., Roy Gardner, and Elinor Ostrom (1990) "Rent Dissipation in a Limited-Access Common-Pool Resource: Experimental Evidence," *Journal of Environmental Economics and Management*, *19*, 203 - 211.

Walker, James M., and Roy Gardner (1990) "Rent Dissipation and Probabilistic Destruction of Common Pool Resources: Experimental Evidence," working paper, Indiana University.

第7章　非对称信息

7.1　引言

　　经济学专业的学生长期以来对新古典价格理论的简单均衡预测和看似离奇的经济行为模式的反差很感兴趣。没有哪个地方的反差会比不完全信息和离散信息的市场来得更大，比如证券市场和有专业服务的市场。例如，Akerlof（1970）开始观察到这一现象，即新车价格和购买了很短时间之后再卖出的车的价格之间有巨大差距，许多人对此感到奇怪。阿克洛夫（Akerlof）的解释是车主拥有有关车的质量的"内部"信息，而这一信息无法在展示厅里观察得到。因为车主将很有可能保留无须意外保养也没有性能问题的一辆最近购买的车，所以有预见性的买家将会认为再次出售的车是"柠檬品"，因而不愿意购买它。在这一情形中，非对称信息可能造成一些已使用的高质量产品没有市场。而且，当在购买之前无法观察到质量时，厂商可能选择无效的质量标准。这类市场失灵的情况已经引发了相当大的研究兴趣，比如，修正能力的因素诸如卖家销售高质量商品的声誉（Nelson，1970，1974），保证或者是其他代价很高的质量"信号"（Spence，1974；Stiglitz，1975），以及有效地配置这一风险的合约（Cheung，1969）。

有时不同的信息问题也会出现于金融市场领域，在金融市场中一些交易者可能拥有某一资产的潜在价值的内部信息，具体而言，基于内部信息的交易过程有时是否会将这一信息揭露给市场？对这一问题的理论回答是由理性预期假说所提供的，它认为个体会理性地处理所有可获得的信息，包括内部人行动所泄露的信息。通过这种方式，市场能够作为一个信息传播机制而发挥作用。

实验室是研究非对称信息效应的一个自然场所。在现实市场当中很难观察到产品质量或者资产价值的私人信息。这样的信息本身就是有价值的产品，它对于观察者来说并不是可以免费得到的。而且，关于未来盈利和股息的内部信息往往是不完美的、短暂的，也很难度量。基于这些理由，许多基于现实市场数据对非对称信息理论所进行的经验性检验需要许多辅助性假设。比如，如果有人想使用在组织完备的证券市场上的股票价格变化度量新管制的成本，那么有必要识别出交易者开始意识到这一管制的精确数据。但是如果有关管制的信息以及采用的可能性在早期立法或者规范化的过程中就已经泄露出来，那么管制的真实影响将会超过媒体开始披露管制信息的日期里所观察到的股价下跌水平。与此相反的是，在实验室中能控制信息的精确性、时机以及初始的披露。

本章的目的是介绍一系列的非对称信息能导致资源配置不当的实验情形。读者将很快意识到，我们对于信息不完全的理解有时是很粗糙的。这里所展示的许多实验识别出了简单的"基准"条件，即在什么条件下信息的不对称会降低有效性，或者在什么条件下一个补救措施会有预测效应。除了一组例外之外，这些结果的适应性仍然需要进一步研究。然而，识别出在哪些简单的环境当中理论能够起作用，是有价值的，因为识别出的可处理的基准环境为进一步研究提供了基础。而且，

许多这类实验设计得相当巧妙。信息问题往往很复杂、很微妙，因而设计合适的实验过程无疑是很琐碎的任务。最后，这些新的实验设计也为我们提供了讨论许多程序问题的机会，这一程序是把非对称信息引入实验室的市场情境中时必须面对的问题。

这一章的内容安排如下。前半部分主要集中于销售者知道产品质量但是购买者在购买之前不知道产品质量的市场所出现的资源配置不当问题。7.2节显示解决"柠檬市场"——在该市场低质量的产品将驱逐高质量的产品——的可能性的实验结果。7.3节所回顾的是有关声誉确保高质量产品的生产能力的实验。销售者增加关于不可观察的产品质量声明的可信度的另一种方式是做出承诺（比如，保修单），如果产品是低质量的，那么他将为此付出很高的代价。在实验室中此类承诺能发送产品质量信号的可能性，是7.4节的话题。

本章后半部分是关于资产市场。7.5节介绍一个实验，设计这一实验的目的在于评价一个两期资产的市场配置效率，其中资产价值是已知的，但是交易者并不知道彼此的价值，从这种意义上来说这种市场又具有私密性。7.6节则转向资产的潜在价值未知而且其价值随着不同交易者和不同状态而变化的情形。在这两节中的首要问题是确定通过传播或者加总不同贸易群体所拥有的不同的部分信息点，贸易行为最终能在多大程度上解决信息不对称或者不确定的问题。7.7节将介绍一个资产市场的信息有效性的特殊应用实例，一个"专业股票市场"。在这样的一个市场当中，参与者在一个投票竞赛中交易股票份额，他们都知道，一个具体候选人股票份额的事后收益将与在选举日当天候选人所收到的赞成票百分比成比例。虽然在这一市场中交易者并不代表一个随机样本的投票人，然而他们有财务上的动机去寻找并将候选人能力的信息整合到他们自己的交易策略当中。正如我们将会看到的，已取得的证据表明这一类型的市场可能提供了连续而且非常精确的民意测试信息。7.8节包含概述和一些总结性的评论。

7.2 质量的不确定性和"柠檬市场"结果

考虑一种商品，其质量特性在购买之前无法确定。当前的所有者（销售者）很可能有更好的质量信息，正如在引言部分所显示的，这一不对称性会产生市场失灵。在此考虑能导致这一失灵的一系列事情是很有用的。假定只有两种质量水平：高质量和低质量。然后假定购买者乐意支付的价格将不超过待售的一个单位产品的平均价值。高质量产品的所有者将不愿意只以依赖于平均质量水平的价格卖出这一产品。但是当这些高质量产品的未来卖者撤回产品时，待售的低质量产品比例增加，此时平均质量水平下降，因而购买者愿意支付的价格也下降。这反过来又会造成更多的高质量产品的所有者撤回自己的产品。在这种情形下，市场从上面开始瓦解，最终只剩下低质量的"柠檬品"可供出售。只要消费者对低质量产品充分不满，或者是对"柠檬品"的总需求不能够与市场供给在一个正的价格水平处相交，那么市场就完全崩溃。[①]

Akerlof（1970）使用这一澄清的观点去解释为什么老年人很难在一个合理的比率上购买健康保险。保险费依赖于这些参加保险的老年人的平均医疗成本，但是最健康的人可能不愿意支付依赖于平均健康水平的保险费。随着更为健康的人们选择自我保险，参加保险的人的平均健康水平下降，而保险公司最终可能会对这群相对不是很健康的顾客征收更高的保险费。这是逆向选择的一个问题：从保险公司的角度来看，这是他们最不想要的保险客户。逆向选择的问题严重依赖于不对称的信息，即老年人比保险公司更多地知道自己的基本健康水平。身体检查能够减少或者消除这一信息的不对称性，因此能让公司对于有不同健康风险的顾客收取不同的保险费。

实验室实验能用于表明在质量信息不对称的简单情形中确实出现了市场的无效。在这一情境中的实验目的是为了识别出这种普遍的无效性，并对修正这种无效性的措施进行评价。我们在下面一节讨论这一类型的双向拍卖实验。涉及其他制度的实验将在之后进行讨论。

质量不确定的双向拍卖实验

Lynch et al.（1986）通过要求每个买家在开始交易过程之前选择一个产品质量水平的方式，修改了标准的双向拍卖实验。在设计存在质量等级的市场必须面对的一个程序上的问题是，怎样提及其他备选项的质量？一个中性的方法是包含像商品 x 和商品 y 这样的术语。这里的风

---

① 附录 A7.1 提供了上面所描述的市场的一般特征的介绍。这些介绍可以用于教学演示。在任一情形下，不管是在几期市场实验早期还是之后，读者可能会发觉考虑在这类实验回合中可能预期的交易价格和质量时，回顾这一问题将很有用。

险是被试可能搞不清哪个商品是更合意的。一个稍微不那么中立的方法是把产品称为等级1、等级2，等等。这对于有许多质量品种的产品来说是很方便的，但是它已经暗示了一个质量排名。一个更带有色彩性的替代方法是清楚地使用暗示性的语言，诸如高质量或者低质量的术语。这一方法的优势是排除了有关这一产品质量的任何混淆，但是它的一个潜在的不足是在金钱上扭曲了质量所诱导的偏好。在此存在一个权衡，每一种选择都会带来批评。研究者应当依赖于制度、相关的研究、实验的回合以及实验的意图而做出这一选择。

林奇（Lynch）等人使用了更加暗示性的方法：两种商品分别标示为普通品和高级品。高级品的生产成本更高，但是它们对于购买者来说更有价值。一个卖家所提供的所有单位必须是同一质量的产品。如图7—1所示的市场，是由6个卖者和8个买者组成。每个卖者能提供2个单位的待售品；每一单位的高级品的成本是120，但是每一单位普通品的成本只有20。在6个卖者和每人提供2个单位的情形下，最多有12个单位的供给。假如生产高级品，供给函数在价格为120直至数量为12处是一条水平线，在图形中用一条实线 S_s 表示。同理，普通品的供给函数是价格为20的一条水平线，在图中用虚线 S_R 表示。8个购买者每人对于第1单位、第2单位和第3单位的高级品分别有330、300和270的购买价值。对于普通品的第1单位、第2单位和第3单位的边际价值是180、165和150。因而，对于高级品的市场需求曲线用实线 D_s 表示，它位于用虚线 D_R 所表示的普通品的市场需求曲线的上方，如图7—1所示。高级品的实线需求曲线和供给曲线在价格300处相交；此时总的贸易剩余由供给曲线和需求曲线的面积所确定，为2 400法郎。但是如果只生产普通品，竞争性的价格将是165，它是由虚线的需求曲线和供给曲线相交确定，而贸易剩余减少至1 860法郎。

普通品的均衡是相对无效的，它在竞争性的市场中只产生了高级品所能获得的最大剩余的78%。但是如果购买者在购买之前不能观察到质量水平，销售者就有很强的动机提供普通品，它每一单位的生产成本比高级品低100。许多经济学家认为，各种市场特征可能阻止"柠檬品"的结果。例如，如果卖者能够打广告，提供保修单，或者是在前期的销售基础上形成声誉，那么可能得以避免无效的均衡。林奇等人在上面所讨论的实验设计的变化版本中进行了21个一系列的双向拍卖市场，从而评价了其中一些变量的相应效应。

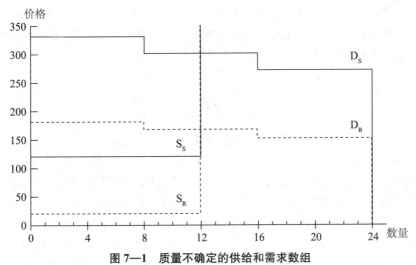

图 7—1 质量不确定的供给和需求数组

资料来源：Lynch et al.（1986）.

　　每个市场持续 7～14 期。在卖者做出了质量选择后，采用了标准的口头双向拍卖过程，但有三个例外。首先，报酬在实验中是称作"法郎"而非美元。法郎转换为美元，对于购买者来说是 1 法郎＝2 美分，而对于卖者来说是 1 法郎＝1 美分。[1] 其次，为了阻止不能控制的关于产品质量信息的泄露，买者和卖者分别位于不同的房间里。在卖者做出他们的质量决策后，竞价和要价是通过 CB 电波从一个房间传递到另一个房间，同时在每个房间里给出竞价和要价的 T 形图。最后，给予每个买者每期 50 个法郎的奖金，并在第一期结束时给予一个未预期到的 200 法郎的一次性禀赋。引进的奖金和禀赋可以抵消初期买者遭受的损失，即那些买者在初始交易期倾向于以高级品的价格购买普通品。即使每期都有奖金，如果没有初期的额外禀赋，直到进行了很多期之后许多买者才能提前意识到应该维持一个正的平衡。买者在第一期之后被（真诚地）告知不用期待禀赋机会的再次出现。[2]

---

　　① 因为转换率是私人信息，所以法郎代币的使用可能会减少人与人之间报酬水平的比较。然而，如果被试认为所有人的转换率是一样的，那么这一方法将会无效。然而，实验中所使用的法郎在这些信息不对称实验中是一样的。正如在第 1 章所表明的，使用法郎代币的危险是，所引进的金钱激励可能会受到扭曲，因为它受到了与使用高报酬数字相关的货币幻觉的影响。

　　② 未告知的报酬的使用产生了一些困境。一方面，这种报酬可能有助于维持一个回合中的激励（和忠诚）。另一方面，它们的使用会使得可信度面临损失的风险：被试可能怀疑大胆决策所导致的巨大损失在下一期可能会得到原谅。这一问题看似可以避免，只要在开始这一回合实验之前简单地给予买者 200 法郎。

作者研究了许多不同的控制条件，各个实验回合的行为也明显不同。然而，还是可以观察到一些持续的结果。具体而言，作者能够识别出在什么样的条件下无效的"柠檬市场"结果会一直出现。在 7 个回合的一部分当中，卖者身份没有披露给买者（因而阻止了声誉的形成），而且也禁止卖者做出质量的信息披露。在这一实验局所进行的时期里，96％的卖出商品是普通品，而普通品的均衡价格平均为 5 法郎。这些时期的平均有效性甚至低于"柠檬均衡市场"所预测的 78％。

呈现卖者身份也不足以避免无效的结果。这一结果可以通过图 7—2 所显示的市场回合的合约价格序列得到说明。图形用通用的方式绘出，每个交易日期用垂直线分开。"·"代表普通品交易的合约价格；"＋"表示高级品的合约价格。在 165 处的虚拟水平线表示普通品的均衡市场价格，而在 300 处的水平虚线表示高级品的均衡市场价格。在这一回合的前 6 期，卖者的身份已知，但是禁止真实或者虚假的广告。在第 1 期买者购买的一些单位的价格位于普通品均衡价格之上。然而卖者之间的竞争使得价格降低。在期末，每个买者发现所购买的单位是普通品。在第 2、3、4 期，买者只购买销售的普通品，尽管有时卖者会努力提供高级品，如图中的"＋"所示。在第 5 期和第 6 期，卖者完全停止高级品的供应。第 5 期和第 6 期的平均交易效率是 73％，甚至低于"柠檬市场"均衡预测的 78％。这一模式的低价格和低质量完全代表了当广告是禁止时其他回合的结果（但图 7—3 下面的数据显示了一个例外的情形）。

另一方面，真实的广告，要么自愿要么强制，似乎可以解决质量的不确定性问题。图 7—2 中的最后两期交易显示了当这一情形发生时的例子。在这些时期，当提供待售的合约时，卖者被给予是否做出有关产品质量的声明的选择。然而，实验的监督者要求这一断言是真实的。正如在图中"＋"聚集在高级品所预测的竞争性价格水平处的证据所表明的，最优的真实广告声明几乎迅速地把这一市场移动到高级品的有效均衡处。正如图形底部所显示的，效率从第 6 期的 70.8％上升到了第 8 期的 100％。

图 7—2 所表示的真实广告声明的效应代表了其他回合的结果。在 6 个回合的一部分之中，真实广告不仅仅是可能的，而且也是必需的。在这些时期，将近 90％的销售单位是高级品，并且效率一直超过 90％。而且，在每一回合的第二期，所有合约都在高级品均衡价格的 10 法郎变化范围之内。在其他四个回合的一部分当中，广告是选择性的，但是

声明必须是真实的，我们也可观察到几乎一样的结果。

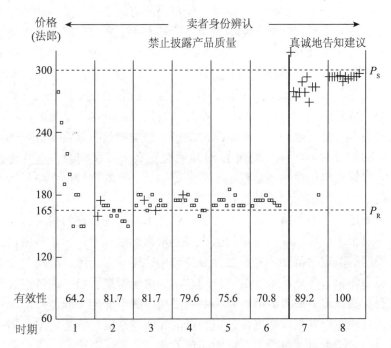

图 7—2 普通品 (·) 和高级品 (十) 的双向拍卖合约价格

资料来源：Lynch et al. (1986).

在其他环境中的质量不确定性

在这些实验回合中使用上面所讨论的双向拍卖的一个问题是，这样一个实验设计的制度要与金融市场结构一致。人们可能更自然而然地认为，低质量结果是其他交易制度的一个特点，比如明码标价市场或者带有非公开契约条款的市场。Holt and Sherman (1990) 检验了一个内生质量的明码标价市场。他们修改了明码标价程序，在买者购买之前，让卖者独立地选择价格和质量。质量的选择是从 6 个或者 18 个可能的质量级别中选择 1 个，质量等级分别标示为等级 1，等级 2，依此类推。质量等级的多样性给卖者提供了更多模糊传达产品质量信息的机会。同时，与林奇等人所不同的是，霍尔特和舍曼把卖者和买者都安排在同一个房间里。从事后来看，这可能是一个很差的实验设计决策。一些卖者在对低质量产品收取了高价格之后会觉得很难为情，这在实验中是很明显的。为最小化实验后的相互影响作用，卖者比买者提前获得报酬并离

开房间。

因为成本和估价都依赖于等级，所以当所有的单位都是一个特定的等级，并且它们都在那个等级的竞争性价格水平上售出的时候，就有可能计算所导致的交易剩余。在霍尔特和舍曼实验设计中产生最大化交易剩余的等级并不是可能获得的最高等级，因此同时产生了拥有无效率的高水平质量和无效率的低水平质量的可能性。所有的 8 个标价回合均以一些完全信息的时期开始和结束，在这些时期当中价格和质量的选择在购买之前都会披露给买者。在这些时期中，平均质量的等级接近于剩余最大化的等级水平，并且实现了 84% 的交易最大可能剩余。与此相反的是，当标示出价格而不是标示出质量等级后，平均质量水平降低，并且各期从交易当中所实现的收益只有 46%。①

然而还有另外的情形，非对称质量信息影响市场表现的情况也会出现于专业服务市场，在这一市场当中买者永远无法观察到卖者所做出的产品质量的决定。例如，考虑会计服务市场这样一个情形。公司的所有者可能会保留一个外部审计员，目的是减少由于管理不当，或者是无所有权利益的管理者一方的欺诈行为而造成损失的可能性。即使外部审计员很认真地履行其审计职责，他也有可能无法发现欺诈行为，但是损失的可能性会随着审计员努力程度的增加而递减。像这类情形，信息不对称的产生是由于买者无法观察到雇佣人的行为，被称为委托—代理问题。例如，行为人利用这一情形从而减少服务的质量的动机，被称为道德风险。②

DeJong，Forsythe，and Lundholm（1985）在委托—代理情境中进行了旨在评价道德风险的总共四个密封要价拍卖实验。在这些市场中，卖者同样能提供多个质量等级，而有效解并非最高等级。然而，与上面所讨论的明码标价实验所不同的是，卖者可以私下针对特定买者指定价格和质量（比如，卖者 1 可能以 30 法郎的价格给买者 2 提供质量等级

---

① 霍尔特和舍曼设计了他们的实验以评价价格声明传递质量信号的能力。作者发现，在缺乏质量信息的条件下，价格广告并没有改善市场表现。在价格被广而告之（而非质量）的时期当中，平均效率是 46%，稍微低于没有广告时期的 53% 的平均效率。（在没有广告的实验局当中，是让每一个没有看到质量和价格的买者轮流地选择一个卖者，然后决定是否在那一期在所选择的卖者价格的基础上进行购买。质量只显示给做出购买的买者。）

② 即使没有道德风险问题，在委托—代理情形中也会出现无效的表现，但是道德风险倾向于扩大这些无效性。基于这一理由，我们把关注点局限于这样的环境，即卖者故意对产品质量做出错误报道的情形。DeJong，Forsythe，and Uecker（1985）和 Berg et al.（1985）报告了在没有道德风险的情形下研究代理问题的实验。

为 3 的一单位产品）。众所周知，质量的增加会减少期末的随机事件对买者造成损失的可能性。卖者受他们要价的限制，但不受所给出质量的限制。在所有的要价都标示出来后，买者做出购买决策。一旦做出购买决策，卖者选择交付的质量水平。买者从未被告知事实上所销售的服务质量。然而，在所有的买者做出购买决策后，自然的随机状态也随之确定，买者要么观察到损失，要么观察到没有损失。因而，这一安排具有下列特征，即买者只收到了有关卖者所提供的产品质量的随机事后信息。与"柠檬市场"环境类似的是，在这些市场中所交付的常常是无效的低质量产品（大约有一半的时期）。

通过昂贵的审计机制可以很容易地消除无效率的低质量交付。在随后的实验中，DeJong et al.（1985）报告了低质量交付的比例从质量不能被观察到的两个回合的 60%，下降到带有有偿调查和"疏忽责任规则"的其他两个回合的 4%。在后一个实验局中，买者在面临损失的情况下，可以支付一笔费用以确定交付商品的质量。如果审查结果有充分的理由确定卖者所交付的东西是低质量的，那么卖者将被视为"疏忽"，因而他们不得不为这一损失付费。由于实验局的复杂性，质量上升的理由是不清楚的，既可能是审计提供了额外的信息，也可能是伴随"疏忽责任规则"的惩罚造成了威慑效应，也可以是两者兼而有之。尽管所交付的产品质量得以改进，但是，实验局并没有改进总体市场表现。由改善的质量交付所带来的效率收益几乎完全耗费在审计支出上。作者指出这一结果已为 Akerlof（1970）所预见到，他认为，虽然制度上的改变可能会逐步发展到消除信息的不对称性，但是这些改变可能并不能改进市场的效率，因为它们是有成本的。

然而，对数据进行更细致的检验，结果表明审计可能会产生更大的作用：在这些回合的后面几期，剩余提取率改进相当巨大，从交易中所获得的最大值的 55% 上升到 75%。效率的改进可归因于买者在每一回合的最后几期减少了他们的审查比率，但是他们并没有遭遇到交付服务质量的下降。这些结果的一个解释是，只有从静态的观点来看，买者在这些回合初始几期的高审查率才是无效率的。买者在早期的过度审查是为了形成声誉，因为那些审查活动行为人的损失是与低质量相关联的。一旦卖者清楚地知道买者会控诉明显的错误质量报告，过多的审查也就会中止。

鉴于委托—代理范式在会计理论文献方面的出色表现，我们可以预期到这方面更多的研究成果。一个特别有趣的采用委托—代理框架的例

子可能是基准环境的识别，即在什么情况下往往会提供无效率的高质量产品，比如，如果卖者必须承担一部分审查成本。与自然情形类似，这一实验研究是刻不容缓的，特别是在医疗服务行业，其中诉讼的威胁往往会导致额外的诊断成本。

除了关于获得的服务质量的非对称性信息之外，医疗服务市场暗示了其他有趣的话题。具体来说，医疗服务提供者同时具有开处方和销售的特殊服务特征，从这一意义上来讲，这些行为人同时影响了他们服务的供给和需求。Plott and Wilde（1982）报道了这样一个实验，其中服务的买者能向一个或者多个卖者要求进行诊断。卖者能够观察到买者的身体条件信息并做出可能的诊断，但是正确的诊断并不必然是跟能最大化卖者收益的诊断一致。在这一实验中，买者往往会避开与其他卖者诊断不同的卖者，而这一行为会有助于买者避免上当受骗。

小结

虽然"柠檬市场"的结果并不普遍，但是有关产品或者服务的不对称信息产生大量无效性的问题，已经在一系列相当稳定的环境当中观察到。当卖者身份被披露，但是买者在购买之前不能区分产品的质量时，质量水平往往下降到无效率的低水平。服务的质量以及某种程度的市场表现，在有审计机会的情况下可以得到改进。除此之外，至少在一个环境中，通过从多个卖者处获得诊断的方式，买者往往能够避免成为卖者机会主义诊断的牺牲品。现在我们回到上面所讨论的用卖者声誉解决一些无效性的话题当中。

7.3 声誉效应

虽然上一节讨论的无效性能够通过审计和规制得以减轻，但是这一类型的直接干预往往会产生令人讨厌的政治上和经济上的后果。在提倡管制的方法之前，可取的方法是询问市场能否通过声誉的形成自然而然地解决这些信息问题。正如上面所讨论的，当质量在购买之前无法进行评价时，交付低质量的产品往往是非重复交易中卖者的一个占优策略。然而，在许多市场当中，买者和卖者不断进行交易的关系能够改变这一激励结构。具体而言，在一段时间里卖者可能投资于高质量的声誉，即他们不会为获得短期收益而冒险以高价销售低质量产品。

在前面小节所讨论的多期市场中的错误质量报告发生率，表明声誉的形成并不是什么特效药：在这些回合的许多时期当中交付的并不完全都是低质量的产品。比如，DeJong，Forsythe，and Lundholm（1985）报告在一半的时间内交付的是高质量的产品，尽管卖者的短期激励是降低交付产品的质量水平。这些作者认为，至少有一些偏离低质量产品交付的行为，可能是卖者对声誉很在意的结果。

而且，声誉有时足以支撑效率，Lynch et al.（1986）报告了在双向拍卖市场中的高质量结果。它可由图 7—3 得到解释，图 7—3 表示的方式与图 7—2 一样，在 300 处的虚线表示高级品的均衡价格，而在 165 处的虚线表示普通品的均衡价格。"＋"表示所交付的高级品的价格，而"·"表示所交付的普通品的价格。图 7—3 所表示的市场的运行条件类似于图 7—2 前 6 期所使用的条件；虽然买者知道卖者的身份，但是当价格标示出来时卖者不能做出质量的声明。然而，买者能够查询到哪一个卖者在前期交付给他们高级品。值得一提的是，占优势的高级品聚集在以虚线所示的高质量产品所预期的竞争性价格水平。图 7—2 下方所显示的效率在所有期当中高于时期 1 和时期 4。这些结果与图 7—2 所表示的市场前 6 期的表现形成了鲜明的对比。

虽然图 7—3 表明传递高质量的声誉有时可以形成并且能占优于"柠檬市场"动机，但是图 7—2 和图 7—3 潜在的相似条件表明，人们很难预测到声誉的演变。基本一样的条件下的不同结果给实验者提出了一个问题。也许可以这样解释，即这个不一样的结果是由于一些没有意识到的而潜在可控的因素造成的。比如，在现在的这一例子中，存在一个可能的被试群体效应：图 7—2 的市场参与者是来自无实验经验的帕萨迪纳社区大学的学生，而图 7—3 的市场参与者是加州理工学院的本科学生，他们有相关的市场经历。[①]

但也可能是这样的情形，这一不同的结果是根本无法控制的特征造成的，比如个体的合作倾向。例如，Lynch et al.（1986）观察到单个

---

① 这一类型的差别是令人沮丧的，但是通过把注意力局限于狭小的、"合格"的被试群体以忽略这一问题并不是很好的方法。当被试群体效应是重要的时，对被试选择过程的限定就限制了结果的普适性。

卖者形成声誉的努力往往会受到"声誉外部性"的影响；即一些卖者的质量掩饰行为阻止了其他人形成或者维持声誉的努力。虽然多样的结果本身是有趣的，但是这一多样性提醒我们，每一个市场回合的实验从某种意义上来说是一个独立的观察值，因而额外的观察值也是必要的。

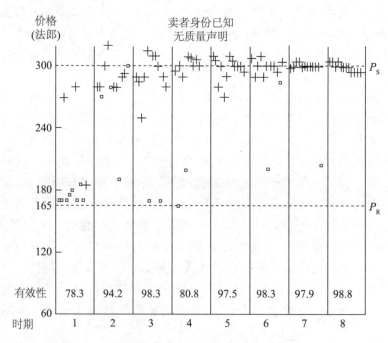

**图7—3　在信息不对称中的高级品（十）和普通品（·）的
第二个双向拍卖市场**

资料来源：Lynch et al.（1986）.

在复杂的市场中处理结果变动性的一种替代方法是，考虑分离激励结构的主要因素使环境简化从而提高效率。例如，Davis and Holt（1990）在一个三人博弈中检验了声誉的形成，在博弈中惩罚的概念对被试来说是一个显著的特点：当单个买者面临两个卖者时，他可以从交付低质量产品的卖者转换到另一个卖者。这一不稳定的"三角"关系使我们可以自然而然地把买者转换的决策解释为惩罚。

虽然戴维斯和霍尔特并没有用市场术语（比如，"买者"、"卖者"和"质量"）给被试提供动机，但是为了解释的意图，本书在此使用了这些术语。在图7—4中，买者必须在卖者 S1 和 S2 之间做出选择。买者的收益位于每一方框的左下角，而 S1 和 S2 的收益则分别位于每一方框的中间和右上角。在这一博弈中，每一个卖者可视为在高质量 H 和低质量 L 两者之间做出选择。买者的购买决定用所选择的卖者 S1 和 S2 作标记。所有的选择是同时做出的，因而，所交付的质量在购买之前是未知的。

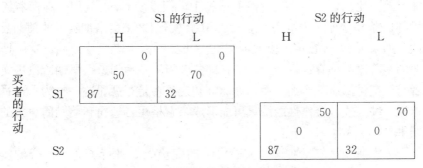

图 7—4　一个三人的阶段的可重复博弈

通过考虑一个可能结果的集合，这一解释能很容易理解。假定买者选择了行动 S1，从卖者 S1 处购买产品，而这个卖者选择了行动 L 交付低质量的产品。那么卖者 S1 因为选择 L 而获得 70 美分，而买者则由于这一低质量而获得 32 美分。值得一提的是，卖者 S1 通过选择 L 而非 H 而多获得了 20 美分，但是这一质量的下降使得买者的收益减少了 55 美分。与此同时，没有被选择的卖者 S2，在这一情形下，收益为零。从图 7—4 右下角的方框中，我们可以很明显地看到 S2 也有与 S1 同样的减少质量的动机。

在这一个博弈的一阶段版本中，交付低质量产品（决策 L）对于每一个卖者来说是一个占优策略，而买者在 S1 和 S2 两者之间无差异。然而，如果博弈重复一次，在第一阶段的"合作性"行动可以是均衡策略的一部分：假设卖者（任意地）在第一阶段选择与 S1 交易，而在所交付的是低质量产品的时候，才在第二阶段选择转换的决策。此时 S1 和 S2 的策略是在第一阶段选择 H 而在第二阶段选择 L。在这一情形下，卖者 S1 在第一阶段通过欺骗和交付低质量产品所实现的 20 美分收益，却被最后阶段没被选择的 70 美分的成本所抵消。[1] 回顾一下两个卖者在最后阶段均提供低质量产品，它是这一博弈的子博弈完美均衡。然

---

　　[1]　很明显，惩罚策略也一样适用于引导其他的卖者 S2，如果他在第一阶段被选中，那么他也会提供高质量的产品。还有其他具有同样合作性的但更加具有非对称的均衡结果，在那一条件下，没有被选择的卖者在两个阶段都提供低质量产品，而被选择的卖者在第一阶段选择合作。

而，这一均衡的结果很弱，因为如果买者在受到卖者欺骗之后不执行转换决策的威胁，那么卖者在第二阶段也不会获得比 32 美分更低的收益。

当博弈的阶段多于一时，转换—惩罚和停留—奖励策略能表现得更加有效。比如，在一个三阶段的博弈中，假设卖者 S1 使用了在所有阶段都选择 L 这样一个策略。那么从 S1 转换到 S2 将会增加买者的预期收益，如果买者 S2 在第二阶段能以任一正概率提供高质量产品。这一博弈的多阶段类型有这样一个优势，即买者能清楚地知道在早期阶段中卖者是否交付低质量产品，而卖者能够知道买者是否惩罚这一行为。通过这样一种方式，合作性的结果可能形成，它是买者惩罚和奖励的声誉的结果。

戴维斯和霍尔特对这一实验设计的变化版本进行了 9 个回合的实验。每个回合中有 9 个无经验的被试，他们在一系列博弈中做出决策，博弈所使用的参数如图 7—4 所示。所有回合都出现在电脑化的环境中，而且只提供相关的收益信息。具体而言，卖者所选择的质量信息从不在一个给定的阶段披露给另一个卖者。在每一博弈之后，参与者匿名地重新被安排进新的三人小组。控制变量是博弈的阶段次数，即在图 7—4 中同样角色的同样参与者所进行的阶段博弈的次数。三个基准回合实验是由许多单阶段博弈组成，其中参与者在每一个博弈之后都被重新匹配成新的三人小组。此外，还有三个回合是两阶段的博弈，三个回合是十阶段的博弈。

可以想象得到的是，许多买者都有一致性的惩罚和奖励行为，特别是在十阶段博弈中。（其中买者能进行各种各样的惩罚，可以从单期的转换决策到对剩余的所有时期都实行转换决策。）然而，对于买者来说，可能更为直观的惩罚和回报策略是一旦卖者交付低质量产品，则通过转换决策实行惩罚；而只要卖者交付高质量产品并且在后续几期当中都交付高质量产品，则通过一直停留持续至后续几期的方式对卖者给予回报。从两阶段和十阶段博弈的实验回合中所获得的数据结果表明，这样的简单策略对于许多买者来说是很自然的方法，正如在表 7—1 中间一列所显示的。接近 70% 的买者决策在每一回合的每一个实验局中，都与这一简单的转换/停留策略一致。然而，正如在表 7—1 的第三列所显示的，这一策略只在十阶段博弈中才明显地改进了所交付的产品质量水平：在博弈的最后三期，合作率（通过卖者在除了最后时期之外的所有其他时期当中选择高质量产品的次数所占的比例进行度量）在十阶段博弈的实验局回合中是 72%，而在两阶段博弈进行的回合当中只有 26%。

事实上，在两阶段博弈中 26％的合作率与在一阶段博弈中所提供的高质量产品的发生率（23％）是一样的，而在后者当中是不可能实行惩罚的。

表 7—1　在一个三人的合伙人选择博弈当中使用转换/停留的策略以及平均合作比率

实验局	转换/停留惩罚和奖励的发生频率	交付高质量产品的发生频率
一阶段博弈	—	23％
两阶段博弈	69％	26％
十阶段博弈	70％	72％

注：数据表示使用一个给定的实验局在所有回合中的最后第三个博弈做出指定决策次数的百分比。所交付的高质量产品的发生频率是对二阶段和十阶段的非最终阶段进行计算。

资料来源：Davis and Holt（1990）.

总而言之，在其他地方进行购物的惩罚方式在这一情形中看似一个很自然的策略。然而，这种方式的惩罚和奖励只有当买者和卖者互动足够多的次数时才能改进质量水平，因为只有足够多的次数才能使买者形成无法容忍低质量产品交付的声誉。这一结论已为 Nelson（1970）所预见到，在非对称环境中低质量产品交付的发生率是买者和卖者之间互动次数的函数。

戴维斯和霍尔特的研究只是声誉重要性的一个初始研究，它表明了声誉是避免"柠檬市场"结果的一种重要方法。而且，把戴维斯和霍尔特的结果与前一节所讨论的市场实验设计中声誉形成的证据进行比较的结果表明，影响声誉形成的因素可能是具体化的情境。然而，有一点很清楚，即行为人可能通过形成的声誉来避免没有外部管制情形下的不合意结果。

7.4　信号传递

即使买者不能够观察到产品质量，他们也能够从卖者的行为当中推断出质量水平。比如，如果可观察到的"额外"特征与基本高质量的产品单位产生关联成本，比这些特征与低质量产品产生关联的成本要低得多，那么想要销售高质量产品的公司可能会通过融入额外的特征而把他们产品的潜在质量信号发送出来。在这种方式下，与信息不对称相关的问题可以在没有直接的质量水平管制的情况下得到解决。

产品保修单在这一市场情境中可以作为质量的信号。再次考虑二手车的市场，同时为简化，假设有两种类型的企业销售二手车；一家销售"柠檬"品，而另一家销售高质量的"樱桃"品。每一家企业知道它所提供的车的质量，但是消费者在购买了很长时间之后才能够把"柠檬"从"樱桃"中区分出来。在缺乏卖者质量声誉的条件下，"柠檬"很可能驱逐了"樱桃"，而最终只有无效的低质量产品生产出来。然而，假定卖者开始在完全保修范围的月份基础上进行竞争。对于"樱桃"品来说，每月保修的预期成本会低于"柠檬"品的预期成本。如果成本的差距足够大，以及如果买者看重保修信号的信息价值，那么高质量"樱桃"品的企业将能使它们在"柠檬"厂商中脱颖而出，只要它们所提供的保修月份足够长，而这一月份对于"柠檬"品的企业在同样的保修条件下将会亏本，即使是它们能够成功地把其"柠檬"品误导为"樱桃"品而卖给购买者。

保修单除了信号传递功能之外，还有其他功能。比如，对于故障倾向产品的保证，把一些风险从消费者转移给了生产者。这可能也是为什么许多可靠的品牌并不一定有最全面保修的原因。与保修单相关的其他解释可以在实验室环境中消除。通过这种方式，保修单的信号功能和其他信号能得到更为直接的研究。一个值得考虑的问题是，市场环境中出现的信号是否有利于甄别质量。出现第二个问题是因为理论分析表明，现实中有许多信号性均衡。实验方法能够在更为稀有的环境中，被用来评价理论学家所建议的那些用于挑选替代性均衡的方法。

信号传递的市场实验

Miller and Plott（1985）在双向拍卖市场中检验了这类信号区分高质量和低质量产品的能力。他们的实验包含 11 个回合，覆盖了许多市场结构。除了一个例外之外，市场均有 6 个卖者和 4～6 个买者。在每个市场，所有卖者都面临同样的成本条件：卖者能够自由地确定每一单位产品的基本质量或者"等级"（要么是低成本的普通品，要么是高成本的高级品）。此外，卖者能够选择要价水平以及每一单位产品质量增量的数额。买者在购买之前无法区分出高级品和普通品，但是卖者能沟通质量增量的选择，以此作为他们要价的一部分。为高级品增加质量增量的成本，小于为普通品增加质量增量的成本，它潜在地允许高级品的卖者通过质量增量的方式传递出等级的信号。这一市场的需求方是由同样数量的同质买者组成。每一个买者得到一个依赖于等级（普通品或高级品）和增加的质量增量数额的赎回价值。

市场是以口头的双向拍卖进行组织，在这一市场中买者和卖者位于同一个房间中。除了具体的价格和质量增量的信息之外，竞价和要价都是以通常的方式做出。比如，一个要价将采用这样的形式："对于 320，S1 要价 50"，它表示卖者 S1 愿意以 320 法郎的价格卖出质量增量为 50 的一个单位产品。在每一交易期的最后，每一个售出的单位等级将公布。在最后的时期，通过把等级交付用彩色粉笔圈起来的方式进行进一步的事后区分。如果质量增量信号与所传递的等级有关系，那么这一区分的过程将会强调这一关系。

在一个分离均衡的情形中，每一单位附加的可观察到的质量增量的数量和不可观察到的等级存在着对称性的关系。在这一情形中，买者将乐意为高的质量增量的数额支付更高的价格。即便普通品能以高级品的价格售出，提供高级品的卖者将通过比能盈利性地提供普通品的卖者增加更多的质量增量从而脱颖而出。如果提供高级品的卖者不能够通过提供足够的质量增量从而脱颖而出，那么普通品的卖者将有动机增加质量增量，从而在可获得的高级品的价格水平上售出产品。如果普通品和高级品具有可观察到的同样信号，那么两者将会混合在一起，在这一情形下，这一结果将是混同均衡。

通过信号传递而产生的显著的质量分离，在米勒（Miller）和普拉特的实验回合中占到了将近一半。一个典型的调整模式是，发生的信号传递在开始出现时是过多的（无效）数量，即超过了分离均衡所需要的数量。质量增量的支出随后将会朝着有效水平下降，而这一有效水平正好阻止了有相似质量增量的普通品的出售。当高级品和普通品信号成本的差距很大时，发生有效信号传递的结果会更为频繁。这一实验表明，在一个更丰富的价格和质量选择内生化的市场中，信号传递是可能的。

然而，结果却是以很高程度的多样性为特征的，而且混同和分离的质量结果都可在同样的控制条件下观察到。实验回合结果的多样性可能因为两种因素而得以增加，一是关于等级决策的公共信息的事后提供，二是在同一个房间的市场参与者之间发送额外信号的可能性（比如，语调、肢体语言等）。在任一情形下，这些因素使得很难把这一市场情形作为一个博弈进行分析。许多理论学家感兴趣的话题应该在一个更加完全的环境中进行研究，因为在这种环境中博弈论的预测可以更加明显地实现。

信号博弈

考虑一个简单的两人博弈，其中参与者选择（或者尝试解释）一个简单的二元信号选项，我们将会把它解释成为获得一个特定的教育证书。两个参与者能被视为这样一个工人，他做出教育决策，而雇主做出分配工作的决策。工人拥有的能力水平要么是低的要么是高的；假定这一能力对于工人来说是已知的，但是不能被雇主直接观察到。工人决定是否获得教育证书，而雇主则对工作分配的决定做出反应。教育在这一情形下是一个潜在的信号；在这种情形下所提供的信息是，只有高能力的工人获得教育。

图7—5所显示的是即将分析的这一博弈的扩展型。博弈通过两步进行：第一步是工人选择获得教育证书（E）或者不获得教育证书（N）。雇主观察到教育的决策，但没能观察到能力水平，同时选择一个工作分配：机工（M）或者行政管理（A）。从图7—5来看，行动在中间开始，可在上面，也可在下面，这取决于工人的能力。雇主知道工人是从一个总体中随机抽取的，而这个总体中的一部分（比如说1/2）成员是高能力的，其余部分成员是低能力的。工人的教育决策也与向右移动（N）或者向左移动（E）相对应。如果工人选择N，雇主知道右图是相关的，但是仍然不知道相关的是上半部分还是下半部分。雇主事前无法观察到工人能力的假设，是通过用虚线把雇主标签与图形每边的两个可能的决策点连接起来的方式表示。回忆一下这些虚线是第2章所讨论的信息集。

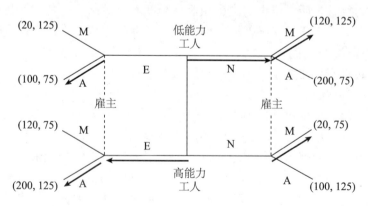

图7—5　在分离均衡中的劳动力市场信号博弈

关键词：（工作报酬，雇主报酬）。

考虑工人的能力，每个混合的决策会导致一个结果以及与此相关的一对报酬。其中工人的收益列示在前面。例如，假如低能力工人选择 N，而雇主相应的反应是 M，那么这一顺序将能用图 7—5 加粗的箭头指向右上方的博弈表示。最终的收益是工人获得 120，而雇主获得 125。值得一提的是雇主的收益，列示在每一对收益的第二个，只要当低能力的工人被分配了机械的工作或者是高能力的工人被分配了行政性的工作，一直是 125；否则，雇主的收益只有 75。（从某种意义上来说，"高"能力代表的只是高行政能力，而非高机械技术。）雇主的问题是，匹配工人的工作以使得工人与工人的能力相当。具体而言，需要特别注意的是，在这一例子中教育并不是生产性的；雇主在左边（教育）的博弈结构的收益与雇主在右边（非教育）的收益是一样的。

假定的工人收益背后的直觉有些难以理解。两种类型的工人都喜欢 A 工作，但是高能力工人享受了教育，而低能力工人则没有（教育是有关非机械的话题）。考虑一个低能力工人的情形，他最差的结果是忍受了教育，但结果仍然是从事机械工作；这一情形产生的收益是 20，正如图 7—5 左上方所示。如果在受教育后获得行政性工作，那么工人的收益将是 100 而非 20，因此分配给工人行政性工作的边际价值是 80。如果教育可以避免，对于任何一个给定的工作分配，低能力工人的收益增加 100；例如，在结果是 M 工作之前教育能被避免的话，工人的收益将从 20 上升到 120。相反，高能力工人接受了教育，因此最差的结果是错过了教育机会，从而从事很不偏好的 M 工作，这一情形产生的收益为 20。高能力工人能够计算的另一个收益是：对于给定的工作分配，教育的额外价值是 100；对于给定的教育水平，所偏好的（A）工作的额外价值是 80。

发生信号传递的基本前提是教育信号对于低能力的工人来说更为昂贵，正如现在所考虑的这一例子的情形。假设低能力工人的策略是 N，而高能力工人的策略是 E，正如图 7—5 中黑色箭头指向的图形右上方以及图形左下方。在这一情形中，教育完全与能力相关，而雇主的最优反应是如果观察到受教育则分配给工作 A，正如图中左边向下倾斜的箭头所显示的；否则就分配给工作 M，正如图形右边向上倾斜的箭头所显示的。值得注意的是，没有哪一个工人类型有偏离这一分离均衡的动机：高能力工人获得了最大的收益 200。低能力工人获得 120；而偏离这一均衡水平去获得教育将导致他得到了所偏好的 A 工作，但是教育的成本（100）高于所偏好工作的额外价值，因此这一偏离没有吸引力。

回顾一下，图7—5的博弈很容易分析。工人类型对于教育有很强的偏好，以致N对于低能力工人来说是占优策略，而E对于高能力工人来说是占优策略。现在让我们看一看如果我们把受偏好的教育水平的边际价值从100下降到40，将会出现什么情况。我们可看一下图7—6左边的扩展形，从左上方低能力工人的最差的支付20开始分析。如果这一工人不用忍受教育的痛苦而一直维持M工作，那么收益上升到60，正如我们可以在图中看到的从扩展形的左上方水平移动到右上方。与此相似，所有工人收益的其他水平差距也是40，但是正如前面一样，高能力工人偏好教育。我们所要考虑的第一个问题是，低能力工人教育成本的减少是否会改变一些结果？假设工人的类型与之前一样分离开来，此时高能力工人选择E并获得A工作，而低能力工人选择N，并在M工作中获得60的收益。低能力工人能够偏离这一分离结果，通过获得教育的方式使收益从60增加到100，因为雇主观察到的是教育决策而不是能力，这一单方面的偏离会导致收益增加，所以这一分离的结果并不是纳什均衡。

为继续这一故事，假设雇主预期到为了能够与高能力工人混合在一起以获得所偏好的A工作，低能力工人会选择E。当这两种类型的工人都选择教育时，雇主就不能够使用教育信号推断工人的能力，此时雇主不得不依赖于先验信息。假设雇主知道工人是随机地从2/3高能力工人组成的总体中抽样出来的，正如图7—6中在扩展形的底部所标记的2/3所显示的。因为雇主的目标是把工作按照工人的能力进行分配，所以雇主对于混合的最优反应是把工人安排在A工作中，只要令人鼓舞的高能力工人的可能性大于1/2。[1] 决策的均衡路径如图7—6左侧的实线所显示。只要工人认为偏离去选择不接受教育（N）将分配到不是很偏好的工作M，那么工人将没有动机偏离这一混合均衡。如果雇主认为这一偏离更可能是低能力工人，那么雇主对这一偏离的反应是合适的。这些信念以及雇主的反应是遵循破折线的N/M路径所显示的。总而言之，在混合均衡E1中，两类工人均选择教育，而雇主的策略是把A工作分给受教育的工人而把M工作分给没接受教育的工人。

但是该博弈有另一个混合均衡，如图7—6右边所示。正如实线所显示的，两类工人都选择不接受教育，而雇主的反应是分配给A工作，因为它是更可能遇到的高能力工人的合适工作。低能力工人所获得的最

---

[1] 可计算雇主每期决策的预期收益从而确认这一结论。

大收益是 140，所以这一类型的工人将不会考虑偏离决策。在这一均衡
中高能力工人获得 100，而偏离会受到阻止，如果雇主对偏离的 E 信号
分配给最不偏好的 M 工作，它将会使得高能力工人只获得 60 的收益。
如果雇主认为这一偏离更可能是低能力工人，那么 M 工作的分配就是
合适的。这第二个混合均衡的不合理之处是，正如决策的标签所表明
的：两类工人都不获得教育，只是由于担心获得教育的这一偏好将会被
视为低能力而被分配给不受偏好的机械性工作！[①]

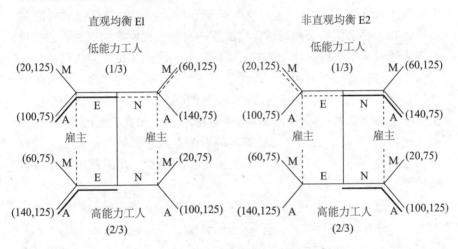

图 7—6　两个混合均衡的信号博弈

　　总而言之，在图 7—6 中显示了两个混合均衡，两者均满足序贯均
衡的要求（关于信念和最优反应的一致性）。由 Cho and Kreps（1987）
所提出的基于均衡路径偏离信念合理性的"直觉标准"对多个均衡进行
了区分。为应用这一个标准，我们关注一个具体的均衡，比如说 E2，
每一类型的工人所获得的收益为：高能力工人是 100，而低能力工人是

---

　　① 尽管存在这一与直觉相悖的特点，但是第二个混合均衡是序贯纳什均衡。回想一下
第 2 章的附录，我们必须具体化两个参与者的策略和他们对每一个信息集的信念。具体而言，
信念必须与均衡中所做出的决策一致。N 信号的选择，是由于两类工人在这一混合均衡中均
没有什么信息，因而雇主在观察到 N 之后的信念必须根据先验概率——即有 2/3 的概率碰到
高能力工人——匹配工作。相反，在均衡路径中没有观察到 E 信号，所以工人的决策不会对
雇主对于图中左边扩展形的信息集的信念产生任何限制。如果我们具体化雇主的信念，即 E
信号来自低能力工人，那么雇主的最优反应是分配工作 M，它将会阻止两类工人偏离均衡决
策。从这种意义上来讲，这一信息是与决策和先验概率一致的，而决策是在这一信念下的最
优反应。与此相似的是，确认其他的混合均衡，比如在这一均衡中两类工人均发送 E 信号，
而雇主对这一均衡偏离的反应是分配给 M 工作，这也是一个序贯均衡，它的检验也很直观。

140。低能力工人不可能通过偏离均衡的方式而获得比这一均衡水平更多的收益水平，因为向 E 偏离则要么获得 20，要么得到 100，这取决于雇主的反应。相反，高能力工人能够偏离至 E 从而使收益上升至 140。因而，雇主把这一偏离均衡的选择解释为它更可能来自低能力工人从而做出不合理的 M 反应，这是很不合理的。但是，如果雇主对偏离至 E 的反应是分配给 A 工作的话，那么高能力工人将希望偏离这一均衡水平，此时这一行动破坏了原有的均衡水平。通过这种方式，直观标准规则排除了混合均衡 E2。[①] 这一直观标准（以及相应的精炼形式）的基本诱因在于要求信念必须与均衡决策相一致的序贯均衡的概念，它并没有对未通过均衡决策延伸到的扩展形的部分信念施加足够的约束。

正如这一例子所表明的，即使是简单的信号传递博弈也可能有多个序贯均衡，其中有一些是不合理的。理论学家一直感兴趣于识别出能用于确定应该"选择"哪一个均衡的普遍标准（比如直觉标准）。具体例子，正如图 7—6 中的博弈，是基本的数据点，它引导理论强化（"精炼"）纳什均衡的概率以排除不想要的均衡。实验在此的作用是提供真实的而非假设的数据点。

Brandts and Holt（1991）报告了使用图 7—6 的报酬结构的一个实验。[②] 实验由许多回合组成，在这些回合中，参与者匿名地匹配工人类型和雇主类型，并进行了一系列决策。（"工人"、"雇主"和"能力"术语用更为中性的词组替换。）在每个回合当中，8 个参与者的一群人被分成同等规模的小组，同时各小组处于不同的房间。在每一个房间中，所有参与者扮演同样的角色，而且他们只与另一个房间的每个参与者匹配一次。角色反转而且模式重复。类型（工人能力水平）是在每一决策之前确定，它是在一个包含工人参与者的房间里通过扔骰子而实现的。在这一设置中所观察到的决策与直觉均衡 E1 几乎吻合。在每一回合的最后 2/3 的匹配中进行的 112 个信号传递博弈中，101 个产生了 E1 的均衡结果，而只有 7 个与 E2 符合。[③]

---

① 这一观点不能用于排除另一个均衡 E1，因为在 E1 中，雇主的信念是偏离至 N 信号的行动更有可能来自低能力的工人。这些信念（偏离均衡路径）并非不合理的，因为低能力工人通过这一偏离行动可能使他或她的收益增加（上升至 140）。

② 布伦特斯（Brandts）和霍尔特改变了高能力工人的 N/A 报酬水平，从 100 变为 120，从而使得这两个混合均衡的预期收益相等。但是这一变化并没有改变任何均衡计算。

③ 实验支持这一结果，并且更为精确的均衡精炼结果也已经出现在其他人的研究报告中，比如 Camerer and Weigelt（1988）和 Banks, Camerer, and Porter（1990）。

虽然每个被试与其他任何一个被试只用同样的角色匹配一次，但是从匹配到匹配的这一调整过程是有启迪作用的。在初始的匹配当中，分离是普遍的：低能力工人角色的被试倾向于选择没有教育的信号，而高能力工人角色的被试倾向于选择教育信号。这一分离并不是一个均衡，因为雇主倾向于排他性地基于教育信号的基础分配工作，这一做法造成了低能力工人转移到选择教育信号以便获得所偏好的（行政性）工作分配。这是直观的混合均衡，在这一均衡中两类工人类型获得教育信号，而雇主则以行政性的工作对此做出反应。值得一提的是，偏离均衡的信念，即一个来自低能力工人的偏离性的非教育信号，与事实上在早期所观察到的结果一致。这一结果表明，偏离均衡的调整过程影响了偏离均衡信念的路径。

在初期的信号传递实验中观察到调整模式之后，布伦特斯和霍尔特改变了报酬的参数以试图引进一个强化直觉均衡的调整模式。为了更好地研究调整的过程，每一回合的被试数目从 8 增加到 12，以使得在角色反转之前能进行 6 次不同的配对。[①] 博弈参数的转变是通过使两个工作分配的相对价值依赖于工人的教育水平。虽然这一转变保留了直觉混合均衡和非直觉混合均衡的结构，但是它确实导致了在早期匹配的决策与这一情形相符，即低能力工人确实获得了教育，而高能力工人则没有。这一"反转分离"可在某种程序上观察到，而且它与非直觉均衡的偏离均衡信念相吻合。在后面的匹配中，低能力工人倾向于转换至无教育信号，正如直觉均衡所预见的，它的支持证据是雇主的信念看似已经受到了初期匹配的影响。所获得的经验是，偏离均衡的信念是在向着均衡调整的过程当中形成的。基于这一理由，精炼理论可能需要更为仔细地考虑调整的过程。

小结

实验中信号行为的研究表明，不同成本的信号可以作为行为人在购买产品之前不能直接观察到产品质量时区分产品质量的一种机制。在丰富的双向拍卖环境中的多样性结果，需要更为简单的博弈以及市场结构

---

① 另一个替代方法是使被试与另外的人匹配不止一次，但是这么做将会复杂化博弈的扩展形式，因为这会增加均衡并且改变精炼观点的性质。调整也可能因事后提供其他人的决策信息而受到影响。这些方法有严重的不足之处。比如，公开地通知每一个匹配的结果，这一做法把 8 个参与者的整个回合转变成了一个单一的多阶段的八人博弈。在旨在检验微妙的博弈理论概念的实验中，使实验设计简单化是非常重要的。

的研究，它应该允许识别出在什么条件下分离均衡将会或者不会发生，以及当分离不发生时，能分析出哪种混合均衡将会被选择。混合均衡选择的研究从理论"精炼"文献的角度来看是特别有趣的，精炼性理论产生的预测结果相对依赖于偏离均衡路径的信念的精确假定。这些在实验中的精炼性的初始研究表明，极其精致的精炼可能产生相当大的行为上的吸引力。然而，这些博弈理论实验也只是代表了可供分析的起点。比如，虽然"直观"的精炼标准能够很好地解释上面所讨论的图7—6实验设计的数据，但是Brandts and Holt（1991）也报告了其他参数化的情况，在那当中许多决策与非直觉均衡策略相一致。[①] 因为在某些条件下成立的理论概念可能在其他条件下失灵，所以实验能够提供关键的数据点以指导精炼理论。这些数据是重要的，因为现实几乎不能复制哪怕是最简单博弈的精确条件。在这些实验之前，唯一可获得的"数据"是理论学家关于特定博弈中结果合理性的直觉。

7.5 资产市场中的信息不对称

证券，或者资产，不同于其他产品的地方，在于它们是从不同时间的利息流或者资本利得流中得到价值，而非从其导致的成本和引致的估值当中实现价值。资产的跨时维度形成了几种不确定性的来源：资产价值可能由于外部因素而变化，比如自然的状态；也可能随着内部因素的变化而变化，比如交易者对于资本收益和损失的预期。实验方法的一个重要优势在于其允许我们控制不确定的外部来源从而能够更为直接地检验内在的行为。

在资产市场情境中区别出两种类型的外在不确定性，是很有用的。[②] 首先，资产的股息报酬可能依赖于自然状态所随机确定的结果，比如，公司产品的受欢迎程度或者是研究和发展的结果。这形成了状态的不确定性，正如在前面一章的公地价值拍卖模型一样。其次，虽然每一个交易者知道每一个状态中他对于资产收益的自有价值，但是交易者可能不确定其他交易者的资产收益。比如，不同的交易者可能处于不同

---

① Cadsby, Frank, and Maksimovic（1992）也报告了一个信号传递实验，在信号传递实验中，对于某些参数形式来说，数据与非直觉均衡相吻合。

② 我们非常感谢罗伯特·福赛斯（Robert Forsythe）所提出的这一区分的建议。我们稍微偏离了他所建议的术语，并且对由此所导致的任何混淆和不精确性负责。

的税收位置，这造成了一个给定的股息变化从而产生了不同水平的税后收入。这形成了类型的不确定性，正如前面一章中的私人价值拍卖模型一样。

类型不确定性和状态不确定性的概念应该与内生的行为不确定性区分开来，后者是关于其他人是怎样形成预期以及怎样在这些预期的基础上进行交易的不确定性。虽然造成状态不确定性和类型不确定性的变量已经是实验控制的目标，但是对于控制行为上的不确定性，现有研究还没有对此做出尝试。比如，为了这么做需要控制交易预期的形成过程。但是预期的形成过程恰恰是其与存在竞争的资产定价模型与众不同的地方。因而，预期形成过程本身就是研究的目标，它是不能控制的。

资产市场实验中最被普遍考虑的行为假定是预期是理性的，原因在于这些信息建立在关于资产潜在价值的最佳可得信息的基础之上。在经济模型中，预期的理性相当于一个均衡或者一致性条件。预期影响行为，而行为反过来影响时间序列的价格和其他变量。放松地讲，如果它们与由这些预期的最优行为产生的结果相一致，预期是理性的。为了帮助理解，想象一个由箭头围成的圆圈，即预期与行为相关，行为与市场结果相关，而市场结果又与开始这一链条的预期相关。理性预期模型的普适性，部分原因可归结为这样一个事实，即它们往往会产生有效率的结果，而这一结果本应该在几乎没有不确定性的环境中才会产生。

理性预期的一个含义是交易者对股息的不确定状态的反应方式。例如，如果交易者是风险中性的，那么就不应该有造成价格严重偏离资产预期内在价值的投机性泡沫，因为只有预期到价格会持续上升，而它又与随后的下跌不一致时，这一泡沫才会出现。在第 3 章结尾处的资产市场双向拍卖的介绍中，当参与者是没有经验的实验室交易者的时候，我们可以看到这一含义在相对长期的资产市场中往往不能够成立。出人意料的是，在这些条件下巨大的投机性泡沫会形成和崩溃。然而，当参与者变得有经验的时候，投机性行为往往会衰减。

理性预期的假定对于以非对称性为特征的市场中的资源配置也是有意义的，无论是在交易者之间的估价（类型不确定性），还是与估价相关的信息中（状态不确定性）。例如，假设一个资产股息流的价值对于交易者来说是普遍未知的，但是它只披露给一些知情的"内部人"。给定存在的这一内部人信息，一个完全有效的资源配置就是基于这一信

息。在这一情形下，理性预期的假定意味着市场能够作为一个信息传播机制而发挥作用。即交易的过程通过"泄露"内部信息给市场中的不知情交易者的方式解决了不确定性。

在这一节以及下一节中，我们介绍证券市场传递非对称信息的能力的实验理论。正如我们将会看到的，市场作为传递信息机制的角色，可以用在某些方面比第3章中所讨论的存续相当长时期的资产市场更为简单的环境进行检验。我们通过一系列越来越复杂的环境进行讨论。这一节的其余部分是有关类型不确定性的相对简单的情形，在这一情形当中股息的价值在各个交易者中是不同的。下一节回顾状态不确定性的实验，它评价了市场传递和汇总内部人信息的能力。

在一个简单资产市场中的类型不确定性

虽然类型不确定性能出现在金融资产市场中，但是更为自然的方法莫过于在一个对于不同投资者有不同价值的物质资本的情形中考虑这一问题。例如，小麦联合收割机的最高使用价值，从明尼苏达州到阿肯色州可能是变化的，也会从8月到10月的不同月份而有所不同。在一个金融市场情形中，由于税收或者风险，具体的股息报酬的价值可能会因投资者的不同而不同，而且这些私人价值差距的信息一般不是公共的。但是，如果市场是有效的，那么交易应该传递这一信息，资产应该在每一时期转移给最高价值的投资者。

Forsythe，Palfrey，and Plott（1982）首次研究了市场传递非对称估价信息的能力。这一实验涉及总共5个实验回合，在这些回合中参与者对一个两期的混合资产进行交易，或者是对一个对于不同交易者和不同时间有不同价值的资产进行交易。市场设计是由9个交易者组成的，他们对资产的交易是在一系列市场"年份"进行。协商的顺序和每一个交易年份的股息如表7—2所示。从表的左边开始，给予每一个交易者一个初始禀赋，它是由2个资产单位和一个10 000实验法郎贷款的"营运资本"所组成的。向右移动，交易年份是由2个7分钟的交易时期组成，分别用A和B表示。在每一期结束时，持有资产的交易者收到他们持有的每一单位的股息。在第二期结束时（紧跟着这一时期，B的股息报酬列示在表7—2右边），资产单位是一文不值的。而贷款的营运资本必须全额如数返还给实验者。因而，参与者从两个来源获得资金：来自每期期末所持有的资产单位的股息，以及在这两个时期内单位销售所实现的资本利得。

表 7—2 在两期资产市场中的事件顺序

交易者被划分为三个同样规模的小组：类型Ⅰ，类型Ⅱ和类型Ⅲ。在表 7—3 最右边的两列当中概述每个交易者的股息报酬。值得注意的是，股息因交易者的不同而不同，因时间而变化。比如，类型Ⅰ的交易者，在时期 A 结束时收到每持有一份资产的 300 法郎股息，而在时期 B 结束时收到每持有一份资产的 50 法郎股息。而对于类型Ⅱ的交易者来说，这一报酬的时间模式正好相反。没有给予交易者关于其他任何交易者的股息概况的任何信息。

表 7—3 类型不确定性的两期资产市场

投资类型	初始组合		股息价值	
（＃个交易者）	现金	资产单位	时期 A	时期 B
类型Ⅰ（3 个交易者）	10 000	2	300	50
类型Ⅱ（3 个交易者）	10 000	2	50	300
类型Ⅲ（3 个交易者）	10 000	2	150	250

资料来源：Forsythe, Palfrey, and Plott (1982).

股息报酬的不同提供了有效的交易动机。在一个"天真"的均衡中，交易者应当只根据他们自有的股息价值对资产进行估价，而不是基于从购买和后续再出售资产的过程中获得收益的可能性对资产进行估价。一个天真的交易者在第一期中愿意支付的最多的报酬，是这两期他或她自有股息价值的总和。总的股息价值最高的是类型Ⅲ的交易者，价值为 400 法郎。值得一提的是，这些交易者中的任何一个都有足够的营运资本，能够以低于 625（＝10 000/16）的任一价格买断其他 8 个交易者的所有 16 个资产单位。[①] 因为有三个类型Ⅲ的交易者，所以在低于 400 的任一价格水平下，来自他们的超额需求会非常大，因而在第一期价格将会上升到 400。这些交易者将会在第一期购买所有单位，从而在第

---

① 对于已经在第一期中进行购买或者出售的交易者来说，单一交易者能垄断市场的最大化价格，在第二期当中是不同的。

一期当中每一单位赚得 150 法郎的股息,而在随后的第二期卖给类型Ⅱ的交易者(他们每一单位的估价是 300 法郎)。因而总的股息报酬是 450 法郎。天真均衡水平的价格和配置水平可见表 7—4 的最上面一行。

但是这一天真均衡水平所涉及的预期并不是理性的:考虑这一假设,即每个交易者在第一期乐意支付的数量正好等于他或她两期自有股息价值的总和。如果资产在第二期能以多于那人的股息价值再次出售,正如类型Ⅱ的交易者在天真均衡中的情形,那么这一假定就是不正确的。假设相反的情形,即交易者有完全的预见性,从某种意义上来说,他们意识到资产在第二期能以 300 的价格卖给类型Ⅱ的交易者。那么在第一期获得 300 股息的类型Ⅰ交易者,将乐意在第一期中对每一单位的资产支付 600。当这一单位在第一期是由类型Ⅰ的交易者拥有,而在第二期是由类型Ⅱ的交易者持有时,每一单位的总股息报酬上升至 600。从表 7—4 的完全信息来看,这一社会收益(从在天真均衡水平中的每一单位 450 上升至 600)是相当明显的。有效的资产转移(在时期 A 转移给类型Ⅰ的交易者,而在时期 B 转移给类型Ⅱ的交易者)会导致一个理性的、完美预见性的均衡水平,正如表 7—4 的下面一行所概述的。

表 7—4　　　　　类型不确定的两期资产市场的均衡预测水平

均衡	价格		配置:交易者类型(♯单位)		
	时期 A	时期 B	时期 A	时期 B	
天真	400	300	Ⅲ (18)	Ⅱ (18)	35.7%
完美预见	600	300	Ⅰ (18)	Ⅱ (18)	100.0%

资料来源:Forsythe, Palfrey, and Plott (1982).

两个均衡的贸易效率出现在表 7—4 最右边的一列中。市场效率(例如,所提取的总的可能性剩余的比例)的标准度量指标倾向于夸大市场表现,因为如果参与者不进行贸易而只是简单地获得他们股息报酬的话,那么他们也实现了总的可能性剩余的相当大的一部分。在修正这一效率膨胀的努力中,标准的方法是使用贸易效率,它是通过股息报酬超过在没有交易时的报酬水平的增加额进行定义,通过占最大化可能的增加额的比例进行表示。例如,考虑这样一个天真均衡水平。如果所有交易者只是简单地持有他们的资产禀赋,那么总股息盈利水平将是每期 6 600法郎(对每 18 单位的两时期股息进行加总)。而在完全信息均衡处,18 个单位的每个单位产生了 600 法郎的回报,总剩余是10 800法郎。在天真的均衡水平中,18 个单位每个产生 450 法郎的回报,所以总剩余是 8 100 法郎。因而,天真均衡水平的贸易效率是(8 100—6 600)/(10 800—6 600)＝0.357。[1]

很显然,如果所有行为人整个年份都持有他们的资产,那么贸易效率等于零;而完全信息均衡水平由于从贸易中提取了所有可能性的收益,它会等于 100%。值得注意的是,贸易效率指标也可能很低,即使是在双向拍卖中,许多可获得的剩余已经被提取出来。事实上,如果资产单位集中于比不进行交易时赚得更低股息的交易者手中,那么负的效率就会出现。

值得强调的是,完全信息均衡水平的实现在这一市场中绝非易事,因为交易者拥有比完全信息少得多的信息。他们只知道自己的组合和资产的报酬。为了实现完全信息均衡水平,交易者必须从市场中获得其他人赋予资产的相对估价。特别麻烦的是类型Ⅰ交易者,他们在时期 A 的 600 法郎均衡价格依赖于其能否认识到资产在时期 B 有 300 法郎的交易价值。这一信息只有通过与两阶段结构相关的事前经验才能传达出来。基于这一理由,这一实验设计的回合是通过一系列重复的静态两期市场年份进行的。在每一年结束时(在下一年之前),为了进行下一年份交易,再次给予参与者同样交易类型的身份和激励。如果类型Ⅰ交易者认识到了时期 B 的资产价值,同时向上调整他们在时期 A 中的资产估价,那么人们可能预期到只有在一些年份之后他们才会这么做。这一推断被 Forsythe, Palfrey, ang Plott (1982) 称为"回摆假说"(swing-back hypothesis),它认为是首先出现在时期 B 中的均衡价格,会导致时期 A 均衡价格的后续形成。

福赛斯、波尔弗里和普拉特所报告的 4 个实验回合是在表 7—3 和表 7—4 所总结的实验设计的变化版本中进行的。每个回合是由至少 6 个两期的"年份"组成。其中有两个回合使用的正好是上面所讨论的实验设计,而在另外两个回合当中则考虑了变化相对较少的版本。[2] 不同回合的结果相当稳健,在这一简单的环境中提供了相当强的支持完美预期、完全信息均衡水平的证据。一个代表性回合的合约序列如图 7—7 所示。该市场使用了无经验参与者,它是由 8 个两期年份和表 7—3 所示的参数组成的。年份在图中是用粗的垂直线分开。每一期的均衡价格

---

①　这一计算结果稍微不同于作者所报告的 33.2% 的预测效率水平。

②　在前两个回合中使用的是无经验的被试。在其余回合中的参与者是从回合 1 和回合 2 中抽取的 18 个被试。双向拍卖市场是以口头的方式进行的。

预测水平用水平线表示。实线的水平线，在时期 A 是 600，在时期 B 是 300，它们表示完全信息条件下的预测价格。而破折线在时期 A 的每一年价格为 400，反映了天真均衡的价格预测水平。垂直条框中的一系列点代表了交易时期中的合约序列。平均合约价格（对于每期而言）和效率值（对于每年而言）列示在图的底部。

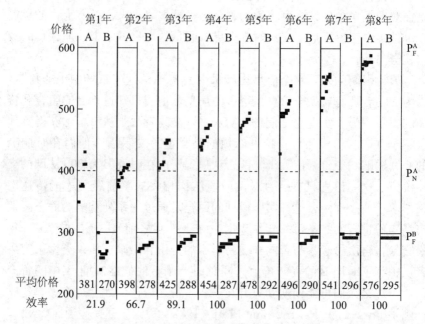

图 7—7　一个两期资产市场的价格序列

资料来源：Forsythe，Palfrey，and Plott（1982）．

两个结论是很明显的。首先，可能并不出人意料的是，时期 B 的资产价格从一开始对于参与者来说就是很明显的。首个两年期的时期 B 的平均价格分别为 270 和 278，它们在整个回合中仍然接近但位于 300 之下。其次，虽然天真均衡水平在时期 A 的早期年份中有一些吸引力，但是在回合的后期，交易价格倾向于集聚在完美预期的预测价格水平：在第 8 年，平均的交易价格是在完全信息均衡预测水平的 25 法郎之内。从天真的预测价格到完美预期的预测价格的这一交易价格的转变，与回摆假说所预测的模式一致。在整个回合中时期 A 价格的缓慢上升表明了资产价值市场的一个渐进的认知过程。

贸易效率指标显示在图 7—7 的下方，紧跟在价格的表现之后。贸易效率在第 1 年是 21.9%，它接近于天真均衡的预测水平。但是贸易效率在下一年很快增加，到第 4 年已经达到 100%，而且在整个回合中剩下的其他年份依然是 100％。在其他回合中也可观察到非常相似的表现。对四个回合进行加总，在第 1 期有 46.5％的总可能从交易中提取的收益，而在第 2 期之后的所有其他年份的平均交易效率是 98.9％。

作者也进行了第五个回合，它包括期货市场，或者是时期 A 中的一个二级市场，在那当中允许参与者做出在时期 B 中购买和销售资产的协议。引进期货市场，是为了评价期货市场便利于完全信息均衡价格的实现这一假说。这一单个回合的结果支持了这一观念，即期货市场提高了完全信息预测水平的形成过程：在第 1 年产生的贸易效率是 77％，而在之后的每一年市场是 100％的贸易效率。然而这一研究成果仍然是不确定的，因为作者不能复制这一个回合的结果。而且，最后回合的参与者跟其他回合中的参与者相比，前者对作者的这一资产市场实验更有经验。

总而言之，福赛斯、波尔弗里和普拉特建立了一个简单的环境，在那当中市场交易传递了足够多的信息给个体（他们只拥有个体收益的私人信息），以至于产生了完全信息均衡预测水平。下一节概述非对称信息的实验结果，它提供了更为严格的检验理性和市场效率的假说，以及那些在金融理论文献中很普遍的假说。

7.6　状态不确定性和内部人信息

当状态不确定性影响股息报酬的时候，就会出现第二种资产市场信息问题。在最简单的情形中，只需要研究单期的这类问题。考虑在单一交易时期期末会对不同的参与者产生不同回报的一个资产，正如在前一节中的例子。然而，资产最高价值的使用依赖于未知的自然状态（比如，能影响到各种产品相对需求的一个随机事件）。自然状态的信息只有在资产交易完成后才显现出来。

很自然的情形是，一些交易者比其他人拥有更好的信息，这可能是研究或者是偶然发现的结果。考虑一个极端情形，在这一情形当中，一些交易者确切地知道将会发生的自然状态，而其他交易者无法确定地知道这一状态。在拥有这一信息的情形下，一个内部人一般会希望从不知情的交易者手中购买或者是向他们出售单位。如果内部人知道自然的潜在状态，而且这一状态对于他所确定的股息会超过其他交易者的预期股息，那么内部人能够盈利性地购买资产。然而，如果市场是一个能提供

信息的有效机制，那么知情交易者的购买或者出售行为将"泄露"信息给不知情的交易者。如果这一信息传递是有效的，那么状态不确定性将会得到解决，同时可观察到完全信息的均衡观测水平。

Plott and Sunder（1982）报告了一个实验，在那当中市场交易能揭示内部人信息。实验由 5 个回合组成，每个回合在一个稍有不同的参数条件下进行。其中的一个参数如表 7—5 所示。从许多角度来看，这一单期的结构跟上面所讨论的两期类型不确定的实验设计相似。市场是由一系列 7 分钟的交易期组成的。在每期，交易者可以通过购买或者出售资产的方式获取改变他们初始组合的机会。正如表 7—5 中左边一列所显示的，有 3 种类型的交易者，每种类型有 4 人，因而总共有 12 个交易者。与前面一样，每个交易者的初始组合是由 2 个资产单位和 10 000 法郎的营运资本组成的，其中营运资本在交易时期结束后必须如数返还。

表 7—5　　　　　　　　　状态不确定和内部人信息的资产市场

投资者类型 （♯个交易者）	初始组合		股息价值		先验概率		预期 股息
	现金	资产 单位	状态		状态		
			X	Y	X	Y	
类型Ⅰ（4）	10 000	2	400	100	0.4	0.6	220
类型Ⅱ（4）	10 000	2	300	150	0.4	0.6	210
类型Ⅲ（4）	10 000	2	125	175	0.4	0.6	155

资料来源：Plott and Sunder（1982）.

普拉特和桑德（Sunder）实验设计的新奇之处在于股息流会随 X 和 Y 两个自然状态而非时间而变化。股息的结果以及状态的概率概述在表 7—5 标示为"股息价值"和"先验概率"的这两列当中。如果 X 状态发生，那么类型Ⅰ交易者获得最高报酬（400 法郎）；而如果 Y 状态发生，那么类型Ⅲ交易者获得最高的报酬（175 法郎）。在没有自然状态的先验信息条件下，风险中性的行为人在市场中所能做的最优的事情，是把资产单位分配给最高预期回报的交易者；对于每个交易者来说，这一预期回报的计算是在一个给定自然状态中的股息乘以那一自然状态的概率，再加总所有可能状态的结果。例如，类型Ⅰ交易者的预期报酬，是 0.4×400＋0.6×100＝220 法郎。每一交易者类型的预期报酬写在表 7—5 最右边的一列当中。在没有内部人信息的条件下，类型Ⅰ交易者有最高的预期估价。

在这一实验设计中，内部人信息的提供是通过在每一交易期开始时向所有参与者传递卡片的方式实现的。其中一半卡片，X 或者 Y 是已揭示出的潜在状态。其余 6 张卡片是空白的。每种类型有 2 个交易者会收到有标记的卡片，而另外 2 个交易者则收到空白的卡片。内部人并不知道其他交易者哪些是内部人，同时不知情的交易者也不知道自然的状态和内部人的身份。

均衡预测水平会随着提供给内部人的信息泄露到市场其他人的程度而变化。完全信息均衡预测水平概述在表 7—6 的第一行中。这些预测水平也随着自然状态而变化，正如从表 7—5 中可清楚检验到的。例如，如果状态是 X，那么类型 I 交易者是最高资产价值的持有者，他们应以低于 400 法郎的价格购买任一可获得的资产。均衡价格预测水平是 400 法郎，因为营运资本禀赋在低于 400 的任一价格水平上对于 4 个类型 I 交易者的每个人都形成了大量超额需求。基于同样的逻辑，类型 III 交易者之间的过多需求在状态 Y 的情形中形成了 175 的均衡价格预测水平。贸易效率再次通过所观察到的超过无交易情形的剩余部分占超过无交易情形的最大化可能剩余的比例而进行定义。与之前一样，通过定义，最大化贸易剩余在每一状态下均为 100%。

表 7—6　　　　　　　　状态不确定性下的资产市场的均衡预测结果

状态	价格		持有单位的贸易类型		贸易效率	
	X	Y	X	Y	X	Y
完全信息	400	175	类型 I（所有）	类型 III（所有）	100%	100%
私人信息	400	220	类型 I（内部人）	类型 I（外部人）	100%	−125%

资料来源：Plott and Sunder（1982，Design III）.

表 7—6 的最下面一行提供了在没有发生信息泄露条件下私人信息的均衡预测水平。这些预测水平随着自然状态的变化而变化。如果状态是 X，那么类型 I 交易者拥有每单位最高的估价，此时价格和贸易效率的预测水平与完全信息均衡状态一样。在这一情形中，完全信息和私人信息的均衡预测水平的唯一不同之处是单位的配置：在私人信息均衡水平处，只有拥有内部信息的类型 I 交易者的两个人应当购买所有单位的产品。类型 I 交易者的其他两人是不知情的，他们将不乐意支付多于 220 的资产预期股息（假定风险中性）。如果状态是 Y，那么预测水平差异会更大。在这一情形中，对于不知情的类型 I 交易者来说，资产的预期价值是 220 法郎，它超过了任一知情交易者的最高价值，即类型 III 交易者的 175 法郎。在私人信息均衡水平中，知情

交易者会盈利，只要他们把单位倾销给不知情的会为每单位支付 220 法郎的类型 I 交易者。不知情的类型 I 交易者的损失在这一均衡水平是巨大的，因为他们为每一单位支付 220 法郎，而结果却只有 100 法郎的私人价值。[①] 所导致的无效性来自不知情类型 I 交易者所持有的单位，而不是类型 III 交易者每一单位 75 法郎的数额。可以表明在这一情形中贸易效率是 -125%，这意味着如果不发生交易，那么它将会获得更多的社会剩余。

一些关于替代性均衡的相对推断能力的思想可从查看图 7—8 所显示的合约序列得到，图中交易时期是用垂直的直线分开。状态通过在期数后面用 X 和 Y 显示在图形的下方。这一回合是用表 7—5 的参数进行，水平线代表着竞争性均衡价格预测水平；实线部分表示理性预期价格预测水平。破折线代表不同于完全信息预测水平时的私人信息价格预测水平。

在这一回合的中间 8 个时期，私人信息实验局的条件起作用。私人信息时期中的信息泄露几乎是完全的：在状态 Y 中，当私人信息和完全信息的预测结果不同时，这一时期的价格移动到完全信息的预测水平。在状态 Y 的特征中，5 个私人信息时期中每一个的价格和贸易效率配置水平均接近于完全信息而非私人信息的预测水平。在状态 Y 的最后两期，时期 8 和时期 10，其表现令人印象特别深刻。在每一个情形中，平均价格在完全信息预测水平的 10 法郎之内，同时至少取得了 98% 的贸易效率。在内部信息实验局的完全信息预测水平的表现，与共同信息条件下的表现相比，前者更令人满意，它可以通过对合约序列前面两期（在这两期中所有参与者是不知情的）和最后两期（在这当中所有参与者都有完全的信息）的检验而得到。

对内部人相对于不知情交易者的收益进行检验，提供了有关信息泄露程度的额外证据。内部人通过与市场不知情一方的交易者达成盈利性的合约，有动机去充分利用他们的信息。当信息泄露发生后，不知情交易者知道了市场的潜在自然状态，此时不知情和知情交易者的利润将是相似的。在图 7—8 所示的市场中，在提供内部人信息的第 1 期里，内部人的收益是外部人收益的两倍多。然而这一比率下降很快。在剩下的 7 个时期中，这一比率只有一次超过 1.3，而且在 4 个时期中小于 1.05。

[①]　因而，类型 I 交易者以 220 法郎购买的每一单位会导致 120 法郎的损失。结果是，对于不知情的类型 I 交易者来说，损失并且破产是很有可能的事情。

图 7—8 所显示的市场代表了普拉特和桑德报告的其他回合的表现。对
4 个回合加总，在完全信息和私人信息的预测不同的时期里，贸易效率
是 45.5%。[1]（需要记住的是，贸易效率预测结果在完全信息均衡条件
下是 100%，而且在私人信息均衡条件下在 －133% 到 －112% 之间变
化，这依赖于参数的设置。[2]）排除每一回合的内部信息实验局的第 1
期后，内部人收益相对于外部人的收益平均为 1.23。

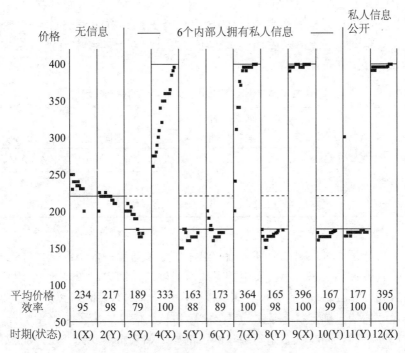

图 7—8　在状态不确定性下单期资产的价格序列

状态不确定性和信息汇总

之前所讨论的环境形成了一个特殊的情形，在那当中市场传播自然
不确定状态的信息。一些经济学家已经认为，市场作为一个分散信息的
汇总机构有着更为显著的效应。这一思想是个体交易者可能只有有关自
然不确定状态的零星信息。虽然没有哪一个个体有足够的确定真实状态

的内部信息，但是汇总起来就有了解决这一不确定性的充分信息。如果市场中的交易行为有效地加总这一分散的信息，那么不确定性将可通过交易得到解决，此时合约、配置水平和效率将能被完全信息均衡很好地预测到。

上面所讨论的实验设计的变化版本提供了评价信息汇总的一个简单情形。考虑在表7—7所概述的单期资产类型的12人市场。给予每个交易者2单位的资产和10 000法郎的营运资本禀赋，后者必须在时期结束时全额返还。正如在表7—7当中可以看到的，有两种交易者类型和三种自然状态。自然状态用X、Y和Z表示，发生的概率分别为0.35、0.20和0.45。

表7—7　　　　在状态不确定性和不完全信息条件下的资产市场

状态（概率）	初始组合		不同状态的股息		
	现金	单位	X（0.35）	Y（0.20）	Z（0.45）
类型Ⅰ，6个交易者	10 000	2	70	160	300
类型Ⅱ，6个交易者	10 000	2	230	90	60

资料来源：Forsythe and Lundholm（1990）.

信息是通过在每一时期开始时给予每个参与者一张小纸条，并告知他们其中一种状态将不会发生的方式而提供的。例如，如果6个参与者被告知"非Y"，而其他6个参与者被告知"非X"，那么市场中就存在着足够的信息确定状态是Z。完全信息和私人信息均衡预测水平的计算与前面一样，同时状态是不确定的。例如，如果自然状态是Z，那么在完全信息预测水平下，6个类型Ⅰ交易者应当在这期末持有所有的资产单位，而这些交易者为获得单位资产而展开的彼此竞争将会使得价格移动到300法郎。同理，在完全信息均衡状态条件下，如果潜在状态是X，那么类型Ⅱ交易者将以230法郎的价格购买资产。

私人信息预测水平也同样是状态依存的。然而，这些预测水平的计算由于额外的第三种可能状态而变得复杂。虽然一个只带有部分信息的消息不能消除不确定性，但是它允许每一交易者类型重新定义或者更新他们对资产价值的预期。例如，如果类型Ⅰ交易者拿到的是信息"非Z"，那么资产价值将通过状态X或状态Y进行确定。给定Z是不可能的信息，X和Y的先验概率（分别为0.35和0.20）应该重新增大比例使两者总和为1。因而，X的后验概率是0.35/（0.35＋

0.20)＝0.64，Y 的后验概率是 0.20/(0.35＋0.20)＝0.36。[1] 资产预期价格是这些后验概率和相关股息的乘积的和，即 0.64×70＋0.36×160＝103 法郎。同理，也可确立其他交易者和信息组合的更新的预期估值，如表 7—8 所示。

表 7—8　　　在状态不确定和不完全信息条件下的资产市场的预期股息

	预期股息			
	没有信息	非 X	非 Y	非 Z
类型Ⅰ，6 个交易者	191.5	257	199	103
类型Ⅱ，6 个交易者	125.5	69	134	179

资料来源：Forsythe and Lundholm (1990).

对于每一状态存在两个可能的信息；例如，当状态是 X 时，信息是"非 Y"和"非 Z"。两个交易人类型和两种信息的组合形成了在每一种可能状态下的四种资产预期估价。在私人信息均衡水平下，资产将会达到交易人类型和信息组合中最高的预期价值，此时价格等于最高的预期价值。例如，如果 X 是自然状态，那么类型Ⅰ和类型Ⅱ的交易者将会收到"非 Y"或者是"非 Z"的信息。四个交易类型和信息组合产生了如表 7—8 最右边两列所示的更新的预期股息。这四个估价中的最高数值是 199，是类型Ⅰ在"非 Y"信息条件下的预期股息。类型Ⅰ的交易者在"非 Y"条件下的竞价产生了 199 的均衡价格预期水平。同理，也可产生其他私人信息预测水平。为简化分析，我们不对这些预测水平进行解释。然而，正如前面一样，通过那些局部信息和完全信息的预测水平不同的例子，对所观察到的价格、效率和配置水平进行比较，我们就能够对理性预期假说进行评价。[2]

读者应该考虑一下理性预期假说对市场所施加的信息任务。参与者既不知道股息的组合，也不知道其他人所收到的信息。而且，他们可能只有通过市场中的竞价、要价和承诺进行交流。自然的潜在状态只有在足够高或者充分低的价格条件下允许他们排除剩余两个可能状态中的一个时，才能被参与者推断得到。Plott and Sunder (1988) 无法观察到

---

[1] 扩大先验概率以解释新信息的做法被称为贝叶斯法则，它将在第 8 章进一步讨论。

[2] Plott and Sunder (1988) 和 Forsythe and Lundholm (1990) 评价了市场的表现，他们借助的是第三种、"最大最小化"均衡概念，在那当中所有参与者的估价是基于最大化每一状态中的最小报酬。最大最小化预测水平在每一实验中几乎没有推断能力。

表 7—7 所概述的实验设计的变化版本中的信息汇总情况。① 然而，在后续的研究中，Forsythe and Lundholm（1990）确定了：如果对于环境有经验（虽然并不一定是同样的一群人，或者是同样的报酬参数），而且对报酬结果有完全信息，那么这两个额外条件可以一起充分地产生完全信息均衡预测水平。在这一情形中，完全信息条件看起来是有道理的，因为关于可能报酬的信息是参与者从市场价格观测值中分离出具体状态的必要条件。Copeland and Friedman（1987）也在略有不同的环境中发现了相当大的私人信息汇总，在那种环境中零星的信息是通过交易时期过程逐步地披露给不同类型的交易者的。②

Copeland and Friedman（1991）进一步采用了他们环境的序贯信息特征建立并且检验了私人信息传播到市场的途径的模型。基本的思想是：参与者通过提高竞价或者降低要价的方式传递"好"消息或者"坏"消息（比如，高股息或者低股息）的信号。作者模型的最为巧妙的特征在于，他们能够根据每一可能的零星信息的信号或者反应预测出不同的竞价和要价的变化。在由 16 个市场回合组成的实验里，科普兰（Copeland）和弗里德曼报告了行为遵循的模式更接近于他们信号传递模型的预测结果，而非"强式"理性预测假说的预测结果。然而，作者指出，对信号传递或者局部显示模型的一些精炼仍然是必要的，因为这一模型并没有在所有方面都超过强式预期模型的预测结果。尤其重要的是，定价行为更接近于强式的理性预期结果。

小结

在此对资产市场研究进行小结是重要的，既是因为它们提供了评价

---

① 然而，Plott and Sunder（1988）确实识别出信息汇总发生的一些更简单的环境。例如，完全信息均衡预测水平会在有三种自然状态但只有单个交易者类型的设计中产生。这些作者也在一系列多资产实验设计的市场中——在这一市场中行为人对只在给定自然状态时才产生正收益的资产（例如，如果自然状态是 Y，那么一个 Y 资产价值为 70 法郎，在其他状态下其价值则为零）进行谈判——观察到了完全信息预测水平。直观地讲，当交易的是这样一种"状态不确定"的资产时，人们可能预期交易者会传播相当多的有关自然状态的信息。例如，在这一实验设计中，一个"非 Y"的信息告知市场的一半交易者：Y 类型资产是一文不值的。把这一资产廉价出售给市场不知情一方的努力，可能会使它的价格减少至足以告知整个市场这样一个信息：Y 并不是潜在的状态。

② 更为精确的是，科普兰和弗里德曼把私人信息预测水平从"强式"理性预期假说和"弱式"理性预期假说（具体定义可见他们的文章）中区分出来。在他们的实验设计中，信息的汇总只有在"强式"理性预期形成下才能预见到。作者所报告的许多结果与"强式"理性预期预测水平一致。

精妙理性的简单框架，也是因为它们分离出了在什么样的基准条件下，市场能成功地发挥理性预期所预测的那种提供有用信息的作用。但是许多实验设计代表着极其标准的"最佳案例"情形。市场提供有用信息的这一角色在稍复杂的情形中适用性如何，仍然是一个不清楚的问题。Friedman，Harrison，and Salmon（1984）检验了类型和状态不确定性的一系列实验设计，但是把它一般化于三个时期当中。这些作者所报告的数据在每一情形中都显著地支持理论预测水平。然而，Anderson et al.（1992）在电脑化的 NovaNet 环境中复制弗里德曼、哈里森和萨蒙（Salmon）的最为简单的拍卖结果时却遭遇到了许多困难。安德森（Anderson）等人确实在没有状态不确定性的三期资产市场中观察到价格会来回波动并最终回到完全信息预测水平，但其中的参与者必须是参加了两次有类似设计的实验回合，并且有计算机化双向拍卖的前期经验时，才会出现这样的结果。[1] 与弗里德曼、哈里森和萨蒙以及这一理论的其他文章所不同的是，由安德森等人进行的三期市场在回合的初始部分表现出明显的投机性定价行为。[2]

相似的，在第一个信息汇总的实验里，Plott and Sunder（1988）不能够在上面所讨论的基准实验设计中产生完全信息的均衡结果，但是在一个参与者没有其他交易者股息概况的完全信息环境中则能产生这一均衡结果。

上面所讨论的基准实验设计的其他方面是有严格限定的，同时完全信息预期水平对这些变化的敏感性值得密切关注。例如，在上面所有的实验当中，每一个交易者都有足够的营运资本，能够以完全信息的价格水平购买其他所有人的资产单位。这一预算的灵活性给予知情交易者任意操控结果的机会。当他们泄露信息的能力更加有限时，对知情交易者操纵市场能力的评价可能是一个很有启发性的研究工作。

7.7　艾奥瓦州总统股票市场

1988 年 11 月，道格拉斯·怀尔德（Douglas Wilder）正在竞选弗

---

[1]　在弗里德曼、哈里森和萨蒙实验中的被试是明显无实验经验的（在文章中没有提及经验水平）。被试是加州大学洛杉矶分校的 MBA 学生。

[2]　给定第 3 章讨论的威廉姆斯对于电脑化效应的初始研究成果，可能并不出人意料的是，电脑化的资产市场要花费更长的时间才能收敛到理性预期的结果。一个可能的推断是，至少在初期，电脑化的交易会与口头交易产生不同的行为。在任一情形中，交易者在这两种环境中明显拥有不同的信息集。

吉尼亚州州长，而如果当选，那么他将成为南部重建时期以来所有州中第一位成功竞选的黑人州长。正巧在选举之前，民意调查表明在弗吉尼亚州北部郊区，怀尔德拥有超过他的共和党对手的令人欣慰的差额。尽管竞争并不是一个公开话题，而且在竞选的最后几天也没有什么重大的进展，但是怀尔德仅以微弱的差额胜出。通常的共识是，一些选民表现得很谨慎以免使自己看起来带有种族主义倾向，因此他们不愿意向民意调查者承认他们投票反对怀尔德。另外一个情形是，当管辖该区的民意调查者努力地掩饰投票的欺诈行为时，在该地区产生的民意调查将是有偏的。例如，丹尼尔·奥尔特加（Daniel Ortega）在尼加拉瓜的民意调查中处于领先地位，结果却彻底地输给了查莫罗（Chamorro）女士。即使是在美国"正常"的选举中，民意调查也是极其不准确的。在总统选举之前的周末所公布的盖洛普民意调查预测，在最近 9 个大选中的 4 个由于无法落入 95％的置信区间（由民意调查的样本规模而确定）而失败。[1]

经济学家经常对调查的结果持怀疑态度，因为回答者没有金钱上的动机来真诚地告知他们将怎样以及是否进行投票。民意调查者试图识别出哪些回答者是不可能投票的，但这是一个很困难的任务，特别是在投票人参与率相当低的美国。确实，一个并不想投票但是对某一个候选人有很强偏好（比如，抗议候选人）的人可能有给出一个错误的投票可能性的动机。一个有趣的问题是，在资产市场实验中作为有效信息汇总器的实验室市场制度，在获得一个现场公众民意的连续指标方面是否有用？

尽管已有各种研究生经济学院和商学院进行的选举股票市场的逸闻趣事，但这些实验操作是非正式的并且只产生很低的交易量。一个问题是，共同的结构是只有当某个候选人胜出时，代表这一候选人的资产才会支付股息。因而，与一个弱的候选人相对应的资产对于任何一个参与者来说几乎没有任何价值，而且由于个人估价的离散程度很低，交易量也会很低。

Forsythe et al.（1992）设计了一个机制，它避免了赢者通吃的这一特点。这一市场与 1998 年的总统选举相关，参与者能够购买许多资产单

---

① 盖洛普组织对回复进行了调整，它使用了一种规则来配置未做出决定的选民，但是在最近 9 个总统大选当中，仍然有 6 个的调整性预测结果落在了 95％的置信区间之外（Forsythe et al.，1992）。选举当天，当选民离开投票地时的抽样调查是更为精确的。

位，每一单位将以一份布什（Bush）股份、一份杜卡基斯（Dukakis）股份和一份杰克逊（Jackson）股份，以及现场其他股份的方式表示。每一单位的成本是 2.50 美元，而每一股份支付的股息正好等于单位价格（2.50 美元）和候选人所收到的受欢迎投票比例的乘积。因为候选人的投票比例加总等于 1，所以被试如果购买一个单位并持有所有股份而不进行交易的话，那他将只是简单地抵消初期的投资成本。

考虑参与者将会怎样评价这一股份。因为股份报酬是投票的比例乘以单位价格（2.50 美元），所以若有人肯定布什将会获得 50％的选票，那么他将乐意为每一布什股份支付 1.25 美元。正常来讲，参与者不是很确定任一候选人将获得的选票比例，此时一个风险中性的人将乐意支付预期的股息，即 2.50 美元乘以问题中候选人所获投票比例的预期价值。而且，这些信念会受到市场行为的影响。例如，如果最高的现存竞价只有 1.00 美元，即对应着杜卡基斯的赞成票比例是 40％（因为1.00/2.50＝0.40），那么非常确定杜卡基斯将赢得 60％选票的人可能会重新思考。

1988 年的总统股票市场对艾奥瓦州的所有学生和雇员开放，最终有 191 人参加。在 9 月份进行的一个电子邮件调查显示，正如在同一周里的《纽约时报》/CBS 进行的调查所显示的，与美国群众的总体情况相比，艾奥瓦州市场的参与者成为共和党人士的可能性稍大于成为无党派人士的可能性。在艾奥瓦州的电子邮件调查中，布什股份以 3 个百分点领先于杜卡基斯，与此相比的《纽约时报》/CBS 调查则是有 6 个百分点的胜出优势。

交易是在双向拍卖中使用连接到主机的电脑终端进行的。交易者能够输入竞价和要价，而且交易者可以指定数量限制和截止时间。不允许卖空交易。只显示最低的要价和最高的竞价。除了每日电脑维修的一个短期关闭之外，市场从 6 月 1 日到选举结果公开的选举日一直连续开放。因为股息报酬正好等于初始资金，所以总的净收益为零，这就正如在任一赌场中一样。个体通过股息赚钱，而盈余和损失是通过股份的购买和销售发生的。任一交易者在总的 100 单位初始投资水平上（250.00 美元）的最大盈利是 13.54 美元，而最大损失为 22.48 美元，此时总投资水平是 95 美元。

市场在 6 月 1 日开市，尽管从一开始它就是公开的，但是在前三周进行交易的仅仅是很少量的股份。每日的收盘价（在电脑保养之前）除以 2.50 美元可以获得其代表的每一候选人的选票比例。用百分点表示的布什股份的时间序列如图 7—9 所示。值得注意的是，布什股份在 6 月和 7 月大体上落后几个百分点，一个明显的例外是在 7 月初，正好是本特森（Bentsen）作为杜卡基斯竞选同伴的消息公布之后（可见标示在时间序列上的"本特森"）。盖洛普民意调查的结果通过星号标示在民意调查期的最后一天。[1] 盖洛普民意调查表明，布什在 6 月初以 12 个百分点落于人后。而在 7 月份则以 5 个百分点领先。这些以及民意调查结果的后续变化看起来比股票市场价格移动的波动更大，而且民意调查结果似乎也不引导或者"造成"总统股票市场的移动。福赛斯等人也提及，其他的民意调查结果也比所显示的股票价格时间序列的波动更大。

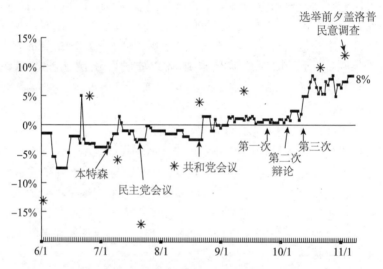

图 7—9　在艾奥瓦州总统股票市场（连线）和盖洛普民意调查（＊）中布什胜出的差额

资料来源：Forsythe et al.（1992）.

在 8 月末当布什处于领先位置的时候，盖洛普民意调查和股票市场的比例在大约同样的时间内移动，这正好是在共和党政党大会之后。[2] 第一次辩论似乎没有什么影响，这一结果并不奇怪，因为经验表明不会有明确的赢家。奎尔（Quayle）在第二次（副总统）辩论中被普遍地视为失败者，但是股票的价格并没有多大变化，很可能是因为人们对于奎

---

① 民意调查将在几天之后才统计出来。
② 在 8 月上旬和中旬，正是许多学生和教员过假期的时候，因而几乎没有什么交易量，这一时期的股票价格并没有包含多少信息。

尔表现的预期是如此之低，以致辩论只产生了微乎其微的新信息。在杜卡基斯被普遍地视为失败者的第三次辩论中，看似包含了新的信息，于是布什支持率向上跳跃并遥遥领先，在股票市场和盖洛普民意调查中都是如此。对参与者的问卷调查揭示出布什股份的买家（卖家）普遍认为他已经赢得（输了）这场辩论，而后者的观念其实是与政治偏好相关的。正如股票价格所显示的，布什股份处于领先地位，在最后几周一直保持这一优势，在投票之前结果停留在 8% 的领先优势之处。布什在盖洛普调查的领先地位持续攀升，最后达到了 12%。在全民普选中布什胜出的差额是 7.8%，民意调查的结果位于这一结果的一侧，正如图7—10 所示。

杰克逊股份的一个插曲可以解释金钱动机的重要性。在杰克逊的代表大会演讲中，他发誓支持民主党候选人，之后杰克逊股份的交易量很小，这很可能是因为个体估价有很低的方差。结果，对于忠诚支持者来说，通过在几美分的价格上交易杰克逊股份，"给杰西带个信"是可能的。但是如果价格上升到 5 美分水平之上，那么其他交易者就会注意到这一变化，此时大量卖者供应将会增加传递信息的成本，从而使价格下降。

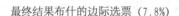

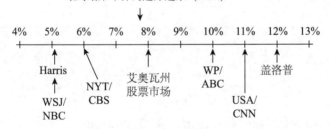

图 7—10　选举前夕布什胜出的比例

资料来源：Forsythe et al. (1992).

虽然在这一实验基础上将结论一般化是很危险的事情，但是这一结果的前景是充满希望的。市场的表现超过了民意调查，而且通过提供预期投票比例的一个连续时间系列的方式，使得人们能够度量大事件相对于之前预期的效应。这些作者随后也在德国、美国和土耳其等国所开放的选举股票市场得到了相似的结果。[①] 尽管政治股票市场在欧洲选举中

[①]　作者从证券和交易委员会获得了进行一项扩展业务的许可，对于 1992 年的总统大选，作者使用了几个大学的参与者进行了总统股票市场的州际版本实验。

有很高的准确性，但它们并不是一直做得比选举前夕的民间调查要好，但也不是一直都比后者差。这可能是因为欧洲的民意调查更为准确，它与更高的投票人出席率有关。然而，即使是在这一情形下，政治股票市场还是有提供连续数据序列的优势。

7.8　结论

在这一章中，我们考虑了许多处理非对称信息的精巧的实验设计。在这里得出了三个主要的结论。首先，信息的不对称性能够严重地降低实验室市场的表现；当买者不能提前观察到产品的质量时，无效的低质量会随之产生。其次，在没有质量的外部管制条件下，通过卖者声誉的形成或者是通过卖者对于可视信号的选择，可以避免这些无效的结果。最后，在一些例子当中，市场交易的过程本身会通过传播内部人持有的私人信息，或者是通过汇总分散的零星信息方式，发挥出重要的效率提升功能。然而，仍然需要进行其他的实验研究，因为还没有得到所有这些结论的稳健性。不仅如此，有大量的理论文献着力于识别这些结论生效或失效的情形，这提供了实验室研究主题的丰富源泉。

附录 A7

A7.1　导语：信息不对称的市场实验

今天我们将要成立一个市场，在这当中，你们中的一半人将会是买者，另一半人将会是卖者。你所做的决策将会决定你的收益，收益是以美元和美分计。你可以在提供的表格上记录这些收益。在交易中你所赚得的钱将会保留给你，并且在今天的回合结束后以现金的形式私下支付给你。①

---

①　如果这一实验的进行是为了教学演示，那么现金收益将不会兑现；与此相反，这些收益是假设的；没有人将给出或收到事实上的现金报酬。

在你的桌子上，你将会发现一张标示为"买者决策表"或者是"卖者决策者"的表格，它将用于计算你的收益。你在这张表上记录的信息是私密的，请不要把它泄露给其他任何人。你现在应该看一下你的决策表，确认一下你是买者还是卖者。每个人都已这样做了吗？

首先，我将宣读导语来说明买者和卖者将怎样计算收益，然后我再解释买者和卖者在市场上怎样安排销售和购买。交易将在一系列市场时期中发生，每个时期将大概持续 5～10 分钟。在宣读了这一导语之后，我会给你们提问的机会。随后在第一个交易期开始之前，我们将卖者转移到隔壁的一个房间。在那里，将会给予每个人一个身份号码，对于卖者来说，是 S1，S2，…；对于买者来说，是 B1，B2，…。

卖者的具体导语

与这些导语相关的卖者决策表将用于记录你的决策和收益。正如在决策表上可以看到的，将有几个市场交易期，每一期为一列。在每一期中，你将只有一单位的产品，你可以保留或者是卖给买者。如果你保留那一单位产品，那么你把所获得的收益列示在你卖者决策表的第一行，标记为"给你的单位价值"。行 1 的单位价值是通过每一期开始时扔一个六面骰子确定的，这一做法将会在下面进行解释。在这一价值确定之后，将要求你标示这一单位出售的价格水平；然后这一价格将记录在行 2 处。如果你不想提供这一单位用于售出，你可以在行 2 写下"不卖"。如果你的这一单位售出，那么你将会获得行 2 的销售价格。如果你的这一单位没有售出，那么你将获得行 1 的单位价值。行 3 将用于提示你的单位是否销售出去。在这一期你的收益将记录在行 4。总而言之，在每一市场时期，你要么获得单位价值，要么获得销售价格，不可能两者都获得。在行 4 记录下你当期的收益之后，你能够计算你的累计收益水平并在行 5 记下这一数字。下一期的收益将以同样的方式在下一列中计算。值得一提的是，你在时期 1 开始时有一个 6 美元的累计收益盈余，正如行 5 的左边所示。

在每一期开始时，通过扔一个六面骰子，确定给予你的每一单位的价值。骰子的结果乘以 10 美分，由此确定你的单位价值。因而 0.10 美元，0.20 美元，0.30 美元，0.40 美元，0.50 美元和 0.60 美元的单位价值将有同样的概率。

买者的具体导语

与这些导语相关联的买者决策表将用于记录你的决策和收益。正如在你的决策表最上方看到的那样，将会有几个市场交易期，每一期都有一列。在每一期中，在不知道产品确切价值的情况下，你将有购买一个单位产品的机会。作为潜在卖者的产品当前所有者，与作为潜在买者的你相比，更了解这一单位产品的当前价值。另一方面，这一单位产品，对于你的价值将是它对于当前所有者价值的 1.5 倍。具体而言，可能的买者价值和卖者价值的关系如下所示：

扔出的骰子数	1	2	3	4	5	6
卖者的价值	0.10 美元	0.20 美元	0.30 美元	0.40 美元	0.50 美元	0.60 美元
买者的价值	0.15 美元	0.30 美元	0.45 美元	0.60 美元	0.75 美元	0.90 美元

每一个卖者单位价值的确定是通过扔一个六面骰子，从而得到 0.10，0.20，0.30，0.40，0.50 和 0.60 美元中的一个。这些结果的每一个都有同样的概率。表格的下面一行显示出对于你的价值是 1.5 乘以卖者的价值。在你决定到底要不要做出一个购买决定的时候，你并不知道这一单位产品对于卖者的价值（因而你不会知道它对于你的价值）。如果你购买一个单位，那么你的收益将等于它对于你的价值减去它的购买价格。

如果你购买一个单位，在你购买的同时你应当在买者决策表的行 2 填入购买价格。随后你将会被告知那一单位产品对于你的价值，它将会被填入行 1 当中。如果你购买一个单位，那么你的收益将是在行 1 "你的单位价值"减去行 2 中的"购买价格"。这一差额记录在行 3 中，用"购买的盈利"表示。如果对于你的单位价值小于购买价格，那么你从购买中所获得的收益是负的，此时应该在行 3 中填入一个负号。如果你不购买一单位产品，那么你将在行 3 中填入 0。不管你是否做出购买决定，你都将因为参与每期而获得 0.35 美元，正如行 4 所显示的。对于当期你的盈利，应该记录在行 5，它是行 3 从购买中所获得的盈利和行 4 的参与报酬 0.35 美元的加总。总而言之，在每一市场交易期，你将获得 0.35 美元加上从购买一单位产品中所获得的任一盈利水平（减去任一损失水平）。在行 5 中记录你一期的收益或损失后，你能计算你的累计收益并在行 6 记录这一数目。如果你的收益是正的，那么你的累计收益将增加该数额；如果那期你的收益是负的，那么你的累计收益将减少该数额。采用同样的方式可计算后面几列后续时期的收益。值得注意的是，你在第一期开始时有一个累计盈余 6.00 美元，正如在行 6 的左边所表明的。

市场组织

在每一个市场时期开始时，我们中的一个人将会到每一个卖者的桌子前，扔一个六面骰子以确定每个卖者在该期的具体单位价值。单位价值因不同卖者而不同，因不同时期而变化。在看到他或她自己的价值后，将会给予每一位卖者两分钟时间在卖者决策表（在那期的该列）的行 2 写下销售价格。在所有卖者已经选择了那期他们的价格之后，将收集卖者决策表格，提供的代收单位的价格将写在买者房间的黑板上。对于每一个要价单位，卖者的价格将记录在卖者身份号码下面。

一旦卖者的价格贴在他们的身份号码下面之后，买者将有机会做出购买决定，如果他们想购买的话。通过一个随机的方法选择买者并给他从其中一名卖者处购买一单位产品的机会，他也可以选择拒绝购买。如果买者做出购买决定，那么买者的身份号码将写在卖者的价格之下。例如，如果买者 1 从卖者 2 处进行购买，那么黑板上将出现：

卖者	S1	S2	S3
价格	×.××美元	×.××美元	×.××美元
买者		B1	

在这一点上，S2 已经卖出他或她那一期的单位，因而处于脱销状态。

当第一个被选择的买者做出这一决策并且已记录了购买价格后（如果购买决定已经做出），那么将随机选择另一个买者并做出相似的决定，即从之前还未卖出一单位产品的卖者中做出购买决策。这一过程继续进行下去，直至所有买者都已经获得过购买机会。然后做出购买决定的买者决策表将被收集，并与相应的卖者进行匹配。买者的价值（卖者价值的 1.5 倍）将记录在买者决策表的行 1 处。对于每一个售出单位，将在卖者决策表行 3 的"售出单位"处记录"是"；否则记为"否"。然后返

回所有的决策表并计算盈利。这就完成了一个交易期。买者和卖者不允许在各期中讨论交易过程的任何方面的内容。在卖者选择其价格之前扔一个骰子以给每个卖者一个新的价值,然后我们将重新开始下一个交易期。

过程概述

1. 扔骰子确定每一个卖者的价值。
2. 每个卖者选择一个价格并且进行记录。
3. 收集卖者决策表并把它们带到买者的房间。
4. 在黑板上写下卖者的价格(包括他们的身份号码)。
5. 按顺序随机选择买者,并让他们做出购买决定。
6. 收集买者决策表并在行 1 记录买者的价值。
7. 在卖者决策表的行 3 记录销售的单位。
8. 返还买者决策表和卖者决策表。
9. 计算那一期的收益,并更新累计盈利。

最后的观察

卖者每期都收到在 0.10～0.60 美元之间的一单位价值。卖者可以通过保留那一单位,或者是把它卖给买者的方式盈利。买者每期都收到 0.35 美元。买者通过从一个卖者处购买一单位的方式赚到额外的收益。

你们中的每个人在实验开始时都有 6.00 美元的初始盈利余额。在每一期之后你应当记录你的累计收益。在实验之后你很快就可以在私下得到现金支付。如果你的累计盈利在 3.00 美元之下,那么你将获得 3.00 美元,并请你退出剩余的实验。

关于这一点你们还有什么问题吗?现在我们开始进行将会影响你们收益的时期。实验将有 5 期。在实验过程中相互之间不要说话;如果你有任何问题可举手示意。每次我们中的一个人将会出现在一个房间。现在我们将带卖者去隔壁的房间,并将身份号码分发给所有的卖者和买者。[①]

---

① 在课堂演示中,买者和卖者能处在同一个房间里。在这一情形下,把最后两句话替换为:"卖者现在应该移到教室后面的座位并且面向后面的一堵墙。买者留在课室前面,面向黑板。现在我们将会私下给予买者和卖者身份号码。"

卖者决策表 身份号码♯：S＿＿＿	时期数				
	1	2	3	4	5
（1）给你的单位价值					
（2）销售价格					
（3）售出单位（是或否）					
（4）从（1）或（2）所获得的盈利					
（5）累计收益（初始为 6.00 美元）					

买者决策表 身份号码♯：B＿＿＿	时期数				
	1	2	3	4	5
（1）你的单位价值					
（2）购买价格					
（3）购买的盈利					
（4）参与报酬	0.35 美元	0.35 美元	0.35 美元	0.35 美元	0.35 美元
（5）时期（3）＋（4）的盈利					
（6）累计收益（初始为 6.00 美元）					

参考文献

Akerlof，George A.（1970）"The Market for 'Lemons'：Qualitative Uncertainty and the Market Mechanism," *Quarterly Journal of Economics*，*84*，488 – 500.

Anderson，Scott，David Johnston，James Walker，and Arlington Williams（1992）"The Efficiency of Experimental Asset Markets：Empirical Robustness and Subject Sophistication," forthcoming in R. Mark Isaac，ed.，*Research in Experimental Economics*，vol. 4. Greenwich，Conn.：JAI Press.

Banks，Jeffrey S.，Colin F. Camerer，and David Porter（1990）"An Experimental Analysis of Nash Refinements in Signaling Games," forthcoming in *Journal of Games and Economic Behavior*.

Berg，Joyce E.，L. Daley，John Dickhaut，and J. O'Brien（1985）"Tests of the Principal-Agent Theory in An Experimental Setting," working paper，University of Minnesota.

Brandts，Jordi，and Charles A. Holt（1991）"An Experimental Test of Equilibrium Dominance in Signaling Games," forthcoming in *American Economic Review*.

Cadsby, Charles B. , Murray Frank, and Vojislav Maksimovic (1992) "Equilibrium Dominance in Experimental Financial Markets," working paper, University of Guelph.

Camerer, Colin, and Keith Weigelt (1988) "Experimental Tests of a Sequential E-quilibrium Reputation Model," *Econometrica*, *56*, 1 – 36.

Cheung, Steven N. S. (1969) "Transaction Costs, Risk Aversion and the Choice of Contractual Arrangements," *Journal of Law and Economics*, *12*, 23 – 42.

Cho, In-Koo, and David M. Kreps (1987) "Signaling Games and Stable Equilibria," *Quarterly Journal of Economics*, *102*, 179 – 221.

Copeland, Thomas E. , and Daniel Friedman (1987) "The Effect of Sequential Information Arrival on Asset Prices: An Experimental Study," *Journal of Finance*, *42*, 763 – 797.

—— (1991) "Partial Revelation of Information in Experimental Asset Markets," *Journal of Finance*, *46*, 265 – 295.

Davis, Douglas, and Charles A. Holt (1990) "Equilibrium Cooperation in Three-Person Choice-of-Partner Games," working paper, Virginia Commonwealth University.

DeJong, D. V. , Robert Forsythe, and Russell Lundholm (1985) "Ripoffs, Lemons, and Reputation Formation in Agency Relationships: A Laboratory Market Study," *Journal of Finance*, *40*, 809 – 820.

DeJong, D. V. , Robert Forsythe, and Wilfred C. Uecker (1985) "The Methodology of Laboratory Markets and Its Implications for Agency Research in Accounting and Auditing," *Journal of Accounting Research*, *23*, 753 – 793.

DeJong, D. V. , Robert Forsythe, Russell Lundholm, and Wilfred C. Uecker (1985) "A Laboratory Investigation of the Moral Hazard Problem in an Agency Relationship," *Journal of Accounting Research*, *23* (supp.), 81 – 123.

Forsythe, Robert, Forrest Nelson, George Neumann, and Jack Wright (1992) "Forecasting the 1988 Presidential Election: A Field Experiment," working paper, University of Iowa, forthcoming in M. Isaac, ed. , *Research in Experimental Economics*, vol. 4. Greenwich, Conn. : JAI Press.

Forsythe, Robert, Thomas R. Palfrey, and Charles R. Plott (1982) "Asset Valuation in an Experimental Market," *Econometrica*, *50*, 537 – 582.

—— (1984) "Futures Markets and Informational Efficiency: A Laboratory Examination," *Journal of Finance*, *39*, 955 – 981.

Forsythe, Robert, and Russell Lundholm (1990) "Information Aggregation in an Experimental Market," *Econometrica*, *58*, 309 – 347.

Friedman, Daniel, Glenn Harrison, and Jon Salmon (1984) "The Informational Efficiency of Experimental Asset Markets," *Journal of Political Economy*, *92*, 349 – 408.

Holt, Charles A. , and Roger Sherman (1990) "Advertising and Product Quality in Posted-Offer Experiments," *Economic Inquiry*, *28*, 39 – 56.

Lynch, Michael, Ross M. Miller, Charles R. Plott, and Russell Porter (1986) "Product Quality, Consumer Information and 'Lemons' in Experimental Markets," in P. M. Ippolito and D. T. Scheffman, eds. , *Empirical Approaches to Consumer Protection Economics*. Washington, D. C. : Federal Trade Commission, Bureau of Economics, 251 – 306.

Miller, Ross M. , and Charles R. Plott (1985) "Product Quality Signaling in Experimental Markets," *Econometrica*, 53, 837 – 872.

Nelson, Phillip (1970) "Information and Consumer Behavior," *Journal of Political Economy*, *78*, 311 – 329.

—— (1974) "Advertising as Information," *Journal of Political Economy*, *82*, 729 – 754.

Plott, Charles R. , and Louis Wilde (1982) "Professional Diagnosis vs. Self-Diagnosis: An Experimental Examination of Some Special Features of Markets with Uncertainty," in V. L. Smith, ed. , *Research in Experimental Economics*, vol. 2. Greenwich, Conn. : JAI Press, 63 – 112.

Plott, Charles R. , and Shyam Sunder (1982) "Efficiency of Experimental Security Markets with Insider Information: An Application of Rational-Expectations Models," *Journal of Political Economy*, *90*, 663 – 698.

—— (1988) "Rational Expectations and the Aggregation of Diverse Information in Laboratory Security Markets," *Econometrica*, 56, 1085 – 1118.

Spence, A. Michael (1974) *Market Signaling: Informational Transfer in Hiring and Related Screening Processes*. Cambridge: Harvard University Press.

Stiglitz, Joseph E. (1975) "The Theory of 'Screening,' Education, and the Distribution of Income," *American Economic Review*, 65, 283 – 300.

第8章 在风险情境中的个体决策

8.1 引言

新古典经济学有关个体行为的一个基础性假设是：经济代理人，不管是企业还是居民，假定他们的行为是理性的、自利的。在简单情形中这一基本假设看似几乎无关紧要。它没有给想象力施加任何约束，比如，它可以推断企业偏好更多的利润而不是更少的利润。然而，在更为复杂的环境中，个体的最优化意味着当事人的行为方式是与在随机条件下甚至不完全信息条件下进行的极其复杂的计算的解一致的。这些理论的相关性提出了一个问题，即当事人的行为方式是否如同他们在做这类计算呢？人们尤其感兴趣的是在不确定性环境中用经济学家的标准方法对决策进行建模：如 Savage（1954）和 von Neumann and Morgenstern（1947）的期望效用理论。

期望效用理论的实验室评价通常在能够明确分离出具体假定的问题情境中进行。通常这些问题是在成对的彩票中做出选择。例如，考虑下面两个问题。首先，在彩票 S1 和 R1 两者之间做出选择：

S1：确定地获得 3 000 美元　或者　R1：以 0.8 的概率获得 4 000 美元
　　　　　　　　　　　　　　　　　　以 0.2 的概率获得 0 美元

现在在彩票 S2 和 R2 两者之间做出选择：

S2：以 0.25 的概率获得 3 000 美元　或者　R2：以 0.2 的概率获得 4 000 美元

以 0.75 的概率获得 0 美元　　　　　　　　以 0.8 的概率获得 0 美元

不管人们是在假设条件下被要求做出这些决定，就像现在这样，还是在真实报酬条件下进行决策（以上面彩票的减少数额的版本），两者都存在一个占优的反应模式：在最上面一对彩票中，参与者倾向于选择"安全"的彩票 S1，即确定性的 3 000 美元的报酬；然而在下面一对彩票中，却会选择"风险"的彩票 R2，即以 0.2 的概率获得 4 000 美元。尽管这是很有代表性的，但是这样的选择模式从下面的意义来看是不一致的：下面的每一个彩票，不管是左边还是右边，都是以 3/4 的概率获得零，以 1/4 的概率直接获得上面一个彩票。例如，在右边，3/4 的机会获得 0 美元，同时 1/4 的机会为以 0.8 的概率获得 4 000 美元，这等价于以 0.2 的概率获得 4 000 美元，因为 0.2 是 0.8 的 1/4。

如果你确信第一对彩票的选择，应该独立于整合了 3/4 的概率为 0 的那一彩票选择，那么这一典型选择模式将是一个谜。这种选择模式是一个异常现象，因为从某种意义上来讲，任何人的行为应该与最大化效用的预期值相对应，他们将要么偏好每一对彩票的左边，要么偏好每一对彩票的右边。这一特别反常现象是"共同比率问题"的一个例子。共同比率问题的术语是基于这样一个事实，即第一对彩票中正收益的概率减少了同样的比例，即可得到第二对彩票。

这个自然异常现象并没有困扰一个统计决策理论学家，他把期望效用理论视为决策应该怎样做出的一个建议。决策理论学家把这样一些任

务视为他们的工作，即辅助人们计算有关的条件概率，确定他们（冯·诺依曼-摩根斯坦）的效用函数，同时使用这一信息以产生一个最优决策。在假设的报酬条件下，这样的反常现象甚至不会困扰一个经济学家。但是，给定明显的个人和市场动机，这些反常现象对于经济学家来说确实是一个令人头疼的问题，他们通常假定个体的行为就像最大化期望效用一样。对于经济学家来说，期望效用理论的价值依赖于它们的预测能力。这一预测能力从一开始就受到置疑；大概在 Savage（1954）完成他的决策理论的经典著作的那个时候，Allais（1953）描述了与上面所讨论的共同比率问题相似的一种反常现象。人们甚至认为是塞维杰（Savage）用偏离了期望效用理论基本公理的方式回答了彩票选择的问题。

心理学家和经济学家已经发现了各种各样的反常现象，在这些现象当中，大多数被试做出的决策看似与期望效用理论的基本性质矛盾。[1]例如，在下面将要讨论的一些例子当中，同一个决策问题的不同表达形式已经导致了不同的行为模式，这样的"框架效应"不仅对实验经济学提出了明显的实验设计问题——他们必须决定一个问题应该怎样通过导语呈现出来，而且它们也对感兴趣于人类行为建模的理论学家提出了一个挑战。这一章介绍了旨在评价个体最优的预测和事实行为之间联系的各种实验。我们的目的既包括识别出在什么时候会出现行为的"悖论"，也包括检验哪一个定理看似最经常地被违背。尽管存在大量的行为不一致的证据，但是期望效用理论并未寿终正寝：所观察到的违背现象的普遍性和解释引起了激烈的辩论，同时也没有出现被广泛接受的替代理论。

讨论的安排如下。本章前半部分集中于成对彩票选择中所揭示的偏离期望效用最大化的现象。8.2 节在概率三角形这一特别有用的表达方式的情形中回顾了期望效用理论。8.3 节介绍了多对彩票中选择的不一致性的实验证据。这一节所讨论的许多实验的有关决策是在假设的激励条件下做出的。一些用真实现金激励的彩票选择将在 8.4 节进行讨论。尽管金钱激励增加了决策的重要性，但是它们也会产生问题，因为财富在一个回合的过程中是随着盈利水平变化的。8.4 节也介绍了控制这些财富效应的一些方法。

本章的后半部分是有关个体决策制定的各种话题。许多个体决策选

---

① 事实上，《经济学观点》（*Journal of Economic Perspectives*）有一个"异常现象"的专栏，这一专栏致力于这一话题的研究。

择实验不同于前面章节所讨论的实验的地方在于，实验者感兴趣的是诱导出潜在的偏好信息，而非通过激励条件引导行为。8.5 节考虑三个情形，在这三个情形中经济学家感兴趣的是诱导行为偏好：价值诱导、预测和概率诱导。在 8.6 节我们返回彩票选择框架，考虑一个"偏好反转"的有趣模式，它是伴随着一对彩票中诱导偏好的替代方法的使用而出现的。并非所有个体的决策问题都会涉及诱导问题。例如，如果具体的风险和价值已经给出，那么它们将会对参与者施加影响，这在许多情形中将是有用的。8.7 节将考虑引导风险态度的努力。正如期望效用已受到的质疑，许多心理学家认为，被试并没有以统计学家所声称的贝叶斯法则处理新的信息。8.8 节讨论贝叶斯法则和相关的实验研究工作。8.9 节包含了一个概述。

8.2 概率三角形的表达形式

基于本节后面将会显而易见的理由，绝大多数违背期望效用理论的彩票选择情形涉及成对彩票选择，这些成对彩票通过相乘和/或者线性转换与期望效用相关。当所有彩票的"奖金"或者结果不多于三个时，事实上和理论上的一致性行为能够采用由 Marschak（1950）建立而后被 Machina（1982）使用的一个概率三角形的图形简洁地进行解释。

概率三角形在一个具体系列的彩票情形中能很好地表现出来。例如，考虑出现在上面的彩票 $S1$、$S2$、$R1$ 和 $R2$。涉及的有关奖金要么为 0 美元，要么为 3 000 美元或者 4 000 美元。正如图 8—1 所显示的，这些彩票通过给每一个奖金的概率确定一个维度的方式，能够表示在三维空间里。在图中，最偏好的奖金 4 000 美元的概率，用纵轴 p_3 表示。中间奖金 3 000 美元的概率用 p_2 表示，最不受偏好的 0 美元奖金的概率用横轴 p_1 表示。因而，比如说，因为"安全"的彩票 $S1$ 确定性地产生 3 000 美元，所以它在图 8—1 中通过点 $p_1=0$，$p_2=1$ 和 $p_3=0$ 进行表示。同理，"风险"的彩票 $R1$ 所涉及的是以 0.8 的概率获得 4 000 美元和以 0.2 的概率获得 0 美元，它可以通过点 $p_1=0.2$，$p_2=0$ 和 $p_3=0.8$ 进行表示。

然而，需要注意的是，除非概率的总和等于 1，否则彩票是没有完全意义的。例如，对于这么一个彩票，即它以 0.4 的概率获得 3 000 美元奖金，以 0.3 的概率获得 0 美元奖金；除非你被告知剩余的概率 0.3

发生的是什么情形，否则不可能对它进行评价。这一个对概率总和的限制，要求所表示的彩票的点正好在图8—1单一平面的外表面上。这一外表面用虚线进行强调，通过从图8—1p_2轴的诸如S1这一点的角度去看，可把它分成两个维度。这一两维度的视角，如图8—2所示，形成了一个概率三角形，此时p_3在纵轴上，p_1在横轴上。为了更好地看清这一个图形方法的本质，考虑图8—2中S1和R1彩票相对于图8—1的位置。S1彩票确定性地提供3 000美元，所以$p_1=0$和$p_3=0$。因而这一彩票位于图8—2的原点。彩票R1是以0.8的概率获得4 000美元并以0.2的概率得到0美元。因而，R1出现于$p_3+p_1=1$的边界线上。

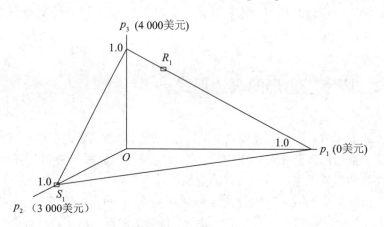

图8—1　彩票的三维表现形式

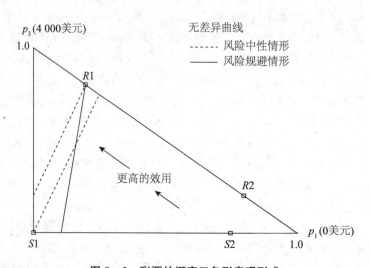

图8—2　彩票的概率三角形表现形式

回顾一下，$R2$ 和 $S2$ 分别是通过 3/4 概率的 $R1$ 和 $S1$，以及 1/4 概率的 0 而产生的。因为 0 美元的报酬对应于图 8—2 右下方的角点，所以点 $R2$ 是在 $R1$ 到这一角点的 3/4 距离处。类似的，$S2$ 位于 $S1$ 到右下方角点的 3/4 处。值得注意的是，连接 $R1$ 和 $S1$ 的直线将与连接 $R2$ 和 $S2$ 的直线平行。正如我们将会看到的，这一图形的关系在检验期望效用理论中非常重要。

风险中性

因为在概率三角形中的每一点都对应着一个彩票。因此被试对于这类彩票的偏好可以表示为三角形中的无差异曲线。[①] 这在风险中性的当事人情形中最容易看到，风险中性者的定义是对于所有相同预期价值的彩票无差异的人。穿过原点的无差异曲线包含所有的预期报酬等于 3 000 美元的彩票所对应的点，而 3 000 美元正好是原点处 $S1$ 彩票的预期报酬。这一中心思想可绘制成：

$$3\ 000\ 美元 = p_3 \times 4\ 000\ 美元 + p_2 \times 3\ 000\ 美元 + p_1 \times 0\ 美元$$

$$(8.1)$$

通过概率总和等于 1 这一事实，消除 p_2，这一等式可表达为

$$3\ 000\ 美元 = p_3 \times 4\ 000\ 美元 + (1 - p_3 - p_1) \times 3\ 000\ 美元$$
$$+ p_1 \times 0\ 美元$$

$$(8.2)$$

最后，解 p_3 可得到

$$p_3 = 3p_1$$

$$(8.3)$$

它可以在图 8—2 中表示为穿过原点且斜率为 3 的虚线。由于同样的理由，有着预期价值 X 的彩票点的中心可以通过

$$p_3 = (X - 3) + 3p_1$$

$$(8.4)$$

确定，所有这类无差异曲线都是平行的直线，因为这些曲线的斜率一直等于 3。穿过点 $S1$ 和 $R1$ 的两条虚线是无差异曲线的代表（此时请忽略穿过 $R1$ 的虚线）。$p_3 = 1$ 的情形产生了最受偏好的奖金（确定地获得 4 000 美元），所以偏好的方向是图 8—2 的左上方，正如图中的箭头所示。因而，比如，穿过点 $R1$ 的无差异的虚线在穿过 $S1$ 的无差异曲线

---

① 对理性基本公理的违背，比如非传递性，会阻碍这种表示方式。

的左上方，因为 $R1$ 的预期价值是 3 200 美元（通过 $0.8 \times 4\ 000$ 美元＋0.2×0 美元而得到），它超过了 $S1$ 的 3 000 美元的预期价值。

在概率三角形中风险规避对于无差异曲线的效应将在下一节进行讨论。为了参照的目的，发展一个更为一般的风险中性无差异曲线斜率的表达方式是有用的。考虑有三个奖金的一组彩票，排序为 $x_1 < x_2 < x_3$，相应的概率为 p_1，p_2 和 p_3：

$$p_1 x_1 + p_2 x_2 + p_3 x_3 \qquad (8.5)$$

表示风险中性被试的偏好，更偏好的彩票在（8.5）式中会有更大的值。（8.5）式的线性概率意味着无差异曲线在（p_1，p_3）的概率三角形空间中将是一条直线。利用 $p_2 = 1 - p_1 - p_3$，可以得到风险中性情形的斜率为[1]：

$$\frac{x_2 - x_1}{x_3 - x_2} \qquad (8.6)$$

值得注意的是，因为上面所给出的例子中 $x_1 = 0$，$x_2 = 3\ 000$，$x_3 = 4\ 000$，所以（8.6）式得到的斜率为 3。

风险规避

Kahneman and Tversky（1979）已经进行了一系列出现在本章开头的选择类型的实验。正如许多期望效用理论的初始实验一样，决策并没有以真实金钱回报作为激励，所以实验所显示的偏好受到置疑。然而，这些作者观察到 80% 的被试是风险规避者，从某种意义上来说他们选择了安全的彩票 $S1$，而非更为风险性的彩票 $R1$，尽管后者有更高的预期价值。[2] 当 $S1$ 比 $R1$ 更受偏好时，穿过 $R1$ 的无差异曲线必须穿过横轴，并落在原点 $S1$ 的右边，正如图 8—2 所显示的穿过 $R1$ 的虚线一样。通过这种方式，风险规避使得无差异曲线在三角形中更陡峭。

更为正式地讲，一个风险规避的期望效用最大化者将会选择最大化收入的期望效用，而非直接最大化预期收入。把 x_i 结果的效用表示为

---

[1]　所进行的计算是使（8.5）式等于常数 K，利用等式 $p_2 = 1 - p_1 - p_3$，同时把 p_3 作为 p_1 的函数进行求解。p_1 项的系数就是（8.6）式的斜率。

[2]　风险规避的模式出现在许多真实金钱激励的实验中。有史可查的是，经济学家已经以大数额的假设报酬的形式讨论了彩票选择问题，而且初始的实验并没有涉及金钱激励。我们提及卡尼曼（Kahneman）和特韦尔斯基（Tverskey）的结果，是因为他们的研究决定了许多后续的争议。

$U(x_i)$，那么一个风险规避者将选择能最大化下式的彩票：

$$p_1U(x_1) + p_2U(x_2) + p_3U(x_3) \tag{8.7}$$

效用函数的无差异曲线可通过令（8.7）式等于一个常数（再次使用 $p_2 = 1 - p_1 - p_3$），同时把 p_3 作为 p_1 的线性函数进行求解。（8.7）式在概率上的线性将再次使得这些无差异曲线在（p_1，p_3）空间上是线性的，同时共同的斜率为：

$$\frac{U(x_2) - U(x_1)}{U(x_3) - U(x_2)} \tag{8.8}$$

它明显是（8.6）式的一般化情形。

为了从代数上看清风险规避对于无差异曲线斜率的效应，令结果 $x_1 = 0$，$x_2 = 1/2$，$x_3 = 1$。为了不失一般性，效用函数的极值点可标准化为 0 和 1，所以 $U(x_1) = 0$，$U(x_2) = 1$。现在，如果当事人是风险中性的，那么在 x_i 和 $U(x_i)$ 两者之间就有一个线性关系。所以，给定效用函数的标准化，此时 $U(x_2) = 1/2$，把这些数字代入（8.8）式，无差异曲线的斜率为 1。风险规避意味着当事人的效用函数是凹的，或者等价于 $U(x_2)$ 更接近于 $U(x_3)$ 而非 $U(x_1)$。例如，假设 $U(x_2) = 0.75$。那么通过方程（8.8），无差异曲线的斜率是 3。通过这一方式，风险规避增加了概率三角形的无差异曲线的斜率。

8.3 彩票选择实验

彩票无非是一系列奖金和对应的概率。例如，在引言中所讨论的选择就是彩票。用下面这种方式表示这一类型的彩票是很方便的。

S1(3,000 美元,1; 0 美元,0)   R1(4 000 美元,0.8; 0 美元,0.2)

S2(3 000 美元,0.25; 0 美元,0.75)   R2(4 000 美元,0.2; 0 美元,0.8)

（3 000 美元，1；0 美元，0）这一符号表示 S1 彩票是由确定性的 3 000 美元组成的。符号（4 000 美元，0.8；0 美元，0.2）表示 R1 彩票是由以 0.8 的概率获得 4 000 美元、以 0.2 的概率获得 0 美元组成的。下面，我们将继续使用 S1、R1、S2、R2 等符号分别表示成对彩票，在此 "S" 表示一个更安全的选项，而 "R" 表示一个更具风险的选择。

在讨论了概率三角形之后，我们就获得了向参与者呈现更加复杂的

彩票的简洁方法。我们已在上一节中表明三角形中的无差异"曲线"应该是平行线，它们有着依赖于风险规避程度的共同斜率。至少需要两对彩票选择来检验无差异曲线事实上是否平行：通过把成对的彩票选择置于三角形的平行线上，期望效用理论的违背能够通过在不同概率区域的不一致性选择而进行诊断。例如，在图 8—2 中，参与者首先在 R1 和 S1 两者之间进行选择，之后在 R2 和 S2 之间选择。因为无差异曲线是平行的，所以期望效用最大化者要么选择每对彩票中的 R 彩票，要么选择每对彩票中的 S 彩票。在一个区域里选择 R 彩票，而在另一个区域里选择 S 彩票，则显示出了违背的现象。

回顾一下彩票 R2 和 S2 是 R1 和 S1 的简单转换：彩票 R2 的形成是通过减少 R1 的概率至 0.25 并且将 0 美元的概率增加至 0.75 得到的。彩票 S2 的转换类似于 S1。通过将正报酬的概率减少至 0.75，使得初始的彩票移动至 R2 和 S2，在三角形中从 S1 至右下角的距离是 R1 到右下角距离的四分之三。这一转换是获得图形中平行的彩票选择的标准方法，它可命名为"共同比率"效应。共同比率（在这一情形中是 0.75）确保了所转换的彩票位于平行于初始彩票所在直线的直线上。

人们在这一共同比率的情形中相当频繁地做出不一致的决策。例如，Kahneman and Tversky（1979）使用假设的报酬（表示是用以色列共和国的英镑而非本书所用的美元）进行了上面所讨论的参数的一个实验。他们发现，虽然 80% 的被试偏好 S1 甚于 R1，但是大多数被试（65%）同样偏好 R2 甚于 S2。尽管使用的是假设的报酬，但是这一反应模式典型地可解释为直接违背了期望效用理论的独立性公理：在 S1 和 R1 两者之间的选择应该独立于共同的以 75% 的概率为零的另一对彩票，因而它们是"不相关的"。这一违背的重要性值得强调。期望效用理论计算的简化是出于这样的事实，即概率在期望效用表达式中是以线性形式出现的。这一优势会丧失，从而使得独立性公理被违背。

第二种在概率三角形中构建平行彩票的方法称为"共同结果"转换。在这一情形中，成对的彩票是通过一个加法而非乘法的转变而实现的。例如，考虑在彩票 S3 和 R3 中进行选择，它们有 500 万美元、100 万美元和 0 美元的可能性结果：

　　　　S3＝（500 万美元，0；100 万美元，1.0；0 美元，0）

或者　　R3＝（500 万美元，0.1；100 万美元，0.89；0 美元，0.01）

值得注意的是，这两个彩票都是以 0.89 或者以上的概率提供 100 万美元的报酬。两个彩票都用（0 美元，0.89）来代替这个共同结果以进行转换。这就产生了这样一对彩票

$$S4 = （500 万美元，0；100 万美元，0.11；0 美元，0.89）$$

或者　　$R4 = （500 万美元，0.1；100 万美元，0；0 美元，0.90）$

成对彩票（$S3$，$R3$）和（$S4$，$R4$）在图 8—3 中表示。通过增加以 0.89 的概率为 0，并且保持 500 万美元的概率为一常数，点 $R3$ 和 $S3$ 向右平移了 0.89。因而，正如共同比率问题一样，选择一个共同的结果对 $S3$ 和 $R3$ 的彩票选择进行转化，产生了一对彩票 $S4$ 和 $R4$，它在三角形中是以平行线出现的。（请忽略在左上角的第三条平行线。）但需要注意的是，在这一情形中，彩票之一（$R3$）并未落在边界上，因为所有的三个结果都以正的概率发生。

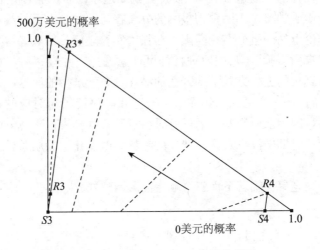

图 8—3　Conlisk（1989）使用的彩票

在任何情形中，一个共同结果问题都包括了所有出现在共同比率问题中的选择非一致情形：因为无差异曲线斜率在整个概率三角形中都是固定的，所以如果参与者是在一个选择中的"S"彩票和另一个选择中的"R"彩票之间进行转换，那么它们违背了期望效用理论。以共同结果问题形式出现的这一不一致性可称为阿莱悖论。同样的，"矛盾"的行为也可以很普遍地观察到。例如，Conlisk（1989）让 236 名被试在上述假设报酬（$S3$，$R3$）和（$S4$，$R4$）之间进行选择。结果有 60% 的参与者在彩票"S"和"R"之间转换。

因而，在假定报酬情形的实验中，共同比率和共同结果问题都期望效用至少违背了期望效用理论的一个公理。对于经济学家来说，自然而然地会思考当参与者面对真实的报酬水平时，这些违背现象是否会消失。[①] 我们将在下一节讨论真实报酬对于人类被试的影响效应，但是，我们先考虑一种替代方法。

动物实验

引进显著回报的一个非常新颖的方法是使用动物进行实验，它们的选择会显著影响其每日的卡路里摄入量。Battalio，Kagel，and Mac-Donald（1985）报道了一个实验，在实验中给老鼠两种杠杆的选择，每种杠杆都会产生随机数量的小团食物。

实验中用到了 4 只老鼠，进行了几个月。每天通过一系列只能选择其中一个杠杆的"强迫实验"，教会老鼠知道小团食物报酬的潜在分布水平。为便于学习，小团食物报酬的分布在初始实验中通过编程的方式使其与理论上的随机分布相匹配。在强迫实验之后，每只老鼠面临固定数量的"自由实验"，其中两种杠杆可任意选择，并且每一杠杆的报酬是在一个真实的随机方式下从合适的潜在分布下产生的。这一过程每天重复，进行 2~3 个星期。然而，与安全和风险情景相对应的杠杆是轮流出现的，因为众所周知，老鼠有时会对某一杠杆表现出偏好。如果在一个 5 天的时期中没有观察到选择的趋势，就变化实验局条件（报酬和概率）。

每一只老鼠面临着下面三个顺序的彩票选择：

$$S5 = （8 团，1.0；1 团，0.0）$$
$$R5 = （13 团，0.75；1 团，0.25）$$

---

① Conlisk（1989）确实报告了阿莱不一致性消失的实验。实验与彩票（$S3$，$R3$）以及（$S4$，$R4$）相关，但是分别用 25 美元、5 美元和 0 美元代替 500 万美元、100 万美元和 0 美元。53 个被试中的每个人在假设的激励条件下对这两对彩票做出决策，然后在真实金钱激励条件下对其中一对彩票做出决策。在每一情形中，参与者事实上一直选择有最高预期价值的彩票（例如，风险的彩票），在有金钱激励和没有金钱激励条件下都是如此。因而，转化（并非金钱激励）事实上消除了不一致的选择模式。这一讨论之所以放在注释里，是因为这些转化的彩票的预期价值存在很大差别。$S3$ 的预期价值是 5 美元，$R3$ 的预期价值是 6.95 美元；$S4$ 的预期价值是 0.55 美元，而 $R4$ 则为 2.50 美元。一个明显的问题是，如果两个最高价值奖金很接近，阿莱悖论是否会再次出现（例如 6 美元和 5 美元，而非 25 美元和 5 美元）。我们认为这是重要的，因为许多被试可能在没有转化报酬条件的 500 万美元和 100 万美元两者之间感知不到很大的差距，但是在 25 美元和 5 美元之间会意识到很大的不同。

$S6＝$（8 团，0.5；1 团，0.5）

$R6＝$（13 团，0.375；1 团，0.625）

$S7＝$（8 团，0.33；1 团，0.67）

$R7＝$（13 团，0.25；1 团，0.75）

应该很清楚地看到，这些彩票表现出共同比率问题：第二对彩票是将第一对彩票的最高报酬减少 0.5 的共同概率而得到的。第三对彩票通过共同比率 0.33 而与第一对彩票相关。为了校准，基准组（$S5$，$R5$）的选择在（$S7$，$R7$）实验局之后进行重复。

报告的结果是以最后 5 天实验局条件下低风险情形的平均选择比例表示的。例如，304 号老鼠被试在 57％的选择机会中选择了对应于彩票 $S5$ 的杠杆，因而多于对应于彩票 $R5$ 的杠杆。这一结果显示出风险规避，因为 $R5$ 彩票有更高的预期报酬。在这一点上，304 号老鼠是其他老鼠的代表。老鼠的风险偏好对于初始财富的变化同样保持了稳定性，在那当中，每一回合开始时都会改变强制实验的次数。

4 只老鼠同质性地表现出"共同比率"的不一致性。每只老鼠在更高数量的成对彩票中倾向于更少地选择安全情形。平均每只老鼠选择 $S5$ 的次数比 $R5$ 多出 58％；选择 $S6$ 的次数比 $R6$ 多出 49％；选择 $S7$ 的次数则比 $R7$ 多出 43％。在返回基准组后，选择 $S5$ 的次数比 $R5$ 多出 63％。

这个实验设计的一个不足之处是没有对财富效应进行控制。如果每一对彩票是在同样的初始情形中做出的，即在同样的财富水平上有同样的效用函数，那么共同比率效应违背了期望效用理论。尽管风险偏好看似不会受到财富变化的影响，但是预期的卡路里摄入量在基准组的（$S5$，$R5$）实验局中明显高于（$S6$，$R6$）或者（$S7$，$R7$）的实验局。Kagel，MacDonald，and Battalio（1990）在后续实验中缓和了这一问题，他们让老鼠在奖励都是一小团食物的彩票之间进行选择，但是在交付时间上有一个随机确定的延迟。最高的奖励与最短的延迟时间相对应。因为实验之间的时期是固定的，而且最后供给的一直是单个的小团食物，所以每只老鼠将一直在每一回合大约同样的时间里消费同样数量的小团食物，而不管彩票的随机选择结果如何。从这一意义上来讲，老鼠的财富位置在不同实验局的任何一个两天的回合中近似一致。尽管对财富进行了控制，在这一情形中还是存在共同比率的不一致性。这几位作者也通过使用美元的货币报酬，在对人进行的一系列相似回合中观察

到了共同比率效应。[1] 非常有趣的是，在老鼠和人之间，都可观察到违背期望效用理论的同样数量违背模式。

在不确定下的备择理论

在共同比率和共同结果这两个问题中，不一致选择的典型模式是这样一个具体情形：当相对安全的"S"彩票的结果是确定的时候，选择"S"彩票；当所提供的彩票都没有提供确定性的报酬时，转向选择风险更高的"R"彩票。例如，从图8—3的结果来看，参与者普遍地选择彩票 S3 的确定性结果而非彩票 R3* （共同比率问题）或者彩票 R3（共同结果问题），然而却会选择 R4 而非 S4。这一选择是不一致的，因为它意味着在整个概率选择空间的无差异曲线并非平行的：彩票 S3 胜于 R3 的偏好反映了一个相对风险规避的无差异曲线，由图形在 R3 之上穿过 S3 的陡峭虚线表示。另一方面，对 R4 胜过 S4 的偏好意味着风险偏好的行为，由穿过 R4 的相对平坦的虚线表示。尽管它与标准期望效用最大化不一致，但是 S3 胜于 R3 而 R4 胜于 S4 的这一选择模式却是与在原点下面的一个共同点"展开成扇形"的无差异曲线的偏好图形相一致，正如图8—3中虚线所表示的。

Machina（1982）对这一模式进行了评价，同时也对一些其他的期望效用理论偏离现象做了评价，并提出了允许这一"展开成扇形"的独立性公理的一般化情形。为了使无差异曲线展开成扇形，它们在概率三角形的左上方必须更为陡峭，即角点有更为偏好的彩票。因为更为陡峭的无差异曲线表示更多的风险规避，展开成扇形的模式意味着被试在更受偏好的彩票区域中表现出更大的风险规避程度，从而违背了期望效用。诸如 Chew and Waller （1986），Conlisk（1989）和 Camerer（1989）等人已经进行了许多实验以检验这一扇形的预测结果。[2] 尽管在这些研究当中可以复制标准的共同比率和共同结果的不一致性，但是却很少支持展开成扇形的假说。Camerer（1989）使用金钱激励在概率三角形的左上方发现了很少的展开成扇形的证据，而在假设的激励条件下，Chew and Waller（1986）以及 Conlisk（1989）报告了在一个角落

---

① 财富效应是以这种方法在人类被试中得以控制：要求他们给出所有成对彩票的选择，而在事后只随机选择其中一种，作为事实上用于确定被试货币收益的彩票。采用这一办法，实验中没有出现财富的累积。在下面的8.4节将讨论这种"随机选择"方法。

② 许多研究是涉及假设的选择。值得一提的是，Camerer（1989）使用金钱激励并用随机选择方法控制了财富效应。随机选择方法将在下一节进行讨论。

的选择模式是成扇形合拢的选择模式。① 例如，科林斯科（Conlisk）使用了未在图8—3左上方标示出的点的彩票（在假设的报酬条件下）。展开成扇形将意味着在接近原点处偏好 S1 胜于 R1 的倍数，将不会偏好在图左上方外表面未标示出的风险彩票。但是 45％ 的被试在成对选择中所做出的选择违背了期望效用（通过选择一个安全和风险彩票的混合），而在这当中，83％ 的人选择了 S1 和左上方未标出的风险彩票的混合。

除了麦恰纳（Machina）的一般化期望效用理论之外，还有各种期望效用理论的替代理论可用于解释阿莱悖论期望效用。包括 Kahneman and Tversky（1979）的"前景理论"，Chew and MacCrimmon（1979）的"加权效用理论"，Bell（1982）的"后悔理论"，Fishburn（1982），Loomes and Sugden（1982）以及 Quiggin（1982）的"依赖排序的效用理论"。② 由于各种各样的理由，这些替代方法没有哪一个已被广泛地接受。首先，违背期望效用理论的模式，并没有像它们曾经被认为的那么明显，而且也没有竞争性理论能够有说服力地组织那些在某种程度上混合的数据。其次，它们的应用涉及效用函数的复杂具体化，而理论学家发现这一函数的具体化相当麻烦。第三个理由也是下一节的主题，是最近的许多实验研究对是否需要更为一般化的期望效用理论提出了一些质疑。因为很可能是这样的情形，即所观察到的不一致性的出现，只是因为偏离了复合式彩票简化公理而非独立性公理，这种情况下问题的严重性会小得多。

独立性真的被违背了吗？

有些实验证据表明，不一致性可能是由于问题的复杂性，而并非因为偏离了独立性。例如，除了关于（S1，R1）和（S2，R2）彩票选择的共同比率问题之外，Kahneman and Tversky（1979）也用一种使彩票之间的关系更加明显的方式呈现了他们的共同比率彩票选择决策。在这第二个系列的彩票选择中（也是在假设的报酬条件下），参与者再次在 R1 和 S1 之间做出第一个选择，但是第二个选择是在 $R2^*$ 和 $S2^*$ 之间做出，二者修正了 R2 和 S2 的选择，但在数学上是等价的，其中 $R2^* =$

---

① 具体来说，可见在 Conlisk（1989）的附录Ⅲ中对 Chew and Waller（1986）的讨论。

② Hey（1991）做了一项很好的工作，他给出了许多标准期望效用理论的变化版本，而且他总结了旨在评价这些替代方法的实验。他进一步地认为这些不一致性可能归结为被试的一致性错误或者误差，因此他呼吁形成一个"误差理论"。

（R1，0.25；0 美元，0.75），S2* =（S1，0.25；0 美元，0.75）。① 通过用结果呈现复合表达式，可以很容易地看到标星号的彩票和没标星号的彩票是相等的。例如，S2 和 S2* 每个彩票都以 0.25 的概率获得 3 000 美元，以 0.75 的概率获得 0 美元。在复合式彩票形式的框架里，不一致性的选择会消失：78% 的被试偏好 S2* 胜于 R2*，事实上这与 80% 的人选择 S1 而非 R1 一样。

这一结果是可复制的。例如，Conlisk（1989）让 212 个被试在上面所给出的（S3，R3）和（S4，R4）共同结果问题的成对彩票中进行选择，但他是以复合式彩票（同样也是在假设的报酬条件下）表述这一成对彩票的结果的。当以复合式彩票进行表述时，只有 28% 的结果是不一致的选择（与此相反，当彩票是以简化形式表示时，有 60% 的不一致选择）。Camerer and Ho（1990）也同样复制 Kahneman and Tversky（1979）和 Conlisk（1989）的结果。② Camerer（1991）也报告了显示偏离期望效用理论的结果，当所有的彩票选择位于概率三角形内部时，这一违背现象是很少见的。把这些放在一起，表明在许多应用情形中，期望效用理论的修正可能是不必要的。与普遍违背独立性公理所不同的是，人们看似在评价复合式彩票时面临一些困难，特别是当一些彩票的结果包含接近零概率的结果时。

8.4 金钱激励和财富效应的控制措施

在前面章节所描述的许多结果都是与假设的报酬相关。如果金钱激励在彩票选择情形中并不重要，那么货币报酬将不必要，这可使这一研究的成本和复杂性都相应降低。然而，实验的证据表明，金钱激励在此确实重要。例如，Battalio，Kagel，and Jiranyakul（1990）发现当选择

---

① 卡尼曼和特韦尔斯基是用下面的方式向被试介绍复合彩票之间的选择的："考虑下面两个阶段的游戏。在第一阶段，以 0.75 的概率结束游戏而没能获得任何报酬，以 0.25 的概率进入第二阶段。如果你能进入第二阶段，那么将可在下面的两个选项中做出一个选择：

（4 000 美元，0.80；0 美元，0.20）和（3 000 美元，1）

你的选择必须在游戏开始之前作出，也就是说，在第一阶段的结果揭晓之前。"

② 与科林斯科不同的是，Camerer and Ho（1990）使用了同样的被试在复合式彩票和简化式的成对选择情境中做出选择。Keller（1985）已经表明，阿莱悖论问题中的异常行为的频率受到这一选择问题表述方式的影响。

是真实报酬的时候，被试倾向于表现出更大的风险规避程度。同样的，正如下面所提及的，Starmer and Sugden（1991）报告说货币动机影响到彩票选择不一致性的数量（尽管不是质量）本质。

这些观察的最后结果与第 1 章中使用货币报酬所得到的结论并没有区别：通常来讲（如果不是一直都是），使用货币报酬是明智的做法，因为金钱激励会影响表现，同时也因为经济学家感兴趣的主要决策并不是假设的。Harrison（1990a）用特别的激情描述了这一观点：

> 为什么没有对被试进行激励的情况下，就在实验室餐桌上试图证实或者证伪激励行为的模型……且把著名、有趣且理智的帝国主义经济学家搁置在一边？我们认为，过分关注那些弄懂未受激励的行为之本质的企图，并不是有用的事情。

进一步地说，我们必须强调简单地提供一些金钱激励是不充分的。相反的，货币收益对于决策的敏感性必须足够高，以使其占优于参与者做出决策的成本。即使是在金钱激励的条件下，许多个体决策选择的实验结果，也已经因缺乏"报酬占优性"而备受质疑（例如，Harrison，1989，1990a，1990b）。

货币报酬的使用在彩票选择的情形中产生了一些特别的方法论的关注。具体而言，因为风险的态度从理论上来说会受到财富的影响，所以参与者的选择会受到回合过程中累积报酬流（既可以是预期的，也可以是实际的）的影响。迄今为止很少有实验试图在彩票情形中评价财富变化对于那些受金钱激励的参与者决策的影响，而且已有的研究也不具有结论性。[1] 一方面，Cox and Epstein（1989）发现几乎没有证据可表明财富的变化会影响彩票决策。这些作者把被试安排在一个序列彩票选择的情形里，每个选中的彩票立即生效，所获得的收益加入个人的累积总收益。当他们把累积收益作为一个解释变量进行回归时，这一变量的系数大致上不显著。另一方面，在一个彩票式的随机确定股息的资产市场情形中，Ang and Schwarz（1985）似乎得出这样的结论，即所观察到的风险溢价受到财富变化对于投资者风险态度效应的影响，尽管他们也提及其他可能的解释。

---

[1] 事实上，理论对被试是否表现出财富效应这一问题存在一些争议。例如，Kahneman and Tversky（1979）前景理论的主要原则之一是，风险态度是与当前财富相关并由它确定的，同时不管当前的财富水平如何，一个人对损失是风险偏好的，对收益则是风险规避的。所引用的支持这一断言的证据普遍是假设的收益和损失。

认真记录财富效应的实验尝试将是很有用的。即使是缺乏足够的证据表明财富效应的存在，然而，对它们进行控制仍然是需要的，因为显著的财富效应可以使在不确定性条件下进行的实验的数据解释复杂化或者无效。基于这一理由，我们在这一部分偏离主题，对控制财富效应的四种方式进行讨论。这一描述是在回顾斯塔默（Starmer）和萨金（Sugden）的实验设计之后进行的，他们的实验旨在评价最受欢迎的那种技术——随机选择方法的有效性。斯塔默和萨金实验的另一个特征是，它允许对复合式彩票简化公理的一般性进行检验。这一节的最后概述了我们在彩票选择实验中已经掌握了的内容。

控制财富效应的方法

在文献中已经出现了控制财富效应的四种方法：事后分析；引导偏好（induced preferences）；群组间设计以及随机选择。我们将按顺序对它们进行介绍。

1. 事后分析。研究者能够分析被试的决策，从而看清在收益和风险情形中的行为之间是否存在任何明显的关系。这是上面所讨论的 Cox and Epstein（1989）所采用的方法。尽管这一方法既简单，对预见性的要求又相对较少，但是它有着严重的理论上的缺陷：当参与者面临一系列彩票选择时，他们可能意识到财富位置随着已实现的收益流而变化，或者是大体上保持不变（如果他们在进入实验时有一个很强的事前认识，从而意识到在整个回合中有关的可能性预期收益）。累积财富的变化和预期未来收益的变化的相互作用，使得财富效应很难通过这一方法分离出来。

2. 引导偏好。理论上，如果人们是风险中性的，或者他们的效用函数表现出的风险规避方式不受财富的影响，那么财富的变化并不会影响彩票的选择。然而，财富效应的第二种控制方法要求对被试的支付能引导出不依赖于财富的偏好。这一方法的主要缺点在于，正如将在 8.7 节讨论的，引导风险中性的方法不是很有效，至少在一些情形中如此。

3. 群组间设计。第三种方法是把被试群体分成两组，并让其中一组被试在彩票选择问题中进行决策，而让另一组被试在另一个相似的问题中做出决策。这是由 Conlisk（1989）采用的方法。群组间设计避免了事后分析的潜在问题，因为只存在单个金钱报酬，因而预期的财富和事实的财富在决策做出的同时均为常数。然而，这一方法的统计能力不足，从某种意义上讲，没有一个被试做出不一致的成对决策。当然，研究者必须在这一假设的基础上做出推断，即每一组被试均从同样的总体中提取出来。

4. 随机选择方法。在这一方法下，给予一个被试一系列选择。这些选择的其中一个被事后随机选择出来，而且它被用于确定被试的金钱收益。为了看清这一方法为什么能控制财富效应，假定有两个被选中的概率相等的决策。那么被试的期望效用等于1/2乘以由第一个决策所导致的期望效用，加上1/2乘以由第二个决策所导致的期望效用。因为两个决策是以具有可加性的分开的部分进入总期望效用，所以最优决策分别与最大化每一期望效用部分相关。因此，一个决策所导致的潜在的收益不应当对另一决策产生影响效应。

第四个方法既容易实施，在数据收集的努力方面又很经济（因为每个参与者能进行多个独立的决策）。基于这些理由，这一方法大概是最为标准的控制财富效应的方法。然而，值得强调的是，这一方法的合理应用在被试的报酬方面并不经济。即使只对被试决策中的一个进行支付，但是对于每个组成成分的货币报酬，即能被选择的报酬必须足够高以使所有决策都是显著的。例如，如果有10个决策，只有被选择的其中一个被用于确定收益水平，那么每一决策的重要性相当于直接支付时的1/10。因而，每一决策的潜在报酬应该等于对每个决策都进行支付时的10倍。而且，这一方法严重依赖于期望效用表达式在概率上的线性假设，所以违背期望效用理论的公理可能使这一方法失效。接下来的部分讨论这一方法的一个直接检验。

随机选择方法的检验

Starmer and Sugden（1991）报告了一个旨在评价控制财富效应的随机选择方法的共同结果实验。在用随机选择方法对财富效应进行控制后，他们的想法是：把在单一选择情形中受金钱激励的被试的决策和做出多个选择的其他被试的决策进行比较。如果控制起作用，那么在单一决策情形中所做出的决策将与在多个选择情形中做出的决策没有显著的不同。

斯塔默和萨金创造了下列 $S8$、$R8$、$S9$ 和 $R9$ 的彩票，奖金采用英镑的形式。

$S8 =$（10 英镑，0.00；7 英镑，1.00；0 英镑，0.00）

或者　$R8 =$（10 英镑，0.20；7 英镑，0.75；0 英镑，0.05）

$S9＝$（10 英镑，0.00；7 英镑，0.25；0 英镑，0.75）

或者　　$R9＝$（10 英镑，0.20；7 英镑，0.00；0 英镑，0.80）

成对的（$S8$，$R8$）和（$S9$，$R9$）形成如图 8—4 所示的熟悉的平行四边形模式，它是一个几乎与图 8—3 一模一样的阿莱悖论问题。

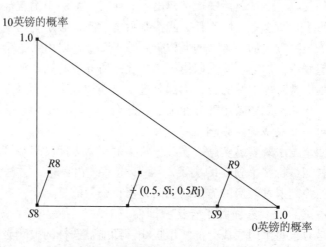

图 8—4　斯塔默和萨金的实验设计

彩票事实上是以突出共同结果的方式表述的。例如，彩票 $S8$ 和 $R8$ 可以再表述为与图 8—5 相似的一个表格。其中最上面一行包含从 1 到 100 的随机确定的数字，而下面两行显示了成对的彩票和以英镑计的奖金额。对于在 6～80 之间的一个随机数，每一个彩票得到 7 英镑的报酬，表格结构在直观上突出了共同结果所产生的结果。彩票 $S9$ 和 $R9$ 是通过以 0.75 的概率得到 0 替换这一个共同结果而形成的。

	1 ⋯⋯ 5	6 ⋯⋯⋯⋯⋯⋯⋯⋯⋯⋯ 80	81 ⋯⋯ 100
$S8$	7 英镑	7 英镑	7 英镑
$R8$	0 英镑	7 英镑	10 英镑

图 8—5　共同结果的两个彩票的可视化表示方法

在假定支付的一系列决策之后，被试被分为三组 A、B 和 C，并分别由 40 人、40 人和 80 人的被试组成。A 组的被试每人在彩票 $S8$ 和 $R8$ 中做出单个真实报酬的选择，然后在假设的报酬条件下在彩票 $S9$ 和 $R9$ 中做出选择。B 组的参与者在真实报酬条件下在彩票 $S9$ 和 $R9$ 之间做出选择，而之前是在假设的报酬条件下在彩票 S8 和 R8 之间做出选择。最后，C 组的成员是在意识到只有其中的一个选择在事后被随机用于确定其收益水平的情况下，对两个成对彩票做出选择。

这一实验的结果概述在表 8—1 当中。前两行的数据揭示了控制组 A 和 B 的不一致反应的标准模式：确定性的替代方案 S8 比 R8 更受 68％的被试（第一行）偏好，而在另一个单一选择小组中（第二行），只有 42％的被试偏好相对安全的 S9 而非 R9。随机选择方法作为控制财富效应的有效性的评价，是通过比较上面两行和下面一行的数字而得到的。这一方法起作用时，在下面一行的每一个数字应当与上面两行的每个数字一模一样。

表 8—1　　　　　　　　　随机选择过程的数据

	被试选择的比例	
	S8 超过 R8	S9 超过 R9
在单一金钱激励选择中的 40 个被试	68％	～
在单一金钱激励选择中的 40 个被试	～	42％
在随机选择程序中的 80 个被试	49％	31％

注：～ 表示没有货币激励。

资料来源：Starmer and Sugden（1991）.

这一比较对随机选择方法的有效性产生了一些困惑：不同小组的行为似乎并不一致。在每一情形中，C 组的参与者选择相对"安全"的彩票的频率更少。斯塔默和萨金报告，只有在（S8，R8）的情形中偏差才是显著的。因为这一偏差并没有一致性地违背阿莱悖论选择模式（S8 胜于 R8，而 R9 胜于 S9），所以斯塔默和萨金结论认为数据谨慎地支持了随机选择程序。但是我们对数据的解读有时更为合适。我们督促读者仔细地观察表 8—1 中的每一行数据，并决定数据是否充分接近，从而允许随机选择方法作为财富效应的一个控制方法进行使用。我们自己的观点是，至少对拒绝理论的意图来说，数字差别太大了。

在这里所实施的随机选择程序的问题，可能只不过是因为每一选择的激励被稀释从而使得被试更愿意承担风险。[1] 因为 C 组参与者所做出

---

[1]　回顾一下，当真实报酬被假设的报酬所替代的时候，Batlalio, Kagel, and Jiranyakul（1990）在一个彩票选择情形中观察到很少的风险规避行为。

的两个选择中只有一个是相关的，所以每一决策的预期报酬下降了一半。如果这一推断是正确的，那么当C组每一彩票的报酬翻倍时将会产生更为一致性的行为。

一般来说，随机选择方法可能是有效的，Camerer and Ho（1990）以及 Starmer and Sugden（1990）已经注意到，分开考虑每一个彩票选择，而不是把随机选择程序视为在由每个个体决策问题的选择所组成的复合式彩票中进行选择，对于被试来说可能有心理上的收益。这就是被 Kahneman and Tversky（1979）称为"分离效应"的一个例子。

违背复合式彩票简化公理的一个检验

斯塔默和萨金实验设计的另一个更巧妙的特征是，其可以对并不需要独立性假设的复合式彩票简化公理进行具体的检验。基本思想如下：由一个被试做出两个彩票选择，并由实验者随机选择其中一个确定其报酬水平。如果选择的参数能够使被独立性公理所排除的选择（比如，$R8$，$S9$；或者 $S8$，$R9$）产生同样的（简化的）概率和报酬，那么在复合式彩票简化公理下两者就是等价的。基于这一理由，参与者如果能够简化复合式彩票，那么他们在不一致的彩票选择模式之间是无差异的。另一方面，如果其他人坚持不懈地选择其中一种不一致模式，那么复合式彩票简化公理可能失灵。

斯塔默和萨金实验设计中的非一致选择对的重叠部分可见图 8—4。在随机选择机制下，一个被试并不知道所选择的哪一个彩票是相关的，所以被试能在下面的四个复合式彩票之间有效地选择：

$$(S8，0.5；S9，0.5)，(R8，0.5；R9，0.5)$$
$$(S8，0.5；R9，0.5)，(R8，0.5；S9，0.5)$$

正如所提及到的，后面两个复合式彩票代表着违背期望效用理论的 S 和 R 彩票的组合。现在值得注意的是图 8—4 中这些彩票的位置。彩票（$S8$，0.5；$R9$，0.5）正好准确地位于概率三角形 $S8$ 和 $R9$ 之间的中间位置。类似地，彩票（$R8$，0.5；$S9$，0.5）位于 $R8$ 和 $S9$ 连线的中间位置。因而，这些"混合"彩票都可在图 8—4 的一个共同点进行表示，标示为（Si，0.5；Rj，0.5）。正如图 8—4 所表明的，这一点在图形上的确认是通过连接 $S8$ 和 $R9$ 的直线与连接 $R8$ 和 $S9$ 的直线相交得到的。那些近似地简化复合式彩票的参与者在这两个选择中应当是无差异的。①

有关小组（其中一组做出两对选择）的实际选择模式如表 8—2 右边两列所示。它很清楚地表明，所选择的 S8 和 R9 的复合式彩票，是所选择的 R8 和 S9 彩票的两倍多，这被作者解释为违背了复合式彩票简化公理的一个证据。②

表 8—2　　在由随机选择方法所确定的复合式彩票之间的选择模式

彩票选择模式	S8，S9	R8，R9	S8，R9	R8，S9
选择（比例）	16％	36％	33％	15％

资料来源：Starmer and Sugden（1991）.

彩票选择实验的小结

在阿莱悖论情境中可观察到系统性地违背期望效用理论假说的现象。尽管已有大量的努力，但是这一规律性的意义和重要性还不明朗。研究因许多程序上的原因而受阻。特别麻烦的事情是缺乏有说服力的控制财富效应的方法。然而，把这些问题搁置一边，实验已经产生了许多重要的真知灼见。首先，在概率三角形的大部分区域，并没有展开成扇形的无差异曲线的清楚模式。其次，当金钱激励出现在标准的共同结果情形中时，看似矛盾实则正确的行为能够一直持续。最后，违背现象有时并不像之前所想象的那么严重。期望效用理论对在三角形中间所组织的选择模式比已知的替代方法要好得多。而且，在违背现象发生的地方，现有的证据至少在一些具体的情形中指向了复合式彩票简化公理的失灵，而非更为重要的独立性公理的失灵。

8.5　诱导偏好：问题和应用

价值引导对于实验经济学家来说代表了一个最为有用的可获得的工具。例如，对市场配置效率的实验检验，取决于研究者引导出卖者和

---

① 这一观点并没有使用独立性公理，因为两个复合式彩票在图上表示同一点。基于这一理由，彩票之间的无差异与在概率三角形中决定无差异曲线的线性独立性没有任何关系。值得注意的是，对于参与者做出一致性选择的程度（选择 R8 和 R9，或者 S8 和 S9），检验仅能发现很少的支持复合式彩票简化公理的证据。

② 能够在二项式分布的单尾检验中（$p=0.017$）拒绝（S8，R9）和（R8，S9）的频率是一样的原假设。

买者的具体成本和偏好条件的能力。然而，在许多情形中，研究者感兴趣的在于诱导出偏好而非引导偏好。例如，对非市场公共产品的价值的评价，比如清洁水源或者清晰视界等，是偏好诱导问题。偏好诱导提出了一系列还未被考虑的程序上的话题。在一些情形中，特定的偏好结果对问题提出的方式很敏感。因此，一个重要的问题是如何确定一种提问的方式，以使其能最大程度地诱导出个体的真实货币价值。

本节考虑一系列诱导话题。我们将继续探讨上面提及的价值诱导问题；首先是在一个非随机的情形中，然后是在随机的情形中。随后的一部分考虑诱导价格预测的问题。在这一节结束时，将讨论一些更为复杂的主观概率认识的诱导问题。

价值诱导、接受意愿和支付意愿

由于廉价的土地和当地煤炭资源的易得性，许多以煤为燃料的电力工厂均位于弗吉尼亚州的西部农村地区。这些工厂的污染物排放降低了从山上俯视谢南多厄峡谷的可视性。假设污染物的排放量能够通过安装昂贵的过滤系统而降低。为了确定这些系统的安装是否能够增加社会福利，一个政策制定者需要知道弗吉尼亚居民对于谢南多厄峡谷的高清晰视野所赋予的货币价值。

一个代表性的调查可能是由询问"之前"和"之后"等相关问题所组成。回答者被要求用两种明显方式中的一种声明估价。一方面，可能询问他们为了补偿所谓的能见度降低问题而乐意接受的最小数额，把这一"接受意愿"问题的反应记为 W_{WTA}。另一方面，也可以询问他们为避免所描述的能见度降低问题而愿意支付的最高数额。我们把后面的这个问题中的"支付意愿"反应记为 W_{WTP}。[1]

思考一下这一问题的两种不同表达方式将怎样影响估价。框架仅仅因为财富因素而不同，比如，接受意愿问题假定对资产拥有所有权（比如，一个清洁的环境），因而假定了比支付意愿问题更高的初始财富水平。许多经济学家认为，财富的变化对于反应的影响应该相当小。[2]

---

[1] Cummings，Brookshire，and Schulze（1986）和 Hoffman and Spitzer（1990，特别是在注释 13 中）讨论了这一理论。

[2] 但这不是理论上的结果，它依赖于相关的弹性。具体而言，Hannemann（1991）认为对于公共产品情形的接受意愿和支付意愿的反应差距存在理论上的解释。他显示，如果在公共产品和每个可获得的私人产品之间存在着不完全替代时，这一反应的差距会更大。

可能出人意料的是，很大的差距总是出现在一个一致的方向上：接受意愿问题的答案明显地超过支付意愿问题的答案。例如，Hammack and Brown（1974）讨论了一个调查的结论，在那当中猎人对猎鸭栖息地的破坏要求 1 044 美元的平均补偿，但是只愿意支付 247 美元阻止猎鸭栖息地自然环境的破坏。这一差距对于想要寻找替代政策的经济成本和收益的度量指标的政策制定者来说，是一个明显的两难问题。

对于所宣称的估价差距的一个解释是，应答者采取了策略性的行动：在问题的一个框架里他们认为他们可能会因空气污染的加重而得到补偿，因而他们应当确定一个高的愿意接受的最小值。而在替代框架中他们可能认为他们会被征税从而为减少空气污染付费，因而他们确定了一个较低的乐意支付的最小值，以避免强制税收。另一种解释为一些心理学家所偏好，即经济学家构建产品估价的方式存在着一个基本的错误见解，因为产品的所有权会使得一个产品更加值钱，从而导致更高的销售价格。这已被称作"禀赋效应"，具体可见 Knetsch（1989）。禀赋效应的出现会让许多领域的经济分析感到不安。例如，在法律制度的分析中，经典的科斯定理断言，在无摩擦条件下，产权的初始配置与经济效率无关；例如，究竟是工厂的所有者需要因为污染而对邻居进行补偿，还是邻居必须向工厂所有者付费使其不进行污染，两者没有区别。

Coursey, Hovis, and Schulze（1987）在假设的和真实的激励条件下，设计了一个简单的实验以度量支付意愿和接受意愿反应之间的差距。实验包括一个短时间的非愉悦的初始感官刺激（尝试一滴很苦但无害的液体，"SOA"），接下来的问题旨在导出参与者遭受一个时间更长、强度更大的同种感官刺激的成本（在他们嘴里含一盎司的SOA 并持续 20 秒）。实验局因问题的类型和激励的本质而有所不同。被试被要求确定一个他们愿意支付的最高报酬以避免这一痛苦的品尝经历，或者是为尝试 SOA 而给出一个他们愿意接受的最低补偿水平。问题是在两种激励计划下提出的：一个是对没有金钱激励的真实回答的调查，另一个是使用第二价格拍卖的变化版本以导出金钱激励的货币价值的调查。组合问题类型和激励类型的维度，一共有四个实验局单元。

为了看清价值信息是怎样通过竞争性的拍卖而被诱导出来的，考虑支付意愿反应的诱导情形。拍卖是由 8 个被试组成，每个被试给予 10

美元的信用。被试提交竞价，并且知道最高的 4 名竞价者将可避免尝试过程，但是获胜的竞价者将不得不支付最高的被拒绝（第 5 个）竞价。正如在第 5 章所讨论的，只进行一次的这一类型的"竞争性拍卖"的占优策略是标出个人真实的支付意愿，因为一个人的竞价不影响价格，只是影响是否尝试 SOA。例如，当存在一个人们宁愿付费以避免这一感觉时，一个个人价值之下的竞价就引进了（无效的）尝试 SOA 的可能性。同理，高于个人价值的竞价，则引进了这样一个可能性，该竞价避免了尝试，但是其价格水平超过了与尝试相关联的负效用。

接受意愿的信息是通过相反的竞争性拍卖而相似地诱导出来的。在这一情形中，要求参与者确定一个义务尝试 SOA 的价格，他们都认识到 4 个最低的竞价者能够获得一个等于最低拒绝（第 5 个最低的）竞价的补偿而摆脱这种义务。与上面所描述的实验局所不同的是，被试在这一拍卖中没有初始的现金信用。同理，也可直观地表明，在一个只进行一次的有约束力的谈判中，最优的竞价是被试的真实接受意愿。

正如早期无金钱激励的非实验调查所报告的，调查实验局中的支付意愿为 3.00～4.50 美元，而接受意愿为 7.00～15.00 美元。同理，在拍卖诱导实验局的早期几轮里，接受意愿高于支付意愿很多。然而，在后面几轮中，接受意愿下降至大约 4.00 美元，它只是稍微高于支付意愿。库西（Coursey）、霍维斯（Hovis）和舒尔策（Schulze）指出，这一差异在统计上并不显著。Gregory and Furby（1987）重新分析了这些数据，消除了异常值，发现接受意愿超出了支付意愿，其差额大约平均为 1 美元，而且在这一差额水平上统计显著。然而，即使是在这样的修正条件下，金钱激励和经验看起来也减少了这一情形中的差异程度，以至于那些不相信巨大财富效应的经济学家不再感到不安。

尽管这一实验设计是新奇的，但是 Knetsch and Sinden（1987）注意到许多程序上的细节使得这一结果的解释变得复杂了。在这里值得一提的有两点。首先，回想一下在支付意愿拍卖中给予被试 10 美元的信用，但是在接受意愿拍卖中并没有。尽管给予所有被试一个现金信用是很昂贵的事情，但是这么做将会消除收入效应，因为收入效应会潜在地和所感兴趣的主要处理变量发生作用。其次，真实披露偏好的激励在这些作者所进行的拍卖中是复杂的，因为它给予被试否决其认为不可接受的任意结果的机会。这一否决的机会消除了标高个人真实支付意愿的阻碍因素。例如，一个只有 5 美元支付意愿的被试不会从竞价为 50

美元的行为中得到任何惩罚，因为被试能够否决这一拍卖，只要现行价格的结果超过 5 美元。同理，这一否决选项也消除了标低个人真实接受意愿的竞价的阻碍因素。这些因素合在一起，就能部分或者全面地解释为什么拍卖实验局中所衡量的接受意愿和支付意愿之间的差距会减小。

结果是，诱导方法之间出现差异的原因仍然是未解决的问题。尽管实验结果是模棱两可的，但是政策制定者并不是毫无指导原则的。例如，诱导的方法普遍是由政策话题的情形所决定的，我们是否要建一个公园（支付意愿）或者把一个公园拆除（接受意愿）？但是许多重要问题需要进一步研究。具体而言，支付意愿和接受意愿事实上是不是不同的？或者它只是在一个人为的实验程序上度量差距（比如，被被试误解的策略情形）？这一问题能够通过仔细分析金钱激励结构而得到检验。进一步地讲，如果支付意愿和接受意愿确实不同，那么它是不是由于标准的收入效应和替代效应（比如，Hanemann，1991），或者它是否违背了偏好理论［比如，Kahneman，Knetsch，and Thaler（1990）所讨论的"禀赋效应"］？另一方面，如果支付意愿和接受意愿并没有区别，那么有必要搞清楚，如果二者选其一，哪一种估价的询问方式更有可能在实地研究的调查中诱导出真实偏好？

随机事件的估价

经济学家有时也对不确定事件的信息诱导感兴趣。例如，一个当事人的风险态度能够通过让被试指定一系列彩票的现金等价物的方式而确定。Becker，DeGroot，and Marschak（1964）提出了诱导一个彩票的等价现金的简单方法。[①] 给予被试一张票据，它给予了被试兑现彩票和获得货币支付的权利。然后要求被试给出他或她乐意卖出这一彩票的最小价格，他们认识到实验者将随机地产生一个标价，如果该标价超过了被试的销售价格，则帮助被试出售该彩票。换言之，实验者给被试彩票，询问他们的销售价格，然后为被试扮演（真实的）销售代理人的机制性角色。如果没有销售，即如果随机产生的标价位于被试的销售价格之下，那么被试保留彩票并将其兑现。如果彩票被售出，那么被试获得等于标价的一定量的货币（同时该彩票与被试没有任何关系）。

---

① 附录 A8.1 显示了执行贝克尔、德格鲁特和马夏克程序的一个导语。

在这些条件下，被试最大的兴趣是真实（接受意愿）报告彩票的等价现金。从直觉上讲，一个真实的报告是最优的，因为被试所报告的价格只影响售出彩票的概率，但是并不影响抽取标价的概率分布（或者销售价格）。因而，被试应当报告一个能最大化盈利性销售概率的价格。但是能最大化盈利性销售概率的报告价格是彩票的等值现金：任何在这一等值现金下的价格增加了售出彩票的概率，但是这么做只是在一个不受喜爱的条件下，即价格低于被试的等值现金。而任一位于等值现金之上的价格只是减少了盈利性销售的可能性。[①]

贝克尔、德格鲁特和马夏克方法的重复应用可以估计被试的冯·诺依曼-摩根斯坦效用。这一技巧首先是从一个简单的、两奖金彩票中诱导出一个等值现金，在彩票当中，报酬的效用已标准化为 0～1（没有一般性损失）。被试确定的等值现金在（收入，收入的效用）空间中产生了第三个点。例如，考虑这一情形，彩票 $S10 =$（0 美元，0.5；20 美元，0.5）。令 U（0 美元）$=0$ 和 U（20 美元）$=1$，彩票 $S10$ 的效用为 $0.5×0+0.5×1=0.5$。假设被试报告彩票 $S10$ 的等值现金是 5 美元。那么 U（5 美元）$=0.5$ 变成了效用函数的第三个点。通过构建由奖金和已知概率组成的新彩票，以及寻找这些彩票确定性的等值点，就可以识别出效用函数中的其他点。这一方法同样可归功于 Becker，DeGroot，and Marschak（1964），附录 A8.3 中解释了更多的细节。

贝克尔、德格鲁特和马夏克提出了一个允许对回答的一致性进行检验的特殊序贯程序。在这一程序中，后一阶段诱导出的等值现金在早期阶段的回答中是以这样的方式产生的，即效用函数的同一点被衡量两次。作者报告了这一程序的一个有限的实验评价：成对被试参与一系列 24 阶段的 3 个实验回合。使用随机选择程序以防止在诱导过程中财富效应改变风险态度。这一方法看似产生了合理的效用数目，而且不一致性的频率在后面的回合中减少了。

然而，在这一序贯过程中存在不足之处，即被试对销售价格问题的答案将影响彩票的结构，因为销售价格是序贯地诱导出来的。贝克尔、德格鲁特和马夏克通过在几阶段之后才使用被试某阶段回答的方式，试

[①] 这一结果的技术观点与提交的竞价等于第二价格拍卖中的价值的观点相似。可见第 5 章的讨论。在应用贝克尔、德格鲁特和马夏克程序时，让被试领会到符合他们的最佳利益的真实披露是很重要的。读者可能想要回顾一下附录 A8.1 中标题为"诱导销售价格的具体导语"的内容，它描述了试图把这一观点用简单形式介绍给被试的情形。

图最小化这一情形的策略性反应的可能性。但是在这一序贯程序的第二个应用例子中，Harrison and Rutström（1985）观察到在早期阶段一些有经验的被试为了在后期阶段获得更为可观的赌注，会策略性地夸大销售价格。为了消除误导的策略性动机，Harrison（1986）提出了一个修正，在那当中赌注的序列是随机确定的。正如哈里森所指出的，这一修正是以放弃对回答的一致性进行检验为成本的。

预测

价值诱导问题的一个特别有趣的类型是获得对某一个随机变量未来价值的预测。预测行为已在各种情形中进行了研究。在这一部分，我们通过对市场情形中价格预测的关注，介绍一些相关的话题。

在平衡的需求和供给条件下考虑一个双向拍卖，令 P_t 表示时期 t 的平均交易价格。假设要求被试预测下一期的平均价格。如果不同时期的价格经验分布是不变的，那么最好的预测是分布的平均值。在市场情形中，个体的预测将因人而异。如果在预测的价格和事实的价格之间不存在系统性的、修正性的差异，我们将会说预测是理性的。在所考虑的平稳环境中，这意味着预测必须是无偏的，或者

$$F_{it} = P_t + e_{it} \tag{8.9}$$

其中，F_{it} 是交易者 i 的预测价格，e_{it} 是独立的随机误差，均值为零。

（8.9）式最为普遍的替代方法是适应性预期模型：

$$F_{it} = F_{i,t-1} + B(P_{t-1} - F_{i,t-1}) + e_{it}, 0 < B < 1 \tag{8.10}$$

这一预测规则有直觉的性质，（8.10）式左边的当前预测等于前期预测水平加上前期预测误差（$P_{t-1} - F_{i,t-1}$）的修正因素。这是一个局部调整模型，因为它假定了修正因素 B 大于 0 而小于 1。预测行为最为广泛的研究涉及检验专家对消费物价指数的预测。Finglewski and Wachtel（1981）分析了著名的利文斯顿（Livingston）调查数据并且得出了这样的结论，即预测并不是理性的，但是更为准确地说，数据在适应性预期模型的变体中得到了很好的解释。Schmalensee（1976）采用了一个更具实验性的不同方法。他向 23 个被试显示了 19 世纪英国小麦市场已实现的历史价格，并要求他们预测后续 5 年的平均价格。一个适应性预期模型，与一个被试只是简单推断过去价格变化的天真模型相比，能更好地拟合数据。施马兰西（Schmalensee）并没有考虑理性预期。确实，理性和适应性的预测在这一情形中不一定会不同，因为环境并不是平稳

的。众所周知的是，对于一些非平稳过程，理性预测规则是适应性的。[①]

然而，对于上面所讨论的平稳市场条件的情形，理性预测是以（8.9）式为特征，它明显不同于（8.10）式的适应性规则。具体而言，（8.9）式意味着前期的预测误差对当期的预测不会产生影响效应，即在（8.10）式中 $B=0$。

Williams（1987）在平稳条件下进行了一系列双向拍卖，要求被试在那一期的开始之前预测每一个交易时期的平均价格。除了交易过程中他们的收益和 3.00 美元的参与费之外，还有 1 美元奖励给在实验结束时对所有时期的累积预测误差最小的那个被试。然后威廉姆斯估计了（8.11）式的一个变量：

$$(F_{it}-F_{i,t-1})=A+B(P_{t-1}-F_{i,t-1})+e_{it} \qquad (8.11)$$

与（8.10）式的比较表明，适应性预期意味着 $A=0$ 和 $0<B<1$。相似的，（8.11）式和（8.9）式的比较表明，在这一平稳环境中，理性预期意味着 $A=0$ 和 $B=0$。（因为在理性交易者的平稳环境中，$F_{i,t-1}$ 预期值和 P_{t-1},P_t 是相等的。）对于最后 3 个时期，参数估计为：

$$(F_{it}-F_{i,t-1})=-0.005\ 8+0.860\ 7(P_{t-1}-F_{i,t-1})+e_{it} \qquad (8.12)$$

其中，常数和曲线参数均显著地不为零（t 值分别为 -2.83 和 34.72）。威廉姆斯得出这样的结论，即数据与适应性预期模型是一致的。

威廉姆斯的这一结果，即预期倾向于遵循一个适应性的过程，已在多期资产市场情境中得到复制（Smith，Suchanek，and Williams，1988）。在这一情形中，已表明适应性预期并不是理性的，比如，它们产生了持久的、修正性的误差。然而，Smith，Suchanek，and Williams（1988）观察到价格最终倾向于理性的、完美的预见水平（例如，投机性泡沫最终被消除）。这表明，在充分的经验条件下，预期也会变成理性的。Peterson（1991）明显地指出了这一点。在适应性预期设定的变化的时间参数条件下对长期（4 期）资产市场实验结果进行分析，彼得森（Peterson）表明了预期会收敛于理性水平。

---

① 具体而言，如果被预测的变量分别是"永久性"和"临时性"的不能被观察到的部分的总和，并且如果所有分布都是正态的（包括不可观察部分的先验分布），那么采用贝叶斯规则（将在 8.8 节讨论）会产生一个适应性的公式。

威廉姆斯和其他人所使用的"奖金预测"方法的一个重要优势是，市场的参与者是那些想做出价格预测的当事人。然而，这一方法的潜在问题是，奖金可能使交易过程受到影响。威廉姆斯试图避免这一问题，他选择了一个足够显著的奖金预测数额，但该数额又不会大到使被试试图在他们预测的方向上操纵平均价格。① 然而，人们从未肯定的是，他们已经选择了一个合适的预测奖金：任何在预测中足够显著的高报酬水平在交易过程中也可能显著。其他方法也是可能的。例如，一个替代的方法是让交易者在间隔的时期中轮流进入和退出市场，当退出时做出受金钱激励的预测行为。② 而第二种替代方法是要求被试预测一个外生决定的价格序列的结果。③ 第三种方法是在古诺数量选择情形中应用过的，它是让被试做出价格预测，并且只有正确地预测价格水平时，才支付现金报酬。④

概率诱导

当研究者感兴趣于引导没有用货币单位表示的有关价值信息时，就会出现特别的问题。例如，考虑诱导主观概率信息的问题。在一个很实用的水平上，缺乏概率信息的经验可能模糊了报告的概率。很少有人经常从概率的角度评价事件（天气预报和专业的赌彩者是明显的例外），而且从来都不能直接地观察到概率分布。然而，只有样本信息才可观察到；比如，在一个彩票中有些可能的结果已经实现而其他结果则没有实现。

尽管存在这些实际问题，但是理论上在一个特定事件中诱导被试的主观概率 P 的机制是存在的。这样的机制被称为评分规则（scoring rule）。评分规则通过两阶段的过程实现。在最为简单的实验例子中，实验者首先询问一个被试的概率报告 r。在这一报告之后，实验者和被试观察事后随机事件是否发生，而且被试收到一个报酬。当然，没有办

---

① 事实上，威廉姆斯报告了一个实验性的研究，在那当中，当出现更高的预测奖金时，努力操纵交易过程以获得预测奖金的行为非常明显。

② 这一方法相当自然地应用到了世代交叠模型的情形当中，在那当中，有"年青"一代、"年老"一代和"预测者"一代（等待再生）。可参阅 Lim, Prescott, and Sunder（1988）和 Marimon and Sunder（1988）。

③ 可见 Dwyer et al.（1988）。

④ 在这一情形中参与者并没用数量选择的变化对价格进行操纵的动机。最优的数量决策是最大化预期利润（给定其他人所选择的预期数量）并由此调整价格的预测结果。Holt and Villamil（1986）报告了一个采用稳定的逆时针方向的蛛网调整模式的回合。

法确保被试所报告的就是他或她真实的主观概率，因为这一信息对于实验者来说是未知的。然而，通过使被试的报酬是一个已知的、报告的和所观察到的结果的函数，这样构建的激励条件会使得被试的预期货币报酬在 $r=p$ 时达到最大化。提供这样一个激励条件的评分规则据说是合适的，见 Savage（1971）对于合适评分规则的理论分析。

使用最为普遍的评分规则是二次型规则，有时也称为灌木规则（brier rule）。（实施二次型评分规则的导语出现在附录 A8.2 中。）在一个简单的天气预报的博弈情形中发展二次型评分规则是有启迪作用的。考虑气象学家的管理者的问题，他想针对准确预报制定一个奖励计划。令 p 表示在给定的某一天预测者对下雪概率的（主观）认知。这一概率不能直接地观察到，但是气象学家确实提交了一个报告 r，它在 0~1 之间。在报告之后，天气或者下雪或者不下雪。这一结果可由二元指标变量 I 进行概述。如果下雪，则 $I=1$，否则 $I=0$。

这一评分规则是从 r 和 I 具体化一个报酬的：

$$\text{报酬} = 1 - (r-I)^2 = \begin{cases} 1-r^2, & \text{如果 } I=0 \\ 2r-r^2, & \text{如果 } I=1 \end{cases} \qquad (8.13)$$

(8.13) 式的报酬在 0~1 之间。只有当事件确定性地预测到，同时事件也发生了，才会产生最大化的报酬（为 1）。例如，气象学家通过预测下雪的机会只有 0 而确实没有下雪（$r=0$ 和 $I=0$），或者是通过确定性地预测到下雪同时真的下雪了（$r=1$ 和 $I=1$），那么他将获得最大化的报酬。与此相对，当天气预报完全错误时，比如确定性地预测到下雪，结果却没有下雪（$r=1$ 和 $I=0$），那么就会出现最小化的收益（为 0）。对于表达式的中间项来说，给定报告 r，无论最终是否下雪（$I=0$ 或 $I=1$），$-(r-I)^2$ 一项可以被视为一种二次项损失，使得被试能够获得一些正收益从而对冲他/她的赌注。正是通过二次型损失函数的这一两面下注以避免损失的激励，使得理论上能诱导出被试主观概率 p 的真实显示。

在这一主观概率条件下，一个风险中立预测者的预期报酬是 (8.13) 式的概率加权平均报酬，对于 $I=0$ 和 $I=1$ 的情形，或者是

$$\text{预期报酬} = p(2r-r^2) + (1-p)(1-r^2) \qquad (8.14)$$

例如，假定 $p=0.33$。在选择一个报告 r 时，被试必须在事件以 0.33 的概率发生时获得的收益（$2r-r^2$），和事件以 0.67 的概率不发生时获得的收益（$1-r^2$）之间进行平衡。在 0 和 1 之间的每一个 r 值，都能够

计算出相应的预期报酬。这些计算结果如图 8—6 中的粗线所示。值得注意的是，在报告的与 p 相等的 $r=0.33$ 时，预期报酬实现最大化。图中的另外三条实线分别代表 $p=0$，$p=0.66$ 和 $p=1.0$ 时的预期报酬函数。这三条线的最大值在"×"标示的地方，分别为 $r=0$，$r=0.66$ 和 $r=1$。作为一般化情形，对任意主观概率 p 的特别要求是，最优的报告应该是 $r=p$。二次型评分规则的特别之处可以通过（8.14）式对 r 的求导并使这一导数等于零而得到。很容易表明，这一实验结果对于所有的 p 值是 $r=p$。

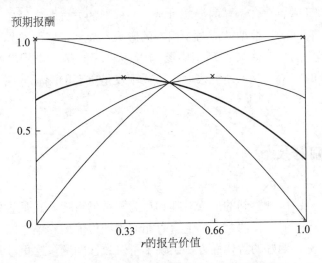

图 8—6　二次型评分规则和程序的预期报酬

虽然二次型评分规则已被用于诱导实验情形中的主观概率信息（例如，Grether，1992；McKelvey and Page，1990），但是就我们所知，还没有对这一程序本身进行直接检验的实验。然而，还存在一些怀疑其行为实用性的理由。正如图 8—6 非常平坦的报酬曲线所表明的，二次型评分规则的实验措施受到了 Harrison（1989，1990）"平坦最大值"的批判。对于某些 p 值，预期收益对于最优反应的违背是不敏感的。当 $p=0.33$ 时，最优的报告是 $r=0.33$。然而，至少有90％的预期收益是从跨越了大于一半的可能性区域（例如，在 0.05 和 0.61 之间的报告）的最优报告偏离而得到的。在这些条件下，对于参与者来说可能很难确定最优的反应为 $r=0.33$。对于更为极端的 p 值，激励的"平坦性"有时变得不那么明显，但即使是对于极限的 $p=0$ 和 $p=1$，激励也没有变得非常陡峭。虽然二次型评分规则具有

非常容易解释的优点，但是其他评分规则在实验中可能最终被证明是更为有用的。[1]

小结

在许多例子中，实验者感兴趣的是诱导偏好而不是引导偏好。在理论上已经形成的相当精妙的方法，为个体真实地显示潜在偏好、风险态度甚至是主观概率认知提供了激励条件。然而，在最简单情形中诱导技术的检验（例如非随机商品的价值诱导），表明这些方法必须小心翼翼地使用。具体而言，诱导的反应对于问题框架的方式非常敏感。正如将在下一节看到的，框架效应对于回答的影响扩展到了彩票选择实验的情形中。有趣的是，在市场环境中参与者经验看似是一个减轻此类"框架"效应的因素。这一研究表明，市场不仅是重要的配置方法，同时也便于学习。

8.6　偏好反转

在实验中所观察到的最为有趣和最为复杂的行为模式是彩票选择情形中的诱导价值。在两个大体上有着相同预期价值的彩票之间进行选择时，两种诱导偏好的替代性方法出现了不一致性问题，这里涉及的两种彩票是：以较高概率获得中等收益的相对"安全性"彩票，和以较低概率获得很高收益的相对"风险性"彩票。例如，假设你在下面两个彩票之间进行选择：

$$S12(4\text{ 美元}, 35/36; -1\text{ 美元}, 1/36)$$

和

$$R12(16\text{ 美元}, 11/36; -1.5\text{ 美元}, 25/36)$$

你将选择哪一个？现在，假设给你彩票 $S12$。为了获得交换 $S12$ 的机会，你必须收到的最小价值是多少？最后，假设给你的是彩票 $R12$。为了获得交换 $R12$ 的机会，你必须收到的最小价值是多少？

给予二选一的机会，理性的参与者应该选择它们估价最高的那一

---

[1] Holt（1986b）讨论了许多虽不合适但有用的评分规则。其结果是，只要主观概率和最优报告关系是已知的，那么"合适性"就不是实验中的决定性优势。

个。这一偏好也应该反映在下面两个问题里，考虑有关每一彩票的最小化销售价格的模式：估价最高的彩票应该拥有最高的销售价格。[①] 然而，有趣的是，响应的模式常常是违背的。最为普遍的逆转模式是，对于参与者来说，会选择像 $S12$ 这种安全性彩票而非 $R12$ 这种风险性彩票，但是随后反转了这一偏好的模式，参与者赋予 $R12$ 而非 $S12$ 更高的最低销售价格。这样的一个反转是由 Lindman（1971）和 Lichtenstein and Slovic（1971）首次报告，并在 20 世纪 70 年代引起了心理学家很大关注的一个主题。

可能对于偏好反转的最为经典的研究是 Grether and Plott（1979）的研究。引发这一研究是基于这样的事实，即早期的论文要么根本就没有使用金钱激励，要么使用了金钱激励但是没有控制财富效应。格雷瑟（Grether）和普拉特在一个控制的没有报酬的实验局和决策受到金钱激励驱使的第二个实验局中设计了偏好反转实验。在每一个实验局中给予被试 6 个选择，分别在由有高概率的正报酬水平（类似于 $S12$）的"P 赌注"和有相对高的最大值报酬水平（类似于 $R12$）的"美元赌注"组成的彩票之间进行选择。除了彩票选择之外，被试对一系列问题做出反应，其中 12 个赌彩的每一个的最小销售价格都是通过贝克尔、德格鲁特和马夏克程序诱导出来的。因而，每个被试总共做出 18 个决策（6 个彩票选择和 12 个销售价格）。当支付货币报酬时，作者通过随机选择 18 个决策中的一个，并以此确定被试的报酬，从而控制了财富效应。此外，为了确保正的净收益，在货币报酬的实验局中被试是以 7 美元的禀赋开始每一个回合（在彩票中被试有可能遭受最大 2 美元的损失）。而在假设报酬的实验局中，则以一个固定费用支付被试对于 18 个问题所做出的反应。

实验的结果概述在表 8—3 中。两个观察结果是相关的。首先，与激励条件独立的是，反转现象的发生基本上会随着赌注的选择而变化。与选择美元赌注的人相比，选择 P 赌注的那些人发生反转（通过对另一个赌注赋予更高的销售价格）的可能性更大。其次，可能更为重要的是，真实的金钱激励并没有消除偏好反转的问题。与此相反，反转的数量会随着金钱激励的引进而增加。对于开始选择 P 赌注的被试来说，这一效应特别明显：随着货币激励的引进，他们反转现象的发生率从

---

　　①　偏好反转问题的导语出现在附录 A8.1 中。除了出于表达的目的，彩票 $S12$ 和 $R12$ 是以饼和赌注 A、赌注 B 的方式呈现给参与者之外，问题使用的是书中所讨论的参数。

56%上升到 70%。这些结果已经被其他经济学家所复制：虽然结果会因不同研究而变化，但是反转的频率普遍超过 40%。[1]

表 8—3 偏好反转数据

	被试选择 P 赌注的比例	P 赌注选择者的 反转比例	美元赌注选择者的 反转比例
没有激励	49%	56%	11%
美元激励	36%	70%	13%

资料来源：Grether and Plott (1979)。

违背哪一个公理？

通过选择较低的诱导价值，被试似乎做出了与传递性不一致的选择；例如，彩票 $R12$ 比某些数量的 X 美元更受偏好，但是 X 美元又比彩票 $S12$ 更受偏好，而后者又反过来比 $R12$ 更受偏好。Grether and Plott (1979，p. 623)用一个甚至更为悲观的语调得出他们研究的结论："这个不一致性比仅仅缺乏传递性或者是随机传递性还要严重。它表明，即使是在人类更为简单的选择背后，也不存在任何类型的最优化原理。"

但这并不一定就是偏好反转违背传递性，或者是违背更为一般的期望效用理论公理的情形。从理论视角来看，Holt (1986a) 以及 Karni and Safra (1987) 表明偏好反转可能是由于违背了独立性公理而造成的。[2] 与此不同，Segal (1988) 认为偏好反转可能是由于违背了复合式彩票简化公理造成的。[3]

最近 Berg and Dickhaut (1990) 的实验工作已经表明了不一致现象的一个更具有行为性的动机。这些作者认为问题可能归因于不充分的金钱动机，同时他们也表明了反转的比率会随着金钱激励的水平而反向变化。博格（Berg）和迪克哈特（Dickhaut）因而提出了一个简单的解释，它是基于对于决策失误的机会成本相当敏感的随机独立性误差的出

---

[1] 例如，可见 Pommerehne, Schneifer, and Zweifel (1982) 和 Reilly (1982)。

[2] 例如，如果违背了独立性公理，那么贝克尔、德格鲁特和马夏克的诱导偏好方法可能不能诱导出真实的确定性等价，而且随机选择方法可能不能控制财富效应。

[3] 研究者也已经提出了许多其他的解释：包括后悔理论（Loomes and Sugden, 1981）和锚定—调整模型（Lichtenstein and Slovic, 1971）。Wilcox (1989) 讨论了偏好反转是怎样通过做出一个复杂决策的各种组成部分的成本而得到解释的。

现而做出的。这一思想是这样的：参与者可能在具有非常相似的预期价值的彩票之间接近无差异状态。在这一情形中甚至可能观察到持续的不一致现象。然而，当选择的相对预期价值明显不同时，不一致现象就会减少。①

重要的是，在这里所提及的理论上的以及行为上的解释均已受到了批判，因而这一话题远没有解决。对于一个问题存在的程度，偏好反转代表着一个重要的矛盾，因为它们意味着违背了期望效用偏好的一些公理。

产生选择反转的框架效应

观察到的反转并不一定是替代性诱导技术的一个结果。例如，Cox and Epstein（1989）在 8.3 节和 8.4 节所讨论的彩票选择实验类型中观察到了偏好反转现象，在实验当中使用了简单的诱导技术，同时参与者对初始的彩票做出选择，然后再从初始的那对彩票变化中得到第二对彩票并对其进行选择。考克斯（Cox）和爱泼斯坦（Epstein）实验设计的新奇之处在于转变是特别简单的：本质上，通过给予被试 25 美分，然后再从所有奖金中减去 25 美分就可从初始彩票变形为第二对彩票。因为被试应该在每一对彩票选择的同样的最后财富位置进行选择，所以变形不应当对被试在两对彩票之间的偏好产生任何效应。从概率三角形来看，初始的和变形的彩票可用同样的点进行表示，而变形只是影响了货币报酬的框架，也就是说，选择是以何种"框架"方式出现的。

更为具体地讲，考克斯和爱泼斯坦实验是由两个实验局条件下的选择所组成：在第一个"直接选择"实验局中，被试在由 Grether and Plott（1979）使用的 6 对彩票之间做出选择。在每一个决策之后兑现被选择的彩票，其所得的现金奖金计入累积收益。② 第二个实验局与第一个相似，

---

① Harrison（1990b）证明了相似的观点（由标示为 R. I. P 偏好反转的图形得到说明）。但是应该谨慎地解释实验中预期价值的极大差距。如果预期价值的差距足够大，那么人们几乎一直会选择并且对美元赌注（它有更高的预期价值）给予很高的销售价格。在这种方式中，总体的偏好反转的发生率可能相当低。更为有趣的是在那些选择了（P 赌注）更低预期价值的人当中的偏好反转的发生率。

② 出于对随机选择方法作为一种诱导偏好的方法的有效性的质疑，考克斯和爱泼斯坦选择在现实报酬条件下诱导了 6 对彩票决策的回应。为了保证总报酬水平的可控制性，作者把所有的奖金水平数量减少到格雷瑟和普拉特所使用奖金的四分之一的水平。值得注意的是，这一实验设计受限于 Berg and Dickhaut（1990）所提出的无效激励的批评：因为每一对彩票预期价值的差异只接近 1 美分，所以一个风险中性被试随机进行决策的损失是很小的。在格雷瑟和普拉特实验设计中不同彩票的预期价值也非常相似。

除了彩票的变形是通过上面所讨论的固定支出和奖金数额的抵消变化而得到之外。作者报告了大约三分之一的成对决策是反转的。这些反转现象与偏好反转现象非常相似。然而，我们将它们称为"选择反转"，是为了强调它们是由一个（显而易见的）彩票变形而非通过诱导技术的变化而得到。但是在每一情形中，显示问题的不同方式会产生不同的反应模式。

总而言之，与上面所讨论的阿莱悖论一起来看，偏好反转和彩票反转现象代表了期望效用看似被违背的另一个例子。在阿莱悖论情形中，我们知道在某一些情形中被试经常在"无关"的成对彩票的变形之中做出不一致的选择。在本节所讨论的反转现象进一步显示了即使成对彩票在概率和最终收益方面是一致的情形下，被试也会做出不一致的选择，这取决于选择问题所呈现的方式。同时，与阿莱悖论行为一起来看，这两者的潜在理由以及反转现象的范围都没有完全被理解。一方面，反转现象显示了在什么样的条件下，人们对于所呈现问题的方式会很敏感。另一方面，许多反转现象是在彩票的预期价值非常相似的环境中观察到的。因而很可能是这样的情形，即在参与者对于可获得的选择几乎无差异的环境中，"框架效应"是最为重要的。

后续研究存在三个方向：其中之一是通过放松期望效用理论的其中一个公理对它进行修正。偏好反转的实验可能并不是评价这些理论替代方法的理想方式，因为正如上面所提及的，偏好反转实验设计可能太过于复杂而无法分离出具体公理失灵的地方。第二种方法是基于偏离可接受理论所预测的最优决策的成本，从而形成误差率理论。[1] 第三种方法是基于拇指的心理法则的误差理论。[2] 值得注意的是，误差理论的评价，要么基于做出决策的成本，要么基于拇指法则，将很可能对激励的增加变得敏感。[3]

8.7　引致风险偏好

虽然许多经济模型具有普遍性，但是这些模型的预测往往严重地依赖于当事人风险偏好的假定。具体来讲，当事人被假定为风险中性，或

---

[1]　Dickhaut and Berg（1990）和 Wilcox（1989）在这一方向已做出了一些成果。

[2]　例如，可见 Tversky and Kahneman（1981）。

[3]　可见 Harrison（1990a，1990b）。

者至少是怀有同质的风险态度。没有对风险偏好进行控制，那么对这类模型的实验室检验实际是对某种联合假说的检验，即风险态度正如假定的那样，并且这是一些很好的模型。

一个好的实验清楚地从风险偏好的辅助假设中分离出了感兴趣的理论话题。处理这一话题有许多方法。在一些情形中构建一种预测不依赖于风险态度的实验设计是可能的。[①] 虽然这一选择在方法上是再清楚不过的，但是它几乎不能实现。一种替代的方法是，人们可以在初始阶段试图度量潜在的风险态度，然后在所显示出的风险态度基础上对被试进行分类。[②] 正如前一节所显示的，诱导出偏好的细节性信息并不是很容易。而且，即使被试可以通过第二种方法被划分为风险规避程度很高的群体和风险规避程度很低的群体，但是这一分类方法是不精确的，而且风险规避能在一个回合之内变化（例如，由于财富变化的结果）。最后，人们试图直接地操纵参与者的风险态度。这一方法可以有广泛的适用性，如果它能够起作用，那么就可以进行精确的控制。这一小节描述了用于产生，或者至少是改变参与者的风险偏好的两种普遍方法。下面评价每一程序的实验结果。

彩票—票据报酬程序

在实验室中引导风险偏好的标准方法，是由 Smith（1961）建议并由 Roth and Malouf（1979）和 Berg et al.（1986）以及其他人所使用的二阶段彩票程序。在这一方法中，初始研究的报酬是用"票据"或"点数"进行表示，它们影响了第二阶段中彩票赢取奖金的概率。

为了理解这一程序是如何运行的，在一个具体的应用中描述它的运作是有帮助的。例如，考虑在引导的风险中性的条件下进行第一价格密封拍卖实验。[③] 每一次重复或者"实验"包含两个阶段。第一阶段的进行和第一价格密封拍卖一样：参与者对每一项目私下提交密封的竞价，然后收集所有的竞价并公开，提交最高竞价的参与者则被视为拍卖的赢家。这里第一阶段和第 5 章所描述的条件唯一不同的地方在于，私人估价和竞价是用将在第二阶段兑现的彩票票据进行表示。这些票据确定了拍卖赢家在第二阶段彩票中获得奖金的均匀分布的总范围比例。例如，

---

① 在第 2 章所讨论的概率匹配实验，就是这一方法的一个例子。

② Murnighan，Roth，and Shoumaker（1988）以及 Millner and Pratt（1990，1991）就使用了这一方法。

③ 附录 A8.2 包含了这一程序的不同应用例子的导语。

有 400 价值的人可能以 250 的竞价赢得一个拍卖,而从 1 000 张可获得的彩票票据中获得 150 张。这些票据确定了轮盘赌轮上产生一个赢家的停止部分。实验者从均匀分布中随机抽取一个数(例如,旋转轮盘赌轮)并且确定拍卖者是否获得货币奖金,之后实验结束。

这一程序在理论上诱导出风险中性的理由是简单的,它是直接从期望效用理论的这一假定得到,即不管函数对于货币收益表现出凸性还是凹性,效用函数在概率上都是线性的。更为正式地讲,假设一个参与者(由于第一阶段决策的结果)获得了总共 N 张票据中的 n 个票据,并以此兑现第二阶段的货币奖金为 W 的彩票。那么赢取这一彩票的期望效用是

$$\left[\frac{n}{N}\right]U(W) \tag{8.15}$$

在此,为了不失一般性,将不能赢得这一彩票的效用标准化为 0,不管效用函数的凹形如何,期望效用对所获得的彩票比例 n/N 都是线性的。因此,对于以彩票票据表示的第一阶段问题,被试应当提交风险中性的反应,正如第 2 章所解释的。

在回顾评价这一程序的有效性的实验证据之前,我们提供三个评论。第一,无论其有效性如何,这一彩票—票据报酬程序在理论上是精致的,在实际中相当容易操作。基于这些理由,它的使用已经很频繁,而且对于一些实验者来说,它代表着一种标准的操作程序。第二,在理论上,这一程序相当普遍,它不仅能被用于引导风险中性,同时也可引导任一需要的风险态度。例如,只要通过使用凹性滤波函数,把彩票票据"收益"转换成以递减的比率赢得这一彩票可能性的增量,就能够导出给定的风险规避程度。而通过这一类型的修正可在实验室中引导出不同的风险规避程度。我们关注引导风险中性的相对简单问题的有效性,因为如果程序在简单情形中失效,那么对更为复杂情形中的研究就没有任何必要。第三,值得注意的是,为了使这一彩票程序能成功地引导风险中性,被试必须简化第一阶段和第二阶段出现的复合式彩票。8.3 节和 8.4 节所讨论的彩票选择实验的证据表明,许多被试对这一简化无能为力。因而,我们有怀疑这一程序可能失效的理由。尽管 Berg et al.(1986)报告了初步的鼓舞人心的结果,进一步的实验研究表明彩票—票据程序也许不起作用,至少在某些情形中如此。

彩票—票据报酬程序的一个检验

由 Millner and Pratt（1990）进行的一个更聪明的实验使得我们对彩票—票据报酬程序的引导风险中性的能力有了更深刻的了解。实验是在 Tullock（1980）所考虑的寻租博弈情形中进行的。这一博弈是以对某一法律进行游说的情形为模板：游说的努力会使得一个新法的社会收益减少，因为所有想要影响结果的利益团体产生了真实的成本，但是只有获得满意结果的一方的努力才能得到回报。问题是由法律所产生的经济租金在多大程度上受到游说支出的削弱。

在米尔纳和普拉特的寻租博弈中，每对参与者被给予几分钟来制定一系列序贯的、不可退还的协议，以获得一个固定奖金（比如，1 美元）。对于每一个参与者，赢得奖金的概率等于他/她在两个参与者所做出的总协议中所占的比例，做出最高协议的参与者有最大的获胜概率。然而，因为所有竞价都是不可返还的，当双方参与者所做出的总协议数量增加时，就会出现租金的减少。理论上，寻租的风险规避效应依赖于效用函数的具体形式。然而，作为一般的情形，租金减少的水平应该会受到风险偏好的影响。[1]

米尔纳和普拉特实验设计的潜在思想是直观的：首先把参与者分成更大风险规避程度的被试小组和更小风险规避程度的被试小组。然后让参与者同时在货币报酬和彩票—票据报酬的条件下，与自己风险小组中的其他人进行一系列寻租博弈。如果彩票—票据程序能够有效地引导风险中性，那么当报酬是以彩票票据表示时，在直接货币报酬下所观察的小组之间在行为上的所有差距应该消失。

米尔纳和普拉特通过使用一个彩票选择的预测试成功地把被试分成了更大风险规避程度和更小风险规避程度的小组。小组在标准货币报酬条件下的寻租博弈中表现不一样：与更小风险规避程度的小组成员相比，更大风险规避程度的小组成员与较小风险规避程度的成员相比，只减少了租金中相对小的一部分，而且结果具有一致性。但是彩票—票据报酬程序并不会使得不同小组的行为差距程度降低。事实上，米尔纳和普拉特不能够拒绝彩票—票据报酬程序在这一情形中是中性的（例如，

---

[1] 在寻租博弈中更高的协议数额同时意味着赢取概率的增加，即意味着预期损失增加。这些观点的相对加权依赖于特定参与者效用函数的形式。

对表现没有影响效应）假说。[1]

报酬转换

给定引导具体的风险偏好的困难程度，自然而然出现的问题是关于报酬函数的任一变化是否会影响参与者的风险态度。虽然直接施加一个集合的偏好是敏感的，但是在一些情形中只需要对某个当前未知水平的风险规避程度的变化效应进行评价。改变一个期望效用最大化者风险规避程度的简单方法是通过变化报酬函数使它变得更具备或者更不具备凹性。例如，考虑这样一个变换，在决策选择中获得 M 美元的被试事实上获得的美元数额为 $(M)^q$。如果冯·诺依曼效用函数用 $U(M)$ 表示，那么在变换之后被试将最大化 $U(M^q)$ 的预期价值。如果 $q<1$，那么作为 M 函数的效用变得更凹，它增加了确定 M 决策的风险规避程度。相反，如果 $q>1$，那么作为 M 函数的效用变得更凸，它将会减少被试的风险规避程度。

有关这一更简单计划的效应的证据并不尽如人意。在第一价格密封拍卖的情形中，Cox, Smith, and Walker（1988）使用指数 0.5（增加风险规避）和 2（增加风险偏好）变换了报酬函数。结果是多样的：竞价数据并没有清楚地表明，报酬的操纵会在预期的方向上改变风险态度。第一价格拍卖的使用使解释复杂化。明显影响竞价变换的失灵，可能归因于纳什均衡竞价模型的问题。尽管纳什均衡模型在第一价格拍卖情形中很好地发挥了作用，但是一个并不依赖于辅助的博弈理论假定的检验将更加令人信服。

总而言之，通过变换报酬函数从而改变被试的风险规避程度，从理论上来讲是可行的。事实上，通过这一变换，引导任何一个想要的具体的风险规避程度在理论上是可能的。尽管这些可能性将会大大地便利经济学家在实验室中评价理论的能力，然而，这些方面的初始研究结果并不鼓舞人心。引导风险的程度可能也会因导致阿莱悖论不一致性出现的同样理由而失灵：许多被试看似不能够简化复合式彩票。

8.8　信息过程：贝叶斯法则和偏差

经济学家经常在当事人知道诸如价格和股息等未知变量的概率分布

---

[1]　Cooper et al.（1989, p. 573）也同时指出，彩票票据中的报酬看似对简单的性别之战博弈行为没有影响；即当被试直接用美元支付时，他们没有观察到明显的差异。

这一假定下对不确定性进行建模。例如，假定工人在第 2 章所描述的序贯搜索模型中知道潜在的工作供给分布。但是在许多情形中，关于工作供给的分布可能是非常有限的。在这些情形中，当事人在搜索工作的过程中学会了潜在的工资分布，同时也决定什么时候停止搜寻工作（选择了一个工作）。这一类型模型的解要求具体化新信息的加工过程。这一节描述和评价了整合有关未知事件的新信息的最为标准的方法：贝叶斯法则。实验证据表明贝叶斯法则有一些推断能力。然而，参与者也似乎依赖于能在信念上产生系统性偏差的拇指心理法则。我们简单地讨论第二种信息处理偏差——"后见之明偏差"，并以后见之明结束这一节内容。这一类偏差的例子是，新信息倾向于使参与者高估在早期做出决策时可获得的信息的精确性。

贝叶斯法则

在获得新信息的情形中，在初始（先验的）信念、新信息和后续的（后验的）信念三者之间进行区分是有用的。在统计术语当中，初始信念通过未知参数的先验分布进行表示，新信息以大量可能信息指标中的一个随机样本的形式出现，而后续信念用后验分布进行表示。贝叶斯法则是在先验信息和样本信息的基础上形成后验信念的最优方法。

出于表示的意图，考虑一个具体问题是有用的。假定有两个宾果游戏箱[*]，分别标示为 A 和 B，它们位于屏幕后面。每个箱子包含许多白球和/或黑球：在 A 箱中，有一半的球是白的，其余是黑的。在 B 箱中，所有的球都是黑的。在屏幕后面，一个实验监督者扔一枚硬币，若得到的是"正面"，监督者就从 A 箱中拿出一个球；否则就从 B 箱中拿出一个球。然后监督者告知所抽取的球的颜色并把它放回箱子里。参与者的任务是，从球的颜色确定它是从 A 箱中抽取出来的概率。

如果抽取的是白球，那么问题很简单，因为只有 A 箱才有白球。在这一情形中，样本来自 A 箱的后验概率是 1，或者等价于 P(A|白球)=1。当样本是黑色的时更为有趣。按照贝叶斯法则，P(A|黑球)概率是通过"更新"先验概率 P(A)，或者是通过一个衡量黑球来自 A

---

[*]　bingo，一种彩票游戏，玩者使用一张有数字的牌，把开叫的号码划去，第一位划去自己牌上所有号码者喊"宾果"或"满"！在英国，宾果通常被认为是劳动阶级妇女晚上玩的游戏。在美国，宾果通常是年纪较大的人玩的游戏。一般由天主教会主持或在印第安人居住的地方进行。宾果游戏在美国有些州是非法的，因为它被视为一种赌博。

箱的相对可能性的更新因子乘以它而最优地得到的。更新因子只是由黑球从 A 箱中抽取的概率相对（从任一箱子中）抽取黑球的总概率所组成的一个比率：

后验概率＝更新因子×先验概率

$$P(A|黑球)=\frac{黑球来自 A 箱的概率}{黑球来自任一箱的概率}\times P(A) \tag{8.16}$$

（8.16）式中更新因子的结构是相当直观的。从 A 箱中抽取黑球的可能性相对于 B 箱的可能性更大，那么（8.16）式中的分子相对于分母来说更大，则后验概率越大。

对于所考虑的例子，从 A 箱抽取黑球的可能性是 1/2，它是 (8.16) 式的分子。因为使用每个箱的概率是 0.5，所以黑球从每个箱子抽取的概率是 3/4（＝0.5×1/2＋0.5×1），它构成了（8.16）式的分母。因而，更新因子是 2/3＝(1/2)/(3/4)。最后，为获得后验概率，更新因子与先验概率相乘，在这一情形中也是 1/2，或者 P(A丨黑球)＝ (2/3)×(1/2)＝1/3。

现在考虑一个更为一般的贝叶斯法则的陈述。用 P(S|A) 表示当箱子是 A 时，所观察到的样本 S 的概率，P(S|B) 的表示与此类似。就像前面一样，更新因子是以样本 S 是从 A 箱抽取的概率 P(S|A) 作为分子，以及样本 S 是从任一箱子中抽取的总体概率作为分母所组成的一个比率：

$$\frac{P(S|A)}{P(S|A)P(A)+P(S|B)P(B)} \tag{8.17}$$

分母只是从 A 箱抽取 S 的概率乘以使用 A 箱的概率，再加上 B 箱抽取 S 的概率乘以使用 B 箱的概率。按照贝叶斯法则，通过对（8.17）式乘以先验概率 P(A)，就可得到给定的 S 样本的后验概率，或者：

$$P(A|S)=\frac{P(S|A)P(A)}{P(S|A)P(A)+P(S|B)P(B)} \quad (贝叶斯法则) \tag{8.18}$$

贝叶斯法则允许概率的序贯更新。例如，监督者从 A 箱抽取的概率能够进一步地用从同一箱子中抽取的第二个样本进行定义。在这一情形中，在第一个观察中所产生的后验概率变成了一个新的先验概率。通过观察第二次抽取的颜色，同时更新 P(A)，通过考虑所观察到的样本抽取的概率就形成了一个新的后验概率。例如，如果再次抽取到黑球，那么（8.17）式的更新因子就变成了3/5（＝（1/2）/[（1/2）×（1/3）＋（1）×（2/3）]）。因而，从A箱所得到的新的后验概率是3/5和先验概率的乘积（在初次抽取之后）：

$$P(A \mid 黑球，第二个样本) = \frac{3}{5} \times \frac{1}{3} = \frac{1}{5} \tag{8.19}$$

值得注意的是，不仅被试的后验信念会对样本信息做出反应从而发生变化，而且更新因子本身也会变化。这是从（8.17）式分母中的P(A)和P(B)的效应得到的。这一结果是直观的，因为观察到一个具体样本（比如说，一个黑球）的认知概率会受到被试对于监督者是从哪一个箱子中抽取的信念的影响。

有关贝叶斯法则的实验证据

Kahneman and Tversky（1973）报告了旨在比较贝叶斯法则和一个被他们称为"代表性直觉"的简单拇指法则方法的初始实验。在"代表性直觉"条件下，后验概率普遍地受到给定总体的相似性或代表性样本的影响。在前面例子的情形中，所提取的黑球是B箱的代表，因为B箱只包含黑球。因而，看到黑球的被试将认为B箱的可能性更大，而不管先验概率如何。

通过描述一系列假设的个人资料，被试需要对其职业进行判断，而实验汇集了从被试中诱导出来的概率性回答。被试群体大体上划分为同等规模的小组。小组的初始导语是不同的。第一组被告知：

> 心理学专家小组已经对来自他们各自领域的成功的30名工程师和70名律师进行了面试和人格测试。在这一信息的基础上，他们已经给出了这30名工程师和70名律师的极其简单的描述。你将会发现在你的表格中有5个描述，它们是从这100个可能性结果当中随机选择出来的。对于每一描述，用0～100的等级标示出你认为所描述的人是工程师的概率（Kahneman and Tversky，1973，p.241）。

其他一组也给予了同样的信息，不同的是，他们被告知样本总体是由70名工程师和30名律师所组成。

如果参与者按照贝叶斯法则进行推理，那么每一小组的被试所报告的概率应该会受到样本中工程师和律师的潜在比例的信息的影响。例如，对于任一个人的概况，报告该人是律师的概率，在参与者被告知

70％的被描述者是律师的小组中要高于参与者被告知只有 30％的被描述者是律师的小组。

被试的反应几乎没有为贝叶斯法则的行为提供支持证据。与此相反，对于任一概况，第一组的被试倾向于提交与第二组的被试同样的概率（即该人的概况是一名工程师）。在其中一个描述情形中对于先验概率的疏忽尤其明显，尽管在撰写这段描述时并没有带着提供有用信息的意图：

> Dick，30 岁，男，已婚，无子女。能力突出，工作积极性高，他在其领域中有望取得成功。他深受同事的喜欢（Kahneman and Tversky，1973，p. 242）。

对于两个小组的每一个来说，工程师的概率中位数大约为 0.5，这表明虽然被试看起来认为这一概况没有任何信息，但是他们都忽略了先验概率。同理，两个小组对于有意听起来像一名工程师的描述都报告了同样的高概率，反过来对于像律师一样的描述也表现出这一情形。这一结果自然而然地表明了，代表性直觉可以作为行为的一个解释因子：如果样本信息是对应于那一事件的母体总样本的代表，那么被试倾向于对那一事件给予一个很高的事后概率。

虽然卡尼曼和特韦尔斯基的实验结果是发人深思的，但是许多程序的问题可能使一个实验经济学家没有说服力。具体而言，被试并没有面临很好的金钱激励以使其提供仔细的答案。他们只是被告知："专家小组已执行同样的任务，他们高度精确地分配各种描述的可能性……根据你的估计接近于这些专家小组的程度，你将会获得一份奖金"（Kahneman and Tversky，1973，p. 241）。被试并没有被告知专家是如何处理信息的，也没有被告知其是否被给予了"概率"一词的精确定义方法，因为概率可能对于不同人意味着不同的事情。

而且，整个决策环境看似有点不自然；被试被告知简短的描述是随机地从更大的样本中抽取的，然而事实上并非如此。正如 Grether（1980，p. 540）所指出的，"只有当被试'进行游戏'，或者相信实验导语并因此严重地误解当前情形时，被试的反应才会与贝叶斯法则一致。"

Grether（1980）指出了这些程序的问题，并设计了一个实验，通过猜测一个球的样本是从哪一个箱子中抽取出来的方式，对贝叶斯规则的使用进行了评价。被试观察到 6 个球的样本，它是从 2 个箱子中有放回地进行抽样。箱子 A 包含 4 个黑球和 2 个白球，而箱子 B 包含 3 个白球和 3 个黑球。[①] 在抽取样本之前，所使用的箱子是以随机的方式进行选择的，这种随机方式能保证对于箱子 A 产生一个定义良好的先验概率，先验概率为 2/3、1/2 或 1/3。为确保这些过程在被试眼中的可信度，其中一名被试将被选择作为监督者，他将观察对其他所有被试不可见的从箱子中抽取出来的东西。

在这一实验设计中，贝叶斯法则和代表性直觉能在这两种法则产生冲突性反应的环境当中区别出来，比如，一个具体样本"代表"其中一个箱子，但是其先验概率使这一球从其他箱子中抽取出来的可能更大。例如，如果从箱子 A 抽取的先验概率只有 1/3，那么尽管 4 个黑球和 2 个白球是箱子 A 的"代表性"样本，但是贝叶斯法则表明样本更有可能是从箱子 B 抽取出来的。

表 8—4 列示了"代表性"样本抽取情形的贝叶斯后验概率，诸如由 4 个黑球和 2 个白球组成的样本（代表箱子 A），或者 3 个黑球和 3 个白球所组成的样本（代表箱子 B）。先验概率列示在表 8—4 的最左边。贝叶斯法则和代表性直觉产生不同预测结果的情形用一个星号给予强调。例如，在中间最上面一行的 0.41*，是当先验概率为 1/3 时从 4 个黑球和 2 个白球的箱子 A 抽取样本的后验概率。正如已讨论的，虽然这一样本代表箱子 A，但是由于它的先验概率是如此之低，以致从这一箱子抽取的可能性很低。同理，在表 8—4 的右下角出现了另一个星号。在这一情形中，样本是箱子 B 的代表，但是箱子 A 的先验概率足够高（2/3），以致箱子 A 有更高的后验概率（0.58）。

表 8—4　　　　　　　　　　　　箱子 A 的后验概率

箱子 A 的先验概率	4 黑/2 白样本（代表箱子 A）	3 黑/3 白样本（代表箱子 B）
1/3	0.41*	0.26
1/2	0.58	0.41
2/3	0.74	0.58*

* 表示这样一个情形，即样本代表一个箱子，但是另一个箱子有着更高的后验概率。

资料来源：Grether（1980）.

实验是由一序列的"轮次"组成，在那当中，在没有使用"概率"

---

① 为便于解释，我们用黑球和白球表述实验设计。事实上，球并非彩色的，而是被贴上字母 N 或 G 的标签。

一词的情形下（例如，他们被告知球的总体数支配着箱子 A 和箱子 B 的选择），被试被告知运行项的先验概率。在每一轮中，实验者抽出一个球以决定样本将从哪一个箱子抽取，然后从 6 个球中抽取一个样本。样本的结果向被试展示，随后被试指出他们认为哪个箱子最有可能是样本的来源。对于其中的一组被试，使用金钱激励，并通过随机选择方法控制财富效应：将随机地选择每一个参与者做出的所有决策的其中一个，以此事后确定被试的收益。如果他们所指出的箱子更有可能是已经在那一轮当中实际使用的，那么参与者将获得 15 美元。否则，被试将获得 5 美元。为了评价激励的显著性，第二组参与者在同样条件下做出决策，唯一不同的是，他们只被支付独立于他们决策的固定费用。实验回合在 6 所院校进行。

与卡尼曼和特韦尔斯基所不同的是，这一实验结果表明参与者并没有完全忽略他们的先验性。例如，考虑在显著的激励条件下进行的回合的情形。当贝叶斯法则和代表性直觉意味着不同的反应时，与贝叶斯法则一致的箱子所选择的比例区间在 55％～61％之间（这与当代表性直觉与贝叶斯法则含义一致时的 69％～95％形成对比）。参与者在不显著的激励条件下进行的回合中做出了类似的选择，除了有更大比例的明显不理智的反应之外。格雷瑟得出这样的结论，即实验提供了确保支持贝叶斯法则的证据。尽管被试在这一情形中可能对先验信息赋予较小的权重，但是先验信息确实有显著的效应。然而，参与者行为看似受到了代表性直觉的影响。当代表性直觉与贝叶斯法则相冲突而不是相融合的时候，参与者普遍做出错误的选择。Grether（1992）在后续实验工作中强调了这一点：当代表性直觉无法获得时，参与者看似关注先验信息。然而，当代表性直觉可获得时，大量选择与之一致。

后见之明偏差和知识的诅咒

Camerer, Loewenstein, and Weber（1989）研究了对于不完美信息的一种不同类别的偏差反应。这些作者观察到，当给被试呈现有关不确定事件的额外信息时，被试很容易高估先前对于他们或者其他人可得的信息水平的概率。重构一个人早期认知的困难可能会导致"后见之明偏差"，它夸大了事件发生之前所了解的信息。如果决策导致损失，对于人们来说，在心理上相当难接受这一本可能是最优的事先决策。换句话说，新信息可能使关于早期事实上已知的信息的信念发生偏差，而不正确的决策能源自这一偏误。

例如，再次考虑上面已讨论的从两个箱子抽取白球和黑球的问题。箱子 A 包含 3 个黑球和 3 个白球，箱子 B 包含 6 个黑球。在观察到后一次抽取的白球（它排除了箱子 B）时，对于参与者来说，很难意识到所抽取的黑球更有可能来自箱子 B 的猜测是最优的。

凯莫勒（Camerer）、罗文斯坦和韦伯（Weber）把这些不正确的决策称为"知识的诅咒"。存在着各种可能出现这一偏差的自然情形。在一个很实用的水平上，任何不能与班级进行交流的老师可能承受着知识的诅咒：一旦一个人已经掌握了一门学科，那么将很难记住不能理解这门学科知识时的样子。

为了评价后见之明偏差的效应，作者进行了下面的两阶段实验。在第一阶段，51 个沃顿商学院学生被要求对 8 家实际的公司（但并不知名）预测 1980 年的收益。[1] 被试基于实验者提供的公司信息基础做出估计，这些信息包括了每一家公司的业务描述、盈利历史和 1980 年收益的预测。[2] 每给出一个 1980 年实际收益 10％误差之内的预测，这一群体的参与者就会被支付 1 美元。我们把这些参与者称为不知情者，因为他们在缺乏已实现收益的相关信息的情形下不得不提交一个估计。

第二阶段在两个月之后进行，旨在确定后见之明偏差的程度，以及市场解决这些问题的能力。第二阶段的参与者是知情的，因为从某种意义上除了已经给予了不知情参与者的信息外，他们还被告知公司在 1980 年的实际收益。为了诱导后见之明偏差的程度，知情的参与者被要求猜测第一阶段的不知情参与者所提交的估计收益的平均值。[3] 为了评价市场交易的偏差减少效应，知情参与者同样参加一系列的 8 个双向拍卖资产市场，每一个拍卖对应 8 家公司之一。[4] 每一市场的参与者给予 2 个资产的禀赋以及 50 美元的营运资本，它在交易之后必须如数返还。允许参与者用资产交易现金，也可以用现金交易资产。在市场结束

---

① 使用实际的公司数据而非更加精确的实验室商品产生的数据，并不是标准做法。作者认为，公司数据具有可信度，并且与真实市场中出现的不确定性更具类似性。正如他们已告知的，没有哪一个被试知道所使用的公司的任何情况。

② 这一信息是以 1980 年《价值线报告》（*Value Line Report*）的形式提供的。价值线话题向投资者提供了用于评价公司的潜在收益。

③ 事实上，实验设计更复杂一些。知情参与者在下面所描述的市场的三个不同时点，对不知情者所提交的盈利预测作出三个单独的估计。若知情参与者的每一个估计在不知情群体的平均预测水平的10%误差范围内，那么他们将获得25美分。

④ 作者观察了 2 个 9 人市场。在每个市场中，参与者在双向拍卖中有先前的经验。

之后，对每一资产单位支付的股息等于不知情群体先前所预测的平均回报。在支付股息之后，资产将变得一文不值。

作者们观察到在概率评价中有显著的偏差。在早期的每一个例子中，由知情群体所提交的估计水平偏向公司 1980 年的实际收益水平。而且，资产的交易倾向于减少（但不是消除）这一偏误。合同的价格接近于不知情群体所提交的预测水平。在这一情形中的市场效应与上面所讨论的那些在价值诱导实验中所观察到市场效应类似，它们也表明了同样的结论：（a）有时可以观察到系统性地违背"理性行为"的现象；和（b）市场能够作为减少这些偏差的机制而发挥作用。

在进行这一类型的实验时，研究者不得不决定是在真实市场的类似情形中，还是在一个更为简朴的诸如骰子或宾果游戏箱等随机化方法的情境中提出这样的问题。作者考虑了这一问题，并且为了产生在市场中所发现的主观信念类别的差异，选择了真实方法。虽然知情参与者的收益估计很明显地偏向后续实际收益的方向，但是这一偏差可能归因于后见之明偏差或者其他认知的效应。例如，实际收益信息可能强调了一个不知情者可能简单忽略了的事前描述的某些特征。如果两个个体分析同样的会计数据倾向于收到不同的、噪音的信号，那么知道事后实际收益水平可能有助于一个个体推断其他人获得某些事情的信号。在任何一个情形中，如果后见之明偏差是显著的，那么在更为简朴的环境中它也应该会出现。

8.9 结论

个体决策选择的实验允许清楚评价构成复杂行为理论的假设。期望效用理论公理已经由于阿莱悖论的不一致性而受到特别的关注；例如，当彩票受到"不相关"的共同结果的变换而改变时，被试频繁地反转他们在成对彩票之间的偏好。这一个不一致现象是令人讨厌的，因为它意味着独立性公理可能被违背。

没有金钱激励的早期实验提出了这种不一致现象的一个明显解释。然而，在许多后续研究中，例如，在阿莱悖论情形中（Battalio, Kagel, and Jiranyakul, 1990; Camerer, 1989），在偏好反转情形中（Grether and Plott, 1979），在非贝叶斯信息过程中（Grether, 1992）等，均可在没有金钱激励和有金钱激励的条件下普遍地观察到"悖论"

行为的同样模式。这些后面实验的批判认为，不一致现象的持续性是由于缺乏经验或者不显著的效应引起的；例如，在每一对决策的基础上，由于非理性行为而导致的损失往往是小事（Harrison，1989，1990a，1990b）。不管这一批评是否合理，货币激励确实很明显地影响反应的性质。例如，在金钱激励下，被试在彩票选择中的风险规避程度更大（Battalio，Kagel，and Jiranyakul，1990），同时在处理样本信息的过程中做出更少的不合理决策（Grether，1992）。给定我们对真实的而非假设的激励反应感兴趣，使用显著的金钱激励是有必要的。

货币报酬的使用确实提出了额外的方法论的话题，然而，因为不一致行为必须把偏好变化从财富变化所造成的不一致性中分离出来，在这时控制财富效应的行为的重要性和方法的有用性均没有得到很好的理解，它仍可以继续研究。

暂且把财富效应的问题搁置一边，后续的彩票选择行为的研究已产生许多有关阿莱悖论不一致的范围和可能性来源的真知灼见。首先，问题的范围可能比先前所认为的要窄得多。许多不一致性也可在概率三角形的边界附近观察到，诸如当彩票结果中的一个以接近于零的概率发生时。其次，不一致性的来源看似违背了复合式彩票公理，而非违背独立性公理。换句话说，因为许多被试并没有正确地简化复合式彩票，所以对于彩票选择问题的提问或者框架方式的反应是敏感的。

"框架效应"早已在许多其他情形中观察到。当通过不同的方法诱导出彩票的价值时，就已经在单独一对彩票的偏好中产生了明显的反转现象。相似地，估价话题的提问方式，即给出这一话题时究竟是问一个人为避免这一商品被取走而必须支付的最高数额，还是在没有这一商品时人们愿意接受的最低补偿额，不同的提问方式会严重地影响到人们所声称的非市场商品（比如清洁空气）价值。

对于一个问题框架反应的敏感性并不一定意味着人们没有一致性的偏好。在一些情形中，不一致性可能是混淆的结果，同时也有一些技术确实可能减少混淆。例如，很可能出现这样的情形，即当问题是以可视化的而非口头上的形式出现时，被试做出了更好的决策。通过把问题置于一个更为熟悉的情形中，这可能会减轻框架效应；例如，当要求被试在市场中对商品进行估价时，在支付意愿和接受意愿代价方面的差距能够显著降低。同时对框架的敏感性并不意味着人类在各种情境中会被愚弄，并最终选择一个不是很偏好的选择。例如，偏好反转可能是在两对彩票接近无差异的条件下的重要误差所造成的；当这两个彩票的预期价

值几乎一致的时候，偏好反转看似上升很快。

个体选择实验所观察到的不一致性的解释依然是一个不断有争议和需要研究的领域，记住这一点是非常重要的。我们对这些话题的结论应该视为个人的而非这一领域的一致性同意的结果。一些深思熟虑的经济学家和心理学家对所观察到的不一致性现象的持续性是如此确信，以至于他们把发展一个可接受的期望效用理论的替代方法视为研究议程。其他人依然对所观察到的违背现象的重要性持批判的态度，并认为最为迫切的任务是把低成本决策误差的效应综合进一个能解释这些违背现象模式的理论。仍有其他人完全质疑这一问题的存在性，并寻找不一致现象会消失的实验和激励条件。

即使是对于不一致的存在性或者所观察到的不一致现象的来源产生了一致性的意见，主要的程序和理论结果依然是未解决的问题。例如，风险态度的控制代表了对一些理论进行评论的重要障碍。如果参与者不能简化复合式彩票，彩票—票据报酬程序作为控制风险偏好的标准方法的替代方法必须得到发展。这对于理论学家和实验学家的挑战是很明显的。

附录 A8

这一附录的前两节内容包含了一些个体决策实验的导语的组成部分。A8.1 节是从 Grether and Plott（1979）采纳过来的，它代表了彩票选择实验的导语和 Becker，DeGroot，and Marschak（BDM）程序诱导等价彩票的导语。这两个程序能够合并起来进行一个偏好反转实验。对于一个简单的课堂演示来说，可以要求被试进行彩票选择决策，而两个销售价格决策则在导语中给出。另外，在这些导语中插入的括号内容解释了控制财富效应的随机选择方法。A8.2 节包含了二次型评分规则程序诱导被试的主观概率的导语。[1] 这些导语也能引导风险中性，方法是在第一（诱导）阶段确定彩票票据的一部分，并用它在第二（彩票）阶段确定被试的货币收益。A8.3 节扩展了书中重复应用 BDM 程序以引出被试冯·诺依曼-摩根斯坦效用函数的相关讨论。

---

① 这些导语的部分是从 McKelvey and Page（1990）采纳过来的。

A8.1　彩票实验的导语[①]

这是一个经济学个体决策选择的实验。你将因你的参与而得到报酬。你的收益将部分地依赖于你的决策，部分依赖于运气。如果你能认真地做出好的决策，那么你将有机会赢取可观的金钱，在实验当天结束之后它将会以现金的形式私下支付给你。[②]

实验者试图确定人们在替代的不确定性结果之间是怎样做出选择的。我们已经设计了一个简单的选择实验，在这一实验当中，我们将让你在一系列条目或者是决策选择情形中做出决策。每一个条目包含一个或更多彩票或赌注，它们用饼图表示。例如条目1将出现在下一页，它表明一个条目是由两个赌注所组成的。

一个赌注的兑现是通过在一个宾果箱子里抽取一个标示着号码的球。箱子里有 36 个球，号码分别为 1，2，…，36。盈余或亏损取决于所抽取的数字是否大于或者小于赌注中具体的亏损截止点。例如，考虑在条目 1 中的赌注。赌注 A 具体的亏损截止点是 1。如果进行的是 A 赌注，那么如果所抽取的数字是 1，你会亏损 1 美元，而如果你所抽取的数字大于 1（从 2 到 36），那么你将赢得 4 美元。同理，赌注 B 中的损失截止点是 25。如果进行的是赌注 B，那么如果所抽取的数字小于或等于 25 时，你会失去 1.5 美元，而如果所抽取的数字大于 25 时，你将赢得 16 美元。

你的收益是用下面的方式确定的。首先，我们给你 7 美元的信用，然后你将考虑一系列条目。对于每一条目，你的决策所确定的赌注奖金将在之后兑现，你将会赢得或者亏损那一赌注所标示的数额。[每一条目是按序列中的号码进行识别。在你已对所有条目做出决策后，从一个宾果箱子中抽取一个已标记数字的球，这样就会随机选中一个条目并用于兑现。值得注意的是，所有条目都有相同的可能性被选择以确定收益。因而，即使你的收益只是由其中的一个条目确定的，对于你来说最好是仔细考虑每一决策。]盈余和亏损将加到 7 美元中或者从 7 美元中减去。值得注意的是，所选择的参数会使得你在一个赌注上的最大损失为 1.50 美元。[③] 一旦实验结束，你的收益将会以现金私下支付给你。

---

①　括号中的材料是控制财富效应的随机选择方法。

②　当然，如果进行的实验是课堂演示，那么应该强调收益是假设的。

③　如果有多于一个赌注被用于确定报酬，那么这一句子将不得不进行修正。

条目1

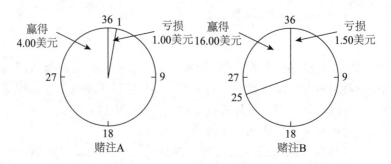

赌注A

赌注B

彩票选择决策的具体导语

彩票选择决策就像条目1一样。你的问题是选择赌注 A 或赌注 B，或者通过书写 DC（"不在意"）表明你对两者是无差异的。

决策和收益将记录在列示在与左边的条目相对应的彩票选择问题记录表的一行里。你将在列（1）的"赌注选择"下写下 A，B 或者 DC。这一类型的其他条目决策记录在后面几列中。在列（2）的"损失截止点"中写下由你的选择指定的损失截止点的价值。如果你选择 DC，那么将会扔一枚硬币以选择用于确定你收益的赌注：如果扔出硬币的结果是正面，那么你将进行赌注 A。否则，你将进行赌注 B。为了记录扔出的彩票结果，把/A 或/B 写在你的 DC 反应的右边，同时也在列（2）中记录赌注的截止点。

彩票选择问题的记录表

条目	（1） 赌注选择 （A，B 或 DC）	（2） 损失截止点 （1～36）	（3） 彩票结果 （1～36）	（4） 赢（（3）>（2））或 亏（（3）≤（2））	（5） 收益 7.00 美元＋
条目1					

在你进行决策之后，将从宾果箱子里抽取标示号码为 1～36 之间的一个球。在记录表列（3）的"彩票结果"写下这一数字。如果彩票结果超过了损失截止点，那么你赢得赌注，在列（4）中写下 W，并在列（5）中记录你的收益。否则，你输掉这一赌注，在列（4）写下 L，并在列（5）中记下你的损失（带负号）。

还有其他任何问题吗？

现在考虑条目 1 中的两个赌注，通过在条目 1 这一行的列（1）中写下一个赌注的字母（或者是写下 DC）标记你的选择。现在我们走到那些记录 DC 的人旁边并扔一枚硬币。

接下来在列（2）写下合适的损失截止点。如果你对这一点有疑问，可举手示意。

这时候，我们将从装有标记了 36 个号码的球的箱子中抽取其中一个球。所抽取的球的号码是_____。请在列（3）记录下这一行数字，比较列（3）的数字和列（2）中你所写下的损失截止点的数字，然后确定你究竟是赢得还是输掉这一赌注。然后在列（4）中写下 W 或 L。最后，请看你所选择的（或者为你选择的）条目 1 赌注的报酬，以确定你收益的货币数量。在列（5）中写下你的收益，在损失的情形下使用负号。我们将会四处走动以回答你们的任何疑问。

（后续的成对赌注条目能再次进行，在每一次中可用相似的方式确定报酬。）

［在回合结束时，实验者将随机地确定这些条目中的哪一个将决定你的收益。你将在所选择条目的相应一行打上星号标记。］

诱导销售价格的具体导语

条目 2 和条目 3 解释了销售价格问题。在这些条目的每一个当中，将给予你一个赌注的票据，你必须选择一个最小的销售价格，或者说为了出售你可兑现赌注的票据，必须支付给你的最小货币量。销售价格条目的决策和收益记录在诱导销售价格记录表中。你的最小化价格应该填入与列示在左边条目相对应的行中列（1）处的"最小销售价格"。这一类型的其他条目的决策在后续行中的记录方法与此相似。

在你选择了一个最小化的销售价格之后，实验者通过从包含了标记为 0，1，…，9 的 10 个球的宾果箱子中抽取三个球的方式，随机地确定一个要价。所抽取的球采取有放回的抽样方法：每一个抽取的球将重新放回下一次抽取之前的箱子中。这三个球的数字将确定在 0.00～9.99 美元之间的具体数字的一个要价，第一个数字将是美元（左边）数字，第二个数字将是十美分（中间）数字，而第三个数字将是美分（右边）数字。把这一数字写在记录表的列（2）。如果这一

要价大于或者等于你填入列（1）中的最小销售价格，那么你将卖出这一赌注并收到要价。否则，你兑现列示在票据上的赌注。

值得注意的是，你最好准确地列示一个最小销售价格。如果你所声称的价格过高或者过低，那么你将错失你所偏好的机会。例如，假设你将愿意以 4 美元的价格售出一个赌注，但是相反，你声称你卖出这一赌注的最低价格是 6 美元。如果随机抽取的要价是在这两者之间（比如 5 美元），那么即使你宁愿以 5 美元卖出这一赌注，你也会因错失出售机会而不得不兑现这一赌注。再次假设你售出这一赌注的价格是不能再低的 4 美元，但是你声称你会以 2 美元卖出。如果随机抽取的要价正好在两者之间（比如 3 美元），那么你将被迫售出这一赌注，即使在那一价格上你宁愿兑现赌注。[①]

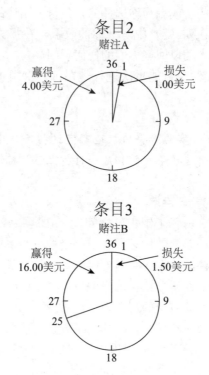

---

① 我们对在导语中使用具体的数字例子表示出一定的担忧。特定区间的报酬数字可能会潜在地使反应产生偏差，而在特定区间外的数字可能会使被试感到困惑。另一方面，一个特定的例子明确说明了激励，并且对教学演示的意图不会有任何利害关系。我们的例子与 Grether and Plott（1979）所使用的例子相对应。这些作者也包含了一个实践条目，在那当中实验者诱导了赌注例子之一的最小销售价格。

兑现赌注

如果不出售赌注，那么则以下面的形式兑现赌注。首先，观察条目2和条目3中的每一个赌注彩票，它的"饼图"被划分为36部分，定义损失截止点为产生损失的最大数字。例如，条目2中赌注A的损失截止点为1，条目3中赌注B的损失截止点是25。你将在记录表的列(3)写下正确的损失截止点。接着，将从包含36个标记着1，2，…，36的球的宾果箱子里随机地抽取出一个标记数字的球。你将在列(4)的"彩票结果"写下这一数字。如果彩票结果超过了损失截止点，你将赢得赌注，在列(5)中写下W并在列(6)中记录你的收益。如果彩票结果没有超过损失截止点，你输了这一赌注，在列(5)中写下L并在列(6)中记录你的损失(用一个负号)。

销售价格诱导的记录表

条目	价格诱导		彩票(如果(1)>(2))			收益
	(1)	(2)	(3)	(4)	(5)	(6)
					赢	
					(4)>(3)	(2)或者
					或输	(5)的结果
	最小化销售价格	随机的要价	损失截止点价值	彩票结果	(4)≤(3)?	7美元+
条目2						
条目3						

开始实验

在开始实验之前，我们需要选择你们其中一个作为监督者辅助我们。正如上面所提及的，这名监督者将从宾果箱子中抽取一个球并且确保程序是如上面所解释的那样精确运行。对于他或她的努力，我们将会给予监督者一个固定数额的_____美元的报酬。现在你们中的每个人将会分配到一个号码，通过从宾果箱子中随机地抽取其中一个标记着号码的球，监督者将会因此而随机产生。

[在回合结束时，实验者将随机地确定这些条目中的一个用于确定你的收益，你将在所选择的条目的对应一行打上一个星号标记。]

还有其他的问题吗？

此时对于条目＿＿＿＿的赌注选择一个最小销售价格并把它填入条目＿＿＿＿一行的列（1）中。

每个人都已填写你们的最小销售价格了吗？现在我们将按顺序抽取三个球以随机地确定要价水平。美元的数字是＿＿＿＿；十美分的数字是＿＿＿＿；美分的数字是＿＿＿＿。把随机的要价填入列（2）。如果这一要价价格大于或者等于你在列（1）中的最小销售价格，那么你售出这一赌注，同时这一要价水平将填入列（6）中的收益。如果要价小于你的销售价格，那么你保留这一赌注，而我们将在"彩票选择决策的具体导语"引导下进行这一赌注。具体来说，通过比较赌注的损失截止点和从箱子中所抽取的标记号码的球的结果，就可以确定赌注的收益。如果你没有售出这一赌注，则在列（3）中填入这一赌注的损失截止点价值。每个人都（那些没有售出赌注的人）这么做了吗？从箱子中所抽取的数字是＿＿＿＿。请确定你是赢得这一赌注，还是失去这一赌注，并在列（6）中填入你这一赌注的收益，对于损失则使用负号。

其他赌注的销售价格将在后续时期获得。

［在已做出每一决策以及已计算出所有条目的收益后，将会随机地选择其中一个条目，其收益将加到初始的7美元信用当中（或者从7美元中减去），而最终结果的数字将填入每个人的收据表中。］

A8.2　评分规则概率诱导的导语[①]

这是一个经济学的个体决策选择的实验。你将因你的参与而获得报酬。你的报酬将部分地依赖于你的决策，部分取决于运气。如果你能小心翼翼地做出决策，那么你将有赢得可观数量的货币的好机会，而这些钱将在今天实验结束之后以现金形式私下支付给你。

实验者试图确定人们是怎样做出带有不确定性结果的决策的。我们已经设计了一个简单的选择实验，在那当中我们将要求你在一系列轮次中做出决策。每轮由两个阶段组成。你的决策、彩票结果和收益将会记

_____

① 带有引导风险中性的彩票—票据报酬程序。

录在下一页所提供的记录表里。虽然你在第一阶段所做出的选择会影响第二阶段的结果，但是简便起见我们将首先介绍第二阶段，这里仅仅说明第一阶段的收益将以 0 和 1 之间的一个三位小数表示。这一数字能被视为你赢得的 1 000 张可获得票据中的一部分，而这些票据可提供给你一张可在第二阶段兑现的彩票。例如，在记录表列（3）的彩票—票据收益中写下 0.708，它表示在样本回合中你获得 1 000 张可获得彩票中的 708 张。

第二阶段彩票

第二阶段是由一个简单的彩票所组成，在那当中，如果在第一阶段你所取得的彩票比例大于或等于随机确定的损失截止点比例，那么你将赢得 1 美元奖金。三位数的损失截止点小数是通过扔一个十面骰子而确定的：第一次扔确定分数右边的第一个数字，第二次扔确定中间的数字，第三次扔确定最右边的数字。一旦损失截止点确定后，应该在你记录表的列（4）写下"截止点小数"，并把它与第一阶段列（3）中的彩票—票据收益进行比较。如果彩票票据收益大于或等于损失截止点，那么你将赢得 1 美元；否则你赢得 0.1 美元。例如，在一个样本轮次中，损失截止点小数 0.506 小于彩票票据收益的 0.708，那么你获得 1 美元，正如在列（5）中所显示的。注意你赢得 1 美元货币的机会直接与你在第一阶段中所获得的小数（彩票票据）相关。

记录表

| 轮次 | 第一阶段 | | | 第二阶段 | |
	(1) 你的报告	(2) 所用的箱子 （A 或 B）	(3) 彩票—票据 收益	(4) 截止点 小数	(5) 收益 如果（3）≥（4）则 1 美元； 如果（3）<（4），则 0.10 美元
样本			0.708	0.506	1 美元
1					
2					
3					
4					
5					

第一阶段

请注意在教室前面有两个箱子，标记为 A 和 B。正如你所能看到的，箱子 A 包含了 3 个白球和 3 个蓝球，箱子 B 包含了 6 个蓝球。同时，也注意这一信息已经写在黑板上。在实验中，你们将看不到这两个箱子。在第一阶段开始时，将会扔一枚硬币：头像正面确定为箱子 A，背面确定为箱子 B。然后从所确定的箱子中抽取一个球并展示给大家。你将不能看到硬币抛出的结果，因而你不能提前知道所用的是哪一个箱子。在第一阶段你的问题是：使用这一信息做出一个将会影响你的收益（彩票票据）的报告。你将在记录表的列（1）记下这一数字。在你做出报告后，你将会被告知所使用的是哪一个箱子，A 或 B。你将在记录表列（2）中记下这一数字。

你在第一阶段所赢得的彩票票据数目，是通过你所报告的和事实上用于抽取球的箱子的关系而确定的。报告和彩票票据收益的关系显示在报酬表中。报酬表的每一行包含对应每一可能报告的结果：如果使用的是箱子 A，你获得列示在报酬表的Ⅱ列下的彩票票据的小数。如果使用的是箱子 B，那么你将获得Ⅲ列下的彩票票据小数。这一数字将在第二阶段用于确定你这一轮中的现金收益，正如上面所解释的。

在浏览报酬表时，注意如果使用的是箱子 A，那么高的报告（接近于 1）会产生更高比例的彩票票据。而如果使用的是箱子 B，那么低报告（接近于 0）会产生更高比例的彩票票据。中间报告所产生的彩票票据收益对于使用的究竟是箱子 A 或箱子 B 不是很敏感。从这一意义上讲，你认为根据使用箱子 A 的概率程度，一个更高的报告将会增加你的票据收益；而你认为使用箱子 B 的程度越高，那么一个更低的报告将会增加你的票据收益。[①]

小结

每一轮是由两个阶段组成的。在第一阶段，扔出一枚硬币以确定使用的是哪一个箱子。你不能看到使用的是哪一个箱子，但是你确实可以看到从箱子里所选择的是哪一个球。在看到球后，你提交一个报告，它

[①] 一些研究已经非常谨慎地避免了报告和一些事件的可能性之间的这种类型的联系。问题是，增加程序和激励的清晰度是不是值得的，因为这样做会增加引入这种联系的潜在偏差的风险。

是 0 和 1 之间的一个数字。然后你将会被告知事实上所用的是哪一个箱子。你所赚得的彩票票据比例是综合了你的报告和使用的箱子信息，然后通过报酬表确定的。

通过第二阶段的彩票，彩票票据转换成现金收益。一个损失截止点的小数是通过扔 3 次十面骰子而确定的。如果在第一阶段所获得的彩票票据的比例大于或等于损失截止点，那么你赚得 1.00 美元，否则你将获得 0.10 美元。

在记录收益之后，要么开始后续的一轮，要么结束实验。在实验结束时，将会支付给你在每一轮所获得的收益部分。你们还有其他疑问吗？

开始实验

在实验开始之前，我们需要选择你们其中一人作为监督者辅助我们。监督者将抽取球、掷骰子，并确保程序是按上面所解释的那样准确进行。对于他或她的努力，我们会支付给监督者固定数额的＿＿＿＿＿＿美元报酬。现在你们每个人将分配到一个数字，而从宾果箱子中抽取的一个标示数字的球将会随机地选择你们其中一个作为监督者。

作为开始，监督者现在将检验每个箱子中的球并确认每个箱子的内容与写在黑板上的概述信息相匹配。

在我们开始之前，你们还有什么问题吗？

现在我们将开始进行第 1 轮，通过扔一枚硬币以确定抽取哪一个箱子。硬币正面将确定箱子 A，反面将确定箱子 B。监督者将直接地看到所扔的硬币。箱子已置于屏幕后面，但是监督者将确保球是从由你扔的硬币所确定的箱子里抽取出来的。

箱子已确定，现在球已抽取出来，所抽取的球的颜色是＿＿＿＿＿＿。

现在请看报酬表并考虑你的报告，在对应于第一轮的行中的列（1）写下你的报告。每个人是否已写下一个报告？

请监督者告诉我们这一轮所使用的是哪个箱子。在列（2）中写下所使用箱子的字母，并使用报酬表以确定你的彩票票据收益的小数，它将记录在列（3）中。如果你有任何疑问，可举手示意，我们中的一个将会走到你的桌子边回答你的问题。

现在我们将使用一个十面骰子以确定截止点的小数。这一小数是＿＿＿＿＿＿，它将填入（4）列中，如果你的彩票票据收入大于或等于这一截止点小数，那么你将获得 1 美元，否则你将获得 0.1 美元。请在第一轮的列（5）填入你的收益。如果你有任何疑问，请举手示意，我

们中的一人将会过去回答你的疑问。

后续的每一轮将以同样的方式进行。在回合结束时，加总你在列（5）的收益以确定你的总收益，在今天的回合结束后，它将以现金的形式支付给你。

报酬表（二次型评分规则程序）

I	II	III	I	II	III
你的报告	彩票票据的小数		你的报告	彩票票据的小数	
	箱子 A	箱子 B		箱子 A	箱子 B
0.00	0.000	1.000	0.50	0.750	0.750
0.02	0.040	1.000	0.52	0.770	0.730
0.04	0.078	0.998	0.54	0.788	0.708
0.06	0.116	0.996	0.56	0.806	0.686
0.08	0.154	0.994	0.58	0.824	0.664
0.10	0.190	0.990	0.60	0.840	0.640
0.12	0.226	0.986	0.62	0.856	0.616
0.14	0.260	0.980	0.64	0.870	0.590
0.16	0.294	0.974	0.66	0.884	0.564
0.18	0.328	0.968	0.68	0.898	0.538
0.20	0.360	0.960	0.70	0.910	0.510
0.22	0.392	0.952	0.72	0.922	0.482
0.24	0.422	0.942	0.74	0.932	0.452
0.26	0.452	0.932	0.76	0.942	0.422
0.28	0.482	0.922	0.78	0.952	0.392
0.30	0.510	0.910	0.80	0.960	0.360
0.32	0.538	0.898	0.82	0.968	0.328
0.34	0.564	0.884	0.84	0.974	0.294
0.36	0.590	0.870	0.86	0.980	0.260
0.38	0.616	0.856	0.88	0.986	0.226
0.40	0.640	0.840	0.90	0.990	0.190
0.42	0.664	0.824	0.92	0.994	0.154
0.44	0.686	0.806	0.94	0.996	0.116
0.46	0.708	0.788	0.96	0.998	0.078
0.48	0.730	0.770	0.98	1.000	0.040
0.50	0.750	0.750	1.00	1.000	0.000

资料来源：McKelvey and Page（1970）。

A8. 3 效用诱导[①]

冯·诺依曼-摩根斯坦效用函数可以通过重复使用 BDM 方法诱导一个彩票的等值现金而得到估计。考虑一个以概率 p 支付 A 美元并以概率 $(1-p)$ 支付更高数额的 B 美元的一个彩票。这一彩票的等值现金 x_1 为:

$$U(x_1) = pU(A) + (1-p)U(B) \tag{8.20}$$

指定彩票的研究者,知道 p,A 和 B。对于这一彩票的等值现金 x_1,可以使用 BDM 方法诱导出来(可见 A8.1 节)。所考虑的下一个问题是,x_1 告诉了我们当事人效用函数的什么信息?回想一下,效用函数只在线性变换时才是唯一的,因此我们能够在两个点任意地分配效用函数值。不失一般性,我们使

$$U(A) = 0, U(B) = 1 \tag{8.21}$$

那么(8.20)式提供 x_1 的效用为

$$U(x_1) = 1 - p \tag{8.22}$$

对于给定的等值现金 x_1,等式(8.22)提供了效用函数的第三个点。

通过反转高低奖金的概率,可诱导出第四个点。例如,考虑这样的一个彩票 $(1-p, A; p, B)$。令 x_2 表示这一彩票的等值现金;它可通过 BDM 程序获得。再次使用(8.21)式的标准化,x_2 的效用为

$$U(x_2) = (1-p)U(A) + pU(B) = p \tag{8.23}$$

它是第四个点。

效用函数的另外一些点可后续地导出,方法是使用等值现金 x_1 和 x_2 构建新的彩票,其期望效用的计算可从(8.20)式至(8.23)式得出。例如,以 p 的概率产生 A 和以 $(1-p)$ 的概率产生 x_1 的彩票的期望效用为:

$$(p, x_1; 1-p, A) \text{ 的预期效用} = pU(x_1) + (1-p)U(A)$$
$$= p(1-p) \tag{8.24}$$

---

① 这一节的内容有点高深。

在上面最后一个等式是以（8.21）式的标准化和（8.22）式的 x_1 的效用公式得到的。令 x_3 表示（8.24）式彩票的等值现金，那么

$$U(x_3) = p(1 - p) \tag{8.25}$$

一旦使用 BDM 诱导 x_3，那么它就提供了效用函数的另外一点。用相似的方式也能确定效用函数的其他点，使用从集合 $\{A, B, x_1, x_2, x_3\}$ 中抽取的已知效用的奖金的彩票。

总而言之，这一程序包含下面的步骤：

1. 使用 BDM 销售价格诱导程序导出关于 A 和 B 两个彩票的等值现金 x_1 和 x_2；

2. 使用这两个等值现金进行更多的彩票，从而诱导出新的现金等值，比如 x_3；

3. 使用（8.21）式的标准化和诸如（8.22）式、（8.23）式和（8.25）式的理论上的计算，从而得到效用函数的其他点。更多的点可通过重复概述在（2）和（3）步骤中的过程而得到。

这一效用函数机制的一个吸引人的特点是，它可检验内部一致性的反应。例如，在（8.21）式的标准化和（8.23）式中的 $U(x_2)$ 公式之后，彩票 $(A, p; x_2, 1-p)$ 有期望效用 $pU(A) + (1-p)U(x_2) = (1-p)p$，它与在（8.24）式所表示的彩票的效用一样。有同样期望效用的两个彩票应该有相同的等值现金，它提供了之前所提及的一致性的检验。

参考文献

Allais, Maurice (1953) "Le Comportement de l'homme Rationnel devant 1e Risque, Critique des Postulates et Axiomes de l'Ecole Americaine," *Econometrica*, 21, 503 - 546.

Ang, James S., and Thomas Schwarz (1985) "Risk Aversion and Information Structure: An Experimental Study of Price Variability in the Securities Markets," *The Journal of Finance*, 40, 825 - 844.

Battalio, Raymond C., John Kagel, and Don N. MacDonald (1985) "Animals' Choices over Uncertain Outcomes: Some Initial Experimental Results," *American Economic Review*, 75, 597 - 613.

Battalio, RaymondC., John Kagel, and Komain Jiranyakul (1990) "Testing Between Alternative Models of Choice under Uncertainty: Some Initial Results," *Journal of Risk and Uncertainty*, 3, 25 – 50.

Becker, Gordon M., Morris H. DeGroot, and Jacob Marschak (1964) "Measuring Utility by a Single-Response Sequential Method," *Behavioral Science*, 9, 226 – 232.

Bell, David E. (1982) "Regret in Decision Making under Uncertainty," *Operations Research*, 30, 961 – 981.

Berg, Joyce E., and John W. Dickhaut (1990) "Preference Reversals: Incentives Do Matter," draft, Graduate School of Business, University of Chicago.

Berg, Joyce E., L. Daley, John W. Dickhaut, and John R. O'Brien (1986) "Controlling Preferences for Lotteries on Units of Experimental Exchange," *Quarterly Journal of Economics*, 101, 281 – 306.

Camerer, Colin F. (1989) "An Experimental Test of Several Generalized Utility Theories," *Journal of Risk and Uncertainty*, 2, 61 – 104.

—— (1991) "Individual Decision Making," forthcoming in J. Kagel and A. Roth, eds., *Handbook of Experimental Economics*. Princeton: Princeton University Press.

Camerer, Colin F., and Teck-Hua Ho (1990) "Isolation Effects in Reduction of Compound Lotteries," draft, Decision Sciences, University of Pennsylvania.

Camerer, Colin F., George Loewenstein, and Martin Weber (1989) "The Curse of Knowledge in Economic Settings: An Experimental Analysis," *Journal of Political Economy*, 97, 1232 – 1254.

Chew, Soo Hong, and Kenneth R. MacCrimmon (1979) "Alpha-nu Choice Theory: An Axiomatization of Expected Utility," University of British Columbia, Faculty of Commerce, Working Paper 669.

Chew, Soo Hong, and W. Waller (1986) "Empirical Tests of Weighted Utility Theory," *Journal of Mathematical Psychology*, 30, 55 – 72.

Conlisk, John (1989) "Three Variants on the Allais Example," *American Economic Review*, 79, 392 – 407.

Cooper, Russell W., Douglas V. DeJong, Robert Forsythe, and Thomas W. Ross (1989) "Communication in Battle-of-the-Sexes Games: Some Experimental Results," *Rand Journal of Economics*, 20, 568 – 587.

Coursey, Don L., John L. Hovis, and William D. Schulze (1987) "On the Supposed Disparity between Willingness to Accept and Willingness to Pay Measures of Value," *Quarterly Journal of Economics*, 102, 679 – 690.

Cox, James C., and Seth Epstein (1989) "Preference Reversals without the Independence Axiom," *American Economic Review*, 79, 408 – 426.

Cox, James C. , Vernon L. Smith, and James M. Walker (1988) "Theory and Indi-
vidual Behavior of First-Price Auctions," *Journal of Risk and Uncertainty*, *1*,
61 – 99.

Cummings, Ronald G. , David S. Brookshire, and William D. Schulze (1986) *Valu-
ing Environmental Goods: An Assessment of the Contingent Valuation
Method*. Totowa, N. J. : Rowman and Allanheld.

Dwyer, Gerald, Arlington Williams, Raymond Battalio, and Timothy Mason
(1988) "Are Expectations Rational in a Stark Environment?" working paper,
Texas A&M University.

Finglewski, Stephen, and Paul Wachtel (1981) "The Formation of Inflationary Ex-
pectations," *Review of Economics and Statistics*, *63*, 1 – 10.

Fishburn, Peter C. (1982) "Nontransitive Measurable Utility," *Journal of Mathe-
matical Psychology*, *26*, 31 – 67.

Gregory, R. , and L. Furby (1987) "Auctions, Experiments, and Contingent Val-
uation," *Public Choice*, *55*, 273 – 289.

Grether, David M. (1980) "Bayes' Rule as a Descriptive Model: The Representa-
tiveness Heuristic," *Quarterly Journal of Economics*, *95*, 537 – 557.

—— (1992) "Testing Bayes Rule and the Representativeness Heuristic: Some Experi-
mental Evidence," *Journal of Economic Behavior and Organization*, *17*, 31 – 57.

Grether, David M. , and Charles R. Plott (1979) "Economic Theory of Choice and
the Preference Reversal Phenomenon," *American Economic Review*, *69*, 623 – 638.

Hammack, Judd, and Gardner Brown (1974) *Waterfowl and Wetlands: Toward
Bioeconomic Analysis*. Baltimore: Johns Hopkins Press.

Hanemann, W. Michael (1991) "Willingness to Pay and Willingness to Accept:
How Much Can They Differ?" *American Economic Review*, *81*, 635 – 647.

Harrison, Glenn W. (1986) "An Experimental Test for Risk Aversion," *Economics
Letters*, *21*, 7 – 11.

—— (1989) "Theory and Misbehavior of First-Price Auctions," *American Econom-
ic Review*, *79*, 749 – 762.

—— (1990a) "The Payoff Dominance Critique of Experimental Economics," manu-
script, University of South Carolina, Department of Economics.

—— (1990b) "Expected Utility Theory and the Experimentalists" working paper,
University of South Carolina.

Harrison, Glenn W. , and E. E. Rutström (1985) "Experimental Measurement of
Utility by a Sequential Method," working paper, University of New Mexico.

Hey, John D. (1991) *Experiments in Economics*. Oxford: Basil Blackwell.

Hoffman, Elizabeth, and Matthew Spitzer (1990) "The Divergence Between Willingness-to-Pay and Willingness-to-Accept Measures of Value," California Institute of Technology, Social Science Working Paper 755.

Holt, Charles A. (1986a) "Preference Reversals and the Independence Axiom," *American Economic Review*, 76, 508 - 514.

——— (1986b) "Scoring-Rule Procedures for Eliciting Subjective Probability and Utility Functions," in P. K. Goel and A. Zellner, eds., *Bayesian Inference and Decision Techniques*: *Essays in Honor of Bruno de Finetti*. Amsterdam: North-Holland, 279 - 290.

Holt, Charles A., and Anne P. Villamil (1986) "A Laboratory Experiment with a Single Person Cobweb," *Atlantic Economic Journal*, 14, 51 - 54.

Kagel, John H., Don N. MacDonald, and Raymond C. Battalio (1990) "Tests of 'Fanning Out' of Indifference Curves: Results from Animal and Human Experiments," *American Economic Review*, 80, 912 - 921.

Kahneman, Daniel, Jack L. Knetsch, and Richard H. Thaler (1990) "Experimental Tests of the Endowment Effect and the Coase Theorem," *Journal of Political Economy*, 98, 1325 - 1348.

Kahneman, Daniel, and Amos Tversky (1973) "On the Psychology of Prediction," *Psychological Review*, 80, 237 - 251.

——— (1979) "Prospect Theory: An Analysis of Decision Under Risk," *Econometrica*, 47, 263 - 291.

Karni, Edi, and Zvi Safra (1987) "Preference Reversal' and the Observability of Preferences by Experimental Methods," *Econometrica*, 55, 675 - 685.

Keller, L. Robin (1985) "The Effects of Problem Representation on the Sure-Thing and Substitution Principles," *Management Science*, 31, 738 - 751.

Knetsch, Jack L. (1989) "The Endowment Effect and Evidence of Non-Reversible Indifference Curves," *American Economic Review*, 79, 1277 - 1284.

Knetsch, Jack L., and J. A. Sinden (1984) "Willingness to Pay and Compensation Demanded: Experimental Evidence of an Unexpected Disparity in Measures of Value," *Quarterly Journal of Economics*, 99, 507 - 521.

——— (1987) "The Persistence of Evaluation Disparities," *Quarterly Journal of Economics*, 102, 691 - 695.

Lichtenstein, Sarah, and Paul Slovic (1971) "Reversals of Preference between Bids and Choices in Gambling Decisions," *Journal of Experimental Psychology*, 89, 46 - 55.

Lim, Suk S., Edward C. Prescott, and Shyam Sunder (1988) "Stationary Solution to the Overlapping Generations Model of Fiat Money: Experimental Evidence," working paper, University of Minnesota.

Lindman, Harold R. (1971) "Inconsistent Preferences Among Gambles," *Journal of Experimental Psychology*, *89*, 390 – 397.

Loomes, Graham, and Robert Sugden (1982) "Regret Theory: An Alternative Theory of Rational Choice under Uncertainty," *Economic Journal*, *92*, 805 – 824.

—— (1983) "A Rationale for Preference Reversal," *American Economic Review*, *73*, 428 – 432.

Machina, Mark J. (1982) "Expected Utility' Analysis without the Independence Axiom," *Econometrica*, *50*, 277 – 323.

McKelvey, Richard D. , and Talbot Page (1990) "Public and Private Information: An Experimental Study of Information Pooling," *Econometrica*, *58*, 1321 – 1339.

Marimon, Ramon, and Shyam Sunder (1988) "Rational Expectations vs. Adaptive Behavior in a Hyperinflationary World: Experimental Evidence," working paper, University of Minnesota.

Marschak, J. (1950) "Rational Behavior, Uncertain Prospects, and Measurable Utility," *Econometrica*, *18*, 111 – 141, and (1950) "Errata," *Econometrica*, *18*, 312.

Millner, Edward L. , and Michael D. Pratt (1989) "An Experimental Investigation of Efficient Rent Seeking," *Public Choice*, *62*, 139 – 151.

—— (1990) "A Test of Risk Inducement: Is the Inducement of Risk Neutrality Neutral?" draft, Department of Economics, Virginia Commonwealth University.

—— (1991) "Risk Aversion and Rent Seeking: An Extension and Some Experimental Evidence," *Public Choice*, *69*, 81 – 92.

Murnighan, J. Keith, Alvin E. Roth, and Franciose Shoumaker (1988) "Risk Aversion in Bargaining, an Experimental Study," *Journal of Risk and Uncertainty*, *1*, 101 – 124.

Peterson, Steven (1991) "Forecasting Dynamics and Convergence to Market Fundamentals: Evidence from Experimental Asset Markets," working paper, Virginia Commonwealth University, forthcoming in *Journal of Economic Behavior and Organization*.

Pommerehne, Werner W. , Friedreich Schneider, and Peter Zweifel (1982) "Economic Theory of Choice and the Preference Reversal Phenomenon: A Reexamination," *American Economic Review*, *72*, 569 – 574.

Quiggin, John (1982) "A Theory of Anticipated Utility," *Journal of Economic Behavior and Organization*, *3*, 323 – 343.

Reilly, Robert J. (1982) "Preference Reversal: Further Evidence and Some Suggested Modifications in Experimental Design," *American Economic Review*, *72*, 576 – 584.

Roth, Alvin E. , and Michael W. K. Malouf (1979) "Game-Theoretic Models and the Role of Information in Bargaining," *Psychological Review*, *86*, 574 - 594.

Savage, Leonard, J. (1954) *The Foundations of Statistics*, New York: Wiley.

—— (1971) "Elicitation of Personal Probabilities and Expectations," *Journal of the American Statistical Association*, *66*, 783 - 801.

Schmalensee, Richard (1976) "An Experimental Study of Expectation Formation," *Econometrica*, *44*, 17 - 41.

Segal, Uzi (1988) "Does the Preference Reversal Phenomenon Necessarily Contradict the Independence Axiom?" *American Economic Review*, *78*, 233 - 236.

Smith, Cedric A. B. (1961) "Consistency in Statistical Inference and Decision," *Journal of the Royal Statistical Society*, Series B, *23*, 1 - 25.

Smith, Vernon L. , Gerry L. Suchanek, and Arlington W. Williams (1988) "Bubbles, Crashes and Endogenous Expectations in Experimental Spot Asset Markets," *Econometrica*, *56*, 1119 - 1152.

Starmer, Chris, and Robert Sugden (1991) "Does the Random-Lottery Incentive System Elicit True Preferences? An Experimental Investigation," *American Economic Review*, *81*, 971 - 978.

Tullock, Gordon (1980) "Efficient Rent-Seeking," in J. Buchanan, R. D. Tollison, and G. Tullock, eds. , *Toward a Theory of the Rent Seeking Society*. College Station: Texas A&M Press, 97 - 112.

Tversky, Amos, and Daniel Kahneman (1981) "The Framing of Decisions and the Psychology of Choice," *Science*, *211*, 453 - 458.

von Neumann, J. , and O. Morgenstern (1944) *Theory of Games and Economic Behavior*. Princeton: Princeton University Press.

Wilcox, Nathaniel T. (1989) "Decision Anomalies and Decision Costs," working paper, University of Houston.

Williams, Arlington W. (1987) "The Formation of Price Forecasts in Experimental Markets," *Journal of Money, Credit, and Banking*, *19*, 1 - 16.

第*9*章　经济行为和实验方法：概述和扩展

9.1　引言

　　在 30 年的实验研究中，我们已学习了很多有关经济行为和实验方法的知识。实验研究的主体成长如此迅速并且已被广泛地应用于经济学的许多领域当中，以至于为完成此书我们得抵制把每月所产生的新研究成果综合进来的诱惑。尽管如此，现在已出现了几个主要的研究主题。识别这些主题能够为新的研究方向提供真知灼见。同时，实验的程序也在不断地改善，而研讨会的论文并不总是对当前的研究设定合适的程序标准。因而，清晰地说明我们已经掌握了的实验技巧是很有必要的。[1]

从对经济学实验方法的使用标准的批评来看，实验技巧的回顾也是很有启迪作用的。一些批评认为，实验所起的作用微乎其微，因为实验的环境是如此简单以至于不能对理论或者是自然世界做出有意义的评价。其他人则认为实验学家试图做出太多的工作。特别是在复杂的环境中（比如市场环境）产生的独立观察值普遍很少，而且观察值中有太多的变量在变化。虽然我们并不认为这些批评的任何一个能宣告实验方法的无效，但是我们也并不认为它们是无凭无据的。关注这些反对意见能使得实验学家提出更有质量的观点，同时也可改进实验设计和分析的方法。

这一章的一些目的与第 1 章有些相似：解释经济学实验是什么，它们是怎样进行的，以及从它们当中已学到了什么。不同之处在于，这些话题现在能够用前面章节中的广泛主题、可比性以及具体例子进行讨论。在前面章节出现的信息，同时也允许我们在一个非常具体的条件下讨论方法的话题。这一章的内容组织如下：9.2 节包含了实验结果的主要模式的概述。9.3 节从理论、实验和自然经济环境三者的关系重新考虑了检验的过程。9.4 节考虑实验设计的一些方面，9.5 节讨论实验设计和合适的统计分析的关系。9.6 节和 9.7 节讨论一些具体的非参数统计检验的应用。9.8 节提供结论性的评论。

9.2　迄今为止主要的实验结果

通过列示经济理论主要领域的相关研究成果，可以提供一个对各个不同领域实验研究的有用视角。

1. 在许多情形中，新古典价格理论很好地解释了所观察到的行为。在各种情形以及成百上千的例子当中，可观察到竞争性的市场预测结果。在双向拍卖中，竞争性的结果出现在比传统所认为的必要条件更为一般的情形中。例如，竞争性预测结果的可靠性，并不需要大量交易者

[1]　我们在此不得不承认，这一章中对设计和统计的讨论的许多动力源自凯瑟琳·埃克尔（Catherine Eckel）、罗伯特·福赛斯（Robert Forsythe）和罗杰·舍曼（Roger Sherman）的建议。通常的免责声明也适用于此。

或者是有关成本和价值参数的完全信息的"限制情形"假设（第3章）。

此外，还有许多违背竞争性市场预测的标准假定的行为结果：市场势力在明码标价市场中持续地产生超竞争性的价格（第4章）。非常小的数目（双向拍卖）会导致无效率的分歧（第5章）。在商品并非私人的时候可普遍地观察到外部性引起的搭便车和无效率水平。偏离产品质量或者数量的信息会造成无效的"柠檬市场"结果。

2. 制度很重要。得出这样的一个结论是错误的，即实验分析几乎不能确认一百年来经济学家对于这个世界的任何质疑。标准的市场预测并不是一直起作用，而且它们也并不是在所有情形中都能起同样的作用。或许最为重要的让人困惑的变量是那些决定交易制度本质的变量。[1]第3章和第4章记录了最为著名的交易制度效应的例子：其他的可比较市场在双向拍卖交易中要比在明码标价交易中更快地倾向于竞争性的预测结果。即使是在双向拍卖中，与其他规则相比，在某些规则下（按订单序列排序的买卖差价改善规则），价格会更快地收敛。从实验研究中所得出的真知灼见，正开始被应用于设计能够利用计算机和交流技术等先进工具的新的交易制度。

3. 博弈论的一些预测结果很好地描述了行为。特定制度细节的重要性与博弈论的发展相似，它们提供了系统分析制度性和结构性变量的理论效应的方法。这些新的模型比仅仅依赖于结构条件的新古典模型更能体现"制度的具体化"。博弈实验中的行为会受到策略性因素的影响，至少大体如此。具体而言，独特的非合作性纳什均衡在不同参与者之间进行一些重复之后，在简单的一阶段矩阵博弈中就会有相当大的推断能力。[2]在一些更为复杂的博弈中，比如自愿捐赠机制或者私人价值第一价格拍卖等，也可以很好地得到阶段博弈的唯一纳什均衡预测结果。正如所预测的，在私人价格的第一价格拍卖情形中，竞价与私人价值线性相关，它向上偏离的程度与风险规避程度一致。在实验中所观察到的个体差距已经刺激了新的非对称风险态度下拍卖的理论研究工作。

4. 其他博弈论预测有着更受限制的应用范围。例如，除了当拍卖涉及相对较少的竞标者，或者涉及替代性的（安全港）市场行为之外，实验竞价者并没有学会修正他们的竞价从而避免"赢者诅咒"现象。同

---

① 最初，Fouraker and Siegel（1963）在寡头垄断情形中，Williams（1973）以及 Plott and Smith（1978）在拍卖市场情形中得到这一观察的结果。

② 可见 Holt（1985）或扩展程度较少的 Cooper et al.（1991）。

理，当一个博弈中存在多重均衡时，用于对它们进行区分的理论"精炼"，在实验室中成败参半。在矩阵博弈①和在一些公共产品实验中②，研究已经表明帕累托占优是选择最有预测能力的均衡的一个很差的标准。

另一个在受限范围内应用的重要的精炼，是在重复博弈中使用的后向归纳推理。随着博弈中决策阶段的增加，纳什均衡的数目迅速增加。最为基本的减少均衡（子博弈完美）集合的标准，需要后向归纳推理和关于其他人拍卖的共同预期。但是后向归纳并不是被试自然而然就会做出的事情："非理性"现象诸如投机性定价泡沫在相对长期的资产市场实验中是很普遍的。

当重复整个博弈的时候，行为往往变得更为"理性"。在一个回合和不同回合中的重复，均允许被试学习（通过经历）在后面博弈阶段应预期到什么。例如，经验看似消除了资产市场中的投机性定价泡沫，促进了在不确定其他交易者偏好类型的短期资产市场中的有效交易。但是学习并没有解决所有问题。即使是在被试与不同参与者进行了很多次的博弈之后，在诸如蜈蚣博弈的相当简单的环境当中，还是会有相当大比例的反应与理论的均衡预测水平不一致（第2章）。

比子博弈完美更为精妙的其他均衡精炼，看似在一些情形中能很好地进行预测。③ 但是这些最受欢迎的精妙均衡中的一部分选择标准，是以在实验中很少观察到的行为作为基础的。例如，在重复博弈中，通过对背叛进行惩罚的触发策略能够（在理论上）支持"合谋性"的均衡结果。触发策略很少应用于许多实验情形中，在那当中均衡从传统上来看是很吸引人的，比如像寡头垄断实验。当博弈涉及的参与者多于两个的时候，很难确定背叛什么时候发生，很难识别谁背叛了，也很难对看似背叛你的背叛者进行一个直接的惩罚。④

5. 即使是没有制度上的细节，许多结果都以"灰色"地带为特征，

---

① 可见 Van Huyck, Battalio, and Beil（1990）。

② 具体而言，在有供给点但没有返还条款的公共产品博弈当中，帕累托占优并不是一个很好的选择方法（Isaac, Schmidtz, and Walker, 1989）。

③ 可见 Camerer and Weigelt（1988）检验序贯均衡概念，Banks, Camerer, and Porter（1990）检验更为精妙的精炼。然而，这些概念的应用范围也看似有限，例如，可见 Brandts and Holt（1991）。

④ 可见附录 A6.1 对三人公共产品博弈的讨论。但是在其他情形中，当背叛能被观察到并且惩罚能够直接针对具体的背叛者的时候，惩罚策略更为普遍。例如，在 Davis and Holt（1990）的选择卖者实验中，买者常常惩罚那些交付低质量的卖者。

在那当中与理论上不相关的变量影响了结果。例如，在有同样的纳什均衡的自愿捐赠实验当中，搭便车的发生率能明显地受到重复、经验和对公共产品捐赠的回报的差异的影响。同理，序贯谈判博弈中的结果有时是从对平等划分饼的子博弈完美均衡中抽取出来的。正如第 5 章所表明的，实验程序影响行为对于异常现象的解释有重要的含义。例如，独裁博弈中被试往往不愿意独享整个饼，但在双向匿名条件下这种迟疑会迅速减少，因为在这种条件下激进的划分要求并不直接与独裁者或其他被试，抑或是实验者相关。另外，拍卖结果可能对被试群体、导语的措辞（"市场"术语与"划分饼"相对应）以及指定一个占据策略性优势的角色的过程（博弈的技能与随机分配相对应）很敏感。这些"不相关"变量行为上的重要性表明，需要一个能综合心理学动机、学习和决策失误的更为丰富的理论。

6. 我们对于个体行为的理解是不完全的；一些经常发生的异常现象对理性行为模型形成了主要的挑战。个体频繁地做出看似非理性的决策，特别是在彩票选择当中（第 8 章）。诸如阿莱悖论和偏好反转现象的不一致性表明，我们能够识别出在什么条件下，参与者普遍地违背预期效用理论的一个或多个公理。在一些情形中，选择只是对于问题框架的方式比较敏感。现在持续存在的争论是：这一行为的发生是否只是因为不充分的金钱激励？是否应该通过改变公理或者是对决策"误差"的本质进行建模的方式修正预期效用？

根据你在上述清单中的起始位置，这些结果提供了有关经济学状态的各种观点。清单的前三条意味着实验已经开始辅助博弈论分析，按照从新古典模型到具体化制度分析的有序路径进行发展。最后三条提供了几乎完全相反的结论：在一个基本水平上，我们不能够解释人们所做出的某些最基本的决策。

我们在这里给出一个中庸的观点，使其能容纳这些结论并让它们变得更加具有说服力。一方面，在一些情形中，特别是在市场中，标准经济理论已表明其很好地发挥了作用。然而，我们对于市场的理解远非全面。依然还有许多需要研究的地方，比如标准理论适用的范围，以及通过什么方法进行"学习"和选择均衡的结果。我们确实知道市场能够作为一种学习方法而起作用；但是在非市场或者双边谈判情形中的参与者反应可能反映了公平的认知观念，这一点不会改变直到面临着在完全情形中的竞争性激励，比如双向拍卖。

另一方面，我们认识到在一些情形中，行为可能与预期效用理论和博弈论的预测不一致。虽然它是令人讨厌的，但是这些异常并不必然是对行为理论的一种致命打击，特别是如果还没有替代性的理论能够同时解释这些异常现象和标准行为模式的时候。值得一提且有趣的是，异常现象是许多科学的特征。可能这些不一致在一些经济学家看来，比在其他学科的科学家看来要更为严重，因为经济学家几乎完全是在逻辑领域中进行训练。研究生微观经济学只包含最精简的数据指引，而研究生计量经济学课程强调估计变量的理论性质的证明。虽然逻辑的不一致性是一个有缺陷的（同时也往往是可修正的）错误，但是期望在理论和行为之间的完美一致性是不现实的。行为的不一致性不应当被视为错误，而是应当为进一步的理论和实验上的研究提供激励。让调整、学习和决策行为等理论工作经受实验的检验，能够阻止对不相关的命题和推断的无谓讨论，同时也能提出理论上还未解决的话题的其他问题。

9.3　理论、实验和自然经济环境三者之间的关系

交易制度以及偏好、技术和信息结构中的许多经济过程是复杂的。这些过程的理论模型多多少少具有抽象性。例如，几乎所有的自然拍卖情形都没有施加这样的约束，即哪一方能够做出下一个要价或者反要价，但是这类非结构化的情形很难作为非合作博弈进行分析。最容易处理的非合作性谈判是在第 5 章所讨论的高度结构化的变化要价模型。同理，许多市场中的价格在任何时候都能被修正，但是标准的寡头垄断模型假定价格是在离散的时间区间里同时做出的。

实验能够以许多方式提供评价理论和经济过程的相关证据，同时在回顾实验理论时（或者是在设计你自己的实验时），考虑一个具体实验的设定和实验室外经济性互动结构的关系是很重要的。在这一节，我们描述几种类型的实验，从完全抽象的情形到与自然发生的市场有很紧密相似程度的复杂设计。

实验的类型

理论模型的潜在限制性假设，与模型所关注的经济行为的复杂性之间的差距，给实验经济学家提出了一个两难困境：实验的设定是应该与理论模型更紧密地相对应，还是应该与经济体的有关部分更紧密地联系在一起？这一两难困境变得更为严重，因为计算机化已经同时增加了被

试的数量和市场，并令其在一个标准的两小时回合中进行协调。① 合适的复杂程度取决于实验的意图：在 2×2 的囚徒困境实验中评价产业政策并不是很有成效的，而一个复杂的、多个市场环境并不是开始检验一个简单博弈论概念的最佳场所。

通过构建理论模型区域和正在被研究的自然经济过程领域之间的关系，可以对实验进行分类。因为许多实验经济学的重要结果涉及交易制度的制定，所以我们把诸如时期数、赎回价值和成本价值以及信息条件等环境变量从制度因素中区分出来。这两大类制度和环境的变量，可用图 9—1 的不同维度进行表示。每一维度的复杂性会沿着轴线的向外移动而增加。例如，在制度轴上标记为 $I1$ 的制度比标记为 $I2$ 的制度的复杂性要低：制度 $I1$ 代表一个标准的竞价拍卖，而 $I2$ 代表着允许私人贴现的修正的标价拍卖。同理，更为简单的结构性环境 $E1$ 在水平轴上表示一个箱形的、单一阶段的供给和需求设计，而环境 $E2$ 表示一个更为复杂的多阶段的设计。

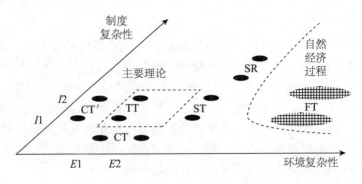

图 9—1 实验的类型

关键词：CT—成分测试，TT—理论测试，ST—压力测试，SR—经验管制的研究，FF—现场实验。

经济过程的两个维度往往都是复杂的，正如图形中弯曲的虚线界定的"自然经济过程"的位置所表明的那样。这一区域所包含的点与正在研究的过程类别相对应，例如，零售消费者产品市场。我们几乎不能准确地知道这一区域的边界。

---

① Plott（1991a）的多元双向拍卖（MUDA）程序能够同时协调 20 个双向拍卖。而且，人造卫星交流也已使得利用多个地方的被试进行 NovaNet 双向拍卖成为可能（例如，印第安纳大学和亚利桑那大学）。

一个好的理论是基于这样的简化假设，即它抛弃了相对不必要的复杂性，并保留关键地影响经济结果的环境和制度因素。许多零售市场的一个显著特点是，卖者并不是如新古典理论所假设的价格接受者，而是在一个不容讨价还价的基础上提出他们的价格。标准的伯特兰模型综合了这一特点，但是限制了卖者在一个固定区域独立地选择价格，这与零售市场或多或少的连续价格变化的可能性正好相反。这一简化使它可能推导出环境或者制度变量的变化对于诸如价格这样的经济结果的效应的预测结果。图 9—1 中标示为"理论定义"的区域代表了这一理论的关键预测结果所能确定的区域。值得一提的是，图形中的区域是解释性的；理论领域的四方形，以及这一领域与自然经济过程之间的距离，均没有任何特殊的意义。

　　最直接的理论测试是具备以下特征的一个实验，即它是在理论能为之提供预测结果的领域进行的，例如，图形中包含 TT 的那一对黑点。每一个点代表了制度和环境变量的一个具体设定值，因而它表示一个处理变量。一个实验设计通常规定了两个或者多个以某种方式相关的点的比较。例如，坐标点 (E_1, I_1) 和 (E_1, I_2) 能与在同样结构性环境 E_1 中的明码标价和双向拍卖的比较相对应。理论的复杂程度可高可低，一般地，对于每一种理论都存在一个不同的区域。在一些情形中，实验涉及评价单一理论区域中的两个点（例如，对明码标价拍卖和双向拍卖制度的新古典价格理论预测的评价）。其他实验能识别出这样一个区域，即其中两个竞争性理论的区域存在重叠并且产生了不同的预测。例如，竞争性和合谋的价格预测水平可能在明码标价的寡头垄断实验中出现重叠。

　　值得注意的是，环境 E_1 是理论的点线区域中最简单的结构性环境，从这一意义上来说它是一个特例。这提出了一个很常见的对于实验室实验的反对意见，即它们"过于简单"。但是，如果在简单情形中某个理论在其区域内被拒绝了，而且假如这一结果并不是错误的程序或者激励而是人为造成的话，则表明其存在一个非常严重的瑕疵。

　　在理论检验之后紧跟着两个相关的实验类型。如果在简单的情形中产生了理论的预测水平，那么会很自然地考虑对其进行压力检验，即在更为复杂的情形中检验理论的表现。例如，I_1 在环境 E_2 的检验（没有表示出来）表示仍然处于理论区域内的一个压力检验。但是正如 Smith（1989，p.152）所指出的，"在理论假设的区域内对其进行检验是枯燥无味的，除非它们是将理论应用区域扩展到现场环境的研究计划的一部分。"最后，研究者将在理论区域之外的环境中检验其表现，正如图

9—1 中标记为 ST 的点所表明的。

理论检验和压力检验之间的关系并不一直是单向的。实验可能事实上是在理论区域之外开始的，例如点 ST。例如，第 5 章所讨论的所有共同价值拍卖实验涉及的被试，其风险态度都没有通过一个风险中性的预检验或者一个彩票—票据引导程序进行控制。因而，对于被用来产生行为预测的风险中性的竞标者来说，检验是在理论区域之外进行的。这样的检验不能证伪一个理论，因为这一理论的明显失灵可追溯为辅助假设的违背。这一类型的失灵在事后对其进行责备往往比在事前对其进行预期更为容易，因为最终被证明是非常关键的假设可能在初期被忽略或者被视为不重要。不管结果如何，紧跟在理论区域之后的检验通常是必要的。

当一个理论在其区域内明显地失败了，那么对其进行一个成分检验是合适的。这一类型的实验通过分离理论的一些组成成分或者假设条件，从而识别出这一理论失灵的原因。例如，在图 9—1 中标示为 CT 的点是一个环境的比较（$E1$ 与 $E2$ 相比），但它是一个比 $I1$ 或 $I2$ 还简单的制度。这类似于在结构性的谈判实验中所使用的实验局序列：在最后通牒实验中，被试无法成功地得到整个饼，这刺激了更为简单的最后通牒实验的使用，因为它可消除一个要价被拒绝的风险。同理，人们可能考虑诸如 CT′ 的成分检验，它与理论检验 TT 有相同的制度，但是它有更简单的环境（例如，在 10 期序列中无法观察到很快的和完全的搭便车行为之后，进行单期"陌生人"公共产品实验）。成分检验的价值取决于它识别问题中能起作用或者不能起作用的理论成分的能力。[①]

并非所有的实验都是在一个具体理论下进行的。例如，Miller and Plott（1985）信号市场实验的被试并不知道其他人的偏好和成本，而且它们所知道的比大多数信号行为理论所假设的更少。另一个例子是来自 Plott and Wilde（1982，p. 76）对专业诊断和自我诊断的对比研究："虽然实验是根据一些目的清晰的假设设计的，但是这一设计的其他方面是旨在'撒一个网'，因为……我们正在研究的情形的理论并没有完全发挥作用。"经验上的规律能表示任一具体理论的区域之外的替代性政策或参数变化的效应，而实验有时能对观察或者直觉基础上的假说进行评价。正如第 1 章所表明的，这一过程有时称为"经验规律的摸索"。

---

① 作为一般情形，成分测试往往在另一个（更简单的）理论的定义域内进行检验。例如，对于一个独裁者博弈而言，存在着唯一的纳什均衡预测结果。

这一检验能通过图 9—1 中标记为 SR 的点表示。这一类型的好的评价并不仅仅是猜想的结果。即使实验并不能实现某个具体理论的特定的制度/环境，但是研究者必须对预期的数字模式有一个清楚的事前预期。尽管存在争议，但是这一类型的实验能产生新的理论成果，或者它有助于我们理解那些常常违背了均衡理论研究的动态调整过程。这一类型实验的一个好例子是双向拍卖；正如第 3 章所显示的，这一制度的竞争性趋势已刺激了设计价格调整过程模型的主要理论的努力。

最后一类实验是现场实验，其中某些变量在一个自然发生的过程中被直接控制。一个著名的现场检验的例子（在第 5 章提到）是 20 世纪 70 年代早期使用竞争性的、相同价值拍卖出售美国短期国库券的 6 个拍卖。一个现场实验是图 9—1 区域中的"自然经济过程"，它可通过标记为 FT 的用交叉平行线所画出的阴影部分表示。然而，现场环境所增加的现实性存在一些成本。首先，现场实验往往极其昂贵，既包括组织和计划成本，也包括打乱正常经济行为的真实成本。其次，许多关键的环境因素可能并不能很好地控制，而这些因素可能随着一个实验局进行的时间或地点的变化而变化。例如，在相同价格和歧视性价格的短期国库券拍卖中，交替周内所获得的收益的比较，需要分析影响利息率的经济因素的每周变化。为了表示这一相对不受控制的环境区域，标示为 FT 的两个实验局用细长的交叉平行线所画出的区域表示。

实验方法和非实验方法之间的关系

理论学家往往质疑在 ST 或 FT 设计的实验的有用性，但是这几对点应该被视为落入理论的阴影区域。[①]如果一个理论预测在（点线围成的正方形）理论区域中制度 $I2$ 的价格比在 $I1$ 中的价格要高，那么在 ST 或者 FT 的相互矛盾的价格模式将不会与理论的行为假设相矛盾。但是这样的一个相互矛盾的证据并不表明理论已经忽略了关键性的环境变量。采取措施之后，这样的压力测试可视为遗漏或者抽象等理论错误的识别过程的一部分。

即使是对于在理论区域内的点处所获得的矛盾的实验证据的解释，一些理论学家还是持质疑的态度。这一批评可以用较浅显的语句转述

---

① 检验和理论的定义域之间的关系，有时并不像图 9—1 所表明的那么清晰。理论的定义域往往是模棱两可的。例如，作为压力测试或者理论测试对象一个具体实验的分类，取决于这一理论是否被视为包含那些显著变量的任何变化。

为："如果你已经正确地引导理论的所有元素，那么证据将不会是矛盾的，因为理论在逻辑上是正确的。"这一反应遗漏了理论检验的要点；TT 的目的确实是引导出理论的结构性（制度和环境）的假设，但是并非引导诸如非合性行为和贝叶斯信息处理过程的行为假设。如果所有的行为假设是实验中的"硬接线"，那么被试将被迫做出具体的决策。①即使人类被试会出现，但这一结果是模拟的，而非实验的。一个模拟主要是对于具体参数数值的经济结果的数字计算。对于太复杂而无法分析性求解的模型，这一技术有助于产生结果。②然而，模拟没能提供行为假设的精确性的任何信息。

最后，考虑实验和计量研究之间的关系。在传统的计量分析中，制度因素往往被忽略，因为有制度的自然实验是寥寥可数的，所以分析随着环境复杂性的维度而崩溃。此外，计量分析需要大量的辅助假设，同时许多关键变量的度量都有误差，这一误差能够形成比 FT 点的交叉平行线画出的阴影所显示的更少控制的情形。基于这一理论，在计量分析的基础上令人信服地拒绝理论是很少有的。与使用自然数据的另一个差异是，当允许其他因素变化时，所观察到的点并不与一些控制因素所在的点相匹配；即关键变量不能够互不相关地变化。计量技术确实已经发展到了一个很高的程度，直到现在，经济学家仍未考虑控制的实验。计量分析中出现了有关控制和度量问题的许多非常高深的技术，而标准计量方法的有用性则反映在基于非实验数据的经验研究在数量上的优势。例如，当有随机决策误差时，计量分析用于研究实验数据也很有用。实验和标准计量方法之间的互补性值得强调，研究者应当选择对于手头具体问题最好的方法或者混合的方法。

总的来说，存在许多不同类型的实验：理论检验在一个理论区域内严格地评价表现。如果在简单的环境中会产生理论的预测结果，那么压力检验能用于检验理论应用的局限。但是如果理论不起作用，更为简单的成分检验有助于精确地诊断故障在什么地方发生。即使是在具体理论条件缺失的情况下，实验同时也可用于确认预期的行为规律。这一经验规律搜寻的类型能辅助形成新的理论。在一些例子中，现场实验是在自然过程区域内进行的。这一检验可能是代价昂贵的，也可能缺乏大量的

---

① 有时为了得到行为的其他方面的清楚情况，对行为的某些方面进行引导是有用的。

② Hoffman，Marsden，and Whinston（1986，1990）讨论了连接实验、模拟和计量技术的程序。

控制变量，但是这些不足会被在自然实验中做出直接观察值的有用性所超越。最后，那些为了解释从丰富的但未受控制的自然实验中获得的观察数据而发展起来的计量方法，也能被用于实验数据的分析中。

9.4　实验设计

一个实验设计具体化了实验局结构（例如，图 9—1 中各点位置的关系）和其他因素，例如实验局的顺序和观察值的数量。随着这一领域的成熟，设计话题变得越来越重要。许多论文（包括我们自己的）已经依赖于相对简单的实验设计和统计技术。这些程序已经被普遍地接受，可能是因为到目前为止实验理论的主要争议并没有涉及设计和数据分析的话题。相反，信息和激励的话题（显著性、风险态度的引导、私密、匿名等）中已经出现了大规模的方法论争议，而且许多早期实验都涉及反例（比如，"柠檬市场"结果是可能的）。超出某些特定现象的可能性之外，进行更大范围的讨论，需要对设计和数据分析给予更仔细的关注。另外，对设计决策的一些事前关注，能够强化在所产生的数据基础上给出的结论。在这一节中讨论的是实验设计，而关于具体统计检验的一些话题将推迟至随后一节。为了追随这一重要（但是相当乏味）话题的一般研究方法，我们从具体例子的角度进行讨论。

实验设计和统计方法

一些实验的最优设计主要取决于怎样对数据进行分析。任何一个学习了基础性统计课程的人都知道，数据分析的进行通常需要构建一个统计模型，其中包含一个研究假说、一个原假设和一个能决定原假设将在何时被拒绝的决策规则。研究假说是对所感兴趣的问题的具体断言。它是通过这样一个原假设进行评价的：即这一断言没有被观察到。如果结果落入拒绝的区域，或者充分违背了原假设所预期的结果，那么就可以拒绝原假设并支持研究假说。数量模型必须精确到足以识别出概率上的一个拒绝区域，并且允许计算出如果原假设为真时，所能产生的观察数据的概率。

为了看清数理统计和实验设计的关系，举一个例子是有启迪作用的。考虑这样一个研究假设，即交流将增加一个公共产品供给的自然捐赠水平。原假设是交流没有影响。充分高的捐赠比例将有充分的理由拒

绝原假设。实验设计要求识别出原假设的参照点和实验局（交流）条件下的行为，并且能指定足够多的观察值以在某一个置信区间上得到结论。在这一情形中，假设每一个数据点是不同被试群体的一个平均捐赠水平。一个明显的实验设计涉及两个实验局：一个控制组或基准组，其中捐赠决策是在没有交流的情形下做出的；以及一个交流实验局，其中捐赠决策是在对意图捐赠水平进行讨论（没有约束力）之后做出的。在这一设计当中，研究假设能通过比较有交流和没有交流条件下的捐赠比例而进行评价。

许多实验涉及控制实验局和研究实验局。即使是仅仅用于证明某一现象的可能性的"反例"实验，如果其是从现象不会出现的基准回合出发进行考虑，也会更有吸引力。在这一情形中，与相关基准组进行比较，表明现象只是经济上相关变量的一个结果，而不是某一些奇怪程序的特征。例如，如果在没有交流的条件下只能观察到搭便车现象，而当交流存在时，有可能观察到合作而非搭便车行为，那么这一证据将更令人信服。

更令人信服的证明需要在多个独立的用不同被试群体进行的实验中观察交流的效应。在多个观察值下，从数据中预期到的变动性就出现了一个统计问题。即使是实验局没有效应，人们可能预期捐赠水平在不同群体中可能会有一些不同，因此除非意外，平均捐赠水平对于不同的实验局将是不相等的。问题是推断在捐赠水平上所观察到的差别是否足够大，从而可使研究者得出原假设是错误的结论。这一统计推断问题的本质将在下一节进行讨论，同时特别强调非参数统计，即统计模型并不对观察值的分布（诸如正态性）做出具体的参数假设。在此得出的要点是，一个好的实验设计往往能提供原假设是与实验的初始研究假设相矛盾的清楚证据。尽管成对的实验局往往是合意的，但是并非所有实验都必须涉及一个基准组和一个单一的研究实验局。我们将在下一节讨论三种不同的研究设计。

单一实验局设计

最简单的实验设计与图9—1中的单个点相对应，即存在实验局变量的单一结构。如果唯一的目标是为了比较所观察的行为与理论的预测结果，那么单个点的实验设计可能是合适的。例如，实验局可能是第4章附录中所讨论的市场势力实验设计的两卖者的明码标价拍卖。在混合策略均衡中，价格随机确定，因而每期都是不同的。统计的问题是为了推断在何时所观察的价格会如此极端以至它们不太可能是由理论的分布而产生的。在这一类型的单点设计中，原假设往往是拟合优度检验的基础，而这种检验是用于确定所观察的数据是否与理论的分布相匹配。在当前情形中，原假设是：所观察的价格是从理论的混合分布中抽取出来的。备择假设是发散的，并且包括原假设之外的所有价格分布。

单点设计的第二个例子能使我们更清楚地理解拟合优度检验之下的直觉，以及在实验中做出相关统计性推断所必需的观察值的数量。考虑第 2 章中所描述的对称的两人性别博弈的变化版本，在那当中混合策略均衡涉及用 1/2 的概率选择每一决策（而非 1/3 和 2/3）。明显的原假设是：参与者用 1/2 的概率随机化（例如，均值为 1/2 的二元分布的观察值）。备择假设是发散的，即概率是除了 1/2 之外的任何概率。

假设实验只由四个被试组成，每个被试做出单一决策 H 或 T。为确定报酬水平，被试的决策是匿名配对的。在原假设条件下，四个决策的每一个都有 H 或 T 的同等概率。通过对被试从 1 到 4 进行编号并按顺序列示他们的决策，看似有 6 种可能的样本结果。

得到 4 个 H 的 1 种方法：$HHHH$；

得到 3 个 H 的 4 种方法：$HHHT$，$HHTH$，$HTHH$，$THHH$；

得到 2 个 H 的 6 种方法：$HHTT$，$HTTH$，$TTHH$，$THHT$，$THTH$，$HTHT$；

得到 1 个 H 的 4 种方法：$TTTH$，$TTHT$，$THTT$，$HTTT$；

得到 0 个 H 的 1 种方法：$TTTT$。

在原假设下 16 种结果的每一种均有相等的可能性，其概率为 1/16（=0.062 5）。如果结果充分地违背 H 和 T 选择的均等混合，则拒绝原假设。值得强调的是，并不存在着能证明原假设是错误的样本：当原假设为真的时候，即使是包含 4 个 H 观察值的极值样本发生的概率也只有 1/16。而且，在给定数量的数据基础之上，我们所能得出的结论是有确定性的限度的。例如，假设人们认为 95% 的显著性水平是合适的（比如，如果原假设为真，那么由观察值所组成的拒绝区域将只有 5% 的机会）。已知 4 个观察值，那么不可能拒绝一个原假设，因为即使是一个最为极端的观察值（比如包含 4 个 H 的样本），也能以 0.062 5 的概率观察到。但是通过增加样本的规模，可以获得更为极端的观察值和

更为适中的可能性。

拟合优度检验的结果应当仔细地进行解释。首先，注意到原假设的一个拒绝只是证明了参与者并不依据理论的混合分布进行随机化的结论。这是一个相当薄弱的论断，因为替代性的分布可能是多种多样的。如果无法同时拒绝这一假设：即被试在使用一些特定的感兴趣的替代性分布，那么我们就可以对实际上被试所使用的混合分布做出更强的推断。其次，即使无法拒绝原假设，研究者也不应当被诱惑而接受这一情形中的随机化假设。例如，可能存在这样的情形，即在任何一个对称的性别博弈中，即使理论预测会随着参数而变化，但被试还是用相等的概率进行混合。这一推断将可通过第二个设计进行评价，比如，在一个对称博弈对中，混合均衡是非对称的，涉及的概率是 1/3 和 2/3。

一般而言，单点设计遗留了许多未解决的问题。例如，是不是由于出现了未预料到的噪音因素使得行为违背了理论预测水平，从而使它无法拒绝一个理论？或者相反，是不是一些程序上的偏差导致了这一结果被拒绝，即在第二个诊断性的实验局中出现的效应？这些是第 1 章中所讨论的校准话题。校准所需要的两点设计的类型，将在下面进行讨论。

配对实验局设计

使用匹配成对的实验局可以产生更强的灵活性。这一类型的实验可用于评价理论的相对静态性质，或者是一个政策变量变化的效应。例如，在图 9—1 匹配的 CT 点，保持制度不变而使得环境变化（例如，在一个明码标价市场中重新分配生产能力以形成市场势力）。另外一个重复遇到的设计是诸如 TT 那样的配对，它保持环境不变而使得制度变化（例如，在同样的非对称租金设计中的双向拍卖和明码标价拍卖的比较）。在此，原假设是实验局变量的变化不会产生效应；即在每一实验局所获得的观察值是从同样的分布中独立抽取出来的。

选择一个控制性实验局并以此作为比较的基础，是好的实验设计中一个重要的但也往往被忽视的因素。例如，在囚徒困境博弈中，如果在没有交流条件的基准回合中没有足够高的背叛动机以产生纳什均衡结果，那么即使是在事前交流之后的很高的合作行为比率也是相当无趣的。如果能产生稳定的行为，那么一个基准实验局就提供了一个更好的比较基础。

一个简单的两点设计允许人们分离单一实验局变量的效应，正是基于这一理由，它往往最为有用。正如下面所讨论的，更复杂的多个实验局设计有时也是有正当理由的。但是作为一个普遍的规则，人们偏好的是精简的设计。通过使用太多方法改变太多变量，我们试图从太多角度来看待某一问题，这就是诱惑。当初始实验没有产生预期的数据时，这一诱惑会特别强烈。要记住的最重要的事情是，从任何一个给定的数据集中只可能学到有限的东西，而如果同时变化太多，所学得的任何东西都是不准确的。

例如，假设在图 9—1 所使用的两个实验局是（$E1$，$I1$）和（$E2$，$I2$）。换言之，制度和环境是同时变化的。这一设计是不完全的，因为任何一个观察到的行为上的差异，既可以归结为制度上的变化，也可归因于环境的变化。一个完全的设计应当分离出这两个变量的效应（通过在实验局变量的总共 4 个组合中研究行为）。虽然不完全设计的劣势是明显的，但人们可能发现理论上有许多例子，其中实验局在多个维度上不同于基准组。研究者往往认为其中一个变量变化是不必要的，例如，在一个实验局中支付 10 美元的固定费用（在那当中很大的损失是可能的），但是在另一个实验局中则没有固定支付（在那当中很大的损失是不可能的）。问题是其他研究者可能不认为第二个变化是中性的。专攻于实验设计话题的统计学家的共同反应是，在经济实验中从一个实验局到另一个实验局的过程中变化的东西太多。[1]相关的批评是：假定为中性的、"噪音"变量改变形成了大量不同的实验局，而每个实验局只有少量观察值。

但是，人们不能机械地固守实验，必须改变单一变量的这一规则。在一些例子当中，理论预测的变化要求同时操纵几个变量。考虑在实验者的控制下有两个变量 X 和 Y 的情形。这些变量的值确定了在图 9—2 底部的一点。这些可能是任何一个环境和/或者制度的变量。假设所感兴趣的是两个替代性理论，而且这些理论的预测行为可在垂直维度上画出。例如，垂直维度可能代表平均价格预测水平。然后，一个自然的设计是从基准组开始的，诸如（$X1$，$Y1$），并且同时变化 X 和 Y 以使得其中一个理论的预测结果是不变的，但是另一个理论的预测结果是明显不同的。这一实验设计类型在图 9—2 中通过一个理论的平坦预测（实线）和另一个理论的增长预测（点线）进行表示。

例如，假设我们想要评价当市场供给和需求（因而是竞争性的价格）仍然不变时，引进市场势力的效应。在一个由作者所使用的明码标

---

① 可见 Hinkelmann（1990）的例子。

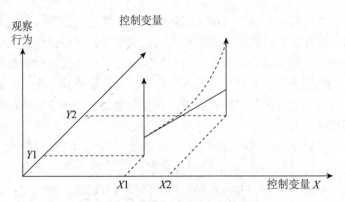

图9—2　检验 *H*0（实线预测结果）和
与此相反的 *H*1（点线预测结果）的实验设计

价实验设计中，如果同时调整大卖者和小卖者的能力，就会产生这一情形。[1]在这一情形中，图9—2同一高度的实线代表竞争性的价格预测水平，它们是不变的；而虚线表示预期价格的增加，它是市场势力非合作性运动的结果。通过寻找一个实验局，如果一个理论的预测结果不变，那么我们就有一个自然的原假设和一个替代性的假设（由第二个理论所预测的变化方向）。

复杂的实验设计和块状化

最后，在一些情形中的多个实验局设计也很有用。如果所感兴趣的实验局变量的区间有大量的可能值，那么这种应用就会出现。例如，假设你怀疑初始出场费用的大小会影响彩票实验的个体选择，而这一变量有10个可能的值（从1美元到10美元）。如果这一实验局变量的理论效应并没有被精确认知，那么就有必要在一系列初始报酬条件下检验彩票选择，并使用标准的回归模型以检验一个显著的关系。

一个多实验局的实验设计也可以建立某一具体的处理效应的稳健性，因为如果它正如预期的那样出现在两个或多个不同情形当中，那么这种效应会更有说服力。它可以通过使用2×2（或更高阶）的因子设计而实现。第5章的例子就是采用措辞和选择方法来确定科斯谈判实验中的"控制者"。在此，两种措辞条件是"获得权利"和"指定的"两种导语术语，而两种选择方法是随机选择和博弈技能方法。一个多元设

---

① 在附录 A4.2 中概述了这一实验。

计提供了实验局变量效应的普遍性信息，这种设计也可用于表明互动效应。[①]在没有处理效应的原假设下，对于所有实验局单元（在 2×2 设计中是 4）的观察值，都假定它们是从同样分布中独立抽取出来的。原假设的数据分析允许同时研究多个研究假设，例如，要么是导语的措辞，要么是选择的方法，或者是这些实验局变量的某一组合影响了行为。

在单个实验中调查多元研究问题的能力是很有诱惑力的。然而，值得一提的是，当实验局变量能够正交地变化（正如谈判博弈例子）时，实验局单元的数量会随着实验局维度数量的增加而激增。例如，考虑双寡头实验，如果研究者想要评价从明码标价到双向拍卖的交易制度的影响效应，那么只有两个实验局单元是必要的。扩展研究的范围，可以包含无约束力交流的评价，它需要 4（$=2^2$）个必要的单元，每个可能的交易制度/交流组合各一个。第三个独立的实验局变量，比如出现或者没有出现市场势力，将会使实验局单元的数量增加至 8（$=2^3$）。对于既定的研究预算，一个野心太大的研究者会迅速地减少每一实验局单元的观察值数目，以至于在实验中没有获得任何令人感兴趣的东西。

噪音变量的出现会使问题翻倍，它可能影响行为，然而并不是研究的主要目的。当两个大学的作者进行联合研究时，就产生了一个常见的例子。如果怀疑两所机构的被试存在差异，那么把来自同一所学校的群体分入一个实验局，而把另一所学校的群体分入另一个实验局，这种做法将会是一个严重的错误。这一问题的最为直观的解决方法是使用一个完全的、平衡的块状；即在每一地点用相等的次数复制每一实验局。[②]当经验和/或者顺序效应也是可能的时候，块状化也很有用。正如第 1 章所提及的，不可能对每一噪音变量进行限制，那么在这一情形中可以使用随机化。例如，随机地选择一名被试作为双向拍卖专利回合的垄断者，因为其他任意的角色分配规则（例如，在回合的到达时间，或自愿者的乐意程度）可能与协商高合约价格的能力相关。应采用的最好规则是在任意块状化不难实现的地方进行块状化，并且随机化可能的噪音变量。研究者可能发现这一规则已成为事后的一个有用的规则，即使在事

---

① 相反，一个忽略了某些处理变量组合的更简单的设计，可以使得人们降低成本，或者在某个单元获得更多的观察值。

② 术语"块状化"出现在农场实验的情形中，其中主要的兴趣在于一个主要的处理变量，诸如肥料的类型，但是许多噪音变量诸如土地、光照以及蚊虫也会影响农作物产量。如果有两个主要的处理条件，那么其解决办法是把土地划分成成对相邻的块状并给每一块状随机地分配其中的一个处理条件。

前并不清楚任何一个给定的噪音变量是否会有某种效应。研究者在设计实验局变量的结构时，也应该仔细地考虑可能的噪音变量，因为在完全的因子设计中，每一个二元块状将以因子2增加实验局单元的数量。

当存在大量的噪音变量时，通过使用局部块状化设计有可能精简每一单元的观察值数量，诸如拉丁方和/或格子程序。[1]这样的程序减少了必要的实验局单元的数量，如果噪音变量/实验局组合的数量相对于可行观察值的数量较大的时候，这样的程序会特别有用。这一情形往往出现在农业经济学中。例如，假设最感兴趣的是4个种子实验局，而第二个感兴趣的是4块地和4种收割机器的效应。总的来算，就有64种组合。噪音变量（收割机器和地点）产生了4×4表格，而拉丁方设计是以这样的方式具体化，即4种种子的每一种将只会被精确地一次性用于每一行（机器）和每一列（地点）当中。这是一个局部块状化，只使用了64种中的16种，但是这一方法在忽略单元的过程中保证了平衡。局部块状的这些类型很少应用于经济学实验，可能是因为只有很少变量被普遍认为是噪音变量。然而，如果进一步的研究识别出更多噪音数量，那么局部块状设计也可能变得更为普遍。

理论所忽视的（因而也与理论不相关）一些变量可被视为噪音变量之外的其他因素。特定博弈的非合作性均衡条件（例如，在囚徒困境中单一的帕累托占优纳什均衡）往往对报酬变量的程度施加很少的约束条件。为了使均衡有某种推断能力，很明显报酬变量必须超过某些认知的门槛，但是参数空间往往是巨大的，因而对所有的（或者即使是很广泛的）可能参数组合进行考虑是不切实际的。实际上，研究者往往进行实验回合以努力地识别出能产生理论所预测行为的参数的基准组合。之后，通过参照开始时已形成的基准组中的表现，就可以对实验局变量的效应进行检验。意识到这一点很重要，即进行这一实验回合类型的过程明显地限制了从某一具体实验中得出的结论的一般性：随着研究者不得不更艰难地花更长时间来寻找合适的基准参数的组合，这一处理效应的普遍性已经变得越来越可疑。[2] Roth（1990）非常有说服力地认为，作者应当讨论实验回合（可在注释中）以给读者一些可感知的具体化结果，并且帮助其形成一些直觉：即什么因素会影响数据模式。我们同意

---

① 可见 Box, Hunter, and Hunter（1978）对于拉丁方和其他局部块状化设计的更为全面的描述。

② 一个争议性不那么强的实验回合的使用，是进行初始回合，以确保所使用的设计并不存在意想之外的程序问题。这一过程在第1章中讨论过。

这一观察结果，但需要补充的是，一个合适的基准组的研究往往对于它自己来说是一个有趣的重要研究问题。

总的来说，我们已经考虑了三种实验类型：单一实验局设计，双实验局的设计，以及多实验局设计。研究者往往会避免单一实验局设计，除非之前有类似设计的实验能提供合适的校准。在许多例子当中，双实验局设计是最受欢迎的：这是允许分离单个实验局变量效应的最简单的方式。更丰富的、多个实验局设计允许检验几个变量的效应，或者是单一变量的梯度效应。然而，实验局变量的增加会很快地对给定的数据施加太多约束，从而使得研究者很难从实验当中得出任何结论。[1]

如果使用的是多个实验局，那么设计实验以使得能单独对每一实验局的效应进行研究（例如，使用一个完全的实验设计）通常是一个好主意。当决定对一个实验总共进行多少次时，在每一单元安排同样的观察值数量是很重要的。当使用小样本时，涉及两个或多个样本的统计检验的有效性，主要受到每一样本观察值数量的影响。合适的设计往往部分地由资金的可得性所决定。如果看起来研究基金只允许在每一单元产生少量观察值，那么研究者可能想选择更为简单的设计。另一方面，如果预期实验局会呈现出动态效应，那么相对少量的观察值将是做出强有力的统计推断的必要条件。

9.5 经济学实验数据的统计分析

一个令人满意的实验设计，需要识别出支持或者不支持所感兴趣的假说的各种结果。但是通过考虑用于评价数据的统计检验的结构，实验设计能得到进一步的改进。许多检验普遍用于实验结果的分析当中。每一情形下的合适检验依赖于：（1）数据类型（二元、离散或连续）；（2）样本的性质（匹配或独立的观察值）；和（3）统计假说的结构（关于单个参数、多个参数，或者整个分布）。有关这些检验的好的描述在许多标准参考书中都可获得，我们强烈建议读者在设计实验和分析结果的时候查询这些资源。[2]作为改善实验设计的一种方法，在此对统计检验进

① Eckel and Johnson（1990）列举了许多相关的例子。

② 例如，可见 Box, Hunter, and Hunter（1978），Conover（1980），DeGroot（1975），Siegel（1956），以及 Siegel and Castellan（1988）。

行一般讨论是有用的。因为实验设计的方式主要影响了能从结果中所得出的论断，所以统计分析的一些事前考虑能显著地增加从一个实验中可能学到的东西。

任何统计检验都是建立在数据性质的具体假设基础上的。首先，事实上所有的检验，都要求观察值应当独立地从一个概率分布中抽取出来。参数检验对潜在分布的具体函数形式做出了更为严格的假设，例如，两个样本均值相等的 t 检验是基于观察值是独立地从正态分布中抽取出来的假设。相反，非参数检验往往基于更弱的假设，例如，观察值是独立地从产生假定数据类型的某一种（未知）分布中独立地抽取出来的，比如一个连续随机变量的实现。

参数和非参数检验均可适用于实验数据。然而，基于许多理由，关注非参数方法是有用的。首先，没有辅助假设使非参数方法更受实验研究者的喜爱，他们通过直接地引导相关程序的参数结构（例如，引导具体的需求和供给函数），避免做出其他辅助假设。误差是正态分布的这一假定是有风险的，特别是当实验数据往往看似呈现出高度的非正态性的时候。[1]非参数方法的第二个优势是，当被试面临着有限和受限的决策期数时，它们在对分类数据进行分析时特别有用，正如在彩票选择和博弈实验中的情形一样。这一结果的差异缺乏任一基数的意义，它也使非参数方法是合适的。最后，许多学生已经熟悉标准的参数检验，但是并不熟悉非参数检验。下面对非参数检验的讨论，能作为被实验经济学家所共同使用的一些非参数经验性技术的介绍。[2]

我们在下面几节讨论具体的统计检验：有关单一实验局实验设计的检验在 9.6 节中讨论，而 9.7 节的主题是使用两个或多个实验局的实验设计的检验。下面这一小节的内容，则考虑对于所有统计检验都共通的独立假设的话题。

观察值的独立性

虽然相对于其他初始数据的收集而言，经济学实验并不是很昂贵，但是实验研究的时间和金钱成本对于一个经济学家来说是很沉重的，特

---

① 可见 Friedman（1988）。非正态性是个体决策实验和市场实验以及博弈数据的共同特征。

② 这一节的许多材料是基于 Siegel（1956）的具有深刻见解的讨论，Siegel and Castellan（1988）对此进行了修正。塞格尔也是前面章节所讨论的有关经典的概率匹配和寡头垄断的作者。

别是更习惯于理论工作的经济学家。涉及相当大群体的参与者回合已经有相当高的固定组织成本（必须预定一个房间，联系参与者，定下最后的设计等），基于这一理由，实验经济学家有动机去尽可能多地产生每一回合的独立观察值。

然而，人们应该小心，不应当夸大从一个实验中所获得的独立观察值的数量。正如在前面章节所提及的，在复杂的、多阶段实验中存在一个持续的诱惑。例如，在双向拍卖中，每一期的收盘价会影响下一期的价格。观察值中的这种短暂的相互作用的极端情形，或者说自相关，发生在重复使用供给和需求箱形实验设计的双向拍卖中。正如在第3章所看到的，价格在这一实验设计中倾向于稳定化，但是在稳定化水平上不同群体的变化很大。从这一意义上来看，每个多期市场只是提供了单个独立的观察值，除非使用合适的面板数据计量方法。变量的相互作用问题也适用于个体选择实验。例如，一个不受控制的财富效应可能影响由单个被试所做出的决策序列。

解决这一问题的共同尝试是在报告不太可能具备独立性的观测值的统计性检验时，用一个提示性的注释限制结果。然而，即使是这一相当直接的方法也并不令人满意，因为读者必须单独地在未引导的直觉基础上调整已给出的概率结果。一个备受欢迎的替代方法是用图形表示结果。虽然图示说明并不能替代统计分析，但是大量的信息能在一张图中令人信服地传达出来，因此基于这一理由，图形表示对于实验经济学家来说是一个强大的工具。一个精致构想并且仔细构建的图示说明结果，能同时传递所预测的和所观察的模式之间的关系，以及观察值之间的非常麻烦的相互作用关系。然而，图例分析只是处理不独立观察值问题的相当不精确的方法。

通过使用更高深的数据分析方法，可能对观察值之间的相互作用进行控制。例如，关于相互作用的观察值的显著假设分析，能通过对非独立观测值仔细地运用特殊的计量方法而实现。当一群被试在一个序列的时期中是相互作用的时候，使用面板数据集的估计方法往往是合适的。尽管这一方法可能最终被证明是非常有用的，但它的劣势在于，重新在结果分析中引进了辅助假设（有关误差项的方差和协方差矩阵）。

最后，观察值之间的相互作用可以通过使用合适的设计而得以避免。然而，如果研究者发现在一群参与者中有必要对每一个被试产生多个观察值以便于学习，那么要获得这一优势就会变得相当困难。然而，对于研究者来说，很可能在单个群体中产生多个观察值，同时维持这些

观察值的独立性。例如，在一些两人博弈中，可以使用一个在每一决策后轮换参与者匹配的相当巧妙的机制，其思想是以如下的方式轮换参与者，即一个群体中的任一个人只与其他人会面一次，并且也不会见到任何与前面的合作者有过任何直接或间接联系的人。这一程序拥有"无传染"的性质，因为它不可能使被试通过博弈进行任何形式的信号传递。[1]如果它能被被试所理解和相信，那么它将会引导一系列单期博弈。但即使是这一程序也不能确保独立性。例如，假设一个被试的行为是如此地与众不同和古怪，以至于它影响了后续所有参与者的行为（比如在最后通牒博弈中拒绝平分）。即使是这一异常的被试并不希望从他或她的行为中获得收益，但是这一被试将与许多（可能全部）其他人进行匹配，因而会扭曲那一群体的每一个其他被试的决策。在这种方式中，把后期观察值视为独立的可能不是合适的方法；在最后时期，异常被试将会扭曲许多或者所有的观察值。

总而言之，在许多实验中独立观察值的数量可能没有刚开始看上去那么多。这一问题是很普遍的，而且它潜在地存在于个体选择和博弈实验以及市场实验中。我们现在并不提倡"扔掉数据"；许多从各期获得的数据可以使用合适的误差结构的计量分析。我们只是想警示这样一种潜在偏误，即学者使用的数据比真实存在的要多（至少是从这一意义上来讲，使用独立的观察值对原假设为真时所能产生的数据的概率做出准确的论述）。如果不顾及实验成本，那么通过重复实验，从方法论上来说，一个纯粹（但是很昂贵）的解总是存在的；仅仅增加了计划观察值而已。

9.6 统计检验：单一实验局设计

现在让我们把独立性的问题搁置一边，考虑在不同类型的实验设计中所能使用的各种检验。许多标准的非参数检验在单一样本情形中更容易进行解释，但是同样的检验也适用于多个实验局的实验设计。基于这一理由，有必要首先引进几个适合研究单一实验局设计的单样本检验。在这些例子中，问题是数据是否与一些理论特定的点预测或者分布一致。

---

① Cooper et al.（1991）首次使用了这一个没有传染的设计。

二项分布检验

当潜在的过程产生二元结果（落入两个可能的类别）时，一个二项分布检验是合适的。例如，在最后一节所描述的性别战博弈中的 H 决策和 L 决策的频率的讨论是二项分布检验的一个非正式呈现。正如混合策略均衡所表示的，原假设是 H 和 L 结果有相同的可能性。所描述的检验本质上是决定下面这种情况发生的可能性：即扔一枚正常的硬币 4 次并且都观察到"正面"的概率。如果这一概率小于某个之前指定的显著性水平，则拒绝相等概率的原假设。这样的一个检验可能适用于任一个二项分布的过程。具体而言，这一概率不一定是 $1/2$。例如，二项分布检验能用于分析第 2 章中性别战博弈的混合均衡结果，它所涉及的概率是 $1/3$ 和 $2/3$。

一般而言，令其中一个结果的概率，比如 H，用 p 表示，那么另一个结果的概率则为 $1-p$。如果获得 N 个独立的结果，那么观察到 X 次 H 结果的准确概率是：

$$\text{在 } N \text{ 次实验中实现 } X \text{ 次的概率} = \frac{N!}{X!(N-X)!}p^X(1-p)^{N-X}$$

$$(9.1)$$

其中"!"表示连乘因子：$N! = (N)(N-1)(N-2)\cdots 1$，并且定义 $0! = 1$。例如，如果 H 的概率是 0.5，那么（9.1）式意味着在 4 次实验中观察到 4 次 H 决策的概率是 $1/16$，计算为 $(4!/4!0!)(1/2)^4(1/2)^0 = 1/16$。基于（9.1）式基础上的这一计算是与前一节所观察到的 $HHHH$ 是 16 个结果中的一个相一致的，后者在原假设条件下是 16 个结果有相同的可能性。

在统计检验中，原假设是通过计算一个统计检验的值，或者所观察数据的一个概述性度量而进行评价的。统计检验的实际值与原假设为真时可能值的（样本）分布可相互比较。如果检验落在一个"合理"的结果区间之外，或者落在了一个拒绝的区域，则拒绝原假设。拒绝的区域通过一个前定的显著性水平 α 进行确定，它是当原假设为真时，观察到某一特定结果（或者一些更为极端的值）的可能性。更小的 α 值意味着更为保守的检验，因为它们与不正确地拒绝原假设的更小可能性相对应。对于二项分布检验，原假设是：观察值是从其中一个结果（实现一次）以潜在概率 p 发生的二项分布过程中抽取出来的。检验

统计量是总回合 N 中实现的次数（X）。当原假设为真时，如果 X 的概率（或者更为极端的某些值）位于显著性水平之下，则拒绝原假设。

细心的读者可能已对最后一个括号中的短语"或者更为极端的某些值"进行了思考。一个例子可能解释清楚它的含义。假设我们观察到在相对安全的彩票 S 和相对风险性的彩票 R 之间做出独立的彩票选择决策的 6 个个体。每个彩票都有同样的期望值，而且原假设是无差异的，即 S 被选择的概率为 $1/2$。假设出于讨论的意图，替代性的假说为 S 被选择的概率不等于 $1/2$，即这一概率要么大于 $1/2$，要么小于 $1/2$。在观察到这一数据时，研究者将具体化一个显著性水平，比如说 $\alpha = 0.05$，它识别出了为了拒绝原假设所观察的统计检验应该是怎样一个不可能情形。给定这一显著性水平和样本规模 $N = 6$，我们能确定拒绝区域。为此我们使用（9.1）式和 $1/2$ 的概率具体化原假设以计算观察到确切的 0 个 S 选择、1 个 S 选择、……，6 个 S 选择的概率。这些概率如图 9—3 所示。例如，所观察到的没有 S 选择的概率（扔一枚正常的硬币 6 次，没有出现"正面"）是 $1/64$，但是也有一个结果正好是它的反面，如观察到 6 次 S 选择，它的概率也是同样的 $1/64$。因而当替代假说的方向不明确时，观察到一个极值为 0 或 6 个 S 选择的概率是 $2/64$（接近 0.03）。换句话说，将近 3% 的密度是包含在图 9—3 的分布中的阴影"尾部"，远不及在原假说下的预期数值 3。6 个 S 选择所观察的结果允许在 5% 的显著性水平上拒绝原假设，但并不是在 1% 的水平上。因而替代性假设并没有指明偏离原假设的方向，所以拒绝的区域是图 9—3 中两个阴影的尾部，因而它也被称为双尾检验。

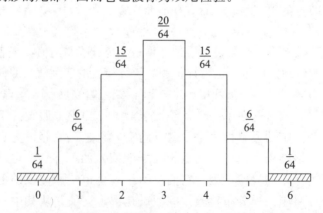

图 9—3 给定 6 个观察值并且 $p_s = 1/2$ 的 S 结果的频率

假设相反的情形，原假设是 S 被选择的概率小于 $1/2$，而替代性假设是安全性的彩票 S 更有可能被选择，即 $p \geqslant 1/2$。并且进一步假设我们观察到 6 个选择的 S。因为替代性假设具体化了一个方向，那么单尾检验是合适的。对于一个前定的 $\alpha = 0.05$ 的显著性水平，拒绝区域将是图 9—3 右边尾部的阴影部分，并且观察到 6 个 S 的选择结果将能够使我们拒绝原假设。[1]如果只观察到 5 个 S 选择结果，则不应该拒绝原假设，因为获得至少是有 5 个 S 选择结果的概率是 7/64（计算是 6 个 S 选择的概率 1/64，加上 5 个 S 选择的概率 6/64），则不应该拒绝原假设。值得注意的是，单尾检验能在相对于双尾检验而言更高的显著性水平上拒绝给定的原假设。例如，给定 6 个 S 选择和一个 $\alpha = 0.02$ 的显著性水平，那么 S 选择和 R 选择都有同样可能性的原假设可由单尾检验拒绝，而双尾检验则不能。然而，重要的是研究者并没有在只是影响置信水平的检验之间进行选择的自由。更为确切地说，合适的检验是由正在研究的问题类型的参数所决定的。

χ^2 检验

在许多实验中有多于两种类型的结果，因而在这种情形中二项分布检验并不适用。这一节考虑分类数据时（正如有限数量决策的博弈情形一样）的拟和优度检验。对于这一情形的一个有用检验是 χ^2（chi-square）检验。在一个特定实验情形中利用这一检验是有启迪作用的。考虑在第 2 章所讨论的由 Van Huyck，Battalio，and Beil（1990）所报告的协调博弈的实验。[2]实验涉及 14～16 个被试，其组织如下：在每一阶段，被试独立地从 1～7 中选择一个数字。在所有决策做出后，告知所选择的最小值。每个参与者的报酬是由他或者她自己的决策，以及所告知的最小值决定的。

正如在第 2 章所提及的，在阶段博弈中有 7 个纳什均衡，每一个对应着一个共同的决策（每个人都选择 1，每个人都选择 2，等等）。这些纳什均衡是帕累托排序的，每一个更高数值的均衡会产生一个更高的报酬水平。70％的参与者的最小均衡报酬是由一个共同决策 1 产生的，并且报酬随着共同决策所选择的数值而增加，对于选择 7 的决策可上升至

---

① 给定这一例子的离散结果，拒绝同样的阴影区域将适用于 $\alpha = 0.015$（1/64）和 $\alpha = 0.085$（7/64）之间的任一显著性水平。

② 读者可能需要回顾一下表 2—7 和图 2—5 的讨论。

每个参与人最大的 130。但是，报酬也是同样构建在风险随着决策数字的增加而上升的情形当中：与均衡决策 1 对应的报酬是无风险的，因为不管其他人做什么它都能实现。每一个更高数字均衡的风险更大，从这种意义上来说，当一些人背叛并且选择了一个更低的数字决策时，参与者面临越来越低的最小报酬。因而，这一实验设计了两个针锋相对的均衡选择标准：帕累托占优和风险规避。

范·海克（Van Huyck）、巴特利奥（Battalio）和贝尔（Beil）在这一实验设计中产生了一个可观的数据集。他们的实验包含 7 个回合。在每个回合中 14～16 人的一群参与者在 10 阶段博弈中做出一个序列的决策。然而，给定每一群人都做出一个序列的决策，个体观察值是明显不相互独立的。为简化，我们把注意力局限于每一回合的第一个阶段的数据，因为没有理由认为这些决策并不是独立的。第一阶段选择的总体数据列示在表 9—1 最上面一行。正如从表 9—1 中可清楚看到的，对 7个回合进行加总，在第一阶段总共有 107 个参与者做出一个决策。

这一实验的单实验局版本，可以相对假说所预测的反应的分布来评价观察到的反应的分布，而这一假说可以是帕累托占优或者风险规避均衡选择，或者是这两个标准均无法组织行为的假设。出于解释的意图，我们使用后者的假设对实验的表现进行评价，即原假说是所有的非合作均衡决策有同样的可能性。

表 9—1　　　　　　　　　协调博弈的一个 χ^2 检验数据

	决策							
	1	2	3	4	5	6	7	合计
观察到 ♯ 的观察值 (O_i)	2	5	5	18	34	10	33	107
预期 ♯ 的观察值 ($E_i = 107/7$)	15.3	15.3	15.3	15.3	15.3	15.3	15.3	
$(Q_i - E_i)^2/E_i$	11.6	6.9	6.9	0.5	22.9	1.8	20.5	71.1

资料来源：Van Huyck, Battalio, and Beil (1990).

χ^2 检验是基于每一类 i 下所观察到的结果数量 O_i 和在原假设预期下的数值 E_i 的差异的比较。这一检验的潜在直觉是：如果反应的分布与原假设所认定的反应分布差距足够大，则必须拒绝原假设。在这一情形中 107 个选择在原假设下是在 7 个选择类别中平均划分，因此每一类别中将有 $107/7 = 15.3$ 个观察值，正如表 9—1 的第二行所示。在上面一行所观察到的决策的数目明显不同于在第二行中所预期的数目。统计

检验用 χ^2 表示，是通过每个差的平方除以每一类别中预期观察值的数目 E_i，再对每个类别进行加总而得到：

$$\chi^2 = \sum_i \frac{(O_i - E_i)^2}{E_i} \tag{9.2}$$

这一检验有一个自由度等于类别数目减去 1 的近似的 χ^2 分布。[1]如果在每一单元所观察到的观察值的数目与所预测的结果存在很大差异，那么将会拒绝原假设：例如，如果检验统计量的值足够大。同样值得注意的是，差分平方的总和往往会随着观察值的数量而增加，因此为维持一个不变的 α 显著性水平，统计检验的临界值（它确定了拒绝的区域）也将会随着样本量的增加而增加。

一旦计算出了统计检验，在标准参考分布中可获得的统计表格将能确定任何一个所需要的显著性水平的拒绝区域。在我们的样本当中，有 7 种类别，因此自由度为 6。使用 0.01 的显著性水平，所对应的数字为 16.81。对于表 9—1 的数据，最下面一行表明，当加总时会得到 71.1 的一个 χ^2 统计量。因为 χ^2 表格的 16.81 小于所计算的 71.1 的统计量，所以能够拒绝相等概率的原假设。

χ^2 检验是非常普遍的，因为它计算简便，所以也可用于分析任何一个类别数量的数据。然而，这一检验有一些局限性。具体而言，它不能用于小样本规模和每一单元只有很少预期观察值的情形中。[2]增加每一单元观察值数量的一种方法是合并单元，但是这样做会忽视某些数据结构，从而使得检验更不敏感。例如，假设决策 1 有 60 个观察值，决策 7 有 47 个观察值。正如所预期的，这一极值的模式将会产生一个很大的 χ^2 统计量，因而将再次拒绝原假设。但是，假如研究者已把决策划分为两类：决策 1～4 和决策 5～7。在 7 个决策的每一个都具有相同可能性的原假设条件下，可以预期到，在低决策类别中将有 $(4/7) \times 107 = 61.1$ 个观察值，而在高决策类别中将有 $(3/7) \times 107 = 45.9$ 个观察值。这些观察值的数目与观察值所观测到的数目接近（60 和 47），因而可以很直观地表明原假设在任何一个传统的置信水平上将不会被拒绝。这一假设的例子解释了合并单元的危险；在合并之前会被明显拒绝的原假设

---

① 紧跟着的自由度这一数值，是因为知道总的观察值数目和总共的数目，但是其中的一个单元唯一地确定了剩余单元的数目。

② 具体而言，普遍的建议是样本应该足够大，从而使得预期的频率对于高比例的单元至少为 5。更详细的细节，可见前面已提及的几本统计参考书。

在合并之后将不会被拒绝。

通过把观察值划分为既定数目的类别，χ^2 检验也可用于分析数值数据（比如在市场实验中的定价决策）。然而，正如已解释的理由，把发生在一个精细格子里的结果压缩成一个粗糙的格子，必然会无法利用一些可获得的信息。我们下面考虑一个样本数值检验，它可利用所有的可获得信息。

柯尔莫可洛夫-斯米洛夫检验

当数据是数值型时，一个替代的方法是比较所观察的累积分布函数的预期值。柯尔莫可洛夫-斯米洛夫检验（Kolmogorov-Smirnov test，以下简称 K−S 检验）就是采用这一方法的很强的拟合优度检验。例如，这一检验已用于比较所观察的价格分布和由市场势力形成的混合策略均衡结果的理论分布。[1]在这一情形中，χ^2 检验将会失去信息，因为存在许多比实际价格观察值还要多的可能性价格，而且用很宽的价格分类（0.00～0.50 美元，0.50～1.00 美元，等等）进行分析将会使得检验不太敏感。

K−S 检验就是基于这一直觉，如果所观察到的实验结果的分布接近于理论的分布，那么观察数值（例如价格）的累积频率分布应当接近于原假设所认为的累积分布 $F(X)$。[2]例如，假设有 N 个独立的观察值，并且对于每个 X，令 $S(X)$ 表示小于或等于观察值 X 的比例。那么在给定的 X 值上的理论分布和所观察到的分布之间的差距，可通过 $F(X)-S(X)$ 的绝对值进行度量。检验统计量是最大化这一差距的 D 值：

$$D = \text{Max} \mid F(X) - S(X) \mid \qquad (9.3)$$

更高的 D 值表明了所观察到的分布不同于理论上的分布。如果 D 值超过了由样本规模 N 和显著性水平 α 所确定的临界值水平，则拒绝原假设。我们能使用单样本检验的 K−S 表格以确定拒绝的区域。

---

① 可见 Davis and Holt（1991）或者 Kruse et al.（1990）。

② 理论上的分布是假设为连续的，但如果检验是离散的也同样适用。在这一情形中，这一检验是保守的；在假定为连续分布的统计表格基础上拒绝了原假设，那么原假设是正确的概率甚至小于表格所提供的显著性水平（Siegel，1956，p.59；Siegel and Castellan，1988，pp.71-72）。对于理论分布是离散的而且样本规模很小的准确临界值的计算，可见 Conover（1980，pp.350-352）。

一个简单的例子可以解释相关计算。让我们考虑表 9—1 上面一行数据是由每一决策具有相同概率的分布所产生的原假设。这些数据是分类的，但它适用于讨论所反应的累积性分布，因为决策的顺序有所不同（例如，1 的决策是低于 2 的决策的报酬，等等）。因为有 7 个决策，原假设意味着在每一水平的结果是 1/7，那么在每一决策的密度大约为0.14。理论和所观察的累积频率的差异必须对所有点进行计算，因此，通过使用 (9.3) 式可以发现最大的差距。

这一直觉可在图 9—4 中进行解释。在图中，可能性的选择（用 X表示）列于横轴，而结果的累积性分布则在纵轴上。细的水平线代表由原假设 $F(X)$ 所确定的分布函数的不同数值，而粗的水平线代表所观察到的反应 $S(X)$。统计检验是通过检查所观察到的和所预测的分布函数之间的差距推导出来的，它可用在每一数值处的垂直虚线进行表示。如果这些差距的最大值超过了某个临界值，则拒绝原假设。

累积分布

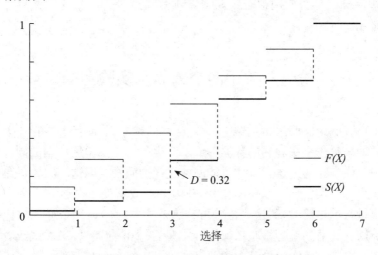

图 9—4 柯尔莫可洛夫-斯米洛夫检验的图示说明

在这一情形中，最大的差距发生在决策 3：小于或等于 3 的观察值有 12 个，对于经验的累积频率为 12/107，它大约为 0.11。理论上的将位于 3 之下决策的累积频率是 3/7（或者大约为 0.43），所产生的一个检验统计量是 $D = 0.43 - 0.11 = 0.32$。对于 $N = 107$ 和 0.01 的显著性水平，临界结果只有 0.16，因而能够拒绝原假设（即所观察到的数据来自有相同概率的一个理论分布）。

小结

拟合检验可用于比较各种数据类型的预测和所观察表现的关系。二项分布检验揭示了在许多非参数检验背后的基本直觉，它可用于比较所观察的和外生确定的比例的二元数据。单样本的 χ^2 检验可用于比较离散分类的预期和所观察的观察值的数目。柯尔莫可洛夫-斯米洛夫检验（K−S检验）可用于比较理论上和所观察到的累积频率的分布。根据应用的情形，仍然有其他有用的检验。具体而言，在一些情形中研究者可能想要确定数据是否随机产生，或者它们是否遵循某一模式。例如，考虑一个明码标价实验设计，在那当中唯一的非合作均衡预测涉及卖者的随机化定价决策。假设卖者事实上选择的价格遵循一个增加与减少此起彼伏的锯齿形模式。即使标示的价格密切地与一个预测的分布相匹配，观察值之间的系列相关将与价格是从分布中独立抽取出来的原假设不一致。游程检验可用于诊断这样的系列相关。游程检验在评价被试是否使用混合策略或者预测误差是否随机化这两个方面特别有用。

9.7 统计检验：关于两个或多个实验局的设计

当有两个实验局的时候，一个自然的检验是基于这样的一个原假设，即来自一个实验局的数据形成了产生另一个实验局数据的同样分布的一个样本。通过这种方式可能回答这样的问题，即这一实验局是否不同于另一个实验局（双尾检验），或者一个政策变量是否好于另一个政策变量（单尾检验）。这些检验可称为双样本检验，每个样本对应一个实验局。合适的统计检验依赖于样本是否"相关"（每一被试或者每一群体受限于块状实验设计中的两个实验局）或者是相互独立的（每一个实验局采用不同的被试或者群体）。

当然，还有许多不同于具体的实验局条件的因素，也能使得经济行为在各个样本之间各不相同。比如，垄断实验中一些群体的人只是比其他人更有合作性。控制群体差异的自然方法是在每一实验局中使用同样的人，这样每一被试或者群体将作为它们自己的控制变量而起作用。然而，在这些例子中，诸如时间或者财富效应的其他实验考虑，将使得用给定群体进行两个实验局的方法变得不适用或者不可取。因而，究竟是使用关联样本还是独立样本，这一决策取决于情境。我们将分别讨论关联样本和独立样本的检验。

两个关联样本：二元或者分类的数据

对两个关联样本的最为简单的检验是针对二元数据，称其为二元数据的原因是结果落在或者是可被认为落在两个可能性类别当中。例如。考虑 Van Huyck，Battalio，and Beil（1990）协调博弈的例子，并假定我们对是否存在学习效应的研究感兴趣。研究的假设是，在最后阶段的决策不同于初始阶段的决策，而原假设是两者没有差异。我们在第一阶段有 7 个观察值，在最后阶段也有匹配的 7 个观察值。如果在一个给定的群体中所有被试的平均决策超过了 3.5 的观察值，则分类为 H，否则就分类为 L。这就产生了一个"之前和之后"的实验设计，它已普遍地用于医疗实验中，可用于评价一个新的疗法。其结果是在第一阶段中 7 个群体中的每一个都被划分为 H，而在最后阶段则为 L，正如表 9—2 括号中的数字所表明的。

表 9—2   匹配的样本、之前和之后检验的一个表格

		之后（阶段 10）	
		L（低）	H（高）
之前 （阶段 1）	L（低）	LL（0）	LH（0）
	H（高）	HL（7）	HH（0）

表 9—2 中的数据是很关键的，而且事实上作者都没有更麻烦地提供任何统计检验来支持决策数字明显地随着时间而下降的结论。但是出于讨论的意图，我们将更为正式地考虑数据的决定性作用。每一单元的数字结果表示在所识别的类别右边的括号中。对于双尾检验的一个自然的原假设是，变化的观察值（从 H 到 L 或者从 L 到 H）在每一个方向上的变化均有相同的可能性。因而，$(HL+LH)/2$ 是 HL 和 LH 的预期数字。检验通过这一方式表达的原假设，我们将忽略没有变化的观察值，即忽略任何 LL 和 HH 的结果。[①]

一个简单的方法是使用二项分布检验。在原假设条件下，所观察到

---

① 一个不同的原假设，即 L 的概率在之前和之后是一样的，将需要使用 HH 和 LL 单元的信息进行计算。

的向下方向的变化（HL）是 0.5，与所观察的向上方向的变化（LH）是一样的。在这一原假设下，使用等式（9.1）可表明获得一个极端程度至少和下面两种情况一样大的结果的概率，是事实上观察到的 7 次实验中没有实现的概率（非 LH），加上 7 次实验中 7 次成功的概率，它为 $(1/2)^7 + (1/2)^7 = 2/128 = 0.016$。因而在双尾检验中可以在 0.02 的显著性水平上拒绝相等概率的原假设。[①]

检验同样原假设的另一种方法，是对这两个单元进行 χ^2 检验。对于括号中的数据，这些单元的每一个的预期频率是 $(7+0)/2 = 3.5$。因而所计算的 χ^2 统计量为 $(7-3.5)^2/3.5 + (0-3.5)^2/3.5 = 3.5 + 3.5 = 7$。由于我们忽略没有发生变化的单元（HH 和 LL），所以只有两个单元，因而只有一个自由度。在这一情形中，χ^2 的统计量为 7 的结果正好在 0.01 显著性水平上显著，因而能在接近于二项分布检验所获得的同样水平上拒绝原假设。[②]在此使用 χ^2 检验只是为了解释说明，因为每一单元的预期观察值的数字小于所建议的水平（为 5）。当每一单元的观察值足够大时，就可以使用多于两种决策类别的关联样本的 χ^2 检验。

当研究违背预期效用理论的模式时，关联样本的检验是特别有价值的。因为如果做出不一致选择的是同样的个体，那么这一违背现象是再清楚不过的。[③]在表 9—3 中提供了这一方法的一个例子。回想第 8 章被试在安全性和风险性彩票之间选择的标准结构，比如 S1 和 R1，然后在第二对安全性和风险性彩票（S2 和 R2）中进行选择。成对彩票构建的结构是这样的：它使所观察到的两个安全性彩票或者两个风险性彩票的选择与预期效用理论一致，但是在一对彩票中选择安全性彩票而在另一对彩票中选择风险性彩票，这是与预期效用理论不一致的。（变换意味

---

① 当二项分布检验用于之前和之后情形中的这一相关样本中时，它有时也称为符号检验。对于当样本很大时使用正态检验类似于二项分布检验的方法细节上的讨论，可见任一个标准的统计参考书，例如 DeGroot（1975）。

② 事实上，检验结果甚至比看上去的更为接近，因为对这一特殊的 χ^2 检验做出一个连续性的小修正是可取的，它将检验的显著性水平减少至 0.02，即在 0.02 而非 0.01 的显著性水平上拒绝原假设。这一 χ^2 检验的变化，在匹配的样本和只有两种可能结果的情形下，有时称为麦克尼马尔检验（McNemar test），这里使用的是一个连续性的修正，因为使用可一个连续的 χ^2 分布去估计从离散的二元数据所推导出的检验统计的样本分布。可见 Siegel（1956，p. 64）的细节内容和参考。

③ 如果样本不是关联的，那么必须通过比较两个独立群体决策以推断不一致性，这里的假设是它们是从同样的总体中抽取出来的。

着在概率三角形中的无差异曲线并不是平行的。）表 9—3 显示了从这一类型实验中所得的数据。实验有 3/4 的被试是在金钱激励条件下做出两对彩票选择。[①] 大约有一半的被试做出的成对决策与预期效用最大化一致，而其余的一半则做出不一致的选择。

表 9—3　　　　　　　　安全性和风险性成对彩票的选择模式

		第二对选择	
		S2	R2
第一对选择	S1	7 （预期效用）	15 （成扇形收敛）
	R1	1 （展开成扇形）	11 （预期效用）

资料来源：Battalio, Kagel, and Jiranyakul (1990, table 3, set 2.1).

首先考虑的问题是，是否存在着不一致选择的一个模式？使用如下论述形式的原假设，即如果存在违背现象，那么（R1，S2）的概率是 1/2，（R2，S1）的概率也为 1/2。值得注意的是，只有 1/16 做出了（R1，S2）的选择模式（它与在概率三角形中展开成扇形的无差异曲线相一致）。这等价于确定地掷一枚正常的硬币而出现一个极端程度至少和下面这种情形一样大的结果的概率，即在 16 次投掷中正面情形只出现一次。这一概率小于 0.01，因而拒绝了原假设。

如果我们评价个体的决策遵循预期效用理论的假说，那么也会出现相关的数据。可以清楚地看到，表 9—3 中的数据并不支持这一假说，因为将近一半的被试做出不一致的选择。然而，如果只观察到一小部分，那么研究者面临着一个更为微妙的评价问题，因为从严格意义上来讲，预期效用理论并不允许不一致性。考虑允许决策误差的可能性的含义是一个方法。例如，Conlisk（1989）假设了一个小数 p 为总体中偏好安全性彩票 S1 和 S2 的比例，而剩下的一部分 $1-p$ 则偏好风险性彩票。然而，每个被试做出决策错误的概率为 ε，因而所偏好的彩票被选择的概率为 $1-\varepsilon$。在这些假设下，如果（1）所选择的被试偏好安全的彩票并做出一个正确的和一个错误的选择，

① 彩票 S1 是（−20 美元，0.74；−14 美元，0.2；0 美元，0.06），彩票 R1 是（−20 美元，0.88；0 美元，0.12）；彩票 S2 是（−14 美元，0.9；0 美元，0.1）和 R2 是（−20 美元，0.63；0 美元，0.37）。

或者（2）所选择的被试偏好风险的彩票并做出一个错误的选择和一个正确的选择，就可观察到（S1，R2）模式。可能性（1）发生的概率为（p）（$1-\varepsilon$）（ε），而可能性（2）发生的概率是（$1-p$）（ε）（$1-\varepsilon$）。这些概率加总为（ε）（$1-\varepsilon$）。同理，观察到其他混合选择结果（R1，S2）的概率，可计算（$1-p$）（$1-\varepsilon$）（ε）＋p（ε）（$1-\varepsilon$）的总和，它也等于（ε）（$1-\varepsilon$）。这一决策误差模型的含义不应当有系统性的违背模式，因而研究个体遵循预期效用理论的研究假说可以通过对两个混合的（R1，S2）和（S1，R2）模式有相同的可能性进行评价。事实上，这一研究假说已经在上面使用。

如果理论没有被拒绝，那么构建决策误差过程的其他优势是能产生估计的误差率（ε）。这种估计是有用的，例如，它可以用于确定误差的估计是否与激励的显著性相关。[①]

两个关联样本：数值数据

在许多实验中，决策并不是分类的。如果观察值是在数值的维度上进行度量，从而可以对观察值之间的差距进行排序，就可以对其应用更为有力的检验。这些检验应用于许多类别的经济数据。例如，在讨论绝大多数市场实验中观察到的价格、数量和效率结果的差异时，这么做是普遍有意义的。[②]

在一个例子的情形中讨论本节话题是最好的介绍方法。表9—4概述了旨在评价市场势力效应（见图4—11和相关的讨论）的明码标价实验的定价决策。正如表9—4上面的一行所表示的，实验由6个回合组成。在每一回合，5个卖者的一小组做出60个时期的定价决策；在市场势力实验局中是30期，在无市场势力的实验局中也是30期。这是一个关联样本的实验设计，因为同样的群体出现在两个实验局中。顺序序列是块状的，无市场势力的实验局在前三个回合中先出现，在后三个回合中后出现。正如表9—4上面部分所显示的，在"无市场势力实验局"和"市场势力实验局"中，每个30

[①]　Berg and Dickhaut（1990）在偏好反转实验中对这一类型做了一个估计。

[②]　但是在度量上比较差异并不是一直有意义的。例如，假设一个研究者想要在许多劳动力市场回合的产量基础上，通过赫芬达尔-赫希曼指数（Herfindahl-Hirshman Index，通过市场份额的平方和乘以10 000进行定义）计算度量市场集中度的程度。虽然我们可能说3 000的HHI大于2 500的HHI，但也许我们不能说这个HHI数值的差异大于1 600和1 200的两个HHI数值之间的差异。

期的实验局序列最后 15 期的平均定价决策可用作观察值。每一个群体在每一实验局中只产生一个独立的观察值，因为在市场中的个体选择不可能是相互独立的。

表 9—4　　　　　　　每一个实验局最后 15 期的平均价格

回合	1	2	3	4	5	6	合计
市场势力实验局	411	468	430	455	397	441 (351)	
无市场势力实验局	338	307	341	410	310	396	
差分	＋73	＋161	＋89	＋45	＋87	＋45 (－45)	＋500 (＋410)
差分排序	＋3	＋6	＋5	＋1.5	＋4	＋1.5 (－1.5)	＋21 (＋18)

资料来源：Davis and Holt（1991）.

粗略的数据分析表明了一个处理效应。正如在"差分排序"一行的"＋"号所显示的，在市场势力实验局每一回合的价格更高。分析表 9—4 上面部分数据的最为直观的方法是应用二项分布检验：考虑的研究假说是市场势力增加价格，原假设是实验局（市场势力和无市场势力实验局）没有效应。在原假设下，价格增加的概率正好等于价格减少的概率。因而，6 个连续价格增加的观察值正好等于扔硬币产生 6 个连续的正面一样，或者 1/64（＝2^6），它能够在很高的 α ＝0.05 的置信水平上拒绝原假设。（值得注意的是，在供给和需求的形状保持不变时，市场势力将增加价格，因此研究假说是单向的，在此进行单尾检验是合适的。）

但是假设回合 6 的价格观察值已经出现了不同的数值，正如表 9—4 第 6 个回合的括号中的数据所显示的，此时市场势力实验局的平均价格为 351 而非 441。在这一情形中市场势力使价格下降了 45 美分。二项分布检验将不再在 α ＝0.05 的置信水平上拒绝原假设，因为观察到极端结果，比如 5 个价格上升而 1 个价格下降的概率上升至 7/64（可见图 9—3）。然而，值得注意的是，二项分布检验忽略了价格变化程度的信息。不管是不是单独一个价格下降了 45 美分，或者是 5 次价格下降了这么多，原假设为真的概率依然是 7/64。直观地讲，这些更大的差距构成了一个更为严重的偏离，而一个更为有力的检验将

包含这一信息。

包含信息程度的一个方法是随机化检验，它有时也被称为置换检验（permutation test）。这一检验的潜在直觉与二元检验一样：在原假设条件下，市场势力实验局的平均价格并不会更大，因而6个平均价格的每一对是单独出现的，因为被试是以随机化的方式在每一个具体的控制序列进行选择。例如，在回合6中的群体反转的实验局顺序，使得无市场势力实验局的平均价格为441，而市场势力实验局的平均价格只有396。如果一个特殊系列的差分是不可能被充分观察到的，则拒绝原假设。通过将总（而非符号）差异作为一个检验统计量，随机化检验就综合了差异的信息。正如在表9—4最右面一列所显示的，差距总和为500。然而，紧跟着的问题是：给定在表9—4中所观察的6个差分，观察到同样的或者更为极端的差分总和的可能性有多少？在表9—4中，这一答案与二项分布检验一样，因为产生了最为极端的观察值。成对的价格将随机地为 2^6（＝64）种可能的方式之一，并且只有一种组合产生了500的总和，因此概率为1/64。

如果我们假设在其中的一个回合中观察到价格的下降，那么随机化检验的加总能力就变得显而易见。例如，假设在回合6中的市场势力实验局的价格是351而非441（正如市场势力实验局一行的括号中所显示的），那么加总的差距下降为410。产生总和至少不低于410的方法有三种：（a）观察到的模式；（b）在回合6中351和396的反转；或者（c）回合6中的反转，以及回合4中455和410观察值的反转。因而，在随机化假设下，如果价格的下降可在回合6观察到的原假设为真的概率是3/64（＝0.047），因而在 $\alpha = 0.05$ 的置信水平上可拒绝原假设。对上面所描述的同样情形应用二项分布检验可产生7/64的概率，对这两个结果可进行比较。

在大样本规模中，随机化检验会很繁重，因为考虑成对观察值的相互变化的所有可能方式，以及这些反转会怎样影响检验统计量（差分的加总）等是非常令人厌烦的。一个更简单但是没有那么有力的检验，是用随机化检验应用于排序的观察值。[①]方法是对差分进行排序，之后为排序标上数值。例如，如果差分为正，那么绝对值的最小差分获得一个

---

① 如果匹配的成对观察值的数值差分能够排序，那么在排序基础上的检验也同样合适，但是它并没有增加什么意义。这类数据在经济学中是稀缺的，但是在研究者做出主观度量的医疗研究中是普遍的；例如，说一个病人比其他人恢复得更好是合适的，但是如果说恢复程度是后者的1.5倍，那就是不合适的。

标为 1 的序号；而如果差分为负，则标记序号为－1。绝对值的第二小值获得一个排序为 2 的值，依此类推。差分的序列列示在表 9—4 最下面一行（现在请忽略括号中的数字）。正如从最下面一行能清楚看到的，当出现相同数值时，则取排序的平均值。因为在每一回合中市场势力产生一个价格的增量，所以所有排序为正，而且统计检验是 21。有 64 种可能的结果，并且因为 21 代表最高的可能序值的总和，所以原假设为真的可能性是 1/64（正如它为真时在二项分布检验或随机化检验中的情形）。

基于排序的检验的额外精确度超过二项分布检验的情形，可通过再次假设回合 6 中市场势力实验局的价格下降到 351 进行说明。在回合 6 中价格下降的条件下，排序总和下降到 18。有三种方法产生的总和至少为 18，正如适用于差分的随机化检验一样，如果原假设为真时观察到这一结果的可能性是 3/64（与同样情形下二项分布检验所产生的 7/64 的概率形成对比）。

使用排序数据的一个非常标准的检验是威尔科克森（Wilcoxon）配对符号排序检验，它本质上是把随机化检验应用于排序的差分。[①]然而，威尔科克森检验比随机化检验更容易应用于排序当中，因为可从标准来源获得临界值，所以研究者没有必要计算差分值的组合。威尔科克森检验统计量是负排序总和和正排序总和当中比较小的一个。如果实验局没有效应，并且只存在外在的噪音，那么人们可预期到一些正的差分和一些负的差分，但是这些差分不应当太过于失衡，两者的总和应当非常相近。如果差距是充分不平衡的，即如果负符号排序的总和或者正符号排序的总和绝对值太小，则拒绝原假设。

作为一个例子，使用表 9—4 中的数据，但是假设在市场势力实验局当中，回合 6 的价格下降至 351。那么正排序总和是 19.5，而负排序总和是－1.5。因而检验统计量是 1.5。参考标准统计表，可以确认的是，对于 $N=6$（观察值的数目减去处理组差分等于零的数目）的临界值为 2，它表明了可在 $\alpha=0.05$（单尾检验）置信水平上拒绝原假设。

基于数值的威尔科克森检验的精确度比随机化检验要低，因为它通过隐性地对差分施加一个具体的关系（例如，差分是线性相关的，因为最大差分将是最小差分的六倍），从而忽略了差分的绝对程度。

---

① 可见 Siegel（1956，p. 91）。

然而，当检验中的差分很小时，威尔科克森检验是一个有效的替代方法。

独立样本：分类数据

到目前为止讨论的所有两样本检验都与关联样本有关。然而，有时让同样的参与者参加两个以上的实验局并不是一个实用的办法。每一实验局条件下的学习可能要求在一个回合中的所有时间都是可行的，而且研究者可能决定不再邀请同样的被试进入具有不同实验局的第二个回合，这么做是考虑到让每个人返回的困难程度，或者是因为被试彼此同时谈论实验的风险。在两个实验局使用同样被试的另一个问题是，第一个实验局中的财富效应或者学习效应可能会扭曲第二个实验局中的行为。在这样的情形下，明智的方法是使用两个独立样本，每个样本对应一个实验局，并且通过在每一情形中做出同样数量的观察而对样本进行平衡。

当两个独立样本的数据落入离散结果的类别时，就能使用简单的 χ^2 检验。即使数据并不是天生二元的，但人们还是能计算两个样本的总体中位数，并从观察的决策角度把观察值分为高于中位数和低于中位数的两类数据。因而 χ^2 检验可能适用于 2×2 表格，其中列是两个样本，而行是高于中位数和低于中位数的两个类别。[①]

具体的情形可考虑表 9—5。[②] 这一实验已在 8.4 节讨论过，它涉及两类比较，其中（1）40 名被试在两个彩票 $S8$ 和 $R8$ 之间做出一个受金钱激励的简单彩票选择，以及（2）80 名被试做出 2 个彩票选择，一个是在 $S8$ 和 $R8$ 彩票之间，另一个则是在第二对彩票（$S9$ 和 $R9$）之间，并且只在事后随机地挑选其中一个选择确定现金报酬。在随机选择实验局的 80 名被试中，选择每个彩票的人数可由表格上面单元的加黑数字表示；而下面两个单元中相应的加黑数字表示只做出一个选择的 40 名被试。在 40 名被试和 80 名被试样本之间没有重叠的被试。在此所考虑的话题是随机选择方法是否对个体选择产生效应。因而，从选择安全性彩票 $S8$ 的人数比例来看，原假设是两个群体的被试没有任何选择的差异。

---

① 当然，与完全使用数据结构的检验相比，这一检验的精确度要低一些。但是在一些情形中，精确度的损失可能很小。

② 这一表格显示了能用于计算表 8—1 中左边一列比例的决策数目，在实验中所使用的彩票是如 8.4 节所描述的。

表 9—5 在使用和没有使用随机选择方法下的彩票选择比较

	彩票选择		合计
	S8	R8	
在随机选择方法中的被试	**39** / 44	**41** / 36	80
在单一金钱激励选择下的被试	**27** / 22	**13** / 18	40
合计	66	54	120

资料来源：Starmer and Sugden（1991，table 2）.

为了进行 χ^2 检验，我们需要计算每一个单元格的预期数字，即公式（9.2）的 E_i 值。与上面所描述的单样本检验不同的是，这些预期数值并没有通过一个理论的分布进行具体化。与此相反，问题是在一个群体中的行为是否与另一个群体中的行为一样。基于这一理由，每一群体的预期反应必须从合并群体所做出的总的决策中进行估计。首先考虑单元格的左上角，因为 120 名被试有 80 名在上面一行，而且 120 名被试当中有 66 名在左边一列，所以在左上方单元格的预期分数是 80/120 和 66/120 的乘积。用总数 120 乘以这个分数，就得到左上方单元格的预期数值 44，正如斜体数字所表明的。在另一个单元格所预测数据的计算是同样的道理。因此我们有 4 个单元格，当中有 4 个观察值（O_i），以及 4 个预期值（E_i）。按（9.2）式进行计算的 χ^2 统计量为：$(39-44)^2/44+(27-22)^2/22+(41-36)^2/36+(13-18)^2/18$，它大约等于 3.79。给定 $\alpha=0.05$，在自由度为 1（＝［行数－1］［列数－1］）的双尾检验中，它是不显著的。[1]

其他检验也可能是合适的，这依赖于数据的类型和观察值的数目。具体而言，当数据是二元时，有相对直观的公式可计算两个独立样本的每一个结果的精确概率。这一公式类似于使用二项分布计算两个关联样本的二元数据的精确概率。名为费舍尔精确概率检验（Fisher exact probability test）的这一方法，比二项分布复杂一些，这是因为当样本独立时，结果组合的数目可能增加。检验涉及计算 2×2 表格中所有 4 个数字的分数表达式的比率。当样本规模足够小以至于计算并不是很麻烦的时候，这一类型的准确概率检验是有用的。而当样

---

① Starmer and Sugden（1991）报告了 0.051 显著性水平的双尾检验。这一描述不可否认是粗略的。具体来说，我们并没有讨论为了得到更为合理的 χ^2 检验是所需的连续性的修正或是样本规模。

本规模足够小从而使得 χ^2 检验的预期频数不那么高时，准确概率检验特别有用。当样本规模很小时，能在标准的统计表格中找到精确概率检验的显著性水平。[①]

独立样本：数值数据

和关联样本的情形一样，当来自独立样本的数据是数值排序的时候（例如观察值之间的差分是有意义的），可获得更有力的检验。在这些检验背后的直觉，类似于关联样本的情形，而且它能够基于每一实验局的总观察值的差分或者排序数据的分析进行检验。

对于独立样本和关联样本检验之间的关系，可以通过再次考虑表9—4 中市场势力实验的数据而得到。假设列示在表 9—4 中的 6 个无势力的价格平均值和 6 个势力价格平均值是从 12 个不同的被试群体中抽取出来的。我们可以再一次使用随机检验评价市场势力增加价格的研究假说。和对关联样本所使用的检验一样，原假设是所有实验局间的不同效应全部归因于实验局在被试群体间的随机分配，而检验的统计量是差分的总和（在这一情形中是 500）。如果当原假设为真时能够产生所观察到的差分总和（或者更为极端的其他情形）的方式足够少，则拒绝原假设。

但是观察值的独立性增加了随机化检验的计算负担。这里我们不再是计算在由 6 个价格对形成的 $2^6 = 64$ 种可能性组合中，有多少种方式可以使产生的总和至少为 500，而是有必要通过把 12 个价格观察值分成 6 个一组的两组，然后计算这一总数可能产生的方式。这里有 $12!/(6!\ 6!) = 924$ 种可能的组合。

---

① 检验是在每一决策的概率在每一样本当中是一样的原假设下进行的。对于样本 I，令所观察到的决策 1 和决策 2 的数目分别为 A 和 B。而对于样本 II，令所观察到的决策数量分别为 C 和 D：

	决策1	决策2	总体
样本 I	A	B	$A+B$
样本 II	C	D	$C+D$
总体	$A+C$	$B+D$	N

因而，在样本 I 中有 $(A+B)$ 人，在样本 II 中有 $(C+D)$ 人。让 N 表示两个样本的总人数，那么这一结果的准确概率是：

$$p = \frac{(A+B)!(C+D)!(A+C)!(B+D)!}{N!A!B!C!D!}$$

这一公式可用于计算与所观察的结果至少一样极端的所有结果的概率总和。

在这一情形下的计算是直观的，这归因于处理效应的力度：只有另一个价格组合产生的差分总和与 500 一样，因为在无市场势力的实验局中只有其中一个的价格超过了市场势力实验局的最低价格（无市场势力实验局的 410 观察值超过了市场势力实验局 397 的观察值）。[1]在存在很少的极端结果时，计算会变得极其乏味，因而在更简单的实验中解释正确的计算方法是有用的。考虑表 9—6 中上面两行所列示的两实验局市场实验的假设数据，其包括 3 个控制回合和 3 个不同的处理组回合，并且观察值单位是每一回合中的平均价格。

假设我们对于实验局增加价格的研究假设和实验局没有效应的原假设的评价感兴趣。我们可以使用随机化检验，检验的统计量是加总的价格差分，它是由在控制组条件下所观察到的价格减去控制条件下的价格 $(600+400+200-500-300-100=300)$。总共有 $6! \ /(3! \ 3!)=20$ 种可能的方法，可以将 6 个独立观察值分成两组，每组包括 3 个观察值。这些结果当中有 7 种是差分超过 300 的：在处理组条件下所观察到的结果为 $(600, 500, 400)$，$(600, 500, 300)$，$(600, 400, 300)$，$(600, 500, 200)$，$(600, 500, 100)$，$(500, 400, 300)$ 以及 $(600, 400, 200)$。如果原假设为真时观察到至少为 300 的结果的可能性是 $7/20=0.35$，而人们有可能粗心大意地在任何一个传统的显著性水平上拒绝原假设。

当样本规模很小时随机化检验是吸引人的，因为计算不是很麻烦，而且也可产生精确的概率。在大样本规模下，最为普遍的方法是使用曼-惠特尼检验（Mann-Whitney test），它是建立在观察值排序的基础上。正如在表 9—6 中的处理组和控制组一行中很显而易见的，这一样本的数据基本上是排序的，数据的排序是通过每一价格观察值除以 100 得到。再次假设我们评价处理组增加价格的研究假说，而原假设是处理组没有效应（单尾检验）。第一步是把观察值从高到低排序，并在每个观察值下方标示出处理组或者控制组（通过下标的 T 或 C 表示）；100_C, 200_T, 300_C, 400_T, 500_C, 600_T。这一处理组观察值的排序为 2、4 和 6。用 U 表示的检验统计量，是这一处理组观察值的序号的总和，因此 $U=12$。如果原假设为真，那么我们预期处理组观察值的序号

---

① 因而，在独立样本情形下，原假设为真的概率是 2/924。值得注意的是，如果观察值是独立的，那么在这一情形中随机化检验的精确度将会增加。当处理效应预期主导群体效应时，就会出现这一结果（并且独立样本更受喜欢）。

总和将与控制组观察值的序号总和大概一致。如果处理组序号总和太过于极端（例如单尾检验过大），则拒绝原假设。标准表格提供了得到一个至少和所观察到的 U 值同样极端的结果的概率，而对于现在正考虑的例子（两个样本规模为 3）来说，对于单尾检验，这一概率是 0.35，它与从随机化检验所得到的一样。这些结果是等价的，因为曼-惠特尼检验基本上是使用排序的观察值而非观察值本身进行随机化检验。当数值结果并不与排序线性相关的时候，这两个检验是不同的，而且随机化检验对增加的数据更敏感。因为它考虑了观察值的数值，而不只是排序问题。

表 9—6 的假设数据也能用于解释使用关联样本而非独立样本的重要性（在第 1 章的图 1—3 也得出了这一点。）如果使用独立样本，那么当有许多不同的被试或者群体时，这一不同往往会隐藏处理效应。假设表 9—6 中的 3 行数据是从 3 个回合（3 个群体）中产生的，每个回合受限于控制组和处理组。回合的数字显示在下面一行的括号中。在这一关联情形中，产生了最为极端的观察值模式，因为处理组在每一回合中产生了更高的价格。对关联样本使用随机化检验，检验的统计量是每一回合中产生的差分的总和，为 300。通过变换控制组和处理组的成对值，总共有 $2^3 = 8$ 种可能的方法会产生这样的结果，并且在这些值中，所观察的结果是最大化差分总和之一。因而在原假设下得到这一极值的可能性是 1/8，它大大小于在样本独立假设下所计算的 7/20 的概率。这一例子解释了当在个体或群体之间存在巨大的未受控制的差异时，使用匹配样本和块状化的优势。随着在群体之间未受控制的差距逐渐减少，关联样本的使用变得不那么重要。例如，如果每一个控制结果小于表 9—6 最低的处理组结果时，关联样本或独立样本的使用并没有多大的差别。

表 9—6　　　　　　　　　　　　**市场实验的假设数据**

	价值			合计
处理组	200	400	600	
控制组	100	300	500	
差分	100	100	100	300
（回合）	(1)	(2)	(3)	

其他检验也可用于评价独立样本。具体而言，通过比较两个样本观察值的累积性分布，人们可以对两个样本均来自同样的总体的原假设进行评价。回顾一下如何计算单样本的柯尔莫可洛夫-斯米洛夫检验的样本累积性分布，即寻找小于或等于每一样本结果 X 的样本观察值的比例。在两个独立样本中进行这样的操作后，我们获得了两个分布函数，它可以如图 9—4 那样进行排列或画点图以找到最大的差分。对于双尾检验，检验统计量是方程（9.3）计算的 D 值，在此 $F(X)$ 和 $S(X)$ 表示两个独立样本的累积性分布。这一检验对于两样本分布的任何一个差异都很敏感。[1]给定两个样本的规模，合意的显著性水平的拒绝区域能够从柯尔莫可洛夫-斯米洛夫两样本检验的表格中进行确定。[2]

多样本检验

当数据是来自 K 个独立的样本（$K>2$）时需要其他检验。例如，二元决策可能是在被试与一系列不同的参与者进行匹配的性别战博弈中收集到的。每一决策的比例可能会随不同回合（群体）而变化，而且研究者可能想要混合这一数据。如果数据不是来自同样的分布，那么混合是不合适的，因而原假设是 K 个样本均来自同样的分布。在分类数据中，合适的非参数检验是 χ^2 检验。其直觉是这一类型所观察到的决策比例在每一样本中是一样的，而检验统计量是基于每一单元格中所观察的和所预测的观察值个数差的平方和，并通过除以那一单元的预期值进行标准化。当这些差分足够大时，检验统计量很大，并且标准表格能用于决定什么时候能在任何一个具体的显著性水平上拒绝原假设。

正如两样本检验一样，也有基于观察值排序的多样本检验，合适的检验取决于样本是关联的还是独立的。例如，葛斯卡尔-华里斯检验（Kruskal-Wallis test）适于评价 K 个独立样本的中位数是相等的假设，与此相反的一般的替代性假设是它们不相等。有时研究者能够指定一系列实验局的预测效应的先验排序。例如，一系列的 K 市场结构可能有递增顺序的非合作性均衡价格预测结果。在这一情形中，原假设仍然是

---

① 对于这样的情形，也可以考虑单尾检验，在那当中替代性的假设是其中的一个分布随机地大于另一个，比如，在一个实验局当中的价格高于另一个实验局的价格。在这一情形中，D 是预测方向上的最大差分。

② 比较所观察的累积性分布的替代方法是，比较样本观察值分布的其他性质。例如：基于经验矩产生函数的 Epps-Singleton（1986）检验。Forsythe et al.（1988）在简单的谈判实验中比较决策的分布时报告了这一检验有可取的性质。

K 个独立样本的中间值是相等的，但是替代性假说则指定了 K 个实验局的中位数的一个具体排序。有助于实现这一目的的检验是排序选择乔恩克希尔检验（Jonckheere test）。[1]

小结

在这一节中所讨论的非参数检验，根据数据的类型和实验的设计，可概述在表 9—7 当中。表 9—7 中忽略了 K 样本检验，因为书中只简略地提及。即使是对已讨论的检验，不可否认的是，细节是不完备的，因而研究者在应用其中的任何一个检验之前应当查阅一下有关的统计教材。然而，要点是统计结论对于数据产生的类型和设计实验的方法是很敏感的。作为普遍的规则，尽可能多地挖掘可用信息是一个好的思路：采用丧失更多连续数据细节的检验类别，会损失置信度。使用关联样本的实验设计能够在很大程度上改善针对既定假设所做出的论述，特别是在不同的群体之间有许多变化的时候。相反，当由于时间的约束而不能把同样的一个群体用于多个实验局时，或者当从一个实验局所得到的观察值会受到早期实验局的严重扭曲时，又或者是当预期的处理效应占优于群体效应和偏差时，使用独立样本的实验设计是有用的。

所有上面所讨论的都是在非参数检验的框架内。这些检验有用地避免了关于潜在数据结构的假设。而且，即使是当样本规模很小时，它们也提供了临界值的准确概率。然而，类似于上面所描述的参数检验，以及一些例子中的标准参数程序可能更有用。参数检验基于更强的假设，而当假设合理时这些检验更为有力。参数检验，特别是回归分析和方差分析，对于分析多个实验局和/或多个块状之间的复杂的相互关系也是非常有用的。

表 9—7　　　　　　　　　　　一些标准的非参数检验

	分类数据	数值数据
单样本设计	二项分布，χ^2	柯尔莫可洛夫-斯米洛夫检验
双样本设计（关联样本）	二项分布，χ^2	随机化，威尔科克森
双样本设计（独立样本）	费舍尔精确概率，χ^2	随机化，曼-惠特尼，柯尔莫可洛夫-斯米洛夫检验

---

[1]　Siegel and Castellan（1988，pp. 216 – 222）描述了这一检验。

9.8 结论：通向一个更多实验的科学

我们从实验方法在经济问题的应用中学到了什么？首先，关于提出问题的方式（Plott，1991b），实验研究已教会了我们很多。绝大多数经济理论在某点上具有普遍性，即它们以在实验室发现的真实激励适用于真实的经济过程。最简单的检验是在实验室中实现理论的结构性假设，并且观察理论的预测是否准确，即行为假设是不是很好的近似。这一方法往往能加以改善。有时也可以设计一个重要的实验，其中在控制实验局中两个理论会产生同样的预测结果，而在研究的实验局中会产生不同的预测结果。如果理论在控制组中预测良好，而且实行了校准，那么在研究的实验局中，其中一个理论更优秀的表现将特别令人信服。然而，寻找好的实验设计比乍看起来还要困难。根据定义，理论是现实的抽象，而且有许多实验实施的成分还未在理论上得到解决。一个行为理论的其他内涵可能是无法观察到的。因而，有时不得不提出更多间接的问题，这一类的问题是：与某一个具体理论相关的变量的变化，或者所提议的政策，是否会产生行为的预期变化；而理论模型所忽略的变量的变化是否也有显著的效应？但理论检验往往是建议性的：肯定的结果需要更多极端的检验，通过走出理论或者政策建议所假定的领域而对理论进行压力检验。否定的结果需要修正，可能通过综合之前所忽略的变量的方式。"成分测试"能够提供有利于构建新理论的证据。通过这一方式，实验开始整合进一个建模和检验相互作用的科学过程。实验同时也提供了评价提议的政策和设计并检验新交易制度的关键数据。

其次，我们已学会了许多设计和进行实验的知识。实验技巧的许多知识都是独立发展起来的，它与其他实验科学没有太多交叉。[①]相关的学科很少关注激励的效应，因而基于这一理由，在经济学中需要（或者从某种程度上来说，仍然需要）有关报酬显著性程度的一个理论。其他变量，诸如风险态度、财富、预期、利他主义和嫉妒，也需要进行考虑，并且我们也可能已经过分吹嘘了控制或者度量这些变量的能力。但

---

① 一个值得一提的例外是心理学家西德尼·塞格尔（Sidney Siegel），他的影响主要来自他的经典文献、他关于垄断和谈判（与福赛克）的书，以及他激励了我们在前面几节中给出的许多有关非参数统计的书。

是通过实践和试错，我们已经能更好地采用控制条件，从而使得数据是从遵循或者强调了理论的结构性假设的情形中产生出来的。随着制度具体化理论变得更为复杂，特别是从消息和信息结构的角度来看，这一优势将变得更有价值。细致的实验室检验能提供阻止新理论淹没在其自身复杂性中的方法。

查尔斯·普拉特（Charles Plott, 1991b）想要表达的是，30 年的实验室研究已经为经济学转变为一门更具实验性的科学提供了理由和动机。这一正当理由有两层含义：首先，实验数据表明吸引经济学家的模型并不是古怪的，尽管它们有着抽象的数学方法的外衣。新古典价格理论在实验中有着广泛的应用，博弈论的预测有时出人意料地准确，而个体被试往往符合经济学家所定义的"理性"。其次，这些理论还不够完全，实验室中的市场、博弈和个体决策问题产生了许多意外。如果成功能给经济学家提供自信的感觉，那么失败将会用谦逊的感觉缓和我们。为使经济行为达成统一共识，经济学家还有很长的路要走。

谦逊中蕴涵着对于实验性研究的激励。异常现象经常存在，而且理论上的不相关因素往往很重要。理论必须加以修正和检验。检验可能是间接的，结果可能是不确定的，进展也可能是缓慢的。这种展望只有在某种层面上才是困难的：即读者总是希望世界能遵循期刊和教材中的模型的所有精确的数理逻辑。简而言之，我们相信经济学正很好地处在变成一门实验科学的道路之上，而且我们甚至从不期望理论和行为完全一致。确实，寻找出不一致性的意愿是有用的，正如 Smith（1989，p. 168）所指出的："如果一个人想要对经济现象获得更好的理解，那么最有生产性的构建知识的态度，是对理论和证据进行批判。这很可能促使你试图改善理论和检验的方法。"

参考文献

Banks, Jeffrey S., Colin F. Camerer, and David Porter (1990) "An Experimental Analysis of Nash Refinements in Signaling Games," forthcoming in *Journal of Games and Economic Behavior*.

Battalio, Raymond C., John Kagel, and Komain Jiranyakul (1990) "Testing between Alternative Models of Choice under Uncertainty: Some Initial Results," *Journal of Risk and Uncertainty*, 3, 25 - 50.

Box, George E. P. , William G. Hunter, and J. Stuart Hunter (1978) *Statistics for Experimenters*. New York: John Wiley.

Berg, Joyce E. , and John W. Dickhaut (1990) "Preference Reversals: Incentives Do Matter," working paper, Graduate School of Business, University of Chicago.

Brandts, Jordi, and Charles A. Holt (1991) "An Experimental Test of Equilibrium Dominance in Signaling Games," forthcoming in *American Economic Review*.

Camerer, Colin F. , and Keith Weigelt (1988) "Experimental Tests of a Sequential Equilibrium Reputation Model," *Econometrica*, *56*, 1 – 36.

Conlisk, John (1989) "Three Variants on the Allais Example," *American Economic Review*, *79*, 392 – 407.

Conover, W. J. (1980) *Practical Nonparametric Statistics*, 2d ed. New York: John Wiley.

Cooper, Russell W. , Douglas V. DeJong, Robert Forsythe, and Thomas W. Ross (1991) "Cooperation without Reputation," working paper, University of Iowa.

Davis, Douglas, and Charles A. Holt (1990) "Equilibrium Cooperation in Three-Person Choice-of-Partner Games," working paper, Virginia Commonwealth University.

—— (1991) "Capacity Asymmetries, Market Power, and Mergers in Laboratory Markets with Posted Prices," working paper, Virginia Commonwealth University.

DeGroot, Morris H. (1975) *Probability and Statistics*. Reading, Mass. : Addision Wesley.

Eckel, Catherine C. , and Cathleen A. Johnson (1990) "Statistical Analysis and the Design of Economics Experiments," working paper, Virginia Polytechnic Institute and State University.

Epps, Thomas W. , and Kenneth J. Singleton (1986) "An Omnibus Test for the Two-Sample Problem Using the Empirical Characteristic Function," *Journal of Statistics and Computer Simulation*, *26*, 177 – 203.

Forsythe, Robert, Joel L. Horowitz, N. E. Savin, and Martin Sefton (1988) "Replicability, Fairness, and Pay in Experiments with Simple Bargaining Games," Working Paper 88 – 30, University of Iowa, forthcoming in *Games and Economic Behavior*.

Fouraker, Lawrence E. , and Sidney Siegel (1963) *Bargaining Behavior*. New York: McGraw Hill.

Friedman, Daniel (1988) "Experimental Methods: Points of Consensus and Points of Contention," working paper, University of California, Santa Cruz.

Hinkelmann, Klaus (1990) "Experimental Design: The Perspective of a Statistician," working paper, Virginia Polytechnic Institute and State University.

Hoffman, Elizabeth, J. Marsden, and A. Whinston (1986) "Using Different Economic Data Forms," *Journal of Behavioral Economics*, 15, 67 – 84.

—— (1990) "Laboratory Experiments and Computer Simutation: An Introduction to the Use of Experimental and Process Model Data in Economic Analysis," in J. Kagel and L. Green, eds., *Advances in Behavioral Economics*, vol. 2. Norwood, N. J.: Ablex Publishing.

Holt, Charles A. (1985) "An Experimental Test of the Consistent-Conjectures Hypothesis," *American Economic Review*, 75, 314 – 325.

Isaac, R. Mark, David Schmidtz, and James M. Walker (1989) "The Assurance Problem in a Laboratory Market," Public Choice, 62, 217 – 236.

Kruse, Jamie, Steven Rassenti, Stanley S. Reynolds, and Vernon L. Smith (1990) "Bertrand-Edgeworth Competition in Experimental Markets," working paper, University of Arizona.

Mead, R. (1988) *The Design of Experiments*. Cambridge: Cambridge University Press.

Miller, Ross M., and Charles R. Plott (1985) "Product Quality Signaling in Experimental Markets," *Econometrica*, 53, 837 – 872.

Plott, Charles R. (1991a) "A Computerized Laboratory Market System and Research Support Systems for the Multiple Unit Double Auction," California Institute of Technology, Social Science Working Paper 783.

—— (1991b) "Will Economics Become an Experimental Science?" *Southern Economic Journal*, 57, 901 – 919.

Plott, Charles R, and Vernon L. Smith (1978) "An Experimental Examination of Two Exchange Institutions," *Review of Economic Studies*, 45, 133 – 153.

Plott, Charles R., and Louis Wilde (1982) "Professional Diagnosis vs Self-Diagnosis: An Experimental Examination of Some Special Features of Markets with Uncertainty," in V. L. Smith, ed., *Research in Experimental Economics*, vol. 2. Greenwich, Conn.: JAI Press, 63 – 112.

Roth, Alvin E. (1990) "Lets Keep the Con out of Experimental Econ.: A Methodological Note," working paper, University of Pittsburgh.

Siegel, Sidney (1956) *Nonparametric Statistics for the Behavioral Sciences*. New York: McGraw-Hill.

Siegel, Sidney, and N. John Castellan (1988) *Nonparametric Statistics for the Behavioral Sciences*, 2d ed. New York: McGraw-Hill.

Smith, Vernon L. (1989) "Theory, Experiment and Economics," *Journal of Economic Perspectives*, 3 (1), 151 – 169.

Starmer, Chris, and Robert Sugden (1991) "Does the Random-Lottery Incentive

System Elicit True Preferences? An Experimental Investigation," *American Economic Review*, 81, 971 – 978.

Van Huyck, John B., Raymond C. Battalio, and Richard O. Beil (1990) "Tacit Coordination Games, Strategic Uncertainty and Coordination Failure," *American Economic Review*, 80, 234 – 248.

Williams, Fred E. (1973) "The Effect of Market Organization on Competitive Equilibrium: The Multi-unit Case," *Review of Economic Studies*, 40, 97 – 113.

术语表

实验经济学

翻译说明

翻译图书是一个艰苦的过程，一本几十万甚至上百万字的英文书译成中文至少需要一两年或者更长的时间，并且需要经过许多环节，这期间需要许多人的不懈努力才能完成。不管是教材还是学术著作的翻译都是一个艰难的过程，也是对一个人意志的磨炼，许多译者感叹道，之所以愿意默默无闻地在翻译田野里耕耘着（翻译周期长、报酬低），是因为喜欢这本书，这应该是大多数译者的境界。这些年来，许多译者参加了"经济科学译库"、"当代世界学术名著"、"行为和实验经济学经典译丛"多部图书的推荐工作，这里要感谢的有：周业安、贺京同、姚开建、贾根良、杨斌、赵英军、王忠玉、陈彦斌、李军林、张友仁、柳茂森、李辉文、马志英、覃福晓、李凤华、王志标等；许多译者不辞辛苦地参加了多部图书的翻译或校译工作，这里要感谢的有：顾晓波、冯丽君、马幕远、胡安荣、曾景、王晓、孙晖、程诗、付欢、王小芽、马慕禹、张伟、李军、王建昌、王晓东、李一凡、刘燕平、刘蕊、范阳阳、秦升、程悦、徐秋慧、钟红英、赵文荣、杨威、崔学峰、王博、刘伟琳、周尧、刘奇、李君、彭超、张树林、李果、张小军、徐志浩、李朝气、马二排、罗宇、刘兴坤、蔡彤娟、邓娟、张宏宇、王宝来、陈月兰、刘立文、谢官香、江挺、赵旭东、张华、唐海波、于欣、杭鑫、唐仁、杨介棒、王新荣、李非、段顾、杨媛、徐晨、周尧、李冬蕾、曾小楚、李陶亚、冯凌秉、胡棋智、张略钊、许飞虎、姚东旻、米超、罗建平、侯锦慎、肖璇、王行寿、潘碧玥、胡善斌、王杰彪、秦旭、何富彩、李昊、周嘉舟、高梦沉、张略钊、林榕、施芳凝、宗旋、洪蓓芸、陆洪，此外，赵燕伟、杨林林、黄立伟、韩裕平、郭媛媛、周斌、张小芳、胡京利、苗玮参加了多部图书的校对工作（一校、二校），他们付出了艰辛的劳动，在此表示感谢。

图书在版编目（CIP）数据

实验经济学/戴维斯，霍尔特著；连洪泉，左聪颖译. —北京：中国人民大学
出版社，2013
（行为和实验经济学经典译丛）
ISBN 978-7-300-17482-2

Ⅰ.①实… Ⅱ.①戴…②霍…③连…④左… Ⅲ.经济学 Ⅳ.F069.9

中国版本图书馆 CIP 数据核字（2013）第 095935 号

行为和实验经济学经典译丛

实验经济学

道格拉斯·D·戴维斯
查理斯·A·霍尔特　　　著

连洪泉　左聪颖　译

何其新　校

出版发行	中国人民大学出版社		
社　址	北京中关村大街 31 号	**邮政编码**	100080
电　话	010 - 62511242（总编室）		010 - 62511239（出版部）
	010 - 82501766（邮购部）		010 - 62514148（门市部）
	010 - 62515195（发行公司）		010 - 62515275（盗版举报）
网　址	http://www.crup.com.cn		
	http://www.ttrnet.com（人大教研网）		
经　销	新华书店		
印　刷	北京联兴盛业印刷股份有限公司		
规　格	155 mm×235 mm　16 开本	**版　次**	2013 年 10 月第 1 版
印　张	35　插页 2	**印　次**	2013 年 10 月第 1 次印刷
字　数	585 000	**定　价**	88.00 元